들어 가는 말

　장로교회사는 장로교회 신자들에게 그 정체성을 알아보는데 매우 중요한 도움이 될 것이다. 본서는 장로교회의 시작과 발전 과정 오늘날에 이르기 까지 여러 역사적 경로들과 지금의 장로교회 신자들의 신앙의 좌표를 설정하게 한다. 그러므로 우리는 대영 제국 장로 교회사를 통하여서 잉글랜드와 스코틀랜드 종교 개혁의 역사를 살펴보게 될 것이다. 그것을 통해 장로교회의 기원과 발전 과정을 추적할 수 있게 될 것이다.

　장로교회 제도의 최초의 형태는 주로 울드리히 쯔빙글리가 사역한 쮜리히의 개혁 교회라고 할 수 있다. 그것은 쮜리히 개혁 교회 안에 최초의 성직자들의 모임이었던 예언회를 두고 설교하며 토의하는 그러한 장로회적인 성격의 회합이 있었기 때문이다.1) 그러나 에라스투주의에 가까웠던 쯔빙글리의 입장과 관련하여서 볼 때에 쯔빙글리를 장로주의자로 보기에는 매우 어렵다.

　존 칼빈에게 오면 교회의 정치 형태가 좀더 장로교회적으로 바뀌게 되면서, 장로교회라고 할 만한 형태가 드러나게 된다. 그것이 바로 최초의 장로 교회라고 할 수 있는 프랑스 개혁 교회이다. 프랑스 개혁 교회의 역사적 명칭은 위그노 개혁 교회이다. 프랑스 개혁 교회인 위그노들은 장로교회적인 형태를 가지고 교회 개혁을 이루었다2). 그러므로 프랑스 개혁 교회는 최초의 장로교회라고 할 수 있다.3)

---

1) 김영규, **엄밀한 개혁주의와 그 신학**, 도서출판 하나, 1998, p. 163.
2) Ibid., p. 163.

프랑스 개혁 교회는 지교회 치리회와 그 보다 넓은 치리회를 두었으며, 1559년에는 최초의 프랑스 개혁 교회 총회라고 할 수 있는 '국가 대회'(National Synde)가 개최된다. 그리고 그해에 프랑스 개혁 교회 신조인 프랑스 신앙 고백이 작성되게 된다. 그리고 교회 정치 형태를 장로교회적인 형태로 개혁을 하기에 이른다. 이러한 프랑스 개혁 교회 정치 형태는 거의 완전한 형태의 장로교회였다. 대부분의 개혁 교회의 역사를 살펴보면 주로 교회 정치 형태가 장로 제도적이었다. 다만 잉글랜드와 스코틀랜드에서와 같이 표준 문서를 가지게 된 형태의 장로주의를 갖지 못하였을 뿐 대부분의 개혁 교회는 장로 제도적이다.4)

스코틀랜드의 장로교회는 존 낙스 이후에 지속적으로 장로교회적으로 종교 개혁이 되었다. 그리고 앤드류 멜빌의 시기가 되면 스코틀랜드 장로교회는 더욱 장로교회적으로 발전한다. 그리고 1638년 글래스고우 총회에서 [국민 언약]으로 그 결실을 보았다. 1648년 웨스트민스터 신앙 고백이 스코틀랜드 장로 교회 표준 문서가 되면서 명실상부한 장로교회가 되었다. 웨스트민스터 표준 문서는 당대에 최고의 석학들이 웨스트민스터 사원에 모여서 결정한 장로교회 표준 문서이다.

웨스트민스터 신앙 고백서를 장로교회 표준 문서로 받은 스코틀랜드 국민 교회는 개혁 장로 교회가 되었다. 17세기 종교 개혁의 최종판은 스코틀랜드 장로 교회라고 해도 과언이 아니다. 흩어져 있었던 다양한 종교 개혁 사상이 웨스트민스터 표준 문서에 고스란히 완성된 형태로 담겨있다.

16세기 유럽 대륙의 중추적인 개혁 장로교회는 프랑스 개혁 교회였다. 그러나 스코틀랜드 개혁 교회를 장로교회라고 부르는 것은 장로교회 표준 문서를 갖게 되었기 때문이다. 대영 제국에서 장로교회 역사는 웨스트민스터 표준 문서를 작성한

---

3) Dr. H. Bouwman, **Gereformeerd Kerkrecht,** eerste deel, Uitgave Van J. H. Kok Te Kampen, 1928. pp. 252~262.:"프랑스 안에 종교 개혁은 1541년 칼빈의 영향을 받고 도래하였다. 그때 제네바 교회는 프랑스 개혁 교회의 중추적인 영향력을 행사하였다. 1555년 제네바의 모형을 따라서 파리에 개혁 교회가 세워졌다. 1559년 5월 26일에 파리에서 개혁 교회가 재 조직되었을때에, 그 교회는 제네바의 것을 따라서 교회의 권징서를 제정하였고, 장로교회 적인 형태가 프랑스 안에서 시행되었다. 그리고 그 위에 대회가 있어서 연합되어 있었다."

4) Samuel Miller, **Presbyterianism the Truly Primitive and Apostolical Constitution of the Church of Christ,** Philadelphia Sprinkung or Affusion, 1835, p. 9.

잉글랜드 장로주의 퓨리탄들의 종교 개혁의 역사와 국민 언약을 통해서 명실상부한 장로교회로 세워졌던 스코틀랜드 장료교회 그리고 이후 미국 신대륙에 이주한 북아일랜드 얼스터의 장로교회의 역사를 들 수 있다.

17세기를 지나서 18세기로 접어들게 되면, 개혁 교회의 역사는 스코틀랜드를 중심으로 북아일랜드 얼스터의 장로교회와 유럽 대륙의 화란과 스위스 그리고 독일의 일부 지방을 중심으로 개혁 교회 역사로 나누이게 되는 것이다.

개혁 교회 역사에 있어서 종교 개혁의 형태가 좀더 완성도 있게 교회 정치 제도까지 개혁이 되었던 스코틀랜드 장로교회를 대륙의 개혁 교회와 전혀 다른 종교 개혁의 역사로 보게 되는 현상이 북미 신대륙에서 있게된다.

잉글랜드와 스코틀랜드 장로교회 계승자들이라고 할 수 있는 북아일랜드의 얼스터 출신 장로교도들은 북미주 신대륙에 미합중국 장로교회를 세웠다. 미합중국 장로교회는 17세기에 뉴잉글랜드에 정착한 회중 교회와 다르다. 대영제국에서 포괄적으로 개혁 교회로 분류되는 장로주의적 교회와 독립교회는 신대륙에 오면 장로교회와 회중 교회로 나누인다.

18세기 이후 유럽 대륙의 화란과 기타 지역 지역의 소수 개혁 교회들은 북미주 신대륙에 정착해서 캐나다 개혁 교회와 미국 개혁 교회를 이룬다. 그들은 회중 교회와 장로교회와는 또 다른 형태의 개혁 교회로 불리웠다.

그래서 북미주 신대륙의 개혁 교회는 뉴잉글랜드의 청교도 회중 교회와 스코치-아이리쉬 장로교회와 유럽 대륙 화란 개혁교회로 구별된다. 각자는 독자적인 교회를 이루고서 북미 대륙에 정착하였기 때문에 서로 다른 교파 교회처럼 인식이 되었다. 그러나 모두 개혁 교회이다. 신대륙의 회중 교회와 얼스터 출신의 신대륙 장로 교도들과 그 이외의 모든 개혁 교회들은 동일한 개혁 신학으로부터 나온 개혁 교회라고 할 수 있다.

다만 회중 교회는 교회 정치에 있어서 독립 교회와 회중 교회를 표방하였고, 장로교회는 장로 정치를 표방하였으며, 화란의 개혁 교회는 스코틀랜드 장로교회와 전혀 다른 형태의 개혁 교회로 발전하면서 미주 신대륙에서 회중 교회와 장로교회와 다른 교회 형태로 들어오게 되었다. 엄밀한 의미에서 장로교회란 잉글랜드와 스코틀랜드의 퓨리탄들에 의하여서 결정된 웨스트민스터 신앙 고백의 표준 문서를 따라서 세워진 스코틀랜드 장로교회를 의미한다.

본 저서를 통해서 한국 장로 교회 성도들이 장로 교회의 시작과 발전의 역사를 살펴 보고 그럼으로 장로 교회의 가치와 놀라운 유산들을 깨달아 알기를 바란다. 아무쪼록 가장 개혁된 교회를 이루고자 하는 마음으로 이 저서를 내놓게 되었다. 본 저서가 나오기까지 교정으로 수고해 준 사랑하는 딸 시은이에게 감사하며 지금도 진리를 사모하고 진리와 함께 살고자 고군 분투하는 모든 경건한 성도들에게 삼가 이 저서를 바친다.

주후 2014년 2 월 11 일

주교 개혁 장로 교회 집무실에서

목사 배 현 주

차 례

대영제국 장로 교회사 개관···1
제 1 부 헨리 8세 부터 엘리자베스 시대까지 종교 개혁사 개관·······················4
   제 1 장 헨리 8세로부터 에드워드 6세까지 잉글랜드 종교 개혁·················5
      (1) 헨리 8세의 종교 개혁···5
      (2) 에드워드 6세 시대의 종교 개혁··11
   제 2 장 스코클랜드 종교 개혁의 시작··16
      (1) 조지 위샤트···17
      (2) 존 낙스의 등장··19
      (3) 존 낙스의 신학 사상···27
      (3) 존 낙스의 교회 정치 사상··40
   제 3 장 피의 메리 시대의 개혁 교회 핍박···42
제 2 부 엘리자베스 이후 잉글랜드와 스코틀랜들 종교 개혁사 개관··············54
   제 1 장 엘리자베스 시대의 잉글랜드의 종교 개혁··································55
   제 2 장 엘리자베스 시대의 스코틀랜드 종교 개혁 전개························122
      (1) 스코틀랜드 여왕 메리의 통치 시기···122
      (2) 제임스 6세의 스코틀랜드 통치 시기······································139
제 3 부 제임스 1세 시대의 잉글랜드와 스코틀랜드 종교 개혁사 개관··········146
   제 1 장 제임스 1세 시대의 잉글랜드의 종교 개혁································147
   제 2 장 제임스 1세 통치 기간의 스코틀랜드 종교 개혁사····················155
제 4 부 찰스 1 세 시대의 잉글랜드와 스코틀랜드 종교 개혁 개관················162
   제 1 장 스코틀랜드 종교 개혁··165
   제 2 장 잉글랜드 종교 개혁··179
      (1) 시민 전쟁(Civil War) 이전의 잉글랜드 종교 개혁의 역사···········179
      (2) 시민 전쟁(Civil War) 이후의 잉글랜드 종교 개혁의 역사···········188

　　　　〈1〉 제 1 차 시민 전쟁(The first Civil War: 1642~6)······················191
　　　　〈2〉 제 2 차 시민 전쟁(The Second Civil War: 1647~49)················199
　　　　〈3〉 제 3 차 시민 전쟁(The Second Civil War: 1647~51)················207
제 5 부　웨스트민스터 표준 문서 개관··210
　제 1 장 웨스트민스터 신앙 고백의 작성과 그 배경·······················211
　제 2 장 웨스트민스터 신앙 고백의 특징들··································249
제 6 부 얼스터 장로 교회의 역사···305
　제 1 장　아일랜드 교회의 종교 개혁의 역사······························305
　제 2 장 얼스터 장로 교회 정착의 역사·······································307
　제 3 장 얼스터 장로 교회 수난의 역사·······································310
　제 4 장 얼스터 장로 교도들의 미합중국으로의 이민의 역사··········320
　제 5 장 얼스터 장로교회의 역사적 의의에 대하여서····················327
대영제국 장로 교회사 인물 개요···328
　헨리 8세 이전의 종교 개혁자들(~1509)····································328
　　마일스 코베르데일(Miles Coverdale, D.D 1488~1569)··············328
　　존 베일(John Bale, D.D. 1495~)···329
　헨리 8세 이후의 종교 개혁자들 (1509~1558)·····························331
　　존 풀레인(John Pullain, B.D. 1517~1565)······························331
　　존 하리드맨(John Hardyman, D.D. ~)·································332
　　윌리엄 터너 (William Turner,M.D ~1568)····························332
　　로버트 화킨스 (Robert Hawkins)··333
　엘리자베스 여왕 시대의 종교 개혁자들 (1558~1603)·················335
　　앤드류 킹밀 (Andrew Kingmil. 1538~1569)···························335
　　크리스토퍼 콜레만(Christopher Coleman, ~)·························336
　　윌리엄 악스톤(William Axton)···336
　　토마스 베컨(Thomas Becon,~1567년 9월 26일)····················337
　　에드워드 데링(Edward Deering. B.D.)····································337
　　토마스 알드리히(Thomas Aldrich)··338
　　토마스 레버(Thomas Lever B.D.~1577)·································338
　　윌리엄 휘팅햄(William Whittingham.A.M, 1524.~1579년 6월 10일)········339

라우란스(Mr. Lawrance, ~) ··· 340
요한 핸드슨(John Handson) ··· 340
로버트 라이트(Robert Wright) ······································ 340
버나드 길핀(Bernard Gilpin, B.D.1517~1583.3.4.) ············ 341
존 코핑(John Copping) ·· 341
토마스 언더다운(Thomas Underdown, ~) ······················ 342
존 힐(John Hill) ·· 342
니콜라스 브라운(Nicholas Brown, B.D.) ·························· 342
리차드 크리크(Richard Crich, D.D.) ······························ 343
안토니 길피(Anthony Gilby) ······································· 343
존 에드윈(John Edwin) ··· 344
에드워드 브라이언(Edward Brayne) ······························ 344
바나비 베니숀(Barnaby Benison) ································· 344
윌리엄 레구스(William Negus) ···································· 345
존 스트로우드(John Stroud) ······································· 345
존 브라우닝(John Browning,D.D.) ································· 345
스테판 터너(Stephen Turner) ······································ 345
존 와르드(John Ward) ·· 346
에드문드 로커리(Edmund Rockrey,B.D) ·························· 346
로버트 무어(Robert Moore) ·· 346
토마스 카트라이트(Thomas Cartwright, 1535.12.27.~1603) ······ 346
존 월워드(John Walward:) ··· 348
리챠드 헤이리크(Richard Heyrick:1600~1667) ·················· 348
월터 트레버스(Walter Travers, 1548~1635) ······················ 349
존 우달(John Udal. ~ 1590) ······································ 352
존 페르니(John Perny, 1559~1593년 5월 29일) ················ 354
윌리엄 스미스(William Smyth, 1563~) ··························· 354
존 볼(John Ball,A.M. 1585~1640) ································ 355
제임스 1세 이후 종교 개혁자들 ··································· 357
웨스트민스터 총회 회원들 ··· 357

상원의원(LORDS) ··· 357
알게르논 백작(Algernon, Earl of Northumberland: 1602~1668) ············· 357
베드포드의 백작(William, Earl of Bedford:1613.8.~1700.9.7.) ··············· 358
필립 백작(Philip, Earl of Pembroke:1584.10.10.~1650.1.23.) ············ 360
윌리엄 세실(William Cecil:1591.3.28.~1668.12.3.) ······························· 362
홀랜드의 백작(Earl of Holland: 1590.8.19.~1649.3.9) ······························· 363
맨체스터의 백작(Earl of Manchester: 1602~1671.5.5.) ························ 365
윌리엄 비스카운드(William, Viscount.: 1582.6.28. ~1662.4.14.) ············ 366
필립 와톤 경(Lord Wharton:1613.4.18.~1696.2.4.) ······························· 366
에드워드 하워드 경(Edward Howard: ?~ 1675.4.24) ······························· 367
하원 의원(COMMONERS) ····································· 367
존 셀던(John Selden: 1584.12.16.~1654.11.30) ······································· 367
프란시스 루이스(Francis Rouse:1579~1659.1.) ····································· 368
에드먼드 프리데우크(Edmund Prideaux: ?~1659) ·································· 369
헨리 반 경(Sir Henry Vane: 1589.2.18.~1655.) ·································· 370
존 글린 (John Glynn:1602.~1666.11.5.) ·· 371
존 화이트(John Whyte, Esq. 1575~) ·· 372
벌스트로이드(Bulstrode: 1605.8.6.~1675.7.28.) ····································· 372
험프리 샐로웨이(Humphrey Salway:1575~1652) ·································· 374
세르젠 빌드 씨(Mr. Serjeant Wild:1590~1669) ····································· 374
존 올리버 (Oliver John:1598~1673.12.31.) ·· 375
벤자민 루드야드 경(Sir Benjamin Rudyard:1572~1658.5.31.) ················· 376
존 핌(John Pym:1584~1643.12.8.) ·· 376
존 클로워디 경(Sir John Clotworthy:?~1665) ··· 377
존 메이나드(John Maynard:1602~1690) ·· 378
윌리엄 휠러(William Wheeler:1601~1666)(없음) ································· 379
토마스 바링톤 경(Sir Thomas Barrington:1585~1644)(없음) ················· 379
월터 영(Walter Young: 1579~1649) ·· 379
성직자들(Divines) ··· 380
1. 허버트 팔머(Hebert Palmer:. 1601~1647) ··· 380

2. 올리버 보웰스(Oliver Bowles: 1584~1674) ··381
3. 헨리 윌킨슨(Henry Wilkinson) ···382
4. 토마스 발렌틴(Thomas Valentine) ···383
5. 윌리엄 트위스(William Twisse:1578~1646.7.19) ···································384
6. 윌리엄 레이너(William Rayner: 1595~1666) ··385
7. 한니발 가몬(Hannibal Gammon: 1582~1646) ·····································386
8. 야스퍼 혹은 가스퍼 힉스(Jasper or Gasper Hicks: 1605~1677) ··········387
9. 여호수아 호일(Joshua Hoyle) ··387
10. 윌리엄 브리지(William Bridge) ···388
11. 토마스 윈콥(Thomas Wincop)(없음) ··390
12. 토마스 굿윈(Thmas Goodwin) ···390
13. 존 레이(John Ley, of Budworth:1583~1662) ····································392
14. 토마스 케이스(Thomas Case:1598~1682.5.30.) ·······························393
15. 존 핀(John Pyne, of Bereferrars)(없음) ··394
16. 프란시스 위덴(Francis Whidden:1559~1656)(없음) ·························394
17. 리차드 러브(Richard Love:1596~1661) ··394
18. 윌리엄 구지(William Gouge:1578.12.25~1653.12.12) ····················395
19. 랄프 브라운리그(Ralph Brownrigg:1592~1659) ································396
20. 사무엘 와르드(Samuel Ward:1572~1643) ···397
21. 존 화이트(John White:1574~1648) ··398
22. 에드워드 펄(Edward Peale:1595~1645) ··399
23. 스테판 마샬(Stephen Marshal:1594~1655) ······································399
24. 오바댜 세드위크(Obadiah Sedgewick:1600~1658) ··························401
25. 토마스 카터(Thomas Carter) ···402
26. 피터 클라크(Peter Clarke) ··402
27. 윌리엄 메이(William Mew:1602~1669) ···403
28. 리차드 카펠(Richard Capel:1586~1656) ··403
29. 데오도레 바더스트(Theodore Bathurst:1587~1652) ·························404
30. 필립 나이(Philip Nye:1596~1672) ··404
31. 피터 스미스(Peter Smith:1586~1653)(없음) ····································405

32. 코넬리우스 버게스(Cornelius Burgess:1589~1665) ·················· 405
33. 존 그린(John Green, of Pencombe) ························· 406
34. 스텐리 고워(Stanely Gower:1600~1660) ····················· 407
35. 프란시스 테일러(Francis Tayler:1589~1656) ················· 407
36. 토마스 윌슨(Thomas Wilson:1601~1653) ···················· 408
37. 안토니 터크니(Anthony Tuckney:1599~1670) ················ 410
38. 토마스 콜레만(Thomas Coleman of Bliton: 1598~1647) ······ 411
39. 찰스 헐(Charles Herle:1598~1659) ························· 412
40. 리차드 헤리크(Richard Herrick:1600~1667) ·················· 413
41. 리차드 클래톤(Richard Clayton:1597~1671) ·················· 414
42. 조지 깁스(George Gipps:1590~1654) ······················ 415
43. 칼리부트 다우닝(Calibute Downing:1604~1644) ·············· 415
44. 예레미야 버로우(Jeremiah Burroghs:1599~1646) ············· 415
45. 에드먼드 칼라미(Edmund Calamy:1600~1666) ··············· 416
46. 조지 워커(George Walker:1581.~) ·························· 417
47. 조셉 칼(Joseph Carl:602~1673) ···························· 417
48. 라자루스 시멘(Lazarus Seaman:1607~1675) ················· 418
49. 존 해리스(John Harris:1588~1658) ························· 421
50. 조지 몰레이(George Morley:1597~1684) ···················· 421
51. 에드워드 레이놀즈(Edward Reynolds:1599~1676) ············· 422
52. 토마스 힐(Thomas Hill:1602~1653) ························· 423
53. 로버트 샌더슨(Robert Saunderson: 1587.9.19.~1663.1.29.) ··········· 423
54. 존 폭크로프트(John Foxcroft:1595~1662) ···················· 424
55. 존 잭슨(John Jakson: 1600~1648) ·························· 424
56. 윌리엄 카터(William Carter) ······························· 424
57. 토마스 쏘로우굿(Thomas Thoroughgood:1595~1669) ········ 425
58. 존 애로스미스(John Arrowsmith:1602~1659) ················ 426
59. 로버트 해리스(Robert Harris:1578~1658) ··················· 427
60. 로버트 크로스(Robert Cross:1606~1683) ···················· 428
61. 제임스 어셔(James Usser:1581~1656) ······················ 429

62. 마티아스 스타일(Matthias Styles:1591~1652)(없음) ··················431
63. 사무엘 깁슨(Samuel Gibson:~1580)(없음) ·······················431
64. 예레미야 화이테커(Jeremiah Whittaker:1599~1654) ············431
65. 에드먼드 스토운톤(Edmund Staunton: 1600.10.20~1671.7.14) ······431
66. 다니엘 피틀리(Daniel Featley:1582.3.15~1645.4.17) ············433
67. 프란시스 콕(Francis Coke:1600~1682)(없음) ····················434
68. 존 라이트푸트(John Lightfoot:1602~1675) ·······················435
69. 에드워드 코베트(Edward Corbet:~1658) ························437
70. 사무엘 힐더샘(Samuel Hildersham:1594~1674)(없음) ············437
71. 존 랭글리(John Langley:~1657) ·································437
72. 크리스토퍼 티스달(Christopher Tisdale:1592~1655) ···········438
73. 토마스 영(Thomas Young:1587~1655.11.28) ····················438
74. 존 필립스(John Philips: 1585~1663) ·····························439
75. 험프리 챔버스(Humphrey Chambers: 1599~1662)(없음) ········439
76. 존 코난트(John Conant: 1608~1694) ···························439
77. 헨리 홀(Henry Hall: 1604~1644) ·································440
78. 요시아 슈트(Josias Shute:1588~1643) ···························441
79. 헨리 스쿠더(Henry Scudder: ~1675) ···························441
80. 토마스 베일리(Thomas Bayley: 1581~1663) ···················442
81. 벤자민 픽커링(Benjamin Pickering: 1620~1649) ···············442
82. 헨리 나이(Henry Nye, of Clapham:1589~1643)(없음) ··········443
83. 아쳐 살라웨이(Arthur Sallaway:1606~) ······················443
84. 시드락 심슨(Sidrach Simpson: 1600~1655) ·····················443
85. 앤토니 버게스(Anthony Burgess:~1664) ·······················444
86. 리차드 바인스(Richard Vines:1600~1655.2.7.) ················445
87. 윌리엄 그린힐(William Greenhill: 1597~1671) ·················446
88. 윌리엄 모레톤(William Moreton:~1643)(없음) ··················446
89. 리차드 버클레이(Richard Buckley:1608~1653)(없음) ···········446
90. 토마스 템플(Thomas Temple) ····································447
91. 시므온 애쉬(Simeon Ashe: ~1662) ······························447

92. 윌리엄 니콜슨(William Nicholson: 1591~1672)······448
93. 토마스 카테이크(Thomas Cataker:1574~1654)······449
94. 제임스 웰디 혹은 웰비(James Weldy:~1643)(없음)······451
95. 크리스토퍼 파실리(Christopher Pashly)(없음)······451
96. 헨리 토저(Henry Tozer:1602~1650)······451
97. 윌리엄 스퍼스토(William Spurstow)······451
98. 프란시스 체이넬(Francis Cheynell:1608~1665)······452
99. 에드워드 엘리스(Edward Ellis:1603~1650)(없음)······452
100. 존 해켓(John Haket: 1592~1670)······452
101. 사무엘 데 라 플레이스(Samuel de la Place)······452
102. 존 데 라 마르크(John de la March)······453
103. 매튜 뉴코멘(Matthew Newcomen)······453
104. 윌리엄 리포드(William Lyford:1598~1653)······453
105. 윌리엄 카터(William Carter:1605~1658)······454
106. 윌리엄 랑스(William Lance)(없음)······454
107. 토마스 핫지(Thomas Hodges:1600~1672)······454
108. 앤드류 페른(Andrew Perne: 1595~1654)······454
109. 토마스 웨스트필드(Thomas Westfield:1573~1644)······455
110. 헨리 해몬드(Henry Hammond:1605.8.18.~1660.4.25.)······456
111. 니콜라스 프로페트(Nicholas Proffet:1599~1669)······456
112. 피터 스테리(Peter Sterry:1613~1672)······456
113. 존 에릴(John Erile:1601~1665.11.7.)······457
114. 존 깁본(John Gibbon)······457
115. 헨리 페인터(Henry Painter)······458
116. 토마스 미클레드웨이트(Thomas Micklethwaite:c~1663)······458
117. 존 윈콥(John Wincop: 1602~1647)(없음)······458
118. 윌리엄 프라이스(William Price)······458
119. 헨리 윌킨슨(Henry Wilkinson)······458
120. 라차드 홀스워드(Rihard Holdsworth:1590~1649.8.22.)······459
121. 윌리엄 던닝(William Dunning:~1559)(없음)······459

125. 다니엘 코드레이(Daniel Cawdrey:1588~1664)·············459
128. 윌리엄 굳(William Good:~1600)·····················460
131. 존 와르드(John Ward:1606~1693)···················461
139. 사무엘 볼튼(Samuel Bolton:1606~1654.10.15)·········462
스코틀랜드 총대들(SCOTTISH MEMBERS)······················462
  평신도 혹은 장로들(Lay Assessors or Elders)···············462
    존 메일랜드 경(John, Lord Maitland 1st)···············462
    아치발디 요한슨 경(Sir Archibald Johnston)·············463
  사역자들(Ministers)····································464
    알렉산더 헨더슨(Alexander Henderson:1583~1646. 8.19.)·····464
    사무엘 러더포드(Samuel Rutherford:1600~1661.3.29)········467
    조지 길레스피(George Gillespie:1613.1.21~1648.12.16)······470
    로버트 발리에(Rober Baillie:1602.4.30~1662.8.)············472
  서기관 혹은 서기들(SCRIBES OR CLERKS)·················473
    헨리 로보로우(Henry Roborough)·····················473
    아도니람 비필드(Adoniram Byfield)····················474
    존 왈리스(John Wallis, 1616~1703.10.28.)···············474
뉴잉글랜드 사역자들······································475
  존 코튼(John Cotton, 1584.12.4.~1652.12.23)··············475
  존 다벤포트(John Davenport, 1597.4.~1670.3.15)···········477
Bibliography···479

대영 제국 장로교회사

[개 관]

　원래 잉글랜드와 스코틀랜드는 17세기까지 서로 독립된 다른 국가였다. 그러다가 17세기 이후, 하나의 국가로 통합을 이루게 되어 지금의 브리튼 왕국이 되었다. 그러므로 영국의 교회사는 두 나라의 교회사를 함께 기술하는 것이 합당하다. 그런데 잉글랜드와 스코틀랜드의 종교 개혁의 역사는 그 시작과 전개 과정이 매우 다르다. 잉글랜드의 종교 개혁은 헨리 8세의 수장령을 통하여 국교회적인 교회 체제로 발전하였다. 그러한 국교회적인 교회 개혁은 퓨리탄들에게 큰 고통이 되었다. 결국 잉글랜드 국교회는 엘리자베스 여왕 시대 더욱 엄밀한 종교 개혁을 요구하던 퓨리탄들과의 충돌로 이어졌다. 엘리자베스 여왕은 고답적인 종교 정책으로 재위 시절을 지냈다. 그러나 다음 계승자인 제임스 1세 시대에 와서 국교회를 그대로 유지하려는 왕과 더욱 엄밀한 종교 개혁을 열망하였던 퓨리탄들 사이에 종교적인 갈등이 첨예하게 대립되었다. 원래 스코틀랜드 국왕이었던 제임스 1세는 엘리자베스 사후에 잉글랜드 국왕도 겸직하게 되었다. 제임스 1세는 스코틀랜드에 왕으로 있을 때 외형적으로 나마 장로교회적인 교회 제도를 인정하였으나 잉글랜드 왕이 되고 나서 돌변하였다. 이는 국교회 체제가 왕의 교회 지배를 더욱 쉽게 하기 때문이었다. 제임스 1세의 국교회적 종교 정책은 그 다음 계승자 찰스 1세에 의하여서 더욱 강화되었고, 그것은 급기야 왕당파와 의회파로 나누어져서 잉글랜드가 내전을 치르게 되는 상황으로 까지 발전한다. 그러나 전쟁은 의회파의 승리로 끝나고 왕당파는 몰락한다. 그때 잉글랜드 의회 의원이었던 독립 교회주의자 올리버 크롬웰이 철기군을 이끌고 왕당파 군대를 패배시켰다. 그리고 찰스 1세를 처형시켰다. 이 사건을 계기로 잉글랜드 종교 개혁의 성격은 변질되었다. 순수해야 할 종교 개혁의 성격이 독립교회주의자였던 올리버 크롬웰에 의하여 세속 권력 다툼 형태로 오염되었다. 이것은 분명 개혁의 몰락이었다. 그 이후에 잉글랜드의 종교 개혁은 실패의 길로 들어서게 된다. 올리버 크롬웰이 죽은 이후 처형당한 찰스 1세의 아들 찰스 2세가 왕위로 복위한 뒤에 비국교도(Nonconformist)들에 대한 대대적 핍박이 있게 되고 잉글랜드 종교 개혁은 근원적으로 무너지게된다. 그런데 비국교도에 대한 핍박 때 잉글랜드 교회가 맥없이 무너지게 된 것은 이미 올리버 크롬웰의 청교도 혁명시기에 잉글랜드 교회가 매우 심하게 분파주의적 교회로 변질되어 버렸기 때문이다. 그것은 종교 자유주의이다. 모든 분파주의자들의 난립을 허용하면서 올리버 크롬웰 집권시기에 잉글랜드 교회는 건전한 종교적 기반이 다 무너졌다. 매우 무질서한 분파주의적 교회 현장이 되어버렸다. 왕정복고 비국교도에 대한 가공할 핍박으로 취약해진 잉글랜드 교회는 철저하게 고교회적인 의식 중심의 로마 카톨릭 교회 형태로 몰락해 버렸다. 이것은 종교 개혁의 후퇴였다. 잉글랜드 교회 안에 장로주의는 그러한 일련의 세속적인 권력 다툼 가운데 비국교도로 분류되어서 잉글랜드 교회 역사 가운데 사라졌다.

그러나 스코틀랜드의 종교 개혁은 잉글랜드와 달랐다. 스코틀랜드는 시작부터 시민들의 독자적인 종교 개혁의 열망에 의하여서 왕에 대한 저항의 방식으로 종교 개혁이 시작되었고 발전하였다. 그리고 그러한 왕에 대하여서 저항적인 형태의 종교 개혁은 국민 언약(National Covenant: 1638년)을 통하여서 시민 혁명의 형태로 발전하였다. 이러한 스코틀랜드의 종교 개혁은 의회 중심의 국민 교회로 발전하게 되었고 잉글랜드 국교회의 크나큰 핍박이 있었지만 살아남았다. 그러한 연유로 스코틀랜드 장로교회는 18세기 이후까지도 지속적으로 장로교회적인 형태로 남아 있을 수 있게 되었다. 그리고 스코틀랜드의 장로 교회의 정치 형태는 북 아일랜드의 얼스터 지방을 중심으로 하는 아일랜드 장로 교회로 발전하였고 그 북아일랜드 얼스터 지방 장로 교도들이 신대륙으로 이주하면서 신대륙 미주 장로교회가 세워질 수 있었다. 그럴 뿐만 아니라 지금도 여전히 스코틀랜드 장로 교회는 장로 교회적인 교회의 전통을 유지해 오고 있다. 스코틀랜드 교회는 의회에서 웨스트민스터 신앙 고백을 스코틀랜드 장로교회의 정식 신앙 고백으로 채택하면서 더욱 장로교회적인 교회 체제로 나아갔다. 웨스트민스터 표준 문서의 채택으로 스코틀랜드 장로 교회는 더욱 철저한 장로교회로 발돋움 할 수 있었다.

웨스트민스터 표준 문서는 잉글랜드에서 엘리자베스 이전에부터 대륙의 개혁주의의 영향으로 퓨리탄주의가 발생하게 되었고 엘리자베스 여왕시기에 더욱 광범위하게 잉글랜드 안에 확산되었고 그때 확산된 퓨리탄들이 웨스트민스터 사원에 모여서 결정한 웨스트민스터 표준 문서는 개혁 교회 역사에 있어서 가장 엄밀한 신앙 고백서가 되었다. 웨스트민스터 신앙 고백서는 개혁 교회 역사에 있어서 가장 엄밀한 신앙 고백서이다.

제 1 부 헨리 8세 부터 엘리자베스 시대까지 종교 개혁사

[개   관]

잉글랜드의 종교 개혁은 튜더 왕조의 헨리 8세와 로마 카톨릭과의 정치적 문제로 발생하였다. 헨리 8세는 자신의 아내와 이혼 문제로 로마 가톨릭과 갈등을 겪게 되었고 급기야 로마 카톨릭을 몰아내고 국교회라는 형태의 개신교적인 종교 개혁을 시도하기에 이른다. 그는 수장령을 발표하여서 그 자신이 영국 국교회의 수장이 된다. 그렇게 개신교회적으로 개혁된 영국 국교회는 헨리 8세의 계승자였던 에드워드 6세 때 이르러 더욱 개혁 주의적인 교회로 나아가게 되었다. 그러나 에드워드 6세가 짧은 생애를 살게되면서 많은 결실을 보지 못하였다. 그 다음 계승자인 피의 메리 치세에 영국 땅에 개혁 교회 역사는 큰 어려움을 겪게 된다. 그것은 그 다음으로 등극한 메리 여왕이 철저한 로마 카톨릭주의자였기 때문이다. 그녀는 잉글랜드를 스페인과 같은 로마 카톨릭 국가 교회로 만들고자 많은 개신교도들을 핍박하였다. 그리고 이러한 개신교도들에 대한 영국 여왕 메리의 핍박은 그녀로 하여금 피의 메리라고 하는 별칭을 갖게 하였다. 그러나 다행히도 그렇게 오랜 기간 통치하지 못하고 그 다음으로 그녀의 이복 동생 엘리자베스 1세 여왕이 등극하면서 퓨리탄들에 대한 박해는 거의 없었다.

이러한 시기 스코틀랜드의 종교 개혁자 존 낙스는 더욱 장로교회로 발전할 수 있는 체계를 제네바에서 배우게된다. 제네바에서 존 낙스는 요한 칼빈과 데오도레 베자와 교제하면서 좀더 엄밀한 개혁주의 신학을 배우게 된다. 그리고 존 낙스의 귀향 이후에 잉글랜드에서는 퓨리탄주의가 보편화고 잉글랜드의 여왕 엘리자베스와 자주 충돌하게 된다. 스코틀랜드에서는 존 낙스의 후계자 앤드류 멜빌에 의하여서 장로 교회적인 교회로 나아가게 된다.

제 1 장 헨리 8세로부터 에드워드 6세까지 잉글랜드 종교 개혁

(1) 헨리 8세의 종교 개혁

영국은 이미 15세기에 위클리프에 의하여서 로마 카톨릭에 대하여 신앙적인 저항을 하였던 나라이다. 그러나 위클리프 이후에 그렇다할 균열이 없다가, 잉글랜드 왕실과 로마 교황청 간에 이혼 문제가 발단이 되어서 잉글랜드 교회는 로마 카톨릭과 결별을 하게 된다. 이것은 참으로 이상한 경우에 해당한다고 할 수 있다.

잉글랜드가 종교 개혁을 국가적으로 시도하던 시대는 헨리 7세의 아들인 헨리 8세(1509~1547) 시대이다. 그의 시대에 잉글랜드 교회는 국교회라고 하는 독특한 형태의 개신교회를 이루게 된다. 잉글랜드 왕 헨리 8세는 1509년 즉위하였다. 그는 그의 형 아서가 1502년에 사망을 하였을 때에 잉글랜드 법에 의하여서 부왕의 미망인이 된 형수 캐서린과 결혼을 하여야 하였다. 그의 나이 겨우 18세였다.[1] 이 결혼은 후에 잉글랜드 교회에 중대한 전환을 가져오는 결과를 초래하였다.

헨리 8세는 인상적인 지성적 능력과 그것을 실행할 의지를 가지고 있었던 인물이었다. 그는 스콜라 신학에 관심을 가지고 있었으며 거의 신학자 수준이었다. 그는 동정심 많은 인문주의자였고 대중적인 왕이었으나 이기주의자였고 강팍한 성격을 가지고 있었다. 그의 이러한 정신적 상태는 잉글랜드 교회사에 독특한 이력을 남기게 된다.

헨리 8세는 1509년 왕위 계승과 함께 아라곤의 캐서린과 결혼을 하게 된 이후에 캐서린과의 사이에서 6명의 아이를 낳았음에도 불구하고 오직 메리 공주만이 (1516년 출생) 살아남았다.[2] 그러나 헨리 8세는 튜더 왕조를 이어갈 남자 상속자를 얻고자 하였다.[3] 그런데 1527년 이후 캐서린은 임신 연령이 넘어갔다. 결국 헨리 8세는 다른 아내를 얻으려 하였다. 그런데 1525년 부터 헨리 8세는 앤 볼린

---

1) Williston Walker, **A History of the Christian Church, 4th edition, Scribner,** 1985. p. 483.
2) Ibid., p. 483.
3) Thomas M. Lindsay, **A History of the Reformation. vol.2,** WSP, 1999. p. 323.

(Anne Boleyn)에게 점차적으로 관심을 갖게 되었다. 그런데 앤 볼린과 결혼을 하기 위하여서는 그의 아내 캐서린과 이혼을 해야 했다. 그러나 그의 아내 캐서린은 단호하게 부정적 태도를 취하였다.4) 그러므로 아내 캐서린과 이혼을 하려면 로마 교황청의 허락을 받아야 했다. 로마 교황청은 왕의 이혼을 허락하지 않았다. 그때, 헨리 8세는 잉글랜드 교회의 추기경으로 있었던 그의 신하 울세이(Woolsey)를 이혼 문제의 협상자로 내세웠으나 그렇다할 성과를 얻지 못하였다. 그러자 이 문제를 좀 더 효과적으로 수행할 추기경을 세우고자 추기경 울세이를 직위 해제 시켜 버렸다. 왜냐하면 울세이는 직접 교황청으로부터 임명을 받은 추기경이기 때문이다. 그것이 로마 교황청과의 협상에 효과적일 수 없었다. 1529년 울세이를 대신하여서 토마스 모어(Thomas More)가 추기경이 되었다. 그리고 헨리 8세는 그를 대법관의 자리에 두었다. 1530년 헨리 8세는 캐서린에 대한 왕의 결혼에 대한 법적 근거를 뒤집어 버렸다. 1531년 모든 성직자들에게 '프래문니레'(Praemunire)라는 오래된 제도의 파괴를 명령하였다. 그리고 그는 모든 로마 카톨릭 성직자들에게 왕에게 충성을 할 것을 다짐하였다.5) 그는 잉글랜드 교회를 로마 교황청의 간섭으로부터 배제시키고자 스스로 교회의 수장을 자처하기에 이르렀다. 그것이 '수장령'(Acts of Supremacy: 1531)이다. 헨리 8세 이후에 잉글랜드 교회는 로마 카톨릭으로부터 어떠한 간섭도 받지 않고 왕이 직접 잉글랜드 국교회의 성직자들과 교회의 행정에 관여하는 제도로 전환되었다.

1532년 잉글랜드 의회가 개회되고 왕은 이 의회로부터 잉글랜드 국교회의 수장이라는 권위를 부여 받는다. 1532년 5월 15일에 왕은 성직자을 소환하여서 회의(convocation)를 개최하여서 '성직자들의 복종서'(Submission of the Clergy)라는 칙서에 서명할 것을 성직자들에게 강요하였다. 그것은 왕이 모든 성직 서임권을 가지며, 교회의 실질적인 지배자가 되는 것을 의미하는 것이다. 이 즈음에 잉글랜드 교회사에서 매우 중요한 한 인물이 등장하게 된다. 그는 토마스 크랜머(Thomas Cranmer)였다. 1532년 성직자 회의를 주관하였던 대주교 와르햄(Warham)이 죽자, 그 다음으로 토마스 크랜머가 대주교로 임명되었다. 크랜머는 철저하게 국교회 신봉자였다. 그는 왕이 교회를 지배하는 것이 합당하다고 생각하였다.6) 크랜머는 국교회의 정비를 위하여서 여러 가지를 결정하고 시행하였다. 그

---

4) Williston Walker, p. 484.
5) Ibid., p. 484.

중에서 왕의 명령으로 로마 교황청에 헌납하였던 성직 취임세(annate)를 폐지하였다. 1533년 의회는 왕의 수장권을 더욱 공고히 하기 위하여서 대주교가 로마 교황청의 어떠한 종교적인 사안도 논의하는 것을 금지하는 법을 통과시켰다. 이것이 '상소 금지 법령'(Act of Restraint of Appeals)이다. 결국 1533년 1월 25일 헨리 8세는 앤 볼린과 결혼 할 수 있었다.

1534년 잉글랜드 의회는 더욱 강력한 교회 지배의 법령을 제정하였다.

1. 교황에게 납세 지불을 금지한다. 그래서 어떤 수입의 첫 부분도 교황에게 헌납될 수 없다.

2. 로마의 주교에게 베드로의 페니의 지불을 금지한다. 교황에게 모든 청원을 금지한다.

3. 왕위 계승법에 대하여서 선왕의 미망인을 아내로 맞이하는 것을 철폐한다. 그래서 선왕의 아내였던 캐서린과 헨리 8세의 결혼은 무효이고 앤볼린과의 결혼은 유효하다.

4. 수장령은 왕이 잉글랜드 교회의 수장이 된다는 것이다. 그는 교회를 방문하여서 부당한 교권을 교정한다.

5. 반역죄란 수장령을 거부하는 것을 포함한다.[7]

왕과 의회는 교황의 권위와 혜택권과 세입 등을 잉글랜드 교회로부터 제거하였다.[8]

이 시기에 잉글랜드로 이미 독일의 루터의 종교 개혁 정신이 전파되었다. 그래서 루터나 멜랑히톤, 그리고 여러 다른 개혁자들의 저서들이 출판 되기에 이른다. 1527년 윌리엄 틴달은 신약 성경을 영어로 역본하였다. 그리고 안트워프에서 그것을 출판하였다. 그 당시에는 성경을 영어로 번역하는 것이 금지되어 있었다. 그러나 이미 보급된 신약 성경 틴달 영역본은 대중들에게 매우 신속하게 확산되었다. 주교들은 그것을 정죄하였다. 대중들은 영역본을 금지시키는 왕에게 불만을 가지게 되었다. 그러므로 이미 확산된 영역본 성경은 더 이상 막는다는 것이 불가능하게 되었다. 주교들이 그것을 수집해서 불살랐으나 잉글랜드인들 중에서는 사적으로 지인들과 친구들을 통하여서 복사를 하여 돌렸다. 결국 이러한 움직임들은

---

6) Thomas M. Lindsay, p. 329.
7) Ibid., p. 331.
8) Daniel Neal, **The History of the Puritans, vol.1**. London, 1827, p. 9.

교구 회의에서 성경 전체를 영어로 번역하자는 의견까지 나오게 되었다. 그러나 옛 성직자들은 그것을 반대하였다. 그들은 말하기를 지금 이 나라에는 많은 분파들에 의하여서 교회가 좌우 되고 있다고 하면서 그것은 독일로부터 계속 유입되고 있다고 우려하였다. 그리고 일반 교인들은 성경에 대한 적절한 판단을 할 수 없다고 말하였다. 그에 대하여서 일반 대중들은 대답하기를 성경은 대중 언어로 기록이 되었으며 주님께서도 잘못된 유대교에게 성경으로 돌아가라고 말씀하셨다. 지금 신자들에게는 자국어 성경이 필요하다고 역설 하였다. 연로한 주교들은 그러한 움직임에 대하여서 혐오하였다. 그러나 개혁가들은 윌리엄 틴달의 영어 성경을 선호하였다. 영역본 신약 성경이 1532년 함부르크에서 재출판 되었다. 헨리가 캐서린 다음으로 얻었던 왕비 앤 볼린의 몰락은 개혁에 대하여서 매우 큰 피해를 주었다. 그녀는 덕있고 경건한 여자였다. 그러나 약간 과장되고 무분별하였다. 교황청은 그녀의 종교적 성향으로 인하여 그녀를 좋아하지 않았다. 앤 볼린은 엘리자베스라는 딸을 낳았는데 헨리 8세는 앤볼린이 딸을 낳은 것으로 인하여서 그녀를 멀리 하였다. 그녀는 불륜을 저질렀고 결국 왕의 미움을 사서 지하 감옥에 갇히고 참수형을 당하였다. 왕은 세 번째 왕비를 맞이한다. 그녀가 제인 시모어이다. 그녀는 나중에 헨리 8세를 이어서 왕이 될 에드워드 6세를 낳는다.9)

1536년 7월 12일 잉글랜드 왕은 모든 주교들에게 칙령을 내렸다. 그것은 그해 9월 29일 미카엘 축일까지 설교하지 말 것에 대한 것이다.

그는 칙령에서 다음과 같은 개혁안을 내놓았다.

1. 모든 설교자들은 성경과 세 개의 신조들 사도 신조, 니케아 신조, 아타나시우스 신조를 믿도록 사람들을 가르쳐야 한다. 이것들에 따라서 모든 종교적인 것을 해석해야 한다.

2. 세례는 그리스도에 의하여서 제정된 성례이다. 그것은 구원에 있어서 필수적이다. 유아들은 원죄의 용서를 위하여서 세례를 받아야 한다. 그리고 재세례파와 펠라기우스주자들의 견해들은 혐오할 이단적 견해들이다.

3. 참회는 자애의 사역과 함께 통회와 자복 그리고 삶의 교정이다. 이것은 구원에 필요하다. 하나님의 자비 안에서 믿음을 더해야 한다. 그것을 통해서 하나님께서는 무가치하고 아무 공로가 없는 우리를 용서하시고 의롭다 하신다. 그러므로 오직 그리스도의 보혈의 공로에 의지하여서 성도들은 구원을 받는다. 그럼에도 불

---

9) Ibid., p. 15.

구하고 사제에 대한 고해성사는 필요하다. 사제의 절대성은 그가 오직 하나님의 말씀에 부합하여서 행동할 때이다. 비록 우리가 오직 그리스도의 만족에 의하여서 의롭게 된다 하여도, 여전히 신자들은 선행의 필요성에 대하여 가르침을 받아야 한다.

4. 성찬대에서 성례는 떡과 포도주의 형태로 시행되어야 한다. 거기에는 동정녀에게서 태어나셨던 그리스도와 동일한 몸으로 실재적으로 실체화되었다.

5. 칭의는 죄의 사죄를 의미한다. 그리고 그리스도 안에서 본성의 완전한 쇄신이다.

6. 형상 숭배에 대하여서, 그것들을 사용하는 것은 성경으로부터 경계를 받는다. 그것은 신자들의 헌신을 유도하는 기능이 있다. 그러므로 형상을 교회 안에서 세워야 한다. 신자들이 그것 앞에 무릎을 꿇거나 예배를 하는 것은 금지한다. 그것은 하나님을 섬기는 것이 아니라 우상을 섬기는 것이다.

7. 성인들의 숭배에 대하여서 그들은 하나님으로부터 오직 은혜를 받은 자들이다. 그들의 덕을 가르치는 것은 하나님을 드러내기 위하는 것이다.

8. 성인들에게 기도하는 것에 대하여서, 그것은 좋은 것이다.

9. 의식들에 대하여서, 신자들은 선하고 합법적으로 의식을 행하여야 하는 것을 배워야 한다. 의식들 안에서 신비한 의미가 있다. 하나님께 예배 할 때 성직자는 가운을 입어야 한다. 세례시에 성수를 뿌려야 한다. 거룩한 떡은 그리스도에 대한 우리의 연합을 의미한다. 등불의 날은 빛 되신 그리스도를 생각하고 지켜야 한다. 주일은 예수께서 예루살렘으로 입성하실 때 우리의 마음으로 그리스도를 영접함을 보여주기 위하여서 시편을 노래해야 하고 성 금요일에는 그리스도의 죽으심의 기억 안에서 그것이 입맞추어야 한다.10)

이러한 헨리 8세의 칙령으로 볼 때에 헨리 8세의 종교 개혁은 여전히 구태 의

---

10) Ibid., p. 16:'대체로 옛 로마 카톨릭으로부터 개혁을 시도하는 내용이지만 몇가지 점에서 로마 카톨릭의 한계를 벗어나지 못한다. 그것은 첫 번째 고해 성사의 필요성을 역설한 것이다. 그것은 개혁교회에서 폐지되었다. 그리고 유아 세례에 대한 매우 큰 오해가 있다. 유아 세례가 은혜 언약의 통일성에 기초한 것임을 모르고, 원죄의 용서라는 측면에서 접근하고있다.그리고 자칫 오해가 될 소지는 의롭게 되는 것이 믿음을 통하여서 뿐만 아니라 어느 정도의 선행이 필요하다고 하여서, 펠라기우스주의로 가는 그러한 입장들이 보인다. 그리고 맨 마지막으로 성찬식에 있어서 화체설을 주장함으로서 결정적으로 로마 카톨릭과 동일한 입장을 취했다. 형상 숭배에 대하여서 반대하지만, 그것이 교회 안에 있어야 한다고 말한다. 여러 절기들을 지켜야 한다고 하는 이론들은 여전히 개혁 교회 교리와 다른 것이다.'(역자 주)

연한 종교 개혁이었다. 그것은 로마 카톨릭으로부터 벗어나지 못한 상태에서의 정치적인 쟁점을 가지고 종교를 피상적으로 개혁한 것이다. 특히 "사제에 대한 고해성사는 필요하다."라고 한 부분과 "성찬대에서 성례는 떡과 포도주의 형태로 시행되어야 한다. 거기에는 동정녀에게서 태어나셨던 그리스도와 동일한 몸으로 실재적으로 실체화되었다."라고 하는 부분은 여전히 로마 카톨릭 교리가 그대로 묻어 나있다. 이 칙령은 캔터베리의 대주교에 의하여서 서명되었고 17명의 주교와 40명의 대수도원장과 사제들 그리고 40명의 수석 집사들과 더 낮은 평의회의 감독관들에 의하여서 서명되었다. 그 칙령은 왕의 명령으로 출판되었다.

이제 왕은 의회를 소집하였다. 그리고 잉글랜드 국교회 수장으로서 다음과 같은 법령을 작성하였다.

1. 성직자는 신자들에게 로마의 주교는 성경에 근거가 없으며, 왕이 하나님의 법에 따라서 수장이 되었다고 공표 할 것이다.

2. 3. 그들은 왕을 세우는 교리에 대한 논문을 발표할 것이다. 그와 같이 왕들의 선언들은 추수의 때에 어떤 축일을 폐지하는 것이다.

4. 성직자는 신자들로 성인들에게 순례를 하는 것을 단념하도록 설득하라. 그리고 가정에서 마음으로 가족들과 머물러 있도록 격려하다. 그리고 하나님의 명령을 지켜라.

5. 그들은 주의 기도문과 신조와 십계명을 영어로 그들의 아이들에게 가르치라고 하라.

6. 성례가 그들의 교구에서 시행 될 때에 주의깊게 시행하라.

7. 성직자들은 술집과 노래방을 가지 말 것이다. 그리고 게임을 오래하지 말 것이다. 그리고 그들은 성경의 연구와 선한 삶에 그들의 삶을 두어라.

8. 존재하지 않는 한해에 20명의 성직록은 가난한자들에게 그 성직록의 전체 40을 주어라.

9. 모든 100명의 현재 재직중인 대학의 학자들은 그 수를 유지하라.

10. 만약 오래되어서 목사관을 수리할 때 드는 비용은 생활비의 다섯 번째 부분을 차지 한다.

왕의 권위로 루터와 위클리프에 속한 자들은 한 해에 약간의 수가 화형 당했다.11) 그 해에 이것은 책으로 출판되었다. 그것은 기독교인들의 삶에 대한 것이다.

---

11) Ibid., p. 19.

이 책은 주교의 책이라고도 불렀다. 왜냐하면 켄터베리 대주교였던 크랜머와 런던의 스토켈리(Stokely)그리고 윈체스터의 가단너(Gardiner of Winchester), 치체스터의 샘숀(Sampson of Chichester), 레프의 노르윅(Repps of Norwich) 그리고 헤레포드의 폭스(Fox of Hereford) 등이 관여했기 때문이다.12)

헨리 8세가 종교 개혁을 시작할 때 이미 대륙에서는 스위스의 쮜리히와 제네바 바젤 그리고 독일을 중심으로 종교 개혁 정신이 계속 잉글랜드로 유입되고 있었다. 비록 헨리 8세의 종교 개혁이 정치적인 성격이었다고 해도 그럼에도 불구하고 대륙의 개혁주의자들의 이념들이 전혀 잉글랜드에 알려지지 않았다고 보기는 어렵다. 오히려 더욱 편만하게 잉글랜드 땅에도 종교 개혁의 정신이 심기워졌으며 그러한 토양으로 인하여서 헨리 8세는 과감하게 국교회적인 종교 개혁을 단행할 수 있었다. 그러나 헨리 8세가 이루어 놓은 잉글랜드 국교회의 종교 개혁은 매우 정치적이어서 대륙의 종교 개혁의 정신이 심어지기에는 오히려 큰 장애물로 남게 되었다. 무엇보다 헨리 8세 본인은 여전히 로마 카톨릭 사상 가운데 살았다. 그러므로 헨리 8세가 세운 국교회는 엘리자베스 여왕의 시기에 이미 성숙하게 자란 잉글랜드 퓨리탄들의 종교 개혁에 크나큰 걸림돌이 되었다.

(2) 에드워드 6세 시대의 종교 개혁

에드워드 6세 치하의 잉글랜드 종교 개혁은 대주교(archbishop) 크랜머(Cranmer)에 의하여서 주도되었다. 처음 대다수 성직자들은 수긍하지 않았다. 그러나 그들은 왕권에 의하여서 강제적으로 인도되었다.13)

1547년 헨리 8세는 숨을 거두었다. 그의 유언에 따라서 아들인 에드워드가 그의 두 명의 누이들을 제치고 왕좌에 올랐다. 헨리는 그의 생애 동안 6명의 아내를 갈아치웠다. 그러나 그 6명의 아내에게서 겨우 3명의 자녀를 얻었을 뿐이다. 첫째 아이는 그의 형수 캐서린과 정략적으로 결혼하여서 낳은 딸 메리이다. 헨리 8세는 왕위 계승권자였던 형의 갑작스런 죽음으로 어쩔 수 없이 형수인 캐서린과 결혼하면서 형의 왕위계승권을 물려받아서 잉글랜드의 왕이 되었다. 그러나 캐서린이 "메리"를 낳고는 더 이상 출산 할 수 없는 상황에 이르자, 이혼을 결심하기에 이른다. 헨리 8세와 캐서린에게서 난 "메리"는 나중에 "피의 메리"라는 별명을 붙을

---

12) Ibid., p. 21.
13) Ibid., p. 29.

정도로 신교도를 핍박하여서 그녀의 통치 시기는 내내 어두웠다.

둘째 아이는 헨리 8세가 아들을 낳고자 그의 형수였던 아내 캐서린과 이혼하고 결혼한 개신교도 앤 볼린에게서 낳은 잉글랜드 역사에 길이 남을 여왕 엘리자베스이다. 엘리자베스는 잉글랜드 역사에 몇 안되는 추앙받는 왕들 중에 하나이다. 그러나 헨리 8세는 앤볼린이 아들을 낳지 못하자 그녀로부터 관심이 식게 되었고, 이런 전차로 하여서 앤볼린이 불륜에 빠지게 되자, 그는 앤볼린을 참수형 시킨다.

그리고 셋째 아이는 그 이후에 재혼한 제인 시모어로부터 얻은 헨리 8세의 유일한 아들 에드워드이다. 에드워드는 나이가 비록 가장 어렸지만 헨리 8세의 유언에 따라서 헨리의 다음 계승자가 된다. 헨리는 이후에도 3명의 아내를 계속 교체하다가 마지막 왕비 캐서린파를 뒤로 하고 유명을 달리하게 된다.

에드워드 6세는 그의 나이 9세에 왕위에 올랐다. 그의 부친 헨리 8세는 헤트포드 경(earl of Hertford)을 왕의 섭정으로 임명하였다. 헤트포드 경은 에드워드 국왕의 외삼촌이었다. 잉글랜드 국법에는 왕세자가 나이 16세가 되기 전에 왕의 자리에 오르면 섭정을 두어서 왕의 나이가 16세가 될 때까지 대리 통치를 하게 하였다. 에드워드도 9세에 왕이 되었기 때문에 그러한 잉글랜드 국법에 따라서 섭정에게 권력을 맡기고 그의 보호 아래에서 통치를 하였다. 헨리 8세는 추밀원(privy council) 회원에 12 인을 두었다. 그리고 이 어린 잉글랜드 국왕에게 닥터 콕(Dr. Cox)이라는 교사를 붙여서 교육을 받도록 하였다. 에드워드 당시에 영국교회 감독들 대다수와 그 아래 성직자들은 로마 카톨릭주의자들이었다. 그러나 정부의 관료들은 많은 자들이 개혁자들의 영향력 아래 있었다. 그래서 헨리 왕의 사후에 감옥에 갇혀 있던 개혁주의적 성직자들이 석방될 수 있었다. 그중에서 닥터 리들레이(Dr. Ridley)를 포함한 개혁주의적 성직자들은 교회 안에 형상들에 대하여서 격렬하게 비판하였다. 그리고 군중들이 동요하기 시작하였다. 그러자 로마 카톨릭 성향의 성직자들은 이러한 사태에 대하여서 경각을 하게 되었다. 그래서 그들은 어린 국왕이 나이가 들 때까지는 헨리 8세의 정책을 유지시켜야 한다고 강력하게 주장하였다. 그러나 개혁주의 자들은 반대하였다. 그들은 주장하기를 왕의 권리는 비록 어려도 성인과 동일하다고 했다. 그들은 설교를 통하여서 사람들에게 개혁주의 교리를 가르쳤다.14) 개혁주의 입장에 섰던 저명한 설교가는 이러하다. 닥터 리들레이(Dr. Ridley)와 닥터 매듀(Dr. Madew), 브리그스 씨(Mr. Briggs) 코

---

14) Ibid., p. 31.

티스포드(Cottisford), 요셉(Joseph) 그리고 파라르(Farrar) 등이다. 기독교 신앙에 대한 설교와 강론들의 책들이 크랜머에 의하여서 수집되어서 출판되었다. 크랜머는 가디너(Gardiner)와 교제하였다.15) 미신적 의식과 절기들과 함께 많은 우상의 기념물들이 철폐를 당하였다. 그리고 더욱 순수한 형태의 예배 지침서가 마련되었다. 그래서 1549년에 공적 예배에 대한 순서가 공동 기도서의 예식서(a Liturgy of Book of Common Prayer)가 의회에 의하여서 작성되었다. 이것은 잉글랜드 교회가 종교 개혁 정신에 한 걸음 더욱 나아가는 것이었으며 그것은 대륙의 개혁자들인 마틴 부쩌와 피터 마터의 영향에 크다. 마틴 부쩌(Martin Bucer)는 크랜머의 초청에 의하여서 스트라스 부르그를 떠나서 캠브리지 대학에 와서 신학을 가르쳤다.16) 그리고 이탈리아의 개혁주의자 피터 마터(Peter Martyr)는 옥스퍼드 대학으로 초청을 받아서 그곳에서 개혁주의 신학을 가르쳤다.17) 피터 마터와 베르나디노 오치노(Ochinus)등과 같은 개혁주의자들의 신학이 엘리자베스 여왕 시대까지 가르쳐졌다.18) 마틴 부쩌는 캠브리지 대학에서 신학을 가르칠 때 예식복을 입는 것과 관련하여서 다음과 같이 의견을 개진하였다. "내가 옥스퍼드에 있을 때, 나는 성가대의 흰 가운(white garment) 사용을 금지시켰다. 그리고 내가 그렇게 한 것에 대하여서 나는 만족한다. 왜냐하면 그러한 모든 가운들은 미신적으로 오용되는 것이기 때문이다. 그리고 그것은 논쟁의 끄나풀만 될 뿐이다. 그러한 것은 법으로 금지되어야 하며, 교회의 권징과 더 철저한 개혁을 해야 한다."19)

1547년 토마스 홉킨스(Thomas Hopkins)는 각 개인들과 교회가 부를 시편송(Psalms)에 대한 편찬 사업에 참여하였다. 그리고 이것은 곧 높은 인기를 누렸다. 이러한 시편송은 게르만과 프랑스의 시편송과 견줄 만하였다. 그것은 사람들 사이에 종교 개혁의 정신을 널리 확장시키는데 기여하였다. 찰스 1세 치하의 대주교 라우드는(Archbishop Laud) 시편성을 부르는 것을 금지시키는 것을 그의 과업으로 알고 그것을 없애려고 광분하였다.20)

1547년 11월 4일에서 12월 24일까지 에드워드 치세에 첫 의회가 열렸다. 그

---

15) Ibid., p. 32.
16) Thomas M. Lindsay, **A History of the Reformation.vol.2.** p. 358.
17) Daniel Neil, **The History of the Puritans.vol.1**, p. 35.
18) Thomas M. Lindsay, **vol.2**, p. 358.
19) Benjamin Brook, **The lives of the Puritans.vol.1.** Soli Deo Gloria Pub, 1996. p.6.
20) Thomas M. Lindsay, **vol.2**, p. 355.

의회에서는 헨리 8세와 그의 사역자 토마스 크롬웰에 의하여서 제정된 절대 왕권의 칙령들을 철폐하도록 잉글랜드의 법들을 고쳤다. 그해에 종교적인 부분에 있어서 왕의 우월권(supremacy)은 그대로 유지되었다. 리차드 2세 때부터 법령화 되었던 모든 이단적 항목들(herecy Acts)과 함께 6개 조항(Act of the Six Articles)은 법령집(Statute Book)으로부터 제외되었다.

1547년 11월과 12월에는 대주교회의(convocation)가 열렸다. 그리고 다른 여러 가지 사안들 중에서 주의 만찬 시에 참여자는 떡과 포도주 양쪽에 모두 참여하여야 하며 성직자의 혼인을 거부하는 법령을 무효화하는 데에 만장일치로 합의하였다. 그리고 이 두 사안은 의회와 협의하였고 그 결과 법령(Act)은 통과되었다. 그래서 다음과 같이 결정되었다. "가장 축복 받을 성례(Sacrament)는 잉글랜드 교회와 아일랜드 교회 그리고 다른 왕의 통치 지역 안에 모든 곳에서 함께 시행되어야 한다. 그리고 떡과 포도주외에 다른 어떤 것도 성찬식에서 요구될 수 없다."21)

1548년에 크랜머에 의하여서 추밀원에서 결정된 종교적인 법령들이 있었다. 그것은 미신으로 치닫게 하는 성상 숭배를 금지시키는 것이었다. 그래서 무슨 형상(image) 이든지 교회 안에서 그러한 것들이 철폐되었다. 그로 인하여서 교회들 안에 긴 시간 동안 사람들의 숭배 대상으로 있었던 형상이라든가 성상들은 사라졌다.22)

1550년에 많은 교회에서 제단들이 철거되었다. 그리고 대신에 편리한 탁자가 그 장소에 놓이게 되었다.23) 잉글랜드의 에드워드 왕 시대에 있었던 여러 가지 일련의 종교 개혁적 조치들이 일반 시민들에게는 논란을 일으켰다. 어떤 사람들은 로마 카톨릭의 의식을 보존하자고 말하고 다른 사람들은 그것들을 철폐하기를 원하였다. 그런데 지방에 사는 촌민들 경우에는 그들의 옛 의식들에 대하여서 매우 고집하였다.24)

1551년 1월에 크랜머는 주교들을 모아 놓고 회의를 하였다. 그는 그 자리에서 대륙의 종교 개혁 정신과 일치하는 영국 교회의 예배에 대한 일치된 예식서를 의도하였다.

1552년 회의에서, 종교의 42개 조항이 감독들과 성직자들에 의하여서 일치되었

---

21) Ibid., p. 356.
22) Daniel Neil, **vol.1**, p. 35.
23) Benjamin Brook, **vol.1**, p. 4.
24) Daniel Neil, **The History of the Puritans,vol.1**, p. 35.

다. 이것이 일반적으로 "에드워드 6세의 제 2 공동 기도서"(The Second Prayer Book of King Edward VI.)로 불리는 것이다. 정식 명칭은 "영국 교회 안에 의식과 절기와 성례의 시행과 공동 기도서"(The Book of Common Prayer and Administration of the Sacramentes and other Rites and Ceremonies in the Church of England; 1552)이다. 이 조항에 모든 교회의 직분자들에게 서명이 요구되었고 이것을 거부할 때는 모든 성직자로서의 우선권이 박탈당하였다. 이것은 종교 개혁적 조항에 대한 첫 서명으로서 어린 국왕 에드워드 6세 치하에서 성취된 개혁의 내용이었다. 에드워드 치하에서는 교회의 오랜 관습과 의식과 절기들에 대하여서 열띤 토론이 있었다. 많은 학식이 있고 경건한 성직자들은 비국교주의(Nonconformity)를 열렬히 옹호하였다. 그들은 성직자의 예복(Clerical Vestment)을 거부하였고, 성찬식에서 무릎을 꿇는 것과, 세례 시에 맹약을 하는 것과 사순절(Lent)에 행하는 미신적 관행들을 거부하였다.25)

잉글랜드 퓨리탄 정신은 에드워드 6세 때의 그 싹이 났다. 그 시기에 움트기 시작한 퓨리탄 정신은 로마 카톨릭을 신봉하는 피의 메리 여왕의 치세 동안에 잠시 주춤하다가 개신교도인 엘리자베스 여왕의 시대에 꽃을 피웠다.

---

25) Ibid., p. 5.

제 2 장 스코클랜드 종교 개혁의 시작

스코틀랜드는 잉글랜드와 달리 일반 시민들로부터 종교 개혁이 시작되었다. 이미 16세기 초반에부터 유입되기 시작한 루터의 저서들에 대한 스코틀랜드 교회의 관심은 매우 높았다. 그러나 스코틀랜드 정부도 대륙의 종교 개혁을 주시하고 있었으며, 종교 개혁에 대하여서 매우 부정적인 견해를 가지고 있었다. 그러므로 스코틀랜드 정부 또한 스코틀랜드 시민들의 종교 개혁에 대한 열망을 가로막고 압박하기 시작하였다.

역사적으로 잉글랜드 사람들보다 더 일찍 브리튼 섬에 정착하였던 스코틀랜드 사람들은 켈트족이었다. 그들은 잉글랜드의 앵글로색슨 족에게 남부의 풍요의 땅을 내주고 산악 지대인 북부의 스코틀랜드로 쫓겨나서 그곳에서 자치주 형태의 스코틀랜드 국가를 세우게 되었다. 비록 잉글랜드에 비하여서 여러 면에서 열세였지만 나름대로의 전통을 가지고 그들은 스코틀랜드라고 하는 독특한 나라를 형성하여서 살고 있었다. 잉글랜드 또한 굳이 산악 지대에 살고 있는 켈트족들을 잉글랜드로 병합하고자 하는 노력을 기울이지 않았기 때문에 잉글랜드와 스코틀랜드는 매우 오랜 기간 서로 독립된 국가로 남아있게 되었다.

스코틀랜드에 종교 개혁이 일어나기 시작하였던 16~17세기의 스코틀랜드 지방은 그야말로 여러 가지 면에서 종교 개혁이 일어날 만한 여건들이 성숙되어 있었다. 그 당시 스코틀랜드 정부는 로마 카톨릭인 프랑스와 매우 긴밀하게 협조하면서 개신교인 잉글랜드를 압박하는 형태의 외교 정치를 펴고 있었다. 그러나 대륙에서 발생한 종교 개혁의 영향을 받은 일반 시민들은 스코틀랜드 정부와는 달리 로마 카톨릭 교회를 신봉하는 프랑스와는 일정 부분 거리감을 가지고 있었다.

스코틀랜드에서 종교개혁이 본격적으로 시작된 시기는 스코틀랜드 국왕 제임스 5세가 죽고 그 당시에 갓난 아기였던 메리 여왕이 왕위에 오른 시기이다. 원래 철저한 교황주의자였던 스코틀랜드 국왕 제임스 5세는 그 당시에 잉글랜드 왕으로 있었던 헨리 8세의 조카였다. 왜냐하면 헨리 8세의 누이 동생이 제임스 5세의 모친이었기 때문이다. 이러한 혈연 관계로 인하여서 잉글랜드와 스코틀랜드는 헨리 8세 때에 비록 종교적으로 서로 다른 길을 걷고 있었으나 대립각을 세우고 서로 갈등하지는 않았다. 무엇보다 제임스 5세는 로마 카톨릭 국가였던 프랑스와 동맹 관계를 맺고자 프랑스의 왕 프랑수아 1세의 딸 맥덜린을 아내로 맞아들였다. 하지만 그녀는 평소 건강이 좋지 못하였으며 그로 인하여서 척박하고 가난한 나라였던 스코틀랜드에서 결혼후 40일도 살지 못하고 죽었다. 그녀가 죽자 여전히 프랑스에 마음이 기울어져 있었던 제임스 5세는 프랑스의 기즈 공작의 딸 메리 기즈와 결혼하여 더욱 로마 카톨릭으로 기울어지게 되었다. 그러나 스코틀랜드 국왕 제임스 5세의 마음과 별개로 스코틀랜드 백성들은 점차로 종교 개혁적 성향으로 기울어져 가고 있었다. 그 당시에 이미 스코틀랜드에는 대륙으로 학업을 쌓으려 가는 유학생들이 있었다. 그들은 대륙에서 제네바의 종교 개혁자 요한 칼빈의 개혁 교리를 배우고 와서 성경의 영역본을 가지고 로마 카톨릭과 논쟁할 때 정확하게 개혁 교리를 변호하였다. 이런 전차로 하여 수많은 스코틀랜드 백성들은 상하를 막론하고 개신교로 개종하기에 이른다.26)

(1) 순교자 조지 위샤트(생몰년: 1513~1546)

조지 위샤트는 피타로우의 위샤트(Wishart of Pittarrow) 아들이었다. 그는 사립 학교에서 문법 교육을 받았고, 그곳을 떠나서 그의 수업을 캠브리지에서 마쳤다. 그가 대학에 머물러 있을때 그의 성품은 그의 동료 학자들에 의해서 다음과 같이 평판되었다.

"우리 주님 오신 이후 1543년 캠브리지에 조지 위샤트라는 사람이 있었다. 그는 키가 큰 사람이었고 머리가 벗겨져 있어서 프랑스 모자(French cap)를 쓰고 있었으며 검은 머리와 긴 턱수염에 의하여서 약간 우울한 외관을 갖추고 있었다. 그는 스코틀랜드 사람 중에 언어 구사 능력이 뛰어난 사람이었고 정중하고 겸손하고 가르치기를 좋아 하는 호감 가는 사람이었다. 그는 늘 배우기를 애썼고 자주 여행을 다녔으며 온화하고 차분하며 하나님을 경외하였고 탐욕을 혐오하였다."27)

조지 위샤트는 추기경 비튼에 의하여서 설교하지 말라는 경고를 받았다. 그러나

---

26) 월터 스콧, **스코틀랜드 역사 이야기 -1**, 이수잔 옮김, 크라스챤다이제스트:2005, p. 343.
27) Rev. John Fox, **History of the Christian Martyrdom, from the commencement of Christianity to the latest periods of pagan and Popish persecution.** New York:J.P.Peasllee: 1834, p. 303.

그는 청중들에게 말하였다. "하나님께서 나의 증인이시다. 나는 결코 당신에게 문제를 야기 시키지 않았다. 오히려 당신들을 위로하고자 설교한 것이다. 나는 확신한다. 누가 방해하던 하나님의 말씀이 거부 될 수 없다는 것을……" 이 말을 하고 그는 스코틀랜드 서부 지방으로 갔다. 그리고 그곳에서 하나님의 말씀을 가르쳤다. 그는 글래스고우에서 하나님의 말씀을 가르쳤는데 많은 사람들이 환호하였다. 그러나 그곳 대주교 비튼의 추방 명령에 의하여서 아이르(Ayr)의 타운에 이르렀다. 그러자 비튼은 그를 억압하였다. 그러나 위샤트는 교회에서 지속적으로 설교할 것을 천명한다.28)

그러나 얼마 가지 않아서 위샤트는 던디(Dundee)에서 설교를 금지 당했다. 그러나 그의 마음은 복음으로 가득 찼다. 그는 몬트로스로 갔다. 그는 그곳에서 설교할 수 있었다. 추기경 비튼은 지독한 교황주의 사제에게 그를 죽일 것을 명령하였다. 어느 날 위샤트가 설교를 마치고 군중들로부터 떨어져 나오자 그 사제는 기다리고 있다가 자신의 손에 감추어 두었던 칼을 끄집어 내려고 하였다. 그러나 위샤트는 그것을 감지하고 "나의 친구여! 당신이 가지고 있는 것이 무엇이뇨?" 그러자 즉시 그는 손으로부터 칼을 놓았다. 그리고 그 사제는 두려움으로 그의 무릎을 꿇고 그의 의도를 자백하고 용서를 구하였다. 주위가 시끄러워졌고 어떤 사람은 "저 배도하는 자를 우리에게 넘겨 주십시요! 우리가 힘으로 그를 처리하겠습니다."라고 하였다. 그러나 위샤트는 부드럽게 말하기를 "누구든지 저를 상하게 하는 자는 나를 상하게 하는 것입니다. 그는 나에게 어떤 위해도 가하지 않았습니다. 오히려 다가올 때를 위하여서 나에게 더 많은 것을 가르쳐 주었습니다."라고 말하며 그 악한 사제를 보호해 주었다. 위샤트가 몬트로스(Montrose)로 돌아오자, 추기경 비튼은 다시 한번 그의 죽음을 음모하였다. 그는 위샤트에게 서신을 보냈다. 마치 그의 가족들로부터 온 것처럼 꾸몄다. 그리고 위샤트가 지나갈 길목에 60명 정도 되는 병졸들을 배치시켰다. 그래서 그가 지나갈때 살해하려는 계획이었다. 추기경 비튼은 몬트로스로부터 1마일 반 정도 위샤트가 올 때까지 기다렸다. 한 청년이 위샤트의 손에 편지를 쥐어 주었다. 그 청년은 위샤트에게 여행에 필요한 말 조차도 주었다. 그러나 위샤트는 그것이 책략인지 알고 피하였다.29) 그래서 그는 몬트로스를 떠나서 에딘버러(Edinburgh)로 갔다. 그리고 그 도시에서도 복음을 전하고자

---

28) Ibid., p. 304.
29) Ibid., p. 306.

하였다. 그리고 리드(Leith)로 갔다. 그는 그곳에서 휴식을 취하였다.30) 그리고 나서 그는 리드에서 설교할 수 있었다. 그는 마태복음 13장의 비유를 가지고 강설하였다. 그는 강설이 끝나고 그곳을 떠났다. 왜냐하면 이미 런던으로부터 관원들이 있었기 때문이다. 그는 뮤셀부르그(Muselburg) 근처의 이베레스크(Iveresk)에서 설교하였다.31) 추기경 비튼은 위샤트가 오르미스톤(Ormiston)의 콕번(Cockburn)의 집에 있다는 것을 알았다. 그는 세속의 공권력으로 위샤트를 체포하였다. 그리고 에딘버러 성으로 이송시켰다. 다시 추기경 비튼은 위샤트를 세인트 엔드류 성으로 이송하고 그곳에서 위샤트를 유죄판결하여 화형 시켰다. 존 낙스와 부카난(Buchanan)은 이 순교자의 지혜와 교리적 정통성과 경건함과 용기를 칭송하였다.

(2) 존 낙스의 등장

스코틀랜드 종교 개혁에 견인차 역할을 하였던 인물이 있었다. 그는 다름 아닌 존 낙스(John Knox;1510~1572)이다. 그는 원래 세인트 엔드류 대학의 교수였다. 그가 세인트 엔드류 대학의 교수로 있을 때, 순교자 위샤트의 순교를 목격하고 개혁 신앙으로 돌아서게 되었다.

순교자 조지 위샤트(George Wishart;1513~1546)는 스코틀랜드 종교 개혁의 역사에 있어서 초기 종교 개혁가로서 해밀톤 다음에 위치한다. 순교자 조지 위샤트는 애버딘(Aberden)의 킹스칼리지(King's College)를 졸업했으며, 루벤 대학(University of Leuben)에서 공부하였다. 그리고 1531년에 졸업했다. 그 후 그는 몬트로스(Montrose)에서 신약 헬라어를 가르쳤다. 위샤트는 1538년에 브렌친(Brenchin)의 감독(bishop)에 의하여서 이단으로 몰리자, 어쩔 수 없이 잉글랜드로 피신을 하게 된다. 그는 그곳에서 있다가 다시 1540년경에 대륙으로 간다. 그는 독일과 스위스를 방문하고 그곳에서 바젤과 쮜리히에 가서 쯔빙글리 등과 같은 개혁가들을 만났다. 1542년경에 잉글랜드로 돌아와서 캠브리지의 코르포스 크리스티 칼리지(Corpus Christi College)에서 수학하면서 가르쳤다. 1544년에 스코틀랜드로 돌아와서 개혁사상을 가르치기 시작하였다. 그의 가르침으로 많은 귀족들도 개혁사상으로 돌아왔으나 여전히 많은 카톨릭 주의자들은 위샤트를 잡으려고 하였다. 그러던 중에 스코틀랜드 귀족 보스웰에 의하여서 위샤트는 체포되고 후에

---

30) Ibid., p. 307.
31) Ibid., p. 308.

추기경 비튼에게 넘겨지면서 위샤트는 비튼에 의하여서 화형을 당함으로서 순교자가 되었다. 그러나 오히려 그의 순교는 스코틀랜드 종교 개혁의 방향 전환이 되었다. 그의 순교 이후에 그에게 영향을 받았던 존 낙스는 철저한 스코틀랜드의 종교 개혁자가 되었다.32) 위샤트의 죽음 이후에 세인트 앤드류성의 많은 사람들은 위샤트를 죽인 추기경 비튼에 대하여서 증오심이 들끓었다.

조지 위샤트는 16세기에 정치적 정적을 제거하는 추악한 방법으로 피살되었다. 그러므로 비튼 추기경에 대한 여론이 좋지 않았다. 결국 비튼 추기경의 죽음도 그리 멀지 않아 찾아왔다. 위샤트가 순교한지 3달 이후에 노먼 리슬리(Norman Lesley)와 그랜지의 키르크칼디(Kirkcaldy of Grange)는 세인트 앤드류 성 안으로 들어갔다. 그리고 추기경 비튼을 살해하였다. 비록 추기경 비튼의 살해에 가담하지는 않았지만 세인트 앤드류 성 안에 사람들은 그들을 보호하게 되었다. 그러므로 그 후 세인트 앤드류 성은 스코틀랜드 정부로부터 종교적인 핍박을 받는 사람들의 피난처가 되었다. 그러자 스코틀랜드 정부는 세인트 앤드류 성을 포위하여 함락시키려고 하였다. 그러한 그들의 노력은 실패하였다. 그러던 중에 개혁주의 성직자 존 루프(John Rough)는 동료들과 함께 세인트 앤드류 성에서 설교하기 시작하였고, 그때에 어쩔 수 없이 세인트 앤드류 성에 들어간 존 낙스는 그 곳에서 개혁 신앙을 가르치기에 이른다. 그의 강설은 즉시 그로 하여금 스코틀랜드 개혁자의 중요한 인물로 부각시켰다.33) 그러나 세인트 앤드류 성에서 철수하였던 스코틀랜드 정부군은 다시 프랑스 정부군의 지원을 받고 재침공하였다. 프랑스와 연합작전으로 세인트 앤드류를 함락시켰다. 세인트 앤드류 성은 스코틀랜드 정부군에 의하여서 함락되었고 성에 남아 있었던 존 낙스를 포함한 많은 귀족들과 시민들은 프랑스로 체포되어 갔다. 존 낙스도 함께 끌려가서 한 동안 갤리선을 젓는 노예로 일하게 되었다.

1549년 프랑스 정부에게서 공식적으로 풀려난 존 낙스는 잉글랜드로 귀환하였다. 그때에는 이미 1547년에 잉글랜드 국왕 헨리 8세가 사망한 이후였다. 1550년 4월 4일에 뉴캐슬(Newcastle)에서 종교적 논쟁을 위한 종교 회의가 있었다. 그 회의에서 로마 카톨릭 감독(Bishop) 듀햄(Durham)과 학식있는 종교 개혁자였던

---

32) Thomas Mc'Crie, **The Life of John Knox,** James Clarke Co Edingurgh, 1840. p. 39.
33) Thomas M. Lindsay, **A History of the Reformation. vol.II.** Wipf and Stock Publishers, 1999. p. 285.

존 낙스 사이에 종교적 논쟁이 붙었다. 존 낙스는 감독(bishop) 듀햄의 주장에 대하여서 변론하는 과정에서 거침없이 로마 카톨릭의 미신성을 부각시키며 그들의 부적절한 종교적 관습과 폐해를 지적하였다. 이 논쟁에서 존 낙스는 많은 사람들에게 강렬한 인상을 남겼다. 그의 명성은 북쪽 잉글랜드에서 널리 퍼지게 되었다. 그는 계속해서 그 해에 버윅(Berwick)에서 설교하였다.

1551년 추밀원(Privy Council)은 존 낙스를 잉글랜드 국왕 에드워드 6세의 궁정 목사로 임명하였다.34) 존 낙스는 이 해를 지나면서 공동 기도서(the Book of Common Prayer)를 생각하게 되었다. 그는 성찬식에 있어서(communion office) 중대한 변화를 초래할 상황을 맞이하게 되었다. 그는 성례식(sacrament)에서 그리스도의 육체의 현존(corporeal presence)의 개념을 전적으로 제외시켰다. 그는 보이는 잔과 떡을 숭배하는 것을 비판하였다. 그러므로 성찬식 때에 무릎을 꿇고 잔과 떡을 받는 것을 거부하였다. 그것은 보이는 물질을 숭배하는 것이기 때문이다.35)

1552년 10월에 그는 로체스터(Rochester)의 감독직을 제안 받았다. 그러나 그는 정중하게 거절한다. 그 다음해인 1553년 2월에 존 낙스는 잉글랜드 추밀원(Privy council)의 초청을 받고 그곳에서 설교한다. 그는 그곳에서 잉글랜드 국왕과 그 외 여러 사람들에게 큰 감동을 끼쳤다. 잉글랜드 국왕은 그로 인하여서 그를 매우 좋아하게 되었다. 존 낙스는 1553년 한 해 동안 잉글랜드에 머물면서 런던과 남부 잉글랜드를 순회하면서 설교하였고 매우 호응이 좋았다. 그는 잠시 동안 뉴캐슬로 돌아갔다. 그곳에서 아직 마치지 못한 일들을 마무리하며 개혁 신앙의 순수성을 보존할 것을 계획하였다.36)

1553년 4월에 다시 런던으로 돌아와서 14일에 추밀원으로부터 재차 부름을 받았다. 그곳에는 켄터베리 대주교, 얼리(Ely)의 감독 굳드리크(Goodrick)와 베드포드(Bedfprd)의 백작(Earl) 첸셀러 경(Lord Chancellor)와 두 명의 서기관과 함께 트레져 경(Treasurer)과 챔벌레인 경(Chamberlain)등이 있었다. 그들은 존 낙스에게 물었다. "왜 당신은 런던에서의 당신을 위한 여러 가지 혜택들을 거부하는가?" 이에 대하여서 존 낙스는 다음과 같이 답변하였다. "나는 여러 상황 가운데

---

34) Thomas Mc'Crie, **The Life of John Knox,** p. 49.
35) Ibid., p. 50.
36) Ibid., p. 55.

서 복음을 위하여서 행하는 지금의 삶에 만족하기 때문이오"37)

런던에 있는 동안 존 낙스는 잉글랜드 왕실의 상태를 파악하는 좋은 기회를 얻었다. 그는 이 기간 동안에 잉글랜드 왕실의 어두운 미래를 보게 된다. 그것은 경건하고 신실한 잉글랜드의 어린 왕 에드워드 6세가 건강을 점차 잃어가는 것이었다. 그리고 그 상태가 회복될 기미가 보이지 않는다는 것이다.38)

1553년 7월 6일에 잉글랜드 개신교 왕 에드워드 6세는 세상을 떠나게 된다. 모든 학식있고 덕망있는 개신교도들은(Protestant religion) 그의 죽음을 형언할 수 없을 정도로 슬퍼하였다. 실재로 그의 죽음 이후에 약 5년 동안 잉글랜드는 크나큰 종교적인 격량 속으로 빠져들게 된다. 검은 구름이 잉글랜드 개신교에 들어 닥쳤고 가장 파괴적인 잔혹한 행위가 있게 된다. 존 낙스는 그 기간에 런던에 있었는데 그곳에서 인내력 있게 잉글랜드의 어린 왕자의 질병과 소천을 지켜보았다.39) 존 낙스는 6월 19일까지 런던에 머물러 있다가 잉글랜드의 다음 왕위 후계자 피의 메리의 등극을 지켜 보고서 그로부터 물러나서 스코틀랜드로 은거한다. 피의 메리 여왕은 처음에는 개신교도들에게 평화적으로 자신의 집권을 지지해 줄 것을 넌지시 꾀었다. 그녀는 개신교도들에게 폭력적으로 양심을 거스르도록 종교를 강제하지 않을 것이라고 회유하였다. 그해 8월에 존 낙스도 다시 잉글랜드로 가서 그의 사역을 시작하였다. 그는 그 기간에 신앙 고백과 기도서를 정리하였다. 그러나 결국 새로 들어선 정권은 개신교도들을 핍박하기 시작하였다. 그리고 사적인 것을 트집 잡아서 하나 둘씩 개신교도들을 잡아 가두기 시작하였다.40)

1553년 그해 11월과 12월에 낙스는 다시 잉글랜드로부터 뉴캐슬로 피신하였다. 그해 잉글랜드 의회는 개혁적인 모든 법을 그 이전의 상태로 되돌리고 로마 카톨릭으로 전환하려고 하였다. 그래서 그해 12월 20일까지만 개신교적 예배 형태를 허용하기로 하였다. 그날 이후로는 로마 카톨릭 종교를 따르지 않는 자들에 대하여서 무차별적으로 잡아 가두기 시작하였다. 많은 감독들과 사역자들이 감옥에 들어갔다. 41)

존 낙스는 1553년 12월과 1554년 1월 사이에 망명을 시도하게 된다. 그는

---

37) Ibid., p. 57.
38) Ibid., p. 64.
39) Ibid., p. 65.
40) Ibid., p. 68.
41) Ibid., p. 70.

1554년 1월 28일에 프랑스의 노르망디 항구에 무사히 안착하였다.42) 1554년 2월에 그는 디페(Dippe)로부터 떠나서 프랑스 여러 지방을 여행하다가 스위스로 가게 된다. 그는 그곳에서 스위스 개혁주의 성직자들과 잉글랜드 개혁주의 성직자들 사이에 친교를 형성하는데 참여하기에 이른다. 존 낙스는 그곳에서 성대한 환영을 받게되며, 여러 개혁 교회들을 방문하기에 이른다. 1554년 5월에는 그는 디페(Dippe)로 돌아와서 다시 스위스로 간다.43) 그리고 그는 스위스에서 칼빈이 있는 제네바로 가게 된다. 이 시기에 존 낙스는 최초로 저명한 종교 개혁자 요한 칼빈을 만나게 된다. 이 시기부터 존 낙스는 요한 칼빈과 매우 친밀하게 되어 칼빈이 죽는 1564년까지 친밀 관계를 계속 유지하게 된다.44) 스위스의 종교 개혁자들은 존 낙스의 경건과 재능으로 인하여서 그를 매우 좋아하게 되었다. 존 낙스는 다른 어떤 종교 개혁자보다 칼빈에게 높은 경의를 표하였다.45)

1554년 이후 잉글랜드의 개신교도에 대한 핍박은 계속되었다. 많은 개신교도들이 잉글랜드의 종교적 핍박을 피해서 대륙으로 망명하기에 이른다. 1554년 그 해가 저물기 전에 약 800 명의 학식 있는 잉글랜드 개신교도들이 망명하였다. 그리고 그렇게 망명한 잉글랜드의 개신교도들은 주로 쮜리히, 바젤, 제네바, 애로우, 엠덴, 베젤, 스트라스부르그, 뒤스부르그(Duysburgh) 그리고 프랑크푸르트(Frankfort)등에 머물렀다. 마인주에 있었던 프랑크푸르트는 독일에서도 부유한 지역이었다. 그곳은 이른 시기부터 개혁을 환영하였던 곳이었다. 그곳은 예전부터 개신교도들에게 신앙의 피난처 역할을 해오고 있었다. 그렇기 때문에 오래전부터 망명자들로 이루어진 프랑스 개혁 교회가 있었다. 잉글랜드로부터 핍박을 피하여서 망명한 잉글랜드 개신교도들이 그곳에서 이민자 교회를 세우게 되었다.

1554년 7월 14일에 망명한 잉글랜드 개신교도들은 그 지역 행정 장관으로부터 예배 처소를 허락받아서 예배를 드리기 시작하였다.46) 그때에 존 낙스가 프랑크푸르트 이민자 교회의 목사로 초청을 받게 된다. 존 낙스는 계속 제네바에 머물면서 신학 수업에 집중하고자 그들의 초청을 사양하였으나 칼빈의 설득과 권유에 의하여서 그들의 청빙을 허락하기에 이른다.

---

42) Ibid., p. 71.
43) Ibid., p. 77.
44) Ibid., p. 78.
45) Ibid., p. 79.
46) Ibid., p. 83.

1554년 그해 11월에 낙스는 다시 프랑크푸르트로 가게 된다. 존 낙스는 그곳에 도착하여 이민자 교회를 섬기는 목회자가 된다. 그가 도착하여 보니 잉글랜드 이민자 교회 안에 본토에 대한 원망의 기운이 팽배함을 감지 할 수 있었다. 그는 이민자 교회를 좀더 엄격한 제네바 형태의 예배와 교회 정치를 따라 치리하려고 하였다. 이러한 존 낙스의 노고로 인하여서 프랑크푸르트 교회는 더욱 거룩함에 이르게 되었다. 존 낙스는 공동 기도서를 작성하여 칼빈에게 조언을 구한다. 1555년 1월 20일 칼빈으로부터 답신이 왔다.47)

1555년 3월 26일 존 낙스는 프랑 푸르트 교회를 사임하고 제네바로 돌아와서 있다가 그해 8월에 디페(Dippe)로 갔다. 거기에서 잠깐 스코틀랜드의 동쪽 해변가로 갔다가 그곳으로부터 버빅으로 갔다. 그리고 에딘버러에서 사적으로 설교하면서 그해 겨울을 보냈다. 1556년 1월에 낙스는 몇몇 지도자적인 개신교도들과 함께 아이쉬르(Ayshire)로 갔다. 그리고 아이르(Ayr)에서 설교하고 그해 5월 15일에 에딘버러에서 교황주의 성직자들의 회합에 소환을 받았다. 그러나 그는 제네바 교회로부터의 귀환을 요청받게 되어서 스코틀랜드를 떠나서 제네바로 향하게 된다.48)

1556년에 낙스는 몇몇 개신교 지도자들과 함께 아이쉬리(Ayshire)로 간다. 그곳에서 공개적으로 설교하였다. 그로 인하여서 그해 5월 15일에 에딘버러에서 교황주의자들의 회합(Convention)에 참여하라는 소환장을 받았다. 그러나 그는 그곳에 참석하지 않고 그해 7월에 스코틀랜드를 떠난다.

1557년에 스코틀랜드로부터 귀환 압력을 받았다. 그는 그의 의무에 대하여서 생각해 보다가 결국 제네바의 회중을 떠나서 디페(Dieppe)로 간다. 그는 그곳에서 적대적인 내용의 서신을 받고서 고민하다가 제네바로 돌아간다. 그해 12월 16일까지 낙스와 그의 동역자 굳맨(Goodman)은 제네바의 잉글랜드 이민자 교회의 사역자로서 있었다.49)

1558년 4월에 스코틀랜드 여왕 메리는 파리에서 프랑스 왕 프란시스와 결혼을 하였다. 이 해에 낙스는 여왕의 섭정에게 서신을 보낸다. 그리고 그해 11월 17일 잉글랜드 여왕 피의 메리가 죽는다. 그리고 엘리자베스 1 세가 잉글랜드 여왕으로

---

47) Ibid., p. 86.
48) Lainc, The Works of John Knox.vol.1. Bannatyne club, Edinburgh, 1841. xvii
49) Ibid., p. xvii.

등극한다. 그해 12월 16일에 존 낙스와 굳맨은 잉글랜드 이민자 교회의 사역자로 다시 선출된다.

1559년 1월 7일에 낙스는 다시 제네바로 오지 못할 마지막 출발을 하게 된다. 그가 이때에 떠난 이후로 다시는 제네바를 올 기회를 갖지 못하고 그의 조국 스코틀랜드에서 죽는다. 그에게 있어서 제네바에서의 생활은 그의 종교 개혁에 대한 더욱 뚜렷한 방향을 제시해준 것이었다. 그는 스코틀랜드의 초빙을 수락하여 다시 그의 조국으로 돌아가게 되었다. 그해 3월에 디페(Dieppe)에 도착하였으나 잉글랜드 정부가 그의 안전한 귀향을 보장해주지 못하겠다고 하자 4월 22일에 리드(Leith)에 정박하였다가 5월 2일에 에딘버러에 이르렀다. 그달 내내 여왕의 섭정은 개신교에 반대하는 성명서를 내놓았다. 그해 6월 11일에 존 낙스는 성 앤드류에서 설교하기 시작하였다. 그리고 퍼스에서 6월 25일에 그 도시의 교회와 수도원들 중에 몇몇을 폐쇄시켰다. 그리고 그해 7월 7일에 존 낙스는 에딘버러의 사역자로 선출되었다. 그리고 그해 7월 10일에 프랑스의 앙리 2세가 죽었다.50) 그리고 그의 아들 프란시스가 프랑스의 왕권을 이어 받았다. 그해 8월 1일에 스코틀랜드 개신교도들은 스틸링(Stirling)에서 총회로 모였다. 그리고 잉글랜드에게 도움을 요청하였다. 그달 3일에 존 낙스는 제임스 크로프트(James Crofts)경과 함께 모임을 갖기 위하여서 버빅(Berwick)으로 나아갔다. 그 달에 그는 칼빈에게 스코틀랜드에 도착하여서 그가 겪게 된 여러 가지 일들을 서신으로 보내주었다. 그해 11월에 칼빈으로부터 격려의 서신이 도착하였다. 그해 10월 18일에 개신교도들이 에딘버러에 들어왔고 그 동안에 여왕의 섭정은 리드(Leith)로 물러나게 되었다.

1560년 2월 27일에 잉글랜드와 스코틀랜드 간에 협정이 체결되었다. 잉글랜드 함대가 리드(Leith)에 정박하였다. 그리고 협정을 조인하였다. 그들의 군대는 그 시기에 스코틀랜드에 입성하였다. 그해 4월 말경에 존 낙스는 에딘버러로 돌아왔다. 그리고 제네바에서 "예정론"을 출판하였다. 1560년 6월 10일 메리 여왕의 섭정이 에딘버러 성에서 죽었다. 그해 8월 1일에 스코틀랜드의 의회가 소집되었다. 그리고 17일에 신앙 고백서가 비준되었고 개신교가 정식적으로 스코틀랜드 안에 세워졌다. 그해 12월 5일 메리 여왕의 남편 프랑스왕 프란시스 2세가 죽었다. 그리고 그해 12월 20일에 에딘버러에서 공식적인 개신교 총회가 열렸다.51)

---

50) Ibid., p. xviii.
51) Ibid., p. xiv.

1561년에 낙스는 개신교 귀족들에 의하여서 초빙을 받고 그들의 젊은 여왕 메리의 귀환에 대하여서 회의를 하였다. 그리고 프랑스로부터 그녀가 돌아오자 그해 8월 19일에 메리 여왕을 스코틀랜드 왕으로 하는 내각이 들어선다.

1562년 5월에 낙스는 메이볼(Maybole)에서의 회의에 참여하려고 떠났다. 그 논쟁의 결과 그 다음해에 그것에 대한 기록물을 출판하였다. 그해 12월에 그는 추밀원으로부터 청빙을 받았다. 그리고 그는 그곳에서 중요한 개신교 지도자로 인정되었다. 그리고 그는 총회에 의하여서 위원장이 되었다.

1563년에 에딘버러 도시는 하나의 구역으로 형성되었다. 낙스는 사역자로 선출되자 강독자(Reader)로서 존 카이렌(John Cairns)이라는 동역자를 얻게 되었다. 원래 존 카이렌은 1562년 4월에 케노게이트(Canongate)의 사역자로서 낙스의 동료가 되기를 간청하였다. 그 간청은 1563년에 비로소 되었다.

1564년 6월 30일에 그는 총회에 의하여서 에버딘과 북쪽 스코틀랜드 교회를 방문하는 시찰위원으로 선정되었다.

1565년 8월 19일에 낙스는 설교하기 위하여서 추밀원으로 초빙되었다. 그리고 그는 성 가일 교회(St. Giles's Church)에서 설교하였다.

1566년 그해 그는 종교 개혁 역사에서 가장 기념할 만한 사역을 할 수 있는 부분을 맡게 되었다. 그러나 그해에 불안전한 정부 형태로 인해서 데이빗 리치오(David Riccio)가 살해되었고, 낙스는 에딘버러를 떠나서 킬레(Kyle)에 잠시 동안 휴식을 취하러 갔다.52) 그해 6월 19일 제임스 6세가 에딘버러 성에서 태어났다.

1567년 2월 10일에 단리경(Henry Lord Darnley)이 살해되었다. 그해 4월 24일 보스웰(Bothwell)이 여왕 메리와 덴버(Dunbar) 성으로 갔다. 그리고 5월 15일에 결혼식을 거행하였다. 6월 15일에 보스웰이 카베리 힐로부터 덴버로 왔다. 그리고 여왕은 에딘버러에 있게 되었다. 그리고 결국 로클레벤 성 안에 감금되었다. 낙스는 잉글랜드로부터 돌아왔다. 그리고 그해 7월 29일 새로운 왕의 대관식에서 낙스가 설교하였다. 그리고 8월 22일에 제임스 머레이 백작(James Earl of Murray)은 스코틀랜드의 섭정으로 임명되었다. 그해 12월 15일 낙스는 의회 개원날 설교하였다. 그리고 20일에 1560년에 의회에 의하여서 비준된 스코틀랜드 신앙 고백이 다시 엄숙하게 비준되었다.

1568년 5월 2일 여왕 메리는 로클레벤으로부터 탈출하였다. 그러나 랭사이드

---

52) Ibid., p. xx.

(Langside)에 모여 있었던 그녀의 지원 군대가 패배하게 되었고 결국 그녀는 잉글랜드로 망명할 수 밖에 없게 되었다. 그러나 잉글랜드에서 여왕 엘리자베스 1세는 그녀를 체포 구금시켜 버렸다. 그리고 그곳에서 메리는 그녀의 생애 전체를 보내게 된다.

1569년 1월 23일 머레이 백작은 링트고우(Lingthgow)에서 살해당한다. 그리고 그의 장례식에 존 낙스가 설교하기에 이른다.53)

1570년 7월 12일에 매튜 레녹스 백작(Matthew Earl of Lennox)이 스코틀랜드의 섭정이 된다. 그러나 9월 4일에 그도 살해당한다. 다음해에 존 마 백작(John Earl of Mar)이 섭정으로 선출된다. 그해 10월에 낙스는 열병에 걸린다. 그러나 다시 건강을 회복하여서 사역을 할 수 있게 된다.

1571년 5월 5일에 낙스는 성 앤드류로 은퇴하기에 이른다. 그해 9월에 파리로부터 성 바돌로매 대학살사건을 낙스는 듣게 된다.

1572년 10월 29일에 존 마 백작이 죽고 그해 11월 24일에 위대한 종교 개혁가 존 낙스도 67세를 일기로 그의 생을 마감하기에 이른다.54)

(3) 존 낙스의 신학 사상

존 낙스의 신학 사상을 살펴보는 것은 매우 중요하리라 사려된다. 그래서 그의 대표저작이라고 할 수 있는 예정론에 대하여서 살펴봄으로서 존 낙스의 신학을 정리하고자 한다. 존 낙스의 예정론은 1591년에 런던에서 재출판 된다. 이 예정론의 원래 제목은 이러하다. "하나님의 영원한 예정에 반대하는 재세례파들에 의하여서 기록된 많은 불경스러운 궤변에 대한 답변서"(An answer to a great nomber of blasphemous cavillations written bv an Anabaptist, and adversarie to Gods eternal Predestination) 존 낙스의 예정론은 "반대이론"(The Adversarie)을 적어 놓고 그 다음 그에 대한 "답변"(Answer)의 형식으로 되어 있다. 낙스는 예정에 대하여서 다음과 같이 정의를 내리고 있다. "예정이란 지금 이 질문에 대하여서 다음과 같이 사려할 수 있다. 우리는 그것을 하나님의 영원하신 불변하는 작정이라고 부를 수 있다. 그것에 의하여서 그가 한번 모든 사람들에게 행하여야 하실 것을 그와 함께 결정한 것이다. 때문에 그는 만물을 하나의 상태로서 창조하지 아

---

53) Ibid., p. xxi.
54) Ibid., p. xxii.

니하셨다. (입증 된 대로 그러하다.) 혹은 만약 우리가 더 많이 예정의 정의를 하게 된다면, 우리는 다음과 같이 말할 수 있다. 예정이란 가장 지혜로우시고 엄정하신 하나님의 목적이라고 말할 수 있다. 그리고 그것에 의하여서 모든 시간 전에 그가 항상 그리스도 안에서 그가 사랑하신 자들을 하나님 자신과 그의 아들 예수 그리스도의 지식으로 부르시도록 작정하셨다. 그리고 믿음으로 의롭다고 하셔서 양자로 보증하셨다. 그의 자비로 그의 아버지의 영광을 위하여서 인간들에 앞서 비추시는 역사로서 역사하시는 것이다. 그래서 그들은 궁극적으로 긍휼의 그릇으로 예비된 영광을 받는다. (그것은 하나님의 아들의 형상을 따라가는 것이다.)"55)

이제 존 낙스는 섭리에 대하여서 다음과 같이 정의하고 있다. "하나님의 섭리를 우리는 다음과 같이 말할 수 있다. 하나님의 섭리란 하나님께서 하늘과 땅의 만물에 대한 통치를 항상 행하시는 주권적 최고의 통치권을 행사하시는 것이다. 그리고 이러한 예지와 섭리 두 가지는 하나님께 기인한다. 그것은 사도와 함께 우리가 두려움 없이 주장한대로 우리가 우리의 존재를 그 분 안에서 확인하고 살아가는 것이다."56)

존 낙스는 하나님께서 선택의 대상에 대하여 그 잇점(Merits)을 전혀 고려하지 아니하셨다고 진술한다. "하나님께서 택자들을 구원으로 선택하셨는데, 그가 선택 받은 자들의 어떤 가치나 공로를 고려함이 없이 하나님의 자유로우신 자비하심으로서 그들을 받으셨다. 그러나 그의 상속자로서 독생자를 그들에게 과분한 사랑으

---

55) Lainc, **The Works of John Knox. vol. 5.** bannatyne club 112, 1966, p. 36."PREDESTINATION, whereof now this question is, we call the eternall and immutable decree of God, by the which he hath once determined with himself what He will have to be done with everie man. For he hath not created all (as after shalbe proved) to be of one condition. Or, if we will have the definition of Predestination more large, we say, that it is the most wise and most just purpose of God, by the which, before all tyme, he constantly hath decreed to cal those whom he hath loved in Christ, to the knowledge of himself and of his Sonne Christ Jesus, that they may be assured of their adoption by th e justification of faith; which working in them by charitie, maketh their workes to shyne before men to the glorie of their Father, so that they (made conforme to the image of the Sonne of God) may finally receave that glorie which prepared for the vessels of mercie."
56) Ibid., p. 35:"God's Providence we call that soverane empie and supreme dominion, which god alwayes kepeth in the governement of all thinges in heaven and earth conteined. And these two (that is Prescience and Providence) we so attribute to God, that with the Apostle we fear not to affirme, that in him we have our being, moving, and lief:"

로 주셨다."57) 그리고 낙스는 그 대상이 창세전에 이미 숫자가 정하여져 있는 것으로 변동되는 것이 아니라고 진술한다. "여기에서 사도가 언급한대로 하나님께서 어떤 확실하고 변하지 않는 수를 그 대상으로 선택하셨다고 단언할 수 있다."58)

존 낙스는 하나님의 선택이 그 일을 행하신 것에 대하여 다음과 같이 진술하고 있다. "이것은 그가 영원히 불변하는 의논 안에서 한번 행하신 것이다. 거기에는 우리의 공로와 가치가 전혀 포함되지 않는다."59)

존 낙스는 하나님의 예정이 그의 기뻐하신 뜻에 기초하며 그리스도 안에서 그의 선택을 따라서 그의 양자들로 삼기로 하신 것이라고 언급한다.60) 존 낙스는 성경 안에 하나님의 예정에 대한 교리를 찾기에 어려움이 없을 정도로 그 증거가 충분하다고 진술한다. 그때에 성경에서는 하나님의 예정이 견고하며 결코 흔들리지 않는 것으로 증거한다고 말한다. 그래서 그의 택자들을 향하신 하나님의 사랑과 경륜이 견고하며 그렇기 때문에 하나님의 예정은 우리의 행위에 기초하지 않고 하나님 그분 자신에게 기초 한다고 진술한다.61) 존 낙스는 하나님께서 그리스도 안에서 선택하신 그의 택자들을 그의 소유로 삼으시고 영원한 신적 작정의 목적을 따라서 그들에게 생명을 주시기를 원하셨다고 진술하면서 그 목적과 의논과 사랑은 확실하고, 견고하며 불변하다고 말하였다.62) 그때에 존 낙스는 재세례파들의 어리석은 오류에 대하여 지적하며 반박한다.

"당신들은 하나님의 사랑이 모든 사람들에게 공통적으로 주어져 있다고 말하지만 우리는 변함없이 그것을 거부한다. 그러므로 하나님께서는 태초로부터 그분의 독생자이신 그리스도 예수 안에서 그의 택자들을 사랑하셨다. 그리고 그와 동일하게 영원 전부터 그가 나머지를 유기하셨다. 그런데 그것은 그가 그의 절대적 공의를 원인으로 그의 심판을 시간 안에서 행하시는 것이다."63)

---

57) Ibid., p. 42:"Those whom he elected to salvation, he receavedth of free mercie, without all respect had to their own merites or dignitie, but of undeserved love gave them to his onelie Son to be his inheritance;"
58) Ibid., p. 43:"Here the Apostle in expresse wordes affirmeth, that God hath chosen a certein nombre,"
59) Ibid., p. 43:"That this He hath done once in his eternall and immutable counsell, without respect to be had to our merites or workes,"
60) Ibid., p. 44.
61) Ibid., p. 47.
62) Ibid., p. 54.
63) Ibid., p. 61.

존 낙스는 아담의 타락에 대하여 다음과 같이 진술한다. "하나님께서 그의 형상과 모양으로 아담을 창조하셨다. 그러나 아담은 그러한 형상으로부터 타락하였고 반역하였으며 불순종하였다. 그리고 마귀의 종이 되었다. 그리고 동일한 정죄가 그와 그의 후손들을 옭아매었다. 아담으로부터 지금까지 우리는 죄, 진노, 죽음과 하나님의 혐오하심 이외에 다른 어떤 것도 말할 수 없게 되었다. 그것은 사도가 이미 언급한 것이다. [우리가 이제 본성적으로 진노의 자녀가 되었다.] 그리고 그와 함께 사도는 다음과 같이 인류 안에 들어온 죄에 대하여서 진술한다. [한 사람으로 인하여서 죄가 세상 안으로 들어왔고 죄로 인하여서 죽음이 모든 사람에게 임하였다.] 첫 사람 아담은 순결한 상태로부터 타락하였다. 전 인류는 사랑도 공의도 생명도 상실해 버렸고 그 반대로 미움과 죄와 죽음만을 알게 되었다."64)

이제 낙스는 그러한 타락의 결과 인류에게 주어진 어둠의 그림자와 그 다음으로 이어지는 하나님의 구원의 원시 복음에 대하여서 다음과 같이 진술한다. "그 이후에 그러한 반역으로 인하여서 인류는 모든 은혜로부터 깨어져버렸고 그 반대로 아담과 하와 이후에 모든 인류의 마음은 악으로 가득차게 되었다.·····하나님께서 뱀에게 이와 같은 선고를 하셨다. '네가 이와 같이 행하였은즉 땅의 모든 짐승들 중에 네가 저주를 받아 종신토록 기어다닐 것이다. 그리고 내가 너와 여자의 후손이 원수가 되게 하리니 여자의 후손은 네 머리를 상하게 할것이고 너는 여자의 후손의 발꿈치를 상하게 하리라' 이것은 그가 사단에 대하여서 승리를 약속하신 것이다. 그리고 이것은 어느 누구도 바꿀 수 없는 불가항력적인 은혜이다."65)

이제 낙스는 타락한 이후에 하나님께서 전 인류가 가는 어그러진 길과 다른 길을 아브라함을 통하여서 예비하셨다고 하는 것을 진술한다. "아브라함 이전까지 아직 다른 길이 보이지 않았다. 그러나 아브라함이 등장하였을 때 그것은 특별한 다른 길이었다. 그 때문에 여자의 후손이 아브라함의 씨가 될 것을 하나님께서 아브라함에게 말씀하셨다. 그것은 다음과 같은 말씀을 통하여서 엿 볼 수 있다. '너의 씨로 인하여서 땅의 모든 족속이 복을 받을 것이다. 내가 너를 축복하여 번성하게 하리라 그래서 너를 저주하는 자가 저주를 받고 너를 축복하는 자가 축복을 받을 것이다.'·····(중략)·····그러나 여전히 하나님께서 아브라함의 씨 중에서 다른 점을 드러내셨다. '그가 말씀하셨다. 이삭의 후손이라야 너의 씨라 되리라' 이것은

---

64) Ibid., p. 60.
65) Ibid., p. 61.

이삭 이외에 이스마엘이나 그 외 다른 아브라함의 후예들은 그로부터 제외될 것을 의미하는 것이다. 이삭 만이 약속의 씨가 될 것이라는 것이다. 그리고 이러한 약속은 다시 이삭의 두 아들에게서도 갈린다. '큰 자가 어린 자를 섬기리라'고 한 사도의 말씀과 같이 이삭과 리브가의 후손 중에서 에서는 버림을 받고 야곱은 택함을 받는다. 야곱은 그의 영원한 의논 안에서 그의 특별한 백성으로 선택을 받았으나 에서와 그의 후손들인 에돔인들은 교회의 몸으로부터 떨어졌다. 그리고 야곱 후손들의 원수가 되었다."66)

낙스는 이러한 하나님의 선택이 결코 사람들에게 의존하지 않는다는 사실을 다음과 같이 진술한다. "나는 전장에서 사도가 말한 것을 설명하려고 한다. 하나님의 선택은 사람에게 의존하지 않는다. 오직 하나님의 뜻과 의지 목적, 기뻐하심과 그의 엄위하심에 의존한다. 그 선택은 그의 자유로우신 은혜로부터 나온다. 그것은 하나님의 불변하시는 의논에 기초하며 가장 분명하게 시간 안에서 그의 택자들에게 계시되어 나타난다."67)

낙스는 이러한 구도를 하나님께서 처음부터 의도하셨다고 가르친다. 그래서 하나님께서 첫 번째로 일반적 분리를 있게 하셨다는 것이다. 즉 뱀의 후손들로부터 여자의 후손의 분리를 이끄셨고 그 다음에 아브라함을 부르셔서 전 인류와 다른 길을 걷도록 하셨으며 그 아브라함의 후손 안에서 다른 계획을 세우셨다. 그때에 이스마엘을 제외시키시고 이삭과 함께 그 역사를 이루어 가셨으며 가장 특별하게 리브가의 모태로부터 두 자녀를 통하여서 두 민족을 있게 하셨다. 그리고 이러한 분리는 예수 그리스도께서 오시기까지 계속 되었다.68)

이제 낙스는 예수 그리스도께서 오신 이후에 유대인들이 복음을 거절한 이유에 대하여서 다음과 같이 진술한다. "하나님께서 그들을 하나님의 권속으로서 긍휼의 그릇들로서 그의 아들들로서의 위치를 박탈하셨다.……(중략)……그 이유는 그들이 예수 그리스도의 말씀을 듣지 아니하였기 때문이다. 만약 그들이 들었다면, 예수 그리스도와 그의 가르침을 믿었다면, 그들의 죄는 깨끗하게 되어서 제거되었을 것이다. 그러나 그들은 하나님의 백성이 아니었기 때문에 예수 그리스도를 받아들이지 않았다. 이러한 하나님의 거절은 선한 행위나 혹은 그들의 반역을 미리 아심으

---

66) Ibid., p. 67.
67) Ibid., p. 70.
68) Ibid., p. 70.

로서 행하시는 것이 아니라 하나님의 자유로우신 선택과 유기에 기초한다."69)

그러므로 낙스는 하나님의 영원한 선택에 대하여서 그것은 사람의 행위에 기초하지 아니함을 진술한다. "하나님께서 우리를 그의 영원하신 목적 안에서 우리 안에 드러내시고자 하신 그 자신의 영광을 위하여서 선택하셨다. 그리고 그것은 우리의 완전함이신 예수 그리스도 안에서 행하신 것이다."70)

존 낙스는 하나님의 긍휼이 그의 진노하심보다 어떻게 더 큰가에 대하여 설명하고 있다. "만약 택자들이 자비 아닌 것을 받는 것이 전혀 없다는 것과 유기자들이 받는 심판이 가장 공정하고 합당하다는 것을 당신이 이해한다면, 당신은 하나님의 자비와 진노의 대상을 그 수의 많고 적음에 두고 판단하지 않을 것이다. 당신은 하나님께서 자비를 베푸시는 것이 그 자신 이외에 다른 것에 있지 않다는 것을 알아야 하리라. 그것은 태초부터 계속되며 세상 끝 날까지 계속 될 것이다. 하나님의 자비하심은 비참함 가운데 살아가는 하나님의 자녀들에게 더욱 효력이 있을 것이다. 하나님의 자비는 모든 진노와 심판을 극복한다. 때문에 진노가 모든 것을 태우고 사르는 그곳에 하나님의 자비는 정죄 받아야 마땅한 사람들을 구원하시는 은혜가 있다. 그런 관점에서 우리는 하나님의 자비가 그의 심판을 이긴다고 말할 수 있다."71)

존 낙스는 아담의 비참한 상태와 그로 인하여서 온 인류가 죄로부터 자유롭게 되지 못함에 대하여 진술한다. "아담 안에서 어느 사람도 의롭게 설 수 없다. 만약 그렇지 않다면 그때에 그가 순종하였을 것이다. 아담은 타락한 상태에 놓였고 심지어 죽음에 이르렀다.: 아담 안에서 어느 누구도 생명에 이를 수 없다. …(중략)… 때문에 사도는 말하기를 아담 뿐만 아니라 그의 후손들까지 죽음이 이르게 되었다고 한다."

낙스는 이어서 하나님의 예정이 어디에 기초하는가를 진술하고 있다.

"바울이 증거하는 바로서 에베소서 1장에 보면 알 수 있다.…(중략)…우리는 그리스도 안에서 창세전에 선택되었다.…(중략)…우리는 단언한다. 그리고 변함없이 믿는다. 영원한 아버지의 영원한 아들이신 그리스도 예수 안에서 우리는 모든 시간 전에 선택되었다."

---

69) Ibid., p. 71.
70) Ibid., p. 75.
71) Ibid., p. 88.

존 낙스는 선택의 대상에 대한 조건에 대하여 다음과 같이 진술한다. "그가 결코 그의 영원한 선택에 있어서 그 사람의 혈통이나 가문이나 재물이나 덕이나 유력함이나 순간적 아름다움을 보시지 아니하셨다. 오직 그 자신의 선하신 뜻과 영원한 목적에 따라서 우리를 그리스도 예수 안에서 선택하셨다.····(중략)···· 때문에 하나님께서는 그 사람의 인격조차도 고려하지 아니하셨다. 그가 그의 선택의 주요한 원인으로서 인간 안에 있는 혹은 있을 수 있는 어떤 것도 고려하지 아니하셨다."72)

이제 존 낙스는 그렇다고 하면 선한 행실의 의미는 무엇인가 하는 부분에 대하여서 진술한다. "그때에, 만약 우리 안에 있는 하나님의 역사로서 모든 덕행들이 있다면 그 뒤따르는 열매들이 하나님의 영원한 목적의 원인일 수 있는가? 아니다. ···(중략)····우리는 우리의 덕들과 열매들을 하나님의 선택의 원인으로서가 아니라, 그 동일한 샘으로부터 나오는 열매와 효력으로서 이해야 할 것이다."73)

존 낙스는 하나님의 영원한 작정이 그분의 속성으로부터 나온 것이라는 교리를 다음과 같이 진술한다. "우리 하나님께서는 영원하시고, 불가해하시고, 불변하시는 대로 그의 의논도 항상 그렇게 불변하고 변하지 않으며 계속 일정하다는 것을 알 수 있다."74)

존 낙스는 하나님의 선택의 원인에 대하여 다음과 같이 진술한다. "나는 하나님을 찬송한다. 그것은 인간 편에 의로움은 없다는 것이다. 즉 이스라엘은 유업을 받았다. 그러나 그것은 오직 하나님께서 그의 자유로우심을 따라서 그들의 조상들을 사랑하신 것 때문이다.····(중략)····가나안에 대하여서 야곱의 씨가 심겨졌다.: 그런데 야곱은 에서에 대항하여서 세워졌다. 하나의 백성은 한 사람으로부터 나왔고 다른 한 백성은 또 다른 한 사람으로부터 나왔다. 여기에서 질문이 요구된다. 야곱이 에서보다 높은 특권이 무엇인가? 모세 · 선지자들 · 사도들은 확실하게 답변한다. 그것은 다른 어떤 것도 아니고 오직 하나님의 은혜가 첫 원인(Friam Causa)이다. 하나님의 은혜의 차이가 거의 모든 것에서 동일한 두 사람 사이 차이가 되었다. 그들은 그들의 조상 아브라함의 자손들이었고, 그들은 동일한 아비 동일한 어미를 자신들의 부모로 알고 있는 자들이었다. 그리고 그들은 쌍둥이로 태어났다.

---

72) Ibid., p. 100.
73) Ibid., p. 101.
74) Ibid., p. 108.

그리고 그들은 동일한 기후와 동일한 종교와 동일한 부모의 영향아래에서 자랐다. 그러나 한 가지 다른 것이 있었다. 그것은 '큰 자가 작은 자를 섬길 것이라'는 하나님의 계시이다.'…(중략)…하나님의 선택은 자유롭다. 그리고 인간의 행위를 보지 않으신다.75)

하나님의 영원한 선택에 대한 낙스의 견해이다. "그러나 하나님의 영원한 선택과 함께 해야 할 이것이 무엇인가? 그가 그의 영원한 선택에 의하여서 어떤 자들을 영원한 생명에 이르도록 선택하셨는가? 그리고 사도가 그들을 '긍휼의 그릇'이라고 불렀는가? 그리고 다른 자들을 그들의 부패와 영속적 정죄 아래로 방치하셨다고 하였는가? 그래서 나는 말한다. 왜냐하면 예레미야가 한 가지를 간청하였다. 즉 순간적 심판과 변화는 짧게 예루살렘 안에 뒤따른다는 것이다…(중략)…사도는 적어도 이사야서의 말씀을 따라서 결론을 짓는다. '질그릇 조각 중 한 조각 같은 자가 자기를 지으신 자로 더불어 다툴진대 화있을진저 진흙이 토기장이를 대하여 너는 무엇을 만드느뇨 할 수 있겠으며 너의 만든 것이 너를 가리켜 그는 손이 없다 할 수 있겠느뇨?'(사 45:9) 이 말씀을 따라서 우리는 사도와 선지자들의 결론에 이른다. 하나님께서 사람을 그가 존재하기 이전에 창조하시고 만드셨다. 도기장이가 진흙으로 다양하게 그릇을 만드는 것과 같다. 그리고 도기장이가 진흙보다 더 큰 권세를 가지고 있는 것과 같이 하나님께서 인간 보다 더 높은 권세를 가지고 계신다."76)

이제 하나님의 자유로우신 은혜의 성격에 대하여서 살펴 보고자한다. "우리는 자유로우신 은혜를 모든 겸손함과 감사함으로 받는 것 외에 정죄 받을 자들의 구원에 대하여 어떤 것도 말할 수 없다. 우리는 하나님께서 돌과 같이 강퍅한 마음을 제거하시고 살과 같이 부드러운 마음을 주신다고 첨가한다. 그리스도 안에서 하나님의 성령의 능력으로 율법을 우리 마음 안에 기록하셨다. 그래서 우리로 그의 길을 따라 걷게 하시고 그의 아들 예수 그리스도에게로 이끄신다. 그리고 그의 보호 아래에 두신다. 나는 믿음이 우리의 양심 안에서 그것을 확증시킨다 믿는다. 우리는 성화와 경건한 삶과 구원의 시작과 중간과 결말에까지 그의 아들 예수 그리스도 안에서 오직 하나님을 인식한다. 때문에 나는 내 편에서 다시 하나님을 찬송한다. 그의 덕은 강력하고 그리고 때때로 그것을 증거 하는 악한 자들의 악덕을

---

75) Ibid., p. 154.
76) Ibid., p. 160.

끌어 내린다. 나는 하나님께서 그 마음 안에서 당신을 돌아오게 하시기를 기도한다. 즉 당신이 믿고 고백하기를 바라는 것은 당신 안에 선한 동기나 덕이 영향을 주어서 열매를 맺어 그 열매가 하나님과 화해가 되기를 바라지만 그것이 당신의 선택의 원인도 당신의 칭의의 원인도 아니라는 것을 알아주기를 바란다."77)

존 낙스는 다윗과 이사야에 대하여서 선택론을 진술한다. "다윗과 이사야는 두 분 다 일치하였다. 우리의 하나님께서 하늘에 거하시지만 그가 의도하시는 무엇이든지 하늘과 땅에서 다 행하셨다. 그가 빛을 창조하셨고 어둠을 지으셨으며 대적자들에게 도 번영을 허락하셨다. 다니엘이 주장한다. 최고의 선이신 하나님은 그의 지혜의 가장 좋은 것으로 왕들을 분정하셨다. 솔로몬은 하나님께 대적하는 모든 세력들에 대한 하나님의 경륜이 우리에게 가르치는 바는 우리 신앙의 필수 불가결의 원리는 하나님 안에서 무지로 인한 타락은 없으며 그 안에서는 무기력도 없다. 하나님께서는 그는 의심 걱정 안에서 사물의 사건을 보시지 않는다. 오히려 하나님께서는 그 지혜 안에서 만물을 분정하신다."78)

존 낙스의 죄에 대한 견해는 이러하다. "이것은 모든 논쟁에도 불구하고 확실하다. 죄는 하나님께 혐오스러운 것이다. 때문에 가장 의로우신 그가 이것을 명령하셨을리가 없다. 그런데 다윗은 명령을 받았다. 이는 하나님께서 죄를 요구하시지 않고 오히려 인간의 타락을 작정하셨으며, 혐오스러운 죄의 이름으로부터 가장 의로우시고 선하신 목적을 이루신다. 그러나 나는 인간의 타락의 작정에 대하여서 그가 죄의 창시자라고 하는 것은 거부한다. 우리는 어거스틴의 진술을 통하여서 살펴보려고 한다. '이것들은 하나님의 위대한 사역들이다. 그가 그의 작정 안에서 모든 만물이 되어지도록 하셨다. 그리고 지혜롭게 천사와 인간의 본성의 타락이 있게 하시었다. 그러나 피조물 편에서 보면 그 피조물들이 스스로 타락하였다. 피조물들이 동일한 의지에 의하여서 타락했을지라도 결국 무한한 선이신 하나님께서 그들의 악을 사용하셔서 그것으로 그들을 정죄하시고 고통 가운데 있게 하신다. 그러나 그가 은혜로 예정하신 자비로운 자들은 구원으로 이끄신다."79)

존 낙스는 베자의 예정론을 다음과 같이 정리한다. "1. 첫 번째 제안: 하나님께서 효과적으로 모든 만물의 되어질 것을 그의 뜻의 의논을 따라서 역사하신다. 2.

---

77) Ibid., p. 164.
78) Ibid., p. 166.
79) Ibid., p. 171.

이 경륜은 하나님께서 시간의 확실한 순간 안에서 실행하신다. 그럼에도 불구하고, 그 경륜은 그 자체로서 영원하다. 그리고 모든 것들 앞서서 지나간다. 그것은 시간 안에서 뿐만 아니라 질서에 있어서도 그러하다. 때문에 하나님의 뜻은 하나님의 의논의 원리이고 첫 법칙이다. 3. 이 강력한 효력은 하나님의 역사에 기인한다. 그것은 말씀에 의한 효과적인 능력이며 창조주 하나님께서 주어진 권세와 속성을 따라 피조된 사물들에 대하여서 행하시는 것이다. 그것에 의하여서 하나님의 권세가 이해되며 하나님께서 그 안에서 모든 것을 행하시는 것을 알게 된다. 6. 이러한 보편적 가르침은 바울의 교리 안에서 모든 것은 제외의 방식 없이 제어되고 그러나 하나님께서 그 부분 안에서 에피쿠르스와 어리석은 자들을 판단하신다. 그리고 만약 어떤 자들이 하나님께서 의도하지도 않았는데도 되었다고 한다면 이는 하나님의 무한한 권세의 교리를 오염시키는 자들이다. 7. 그래서 결론은 이러하다. 하나님께서 스스로 영원 전부터 되어질 모든 것을 결정하시기를 기뻐하셨다. 그가 그의 자신의 권세로서 일하시고 동일하게 그의 작정을 따라서 시간 안에서 될 것을 동일하게 사역하신다. 8. 그럼에도 불구하고 불경한 자들은 이러한 것들을 따르지 않는다. 아는 바대로 하나님께서 죄의 창시자는 아니시다. 악한자들은 말하기를 사단이나 인간들이 악하게 행하는 것이 하나님께 순종하는 것이며 그들이 악을 행하는 한은 그들이 하나님의 의지를 행하는 것이라 말한다. 그것은 거짓되다. 그러한 불경한 말들을 우리는 거부하여 우리의 생각이나 사고로부터 던져 버려야 할 것이다. 피조물의 악은 자신들의 마음으로부터 나오는 하나님께 대한 대적질이다. 결코 하나님께서 기뻐하시는 선한 뜻이 아니다. 하나님께 매우 불쾌한 범죄 행위이다. 9. 이러한 불경스러운 교리가 필수적으로 우리 교리의 결론이라고 볼 수 없다. 10. 하나님께서 그의 경륜의 실행에 있어 제 2 원인으로 그의 도구로서 행하는 것이 있다. 그것은 그의 지혜의 기뻐하심을 따라서 그것들을 그의 능력으로 어거하시고, 역사하시고 다스리시는 자유로우신 뜻에 따른다. 11. 이러한 도구들은 두 가지 종류가 있다. 하나는 생명이 있어 움직이는 것들이다. 다른 하나는 생명이 없어서 다른 힘에 의하여서 움직이는 것들이다. 생명 있는 것들도 두 가지 종류가 있다. 하나는 이성과 판단을 가지고 움직이는 존재들이다. 다른 하나는 이성 없이 자연적 본능에 의하여서 움직이는 존재들이다. 12. 생명 없이 존재하는 것들과 이성이 없이 생명을 가지고 있는 것들은 선과 악을 행한다 말할 수 없다. 그러나 그것을 도구로서 사용하는 자들은 선과 악이 있다고 말할 수 있다. 13. 이성있는 생명을 가진 자들은 천사들과 인간들이다. 천사들도 두 종류가 있다. 선한 천사와 악한 천사가 그러하다. 그리고 인간이 있다. 인간은 본성적으로 악하다. 그러나 은혜에 의하여서 어떤 자들은 완전히 악한 상태로부터 분리되고, 그래서 부분적으로 선하고, 하나님의 성령이 그들을 거룩하게 하는 것만큼 알게 된다. 14. 행위는 그들 자신의 내적 동기에 의하여서 움직인다. 선한 행위와 악한 행위의 차이점은 수단들의 종류에 달려 있다. 15. 악한 행위는 확정적으로 최종적 목적을 향한 하나님의 계시된 뜻은 아니다. 반대로 선한 행위는 그 행위자가 하나님의 계시된 명령에 순종함이 보일 때, 그것은 확정적으로 최종적 목적을 향한 하나님의 뜻이다. 16. 동일한 것은 그들이 자신들의 적합한 동기에 의하여서 행하는 한 그 자체로서 그들이 원인이다. 그러나 다른 것들에 의하여서 움직이는 한은 다른 관점에서 도구적이라 불린다. 행정관의 명령에 의하여서 교수 집행인이 사람을 죽일 때, 혹은 악한 자들의 선동에 의하여서 사람들이 다른 사람들을 해칠 때, 어떤 명령에 있어서 우리가 다른 사람에게 선한 혹은 악한 행위를 할 때 그러하다. 17. 이러한 종류의 행위 안에서 한 행위가 두 가지에 대하여서 기인하는 것이다. 하나는 도구에 의하여서 행하는 사람에 대한 것이고 다른 하나는 명령에 의하여서 행하는 자들에 대한 것이다. 그러한 행위자는 도구들이다. 단지 나무꾼의 손에 들린 망치나 도끼이다. 그러나 그들은 그들 자신의 내적 동기에 의하여서 움직이는 도구들이다. 18. 그리고 이러한 두 가지 의심의 관점에서, 두 가지 일은 행하여진 것에 때때로 접근한다.; 한 사람은 칭찬할 만하고 다른 사람은 악하다고 하면 그러하다. 만약 행정관이 정의의 실행에 대하여 죽음에 이를 만큼 가치가 있다고 생각할 것이면 이러한 행위는 모든 선한 사람들에게 칭송할 가치가 있다. 19. 지금 이것을 하나님께 적용하도록 하자 변명할 수 없도록 모든 것으로 행하는 분은 우리가 입증하기 전에 효력이 있다. 그리고 이러한 것들에 의하여서 하나님께서 도구들을 만드신다. 그는 영원 전부터 작정하신 것은 무엇이든지 간에 시간 안에 행하신다. 20. 하나님께서 행하시는 무엇이든지 선하다. 그로부터 보건데 무한하게 선하신 분에게 어떤 악도 그 앞에 설 수 없다. 그가 만물에 대하여서 역사하신다. 그것은 하나님께서 행하셨기에 그만큼 모두 선하다. 선과 악의 차이점이 도구적인 것으로 나뉜다. 우리는 14번째 위치를 말한다. 21. 이러한 도구들이 선한 것이라면 그들의 행위가 하나님의 계시된 뜻을 따라 된 것이라면 그것은 잘 된 것이다. 하나님께서 그들을 통하여서 선을 행하신 것이다. 무엇보다 그 행위는 항상 선하다. 선한 천사가 하나님께서 명령하신 것을 수행 할 때에 거룩한 사람은 하나님께서 자신을 부를 때에 선을 따라 행하는 것이다. 22. 악한 도구들은 내가 보건데 창조에 의하여서가 아니라 타락에 의하여서 있게 되었다. 그러한 만큼 그들은 항상 악을 행한다. 정확하게 그들은 하나님의 진노를 초래한다. 그것들이 하나님께서 역사하시는 한 무지에 의해서 그들의 목적에 반하는 행위를 통해서 하나님의 선한 역사에 수종든다. 하나님께서 스스로 시간 안에서 선하게 행하시는 것은 그가 행하시는 무엇이든지 도구적이다. 23. 그가 도구적으로 행하시는 한 그가 허락하시거나 고통을 받게 하시거나 그가 동기부여를 하시며 역사하시는 것이다. 무엇보다 그가 모든 것을 창조하셨다. 그것을 그가 목적한 것으로 행하신다. 하나님께서 어떤 불의도 없이 의롭게 행하신다. 24. 악한 사람들은 죄를 범할 때 그 자신에 반항하여 혹은 어떤 악한 사람에 반대하여서 죄를 짓는다. 그러나 하나님께서는 죄 없이 행하신다. 그리고 모든 것을 되게 하신다. 악한 자들은 자신에게 복수한다. 그리고 악한 자들은 다른 악한 자들에게 복수한다. 그것이 그 악한 자에 대한 형벌이다. 하나님의 모든 행위는 절대적으로 공의로우시다. 하나님께서 악한자들을 심판하심으로서 그 자신의 위로로 삼으신다. 25. 어떻게 자주 악한 자들이 선한 자들을 해롭게 하는지에 대하여 그 악한 자들이 죄악을 범함으로 그들은 심판을 받을 것이다. 여전히 그들에 의하여서 그럼에도 불구하고 하나님께서 징벌하시고, 견책하시고 그 자신의 목적을 확증하신다. 하나님께서는 그의 교회의 확연한 원수들을 통해서 그의 교회를 영화롭게 하신다. 26. 이러한 악한 도구들이 하나님께 순종한다는 것에 대하여서 아직 말하여지지 않았다. 때문에 하나님께서 그것들에 의하여서 그의 역사를 행하신다고 해도, 그것들은 그들 자신들의 음모와 의지에 따라서는 하나님의 역사를 행하지 않는다. 다만 그들 자신들의 행위가 그들이 심판의 근거가 된다. 그럼에도 불구하고 하나님께서 악한 자들을 통하여서 선을 이루어 가신다. 그러나 여전히 악한 자들의 행위는 악하다. 27. 결과적으로 하나님께서 모든 것을 행하신다. 그러나 그가 죄를 지으시는 것은 아니다. 때문에 죄의 이름은 단지 부덕이고 결점이다. 그것은 하나님께서 역사하시는 도구에 불과하다. 28. 이러한 오염의 이유로 그 방식이 두 가지로 나누어진다. 하나는 하나님의 공정한 역사이며 직접적으로 인간의 불공평한 행위에 반대하시는 싸움과 격퇴이다. 29. 그럼에도 불구하고 하나님께서는 악한 도구들 보다 그의 선하신 도구들을 통하여서 행하신다. 그가 그의 선하신 도구들로 그의 역사를 행하시는 한 선한 도구들이 또한 주님께서 그들에게 역사하시는 강력과 효력에 의하여서 그들의 역사를 행한다. 그리고 하나님께서 그의 선한 역사를 그들을 통하여서 행하신다. 하나님께서 자신의 강력과 효력으로 역사 안에서 행하신다. 그런데 악한자들은 무지하거나 또한 목적에 반항적으로 행한다."80)

존 낙스는 하나님의 의논에 대하여서 다음과 같이 정의한다. "하나님의 의논은 불변하다. 그래서 그의 선택은 확실하고 견고하다. 택자들은 궁극적으로 유기될 수 없으며 유기자들은 택정될 수 없다. 그것은 알곡이 쭉정이가 될 수 없고 쭉정이가 알곡이 될 수 없는 것과 같은 이치이다. 그래서 하나님의 크신 자비하심은 그의 자녀들의 위엄이라고 불린다. 그래서 그가 우리를 거룩하게 하시고 우리를 순결함 안에서 행하게 하시고 우리의 생활의 매일을 거룩하게 하신다. 우리는 지속적으로 우리 안에 머물러 있는 정욕과 무절제의 욕망에 대항하여서 싸운다. 만약 우리가 우리 안에서 역사하시는 하나님의 성령을 의존하지 않는다면 우리는 우리의 선택을 확정할 수 없다."81)

존 낙스의 기독론에 대하여서 살펴보고자 한다. "그가 말한다. '그리스도 없이 선택도 없다.' 만약 오직 그리스도 예수 안에서 영원한 생명에 대하여서 선택된다고 이해한다면, 그 명제는 참되다.… 우리는 창세전에 그리스도 예수 안에서 선택되었다. 우리가 죄로 죽은 상태에 있을 때에 그에 대하여서 무지한 상태에 있을 때, 그의 약속의 언약에 대하여서 이방인 이었을 때였다. 이 세상에서 그리스도도 없었고 하나님도 없었을 때에 우리는 부르심을 받았다.

사도 바울은 예수 그리스도 안에서 세상을 향하여서 보여준 하나님의 풍성한 자비를 증거한다. 예수 그리스도를 통하여서 유대인뿐만 아니라 이방인들까지도 하나님과 교제할 수 있게 되었고 그의 영광에 참여할 수 있게 되었다."82)

존 낙스의 선택론에 대하여서 "하나님의 자유로우신 선택은 예수 그리스도 안에 있는 약속이나 믿음에 기초하는 것이 아니라 하나님 자신에게 기초한다. 때문에 그는 그의 선택에 있어서 약속이나 믿음을 따라서가 아니라 그의 아들 예수 그리스도 안에서 그 자신의 선하시고 기뻐하신 뜻에 기초하여서 피택자들을 선택하셨다. 그래서 믿음은 인간의 사역이 아니다. 게다가 인간의 믿음과 선택도 사람에

---

80) Ibid., p. 188.
81) Ibid., p. 210.
82) Ibid., p. 256.

게 기초하지 않고 오직 하나님의 절대 주권에 기초한다."83)

(3) 존 낙스의 교회 정치 사상

잉글랜드 튜터 왕조 피의 메리 시대에 몇몇 저명한 개신교도들이 잉글랜드로부터 대륙에 있는 개혁된 도시로 망명을 하였다. 그때에 그들은 그곳에서 하나님의 법 앞에 의무를 수행해야 할 시민 사회의 모든 부분에 대한 깊은 감동을 줄 저서를 남겼다. 에드워드 6세 시대에 교회 감독이었던 존 포넷(John Ponet)은 스트라스부르그로 피신하였다. 그도 이러한 저서를 남겼다. 그는 개혁 신학과, 르네상스 고전주의와 후기 중세 스콜라주의와 영국 공법의 전통에 동일하게 영향을 주었다. 이와 달리 존 낙스와 그의 동료 크리스토퍼 굿맨은 칼빈의 제네바로 피신하였다. 그들은 그곳에서 하나님의 계시된 율법의 첫 번째 돌판으로부터 종교 개혁의 의무에 대한 더 엄밀한 성경적 방식을 통한 해법을 제시하려고 하였다. 존 낙스와 그의 동료 굿맨은 포넷에게 있는 이론적 포괄성이 결여되어 있었다. 그러나 그들은 신학적 강도를 통해 그것을 보완하였다. 때문에 1558년에 존 낙스는 굿맨의 "어떻게 수장의 권력이 그들의 신하들의 순종을 이끌 수 있는가"라는 저서를 언급했다. 주로 구약의 노선에 따라서 기독교 정치의 사상을 다시 불러일으키는 것이었다. 피의 메리의 로마 카톨릭으로의 회귀의 방법에 있어서 그녀의 개신교에 대한 핍박과 스페인 왕가와의 혼인을 통한 동맹은 칼빈주의 측면에서는 반 튜터 메리 저항을 일으켰다. 그들은 불 경건한자들과 불공평한 왕정에 저항하여서 신적 율법의 활동적인 시민적 방어를 변호하였다. 그 방어는 귀족들과 하급 행정관들에 의해서 인도되고 정당화되었다. 그들은 그들의 나라의 주권을 옮길 수 있는 마지막 보루로서 왕정을 제지하고, 올바르게 이끌고 할 수 있는 신적 권한을 가지고 있었다. 이러한 경우가 스코틀랜드의 정치에 있어서 낙스가 주로 언급했던 것이다. 시민적 방어의 의미는 더욱 유동적인 상황에 의하여서 이끌렸다. 이러한 명쾌한 주장은 칼빈에게 당혹한 것이었고 엘리자베스 1세에게 불쾌한 것이었다. 예언적 자각들은 낙스의 소통을 지배하였다. 이것은 존 낙스가 스코틀랜드 대지주에 대항하여서 젊은 때인 사역 초기부터 그것을 사명으로 알고 변호하였다. 스코틀랜드 대지주들은 개신교 설교가 조지 위사트를 화형한 그 책임자 추기경 비튼을 살해한 것에 대하여서 1547년에 성 앤드류 성곽을 둘러쌓았다. 그래서 그곳에 있었던 낙

---

83) Ibid., p. 281.

스는 나중에 주동자로 잡혀서 프랑스 겔리선을 18개월간 타게 되었다. 그의 잉글랜드에서의 사역은 에드워드 6세 때였다. 그러나 그 다음의 계승자 튜더 메리의 집권으로 귀즈 메리를 대표하는 여왕이 로마 카톨릭으로 회귀하게 되자 낙스는 스코틀랜드에서의 사역을 확대하기에 이른다.

1555년~1556년 동안 스코틀랜드에서의 낙스의 사역은 결국 로마 카톨릭 성직자들의 힘을 무력화시켰다. 그의 유명한 정치적 저서는 1558년에 저술되었다. "여자들의 가공할 연대에 대항하는 승리의 나팔소리"라는 이 저서는 잉글랜드의 "이사벨"의 무법하고 불경건한 태도에 대한 것이었다. 그럼에도 불구하고 그것들은 현저한 정치적 주제들의 본래적 결함을 제공한다. 선지자의 영속적 교회 정치적 임무가 인간 법에 의해서 하나님의 법이 조직적으로 위반을 당하기 때문에 필요하다는 것이다. 그리고 우상 숭배를 가라앉히기 위한 보편적 시민 의무가 하나님과 언약 관계 아래 있는 기독교 공동체 안에 정착해야 한다고 보았다. 그리고 그런 시민적 사명을 신적으로 정당화하는 방어가 성취되어야 한다는 것이다.

제 3 장 피의 메리 시대의 개혁 교회 핍박

　에드워드 6세의 죽음으로 잉글랜드뿐만 아니라 스코틀랜드 종교 개혁에도 많은 어려움이 뒤따랐다. 그의 이른 죽음으로 종교 개혁은 다시 답보 상태에 빠지게 되고 그의 뒤를 이어서 왕위를 차지한 피의 메리는 철저한 로마 카톨릭주의자로서 잉글랜드 국교회를 로마 카톨릭으로 환원시키려고 하였다. 튜더 메리는 헨리 8세와 그의 형수 캐서린 사이에서 태어난 헨리 8세의 장녀였다. 튜더 메리의 모친 캐서린은 철저한 로마 카톨릭주의자였다. 그녀는 로마 카톨릭이 국교였던 스페인의 국왕의 공주로서 잉글랜드로 시집을 온 상태였다. 그런 그녀가 그녀의 딸 메리를 철저한 로마 카톨릭주의자로 키웠을 것은 자명하다. 무엇보다 그녀의 어머니 캐서린이 왕비로서 자격을 박탈당하게 된 것이 헨리 8세의 애인이었던 개신교도 앤볼린 때문이라는 사실을 알고 있었기에 그녀가 개신교에 대하여서 좋지 않은 감정을 품고 있었을 것은 분명하다. 왜냐하면 헨리 8세가 캐서린과 이혼하기 위하여서 로마 카톨릭과 결별하게 되었고 그것이 잉글랜드의 종교 개혁의 시작이 되었기 때문이다. 그 이혼의 원인이 헨리 8세의 새 애인 개신교도 앤 볼린과의 혼인 문제 때문이었다. 헨리 8세는 새로 연애에 빠지게 된 개신교도 앤 볼린과의 혼인을 위하여서 캐서린과의 이혼이 필요했으나 로마 교황청의 거부로 그 일이 성사되지 않았다. 그러자 스스로 교회의 수장이 되어서 영국 국교회로 독립하고 로마 카톨릭과 결별하였다. 그래서 영국 왕을 교회의 수장으로 하는 감독 교회적 국가 교회로 종교가 개혁을 이루게 되었던 것이다. 이로 보건대 피의 메리가 개신교도에게 가졌던 여러 가지 증오를 짐작할 수 있다.

　어려서부터 병약한 에드워드 6세가 오래 잉글랜드 왕위를 지키지 못하고 유명을 달리하게 되자, 왕위 계승권의 차례에 따라서 헨리 8세의 딸 중에서 장녀였던 메리가 왕위에 오르게 된다. 메리가 왕에 오르기 전에 에드워드 6세의 섭정이었던 더들리의 정치적인 영향력으로 전혀 왕위 계승권자가 아니었던 제인 그레이가 잠깐 동안 잉글랜드 왕위를 계승했으나, 잉글랜드 신민들과 여러 귀족들의 반발로 그리 오래 가지 못하고 결국 에드워드 6세 다음 왕위는 메리에게로 돌아갔다.84) 그렇게 우여 곡절을 겪고 왕위에 오른 피 메리는 처음 약속과 달리 철저한 로마 카톨릭 교회로 잉글랜드 교회를 환원시키려고 하였다. 그녀가 로마 카톨릭 교회로 잉글랜드 교회를 환원시키려고 한데에는 그녀의 성장 배경이 중요한 역할을 하였다고 볼 수 있다. 메리 여왕 치세에서는 한 사람의 절대적인 수장권이 인간들의 양심을 지배하는 시기였다. 그것은 많은 합리적이고 분별력 있는 모든 참된 종교에 관한 예식서들과 교리들이 파괴되는 기간이었다.

헨리 8세와 그의 계승자 에드워드 6세가 그들의 교회 수장권으로 다수 백성들이 거부하는 종교적 폐해들을 개혁하였다면, 메리 여왕은 그 동일한 수장권으로 옛 로마 카톨릭으로 돌아가려 하였다. 그녀는 교황주의의 고약하고 추잡스러운 미신적인 우상 숭배를 회복하려고 하였다. 이것은 평의회의 선언과 명령에 의하여서 집행되었다. 튜더 메리는 그녀의 권한으로 에드워드 6세 치세의 모든 종교적 규례들을 폐지하기 위해서 잉글랜드 의회를 장악하였다. 그녀는 이것을 이루기 위하여서 매우 신속하게 일처리를 하였다. 에드워드 6세 치세에 개혁적인 법령들에 반대하는 7~8개의 법안이 있었다. 그때 잉글랜드 상원(the same house of lords)은 여왕 메리의 치세에서 반대의 법안과 동일한 입장으로 교황주의로 회귀하였다. 잉글랜드 하원에게는 놀랄 것도 아니다. 왜냐하면 그들은 더욱 쉽게 가변적이었기 때문이다. 그리고 법정은 도시 안에 관원들에게 새로운 형태를 제시하였다. 여왕 메리의 치세는 종교의 진리가 얼마나 파괴되어 갔는가를 보여주는 슬픈 역사이다.85) 튜더 메리는 37세라는 적지 않은 나이로 왕위에 오른 이후 차츰 로마 카톨릭으로 회귀하기 위하여서 개신교도들을 핍박하기 시작하였다. 메리 여왕은 거의 300명 정도를 화형시켰다. 그때에 순교한 자들 중에서 토마스 크랜머도 있었다. 그는 처음에는 침묵하였다. 그러나 이내 로마 카톨릭에 반대하는 성명서를 내고 순교하였다. 그는 먼저 런던 탑에 주교 레티머(Latimer)와 함께 갇혔다. 요크(York)의 대주교 홀게이트(Holgate)가 런던 탑으로 보내졌다. 그리고 듀햄의 수석 사제(dean) 혼(Horn)이 평의회로부터 소환을 받았다. 그러나 그는 바다 건너 멀리 도망하였다.86)

---

84) Daniel Neal, **The History of the Puritans**, vol.1, p. 59.
85) Ibid., p. 58.
86) Ibid., p. 60.

외국으로 망명한자들 중에는 추방 중에 죽은 윈체스터(Winschester)의 감독·포이테스(Poynet)와 엠덴(Emden)에서 회중들의 감독을 맡았던 바드(Bath)·웰스(Wells)의 발로우(Barlow) 그리고 치체스터의 스코리(Scory of Chichester)가 있고 에콘(Exon)의 커버달(Coverdale)과 오소리의 베일(Bale of Ossory)이 있다. 그리고 5명의 수석 사제들로서 박사 콕스(Dr.Cox)그리고 하돈(Haddon), 혼(Horn) 그리고 터너(Turner)와 샘슨(Sampson) 등이 있다. 그리고 4명의 부감독(Archdeacon)들이 있으며, 50명의 저명한 설교가들과 신학자들이 있었다. 그들중에 그린달(Grindal), 제웰(Jewel), 샌디스(Sandys), 레이놀스(Reynolds), 필킹톤(Pilkington), 화이트헤드(Whitehead), 레버(Lever), 노웰(Nowel), 낙스(Knox), 라프(Rough), 위팅햄(Wittingham) 폭스(Fox), 파크허르스트(Parkhurst), 등이 있다. 그들은 엘리자베스 치세에서 활약하게 되는 개혁가들이다. 그리고 개혁 신앙을 가진 귀족들과 상인들·무역하는 자들·기술공들·평민들이 있었다.

어떤 망명자들 중에서는 에드워드 시대에 대륙의 핍박을 피하여서 잉글랜드로 왔던 성직자들도 있었다. 그들은 주로 피터 마터(Peter Martyr)와 요한 라스코(John a Lasco) 등이 있었다. 그러나 그들의 잉글랜드 밖으로의 탈출은 많은 어려움이 있었다. 그것은 잉글랜드 평의회가(Council) 망명객들을 잡기 위하여서 혈안이 되어 있었기 때문이다. 그들은 해안 봉쇄령을 내리고 잉글랜드 왕국을 떠나는 여행객들 중에서 합법적이지 않은 자들을 색출하여서 체포하고 소환하였다.

1553년 10월 1일 메리 여왕은 가디너(gardiner)에 의하여서 10명의 감독들이 참석한 가운데 왕관을 썼다. 잉글랜드 의회는 10일에 개회를 명령받았다. 그리고 10월 31일에 에드워드 시대의 모든 종교법을 폐지한다는 청원서가 잉글랜드 하원에 보내졌다. 잉글랜드 하원은 6일간의 토론 이후에 그것을 통과 시켰다. 그래서 그해 12월 20일에 그 법령을 선포하였다. 그것은 헨리 8세 이전의 종교법으로 돌아가며 그 이외에 다른 어떤 것도 허락하지 않는 다는 것이었다. 그리고 이러한 공적 법령에 거부하는 자들은 혹독한 형벌만이 기다릴 것이라는 것이다. 11월 3일 대주교 크랜머(Cranmaer)와 귈포드 경(the lord Guilford)과 제인 그레이(Jane Gray)와 노섬벌랜드(Northumberland)의 다른 두 아들들이 심한 고초를 겪은 다음에 여왕에게 반역한 죄목으로 화형을 선고받았다. 그들 모두는 그 고소에 자백을 하였으나, 크렌머는 홀로 그러한 고소에 저항하였다. 그러나 이 판결은 의회에 의하여서 통과되었고, 결국 그들은 화형이나 참수를 당하였다.[87] 튜더 메리는 왕위에 오르자 그녀의 특별한 면허 없이는 설교하지 못하게 하였다. 그리고 많은 종교 개혁자들을 잡아 가두기 시작하였다. 후퍼(Hooper)는 플리트(Fleet)라는 감옥으로 보내졌고, 크랜머(Cranmer)와 라티머(Latimer)는 런던탑으로 보내졌다. 수천 명도 더 되는 개혁교도들이 외국으로 망명하기에 이르렀다. 그들 중에는 5명의 감독들과(bishop) 5명의 수석 사제(dean)들과 4명의 부감독(archdeacon)들이 있었다. 그리고 많은 수의 신학 박사들과 저명한 설교가들이 있었다. 그 저명한 설교가들 중에는 커버달(Coverdale),터너(Turner), 샘슨(Sampson), 화이트헤드(Whitehead), 베콘(Becon), 레버(Lever), 화이트햄(Whittingham), 폭스(Fox) 등이 있었다. 2명의 대주교와 대부분의 감독들은 그들의 자리를 박탈당했다. 그리고 런던에서 활동한 저명한 설교가들이 견신례(confinement)를 강요받았다. 이미 결혼한 12,000도 더 되는 성직자들이 삶의 변화를 경험하였고 그 중에서 많은 수가 판결도 없이 이혼을 당하였다. 그러는 동안 에드워드 6세 치하에서 세워진 모든 종교 제도들이 폐지되었다. 그리고 옛 로마 카톨릭의 미사와 의식들이 되살아났다.88) 메리 여왕 치하에서 수백명의 사람들이 잘못된 이단적 적용으로 죽었다. 그들 중에서는 종교 개혁에 열정적인 경건하고 학식 있는 신학자들도 있었다. 이러한 신학자들은 에드워드 6세 치하에서도 비국교도(Nonconformist)로서 공인된 인물들이었다. 그때에 존 로져(John Roger)는 카톨릭 성직자들의 의식복을 거부하다가 최초로 순교하였다. 동시에 저명한 순교자 존 필포트(John Philpot)와 팀(Tyms)이 있다. 감독 라티머(Latimer)는 의식복(Garment)을 비웃었다가 순교하였다.89) 이러한 메리 여왕의 혹독한 핍박도 잉글랜드 종교 개혁의 빛을 모두 소멸시키지는 못하였다. 많은 수의 사람들이 쫓겨났고, 국외로 탈출했다. 그리고 많은 수가 화형을 당하였다. 그러나 여전히 많은 수가 자신들의 생명보다 복음을 더욱 귀하게 여겼다. 그러한 그들의 신앙이 그러한 폭풍우 같은 핍박을 견디고 이겨내게 하였다. 회중들이 왕국의 여러 지역에서 형성되었다. 거기에는 탁월한 기독교인들의 모임으로서 주목할 만한 회중들도 있었다. 그들은 서포크(Suffolk)의 스토크(Stoke)에 있었다. 그들의 이러한 견고하고 신실한 모습들은 로마 카톨릭 사제들의 접근을 막을 수 있었다. 그들은 지속적으로 그들만의 사적인 모임을 가졌다. 그

---

87) Ibid., p. 61.
88) Benjamin Brook, **The lives of the puritans, vol.1**. p. 11.
89) Ibid., p. 12.

리고 그들은 교구 교회에는 나가지 않았다. 왜냐하면 교구 교회에는 로마 카톨릭 적인 의식들이 요구되었고 지켜졌기 때문이다. 선한 사람들이 회합을 위하여서 모였다. 약 6개월 동안 노르윅(Norwick)의 감독은 그의 사무관을 그들에게 보냈다. 그리고 경고하기를 이번 주일에는 교구 교회로 나가라는 것이었다. 그러나 이러한 것을 알아차린 사람들은 소환을 피하기 위하여서 사라졌다. 그들이 교구 교회에도 가지 않고 소환에도 응답하지 않자, 고위 성직자들은 화를 내며 전체 회중들을 출교하였다. 그래서 관원들이 그러한 자들을 지정하면, 그들은 그 부락을 떠나야 했고, 그리고 여왕 메리의 치세에 여러 곳을 유리방황해야 했다. 가장 저명한 회중은 런던 안에 있었다. 그들은 매우 은밀하게 만났다. 거의 200명 정도 되었다.90) 그들은 비밀을 유지하기 위하여서 은밀하게 밤에 만나기도 하였다. 그들의 회합은 다음과 같은 성직자들에 의하여서 인도되었다.

에드문드 스칼머(Edmund Scamler), 포웰(Fowler), 존 라프(John Rough), 어거스틴 비르헤어(Augustine Birnher), 토마스 펜탐(Thomas Bentham) 등이다. 그리고 후에 탁월한 퓨리탄이 되는 존 플레인(John Pullain) 등이 있었다. 라프의 사역 동안에, 라프는 아이슬링톤(Islington)에 있는 집에서 커트버트 심슨(Curthbert Sympson)과 많은 다른 사람들과 함께 체포되었다. 그곳은 기도와 말씀 강론을 위하여서 모였던 교회였다. 그들은 공의회 앞에서 있다가 뉴게이트(Newgate)로 보내졌다. 라프는 그곳에서 잔인하게 혹독한 고난을 당하고 1557년 12월 화염 가운데 그의 생애를 마감하였다. 교회의 집사(Deacon)였던 심슨(Symson)은 경건하고 신실하며 열정적인 사람이었다. 그럴뿐만 아니라 교황주의의 잘못으로부터 양떼들을 보호하기 위하여서 무던히 수고하였다. 라프는 잔인한 고위 성직자들에 의하여서 정죄를 받고 화형을 당하여 순교했다. 그곳에서 폭스와 다베니쉬(Davenish)와 다른 두명의 사람들도 함께 화형을 당하였다.91)

1554년 4월 2일에 메리 여왕 치세에 두 번째 의회가 열렸다. 의회는 그 회기 동안에 메리 여왕이 스페인 국왕 필립 2세와 결혼하는 것에 대하여서 다루었다. 그리고 7월 20일 필립은 잉글랜드에 도착하였다. 그리고 그 달 27일에 윈체스터에서 결혼식을 하였다. 그때 필립의 나이 27세였다. 그리고 메리 여왕의 나이는 38세였다.

---

90) Ibid., p. 13.
91) Ibid., p. 14.

1554년 11월 11일 메리 여왕 치세에 세 번째 의회가 열렸다. 그 의회에서는 잉글랜드 왕이 국교회의 수장이 된다고 하는 왕의 교회에 대한 수장령을 무효화하는 결정을 하였다.92) 그리고 잉글랜드 왕국은 로마 교회와 화해하기 시작하였다. 그래서 대법관 가디너(Gardiner)는 평의회가 열렸을 때, 분파주의자들의 발흥에 대항하고자 형벌의 법을 제정하였으며 혹독하였다. 그래서 메리 여왕은 대법관 가디너에게 그 법을 실행할 것을 명령하였다. 대법관 가디너는 우선 로져스(Mr. Rogers)와 카드메이커(Cardmaker)와 주교 후퍼(Hooper) 등에게 먼저 실행하였다. 그들은 18개월 동안 재판도 없이 감옥에 갇혀 있었다. 그들은 성례와 교회를 세우는 형태에 대하여서 잘못된 견해를 철회할 것을 요구받았다. 그러나 그들은 단호하게 거절하였고, 결국 그들은 세속 권력에 넘겨졌다. 그리고 그해 2월 4일에 로져스(Mr. Rogers)는 스미스필드(Smithfield)에서 화형을 당하였고, 그해 2월 9일에 감독 후퍼(Bishop Hooper)는 글래세스터(Gloucester)에서 화형 되었다. 그는 불 가운데서 소리를 질렀으며, 그의 다리와 넙적 다리는 구워졌고, 그의 한 손은 숨을 거두기도 전에 떨어져서 뒹굴었다. 그의 마지막 외침은 "주 예수여 나의 영혼을 받으소서"였다. 그는 감옥에 있는 동안에 망명하여 있는 성직자들에게 경건하고 신앙적인 탁월한 서신들을 몇 편 기록하였다. 그 중 한 편은 순교하기 2개월 전에 불링거에게 보내졌다. - "우리와 함께 적그리스도에게 상처받은 영혼들이 치유받기를 원합니다. 예수 그리스도는 교회의 머리가 되시다는 것을 선포합니다. 우리는 1년 반 동안 극도의 위난 가운데 있었습니다. 우리는 감옥 안에서 서로 흩어져 있습니다. 그리고 모든 종류의 경멸과 잔인한 대우를 받고 있습니다. 그들은 우리를 날마다 죽음으로 위협합니다. 그러나 그러한 것은 우리에게 가치가 없는 것입니다. 우리는 그리스도의 이유로 화염과 칼을 결연하게 경멸합니다. 우리는 우리가 믿고 있는 그분을 알고 있습니다. 그리고 우리는 잘 아는 대로 우리의 영혼을 그분에게 위탁했습니다. 그 동안 우리 안에 착한 일을 시작하신 이가 마지막 까지 그것을 이루시도록 불링거 당신의 기도로 우리를 도와주소서! 우리는 주님의 백성입니다. 주의 목전에서 선한자로서 우리를 보시고 그대로 행하시도록 하옵소서!"93) 동시에 다른 사역자 샌더스(Mr. Saunders)는 코벤트리(Coventry)에서 화형 당하였다. 그가 화형대에 이르렀을 때 그는 말하였다. "그리스도의 십자가를

---

92) Daniel Neal, **The History of the Puritans**, vol.1, p. 66.
93) Ibid., 68.

환영합니다. 영원한 생명에 이르게 됨을 환영합니다." 하들레이(Hadley)의 사람 테일러 박사(Dr. Taylor)는 그 다음으로 고난을 당하였다. 대법관 가디너(Gardiner)는 그를 거칠게 대하였다. 대법관 가디너는 그를 정죄하고 멸시하면서 그의 성직록을 불태워 버렸다. 그해 2월 9일 날 그는 화염 가운데서 구워져가면서도 큰 담력을 가지고 그 고난을 당하였다. 대감독 가디너는 그 광경을 보면서 절망하기 시작하였다. 더 이상 그러한 일에 간섭하지 않고 싶어 런던의 감독 보너(Bishop Bonner)에게 피흘리는 일을 실행하게 하도록 위임했다. 런던의 감독 보너는 한 사람의 그리스도인처럼 행동하기보다는 흡혈귀처럼 행동하였다. 그는 모든 순교자들에게 한 치의 자비도 없이 잔인하게 정죄하였다. 그래서 순교자들이 세속 관원들에게 넘겨지기 전까지 가장 잔인하게 대하였다. 그는 쇼레디취(Shoreditch)의 직공인 순교자 톰킨스(Tomkins)의 수염을 잡아 뜯었다. 보너는 톰킨스의 힘줄과 심줄이 오그라들 때까지 촛불의 화염에 그의 손을 잡아 끌었다. 그러자 톰킨스의 피가 그 옆에 서 있던 합스필드(Harpsfield)의 얼굴로 뿜어졌다. 보너는 다른 사람들을 지하 감옥에 가두었다. 그리고 어떤 사람들을 가축 창고에 가두었다. 그리고 빵과 물로 연명시켰다. 그해 3월에 주교 페라스(Ferrars)가 세인트 데이빗(St. David)의 성에서 화형 당하였다. 그들은 콜체스터(Colehester)의 사제 라우렌스(Mr. Lawrence), 스미스필드(Smithfield)의 직공인 톰킨스(Mr. Tomkins) 그리고 브렌트우드(Brentwood)의 19세 견습공 헌터(Mr. Hunter), 에섹(Essex)의 신사(gentle)인 카우스톤(Mr. Causton)과 히그덴(Mr Higden), 브레인트리(Braintree)에 사는 윌리엄 피고트(Mr. William Pigot), 말덴(Malden)의 스테판 나이트(Mr. Stphen Knight), 카디페(Cardiffe)의 가난한 어부인 라우링스 화이트(Mr. Rawlings White) 등이다.

그 다음달에 체스터(Chester)의 사제 마치(Mr. Mardch)와 그리고 웨스트민스터의 세인트 마가렛 묘지의 다른 젊은이들 추종자들이 순교하였다. 이러한 화형에 대하여서 순교자들이 보여준 담력과 지조에 대하여서 잉글랜드 국민들은 놀라기 시작하였으며 그러한 형벌을 혐오하기 시작하였다. 그리고 그들은 감독들의 무자비함에 대하여서 놀라게 되었다. 그리고 동시에 해외의 망명자들에 의하여서 잉글랜드 정부에게로 탄원서가 작성되어 보내졌다. "난폭자들이여 기독교도들을 관대하게 대하라, 모든 장소에서 기독교도들이 유대인들을 관대하게 대하듯이, 그것은 어떤 교황주의자들도 에드워드 6세의 치세에서 종교로 인하여서 죽음에 이른자가 없다는 것으로 증명할 수 있다. 그리고 귀족들과 평민들은 여왕의 행위를 제지하도록 요청하라. 그래서 이러한 피의 숙청을 그치도록 하라 그리고 적어도 동일한 자유로 대하라!"94) 그러나 이것은 효력이 없었다. 스페인 국왕 필립은 감독들의 책략을 도왔다. 그리고 그해 7월 달에 세인트 폴(St. Paul)의 성직자 존 브래드포트(Mr. John Bradford)와 에드워드 치하에서 활동한 대부분의 저명한 설교가들은 순교의 고난을 당하였다. 존 브래드포트는 가장 경건한 기독교인이었다. 그리고 감옥에 있을 때, 그의 서신을 통하여서 그의 제자들에게 가르치듯이 개혁에 대한 많은 제안을 하였다. 그는 마지막 유언에서 다음과 같이 제자들에게 말하고 순교하였다. "좁은 문으로 들어가라 그 길은 영생으로 인도할 것이다. 그러나 오직 적은 수 만이 찾을 수 있을 것이다."

스미스필드(Smithfield)로부터 핍박은 온 나라로 퍼졌다. 그해 6월과 7월에 켄트 여러 곳에서 8명의 남자들과 1명의 여자가 화형을 당했다. 그해 8월과 9월에 에섹의 서포크(Suffolk)에서 25명도 넘는 자들이 화형 되었다. 그러나 교황주의자들의 더 큰 피의 역사는 계속되었다. 그해 10월 16일에 감독 리들리(ridley)와 라티머(Latimer)는 옥스포드에서 화형주에 달려서 화형 되었다. 라티머는 즉시 죽었으나, 리들리는 그의 몸의 아랫부분으로부터 서서히 타서 죽어갔다. 그의 마지막 유언의 말은 다음과 같았다고 한다. "선한 마음을 가지라, 형제여! 왜냐하면 하나님께서 불같은 진노를 누그러뜨리고 계시거나 혹은 우리로 그것을 당하게 하시거나 하실 것이기 때문이다."

이에 대하여서 라티머는 다음과 같이 화답하였다고 한다. "선한 위로가 있을 지어다! 왜냐하면 우리는 이 날에 잉글랜드의 빛과 같이 되었기 때문이며 나는 확신하건데 하나님의 은혜가 결코 사라지지 않을 것이기 때문이다."

개신교도들을 가공하게 핍박하였던 대법관 가디너(Gardiner)는 그가 죽어가는 것에 적잖게 충격을 받았다고 한다. 그는 그해 11월 12일에 옥스퍼드로부터 2명의 감독들의 화형에 대한 소식을 듣기 전까지는 식사 시간에 앉지 않았다고 한다. 그러나 두 명의 감독의 죽음에 대해 오후 4시쯤 들었을 때, 그는 어떤 정신적 충격에 빠져서 앉지 못하고 결국 죽었다고 한다.95)

그해 12월에 수적 집사인 필포트(Philpot)는 화형 되었다. 그는 화형장에서 의

---

94) Ibid., p. 69.
95) Ibid., p. 70.

연하고 결연하게 태도를 취하고 죽었다. 그리고 그 이듬해 3월 대감독 크랜머가 죽는다. 그리고 터비(Thirlby)와 보너(Bonner) 등이 순교했다.

1556년 내내 핍박이 계속되었다. 그해 내내 교황주의자들의 피의 축제가 잉글랜드를 붉게 물들였다. 그리고 많은 수의 성직자들이 메리 여왕의 핍박을 피하여서 망명하였다. 그들은 주로 프랑스(France)와 플랜더(Flanders), 제네바(Geneva) 그리고 일부는 게르마니(Gemany)와 스위스랜드(Switzerland)로 갔다. 그 나라의 도시들 중에서 프랑크 푸르트(Frankfort)와 스트라스부르그(Strasburgh), 쮜리히(Zurich) 그리고 바젤(Basil)과 엠덴(Emden), 도스부르그(Doesburgh), 애로우(Arrow) 등으로 망명하였다. 그 도시의 행정관들은 그들에게 큰 자애를 베풀어서 머물도록 하였다. 그리고 공적 예배를 드리도록 허락했다. 그러나 루터주의자들의 무자비한(uncharitable) 대우는 주목할 만하다. 그들은 망명자들을 미워했다. 왜냐하면 그들의 성찬론과 다르다고 간주하였기 때문이다. 그래서 잉글랜드에서의 망명자들이 오면, 그들을 추방시켰다. 그래서 겨우 삭소니(Saxony)에서 적은 적대감으로 대하였다. 필립 멜라히톤(Philip Melancthon)만이 그들의 편에 서서 의회에서 중재했을 뿐 대다수의 성직자들은 그들의 공재설(consubstantiation)을 강력하게 주장하면서 행정관들에게 그들을 추방하도록 자극하였다. 그 당시 망명자들의 숫자는 대략 800명 정도였다. 주목할 만한 인물들로는 윈체스터(Winchester), 배트(Bath), 웰스(Wells), 치체스터(Chichester), 에섹터(Exeter)와 오소리(Ossory)의 감독들이 있었다. 많은 수의 망명자들이 학식 있는 자들이었다.96) 괄목할 만한 평신도들 중에서는 서펙(Suffolk)의 공작부인과 그녀의 남편 토마스 로스 경(sir. Thomas Wroth), 리차드 모리슨 경(Richard Morison)과 존 치크(John Cheeke)과 다른 여러 사람들이 있다. 그중에서는 프랑크프루트(Frankfort)에 가장 많은 망명자들이 있었다. 그런데 이때부터 잉글랜드 교회로부터 분리되는 성향의 퓨리탄(Puritans)들이 일어나기 시작하였다.

1554년 6월 22일에 위팅햄(Whittingham), 윌리엄(William), 슈톤(Sutton) 그리고 우드(Wood) 등이 그들의 가족들과 친구들과 함께 프랑크푸르트(Frankfort)에 정착하였다. 그곳 행정관의 허락으로 예배 처소를 얻을 수 있게 되었다. 두 개의 회중들이 다른 시간 때 모임을 가질 수 있었다.97) 프랑크푸르트에서의 삶도 그렇

---

96) Ibid., p. 76.
97) Ibid., p. 77.

게 쉽지는 않았다. 그들은 평의원에 의하여서 프랑스 개혁 교회로부터 교리와 예배 형태를 벗어나서는 안 된다는 조건 아래에 예배 장소를 허락받았다. 이러한 상황에서 그들은 잉글랜드에서의 여러 가지 기도서를 참고해서 새로운 의식을 채택했다.98) 그래서 그들은 그것을 1554년 7월 29일 교회의 의식으로 삼았다. 그리고 선택된 임시 목사들과 집사들이 그 회중에게로 보내졌다. 그리고 프랑크푸르트에서 그들은 비로소 참되게 증거되는 하나님의 말씀을 들을 수 있었다. 그리고 성례식을 거행하게 되었다. 그때에 제네바 교회는 그곳에 있던 존 낙스를 보냈다. 그럴 뿐 아니라 스트라스부르그(Strasburgh)로부터 제임스 하딘(James Haddon)을 보냈고 쮜리히(Zurich)로부터 토마스 레버(Thomas Lever)를 보냈다. 그래서 주님 안에서 그들을 목회해 줄 것을 요청하였다. 이렇게 프랑크푸르트 교회는 그들의 요청을 따라서 임직한 신실한 목회자들과 여러 집사들과 개혁된 예배 의식들에 의하여서 견고하게 정착이 되어갔다. 고교회 정신을 가지고 있었던 박사 리차드 콕스(Dr. Richard Cox)이 그 도시로 왔다. 그는 새롭게 형성된 교회의 상태를 파괴하였다. 그리고 큰 소리로 사역자들 뒤에서 공적 예배에 대하여서 간섭하였다. 주의 날에 그 동료중에 하나가 동일하게 강대상에 올라가서 전체 탄원서를 읽었다. 이에 존 낙스가 나서서 이러한 무질서의 책임자들을 책망하였다. 그리고 원래의 공동 기도서(the Book of Common Prayer)의 미신성과 불경건성을 설명하였다. 그러자 콕스가 검열관처럼 존 낙스를 비난하기 시작하였다. 그러면서 회중들에게 투표하게 하여서 만약 다수표를 얻으면, 존 낙스를 회중들에게 설교하지 못하게 하자고 제안하였다. 그러나 존 낙스의 친구가 관원들에게 요청해서 프랑스 교회와 교리와 의식에 대하여서 그들의 주장이 일치하는지에 대하여서 살펴 달라고 하였다. 콕스 박사(Dr. Cox)와 그의 동료들은 그 도시 관원들 사이에서 존 낙스에 대한 관심이 지대하다는 것을 발견하고 무가치하고 비기독교적 방법으로 그를 제거하려는 수단을 강구하였다. 그래서 그들은 존 낙스를 황제에 대한 높은 반역죄로 고소하였다. 관원들은 사태가 더욱 혼란스럽게 되는 것을 두려워하여서 정중하게 존 낙스로 하여금 프랑크푸르트를 떠날 것을 권고하기에 이른다. 그래서 존 낙스는 1555년 3월 25일에 그곳을 떠난다. 존 낙스가 떠난 이후에 콕스는 더욱 친정체제를 구축하기에 이른다. 에드워드 시대의 예배 의식을 자유롭게 사용할 것에 대하여서 관원들에게 요청하기에 이르고, 결국 그것은 회중들이 콕스에 의하여서

---

98) Benjamin Brook, **The lives of the puritans, vol.1.** p. 15.

신앙이 파괴되었다는 것을 의미하는 것이었다. 콕스와 그의 동료들은 그 이전의 모든 것을 바꾸어 사역자들을 새롭게 선출하였다. 그들은 누구의 간섭도 없이 나름대로의 예배 의식서를 만들었다.99) 그 시기에 개혁 교회 내에서 예정론과 인간의 자유의지에 대한 논쟁이 있게 되었다. 킹스벤취(King's Bench)라는 감옥에 있었던 어떤 사람들이 절대 예정과 원죄를 부인하기에 이른다. 그들은 엄격하고 거룩한 삶을 살았던 사람들이었으며, 그들은 견해에 있어서 온건했고, 그들의 태도에 있어서 시끄럽지 않았다. 브래드 포트(Mr. Bradford)는 자주 그들에게 가서 이야기 했다. 그는 다소 그들의 견해를 누그러뜨렸다. 그들을 가르친 자들 중에서 해리 하트(Harry Hart)와 트류(Trew)와 아빙돈(Abingdon) 등이 있다. 그들은 펠라기우스나 아르미니우스주의자들의 견해를 따랐다. 브래드포트(Bradford)는 교회 안에서 펠라기우스주의 해악을 염려하였다. 그러므로 감독 페라르(Ferrar)와 테일러(Tayler)와 필포트(Philpot)는 그 견해에 관심이 있었다. 그는 옥스퍼드에 있는 크랜머(Cranmer)와 리들리(Ridley)와 라티머(Latimer)에게 편지를 보냈다. 리들리(Ridley)가 답신을 했다. 그는 그 서신에서 하나님의 선택과 예정에 대하여서 썼다. 그리고 브래드포트(Bradford)가 동일한 주제로 다른 서신을 써서 보냈다. 그러나 자유의지주의자들(the free-willers)은 그 서신을 무례하게 대하였다. 그들은 그에게 말했다. "당신은 그 자신의 교리적 관점으로 하나님의 말씀을 매우 비항하였다. 왜냐하면 당신은 하나님의 백성들의 구원을 확실하다고 믿고 단언했기 때문이다." 그들은 말한다. "그것은 종말에 까지 이르는 우리의 인내심에 달렸다." 그러나 브래드포트(Bradford)는 말했다. "그것은 그리스도 안에서 하나님의 은혜에 달렸고 어떤 경우에도 우리의 인내력에 달려있지 않다. 그렇지 않으면 은혜는 은혜가 아니다"라고 말하였다.100)

하나님의 권능이 피의 메리 여왕에게 죽음으로 다가왔다. 그의 정권은 그녀의 죽음으로 무너졌다. 스페인 국왕 필립과의 결혼이 쟁점이 되었으나 그녀는 후사를 낳지 못하였다. 그러는 와중에서 그녀보다 나이가 어린 스페인 국왕 필립은 그녀에 대하여서 실증을 느끼기 시작하였다. 그래서 그는 그녀와 겨우 열 다섯 달 함께 살고 그녀를 떠나서 그의 모국으로 돌아갔다. 그때에 스페인과 프랑스 간에 전쟁이 일어났고 메리는 남편을 따라서 스페인에 가담하게 되었다. 메리 여왕은 그

---

99) Ibid., p. 17.
100) Daniel Neal, **The History of the Puritans, vol.1**, p. 73.

전쟁으로 잉글랜드에 금쪽 같은 땅들을 잃어버렸다. 그것은 대륙에 남아 있었던 마지막 잉글랜드 소유의 땅들이었다. 그 전쟁으로 메리 여왕은 잉글랜드가 120년 전에 차지한 대륙의 칼라리스(Calais)라는 지방을 잃어버렸다. 그리고 프랑스가 귀네스(Guines)를 차지함으로서 대륙에 잉글랜드 땅은 모두 다 사라졌다. 겨우 제르세이(Jersey)와 귀엔세이(Guernsey)의 섬만 남았다. 이러는 와중에서 잉글랜드에서는 큰 홍수가 발생하였다. 도처에서 물난리가 나서 많은 사람들이 어려움에 처하게 되었다. 폭풍우와 과도한 비 그리고 천둥과 번개들이 쳤고 역병이 일어나서 많은 사람들이 죽었다. 그러나 죽은 자들을 매장할 장소가 부족할 지경이었다. 그러므로 가을 수확을 어느 사람들도 제대로 할 수 없었다. 그리고 많은 감독들이 순교했으며 그들의 순교는 다음 정부때 개신교회가 확고하게 서는데 밑거름이 되었다. 잉글랜드 의회는 스페인 국왕 필립을 불신하기에 이르렀고 프랑스와 전쟁으로 잃어버린 칼라이스(Calais)에 대한 배상을 해줄 것을 요구하였다. 여왕은 영토를 잃어버리고 다른 여러 불행들이 닥치자 우울해지기 시작했다. 그녀의 남편의 빈 자리로 인하여서 더욱 건강이 어렵게 되었다. 여왕의 정신은 날로 황폐해져 갔다. 그래서 그녀의 불행한 생애와 빗나간 통치로 인하여서 그녀는 물건을 잘 떨어뜨리는 병(dropsy)에 걸렸다.

1558년 11월 17일 잉글랜드 통치 6년째 되는 해, 그녀의 나이 43세에 죽었다. 메리 여왕은 혹독한 군주였다. 그녀의 치세는 교회에게도 크나큰 고통이었지만, 잉글랜드 전체에 큰 고통이었다. 그녀는 잉글랜드 교회를 로마 카톨릭으로 복원시키기 위하여서 혼신의 노력을 다하였으나 교회에 대한 일 만큼 그렇게 국가 통치에 관심이 없었다. 그러한 일로 인하여서 잉글랜드는 황폐해져가기 시작하였다. 피의 메리는 부친과 동생의 통치시기를 완전히 부정하려고 하였다. 이것이 피의 메리로 하여금 너무 쉽게 보복하는 정치로 치닫게 하였다. 비록 그녀가 분파주의자들에 대하여서 혹독하게 핍박을 하였으나 로마 카톨릭에 반대하는 정통 개신교에 대하여서도 똑같은 핍박을 실행함으로서 백성들의 원성을 샀다. 피의 메리는 종교에 대하여서 완벽하게 문외한이었다. 그러나 그녀가 신봉하는 로마 교회의 성직자들의 충동에 의하여서 과도하게 영국 국교회를 핍박하기에 이르렀던 것이다. 그러나 그녀의 죽음과 함께 로마 카톨릭 교회의 복구도 물거품이 되었고 그녀의 통치는 피의 핍박으로 기억되게 되었다.[101]

---

101) Ibid., p. 85.

제 2 부 엘리자베스 이후 잉글랜드와 스코틀랜드 종교 개혁사

[개 관]

잉글랜드는 엘리자베스 여왕 이후에 스페인의 무적함대를 격파하고 세계 최강의 해군력을 갖게 되었다. 그런데 이 기간 이후 영국은 본격적으로 퓨리탄주의가 확산되고, 장로주의적인 교회 형태로 나아가게 된다. 그러나 엘리자베스 여왕의 교회에 대한 정책은 그 때 그 때에 맞게 고답적으로 수립하여서 개혁 교회와 잉글랜드 국교회 사이 어느 쪽에도 만족을 주지 못하였다.

여왕은 그의 부친 헨리 8세의 종교 개혁 정책을 계승하려고 하였고 그것은 좀 더 엄밀한 개혁을 추구하고자 하였던 많은 퓨리탄들과 충돌을 일으키게 되는 원인이 되었다. 이러한 엘리자베스 여왕의 임시변통의 종교 정책은 많은 모순을 낳게 되었고 그 다음 계승자인 제임스 1세가 왕이 되자 엘리자베스 여왕 시대의 종교 정책의 모순은 그야말로 폭발하기에 이르렀다. 그러므로 제 2 부에서는 엘리자베스 여왕 시대에 퓨리탄들의 활동과 그들의 고난과 노고 그리고 계속적으로 확산되는 퓨리타니즘에 대한 잉글랜드의 상황에 대하여서 살펴보려 한다.

제 1 장 엘리자베스 시대의 잉글랜드의 종교 개혁

엘리자베스 여왕(Elizabeth 1st; 1533년 9월 7일~1603년 3월 24일; 재위기간: 1558년 11월 18일~1603년 3월24일까지 45년)의 등극은 교회 개혁에 대한 새로운 전기를 마련하는 계기가 되었다. 그녀의 등극과 함께 해외 각지로 망명하여 있었던 망명자들이 속속 되돌아오기 시작하였다. 그리고 그들의 친구들의 집에서 숨어 살던 개혁주의 성도들도 모습을 드러내기 시작하였다. 그러나 공적 예배는 여전히 로마 교회 형태로 남아 있었다. 로마 교회 사제들도 그들의 삶을 그대로 살았고 미사를 거행하였다. 어느 개신교 성직자도 메리 여왕 치세에 복구된 의식들을 철폐하라고 말하지 못하였다.

엘리자베스 여왕은 그의 부친 헨리 8세의 정신을 계승하여서 국교회를 공고히 하였다. 엘리자베스 여왕은 어려서 교육 받았던 옛 의식과 관습을 좋아하였다. 그녀는 동생 에드워드 6세가 너무 종교적으로 옛 것을 버렸다고 생각했다. 그래서 그녀는 좀더 느슨한 종교 개혁을 원하였다. 그것은 헨리 8세 때로 돌아가는 것이었다.

엘리자베스 1세는 에드워드 6세의 종교 개혁을 부담스러워하였다. 의회가 열리기 전에 그녀가 보인 유일한 위엄은 성직자들로 논쟁하지 못하게 한 것이다. 에드워드 6세 왕 때에 설교하였던 개혁적인 성향의 몇몇 성직자들은 더 높은 기관으로서 국교회의 허락이나 간섭없이 그 자신들의 예배 지침서를 마련하였다. 이것은 로마 교회 성직자들로 경각심을 갖게 하였다.

1558년 12월 27일에 의회는 모든 공적 논쟁을 금지하는 법안을 통과 시켰다. 이것에 의하여서 모든 설교가들의 설교들이 금지되었다. 그래서 사람들이 여러 가지 경로를 통하여서도 교리를 접하지 못하게 되었고 로마 교회의 교리를 답습하기에 이른다. 그러나 서신들과 복음서와 십계명들은 해석이나 주석 없이 읽을 수 있었다. 그래서 탄원 기도와 주기도문과 정통 신조들만이 유일하게 선언되었다. 공적 기도문은 교회 안에서 읽을 수 없었다. 오직 잉글랜드의 교회법에 의하여서 지정된 사람만 낭독할 수 있었다. 잉글랜드 의회의 개회 전에 그것이 소개되고 1558년 1월 23일에 작성되었다. 망명자들이 돌아오기를 준비하면서 그들 사이에 타협적인 법안이 통과되었다. 제네바는 상호 용서를 원하였다. 애로우 · 바젤 · 프랑크푸르트 · 스트라스부르그 · 보름스의 형제들은 하나님 말씀으로 하나가 되게 해달라고 기도하였다. 그리고 예배 지침서는 가장 잘 개혁된 교회의 모범을 따를 것을 희망하였다.102)

만약 잉글랜드 교회가 망명자들의 고난의 가르침을 받는다면, 행복한 것이었다. 잉글랜드 교회는 멀리 바다 건너 온 망명자들 중에 학식 있는 사람들의 말을 경청하기로 했다. 잉글랜드 교회는 좀 더 로마 카톨릭적이고 미신적인 교회로부터 거룩하게 해주기를 바랐다. 그러한 자들 중에서 월터 트레버스(Gualter Travers: 1548~1635)가 있었다. 그는 쮜리히로부터 돌아온 중요한 성직자들 중에 한 사람이었다. 그는 마스터 박사(Dr. Masters)에게 보낸 서신에서 다음과 같이 말한다. "우리 중에 개혁가들은 교황주의자들의 말에 귀를 기울이지 않을 것이다. 그들은 정직하게 변호를 하지 않는다. 그들은 혼합되고 불확실하고 의심 되는 자들이다. 그들은 종교의 외적 측면을 중시하기 때문에 모든 숙련된 종교적 술수들을 동원할 것이다. 복음이 교황주의적 미신과 우상으로 포장되었을 때 교회는 그것으로 회귀하려고 한다. 우리는 이러한 경우를 몇 년 동안 독일(Germany)에서 경험하였다. 그래서 그러한 자들의 영향력이 얼마나 위험한지 알고 있다. 그들의 견해는 천박함으로 가득 차 있으며 육신적 생각으로 가득 차 있다. 우리는 하나님의 구원에 대한 공동이 원수들을 알고 적절한 수단들을 찾아야 하리라. 이로 보건대 아직도 로마 카톨릭 교회의 잔재가 남아있다. 첫 시작에 대하여서 나는 염려한다. 사람들이 약간의 작은 위반에 대하여서 회피할 때, 이러한 분위기에서 많은 것들이 고통으로 남을 것이다. 그리고 계속될 것이다. 잠깐만이라도 그 오염들을 제거하려는 노력이 드물게 개혁을 가능하게 할 것이다. 그러나 적어도 큰 싸움이 있을 것이다." 이러한 서신은 그가 선지자적 정신으로 작성한 것이다.

마스터 박사(Dr. Master)는 그것을 여왕에게 보내 주었고 모두 낭독하였다. 그러나 효력은 없었다. 동일한 정신의 서신들이 학식 있는 성직자 불링거(Bullinger) · 피터 마티르(Peter Martyr) · 웨이드너(Weidner)에 의하여서 베드포트(Bedfored)경에게 보내졌다. 그는 약간 동안 쮜리히에 있었던 사람이다.103) 의회

---

102) Ibid., p. 86.

가 개회 되었을 때에 두 가지 유명한 법령이 채택되었다. 그것은 "수장령"(The Acts of Supremacy)과 "공동 기도문의 통일령"(The Acts of Uniformity of Common Prayer)이었다. 이 법령이 통과 되었고 수장령으로부터 새로운 교회 법정이 세워졌다. 그것이 "고등 법원"(The Court of High Commission)이었다. 고등법원은 그들의 무제한적 권력과 권세를 휘두름으로서 다수에 대하여서 상상할 수 없는 핍박을 가할 수 있었다. 그리고 통일령은 공적 예배에 있어서 완전한 통일을 이루었다. 그러나 그것은 결코 효력을 발휘하지는 못하였다.

엘리자베스 여왕 통치 기간 내내 많은 훌륭한 성직자들의 다수가 통일령(The Acts of Uniformity)에 불만을 갖고 있었다. 통일령이 로마 카톨릭 교회의 교황주의적 요소가 있었기 때문이다. 양심적으로 그 법을 지키기가 어려웠다. 그럴 뿐만 아니라 고위 성직자 개념을 가지고 있었으며, 여러 가지 오류들이 담겨져 있었다. 엘리자베스 여왕 즉위 후에 열린 첫 의회의 중요한 논쟁점은 교황주의와 개신교주의 중 어느 것을 세울 것인가 하는 것이 아니었다. 에드워드 6세 왕 때 시작된 종교 개혁을 계속 수행할 것인지에 대한 것이었다. 그것은 모든 미신의 잔재를 제거하고 우상을 타파하여 아직도 교회 안에 남아 있는 로마 교황주의 미신과 우상들을 제거하는 것이었다.[104]

1559년에 엘리자베스 1세 여왕은 "훈령"(Injunctions)을 출판하였다. 그것은 50개의 여러 항목으로 되어 있었다. 그녀는 모든 신민들에게 고분 고분하게 그 훈령을 지키라고 명령하였다. 실지로 그녀는 관직을 맡은 자들에게 지키도록 명령하였다. 비록 이러한 훈령 안에 여왕이 로마 카톨릭 교회의 미신과 우상숭배를 폐지시키고 있지만 여전히 교회 안에 형상을 존속시키는 경향을 가지고 있었다. 여왕은 형상들이 공적 예배 시에 회중들을 이끌고 헌신을 유도하기에 효율적이라고 생각했다. 엘리자베스 여왕의 목표는 교황주의와 개신교주의를 하나로 묶는 것이었다. 세 명의 감독들이 미사를 집전 할 때에 여왕은 여전히 예배 처소 제단에서 십자가 성호를 긋는 것을 존속시켰다. 여왕은 다양하고 화려한 의식들을 벗어버리기보다는 오히려 로마 교회의 의식들을 가능한 보존하는 쪽으로 마음이 기울었다. 또한 여왕은 성직자들의 결혼에 대하여서 쓴 소리를 하였다. 그래서 결혼한 감독들을 성직자로 허락한 것을 후회하였다. 여왕은 그녀의 권위로 에드워드 6세 치세의 예

---

103) Ibid., p. 87.
104) Benjamin Brook., p. 18.

식문을 재검토하도록 성직자들에게 명령하였다. 그리고 교황주의에 대하여서 불쾌한 부분들을 제거하도록 명령하였다. 그리고 사람들이 그리스도의 유형적 현존에 대하여서 쉽게 접근하도록 성례식을 간소화하였다. 그리고 주의 만찬대를 제단의 형태로 만들 것을 명령하였다. 엘리자베스 여왕은 예수 그리스도의 이름으로 경배해야 할 것과 교회 음악은 교회 안에 존속되어야 하며 모든 축제일은 지켜져야 할 것을 명령하였다. 엘리자베스 여왕 집권시기에는 에드워드 6세 왕 때의 종교 개혁이 상당하게 뒤로 물러나고 더욱 앞으로 나아가서 수행되어야 할 개혁의 사안들이 사라지고 폐지되었다. 그것은 부분적으로 종교에 있어서 외적 화려함을 통한 여왕의 사랑을 드러내었고 부분적으로는 교황주의에 순응하는 것으로 정착되었다.105)

에드워드 6세 시대 비국교도(Nonconformist)로 간주되었던 많은 탁월한 개혁가들은 그들의 원리에 굳건하게 서 있었다. 그리고 타국으로 망명 갔을 때 그들이 행한 대로 행하였다. 특히 프랑크 푸르트와 제네바에서 교회를 세웠던 개혁가들은 그들의 원리를 잊지 않았고 엘리자베스 치하에서도 그대로 유지하였다. 그들은 대륙에서 가장 개혁된 교회를 세웠던 그 정신을 따라서 개혁에 대한 큰 원리를 그대로 지켰다. 대륙에서 돌아온 개혁가들은 그러한 부요한 지혜와 지식을 따라서 그 원칙대로 행하였다. 그들은 모든 적그리스도의 오류와 미신들로부터 교회를 청결하게 하기를 원하였다. 그래서 성경적 기준으로 정리된 교리와 그에 일치하는 의식과 교회 정치와 치리서를 작성하였다. 그와 반대로 많은 성공회의 감독들과 성직자들은 철저한 종교 개혁에 반대하고 교황주의에 순응하는 형태를 취하였다. 이것은 양측에 큰 논쟁을 불러일으켰다. 그들은 수장령에 더하여서, 통일령과 함께 여왕의 훈령을 지킬 것을 명령하였다. 공적 신조가 성공회 감독들에 의하여서 작성되었다. 잉글랜드 국교회는 "종교에 대한 확실한 원리의 선언"(Declaration of certain principal Article of Religion)을 모든 성직자들이 공적으로 성직 서임 할 때에 읽도록 강요하였다. 이것들이 사역적 국교주의(ministerial conformity)였다. 개혁가들 사이에서는 이러한 비준에 대하여서 찬성할 수 없었다. 많은 학식 있는 망명자 개혁가들은 여왕의 훈령과 통일령에 대하여서 양심을 따라 받아들일 수 없었고 더욱이 잉글랜드 성공회의 로마 카톨릭주의로의 회귀를 거부하였다. 만약 어떤 비국교도 성직자들이 부분적으로 이러한 불평의 씨를 제거하기를 희망하지 않았다면, 그것은 가장 불행한 결과를 낳았을 것이다.106)

---

105) Ibid., p. 19.

가장 존경할 만한 학식 있는 성직자들이 은밀하게 제거되었고 많은 교회들은 상당한 기간 동안 성직자 없이 그대로 존속되기도 하였다. 전체 교회를 통틀어서 몇몇 교회만이 정상적인 사역자가 있었다. 방고르의 감독(The Bishop of Bangor)은 말하기를 "그 때에는 모든 주교 관구 안에 두 명의 설교자를 두고 있었다." 일반적으로 대부분의 감독들은 그 비참한 상황에 대하여서 인지하지 못하고 있었던 것은 아니다. 그들은 더 많은 양심과 열정을 가진 개혁가들을 위한 문호를 개방하는 것 대신에 국교도(Conformity)라는 미명하에 그 체제에 순응하는 교양 없고 무식한 자들을 성직자로 허락하였다. 이 기간 동안에 양식 있는 성직자들은 성직록을 버릴지라도 잉글랜드 국교회(Conformity)를 받아들일 수 없었다. 통일령에 따른 공적 예배를 지키는 것을 거부하였고 예식복을 입고 예배를 인도하는 것을 거부하였다.

1562년 그 유명한 성직자 회의가 개회되었다. 그것은 39개조 종교에 대한 항목들을 결정한 종교 회의였다. 그것은 에드워드 6세 시대의 종교 개혁의 성과를 문서화 한 것인데, 그때에 그 회의에 참석한 모든 성직자들이 서명하였고, 잉글랜드 왕국 안에 모든 성직자들이 서명을 강요당하였다.

[39개조 항목](ARTICULA XXXIX ECCLESIAE ANGLICANAE AD.1562)[107]

이 신조들은 1562년에 런던에서 열린 주교회의에서 모든 성직자들과 대교구 양쪽의 대주교와 주교들에 의하여서 비준이 된 것이다. 잉글랜드 성공회는 자신들의 형편에 따라서, 자신들이 원하는 종교에 대하여서 혼돈되지 않은 견해를 세우기 위하여서 작성했다.

제 1 조 거룩한 삼위일체 안에 있는 신앙에 대하여서

살아 계시고 참된 영원하신 하나님은 한분뿐이시다. 그는 몸이 없으시고 부분도 없으시고 혹은 격정(passions)도 없으시고 무한하신 권세와 지혜와 선하심으로 보이는 것과 보이지 않는 모든 것을 창조하시고 보존하신다. 그리고 이러한 신성의 통일성 안에 세 위격이 있으시다. 그래서 한 실체와 권세와 영원성 안에 성부와 성자와 성령이 계시다.

---

106) Ibid., p. 20.
107) Philip Schaff, The Creeds of Christendom. vol. 3. The Evangelical Protestant Creeds, p. 487.

제 2 조 인간이 되신 하나님의 말씀에 대하여서

아버지의 말씀이신 아들은 아버지로부터 영원토록 나신다.(begotten) 그는 아버지와 동일한 본체이시다. 그런데 축복받은 동정녀의 태 안에서 인성을 취하시고 그 인성은 그녀의 본질로부터 나온 것이다. 그래서 신성과 인성이라는 두 완전한 본성이 한 위격에 결합되셨다. 결코 분리될 수 없는 한 분 그리스도이시다. 완전한 하나님이시고 완전한 사람이시다. 그는 십자가에 고난을 받으시고 죽으시고 장사지낸바 되었다가 그의 아버지와 화목케 하시고자 희생제물이 되시고 그것은 원죄뿐만 아니라 모든 자범죄도 제거하시고 오셨다.

제 3 조 그리스도의 지옥 하강에 대하여서

그리스도께서 우리를 위하여서 죽으셨다. 그것은 그가 지옥으로 하강하신 것이다.

제 4 조 그리스도의 부활에 대하여서

그리스도께서 죽음으로부터 참으로 일어나셨다. 인간의 모든 본성과 동일한 살과 뼈와 몸을 얻으시고 완전한 인성으로 승천하셨다. 그리고 거기에 계시다가 마지막 날에 모든 사람들을 심판하시러 다시 오실 것이다.

제 5 조 성령에 대하여서

성령은 아버지와 아들로부터 나오신다. 그는 아버지와 아들과 한 본체이시고 한 영광이시고 한 엄위이시다. 성령은 영원하신 하나님이시다.

제 6 조 구원을 위한 성경의 충족성

성경은 구원을 위하여서 필요한 모든 것을 가지고 계신다. 그래서 신앙의 항목으로서 믿어야 할 것을 요구하시는 것이다. 성경의 이름 안에서 우리는 이러한 정경인 구약과 신약을 이해하게 된다. 그 권위는 결코 교회 안에서 의심할 수 없다.

정경적 책의 목록표

창세기, 출애굽기, 레위기, 민수기, 신명기, 여호수아, 사사기, 룻기, 사무엘상하, 열왕기 상하, 역대상하, 에스라 상 하, 헤스터의 책, 욥기서, 시편들, 전도서, 솔로몬의 애가, 4권의 대선지서와 12권의 소선지서 (제롬이 말한대로) 다른 책들이 있다. 교회가 그것은 읽을 가치가 있는 책으로 간주한다. 그것은 교리를 이룰 기초가 되는 책은 아니다. 그것은 외경이다. 에스드라 3서, 에스드라 4서, 토빗트, 유딧트, 헤스터의 나머지 책들, 시락의 지혜들, 바룩서, 3명의 아이들의 노래, 수산나의 노래들 벨과 용의 노래들, 므낫세의 기도서, 마카비 1서 마카비 2서 신약의 모든 책들도 정경적으로 그것들을 받고 있다.

제 7 조 구약에 대하여서

구약은 신약과 대조를 이루는 것이 아니다. 하나님과 사람 사이에 유일한 중보자이신 그리스도에 의하여서 인류에게 제공된 영원한 생명이 신구약 안에 가르쳐지고 있다. 고대의 족장들도 그 약속을 바라보고 죽었다. 비록 율법이 하나님으로부터 모세에 의하여서 주어졌다고 해도, 그것은 절기와 의식들을 통하여서 기독교도들을 묶을 수 없다. 그러나 도덕법이라고 불리는 십계명은 순종해야 할 법으로서 결코 그로부터 멀지 않다.

제 8 조 신조에 대하여서

세 개의 신조 니케아 신조, 아타나시우스 신조, 사도신조는 교회가 수납하고 믿어야할 신조이다. 때문에 그것들은 성경의 가장 확실한 증거에 의하여서 지지를 받는다.

제 9 조 원죄 혹은 출생의 죄에 대하여서

원죄는 아담의 모범을 따라서 된 것이 아니다. (펠라기우스주의자들은 그렇게 말한다.) 그것은 모든 인간 본성의 오류와 오염이다. 그것은 자연스럽게 아담의 후손들의 출생으로부터 기인한다.

그로 인하여서 인간은 원의(original righteousness)를 상실하였다. 그리고 그 자신의 기질로 인해 악에게로 기울어졌다. 육신의 정욕이 항상 성령에 대하여서 거스른다. 모든 사람들은 태어날 때 하나님의 진노와 정죄 아래에서 태어난다. 그리고 중생된 이후에도 본성의 전염이 여전하다. 이것을 육신의 정욕이라고 부르는 "프로네마 사르코스"(φρονημα σαρκος)라고 한다. 인간은 그 지혜와 감각과 감정과 육신의 욕망까지 타락했다. 그 부패성은 하나님의 율법에 복종하지 않는다. 비록 그것들이 신앙과 세례에 의하여서 정죄를 면할지라도, 여전히 사도가 고백한대로 인간의 죄악된 본성안에 남아 있다.

제 10 조 자유 의지에 대하여서

아담의 타락이후에 인간의 상태는 다음과 같다. 그는 그 자신의 자연적 능력과 선한 행위로서는 하나님의 소명과 신앙으로 돌아가지 못한다. 우리는 선을 행할 능력이 없다. 그리스도에서 우리를 보호하심으로 인한 하나님의 은혜 없이는 우리의 의지로 우리의 일을 하는 그러한 의지는 하나님께 받아들여지지 않는다.

제 11 조 인간에 대한 의롭다함

우리는 하나님 앞에서 오직 우리 구주 예수 그리스도의 공로 인하여서 믿음으로 의로 여김을 받았다. 그것은 우리 자신의 행위나 공로로 인하지 않는다. 오직 믿음으로 의롭게 되었다. 그것은 가장 핵심적인 교리이다. 모든 위로의 근원이다. 칭의의 설명에 대하여서 더욱 넓게 설명되는 것이다.

제 12 조 선한 행위에 대하여서

선한 행위가 신앙의 열매로서 칭의 이후에 따라온다. 그것은 우리의 죄를 멀리하게 못하고, 하나님의 심판의 엄중함을 견디지 못한다. 여전히 그것은 그리스도 안에서 하나님께 받아들여지고 기뻐하신바 된다. 그리고 참되고 살아 있는 신앙에 필수적으로 나오는 것이다. 그로부터 살아 있는 신앙은 열매에 의하여서 분별되는 것으로 명백하게 알려지는 것이다.

제 13 조 칭의 전에 행위에 대하여서

그리스도의 은혜와 성령의 영감 없이 행하는 행위는 하나님께 기뻐하신바 되지 못한다. 그러한 행위는 예수 그리스도 안에서 믿음으로부터 온 것이 아니기 때문이다. 그러한 행위는 사람들로 은혜를 받게 하거나 은혜에 일치하는 것을 받게 하지 못한다. (스콜라 학자들의 말은 그래서 틀린 것이다.) 때문에 그들은 하나님께 명령되어진 것을 행하듯이 행하지는 않는다. 우리는 의심할 것 없이 그들은 죄악된 본성을 가지고 있다고 단언한다.

제 14 조 공덕의 행위

자발적 행위 곁에, 하나님의 명령을 넘어서는 공덕의 행위가 있다. 그것은 교만과 불순함 없이 가르쳐 질 수 없다. 때문에 그것들에 의하여서 사람들은 그들이 하나님께 받은 것을 되돌려 줄 수 있을 뿐만 아니라 요구하시는 것을 더 넘어서 공덕을 쌓을 수 있다고 천명한다. 그리스도께서 가장 평이하게 말씀하셨다. "너희는 모든 명령 받은 일을 행한 후에 우리는 무익한 종이라고 말해야 한다."

제 15 조 죄가 없으신 유일하신 그리스도에 대하여서

그리스도께서 우리의 본성을 따라 우리와 모든 면에 같으신 분으로 오셨다. 다만 죄는 없으시다. 그로부터 그는 분명하게 그의 육체와 영혼을 가지셨다. 그는 흠 없으신 어린양으로서 오셨다. 그 자신의 한번 드리신 제사로 인하여서, 세상의 죄를 제거하셨다. 그리고 (거룩한 사도 요한이 말한 대로) 죄는 그 안에 없으시다. 우리 모두는 비록 세례를 받았고 그리스도 안에서 다시 태어났다 해도, 많은 부분에 있어서 오류투성이다. 만약 우리가 스스로 죄가 없다고 하면, 우리는 우리 자신을 속이는 것이고 진리가 우리 안에 없는 것이다.

제 16 조 세례 이후에 죄악에 대하여서

세례 이후에 짐짓 범하는 죄악은 성령에 대항하는 죄악이다. 용서받지 못할 죄악이다. 회개의 수여가 세례 이후에 타락하는 것에 대하여서 거부하는 것이 아니다. 우리가 성령을 받은 이후에 은혜로부터 떨어지기도 하고 그리고 죄악으로 타락하기도 한다. 그리고 하나님의 은혜로 다시 회복하기도 한다. 그리고 우리의 삶을 고친다. 그러므로 그들이 살아 있는 동안에 죄를 짓지 않는 다거나, 참된 회개로서 그러한 것에 대하여서 용서의 자리가 없다는 것은 정죄 받아 마땅하다.

제 17 조 예정과 선택에 대하여서

생명의 예정은 하나님의 영원하신 목적이다. 그것은 세상의 기초 이전에 놓여 있다. 그가 우리를 향한 비밀스러운 경륜에 의하여서 모든 인류로부터 그리스도 안에서 선택하신 자들을 저주와 정죄로부터 건지시고자 변함없는 작정을 하셨다. 그리고 그들을 그리스도에 의하여서 영원한 생명으로 귀히 쓰는 그릇으로서 작정하셨다. 그로부터 그들은 하나님의 혜택을 탁월하게 받으며, 하나님의 목적에 따라서 성령의 역사에 의하여서 적절한 때에 부르심을 받는다. 그들은 은혜를 통하여서 부르심에 순종하게 되고 그들은 자유롭게 의롭다함을 받고 양자됨으로서 하나님의 아들들이 된다. 그들은 독생자 예수 그리스도의 형상과 같이 되며 그들은 경건하게 선한 일을 행한다. 그리고 하나님의 자비에 의하여서, 그들은 더 없이 좋은 것을 얻는다. 예정에 대한 경건한 사려에 따라서 그리고 그리스도 안에서 우리의 선택에 따라서 가장 달콤하고 기쁘며, 형언할 수 없는 위로가 경건한 사람들에게 있다. 그들 안에 그러한 감정은 그리스도의 영의 사역이다. 육신의 일과 땅의 일들을 억제하시고 그들의 마음을 하늘의 것으로 높게 고양시키신다. 때문에 그것은 그리스도를 통하여서 누리게 되는 영원한 구원의 신앙을 견고하게 한다. 그리고 하나님을 향한 그들의 사랑을 타오르게 하는 것이다. 그래서 호기심 많고 육욕적인 사람들은 그리스도의 영이 결핍되어 있으며, 그들의 눈에 하나님의 영원한 심판이 선고되어 있다. 그것은 가장 위험한 몰락이다. 그로부터 마귀가 그들을 자포자기 안으로 몰아넣는다. 혹은 가장 더러운 삶의 천박함 안으로 집어넣는다. 자포자기보다 더욱 위험하다. 게다가 우리는 그러한 지혜 안에 하나님의 약속을 받아야 한다. 일반적으로 성경 안에서 우리에게 세워지는 것이다. 그리고 우리의 행함에 대하여서는 하나님의 의지가 앞서는 것이다. 우리는 하나님의 말씀 안에서 우리에게 주어진 것을 표현하는 것이다.

제 18 조 영원한 구원을 얻는 것 오직 그리스도의 이름 안에서

모든 사람은 율법의 행위로 구원을 받는다고 하며 그래서 율법과 자연의 빛을 따라서 삶을 세워야 한다고 주장하는 모든 사람은 저주를 받아야 마땅하다. 때문에 성경은 우리에게 오직 예수 그리스도의 이름으로 구원을 받는다고 가르치고 있다.

제 19 조 교회에 대하여서

그리스도의 가시적 교회는 강론되는 하나님의 말씀과 정식 사역자들에 의하여서 집행되는 성례의 시행 안에 있는 신실한 사람들의 회중이다. 그리스도의 성직 서임을 따라서 모든 것은 동일하게 요구되는 것이다. 예루살렘과 알렉산드리아와 안디옥 교회도 오류가 있었다. 그와 같이 로마 교회도 오류가 있다. 그들의 절기에 대한 방식뿐만 아니라 신앙의 형태에 대하여서도 그러하다.

제 20 조 교회의 권세에 대하여서

교회는 절기와 의식을 제정할 권세를 가지고 있다. 그리고 신앙에 대한 논쟁에 대하여서 결정할 권세를 가지고 있다. 그러나 여전히 기록된 하나님의 말씀에 위배되는 어떤 규례도 제정할 권세는 없다. 그리고 다른 부분에서 틀린 것으로 성경의 한 부분도 설명할 수 없다. 그러므로 교회가 거룩한 기록의 증거자이고 보존자일지라도 여전히 그렇다고 해서 동일한 것에 위배되는 다른 것을 제정할 수는 없다. 그래서 구원에 필수적이라고 믿어지는 것을 강제할 수 없다.

제 21 조 총회의 권세에 대하여서

총회는 군주의 명령이나 뜻 없이는 모일 수 없다. 그리고 그들이 함께 모일 때, (모든 것이 하나님의 말씀과 영에 의하여서 통치되는 것이 아니기 때문에 인간들의 모임으로서 간주되는 부분이 있고) 그래서 그들은 오류가 있다. 그리고 때때로 하나님께 속한 것조차도 오류를 범했다. 그러므로 구원에 필요한 것으로 그들에 의하여서 제정되는 것들은 만약 그것이 성경으로부터 증거를 받지 못한다면 결코 능력이 있지도 권세가 있지도 않다.

제 22 조 연옥에 대하여서

연옥과 용서와 예배와 경배와 성상 숭배와 성자들의 도움을 받는 것에 대한 로마 교회의 교리는 잘못된 것이다. 헛되이 발명된 교리이다. 성경의 증거를 받을 수 없다. 오히려 하나님의 말씀과 불일치하는 것이다.

제 23 조 회중의 사역자들에 대하여서

회중 앞에서 공적으로 가르치거나 성례를 집행하는 것을 공적으로 부르심을 받아서 그 일을 위하여서 보내심을 받기 전까지는 합법적이지 않다. 그러한 자는 선택되어서 공적인 권위가 있는 사람들에 의하여서 이 일로 부르심을 받아야 한다.

제 24 조 사람들이 이해하는 언어로서 회중들에게 가르칠 것에 대하여서

교회의 공적 기도와 성례를 집행할 때에 회중들이 이해할 수 없는 언어로 행하는 것은 하나님의 말씀에 위배되며 사도적 교회의 전통도 아니다.

제 25 조 성례에 대하여서

성례는 그리스도께서 신자들의 고백을 취하셔서 그 연결 고리로서 정하신 것이다. 그러나 그것들은 확실한 증거와 은혜의 효과적 표징이 있다. 하나님의 선하신 뜻이 우리에게 향하는 것이다. 그것으로 그가 우리에게 보이지 않는 일을 행하신다. 우리를 살리시고 우리를 강하게 하시고 그 안에 우리의 신앙을 견고하게 하신다. 복음서에서 우리 주 그리스도께서 제정하신 성례는 두 가지이다. 세례와 주의 만찬이다. 그 외 다섯 가지 성례는 견신례, 고해성사, 서품식, 결혼식, 그리고 도유식은 복음적 성례로 간주될 수 없다. 그것은 부분적으로 사도적 가르침에 위배되고 부분적으로 성경 안에서 증거를 받지 못한다. 그리고 세례와 주의 만찬과 같은 성격을 가지고 있지도 않다. 때문에 그것들은 하나님의 가시적 표징이나 의식이 아니다. 성례는 단지 눈에 보이는 선전 효과를 위하여서 그리스도께서 제정하신 것이 아니다. 그것은 실행하기 위하여서 제정된 것이다. 그러한 방법 안에서 가치 있게 그것을 시행해야 하며 전체적인 효과와 작동을 가지고 있어야 한다. 그러나 그것들을 잘못 시행하는 것은 저주를 받으리라고 사도 바울이 말했다.

제 26 조 성례의 효력에 기초가 되지 않는 사역자들에 대하여서

비록 가시적 교회 안에 악이 선과 섞여 있다고 할지라도, 그리고 때때로 그 악이 말씀과 성례의 사역 안에 주요한 권위를 가지고 있다고 할지라도, 결코 성례가 사역자들로부터 시행되는 것이 아니라 그리스도의 이름으로 시행되기에 그리스도의 위임과 권위에 의하여서 성례는 시행되는 것이다. 그래서 우리는 말씀을 듣는 것과 성례를 받는 것에 있어서 그들의 사역을 필요로 한다. 그리스도께서 제정하신 성례가 가시적 교회의 악에 의하여서 제거될 수는 없다. 하나님의 은혜가 그러한 것에 의하여서 축소될 수 없다. 그리고 여전히 효과적이다. 왜냐하면 비록 악한 자에 의하여서 성례가 집행된다고 해도, 그리스도의 약속이나 정하심이 폐하여질 수 없다. 그럼에도 불구하고 교회의 권징에 대하여서 견지되어야 한다. 그래서 악한 사역자들에 대한 견책이 있어야 한다. 그들이 위반하고 있는 죄악이 있는가, 죄책이 발견되는가를 살펴야 한다. 결국 죄책이 발견되면 권징해야 한다.

제 27 조 세례에 대하여서

세례는 고백에 대한 표징일 뿐만 아니라 기독교에 의하여서 사람들이 세례를 주지 않는 다른 이유로부터 찾아야 한다. 그것은 또한 중생의 표징이기도 하다. 그러한 수단으로부터 그들은 올바르게 세례를 받고 교회 안으로 들어오는 것이다. 사죄의 약속과 성령에 의하여서 하나님의 아들로서 양자됨에 대한 가시적 표징이고 인장이다. 하나님을 향한 기도와 간구로 믿음은 확고해지고 은혜는 견고해진다. 유아들의 세례는 교회 안에 유지시키는 것이 현명하다.

제 28 조 주의 만찬에 대하여서

주의 만찬은 그리스도인들이 그들 사이에 가지고 있어야 할 사랑의 표징일 뿐만 아니라 그리스도의 죽음으로 인한 속죄의 성례이다. 올바르고 가치 있게 믿음으로 받아야하며 떡은 우리가 뗄 때에 그리스도의 몸에 참여하는 것이고 축복의 잔은 그리스도의 피에 참여하는 것이다. 주의 만찬에서 화체설 (떡과 잔이 변화된다는 이론)은 성경에 의하여서 지지를 받지 못한다. 그것은 성경의 평이한 진리에 혐오를 불러일으킨다. 그것은 성례의 성격을 뒤집는 것이다. 그리고 미신으로 전락하는 것이다. 그리스도의 몸은 주어졌고 취해서 먹었다. 그래서 이것은 하늘의 신령한 현현일 뿐이다. 그리고 그리스도의 몸에 의하여서 믿음으로 주의 만찬에 참여하는 것이다.

제 29 조 주의 만찬의 필요성에 대한 주의 몸을 먹지 않는 악함에 대하여서

악한 자들과 헛된 믿음을 가진 자들이 있다. 비록 그들의 육체적이고 가시적 식음이 있다고 해도, (성 어거스틴이 말한대로) 여전히 그들은 그리스도의 성례에 참여하는 것이 아니다. 그래서 그러한 위대한 일에 대하여서 그들은 성례의 표징으로 먹고 마시는 행위가 무효하다.

제 30 조 양쪽의 친절에 대하여서

주의 잔은 평신도에게 거부되는 것이 아니다. 때문에 그리스도의 제정과 명령에 의한 주의 성례의 양쪽 부분들이 모든 기독교인들에게 동일하다.

제 31 조 그리스도의 순종이 십자가의 위에서 마쳤다.

그리스도의 고난은 완전한 속죄였고 화목제였으며 모든 죄인들을 위한 완전한 만족이셨다. 사제들이 산자와 죽은 자를 위한 그들의 죄책과 고통의 사죄하는 그리스도를 제사 드리는 것으로 일반적으로 알려진 미사의 시행은 신성 모독적이고 위험한 짓이다.

제 32 조 사제들의 혼인에 대하여서

감독들과 사제들과 집사들은 하나님의 율법에 의하여서 독신이나 혼인으로부터 제지되는 어떠한 명령도 받은 것이 없다. 그러므로 혼인은 그들 자신의 분별을 따라 다른 기독교인들처럼 그들에게도 합법적이다.

제 33 조 사람들이 출교를 어떻게 피할 수 있는가 하는 것에 대하여서

교회에 의하여서 탄핵된 사람들은 정당하게 교회 공동체로부터 제거되어야 한다. 출교된 자들은 이방인들처럼 모든 믿음의 전체가 제거되어야 한다. 그가 공개적으로 참회에 의하여서 화해를 요청할 때 그는 교회 안에 권위 있는 치리회의 판단에 따라서 교회 안으로 받아들여진다.

제 34 조 교회 전통에 대하여서

하나님의 말씀에 의하여서 받아들여지지 않는 교회의 모든 전통과 의식들은 필요하지 않다. 누구든지 그의 사적 판단에 의하여서 잘못된 교회의 전통을 버린다면 그것은 하나님의 말씀에 위배되는 것이 아니다. (이하 생략)

제 35 조 설교에 대하여서

설교의 두 번째 부분은 경건하고 전적으로 교리적이어야 한다. 그리고 이 시대에 필요한 것이어야 한다. (중략) 사역자들에 의하여서 부지런히 교회 안에서 읽혀져야 한다. 사람들이 이해할 수 있어야 한다.

설교해야 할 목록표
1. 교회의 올바른 필요에 대하여서
2. 우상의 위험에 대하여서
3. 교회의 순수성에 대한 보존에 대하여서
4. 선한 행위에 대하여서 : 금식에 대하여서
5. 폭식과 폭음에 대하여서
6. 의복의 과도함에 대하여서
7. 기도에 대하여서
8. 기도의 시간과 장소에 대하여서
9. 공동 기도와 성례는 알려진 언어로 해야 한다.

10. 하나님의 말씀의 존중
11. 자선 행위에 대하여서
12. 그리스도의 탄생에 대하여서
13. 그리스도의 고난에 대하여서
14. 그리스도의 부활에 대하여서
15. 그리스도의 몸과 피의 성례의 가치성에 대하여서
16. 성령의 은사에 대하여서
17. 주의 승천 기도에 대하여서
18. 혼인의 상태에 대하여서
19. 회개에 대하여서
20. 게으름에 대하여서
21. 반역에 대하여서

제 36 조 세례와 사역의 축성에 대하여서

대주교와 주교와 사제들과 집사들의 축성의 책은 (중략) 축성과 제정의 필요성이 있다. 그리고 그것은 미신과 불경건이 없도록 해야 한다. (중략) 우리는 올바르고, 합당하게 축성을 제정한다.

제 37 조 세속 정부에 대하여서

세족 정부 여왕의 권세는 잉글랜드 전역에 미친다. 그것은 성직자들과 평신도 모두에게 그러하다. 그것은 교회적 권세와 시민적 권세 모두를 가지고 있다. 그 여왕의 권세는 어떤 통치 지역에서도 재판을 받지 않는다. 우리는 여왕을 주요한 통치자로 인정한다. 그래서 우리는 결코 여왕을 헐뜯어서는 안 된다. 우리는 우리의 왕에게 말씀을 가르치는 권세를 주지는 않는다. (중략) 그러나 경건한 군주에게 주어지는 특전은 하나님의 말씀에 의하여서 성경에서 드러난다. 그것은 그들이 하나님에 의하여서 모든 책임을 지고 모든 상태를 통치한다. 그것은 교회적인 것이든 세속적인 것이든 동일하다. 로마 주교는 잉글랜드 지역의 종교적 통치권이 없다. 기독교인들은 군주의 명령에 대하여서 무기를 갖는 것이 합법적이다. 그래서 전쟁에서 싸워야 한다.

제 38 조 기독교인들의 선에 대하여서 그것은 일반적이지 않다.

기독교의 부요함과 선함은 일반적이지 않다. 재세례파는 스스로를 자랑한다. 그럼에도 불구하고 모든 사람들은 그의 능력을 따라서 가난한자들에게 구제를 해야

제 39 조 기독교인들의 맹세에 대하여서

우리가 고백한대로 헛되고 텅빈 맹세는 피해야 한다. 그것을 종교는 금지한다. 세속 정부가 믿음과 구제에 대해 요청할 때, 선지자들의 가르침을 따라서 볼 때 사람들은 맹세해야 한다.108)

성직자 회의는 그 다음으로 의식들과 전례들을 살피는 단계로 나아갔다. 그때에 감독 샌디스(Bishop Sandys)가 사적 세례와 유아들에게 십자가를 그 이마에 긋는 행위를 폐지하자는 제안으로서 권고안을 내놓았다. 그는 말하기를 그것은 불필요하고 미신적이라는 것이다. 동시에 다른 권고안은 다음과 같다. "시편은 전체 회중들에 의하여서 불려야 한다. 그리고 오르간은 제쳐두어야 한다. 사역자 이외에 어느 누구도 세례를 베풀 수 없다. 그리고 십자가를 긋는 행위는 그만 두어야 한다. 성례 시에 무릎을 꿇는 것은 그대로 두어야 한다. 망토와 흰 가운을 걸치는 것은 삼가야 한다. 모든 사역자들이 그들의 사역 시에 어두운 색깔의 말쑥한 긴 외투를 입는데, 그들이 주로 설교할 때에 그렇게 한다. 그 사역자들은 그러한 가운과 모자를 쓰는 것에 대하여서 강요받을 필요가 없다. 그것은 그리스도의 복음의 원수들이 그들의 제사장적인 특별한 치장을 위하여서 선택한 것들이다. 서른세 번째 항목 안에 있는 말들은 의식에 대한 공적 질서에 대하여서 시행하지 않는 자들의 형벌에 대한 것이다. 모든 성인들을 기념하는 날과 축제일과 절기들은 모두 다 폐지될 수 있다."109) 이러한 권고안은 한 사람의 목사(provost)와 다섯 명의 장로들(dean) 그리고 12명의 수석 집사들(archdeacon)과 14명의 대의원(proctors), 그리고 수명의 학식 있고 능력 있는 다수에 의하여서 서명되었다.

위의 성직자 회의(convocation)에 있어서 학식 있는 개혁가들 중에서는 큰 견해의 차이가 있었다. 그리고 그것은 매우 중요한 쟁점을 논의하게 만들었다. "교황주의 시대에 시행되었던 것들에 대하여서 가능한 가깝게 외적 의식들을 지키는 것이 적합한지에 대한 것이다." 한편은 긍정적으로 보았으나 다른 한쪽은 단언하기를 로마 교회와 외적으로 닮아가는 것이 회중들로 하여금 예전의 것들에 기울어지게 하는 폐단이 있다고 보았다. 왜냐하면 그것은 회중들에게 교황주의의 뿌리 깊

---

108) Ibid., p. 515.
109) Benjamin Brook., p. 21.

은 의식들을 품게 만들며 더욱 쉽게 교황주의자들에게 유혹하게 만들기 때문이다. 그러므로 그들은 가능한 모든 의식들이 로마 교회로부터 먼 형태로 바꾸어지는 것이 좋다고 권고하였다. 결국 다른 한쪽이 우세하였다. 그래서 이 성직자 회의의 결정에 의하여서 자격을 부여 받은 감독들이 성직자들에게 교회의 의식들과 전례들과 치리서들을 받아들이도록 요구함으로서 그들의 직권을 행사하였다. 그러나 그러한 39개조 개혁의 항목에 대하여서 더욱 엄밀한 개혁을 요구하였던 무리들을 퓨리탄이라고 불렀다. 이 퓨리탄라고 하는 명칭은 그 당시 영국 국교도들이 그들을 비난하는 명칭이었다. 왜냐하면 그들이 잉글랜드 국교회가 세우고 결정한 개혁의 내용 더욱 엄밀한 개혁을 요구하였기 때문이다. 그들은 하나님께 드리는 예배에 있어서 더욱 철저한 개혁을 원하였다.110) 모든 퓨리탄들이 이 명칭으로 결국 잉글랜드 교회가 세운 모든 것들에 있어서 받아들이지 못하는 자들로 낙인이 찍혔다.

1564년 대감독 파커(Archbishop Parker)는 몇몇 감독들의 지원을 받고 "고시문"(Advertisements)이라는 글을 출판하였다. 그것은 잉글랜드 교회의 사람들에게 받아들여 할 신앙 항목을 알리는 책자였다. 이러한 책자의 배포를 통하여서 캔터베리(Canterbury) 지역의 모든 설교자들은 자격을 상실 당하였고, 그 신앙 항목에 서명을 강요당하였다. 그래서 감독으로부터 자격을 부여 받지 못한 자는 설교하거나 성경을 해석할 수 없도록 하였다. 그리고 그 자격은 잉글랜드 교회의 의식들에 대하여서 절대적으로 순응할 것을 서명으로 약속해야 부여받을 수 있었다. 처음에 대감독과 그의 동료들이 약간의 어려움에 직면하게 되었다. 왜냐하면 이번에는 여왕이 그 비준을 재가하지 않았기 때문이다. 그러나 나중에 그것이 허락이 되었다. 이러한 영국 국교도의 종교 형태는 교회의 우두머리로서 교황에 의하여서 주장된 재판권(Jurisdiction)과 권위(authority)모두가 수장령에 의하여서 왕에게로 이전되는 형태였다. 잉글랜드의 왕들과 여왕들은 신앙과 관련하여서 자신들의 권위를 주장하였고 하나님의 말씀에 대한 절대적 심판권을 주장하였다. 수장령(supremacy)은 다음과 같은 권한이 있다고 말한다. "왕이 모든 신앙적인 오류들과 이단들에 대하여서 그 잘못을 제거하고(redress) 교정하는(amend) 권력을 가지고 있다."111)

---

110) Ibid., p. 22.
111) Daniel Neal, p. 91.

잉글랜드 왕들은 권징에 관하여 자신들이 열쇠를 가지고 있는 것으로 간주하였다. 왕은 교회의 영적 법정에서 최고의 수장이며 절대적인 재판관이고 그의 주권은 평신도(Laity)중에서 유일하게 모든 교회에서 그리스도의 대리자(vicar)로서 주어진 것으로 보았다. 그런데 이러한 잉글랜드 왕가의 주장은 종교 개혁 이전의 로마 카톨릭의 주장과 유사한 것이다. 의회의 권위에 의하여서 왕에게 교회법과 표준문서를 수정할 32명의 판무관(commissioners)과 몇 명의 평신도들과 몇몇의 성직자들을 임명할 권한이 주어졌다. 비록 그 계획들이 실행되지는 않았지만, 그 권한은 확실하게 왕에게 있었다. 그래서 왕은 새로운 표준 문서를 비준하고 그것들에게 법적 권한을 부여하는데 있어서 의회나 성직자 회의를 통하여서 그들의 동의를 구할 필요가 없게 되었다. 그러므로 후대에 잉글랜드 국왕 찰스 1세의 대관식에서 감독들은 다음과 같이 기도하였다.

"하나님께서 왕에게 베드로의 열쇠권과 바울의 교리를 주셨다."

종교적 권리와 의식에 관하여서 통일령은 다음과 같이 말한다.

"교회에 대한 여왕의 지상대권은 교회적 감독권의 권고에 의하여서 혹은 대주교권에 의하여서 그러한 의식들(ceremonies)과 전례(rite)들을 정하고 발표할 수 있다. 그리고 그것은 하나님의 영광과 교회의 교화를 위하여서 가장 발달된 형태이다."

따라서 여왕의 권위로 명령들이 발령되었다. 그리고 그것을 의회나 성직자 회의로 보내지도 않고 그대로 실행하였다. 그리고 고등 판무관(High Commission) 제도를 설치하여서 종교적 사건에 대하여서 치리하게 하였다. 고등 판무관들은 여왕 자신이 임명한 자들로 구성되어 있었다. 오히려 그뿐 아니라, 여왕은 특권을 가지고 의회의 최고 법정으로부터 제재를 받지도 않았으며, 그래서 교회의 의식의 교정이나 부가들을 여지없이 통과시킬 수 있었다. 잉글랜드 왕은 감독들의 임명권을 가진 유일한 권세를 가지고 있다는 것을 발령하였다.[112] 그래서 성직자들이 종교회의(convocation)나 대회(Synode)를 임의로 개회할 수 없었다. 오직 왕의 칙서나 명령에 의하여서 개회할 수 있었다. 그리고 그러한 회의들이 개회되었을 지라도 어떠한 주제에 대하여서 왕의 허락서 없이는 일을 논의할 수도 없었다. 그리고 그렇게 해서 결정된 것들도 왕의 재가 없이는 실행이 불가능하였다. 그래서 모든 종교적 시민적 재판권이 왕에게 소속되었다. 그리고 오직 왕으로부터 맡겨지는 일

---

112) Ibid., p 92.

외에는 감독들로부터 모든 권한이 제한되었다. 왕은 종교적인 일에 있어 모든 문제들의 결정에 최고 주권자였다. 왕은 교회의 법령과 의식과 전례를 만들 권한을 가지고 있었다. 왕의 허락 없이는 교회법도 의식도 법령도 제정할 수 없었다. 이것은 종교 개혁 이전의 로마 카톨릭의 전횡적인 전제 정치를 왕에게로 이전시킨 것 외에 다른 것이 아니었다.

토마스 카트라이트는(Mr. Cartwright)는 의회에게 보낸 그의 권고(Admonition)에서 다음과 같이 호소하였다. "기독교의 주권적 통치에 있어서 특정한 가시적 교회들이 그리스도 아래에 머리를 두어서는 안 된다. 그것은 죽을 수밖에 없는 운명의 인간에게는 적합하지 않는 권리이다. 사도 바울은 다음과 같이 증거하셨다. '그리스도께서 교회의 머리이시라'고 그리고 '교회의 무기는 성경이라'고 그리고 '기도와 눈물을 동반한 합리적 분별력이라'고 이러한 것들이 교회의 기둥들이다. 그리고 교회를 방어하는 방어막이다. 교회의 권징은 영적인 성격의 출교라는 이름으로 교회의 교제로부터 끊어지는 사람들에게 부적절함에 대한 권고, 견책, 그리고 선포 등이 있다. 그러나 그것들이 인간의 삶과 자유나 혹은 상태를 억압해서는 안 된다. 그러므로 어느 누구도 기독교 교제에 대하여서 무자격자로 판정이 되었을 지라도, 그로 인하여서 어떤 사람도 시민으로서의 권리와 자격을 박탈당해서는 안 된다. 어떤 교회도 세상 나라에 대하여서 지배할 권리를 가지고 있지는 않다. 그래서 교회가 교회 공동체로부터 출교한 사람들에 대하여 육체적 형벌을 가할 권세는 없다. 오직 세속의 형벌에 대하여 세상 나라 관원들에게 있는 것이다. 그들의 나라를 어지럽히는 자들에게 육체적 형벌을 가하고 시민권을 제한할 수 있다. 그러나 그리스도의 나라는 이 세상에 속한 나라가 아니기 때문에 그러한 권세를 가지고 있지 않다."

시민적 권력은 영적 권리에 있어서 교회를 보호하고 교회는 시민들에게 국가에 대한 의무를 준수할 것을 가르침으로서 국가를 지탱해 주는 것이다. 이러한 방법에 따라서 그 당시 교회를 소유하고 있었던 교황주의가 첫 번째 무너졌다. 그리고 1559년 3월 31일에 여왕은 추밀원과 상하원을 개원하기 전에 웨스트민스터 사원에서 공적 논쟁을 허락하였다. 거기에는 9명의 감독들과 수명의 개신교 성직자들이 있었다. 그 논쟁의 쟁점은 세 가지였다.

1. 공동 기도와 성례에 있어서 사람들에게 알려지지 않은 언어를 쓰는 것이 고대 교회의 관습과 성경에 반대되는가 그렇지 아니한가?

2. 모든 교회가 종교적 의식과 전례를 세우거나 변경하거나 없애는 것에 대한 권세를 가지고 있는가?113)

3. 미사에 있어서 죽은 자와 산자의 화해의 희생 제사가 하나님의 말씀에 의하여서 증거를 받는지?

그 논쟁은 기록되었고 교황주의자들은 그것들을 부정하는 대중들을 보고는 그것들을 거부하였다. 그들은 메리 여왕 치세에 그러한 윤리조차도 없었음에도, 그러한 중재에 대하여서 굴복하지 않는 것처럼 행세했다.

윈체스터와 링콜린(Winchester & Lincoln) 감독은 말하기를 로마 카톨릭 교리는 이미 세워졌으며 분리주의자들에게 무지한 다수 앞에서 신앙에 대항하여 말하도록 용기를 너무 돋우어 준다고 비난하였다. 그리고 여왕이 출교가 되기를 바란다고 말했다. 그리고 추밀원에 대하여서도 저주를 퍼부었다. 때문에 그들은 모두 런던 탑으로 보내졌다. 그들의 반대자들이 이러한 논의를 포기함으로서 그 개혁은 큰 성과가 있었다. 그러나 이 개혁이 완전하지는 못하여 장래에 변화에 대하여서 예비하는 서광 역할을 하였을 뿐이다. 교황주의자들은 전복되었고, 개혁가들 사이에서는 좋은 결합의 기회가 되었다. 비록 프랑크푸르트에서의 문제들이 침묵을 하게 되었지만, 비록 모든 개혁가들이 하나의 신앙 고백을 갖게 되었지만, 여전히 그들은 치리서와 의식들에 대하여서 일치된 견해로부터 너무 멀리 있었다. 어떤 것들은 제네바에서 영어로 된 치리서와 옛 예배 지침서로 있었고 어떤 다른 것들은 에드워드 왕의 예배 지침서로 있었다. 외부의 권력으로부터 교회의 독립성과 신앙의 순수성을 회복하기 위한 필요성보다는 로마 교회로부터 더이상 움츠려들지 않으려고 하는 부류들도 있었다. 의식들이나 전례들은 그들의 견해로는 별로 관심이 없었다. 로마 카톨릭 교회를 선호하는 사람들은 다른 것들에 관심이 있었다. 그들은 케케묵고 거만한 사람들이었다. 또한 여왕의 취향을 알고 있었다. 그녀는 에드워드 6세 때의 의식들을 살펴보기 위해서 위원들을 임명했다. 그들의 이름은 파거 박사(Dr. Parker), 그린달(Grindal), 콕스(Cox), 필킹톤(Pilkinton), 메이(May), 빌(Bill), 화이트 헤드(whitehead)와 시민법의 박사 토마스 스미스 경(Sir. Thomas Smith)이 있었다. 그들의 훈령은 교황주의자들에게 거슬리는 모든 구절들을 삭제하는 것이었다. 사람들로 성례에 있어서 그리스도의 육체적 현현의 신앙에 대하여서 쉽게 이해되도록 만들었다. 더 엄격한 개신교의 입장에 대하여서 침묵하였다.

---

113) Ibid., p. 95.

여왕은 너무 많이 개혁되는 것을 두려워하였다. 그녀는 모든 옛 로마 교회의 예식 복과 함께 교회들, 그리스도의 십자가에 못 박히시는 십자가상과 성악과 악기 사용에 있어서 옛 형태를 보존시키려고 하였다. 여왕은 더욱 로마 카토릭 교회에 관심을 가지게 되었다. 그래서 기도문(litany) 안에서 "로마 감독의 군주정으로부터 그리고 모든 혐오할만한 극악무도한 것으로부터 선하신 주님께서 우리를 구원하시리라"는 이러한 구절은 삭제되었다. 이미 선언된 국교회 전례 법규(Rubric) 즉 성례시에 무릎을 꿇음으로서 그리스도의 육체적 임재에 대하여서 의도된 경배가 아니라고 하는 것도 삭제되었다. 성직자 위원들은 성례시에 무릎을 꿇거나 서있는 것을 백성들의 자유로 두었다. 그러나 여왕과 의회는 성례시에 무릎을 꿇고 서있지 못하게 하였다. 그래서 이러한 의식의 강요는 국교회의 법령이 되었다. 에드워드 6세의 즉위 2년 때까지 있었던 것과 같은 축제의 전야제와 같은 교황주의적 관습들이 여왕이 폐지를 요구할 때까지 계속되었다.

1559년 성례에 대한 시행과 교회 안에서 드려지는 예배서와 공동 기도서의 통일령이 작성되었다. 그리고 그것은 4월 18일 하원으로 가져갔고 4월 20일 세 번에 걸쳐서 낭독되었으며, 4월 28일 상원에서 통과되었다. 그리고 6월 24일에 그것이 비준되었다.114) 그러나 이 두 가지 법령은 퓨리탄들과 교황주의자들 모두에게 슬픔이었다. 왜냐하면 그 두 부류 모두에게 불만이 되었기 때문이다. 그래서 교황주의자들은 옛 종교적 관습을 따라서 다음과 같은 항목을 의회에 제출하였다.

1. 제단에서의 성례에 있어서 사제에 의하여서 선언된 축성(consecration)의 말의 효력으로 그리스도의 자연적 몸(natural body)이 실지로 현현하신다.

2. 축성이후에 떡과 잔의 실체가 남아 있지 않고 신인이신 실체로 전환되어진다.

3. 미사를 드릴 때에 그리스도의 참된 몸이 산자와 죽은자를 위한 화목 제물로 (a propitiatory sacrifice) 드려진다.

4. 교회를 양육하고 치리하는(feeding and ruling) 지상대권이(supreme power) 베드로와 그의 계승자에게 있다.

5. 신앙과 권징의 결정권은 오직 교회의 목사들에게만(onlly to the pastors) 있고 평신도들(laymen)에게는 없다.115)

---

114) Ibid., p. 97.
115) Ibidl., p. 99.

이 항목이 하원 의장(prolocutor) 하프스필트 박사(Dr Harpsfield)에 의하여서 상원의 관리자(lord-keeper)에게 전하여졌다. 그러나 그의 영주가 그들에게 답변하지 않았다.; 그래서 그 성직자 회의(convocation)에서는 종교적인 부분에 어떠한 요동도 없었다. 그러나 그 회의가 끝나자마자 수장령을 거부한 주교들은 그 직을 박탈당하였다. 그 중에 3명의 주교는 외국으로 망명하였다. 그들은 워리스트의 주교 페이트(Pate bishop of Worcester), 체스터의 스코트(Scot of Chester), 그리고 성 아셉의 굳웰(Goldwell of St. Asaph) 등이다. 요크의 대주교는 그의 집에서 살도록 선고되었다. 여왕이 가끔 그곳을 방문하였다.

듀햄(Durham)과 엘리(Ely)의 주교 톤스텔과 털레비(Tonstell & Thirleby)는 대주교 파커(Paker)의 집인 람베트(Lambeth)에서 거주하였다. 그 나머지들도 집행유예를 받았다. 오직 런던의 주교 보너(Bonner)와 윈체스터의 주교 화이트(White of Winchester) 그리고 링컨의 주교 와슨(Watson of Lincoln), 이들은 개신교의 피로 깊게 얼룩졌다. 그래서 그들은 감옥에 갇혔다. 그러나 그들은 여왕으로부터 충분한 원조를 받았다. 대부분의 수도사들은 세속의 생활로 돌아갔다. 그러나 수녀들은 해외로 망명하였다. 몇몇 망명자 개혁가들에게 주교직이 제안되었다. 그러나 그들은 그것들을 거절하였다. 그들은 화이트 헤드(Mr Whitehead), 버나드 길핀(Mr Bernard Gilpin)) 마일스 커버달(Miles Coverdale), 낙스(Mr. Knox) 그리고 토마스 심슨(Mr Thomas Simpson) 등이다. 그 자리를 받아들인 많은 자들도 두려움으로 지키고 있게 되었다. 시간과 관심을 가지고 여왕은 법령의 개정을 시도하였다. 그 일에 관여한 자가 그린달(Grindale), 파크허스트(Parkhurst), 샌디스(Sandys), 필킹톤(Pilkington) 등이다. 감독들이 어떤 기간 동안 공석으로 남아 있기도 하였다. 그로부터 12개월 이후에 매튜 파커 박사(Dr Matthew Parker)가 람베트(Lambeth)의 대주교가 되었다.116)

1559년 12월 대주교가 세워졌다. 후에 그가 몇몇 동료들을 천거하였고 여왕이 그들을 비어있는 교구의 주교로 임명하였다. 그들이 런던 주교 그린달(Grindale to the bishoprick of London), 윈체스터의 혼(Horn of Winchester) 그리고 듀햄의 필킹톤(Pilkington of Durham) 등이다. 그 정도로 잉글랜드 개혁이 마무리 되었고, 잉글랜드 교회는 그 기반 위에 세워졌다. 가난한 새 주교들은 전임자들에 비교하여서 매우 열등하였다. 그들은 법정에 대하여서 익숙하지 못하였고 서툴렀다. 그러

---

116) Ibid., p. 99.

나 그들은 부요해지면서, 빠르게 그들의 행동거지는 올라갔으며 그들의 동료들 위에 오만하게 우위에 서 있는 것처럼 행동하였다. 성직 계급주의가 세워졌으며 이는 퓨리탄들이 보기에 부적절한 것이었다. 그때에 퓨리탄들의 다른 견해가 있었다. 잉글랜드의 종교 개혁이 이전과 별반 다를 것이 없는 개혁인가 하는 것이다.

1. 법정 개혁가(Court Reformers)들은 모든 군주가 그 자신의 영토 안에 모든 교리와 예배의 오용에 대하여서 교정할 권세가 있다고 판단하였다. 이러한 원리를 따라서 의회가 왕의 처분권으로 전 국가의 종교와 양심을 복종시켰다. 그래서 왕이 유일한 개혁가가 되었다. 왕이 임명한 고위 성직자들이 교회 권력자가 되었다. 왕이 교회의 모든 권징과 교리의 모범과 모든 오류와 이단들을 제거하는데 선고수 있다고 하였다. 그와 같이 종교 개혁은 에드워드 6세 시절의 잡다한 수준에 머무르게 되었다. 엘리자베스 여왕은 의회의 비준과 성직자 회의 축성을 받았다. 비록 메리 여왕이 수장령을 철회하였지만, 그녀가 그것을 다시 회복시켰다. 퓨리탄들은 동료 성직자들과 이웃 교회를 지배하려는 모든 외부의 권위와 재판권을 거부하였다. 수장령으로 얻게 된 왕의 광범위한 권력을 즉 한 사람의 평신도에 의하여서 온 나라가 종교적인 문제에 있어서 불합리하게 따라가야 하는 것을 인정할 수 없었다. 그래서 사도적 가르침을 따라서 "질서와 절차를 따라 교회의 일이 시행되도록 하는 것"을 원하였다. 그것은 세속 권력이 교회의 권력을 침해하지 않기를 바라는 것이었다.

2. 법정 개혁가들에 의하여서 허락된 것 즉 비록 로마 교회가 어떤 부분에 있어서 교리와 정치가 잘못되었다고 해도 로마 교회가 참된 교회라고 하는 것이다. 그래서 그 모든 사역이 효력이 있다는 것이다. 그래서 로마 교황은 비록 모든 교회의 수장은 아니지만 로마 교회의 참된 주교이다. 이러한 것이 필요하다고 생각되었다. 그것은 영국 국교회의 성격을 견지하기 위하여서 그러하였던 것이다. 그렇지 않으면 영국 국교회의 대감독들의 권리가 사도들로부터 왔다고 말할 수 없기 때문이다. 그러나 퓨리탄들은 교황을 적그리스도라고 단언하였다. 그리고 로마 교회는 참된 교회가 아니라고 주장하였다. 그들의 모든 사역은 우상 숭배와 미신으로 가득 차 있다고 주장하였다. 그래서 그들과의 교제는 끊어야 하며 그들의 손을 통하여서 사도들로부터 계승되었다고 생각하는 그들의 서임(ordination)의 유효성(validity)을 거부한다고 확인하였다.

3. 그러나 퓨리탄이 영국 국교회와 동의하는 것은 성경이 신앙의 완전한 도리

라는 것이다. 그러나 주교들(Bishop)과 법정 개혁가(Court Reformer)들은 그것을 교회나 권징의 원리로 보지는 않았다. 오히려 우리 구주와 그의 사도들이 그것을 세속 군주에게 남겨 두셨다고 주장한다. 그래서 기독교회는 세속 정치에게 교회의 정치를 적응시켜야 한다고 말한다. 그러나 퓨리탄들은 성경이 교리 뿐만 아니라 교회 권징에 있어서도 원리를 담고 있다고 단언하였다. 적어도 그로부터 교회의 권징에 대하여서 결과적으로 필요한 것들을 또한 그 원리를 포함하는 설명들이 있다고 주장하였다.117) 퓨리탄들은 성경을 원리로 삼지 않고는 어떠한 교회의 정치도 세울 수 없다고 주장하였다. 그래서 교회의 권력은 세속 권력과 달리 영적 사역이라고 말하였다.

4. 법정 개혁가들은 첫 4세기~ 5세기 감독 교회 정치는 교회 정치와 권징의 적합한 기준이 되며 어떤 관점에서 사도시대보다 더욱 발전된 교회 형태라는 것이다. 감독 교회는 첫 핍박의 유아 교회 시대로부터 잘 적응하여서 후에 국가적 감독 교회로 발전하였다는 것이라고 주장한다. 그러다가 나중에 교황 교회로 타락하였다 주장한다. 그 시기로부터 로마 교황이 보편 교회의 권력을 찬탈하면서 그렇게 되었다는 것이다. 그러므로 대주교(archbishop) 대교구 감독(metropolitans), 대집사(arch deacons), 부감독(suffragans,) 지방 수석 사제(rural deans)와 같은 사도 시대에 알려지지 않은 직책들이 발생하였다는 것이다. 그러나 퓨리탄들은 교회 정치의 중요한 원리는 성경으로부터 나와야 한다고 주장하며 그로부터 나오지 않은 모든 성직 서임과 직분을 거부하였다. 퓨리탄들은 올바른 교회 정치 제도를 사도들에 의하여서 형성된 유대인의 산헤드린 공의회와 같은 대의 정치(Aristocratical)라고 보았다.

5. 영국 국교회의 법정 개혁가들은 성경으로부터 명령되거나 금지되지 않은 우리 본성과 다른 모든 의식과 절기들과 관습들은 세워질 수 있고 그 세속권세에 의하여서 명령되어질 필요도 있다고 생각했다. 그러나 퓨리탄들은 그리스도께서 명령하신 분명한 것들은 다른 어떤 인간의 법으로도 변질될 수 없다고 주장하였다. 오히려 그리스도께서 우리의 자유를 위하여서 주신 그 자유 안에 견고하게 서 있어야 한다고 말한다. 게다가 의식법과 절기들이 미신적으로 오용되었다고 주장하면서 교황주의 미신으로 전락시켰다고 보았다.

6. 감독 교회와 로마 교회 두 부류들이 서로 잘 공적 예배의 형태가 일치한다

---

117) Ibid., p. 101.

는 것이다. 그리고 교회의 권세를 세속 권세에 맡기려고 하는 경향도 비슷하다. 통일령의 규범은 여왕에 대한 수장령이 중요하다. 퓨리탄들은 지방이나 국가 회의는 세상 관원들(Civil Magistrate)에 의해서 다스려지는 것이 합당하지만 신자들의 권리라고 할 수 있는 양심의 자유와 신앙 고백의 자유는 그가 살고 있는 세속 정부와 최대한 화평을 유지하는 한 결코 세속 관원들의 통치를 받아들일 수 없다고 주장하였다.118)

그러나 주교(Bishop)들은 퓨리탄(Puritan)들에 반대하여서 다음과 같이 주장하였다. 하나님의 율법에 의하여서 금지되거나 명령된 것이 아니라면 종교적인 부분에 있어서도 세속법에 복종해야 하는 것이 도리이다. 그래서 총대감독 틸로슨(Tillotson)은 그의 설교에서 교회의 예배 모범과 절기들에 동의하지 않는 자들에 대하여서 익살스럽고 고집스럽게 다른 견해를 표현하였다. 그러나 퓨리탄들은 그리스도만이 유일한 교회의 입법자이시며 세상 끝날까지 교회가 지켜야 할 법을 제정할 권세를 가지셨다고 주장하였다. 그러나 여왕은 53개조의 명령서를 제정하고 공포하였다. 그런데 그것들은 에드워드 시대의 것과 유사하였다. 그것에 대한 간략한 요약을 하려고 한다.

"제 1 조 모든 성직자들은 준주 해야 할 수장령을 살펴라. 그리고 외부의 재판권에 대하여서 복종하는 것에 대하여서 일 년에 4번 설교하라.

제 2 조 그들은 어떤 형상(images)이나 성인이나 순교자들의 유물(relic)들의 이적들에 대하여서 세우거나 그것들을 섬기지 말라.

제 3 조 모든 교구 목사들은 하나님에 의하여서 명령된 신앙과 자비와 구제에 대하여서 한 달에 한 차례 설교하라.

제 4 조 영혼의 치유책을 가지고 있는 교구 목사들은 적어도 네 번에 한 번은 개인적으로 설교하라. 혹은 여왕에 의하여서 묘사된 주석을 한 차례 읽어라.

제 5 조 모든 거룩한 날에는 설교하지 말라. 주기도문과(Pater Noster) 신조들(Creeds) 그리고 10계명을 설명하라.

제 6 조 삼 개월 안에 모든 교구들은 성경을 제공하고 십이 개월 안에 잉글랜드의 복음서 안에 있는 에라스무스의 주석서(Erasmus's Paraphrase)를 제공하라. 그리고 그것들을 몇 몇 교회에게 비치시켜라.

제 7 조 성직자들은 술집이나 대포집을 가지 마라. 그리고 그들의 시간을 게으

---

118) Ibid., p. 102.

르게 노름이나 카드놀이 주사위 놀이 혹은 다른 불법적인 놀이로 낭비하지 말라.

제 8 조 어느 누구도 여왕이나 그녀가 임명한 감독관(visitors) 혹은 대주교와 교구 주교의 허락 없이 교회에서 설교할 수 없다.

제 16 조 모든 M.A. 학력 이하의 교구 목사들은 이러한 방문(visitation) 이후에 그들 자신들을 위하여서 쓸 라틴어 신약 성경과 주석서들을 사라.

제 17 조 그들은 환자에 대한 위로의 말들을 성경으로부터 배워라.

제 18 조 로마 교회적인 행렬은 없을 것이다. 그리고 사제들이 성경을 읽을 때에 그로부터 분리되어서 교회에서 걷는 자들이 없을 것이다.

제 19 조 그럼에도 불구하고 교구들에 대한 시찰(perambulation)과 목사보(curate)와 함께 진행하는 것은 계속될 것이다. 그들은 합당한 권면을 할 것이다.

제 20 조 거룩한 절기들은 신적 예배 이후에 수확기를 제외하고는 엄격하게 지켜질 것이다.

제 21 조 목사보(curates)들은 회개 없이 죄에 열린 체로 살아가는 자들에게는 거룩한 교제를 허락하지 말 것이다. 그들은 그들이 화해할 수 있는 상태로 돌아오기까지 그들의 이웃과 적대적이 될 것이다.

제 22 조 목사보(curates)들은 교회 안에서 칭송할 만한 절기들을 완고하게 거절하지 못하도록 가르칠 것이다.

제 23 조 전적으로 성체 그릇(shrines)과 성체 그릇 덮개 모든 테이블과 촛불대 등을 치워라. 위조된(feigned) 이적들(miracles), 순례 여행(pilgrimages), 우상숭배(idolatry), 미신들(superstition), 그림들 그리고 도색품들을 버려라. 그래서 국가 안에 어떤 교회나 가정에서도 벽이나 유리 창문 혹은 다른 어떤 곳에서도 그러한 것들을 그리지 말라.

제 28 조 성직자들에게는 복음의 사역에 대하여서 급료를 지불해야한다.

제 29 조 어느 사제나 집사들이라도 그 지방의 교구 주교(diocess)의 허락 없이는 결혼할 수 없다. 또한 여자 부모들의 반대에도 결혼 할 수 없다. 다른 매우 가까운 친척이 반대를 해도 결혼할 수 없다. 말씀과 사역에 있어서 무능력해서 형벌을 받았을 때에도 결혼할 수 없다.

제 30 조 모든 대주교(archbishops)와 주교들(bishops) 그리고 싱례를 시행하고 설교하는 모든 성직자들과 교회적 소명을 받은 자들과 대학 내에서 활동하는 자들 모두는 에드워드 6세의 후반기에 입었던 성의(garments)를 입고 사각모

(square cap)를 써야 한다.

제 33 조 어느 누구도 그의 교구 교회로부터 이탈할 수 없다. 다른 교회로 갈 수 없다. 오직 의외의 경우에만 허락할 수 있다.

제 34 조 공적인 집이나 거주지에서는 예배 시에 술을 마시거나 고기를 팔 수 없다.

제 35 조 어느 누구도 집에 위조된 이적들의 기념이나 그림들이나 도색들 그리고 형상들과 테이블들을 그들의 집에 보관할 수 없다.

제 36 조 어느 누구도 설교 시에 그 교역자를 방해할 수 없다. 그리고 그를 조롱하거나 그에 대하여서 농담하지 못한다.

제 37 조 예배 시간에 어느 사람이라도 남자나 여자나 아이들이라도 분주하지 말아야 한다. 그러나 성경을 읽고 설교하는 시간에 출석할 권리가 있다.

제 40 조 어느 누구도 학교에서 가르칠 수 없다. 그러나 정규적으로는 가능하다.

제 41 조 학교장은 학생들에게 사랑과 존경에 대하여서 권면해야 하며 참된 종교가 권위에 의하여서 허락된다고 하는 것도 그러하다.

제 42 조 그들은 그들의 장학생들을 성경의 확실한 문장으로 가르쳐야 한다.

제 43 조 배우지 못한 자들은 결코 어떤 경우에도 영혼의 치유사역자로 허락될 수 없다.

제 44 조 교구의 목사들이나 목사보(curates)는 그의 교구의 아이들을 모든 거룩한 날 이전 저녁과 매년 두번째 주일에 요리 문답으로 가르쳐야 한다. 그리고 주기도문과 신조들과 십계명을 가르쳐야 할 것이다.

제 45 조 모든 감독들은 방문자들에게 옛 종교의 종교로 인하여서 죽거나 굶거나 감옥에 간 기록들에 대한 복사물을 전시해야 한다.

제 46 조 모든 교구의 감독들은 모든 교구민들이 제 시간에 교회에 가도록 살펴야 할 것이다.

제 47 조 교회의 관리자(churchwarden)는 여왕의 방문시에 교회 가구나 의식복(vestment), 망토(cope), 접시들(plate), 도서들(book), 그레일리(grayle), 긴의자(coucher), 전설(legend), 성가집(processionals manual) 등과 같은 교회 물품 목록 모두를 보여주어야 한다.

제 48 조 탄원 기도와 간구는 매주 수요일과 금요일에 읽혀져야 한다.

제 49 조 노래하는 사람들은 대학 교회(collegiate church)에 계속 유지되고 있어야 한다. 그리고 그 노래들은 교회에서 공동 기도 시에 사용되는 수수하고(modest) 구별되는(distinct) 노래여야 한다. 그와 동시에 노래 없이 읽을 수 있는 평이한 내용이어야 한다. 그럼에도 불구하고 음악이 주는 기쁨과 같은 그런 안락함도 있어야 한다. 그것은 공동기도의 시작과 끝에 허락되어야 한다. 그것은 곡조가 있어야 하고 찬미가 있어야 하며 그런 분야에 가장 좋은 음악으로 되어야 한다.

제 50 조 종교에 있어서 헛된 지속적 논쟁은 삼가야 할 것이다. 교황주의나 로마 교회(papistical), 이단들(heretic), 분파주의자들(schismatic) 혹은 성례주의자들(Sacramentary)과 같은 무례한 말을(opprobrious) 삼가라. 위반자들(offender)은 감독들(ordinary)에게 가라.

제 51 조 여왕이나 그녀의 추밀원 여섯 명 혹은 그녀가 임명한 교회 사역자들 그리고 켄터베리나 요크 그리고 런던의 대주교의 허락 없이는 어떠한 책자들이나 책들도 출판될 수 없다. 오직 대학과 정규 직원으로서 주교(bishop being ordinary)와 부주교(archdeacon)들은 출판할 수 있다.

제 52 조 탄원기도서와 공동 기도서와 다른 문집들을 읽을 때에, 모든 사람들은 무릎을 꿇어라. 그리고 예수 그리스도의 성호가 어떤 강좌에서 혹은 설교에서 그리고 교회 안에서 어떤 상황에서 있을 때에, 성직자들은 모든 사람들로 공손하게 앉으라고 하라. 그러나 관습에 따라 남자들은 머리에 쓰지 말라."119)

위의 다음과 같은 53 개조 항목들은 매년 4번 정도 예배 시 읽었다. 후에 발표된 기도문을 포함한 부록이 첨가되었다.

"목사보(Curates)나 교회 관리자(Churchwarden)의 관리 없이는 제단(Altar)은 설치될 수 없다. 그리고 그 방법은 무질서하거나 시끄러워서는 안 된다. 성찬상이 모든 교회에게 있어야 한다. 그리고 그것은 제단(altar) 가운데 두어라. 그래서 성찬식이 거행 될 때에 그것을 가지고 거행하라."

이러한 법칙들을 어겼을 때에 가해지는 형벌이 있다. 모든 결실과 혜택으로부터 정지(suspension) · 박탈(deprivation) · 격리(sequestration) · 출교(excommunication)였다. 시찰자들(visitor)의 주요한 인물들은 평신도(laymen)였다. 그들 중에 2명은 교회의 참된 상태에 대하여서 살필(examine) 권력을 부여 받았다. 그들은

---

119) Ibid., p. 105.

자기들에게 적절하지 않은 성직자들에 대하여서 그 직책을 박탈하고 격리시켰다. 그리고 자기들이 세운 자들로 그곳을 채웠다. 그래서 고집을 부리는 자들은 감옥에 보내거나 교회 견책을 받게 하거나 다른 법적 조치를 취했다. 이것이 1559년에 쟁점이 되었던 고등 판무관(High Commission)이었다. 그들은 많은 신자들에게 형벌을 가하였고 그 권력을 여왕으로부터 받았다. 그래서 평신도 사정관(Lay Visitors)의 권력이 교회 권징보다 더 우월하였다. 이것은 더 이상 교회의 법정(Church Court)을 평신도 판무관(Lay Chancellors)들이 장악 한 것 이외에 다른 것이 아니었다. 이것은 교회의 권징을 넘어서는 부당한 권력이었다. 그들은 합당한 절차도 없이 수 없이 많은 사람들을 투옥시켰고 수 없이 많은 가정들을 파괴시켰다.120) 그렇게 시찰자들(Visitors)이 잉글랜드 전국토를 시찰하였을 때, 대략 243명 정도가 생명을 잃었다. 그중에는 14명의 주교들(Bishops)과 3명의 선임 주교들(Bishops Elect)과 1명의 대수도원장(Abbot) 그리고 4명의 수도원장(Priors)과 1명의 대수녀원장(Abbess), 12명의 수석사제들(Deans)과 14명의 부주교(Archdeacon), 60명의 대성당 참사회 의원(Canons)과 수급성직자(Prebendaries)와 100명의 성직록을 받는 성직자들(Beneficed Clergy), 그리고 옥스퍼드와 캠브리지 대학의 14명의 당국자들(Heads)이 있었다. 그리고 각 대학의 학과에 20명의 박사들도 있었다.121) 대부분의 하위 성직자들은 지난 세 번의 정권이 바뀌는 과정에서 그대로 남게 되었다. 그들은 정권이 바뀔 때마다 그들의 태도를 바꿨던 자들이었다. 그들은 헨리 8세 치하에서 수장령을 맹세하였다가 메리 여왕 때 다시 그것을 포기하였던 자들이다. 그들은 나중에 개혁을 방해하는데 전력을 기울이는 자들이 된다. 이러한 거대한 종교의 전환은 9,400명의 비타협 성직자들에게 일고의 가치도 없는 것이었다. 이 시대에 타협주의라는 뜻은 수장령을 맹세하고 통일령에 순응하고(compliance) 그리고 신앙을 선언하는 것이었다.

개혁자들 사이에서 첫 번째와 마지막은 논쟁이 없었다. 그러나 통일령에 대하여서는 많은 논쟁이 있었다. 학식 있는 많은 자들은 추방되었고, 다른 자들은 교회 안에서 여왕의 훈령과 통일령을 따라서 신앙생활 할 것을 거부하였다. 만약 교황주의의 관습들과 의식들이 별 저항 없이 사라졌다면, 분열의 씨앗은 없었을 것이다. 그러나 종교 개혁이 교황주의로 회귀하지 않은 것은 기적에 가까운 것이었다.

---

120) Ibid., p. 106.
121) Ibid., p. 108.

몇몇 퓨리탄들이 현재 상태에 대한 불평의 씨를 제거하는 희망을 갖지 못했다면, 더 비참한 결과가 초래되었을 것이다.

많은 국교회가 상당한 시간 동안 적지 않은 사기 도박꾼들과 사람들에게조차 거부될 만한 가장 배우지 못한 자들에게 탈취 당하였다. 학식 있고 경건하고 쓸모 있는 위치에 있었던 종교 개혁자들은 침묵을 강요당했다. 그들은 설교할 곳이 없거나 거의 적었다.122) 잉글랜드 주교들은 영적인 검을 그들의 손아래 권세에 두고 다른 사람들의 머리 위로 그 검을 너무 휘두르는 데에만 열중하였다. 그럴 뿐만 아니라 교회법을 가지고 월권행위도 서슴치 않았다. 그들은 구금, 투옥, 추방 등 이루 헤아릴 수 없는 범죄의 행위를 저질렀다. 교황주의에 대하여서 적대적이었던 참된 학식 있고 경건한 사람들은 우상숭배가 남용되는 것에 대하여서 매우 죄악 된 범죄 행위로 간주하였다. 그때에 추방당하였던 모든 개혁가들은 모국으로 돌아왔다. 다만 제네바에서 성경을 번역하고 있었던 몇몇 개혁가들이 그 번역 작업을 마무리하기 위해서 제네바에서 머물러 있었다. 이러한 인물들 중에서 관심 갈만한 인물들은 마일스 코베르달 크리스트(Miles Coverdale, Christ.), 굳맨(Goodman), 존 낙스(John Knox), 앤트 깁스(Ant. Gibbs), 토마스 샘슨(Thomas Sampson), 크리스티 대학의 윌리엄 콜(William Cole of Corpus Christi college), 옥센(Oxon) 그리고 윌리엄 화이트햄(Willaim Whittingahm) 등이다.

제네바 성경은 틴달의 구약 영어 역본 성경과 비견할 만한다. 틴달의 성경은 최초의 근대적인 영역본 성경이기 때문이다. 제네바 성경은 장절이 나누어져 있고 다양한 인물들과 지도들과 도표들이 첨가되었다. 그것은 1560년에 전체가 번역되어 여왕에 대한 헌사와 독자들에 대한 당부와 함께 4월 10일에 로왈드 할(Rowald Harle)에 의하여서 출판되었다. 제네바 성경에는 잉글랜드 국교회가 유지하고 있는 여러 절기들에 대하여서 엄격하게 비판하고 있을 뿐만 아니라 교황주의의 관습에 대하여서 철폐해 줄 것을 여왕에게 요청하고 있다. 그리고 여백에 간단한 주석과 여왕의 특권과 함께 폭군적인 사악한 군주에 대하여 신하들이 저항할 수 있다는 가르침을 포함한다.123)

1565년에 제네바 성경에 대한 재출판이 잉글랜드에서 거부되었다. 그래서 1576년과 1579년 화란에서 재출판 되었다. 그러나 후대에 헨리 8세 때에 출판된

---

122) Ibid., p. 109.
123) Ibid., p. 110.

틴달과 커버달(Coverdele)이 잉글랜드 교회의 성경으로 재출판 되었으며 나중에 주교들에 의하여서 더욱 개선된 역본이 나올 때까지 그대로 쓰기로 하였다. 그리고 에드워드 6세 사후에 함께 추방당하였던 독일과 화란의 개신교들이 폴란드 개혁주의자 존 라스코(John Lasco)와 함께 돌아와서 여왕에게 잉글랜드 교회를 섬길 수 있게 해달라고 간청하였다. 왜냐하면 당시 여왕은 자기가 지명한 교구 성직자 이외에 누구에게도 잉글랜드 제국 영토 내에 관리하지 못하게 하였기 때문이다. 이러한 간청의 거부로 라스코는 사임하고 런던의 주교는 그린달(Grindale)이 임명되었다. 프랑스 개신교들은 트레디늘 거리(Thread- Needle-Street)에 그들의 교회를 회복할 수 있었다. 스코틀랜드에서의 종교 개혁은 개혁주의 설교가 존 낙스에 의하여서 이루어진다. 스코틀랜드 성직자들은 잉글랜드와 달리 종교적인 핍박을 피해갈 수 있었다. 존 낙스는 에드워드 6세 치세에서 궁정 목사로서 설교하였다. 그리고 프랑크 푸르트로 망명했다가 다시 제네바 망명자 교회의 사역자로 부임해서 갔다. 그리고 1559년 5월 2일 애딘버러(Edinburgh)로 돌아왔다. 그의 나이 45세였다. 그는 퍼스(Perth)에 정착하였다. 그는 그의 사역을 매우 확실하게 시행하였다. 왕들과 군주들이 종교 개혁을 거부할지라도, 그는 설교를 통하여서 진리 안에서 교육 받은 하급 행정관들과 사람들을 합법적으로 개혁하였다.124)

　존 낙스는 계속 설교를 통하여서 그들을 격려하였다. 군중들은 존 낙스의 설교를 통하여서 고취되었다. 그러자 제단과 형상들을 파괴하기 시작하였다. 그들은 수도원을 탈취하고 교회 안에 미신적 장신구들을 폐기시켰다. 스코틀랜드 섭정은 2천명의 프랑스군과 2천명의 프랑스 군대의 스코틀랜드 사람들의 선두에서서 그들에게 행군하였다. 그러나 전면적인 전쟁의 위험을 무릅쓰고 행군하는 것을 두려워한 섭정은 둔바(Dunbar)로 퇴각하였다. 그리고 스코틀랜드의 개신교 동맹군은 그들 스스로 퍼스(Perth)와 스콘(Scone)과 스티어링(stirling)과 리드고우(lithgow)의 장관으로 세웠다. 결국 휴전(truce)은 계속되었고 그로 인하여서 회중의 사역자들은 애딘버러(Edinburgh)의 성도들에게 설교할 수 있는 자유를 얻게 되었다. 그러나 스코틀랜드의 섭정이 프랑스로부터 거대한 수의 신병을 받게 되었고, 리드(Leith)를 재탈환하여서 그곳에 방어막을 구축하였다. 그리고 모든 필요한 물자를 비축하였다. 스코틀랜드 동맹군은 스코틀랜드 여왕에게 휴전의 파기를 촉구하고 그러한 일들을 폐지시킬 것을 요구하였다. 그러나 스코틀랜드 여왕은 그녀의 군대

---

124) Ibid., p. 111.

들에게 스코틀랜드 동맹군의 요구에 대하여서 일체 함구하고 기다리라고 명령했다. 스코틀랜드 여왕은 애딘버러로 즉시 달려가서 그들로 성을 버리라고 촉구하였다. 그리고 스티어링(Stirling)으로 물러나라고 말하였다. 어디로 가든지 프랑스 군대는 스코틀랜드 여왕의 군대를 따랐다. 그래서 들판 쪽으로 그들을 내쫓았다. 이러한 열악한 상황에서 동맹군들은 선언문을 출판하였다. 그들은 선언문에서 스코틀랜드의 여왕의 폭압적인 섭정(regent)을 거부하였다. 그리고 스코틀랜드 여왕의 규례를 따르는 자들 모두를 적으로 간주하겠다고 위협하였다. 동맹군들은 그들의 상태에 계속 머물지 못할 것으로 간주하고 여왕 엘리자베스의 군대의 도움을 요청하였다. 엘리자베스 여왕은 자신의 지위와 개신교의 위험성에 대하여 매우 예민하게 깨닫고 있었기에, 그녀는 스코틀랜드가 전적으로 로마 카톨릭의 영향권 아래 있게 된다면, 프랑스 왕의 정치 권력아래에 놓이게 된다는 사실을 알게 되었고, 그것은 프랑스 국왕이 영국 국왕의 자리를 탐내려고 할 것이라는 것이다.

엘리자베스 여왕은 그들의 종교와 시민적 자유 안에 개신교 동맹군들을 지지하기 위해 동맹을 하였다. 엘리자베스 여왕은 1560년 2월 27일 그 협정을 체결하였다. 이 협정의 다른 조항들 상에서 엘리자베스 여왕은 스코틀랜드에 군대를 보내겠다고 규정하였다. 그리고 스코틀랜드가 자유와 권리를 회복할 때까지 계속 될 것을 약속하였다. 동맹군은 프랑스 군대를 그 나라로부터 몰아냈다. 따라서, 엘리자베스 여왕은 자신의 군대 중에 7천의 보병과 천 2 백명의 기병을 보냈다. 이 군대는 동맹군과 연합하였다. 이 군대는 노로포크(Norfolk) 공작의 명령 아래에 있었던 북쪽 군대로부터 이탈함으로서 더욱 강화되었다. 그들이 리드(Leith) 도시를 탈환한 이후에 스코틀랜드 여왕의 섭정은 애딘버러 성 안에서 그 자신을 가두었다. 그리고 그는 6월 10일에 죽었다.125)

프랑스 군대는 엘리자베스 여왕에게 협정을 제안했다. 프랑스 군대를 퇴각할 수 있도록 협조해 달라는 것이었다. 그러나 엘리자베스 여왕은 그것을 일언지하에 거절하였다. 프랑스 정부의 문제는 프랑스 군대를 어떻게 무사히 프랑스로 돌리는가 하는 것이었다. 프랑스의 특명 전권대사(plenipotentiary)가 프랑스 군대의 퇴각에 대하여서 엘리자베스 여왕과 협의하기 위하여서 스코틀랜드로 보내졌다. 스코틀랜드는 의회정부(Parliamentary Government)로 회복하였다. 그 협정은 8월의 시작이었다.

---

125) Ibid., p. 113.

잉글랜드와 프랑스 군대는 두 달 안으로 모두 퇴각하기로 협의하였다. 스코틀랜드 의회는 빠르게 종교와 왕국의 상황에 대하여서 회복하였다. 프랑스의 프란시스와 그의 아내 메리는 그 비준을 거부하였다. 의회가 프란시스를 만나기 전에 그는 죽었고 그의 나이 어린 아내 메리 여왕만 남게 되었다. 이전 협정이 비준이 되지 않았기 때문에, 의회는 왕으로부터 어떠한 권한도 받지 못했다. 그러나 옛 협정을 따라서 모이고 종교에 관하여서 남작(Baron)과 향신층(Gentyr)으로부터 요청을 받았다.

(1) 로마 교회의 교리는 이러한 상황에서 제거되어야 마땅하다.
(2) 고대 교회의 권징이 회복되어야 한다.
(3) 로마 교황의 전횡적 권력은 제거되어야 한다.

이러한 모든 것이 투표에 붙여졌고 성직자들은 신앙 고백을 작성하기를 바랬다. 그래서 칼빈이나 대륙의 종교 개혁자들과 같은 입장으로서 25개조 신앙 고백을 작성하였다. 그 신앙 고백은 의회에서 낭독되었고 의회에서 비준되었다. 다른 법령에 의하여서 교황의 권세는 폐지되었다. 스코틀랜드 의회가 폐회하고 나서 의회 의원들은 존 낙스(John Knox)와 윌록(Willock) 그리고 스포티스우드(Spotiswood)와 그 외 여러 성직자들에게로 가서, 교회를 위한 권징서를 작성해 줄 것을 요청하였다. 그들은 제네바의 모범을 따라서 권징서를 작성하였다. 그 권징서는 오직 주교들(bishops)의 감독권(superintendents)만 허락하고(admitting), 성직자들의 임직시에 주교들이 안수하는 것을 거부하였다. 그 외에 다른 의식(ceremonies)에 동반하는 것으로 이해되었던 것은 그쳐진 것으로 간주했다. 그들의 말은 이러하다. "사람들의 공적 허락(approbation) 이상의 다른 의식들(ceremonies)과 중요한 사역자들(ministers)의 선언은 이러하다. 우리는 주교들로부터 일방적으로 임명된 사람이 교회를 위해서 봉사하는 것을 찬성할 수 없다. 때문에 비록 사도들이 안수를 사용했다고 해도 여전히 우리가 불필요하다고 판단한 그 의식들을 사용함으로서의 나타나는 그러한 이적들(miracles)은 사도 시대로 그쳐졌다."

그들은 또한 10명 혹은 13명의 감독관들로 교회를 세우는 치리하는 일로 임명된 것 이다. 그리고 사역자들도 그들처럼 여러 지역을 섬기는 것이다. 그러나 그들은 게으른 주교들처럼 살도록 임명 된 것이 아니다. 그러므로 그들은 한 주에 2번에서 3번 정도 설교해야 하며 서너달을 그들의 분 교구(districts)들을 방문하고, 목회 사역자들의 삶과 목회를 시찰해야 할 것이다. 감독관들은 몇몇 대교구의

(provincial) 성직자들과 치리 장로들에 의하여서 선출되며 그러므로 그들의 비행(misbehaviour)에 대하여서 성직자들과 장로들에 의하여서 파면된다. 교회들의 모임들은 당회(classical)와 교구회(provincial)와 국가회(national) 등으로 나누인다. 모든 치리회의 최종의 형태는 국가회(national)이다. 그 권징서가 이러한 형편에(estate)에 놓였을 때, 그것은 더욱 심도 있는 논의가 되었다. 그러나 아직 의회의 비준을 거치지 않았다. 몇몇 귀족들과 남작(barons)들과 향신 계층의(gentlemen) 중요한 인물들의 휴가(recess) 이후에 존 낙스의 요구에 의하여서 함께 만나서 서명하였다. 그래서 새로운 권징서를 채택하기로 결정하였다. 이 시기로부터 옛 고위 성직자(old hierarchical) 정치(government)가 폐지되었다. 교회는 비록 몇 년 동안 그에 대한 법률이 마련되지는 않았지만, 감독관(superintendents)과 함께 총회(general)와 대교구회(provincial)와 당회(classical)에 의하여서 치리되었다. 잉글랜드로 돌아온 교황주의적 주교들은(Popish Bishops) 엘리자베스 여왕과 새로운 주교들을 향하여서 무례하게(rudely) 행동하였다. 그들은 그들의 옛 로마 교회로 돌아오라고 엘리자베스 여왕을 훈계하였다. 그리고 그녀를 교회의 견책으로 다스리겠다고 위협하였다. 그러나 그녀는 단호하게 그들의 요구를 거절하였다.126)

1564년에 출판된 두 번째 설교집의 서문에서 성직자들의 교회 사역에 대한 중대한 훈계(admonition)가 담겨있다. 그것은 성직자들의 다른 사람들과 다른 근면하고 성실한 높은 기능에 대하여서이다.

"만약 구약의 다른 장이나 한 장이 일요일이나 휴일에 강독이 되도록 하기 위하여서 떼어진다면, 더 많은 교훈(edification)을 담고 있는 신약 안에서 어떤 다른 장들의 잘된 것을 사려하기 위하여서 너의 시간을 소비하는 것이 더 잘된 일일 것이다. 때문에 그것은 바뀔 수도 있다. 이러한 여왕 폐하의 분별력(prudence)과 근면성(diligence)에 의하여서 여왕 폐하의 사역 안에 나타날 것이다. 그래서 여왕 폐하의 백성들이 당신을 위하여서 하나님을 영화롭게 할 것이다."

만약 이러한 자유(indulgence)가 지속되었다면, 퓨리탄들에게 외경을 읽어야 하는 의무와 같은 그러한 종류의 상당한 어려움이 제거되었을 것이다. 그리고 사역자들이 성경의 정경 안에서 제한되었다면, 이러한 것 안에 있는 큰 어려움이 없었을 것이다. 그러나 이러한 자유는 더 이상 허락되지 못하였고, 비록 법적으로 그 훈계(admonition)가 전복되지는 않았지만, 대주교(archbishop) 아보트(Abbot)의

---

126) Ibid., p. 115.

견해가 그의 시대에 강제로 성직자들에게 요구되었다. 그의 견해는 이러하다.

"만약 사역자들이 지혜롭게 그리고 고요하게 정경을 읽는다면, 올바른 판단으로 보건데 외경이 정경에 맞지 않는 것으로 보일 것이다. 그것은 사역자들에게 오직 허락이 된 것이 아니다. 그러나 그들에게 권고 된 것이다."127)

참으로 잉글랜드에서의 종교 개혁은 어렵게 이루어졌다. 엘리자베스 여왕은 성직자들의 혼인을 허락하지 않았으며 형상에 대하여서 손을 떼는 것도 허락하지 않았다. 엘리자베스 여왕은 대학이나 주교좌 성당의 총책임자들이나 그 관리자들에게는 그 관구내에 다른 어떤 여자나 아내를 데려오지 못하게 명령하였다. 그녀는 모든 성직자들에게 결혼을 절대 금지하였다. 그녀는 어떤 혼인한 주교를 성직자로 세운 것을 유감으로 생각하였다. 그녀는 대주교(archbishop)에게 진노하였다. 그래서 그녀는 다른 훈령서(injunction)를 출판하도록 의도하였다. 그것은 교황주의에 호감이 가는 형태의 것이었다. 이것에 대하여서 대주교는 여왕의 마음이 변한 것에 대하여서 유감이라고 서기관에게 쓸 것을 명령하였다. 전체적으로 보았을 때에, 여왕의 종교 개혁은 에드워드 6세의 종교 개혁으로부터 매우 멀다.128)

1562년 1월 12일에 여왕은 두 번째 의회를 개회하였다. 그 의회에서 매우 주목할 만한 법령(act)이 통과되었다. 그것은 그녀의 통치권 아래에 모든 지역과 모든 신하들 위에 여왕의 왕적 권력의 보증서와 같은 것이었다. 그것은 수장령(the acts of supremacy)의 비준(confirmation)이었다. 의회의 개회 이후에 성 바울의 날(St. Paul's the day)에 성직자 회의가(convocation) 열렸다. 이튼(Eton)의 참사원장(provost) 데이(Mr. Day)가 설교하였다. 그리고 성 바울의(St. Paul) 수석 사제(dean)였던 알렉산더 노웰(Alexander Nowel)이 영국 국교회 교직회의 장(prolocutor)으로 선출되었다.

엘리자베스 여왕은 교회의 권징과 교리를 재검토할 것을 허락하는 면허장을 보냈다. 그들은 교리서부터 시작하였다. 먼저 에드워드 왕 때의 42개조 항목을 39개조로 축소시켰다. 삭제된 항목은 39번째 항목으로서 "죽은 자의 부활이 그렇게 빨리 지나가지 않는다." 40 번째 항목으로서 "죽은 자의 인간들의 영혼이 그들의 몸과 함께 사라지지 않고 무익하게 자지 않는다." 41번째 항목으로서 "천년왕국 신봉자들에 대하여서"와 42번째 항목으로서 "모든 사람들이 구원받는 것은 아니다."

---

127) Ibid., p. 117.
128) Ibid., p. 118.

등이다.129) 또한 "교회가 신앙의 논쟁에 있어서 의식과 절기와 권위를 결정할 권세를 가지고 있다."는 12번째 조항에 대하여서 열띤 논쟁이 있었다. 그리고 대회에서 통과되었다. 그리고 결국 1571년에 의회에서 비준이 되었다. 그러나 이러한 성직자 회의의 기록들은 런던의 대화재 시에 소실되었다.130)

1562년 1월 31일 성 바울의 참사회(chapter-house)에서 그 신조는 결론을 맺었고, 서명이 끝났다. 그것은 종교 회의(convocation)의 9번째 회기였다. 모든 주교들이 서명했고, 글로세스터(Gloucester)와 로체스터(Rochester) 만 제외되었다. 그들은 결석되었던 것으로 추정된다. 서명자들 중에서는 학식 있는 몇몇 성직자들의 불만이 있었다. 그들은 비슬리(Mr. Beseley)와 와츠(Watts), 콜(Cole), 뮬린(Mullyns), 샘슨(Samson), 풀리안(Pullan), 스펜서(Spencer), 위스덤(Wisdom), 노웰(Nowel), 헤톤(Heton), 비몬트(Beaumont), 페더(Pedder), 레버(Lever), 포넬(Pownal), 윌슨(Wilson), 크롤리(Croley), 그리고 다른 몇몇 사람들이다. 그러나 그 신조는 법률로 통과하지 못하였다. 논쟁 아래에 다음의 사려할 만한 일들은 교회의 의식과 절기들이었다. 그리고 여기에, 첫 번째, 주교 샌디스(Sandys)는 그녀의 권위을 움직일 권고의 문서를 가지고 왔다.

"사적 세례와 여성에 의한 세례는 공동 기도서에서 제외시켜야 할 것이다. 세례시의 십자가 표시는 허락되지 말아야 하며 그것은 불필요한 미신이다. 위원들은 교회법의 개혁을 지정받았다."

다른 문서는 33명의 이름에 의하여서 서명된 요구들이었다. "시편은 모든 회중들에 의하여서 불리워져야 한다. 그리고 오르간은 제쳐두어야 한다. 사역자들 이외에는 어느 누구도 세례를 베풀어서는 안 된다. 그리고 십자가의 표시는 그쳐야 한다. 무릎을 꿇는 자세의 사역은 대수롭지 않은 것이다. 흰색 외투를 입는 것은 제거되어야 한다. 그래서 일반적으로 설교할 때 모든 사역자들은 약간 중후하고 말쑥한 외투를 입어라. 모든 사역자들은 가운(gown)과 모자(caps)를 쓰는 것을 강요당해서는 안 된다. 그렇게 하는 것은 그리스도의 복음의 적들이 그들의 사제주의(priesthood)의 특별한 정렬(array)로 선택된 것이다. 절기들(ceremonies)에 대하여서 공적 질서(public order)에 대하여서 모든 법률을 따르는 자들을 형벌하는 것에 관하여서 33개조 안에 있다. 모든 성자들의 날(saint's day) 축제(festivals),

---

129) Ibid., p. 119.
130) Ibid., p. 120.

그리고 성일들(holiday)과 같은 것들은 폐지되었다."131)

이 문서는 승인되지 못했다. 다른 문서가 2월 13일에 하원(lower house)으로 보내졌고, 그 신조들 중에 승인되거나 거절된 것이 있었다. "그해의 모든 일요일과 그리스도의 중요한 축제일(Feast)은 성일(Holiday)로 지켜져야 한다.; 그리고 다른 성일들은 폐지되어야 한다. 모든 교구 교회들 안에 사역자들는 공동 기도서 안에서 회중들을 향하여서 얼굴을 돌리고, 명백하게 지정된 예배의식서(service)를 읽어야 한다. 그리고 회중들은 듣고 교훈을 받아야한다. 세례시에 십자가 표시는 삭제되어야 한다. 그것은 미신적이다. 다양한 사람들이 성례시에 나이가 많거나 병이 들었을 때에, 무릎을 꿇지 못한다. 그렇기 때문에 무릎 꿇는 것은 정상적인 분별력(discretion)에 멀다. 적당한 때에 신적 예배 의식을 말하는 것으로 사역자는 충분하다. 그리고 성례 시에 사역자들은 중백의(surplice)를 입어야 한다. 그리고 오르간의 사용은 금지된다."

이러한 제안들은 열띤 논쟁을 불러왔다. 그래서 어떤 것은 승인되고 다른 어떤 것은 거부되었다. 결론적으로 말해 하원에서 분란이 일어났다. 그러나 참석한 대다수는 35개조 항목에 반대하여서 43개조 항목을 승인하였다.132)

이러한 일과 관련하여서 두 명의 저명한 학식있는 성직자가 있다. 한 사람은 신부 밀레스 커버달(Miles Coverdale)이다. 그는 틴달(Tyndal)과 로져스(Rogers)와 함께 위클리프(Wickliffe) 이후에 성경을 영어로 번역한 인물들 중에 한 사람이다. 그는 요크셔(Yorkshire)에서 태어났다. 캠브리지에서 성장하였다. 그리고 튜빙겐 대학으로 유학을 갔다가 그곳에서 신학 박사 학위를 받고 에드워드 6세의 통치 시기에 잉글랜드로 돌아왔다. 그는 메리 여왕 때 투옥되기도 하였으나 탈출하여서 덴마크 왕의 보호아래에 있다가, 여왕 메리가 죽은 이후에 잉글랜드로 돌아와서 엘리자베스 여왕 시기에 최초의 켄터베리 대주교직을 수행하였던 인물이다. 때문에 그는 절기들(ceremonies)를 동의하지 않았고 관습들(habits)들을 거절하였다.

그는 브릿지 푸트(Bridge-Foot)에서 약 2년간 고요하게 설교하였다. 그러나 요구되는 잉글랜드 국교회주의를 따르지 않았다. 그로 인해서 그는 핍박을 감수해야 했다. 그는 죽기 전에 잠깐 동안 그의 교구를 내려놓아야 했다. 그는 1567년 5월 20일에 81세를 일기로 세상을 떠났다. 그는 기념할만한 설교가였고 이후에 오는

---

131) Ibid., p. 122.
132) Ibid., p. 123.

모든 퓨리탄들의 경탄할 만한 귀감이었다. 그러나 그의 사후에 통일령이 발표되었다. 그는 성 바돌로매(St. Bartholomew)에 묻혔다. 그의 장례식은 많은 사람들로 가득 찼다. 그 다음은 덕망 있는 순교자 존 폭스(Mr. John Fox)이다. 그는 우울하고 학식 있고 고통스러운 성직자였다. 종교로 인하여서 추방을 당하기도 하였고 조국의 품으로 돌아갈 수 없을 정도의 심각한 교회 법령들이 그가 해외에 망명 중에 공표되었다. 그는 헨리 8세와 여왕 메리의 치세에 종교적으로 고통 받은 순교자들과 관련된 자료들을 모았다. 그리고 라틴어로 처음 외국에서 출판하였다. 그리고 1561년 그의 조국에서 그의 조국의 신앙을 위하여서 다시 출판하였다. 어느 책도 그의 책처럼 교황주의에 위협이 되었던 책이 없었다고 할 수 있을 정도였다. 그 책은 여왕에게 헌사 되었고 좋은 평판을 받았다. 여왕 엘리자베스는 그에 대하여서 주목하였고, 그러나 이 탁월하고 근면한 성직자는 많은 부와 명성을 잃어 버려도, 그래서 결핍해도, 교회 안에 그러한 절기들과 의식들을 들여오지 않았다. 왜냐하면 그는 그러한 관습들에 양심의 가책을 받기 때문이었다.133) 도시 농촌 모두의 교구 성직자들은 그 관습(habits)들에 대하여서 혐오를 가지고 있었다. 그들은 때때로 그 법에 순응하여서 그러한 가운들을 입었다. 그러나 더욱 자주 그러한 가운들 없이 사역하였다.

1562년의 회의는 앞으로의 개혁의 주제들에 대한 것이 논의되었다. 그리고 몇몇 주제들은 이미 에드워드 시대에 논의되었던 것들이었다. 처음에 42개 조항이었던 것이 나중에 39개 조항으로 축소되었다. 그것은 잉글랜드 교회의 신앙의 표준에 대한 것이었다. 그러나 그것이 제안되었을 때에, 많은 사람들이 그것들을 불평하였다. 무엇보다 기도서(Prayer-book)는 매우 열띤 논쟁의 주제였다. 6개 조항에 대한 수정이 요구되었고, 그것은 다음과 같았다.

"안식일이외에 모든 성일을 폐지해야 할 것이다. 그리고 기도 할 때에 사역자들은 그들의 얼굴을 회중들에게 향하여야 한다. 그래서 그들로 듣고 교화가 되게 해야 한다. 그리고 세례 시에 십자가 표시(ceremony)는 삭제되어야한다. 그리고 환자들과 나이가 많은 자들은 성찬 시(communion)에 무릎을 꿇도록 강요하지 말아야 할 것이다. 예식복(surplice)의 부분적 사용은 충분하지만 오르간의 사용은 제쳐두어야한다."

그러나 의회에서 비준된 공동 기도서(the Book of Common Prayer)에는 반대

---

133) Ibid., p. 124.

로 결정되었다. 어떤 것도 수정이 허락되지 않았다. 그래서 공동 기도서는 수정되지 못하고 개선되지 않고 그대로 선포되었다. 그것은 장래의 잉글랜드 종교 개혁의 어두움이 되었으며, 하나님을 예배할 때에 인간들의 발명품으로 혼합시키는 것에 의하여서 손상된 양심의 감정을 느낀 사람들은 매우 고통이 컸다. 그것은 잉글랜드 교회가 여전히 로마 카톨릭과 같은 상태에 머물러 있게 된다는 것이며 그것은 화석화된 종교로서 굳어져 버린 미사의 존속을 의미하는 것이었다. 권징서(A Book of Discipline)는 동일한 회의(Convocation)에서 다루어졌다. 그것은 전에 크랜머에 의하여서 공식적으로 제안된 교회법의 개혁에 대하여서 드러나지 않았다. 그것은 하원의 허락을 받지 않았다. 그리고 완전한 망각 안으로 빠져들었다. 아마도 그 이유가 엘리(Ely)의 주교 콕스(Cox)가 쮜리히의 월터(Gualter)에게 보낸 서신을 통하여서 알 수 있다.

"내가 모든 곳에서 하나님의 말씀에 게으르고 그것을 경멸하는 것이 가득한 그 죄를 생각할 때 소름이 끼치고 전율이 생긴다. 그것은 하나님께서 우리를 데리고 행하실 것을 생각할 때 더욱 그러하다. 우리는 신자들의 신앙생활에 관계하여서 다소의 권징을 시행한다. 만약 어떤 사람이 굴레를 목에 거는 것에 대하여 우리의 순수성을 설득하려고 한다면, 그는 사자의 수염을 깎으려는 사람과 같다."

여러 다른 관점에서 종교 개혁을 시도하였지만 결국 실패하였다. 1562년 종교회의 이후 법정 성직자들과 개혁을 열망하는 사람들 사이에서의 거리는 더욱 더 멀어졌다. 그것은 교황주의적 시대와 매우 밀접한 유사성의 외형적 종교를 그대로 유지하는 것이 합법적이냐 아니냐 하는 것이었다. 법정 성직자들(Court Divines)은 신자들이 외형적 변경이 적을 때 교리의 변경을 받아들이는 것이 이러한 과정에 더욱 쉽게 이끌릴 것이라 주장하였다. 그러나 종교 개혁가들은 이러한 경향들이 신자들이 이전에 가지고 있었던 미신적 요소들로 더욱 강력하게 기울어지도록 하는 경향이 있게 되리라고 보았다. 그래서 신자들이 개혁된 교회와 교황주의적 교회를 구분하지 못하게 될 것이라고 답변하였다. 그러므로 잉글랜드 교회는 최대한 교황주의적 교회로부터 떠나는 것이 가장 현명한 교회 개혁이며 가능한 로마 카톨릭의 흔적을 최소화해야 한다고 생각하였다. 그러나 수장령을 허락한 법정 성직자들은 로마 교회를 참된 교회로 인식하였다. 다만 교리와 교회 정치에 있어서 약간의 잘못된 부분들이 있다고 보았다. 그래서 수장령을 통하여서 그러한 것들이 사라질 것으로 보았다.134) 그러나 잉글랜드 종교 개혁가들은 그렇게 생각하지 않았다. 그들은 교황을 적그리스도로 단언하였고 로마 교회를 참된 교회가 아니라고 하였다. 그래서 그들은 로마 교회의 그러한 형태가 그들의 성직 서임을 정당화하지 못한다고 주장하였다.

법정 성직자들과 종교 개혁가들은 성경이 완전한 신앙의 법칙이라는 것에 있어서 동의하였다. 그러나 법정 성직자들은 성경이 교회 정치의 표준이 될 수 있다는 것에 반대하였다. 그들은 기독교 국가에 있는 세속 군주가 교회를 판결할 권세가 있다고 보았다. 그러나 잉글랜드 종교 개혁자들은 성경이 교리 뿐만 아니라 교회의 정치와 권징에 있어서도 표준이 된다는 견해를 견지하였다. 그래서 교회 정치는 세속 군주에 의하여서가 아니라 교회 자체적으로 이루어져야 한다고 주장하였다. 그러나 법정 성직자들은 주후 3세기 4세기의 감독 교회가 사도 시대 교회 보다 더욱 발전된 교회라고 주장하였다. 그래서 단지 그 후대에 발생한 교황주의 만 제거되면 가장 엄밀한 교회가 될 것이라고 언급하였다.135)

그러나 참된 개혁가들은 성경적 모델에 더욱 가깝게 가는 것이 엄밀한 교회라고 주장하였다. 그래서 사도 시대 교회가 가장 엄밀하다고 주장하였다. 이후에 발생한 모든 직분들과 의식들과 성직 서임들과 같은 것을 허락할 수 없다고 주장하였다. 그러나 법정 성직자들은 세속 군주의 명령에 의하여서 그러한 의식들과 절기들과 의복들과 성직 서임들과 직분들이 허락되어야 할 것을 주장하였다. 그래서 그 나라의 신민들은 그 나라 군주의 통치 아래에 종교적인 부분도 머물러 있어야 한다고 언급하였다. 그러나 종교 개혁자들은 오직 그리스도만이 홀로 왕으로서 계셔야 하고 모든 인간의 법들은 필요하지 않다고 주장하였다. 그래서 로마 교회의 의식들과 절기들은 우상적인(idolatry) 것으로 종교적 남용이라고 반박하였다. 교황주의는 미신 이외에 다른 것이 아니며 불법적으로 간주해서 거절해야 할 것이라고 주장하였다.

법정 성직자들은 여왕을 수장으로 하는 통일령이 정당하다고 주장하였다. 이에 대하여서 참된 종교 개혁가들은 오지 성경만이 모든 종교적인 규례의 표준이 되어야 할 것을 강력하게 주장하였다. 모든 종교 회의에 세속 권세가 강제로 소집하고 집행하는 것에 대하여서 강하게 반발하였다.136) 법정 성직자들과 의회는 매우 빠

---

134) Rev. Mr. Hetherinto, History of the Westminster Assemble or Divines, New York, 1843. p. 31.
135) Ibid., p. 32.
136) Ibid., p. 33.

르게 통일령을 비준하고 선포하였다. 무엇보다 대주교 파커(Paker)는 런던의 주교 그린달(Grindal)에게 그의 교구 내에 사역자들에게 그 통일령에 서명할 것을 촉구하였다. 파커는 강력하게 그 관습들을 따를 것을 강요하였다. 그래서 여왕에게 그들에게 그것을 강제할 권한을 달라고 요청하였다. 그러나 여왕의 자존심이 그것을 허락하지 않았다. 그래서 런던의 전 사역자들이 람베드(Lambeth)로 소환되었다. 그리고 그들에게 국교회의 법을 따를 것인지 그렇게 하지 않을 것인지를 선택하게 하였다. 만약 거부하는 자들은 성직권이 중지되고 3개월 후에 그들의 생명이 박탈당하였다. 100명 중에 61명이 서명하고 37명이 서명을 절대적으로 거부하였다. 그들은 즉시 성직권이 중지되었고, 죽을 위기에 처했다. 그러나 그들은 그 도시에서 가장 능력 있는 설교가들이었다.137)

1564년 2월 24일 결국 성직자들이 여왕에게 요구하는 서한이 보내졌다. 그것은 강단(chancel)에서 시행하는 성직자들의 예배의식(service)과 기도(prayer)에 관한 것이다. "교회의 어떤 장소에 탁자가 있거나 강단에 탁자가 있거나 할 수 있다. 탁자가 벽으로부터 거리가 있는 제단위에 있거나 다른 경우 강단의 중앙에 있거나 그것은 북쪽일 수 도 있고 남쪽일 수 도 있다. 어떤 장소에서는 탁자가 연결되고 다른 장소에 그렇지 않기도 하고 어떤 장소에서는 탁자가 카페트를 가지고 있고 다른 장소에서는 없다."

"어떤 사역자는 가운과 모자를 쓰고 어떤 사역자는 가운만 입고 다른 사역자는 아무것도 없이 어떤 사람은 성배(chalice)를 가지고 다른 사람은 교제의 잔(communion cup)그리고 다른 사람은 일반 컵(common cup)을 가지고 잔을 들기도 하고 어떤 사람은 발효된 빵을 먹고 그리고 어떤 사람은 발효되지 않은 빵을 먹는다."

"어떤 사람은 무릎을 꿇고 다른 어떤 사람은 그냥 서서 그리고 다른 어떤 사람은 앉아서 잔을 든다. 어떤 사람은 그냥 앞에서 세례를 받고 다른 어떤 사람은 물동이(basin) 안에서 세례를 받고 어떤 사람은 십자가 표시를 하고 다른 어떤 사람은 십자가 표시를 하지 말고 어떤 사역자는 가운을 입고 시행하고 다른 어떤 사역자는 가운을 입지 않고 시행한다. 어떤 사람은 네모진 모자를 쓰고 시행하고 다른 어떤 사람은 동그란 모자를 쓰고 시행한다. 그리고 또 다른 어떤 사람은 버튼식으로 된 모자를 쓰고 시행한다. 어떤 사람은 전체가 챙이 있는 모자(hat)를 쓰고

---

137) Ibid., p. 35.

어떤 사람은 학자의 옷을 입고 다른 어떤 사람은 다른 옷을 입고 시행한다."

여왕은 매우 이 보고서를 불쾌하게 생각하였다. 왜냐하면 무엇보다 그 보고서는 그녀의 법령을 하찮게 여기고 있었기 때문이다. 그녀는 켄터베리와 요크의 대 주교에게 서신을 보냈다.

"교회의 위원회(ecclesiastical commission)의 관습을 따라서 협의하라. 그리고 교리와 의식(rites)과 절기들(ceremonies)에 대하여서 성직자들 사이에 있는 다양한 의견들(diversities)를 조사해서 효과적 방법을 가지고 정확한 질서(exact order)와 통일성(uniformity)이 외적 의식(external rites) 와 절기들(ceremonies) 에 있어서 유지되도록 하여서 법령과 좋은 활용이 제공되도록 하라. 그리고 지금부터는 어떤 교회적 승급(ecclesiatical preferment)에 대하여서 인정하라. 일반적 질서에 잘 배치시키고, 공식적으로(formally) 그것을 동의하도록 약속하라."

그러나 많은 퓨리탄들의 반박을 불러 일으켰다. 퓨리탄들과 그들의 동료들은 폭풍우를 감지하였다. 그들은 그것을 어떻게 대처할 것인가를(avert) 모색하였다. 듀햄(Durham)의 주교 필킹톤(Pilkington)은 레이세스터(Leicester)의 백작(earl)에게 10월 25일에 서신을 보냈다. "이러한 강요(compulsion)는 자유의 정신을 억압하는 것이다. 그는 백작에게 이러한 상황을 사려할 것을 간청하였다. 어떻게 개혁된 교회가 교황주의의 제복(apparel)을 버릴 수 있을 것인가 하는 것이다. 그들이 그것을 성유물로서(relic) 지키려고 한다. 많은 성직자들이 그것을 동의하느니 삶을 포기하겠다고 말한다."

이러한 사태는 외국의 개신교들에게 씻을 수 없는 모욕을 안겨주었다. "결국 우리는 사악한 교황주의를 버린 이래로 어떻게 그들이 복음의 성자들과(saints) 교수들이(professors) 될 수 있는가 알 수 없다."

듀햄(Durham)의 수석사제(dean) 휘팅햄(Whittingham)은 동일한 목적으로 서신을 썼다.

"필수적으로 부과되는(impose) 결과들이 두렵다. 기껏해야 그것은 냉담한 것이다. 많은 지혜로운 자와 학식 있는 자들의 의견들은 그것이 미신적이라는 것이다. 만약 성직자들이 입는 예식복(apparel)들이 간소하지도(modest) 중후하지도 (grave) 않으면서 충분하게 다른 사람들로부터 구분되지 않는데 입는다면 그러한 성직 성의는 미신적이다. 성직자들은 적그리스도의 참람한 옷으로부터 그들 스스로를 순결하게 보호하기 위하여서 간결한 복장을 걸쳐야 하리라. 많은 교황주의자들은 그들의 삶과 자유를 누리고 있다. 그들은 복종을 요구받지도 않는다. 그들은 그들의 비참한 양떼들에 대한 그들의 의무의 어떤 책임의식도 없다. 오호라! 나의 경이여!(my lord) 그러한 강요가(compulsion)가 우리에게 다가오고 있다. 그리고 관대한 조처(lenity)가 교황주의자들에게 주어지고 있다. 오! 백작 귀족이여(noble earl)! 우리의 보호자가 되어 주십시오! 우리가 그 자유를 잃지 않도록 머물러 주십시오! 여왕의 자비(benignity)로 우리가 자유를 누리기를 바랍니다."138)

귀족들은 분리되었고 여왕은 그것을 지켜보고 있었다. 그러나 대주교는 그녀를 향하여서 고무되었다. 제웰(Jewel)과 혼(Horn) 주교는 성 바울 광장에서 백성들과 관습들의 화해를 설교하였다. 제웰은 말하기를 그는 그것들을 변호하는 것이 아니라 그것들이 무관심하다는 것을 보여준다고 말하였다. 그리고 그것에 동의한다고 말하였다. 혼(Horn)은 더 멀리 갔다. 그리고 흰색 까운과 검은색 까운 그리고 동그라미 모자와 사각 모자를 쓰는 것에 대하여서 문제를 야기하는 자들을 교회로부터 제거해야 할 것이라고 말하였다. 퓨리탄들은 그러한 관습을 찬동하는 설교에 대하여서 즉각 반박하였다. 그리고 주교들에게 충고하여(expostulate) 말하기를 그들의 견해는 복음의 확장을 짜르고 짓밟는 짓이며 그들의 약한 형제들을 비탄에 젖게하고(grieved) 죄를 짓게 하는(offend) 것이다. 그것은 하나님의 계명으로 그들을 이끌기 보다는 적그리스도의 잔여물들로 뒤집어 씌우는 것이다. 그것을 강요하는 자들은 하나님의 계명의 파괴자 일뿐 아니라 극단적으로 그것을 거절하는 자들을 형벌하는 자들이라는 것이다.139) 거룩한 순교자 존 브래드포드(John Bradford)와 샘슨(Mr. Sampson)과 여러 사람들은 그러한 관습에 반대하여서 거룩한 임직에 있어서 그것들 없이 거행할 것을 주장하였다.

1550년경에 우리의 유명한 대학교의 교수 부쩌(Bucer)와 피터 마터(Peter Martyr)는 그 관습을 반대하여서 가운들을 입는 것을 거절하였다. 부쩌는 자신이 왜 사각모(square cap)를 쓰지 않는가라고 묻고 그 답변으로 자신의 머리가 사각형이 아니기 때문이라고 말하였다. 그리고 미터 마터는 모국으로 돌아가고 나서 그의 서신에서 "내가 옥스퍼드에 있을 때, 나는 단위에서 흰색 외투를 사용하지 않았다. 그리고 내가 행한 일에 대하여서 만족했다."

그는 1550년 1월 20일 캠브리지로부터 바다 건너 대륙의 그의 친구에게 보낸

---

138) Daniel Neal., p. 126.
139) Ibid., p. 127.

서신에서 의식의 순수함에 대하여서 외국인들의 말은 전혀 듣지 않는다고 썼다. 이러한 상황이 에드워드 6세 치하에서의 우리의 첫 종교 개혁의 분위기였다.140) 윈체스터의 감독 혼(Dr. Horn bishop of Winchester)은 월터(Gualter)에게 보낸 서신에서 "의회의 결정은 의복과 관련된 것이다. 그것은 그들이 공직에 있기 이전에 있었던 것으로서 그것을 작성함에 직접 관련된 것이 아니었다. 그러나 그들은 그 법에 복종하였다. 그들은 생각하기를 그렇게 관심 둘 것이 아니라고 간주하였던 것이다."141)라고 말하였다.

로체스터(Rochester)의 감독(bishop) 구에스트 박사(Dr. Guest)는 비서관 세실(secretary Cecil)에게 절기들에 대하여서 반대하는 서신을 보냈다. 그는 말하기를 "그것은 악한 것이다. 한 번에 제거하고 다시는 사용하지 말아야 한다. 왜냐하면 갈라디아서가 말하고 있기 때문이다. 그리스도께서 그들을 자유케 하신 그 자유 안에 견고하게 서 있기 위하여서 그리고 우리가 모든 악의 형태로부터 삼가기 위하여서이다. 복음은 우리에게 불필요한 절기들을 제거할 것을 그리고 신령과 진리 안에서 하나님께 예배할 것을 가르치고 있다. 이러한 절기들은 인간의 고안물 이외에 다른 것이 아니다. 그리고 우상 숭배를 남용하는 것이다." 그는 공개적으로 십자가 표시, 교회 안에서의 형상 숭배를 거절하였다. 그리고 하나님께 예배할 때에 가운을 입는 것을 반대하였다. 종교 개혁이후에 어떤 주교들도 그러한 관습에 동의하지 않았다. 오히려 성경으로부터 계속적으로 논의하고 고대 관습들에 대하여서 살펴보았다. 그리고 정중하게 그것은 필수적이지 않다고 보았다. 단지 여왕의 호의에 의하여서 교회가 지키게 되었던 것이다. 많은 세월이 흘렀어도 첫 종교 개혁자들은 결코 예식복(Vestiment)을 입는 것에 대하여서 어떤 거룩함이나 덕을 인정하지 않았다. 그리고 그러한 관습들이 폐지되기를 위하여서 기도하였다.142)

이 문제에 있어서 대륙의 개혁자들과 협의하였다. 만장일치로 이러한 관습이 폐지되어야 할 것을 동의하였다. 그러나 어떤 특별한 날에는 입을 수 있는가 하는 부분에 대하여서 의견이 갈렸다. 어떤 사람은 루터주의와 교황주의로 회귀될 것에 대하여서 경계하였다. 다른 사람들은 만약 그러한 관습들을 먼저 거절하지 않았다면 그들은 후에 그것들의 폐지를 얻을 수 없을 것을 염려하였다.

---

140) Ibid., p. 128.
141) Ibid., p. 129.
142) Ibid., p. 130.

비국교도(Nonconformist)의 지도자였던 홈프레이스(Dr. Humphreys)와 샘슨(Samson)은 쮜리히에 서신을 보냈다. "이 관습이 단순한 세속적 관습이 아니며, 그 관습이 예의에 맞는 그러한 것도 아니다. 그것은 교황주의적 화려함(Pomp of Popery)이외에 다른 것이 아니다. 이러한 관습 안에는 교황주의의 허영이 있고, 그들로부터 그러한 관습들이 유래되었기 때문에 폐지되어야 한다. 그렇기 때문에 이러한 관습은 종교 개혁을 전진시키는 것 대신에 교황주의의 잔재를 남겨두는 것이 된다. 우리는 이러한 관습에 참된 종교가 없다고 생각하며 이러한 교황주의적 관습에 반대한다. 이러한 관습은 우리의 신앙을 자유인으로부터 이탈시켜서 노예적(servitude) 신앙으로 옭아매는 파괴적인 것이다. 우리는 그러한 관습에 반대하고 우리의 교회도 버릴 수 없다. 이리떼들에게 교회를 맡겨둘 수 없다. 오히려 이 리떼들을 몰아내야 할 것이다. 그러한 관습이 불법이 아니라고 말하는 것은 선한 것이 아니고 사리에도 맞지 않는다. 성직자들이 그러한 관습을 쫓는 것은 그들의 직무에 있어서 눈에 보이는 것을 쫓는 것이며, 그들의 원수들로부터 벗어나지 못하는 것이다. 고대 교부들도 그들의 관습이 있었지만, 평신도(Laity)로부터 거리를 두는 제도나 주교(Bishops)에게 만 별다른 관습을 두는 제도를 가지고 있지 않았다. 그것은 성 요한과 시프리안의 경우에 일치한다는 것을 통해 알 수 있다. 크리소스톰은 흰색 예식복에 대하여서 말할 때 그것을 찬동하지 않고 있다. 그는 그것들의 오류를 지적한다. 우리의 교회 교리는 지금 순수하다. 그러므로 우리의 예배에 어떠한 결점도 있어서는 안 되는 이유가 있으며, 우리가 다른 대륙의 개혁 교회 함께 교리에 있어서 뿐만 아니라 다른 예식들에 대하여서 일치해야 한다."143)

"그러나 폐지해야할 것은 단지 사각모를 쓰는 것과 예식복을 입는 것뿐만 아니라, 다음과 같은 것도 있다. 1. 신적 예배에 있어서 화려한 음악과 다양한 악기들 2. 세례 시에 아이의 이름 안에서 답변하는 보증인 제도(sponsor) 3. 세례 시에 십자가 표시 4. 성찬 시에 무릎을 꿇는 것과 누룩 없는 빵을 먹는 것 5. 교회 안에 권징이 없어진 것 6. 성직자들의 혼인이 합법적이지 않다고 하는 것 7. 결혼 반지 없이는 혼인할 수 없다고 하는 것 8. 여자가 두건을 쓰지 않고는 교회에 있을 수 없다고 하는 것 9. 교회의 허가법, 성직자의 겸직법, 거주하지 않는 자에게 주는 면허증 10. 사역자들이 모든 절기들에 대하여서 찬성하고 그것을 수행하는 것에 서약하기 전에는 설교할 수

---

143) Ibid., p. 131.

없다고 하는 것 등이다. 이러한 법들은 성례 시에 임재하시는 그리스도의 현존을 거부하는 것이다."

피터 마터(Peter Martyr)는 그린달(Grindal)에게 보낸 서신에서 다음과 같이 의견을 피력한다.

"거룩한 것에 관하여서 쓰이는 것이라고 말하는 관습들에 대하여서, 미사의 형태를(appearance) 가지고 오는 것은 교황주의의 보존일 뿐이다. 그것은 학식있는 쮜리히의 개혁가 불링거의 말을 통하여서 알 수 있다. [그러한 관습들은 교회로부터 제거되어야 하며 비준되지 말아야한다. 그러한 관습은 매우 위험하며 말씀의 사역으로부터 멀다. 그러므로 형상과 이미지 숭배는 제거되어야 한다. 그리고 미사의 현상은 제거되어야 한다.] 나는 무엇보다 불링거의 견해에 동의한다."

쮜리히의 개혁가 불링거와 월터(Bullinger and Gualter)는 혼(Horn)과 그린달(Grindal)에게 서신을 보낼 때 다음과 같이 기록했다. "잉글랜드 교회의 불행한 비탄(lament)에 대하여서 그리고 모든 교황주의로부터 벗어나려고 하는 하나님의 거룩한 집을 사모하는 신적인 열의를 가지고 있는 교회에게 이러한 관습들을 만든 자들과 함께 기뻐하지 않기를 바라며 종교 개혁을 상실하지 않기 위하여서는 이러한 관습들을 속히 버려야 한다."

제네바의 성직자들은 더욱 분명하게 그러한 부분을 충고한다. 1564년 10월 24일 베자와 17명의 사역자들의 서명으로 된 서신의 권고는 이러하다.

"만약 그러한 것들이 그들의 권한 아래에 있었다면 그들은 그것을 받아들이지 않았을 것이다. 만약 그렇지 않다면 우리가 무엇 하러 권면하겠는가? 그러므로 인간들이 그들 자신들의 권위로 만들어 놓은 교황주의에 대하여서 그것들은 교회에 가장 사악한 것들이다."144)

이러한 서신들은 잉글랜드 교회에 매우 고무적이었고, 그들은 강력하게 그러한 관습들에 저항하여서 싸우기 시작하였다. 그들은 교황주의로의 회귀를 경계하여서 그들은 강력하게 여러 관습들의 철폐를 선언하였다. 세례 시에 십자가 표시를 하는 것을 금지시켰으며, 교회의 열쇠의 권세가 평신도 사정관(Lay-Chancellor)과 주교들의 법정(Bishop's Court)에 있다는 것을 거부하였다. 그리고 기도에 대한 통일령에 대하여서 더욱 완전한 개혁을 시도하였다. 비록 스코틀랜드 교회의 종교 개혁이 완전한 형태를 이루지는 못했지만, 감독하는 사역자들(superintendent

---

144) Ibid., p. 133.

minister)과 위임맡은 총대들(commissioner)은 그들의 동료 주교들과 목사들에게 서신을 보냈다. 그것은 로마 카톨릭은 적그리스도의 집단이라는 것이다. 그리고 그 서신을 1566년 12월 28일에 에딘버러에서 존 스포츠우드(John Spotswood)와 그리스도 예수의 사역자 9명이 서명하였다.

"만약 예식복(surplice)과 사각모(corner-cap), 그리고 여성의 두건(tippet)들이 우상적인 올가미라면, 기독교의 자유를 외치는 설교가들은 공식적으로 그 모든 미신성을 꾸짖어야 한다. 양심을 가지고 있는 우리의 형제들은 부적절한 예식복 (unprofitable apparel)을 거부해야 한다. 우리는 의심할 것 없이 하나님을 기쁘시게 하는 자들이다. 그러므로 그 마음의 평안을 추구하여야 한다."

잉글랜드의 평신도들은 성직자들보다 더욱더 그러한 관습으로부터 돌아섰다. 그리고 교황주의를 혐오하는 자들이 더욱 증가하였다. 그래서 그들은 예식복에 대하여서 거부하였다. 그 중에는 레이세스터(Leicester) 대백작(earls)이 있었다. 그리고 재무부 장관(vice-chamberlain) 프란시스 크놀레이(Francis Knollys) 경이 있었고 왕실 회계국 장관 (lord treasurer) 벌레이그(Burleigh)와 주 서기(secretary of state) 프란시스 발싱햄 경(sir Francis Walsinham), 베드 포드 경(the earls of Bedford), 워위크(Warwick) 와 그 외 여러 사람들이 있었다.145)

그렇게 개신교 무리들이 전국적으로 확산되었다. 많은 무리들이 예식복을 입는 성직자들의 예전 예배 의식을 거부하였다. 그러나 종교 개혁에 대하여서 무늬만 개신교도들이었던 법정 성직자들은 옛 로마 카톨릭 교회의 예식으로 돌아가고자 하였다. 그러나 백성들 사이에서는 뜨거운 열기가 확산되었고, 모든 로마 카톨릭 교회의 미신적 의식들을 거부하였다. 이미 앞에서 언급한대로 여왕의 서신 즉 대감독(archbishop) 파커(Paker)가 그의 동료들과 함께 서약한 그것이 런던의 주교 그린달에게 보내졌다. 그때에 많은 성직자들과 평신도들이 그것을 거부하고 있었다. 그래서 파커는 그린달에게 그러한 것을 축소할 방안에 대하여서 협의하고자 하였다. 약간의 논쟁 끝에 몇 가지 조항들이 합의되었다. 부분적으로 설교와 성례의 시행에 대한 것과 교회적 의상(apparel)에 대한 것이었다.146)

파커는 람버트(Lambeth)에게 퓨리탄 성직자(Puritan Clergy)들을 소환하라고 명령하였다. 어떤 자들은 훈방조치하고 어떤 사람들은 위협하라고 지시하였다. 그

---

145) Ibid., p. 135.
146) Ibid., p. 135.

러나 그린달은 형벌에 대한 두려움 때문에 엄밀한 상태로부터 위축되었다. 대감독 파커가 소환하라고 명령한 자들의 명단은 다음과 같다. 그리스도 교회의 수석사제(dean)였던 토마스 샘슨(Thomas Samson) 목사(Reverend) 그리고 왕립 신학교 교수(Regius Professor of Divinity)였던 라우렌스 험프레이 박사(Dr. Lawrence Humphreys), 옥센(Oxen)의 막달라 마리아 대학의 학장(President of Magdalen College), 그는 경건한 학식 있고 열정적인 성직자였다. 그는 피의 메리 시대에 추방당하였던 인물이었다.

옥스퍼드 역사가는 평가하기를 험프레이 박사는 온건한 양심 있는 비국교도였다(moderate conscientious Nonconformist)고 하였다. 위대하고 보편적인 학자였으며, 탁월한 언어학자였고 신학적 깊이가 있었다고 한다. 그의 글에는 무게가 있었다. 그는 소환된 이후에 감옥에 있다가 돌아온 이후에 다시 옥스퍼드로 가지 않고 버크셔(Berkshire)에 있는 워컵스(Mrs. Warcup)의 거주지로 은퇴하였다. 워컵스는 매우 경건한 여자였으며, 그녀는 핍박받는 개신교도들에게 은신처를 제공하였다.147) 이후에 계속된 핍박에도 불구하고 종교 개혁을 열망하는 성직자들과 평신도들에 의하여서 잉글랜드 국교회는 크나큰 도전에 직면하게 되었다. 비국교도들(Nonconformist)은 파커를 모든 개신교의 고통의 원흉으로 보았다. 여왕은 약간 부드러워졌다. 그러나 파커는 이러한 비난에 대하여서 런던 성직자들을 괴롭혔다. 이러한 핍박으로 인하여서 잉글랜드 국교도는 혼란에 빠지고 헝클어졌다. 그리고 종교 개혁도 위험에 빠졌다. 런던에서 많은 교회들이 사역자가 없어서 문을 닫았다. 그리고 교황주의에 대한 혐오로 인하여서 국교회에 가기를 거부하였다. 그때에 로마 카톨릭 교회는 개신교의 약화를 매우 기뻐하였다. 그러나 모든 유능한 설교가들이 침묵함으로서 그들의 부재로 인하여 잉글랜드 국교회는 혼돈에 빠졌다. 주교 샌디(Bishop Sandys)는 궁정에서의 설교할 때 여왕 앞에서 말하기를 "당신의 나라의 많은 교회가 특히 북쪽에서 말씀을 들을 수 없어서 기근입니다. 7년에 1번도 설교를 듣지 못한 자도 있습니다."그러나 잉글랜드 국교회는 모든 목사(Parsons)들과 목사보(Curates)들로 대 감독의 허락 없이는 설교하지 못하게 하였다.148)

1565년 여왕은 캠브리지 대학을 순행하였다. 그곳에서 5일간 머무르면서 대학

---

147) Ibid., p. 143.
148) Ibid., p. 145.

교수들과 담화하였다. 그해 8월 7일 그녀가 캠브리지에 지낸지 세 번째 날에 그녀는 학자들과 담화를 하였는데 그때에, 토마스 바잉(Thomas Byng) 이 다음과 같은 질문을 하였다. 1. 군주제가 가장 좋은 정치인가? 2. 법령의 변개는 위험한가? 하는 것이었다. 그때에 그러한 질문에 반대견해를 표명한 자들이 있었다. 트리니티 대학의(Trinity College) 교수(fellow) 토마스 카트라이트(Thomas Cartwright)와 캐더톤(Mr. Chadderton), 프레스톤(Mr. Preston), 킹스 칼리지(King's College)의 클락(Mr. Clark) 등이다. 그때에 성직자들의 질문은 다음과 같았다. 1. 성경의 권위가 교회의 권위보다 더 큰가? 2. 행정관이 교회의 일에 있어서 권위를 가지고 있는가 하는 것이었다. 이것들은 그 시대의 과제들이었다. 이러한 논쟁이 어느 정도 마무리되어질 즈음에, 여왕은 우아하고 간단한 라틴어로 된 연설문을 작성하였다. 그리고 그 연설문에서 그녀는 학자들에게 그들의 연구를 계속하도록 격려하였다.

그러나 학식 있는 학자들은 곧 혼돈에 빠졌다. 그것은 관습들에 대한 논쟁에서 특히 예식복(surplice)에 있어서 그러하였다. 세인트 존(St.John)의 학장 롱워드(Dr. Longworth)가 결근하였을 때, 그 학교 학생들은 채플에 올 때 그들의 후드(hoods)와 예식복(surplice)을 입지 않고 왔다. 그가 돌아 왔을 때, 그 학장은 불평을 하지도 않았고 그것을 문제 삼지도 않았다. 트리니티 대학(Trinity College)은 예식복(surplice)을 거부하였다. 그리고 다른 많은 대학들이 그러한 예를 따라 가려고 하였다. 이러한 사건들이 교회 법정에 알려졌고, 그것은 매우 긴박한 상황을 예견하는 것이었다. 각 대학교의 몇몇 회원들은 서기관에게 서신을 보냈다. 그들은 말하기를 교황주의의 의식들을 받아들일 수 없다는 것이다. 하나님 앞에서 확신하건대 다른 이유는 없다는 것이다. 그러나 세실(Cecil)은 화가 난 답변을 보냈다. 그것은 그러한 옛 관습으로 즉시 돌아오라는 것이다. 그는 부학장(vice-chancellor)에게 서신을 보냈다. 그는 서한에서 대학의 고위 당국자들과 함께 회의를 소집할 것을 촉구하였다. 그래서 그들로 하여금 대학의 명예와 기독교의 통일성의 보존과 여왕의 선호하는 것과 그것들에 대한 그 자신의 선한 뜻을 따라서 그들이 그 옛 관습들을 그대로 계속 지켜야 할 것을 요구하였다. 대학의 고위 당국자들은 대학의 위험성에 대하여서 민감하게 반응하였다. 그리고 학생들의 권리가 빼앗겨질 것에 대하여서 두려워하였다.

이러한 서신들의 하나는 트리니티 대학의 학장 바우몬트(Dr. Beaumont)와 후에 캔터베리 대주교가 될 존 화이트기프트(John Whitgift)와 막달라마리아 대학(Magdalen-college)의 학장 로져 켈크(Roger Kelk)와 세인트 존(St. John) 대학의 학장 리챠드 롱워드(Richard Longworth)와 후에 요크(York)의 대주교가 될 펨브록 홀(Pembroke-hall) 대학의 학장 매튜 휴톤(Matthew Hutton) 그리고 다른 많은 사람들에 의하여서 서명되었다.149) 그러나 이러한 상황에서도 스코틀랜드의 종교 개혁은 하나님의 축복 가운데 참된 성경적 모델로 존 낙스를 중심으로 수행되고 있었다. 존 낙스는 그의 열정적인 노고를 통하여서 스코틀랜드 교회를 재구성하고 있었다. 그래서 로마 교회의 미신에 대하여서 철저하게 철폐하였던 것이다. 그러나 잉글랜드 교회는 그렇게 녹록하지 않았다. 퓨리탄 성직자들은 세속 군주로부터 버림을 받았고, 그들은 압제를 받았다. 그래서 그들은 설교를 하는 것조차도 심한 박해 속에서 어려움을 겪고 있었다. 그래서 몇몇 성직자들은 전적으로 침묵으로 일관하기도 하였다. 많은 책자들이 인쇄되어서 널리 배포되어 그나마 그들의 견해가 잉글랜드에 소개되었다. 그러나 잉글랜드 정부는 그러한 책자를 배포하는 것을 금지시키고 만약 어기면 혹독한 형벌을 가하였다.

1566년에 잉글랜드 제국 어디에서도 설교하지 말라고 하는 양심을 억압하는 그러한 법령에 대하여서 퓨리탄들은 인내의 한계를 느끼고 능동적인 저항을 시작하기에 이르렀다. 그들은 기존의 교회들(Established Church)로부터 분리되는 것이 필요하고 합법적인지에 대하여서 살펴보기 시작하였다. 그들은 엄밀하고 중요한 결론에 이르렀다. 퓨리탄 성직자들은 하나님의 말씀을 설교할 수 도 없었고 우상적 예식복을 입지 않고는 성례를 수행할 수 없게 된 이후로부터, 그들은 잉글랜드 예배 예식서(service)의 미신적 요소로부터 성례의 시행과 권징과 설교에 대한 지침서를 마련하였다.150)

1566년 여름에 퓨리탄들은 잉글랜드 교회와 별개의 공동체를 형성하기에 이른다. 그들은 종교 개혁 1세대 조상들의 진정한 계승자가 되었다. 퓨리탄들은 장로회보다 더 높은 질서로서 주교들의 권세를 우월하게 보는 그러한 교회의 성직 서임과 정치와 권징에 대하여서 성경적이지 않다고 간주하였다. 퓨리탄들은 엄격한 권징이 없이는 교회의 순수성을 보존할 수 없다고 생각하였다. 그들은 기도에 대하여서 큰 자유를 원하였다. 퓨리탄들은 교회 안에서 외경을 읽는 것을 금지시켰

---

149) Ibid., p. 147.
150) Rev. Mr. Hetherinton, History of the Westminster Assemble or Divines, p. 36.

다. 그리고 성경을 해석하고 설교할 수 없는 사람은 사역자로 서임할 수 없다고 선포하였다. 퓨리탄들은 성직자들 중에 몇 개의 성직을 겸직을 하고 일정한 거주지가 없고, 설교도 하지 않는 성직자들을 거부하였다.151) 이렇게 퓨리탄들은 따돌려지고, 기존 교회들로부터 쫓겨나고 그리고 핍박을 받고 감옥에 가며 강도권을 박탈당하였을 때에도, 굳건하게 개혁 신앙을 지키고 교황주의의 미신을 거부하였다. 그러한 퓨리탄들 중에서는 험프레스 박사(Dr. Humphres), 샘슨(Sampson), 순교자 폭스(Fox), 레버(Lever),휘팅햄(Whittingham), 존슨(Johnson) 등이 있었다. 그들은 설교권이 박탈을 당하였어도 계속적으로 설교하였다. 비록 그들이 잉글랜드 국교회의 교구 성직자로서는 제외되었어도, 그들에게는 교황주의적 관습들에 대하여서 혐오하고 있었던 많은 일반 백성들이 있었다. 그 일반 백성들은 로마 교회의 미신들이 더욱 불법적이라 생각하였다. 그들 중에서는 피의 메리의 핍박시에 제네바에 있으면서 제네바 교회의 설교형태와 성례의 시행과 권징에 대한 치리서로부터 영향을 받아서 잉글랜드 국교회로부터 자유로운 치리서를 출판하려고 하였다. 비록 이 시기의 많은 퓨리탄들이 잉글랜드 국교회 안에 머물러 있었지만 그들은 고위성직자개념(hierarchy)을 거부하였다.

첫 번째 퓨리탄들은 주교들이 장로회 위에 높아져 있는 형태를 거부하였다. 그들은 주교들이 성직자 서임의 유일한 권세를 가지고 열쇠를 사용하며, 교회적 권징을 시행하는 것과 세속적 권세를 갖는 것과 그들의 사역에 있어서 세속 영역을 침범하는 것을 잘못되었다고 보았다. 그리고 주교들이 그리스도의 사역자로서 성격이 있다고 생각하지 않았고 그들의 영적 기능들이 필요하다고 보지 않았다.

두 번째 퓨리탄들은 성경적 근거가 없는 부감독(archdeacon), 부사제(dean), 참사회(chapters)와 다른 여러 사역들을 갖는 것을 거부하였다. 그러한 것들은 로마 교회의 잔재이며 사도 시대 교회의 전통이 아니라고 보았다. 그러나 교구들의 모임으로서 장로회의 권세를 인정하였다.

세 번째 퓨리탄들은 주교들의 사법권과 재판권을 거부하였다. 퓨리탄들은 그것을 교황주의의 흔적이라고 보았다. 그리고 하나님의 말씀으로부터 증거를 받지 못할 것으로 보았다. 퓨리탄들은 주교들이 사람을 구속하고 권리를 박탈시키고 과도하게 핍박하는 것들을 좋지 않은 것으로 간주하였다.

네 번째 퓨리탄들은 경건한 권징의 부재에 대하여서 애석해했다. 그리고 모든

---

151) Ibid., p. 37.

사람들이 주의 만찬 상에 남녀를 가리지 않는 일반적인 참여를 어렵게 한 제도에 대하여서 비탄해했다.

다섯 번째 퓨리탄들은 기도의 형식화에 대하여서 합법성을 논의하지는 않았지만, 사람들이 자신들의 언어로 개인적으로 기도하는 것을 허락하였다. 그러나 그들은 공적 의식서(public liturgy)와 주기도문에 대한 반복적 읊조림 등을 혐오하였다.

여섯 번째 퓨리탄들은 교회에서 공적으로 외경을 읽는 것을 혐오하였다. 그리고 설교하거나 성경을 해석할 능력이 없는 자가 사역자가 되는 것을 혐오하였다. 그리고 여왕이나 주교들이나 평신도 후원자들에 의하여서 생활비를 받고 목회하는 사역지도 없고 설교도 하지 못하고 여러 성직들을 겸직하는 자들을 혐오하였다.

일곱 번째 교회의 축제일들을 성경적 근거가 없는 것으로 간주하고 거부하였다. 그래서 성자들의 축일들을 지키는 것을 거부하였다. 그리고 금요일과 토요일에 정기적으로 금식하는 것으로 미신적인 것으로 간주하여 거부하였다.

여덟 번째 퓨리탄들은 예배에 있어서 로마 교회적 요소를 거부하였다. 그리고 그들은 예배시에 오르간이나 트럼펫이나 여러 악기들을 쓰는 것을 거부하였다. 퓨리탄들은 생각하기를 그러한 악기들은 주후 2세기 넘어서까지도 교회 안에 없었다고 주장하며, 그러한 악기들은 사도적 예배를 드리는데 장애가 될 것으로 간주하였다.

아홉 번째 퓨리탄들은 어떤 의식이나 절기를 지킬 때에 입는 예식복을 거부하였다. 152)

그리고 여왕이 허락한 그러한 로마 교회적 관습들에 대하여서 퓨리탄들은 거부하였다.

1. 세례시에 십자가 표시를 하는 것은 성경적 근거가 전혀 없는 것으로 간주하였다. 또한 퓨리탄들은 과부들(midwives)와 다른 여자들(other women)이 환자들에게 안수를 시행하는 것을 거부하였다.

2. 그리고 퓨리탄들은 그들 자녀들의 교육을 위하여서 후견인으로서 부모들을 제외한 대부(godfather)나 대모(godmother)를 두는 것을 거부하였다. 만약 부모들이 사망하였거나, 혹은 멀리 가서 있으면, 아이들 교육을 위한 후원자를 삼도록 하였다. 만약 아이들의 교육이 하나님의 말씀에 의하여서 수행되면, 그 부모들이 교

---

152) Daniel Neal, p. 157.

육을 수행하여야 하며 낯선 사람에게 자녀들을 맡기는 것은 금지해야 할 것을 주장하였다.

3. 퓨리탄들은 아이들의 견신례를 거부하였다. 견신례란 아이들이 주기도문을 반복적으로 읽고 요리문답을 반복적으로 읽는 것이다. 그리고 그러한 과정을 통하여서 아이들이 성례의 과정에 이를 수 있다고 생각하는 것이다.

4. 퓨리탄들은 주의 만찬의 성례에 무릎을 꿇는 것을 거부하였다. 그러한 것들은 예수 그리스도와 그의 사도들의 예에 일치하지 않으며, 많은 해 동안 고대 교회의 전통에 기초하지 않는다. 그것은 교황주의자들에 의하여서 만들어진 것이다.

6. 퓨리탄들은 결혼식 때에 반지를 끼는 것도 거부하였다. 그들은 그것이 로마교회의 성례로부터 유래되었기 때문이라고 하였다. 반지가 성례의 표지가 되고 그것을 교환함으로서 일곱가지 성례중 혼인 성례를 거행하는 형태가 되어 버린다는 것이다. 로마 교회의 성직자들이 혼인 성례에서 이러한 예식을 통하여서 미신적으로 혼인 예식을 더럽혀 버렸다는 것이다.

7. 퓨리탄들은 예배 시에 예식복을 입거나 모자를 쓰는 것을 거부하였다. 퓨리탄들은 예식복(Vestment) 안에서 품위가 없음을 보았다. 그들은 그러한 것을 입는 것은 개혁의 불명예라고 생각하였다. 그리고 현재 상황에서는 절대적으로 불법적이라고 생각하였다. 왜냐하면 그것들은 미신과 우상숭배로 더럽혀져 있기 때문이었다. 게다가 그러한 것들을 입는 것은 교황주의의 연장선에 서 있는 것이 되기 때문이다. 그래서 마치 교황주의에 여전히 종속된 것처럼 보이기 때문이었다. 그리고 그러한 것들을 통하여서 연약한 인간의 마음이 더욱 부패해지기 때문이다. 무엇보다 성경적 기초가 전혀 없는 관습이라고 간주하였다.153)

그들은 말하기를 이러한 것들은 개혁이 되어야 하고 하나님의 말씀에 의한 사역과 권위로 다스려 져야 하고 기도에 의하여서 사람들을 다스려야 할 것을 주장하였다.

퓨리탄들(Puritans)과 국교도(Conformists)사이에 교리적 차이가 없다고 해도 여전히 중요한 논점에 있어서 차이가 있다. 결국 그것이 잉글랜드 국교회와 프로테스탄트(Protestants) 사이의 중요한 논쟁점이었다. 국왕에 대한 교회의 관계를 퓨리탄들은 하나님의 손에 있는 보조 기구나 지원 도구(assistances)로 보았다. 이러한 퓨리탄 적 분리의 중요한 지도자들은 다음과 같다. 풀러(Mr. Fuller), 콜만

---

153) Ibid., p. 159.

(Mr. Colman), 버튼(Mr. Button), 할링햄호킹(Mr. Howkins), 거의 모든 런던의 교구 주교(diocese)들이 있었다.

1567년에 그러한 국교회로부터 분리적인 성향의 무리들의 지도자들은 독자적인 예배 지침서와 교회적인 규범을 만들어서 예배를 시작하였다. 이러한 사실들이 여왕에게 알려졌다. 여왕은 지체 없이 만약 그들이 교회적 규범을 파괴시키거나 하면 그들은 시민적 자유를 강탈당할 것을 경고하였다. 그리고 직접적으로 형벌을 면치 못할 것이라고 하였다. 그러나 양심의 요구가 주권자의 위협보다 더욱 강력하였다. 그들은 그들만의 사적인 모임을 지속하였다.

1567년 6월 19일 풀름버(Plumber)의 홀(Hall)에서 설교가 선포되었고 성례식이 거행되었다. 그 날에 그들은 모여서 하나님께 평화롭게 예배하였다. 그러나 그들의 평화스러운 예배를 거칠게 방해한 세력이 있었다. 공권력을 가진 무장한 경관들이었다. 경관들은 주동자를 잡고 나머지를 해산시켰다. 다음날 그들은 런던의 주교들과 그 도시의 주요 행정관들 앞에 데려갔다. 그들은 주동자들에게 불법적인 예배를 드리는 것에 책임을 물었다. 그러자 주동자들은 그들의 행위를 변호하였다. 그러나 이들의 주장은 받아들여지지 않았고 이들 중에서 25인의 남자들과 7인의 여자들은 브라이드웰(Bridgewell)로 보내졌다. 그곳에서 그들은 한 해 동안 감옥에 갇혀서 모진 고생을 하였다.

1571년 의회가 열렸다. 그들은 앞으로의 개혁에 대하여서 몇 가지 시도를 하고자 하였다. 그중에서 스트리클랜드(Mr. Strickland)는 한 가지 제안을 하기에 이른다. 그것은 미신적인 요소가 있는 기도서에 대한 것이었다. 그래서 어떤 위험한 종교적인 요소가 없이 대체되어야 할 것에 대한 것이다. 여왕은 불쾌하게 생각하였다. 여왕은 그를 추밀원에 보냈다. 그리고 의회에서 그의 견해를 표명하지 못하게 하였다. 그러나 이것은 하원의 경고의 원인이 되었다. 여왕은 금령을 옮기는데 편리하다는 것을 발견했다. 그 법령은 통과되었고 39개조로 비준되었다. 39개조는 1562년에 소집된 성직자 회의에서 논의된 것이었다. 어떤 구절은 주교 없이 장로들에 의하여서 서임의 효력이 있도록 한 것이었다. 이 구절은 크게 주교들에 의하여서 반발을 얻게 되었다. 지속적으로 그들의 공격을 받았다. 그러나 여전히 무효화되지 않았다. 하원은 권징의 항목이 작성되기를 바랐다. 그러나 이것이 주교들에 의하여서 승인을 얻지 못했다. 그러자 의회는 이것을 여왕에게 보여주었다. 그것은 효과적 권징의 요구를 위한 왕국과 교회에 의하여서 지지를 받았다. 권징의 정식

문장이 작성되었고 설교에 대한 모든 허가를 위하여서 의회는 주교들에게 재가를 부탁하였다. 그러나 이 정문은 국왕의 권위는 없었다. 주교들은 여왕의 경향을 알고 있었기 때문에 더 많은 엄숙을 요구하였다. 퓨리탄 성직자들의 다수가 즉시 설교권을 박탈당하였다. 왜냐하면 그들은 그 정문을 합법적인 것으로 인정하지 않고 거부하였기 때문이다. 그리고 그것은 직접적으로 굉장한 위기가 되었다. 그때에 주교들은 왕국의 최고의 설교가들에게 설교권을 허락하는 건에 대하여서 침묵하였다.

1572년에 의회가 개회되었다. 하원(House of Commons)에 의하여서 시도된 것으로서 퓨리탄들의 고난을 경감시키고자 한 것이다. 그리고 그러한 목적에 대하여서 두 가지 청구를 통과시키기 위한 것이었다. 이것은 여왕에게 제안되었고 그녀는 날카롭게 그러한 사안에 대하여서 방해하기 위하여서 의회를 책망하였다. 그래서 의회에게 그 요청을 돌려보낼 것을 명령하였다. 그러자 의원들 중에 한 사람은 이러한 행동에 대하여서 불평을 하였다. 그는 여왕이 의회의 자유에 대하여서 침해를 한다고 생각하였다. 그의 이러한 불평으로 그는 런던탑에 갇히게 되었다. 퓨리탄들은 의회로부터 약간의 후원을 기대하였기때문에 그들의 어려운 처지와 요구들에 대한 의견서를 준비하였다. 그 의견서의 제목은 "의회에 보내는 의견서"였다. 그러나 의회가 어떠한 논의도 허락받지 못하게 되자, 그 의견서의 저자들은 감옥에 가게 되었다. 그리고 큰 고초를 겪게 되었다. 화이트기프트(Whitgift)는 그 "의견서"에 답변자로 나섰다.

토마스 카트라이트(Thomas Cartwright)가 그에 대하여서 응답하는 자로 임명되었다. 그래서 결국 이 두 학식 있는 학자들의 논쟁이 벌어지게 되었다. 각각의 편들은 자신들의 승리를 장담하였다. 그러나 그 논쟁은 이러한 반대자들의 저술에 의하여서 종결되지 못했다. 그것은 현대에서도 날카로운 논쟁점으로 남아 있다. 카트라이트는 성경은 교리에 대한 표준일 뿐만 아니라 모든 교회 정치와 치리서의 제정에 원천이라고 주장하였다. 그래서 그리스도의 교회는 이것으로 모든 법을 제정해야 한다고 주장하였다. 그에 반대하여서 화이트기프트는 성경은 오직 신앙의 법칙일 뿐이며 교회 정치와 치리서에 대한 표준을 제시하지 않는다고 주장하였다. 그래서 그것은 가변적이어서 어떤 나라든지 그 나라의 시민 정부의 상황에 맞게 교회 제도가 변할 수 있다고 주장하였다. 그리고 사도적 전승이 가장 좋은 유형이라고 할 수 없다고 진술하였다.154) 이러한 교회 정치 구조에 대하여서 큰 논쟁이 있고 나서 퓨리탄들은 이 논쟁이 매우 무의미하다고 생각하게 되었다. 그래서 모든 합법적인 교회 정치 구조에 대한 기대를 접게 되었다. 그것은 엘리자베스 여왕의 전횡적인 고집에 의하여서 그렇게 된 것이었다. 퓨리탄들은 다른 걸음을 내딛기로 결심하였다. 그들은 이전에 그들이 수행하였던 일보다 더욱 대담하고 어려운 일이 될 것을 알았다. 런던의 몇몇 사역자들은 인접한 곳에서 만났다. 그리고 하나의 노회 결성을 위한 회합을 가졌다. 그래서 완즈워드(Wandsworth)에서 개회하였다.

1572년 11월 20일에 15명의 사역자들이 회의를 하였고, 7명의 치리 장로들을 각 교회로부터 선출하였다. 그들의 직무는 다음과 같이 묘사되었다. "완즈워드의 규례들"(Orders of Wandsworth) 그리고 이것이 최초의 잉글랜드 장로교회의 헌법이 되었다. 이러한 사건의 전말이 곧 주교들에게 접수되었고 최고의 교회 법정 위원회(the Court of High Commission)가 경고하기에 이르렀다. 여왕은 통일령(the Act of Uniformity)를 비준하기 위하여서 선언서를 쟁점화하였다. 그러나 완즈워드(Wansworth)의 장로회는 잠시 동안이라도 그들의 대적자들의 격노를 피하려고 하였다. 이제 최고의 교회 법정(the Court of High Commission)과 퓨리탄들 사이에 화해의 가능성이 약간 있을 수 있게 되었다. 때문에 약간의 고통이 경감되는 느슨함이 있게 되었고 국교회와 다른 형태의 교회에 대하여서 허락하는 분위기가 조성되었다. 그리고 이것은 장로교회의 성장으로 이어졌다. 그래서 퓨리탄주의가 살아 있는 원리로서 뿐만 아니라 체계적인 조직을 가지게 되었다. 그리고 핍박에도 불구하고 장로교회들이 증가할 수 있었다. 하나의 세워진 체계는 무너지지 않고 이어지는 세대로 새롭게 연결되었다. 대주교 파커(Archbishop Parker)가 살아있는 동안 퓨리탄들의 고통은 결코 나아지지 않았다. 많은 사람들이 침묵하거나, 감옥에 가거나, 추방을 당하였다. 그렇지 않으면 잔혹한 고위성직자들에 의하여서 핍박을 받았다. 헛되이 하원과 영향력 있는 귀족들이 끼어들었다가 여왕에 의하여서 혐오의 대상이 되었다. 파커는 한 치의 양심의 가책도 없이 교회의 권세를 여왕의 권력에 굴복시키는데 비준해 주었다. 특히 그는 퓨리탄들의 둥우리라고 할 수 있는 "예언회"(Prophesyings)를 압박하였다. 그러나 그는 그가 일으킨 폭압정치를 얼마 수행하지 못하고 1576년 5월에 죽었다.

그린달(Edmund Grindal; 1519~1583년 7월 6일)이 그 뒤를 이어 대주교가 되

---

154) Rev.Htherinto, **History of the Westminster Assemble or Divines**, p. 48.

었다.155) 그린달은 전임자로 인해 발생한 여러 가지 폭압정치의 여파를 알고 있었다. 그래서 그는 그러한 것을 불법으로 다루지 않고 어느 정도 정례화하게 하였다. 적어도 그들이 더욱 쉽게 변호할 수 있게 해 주었다. 그러나 여왕은 그 폭압적인 결정을 비준하려고 하였다. 그래서 많은 설교가들을 위법으로 처리하였고 그들의 가르침을 억압하였다. 그러나 그린달은 여왕의 이러한 행태가 과도하다고 생각했다. 그래서 그는 여왕에게 서신을 보냈다. 그는 서신에서 교회에 강설의 중요성과 그리고 성직자들의 역할의 중요성을 설파하였다. 그리고 그러한 것을 통하여서 일반 신자들과 교회가 효과적으로 교류하는 것에 대하여서 설파하였다. 그리고 사역자들이 효과적으로 신자들과 접촉함으로서 교회의 상태가 개선되어 나갈 것을 보여주었다. 그러나 그는 그 서신으로 인하여서 여왕으로부터 감옥행을 선고 받았다. 결국 왕권의 선언으로 인한 권한에 의하여서 예언회의 압박은 계속되었고 그 결과로 여왕의 교회적 수위권은 더욱 확고해졌다.

 그린달(Edmund Grindal; 1519~1583년 7월 6일)은 8년 동안 그의 청렴함에 대하여서 확고한 의지를 가지고 있었다. 그래서 그의 대주교로서의 권한이 정지된 이후에 그의 대주교적 기능이 점차로 의원회에 의하여서 수행되는 것을 그대로 두었다. 적어도 그는 그의 재판권을 가지고 그러한 시행을 억압하는 일을 하지 않았다. 그는 주교들을 제어할 수 있는 권한을 그대로 두었으나 불행히도 그러한 노력은 필요가 없게 되었다. 그들은 이미 독재적 횡포에 순종할 준비가 되어있었기 때문이다. 퓨리탄들의 국교회에 대한 교리 논쟁이 있을 때에 장로교적 퓨리탄들의 교리 형성에 매우 중요한 역할을 수행하였던 인물이 있었다. 그는 토마스 카트라이트(Thomas Cartwright; 1535년~1603년 12월 27일)였다. 그의 장로교회적인 정치 제도의 견해는 후대 웨스트민스터 신앙 고백서를 작성하는데 있어 교회 정치 구조 형성에 지대한 영향력을 행사하였다. 비록 그는 1603년에 소천하지만 그의 장로주의적 교리는 후대에 큰 밑거름이 된다. 카트라이트는 캠브리지의 트리니티 칼리지의 교수였다. 존경할 만한 설교자였고, 심오한 학자였으며, 학자적 영예를 한 몸에 지니고 있었던 인물이었다. 데오도레 베자는 그를 평가하기를 "그는 해 아래에서 누구 보다 학식 있는 사람이다."라고 하였다. 이 성직자는 그의 강론에서 잉글랜드 고위 성직자 제도에 대하여서 확실한 불경함을 발견하였다. 그리고 그에 대하여서 비판하기 시작하였다.

---

155) Ibid., p. 50.

"대주교(archbishops)와 대집사(archdeacons)라고 하는 직무들은 교회에서 폐지되어야 한다. 그것은 성경적 근거가 없는 직분들이다. 교회의 합법적 사역자는 감독(bishop)과 집사(deacons)로 제한된다. 그것이 사도적 교회의 직분이다. 그래서 하나님의 말씀을 가르치고 교회를 치리하는 자로서 감독과 가난한자들을 구제하는 자로서 집사가 있을 뿐이다. 교회의 정치는 주교좌들(bishop chancellors)이나 대집사(archdeacons)들에게 맡겨질 필요가 없다. 모든 교회는 그 자신의 목회자들(ministers)과 장로들(presbyteries)을 가지고 있어야 하며, 목회자들은(ministers) 마음대로 움직이지 못하고 각자 자신의 양떼를 목양해야 한다. 그리고 감독들(bishops)은 결코 세속적 권세 (civil authority)의하여서 임명되어서는 안 된다. 오직 교회에 의하여서 공정하게 서임되어야 한다."

이러한 카트라이트의 입장은 매우 위험한 것으로 간주되었다. 그래서 여왕은 추밀원 세실(Cecil)을 보냈다. 그는 카트라이트에게 그 말에 침묵을 하고 그 견해를 철회하라고 압박하였다. 그리고 화이트 기프트도 카트라이트를 압박하기에 이른다. 그러나 카트라이트는 그들의 공격에 저항하며 다음과 같은 견해를 피력하였다.

1. 모든 교회 개혁은 사도적 전통(institution)에 따라서 이루어져야 한다.
2. 사역자로 허락이 되지 않은 자는 어느 누구도 설교할 수 없다.
3. 말씀의 사역자들 이외에는 교회에서 공적으로 기도하거나 성례를 시행할 수 없다.
4. 교황적 서임은 가치가 없다.
5. 오직 정경(Canonical Scripture)이 마땅히 교회 안에서 강독되어야 한다.
6. 공적 예식은 작성되어야 한다. 그것은 교회 안에 개인적 기도와 강독이 있을 수 없다. 그러나 모든 백성들이 사역자의 기도에 참여할 수 있다.
7. 죽은 자의 장례에 대하여서 그것은 사역적 직무에 속한 것이 아니라 교회에게 속한 것이다.
8. 동일한 존경이 모든 정경(Canonical Scripture)과 하나님의 이름에 돌려져야 한다. 그러므로 복음서를 읽을 때에만 일어서거나 예수의 이름에만 고개를 숙일 이유가 없다.
9. 주의 만찬의 테이블에 무릎 꿇거나 서있는 것처럼 앉아 있는 것도 합법적이다.
10. 주의 만찬은 사적으로 시행되어서는 안 된다. 그리고 세례는 여자들이나 일

반 신자들에 의하여서 시행되어서는 안 된다.

11. 세례 시에 십자가 성호를 긋는 것은 미신적이다.

12. 아이의 부모들이 그의 아이들을 유아 세례를 받게 하는 것은 합법적이다. 그들은 유아 세례를 통하여서 그 유아들을 그렇게 교육시키겠다는 서약을 하는 것이다.

13. 아이에게 이름을 지어주는 것은 그리스도나 천사들의 직무들과 이름들처럼 이교도주의를 피하는 편리한 것이다.

14. 어떤 해에는 결혼을 금지하고 다른 해에는 결혼을 허락하는 그러한 것은 교황적이다.

15. 회중 앞에서 공표하지 않는 사적 결혼은 부자연스러운(inconvenient) 일이다.

16. 사순절이나 금요일이나 토요일에 금식하는 것은 미신적이다.

17. 축제일을 지키는 것은 불법이다.

18. 주의 날에 시장을 보거나 장사를 하는 일은 불법이다.

19. 사역자들의 서임에 있어서 '성령을 받으라'라고 말하는 것은 우스울 뿐 아니라 사악한 것이다.

20. 왕들과 주교들은 관유(灌油)를 해서는 안 된다.(not be anointed)

그는 이러한 주제로 설교를 하였으며 이것은 국교회의 교리로 볼 때 매우 위험한 교리였던 것이다. 카트라이트는 라틴어로 된 7개의 서신을 추밀원에 보냈다. 그의 이러한 견해에 대하여서 논적자들의 악평이 쏟아졌다. 그들은 그의 신학 박사 학위 수여를 거부하였다. 공적으로 그의 강설을 읽는 것을 금지시켰다. 그리고 그를 모든 대학과의 교류로부터 박탈시켰다. 카트라이트는 해외로 망명을 하게 되었다. 그는 유럽 대륙의 모든 개신교 대학으로부터 초빙을 받았으며, 그는 특히 안트워프(Antwerp)에 잉글랜드 상인들이 있는 교회의 사역자로 청빙되었다. 후에 미델부르그(Middleburgh)로 가서 거기에 2년간 사역하였다. 그 다음에 잉글랜드로 돌아왔다.156)

퓨리탄의 부류 중에 잉글랜드 국교회로부터 극단적으로 분리주의적 성향을 가진 집단이 있었다. 그들을 브라운주의자들이라고 하는데 그 이유는 그 첫 지도자

---

156) Daniel Neal, p. 174.

의 이름이 로버트 브라운(Robert Brown; 1545~1630)이었기 때문이다. 그는 노르위치(Norwich)의 주교 관구(diocese)였다.

그는 거의 트레져 세실(Lord Treasurer Cecil) 경과 연결되어 있었다. 브라운은 매우 격정적이고 다혈질이었다. 그래서 성급하고 변덕스러웠다. 그럴뿐만 아니라 완고하고 고집스러웠다. 그리고 오만하기 까지 하였다. 그가 그 자신을 퓨리탄 논쟁 안으로 들여 놓았을 때, 그는 전체 고위성직자 주의자들에 대항하여서 격정적이고 격렬한 독설을 내뿜기 위하여서 이곳 저곳을 들쑤시고 다녔다. 그의 대적자들은 그의 무례하고 공격적인 태도로 인하여서 그를 이겨낼 수 없었다. 그는 반복적으로 감옥에 갔으며, 새로운 집단을 형성하려고 하여서 결국 부분적으로 그와 같은 마음을 가진 그의 추종자들로 구성된 작은 무리를 형성할 수 있었다. 그러나 곧 그들은 잉글랜드 왕국을 떠날 수밖에 없게 되었으며 결국 그는 그의 추종자들과 함께 홀랜드(Holland)로 추방되었다. 거기에서 그는 그 자신의 취향을 따라 하나의 교회를 형성하였다. 그러나 곧 내부적인 불화로 어려움을 겪게 되었고 브라운은 다시 잉글랜드로 돌아오게 되었다. 그리고 그의 격정적인 성질을 거의 죽이고 은퇴하여서 살게 되었다.

로버트 브라운은 그의 분리주의적 견해를 포기하였다. 그가 그렇게 난폭하게 비난하였던 그러한 예배 형태를 받아들였다. 그는 노트햄프톤(Northamptonshire) 교구의 교구목사(rector)가 되었다. 그의 생애 남은 기간도 품행에 있어서 방정하나 태도에 있어서 순수하지 못하였다. 마침내 그는 감옥에서 그의 불명예스러운 날들의 최후를 마무리하였다. 그의 나이 85세였다. 이 인물로부터 후에 교회 정치에 있어서 독립 교회 혹은 회중 교회라는 구조를 가진 교회 형태가 시작되었다.

그러나 대부분의 퓨리탄들은 잉글랜드 교회와 연결성을 유지하였다. 반쪽 국교회의 형태를 추구하거나 장로교회 형태로 연결되어 있었다. 그러나 브라운주의자들은 잉글랜드 교회와 교제를 완전히 끊어 버렸을뿐만 아니라 다른 개혁 교회와의 교제도 끊어 버렸다. 이러한 브라운주의자들의 주요한 원리는 다음과 같다. 그것은 하나의 교회는 하나의 단일한 회중으로 제한되며 독립적으로 존재하여 다른 교회와의 연결성이 전혀 없다고 하는 것이다. 그래서 그 정치 형태는 가장 완전한 회중 정치였다. 그래서 직원들을 배출하는 기관들을 통한 성직 서임을 거부하였다. 그리고 정규적인 사역자들은 회중의 선거를 통하여서 선출하였다. 그래서 각 지교회 직원들은 각 회중의 권한에 속한 것으로 간주하였다.157) 그 교회 사역자들의 선출이나 면직을 회중들이 주관하는 것으로 보았다. 그 지교회의 설교와 성례의 시행할 권한을 회중들이 그 사역자에게 부여하는 것으로 보았다. 브라운주의자들의 그러한 견해를 따라서 회중 교회가 세워지게 되었다. 그와 같이 독립 교회와 회중 교회의 최초의 형태는 이 브라운주의자들에 의하여서 형성되었다.158)

1583년 대주교 그린달(Grindal; 1519~1583년 7월 6일)이 죽었다. 그리고 그의 뒤를 이어 토마스 카트라이트의 대적자 화이트기프트(John Whitgift;1530~1604년 2월 29일)가 대주교가 되었다. 그는 퓨리탄들의 대적자로서 자세를 취함으로 자신을 전임자와 구별시켰다. 그의 승진 이후에 엘리자베스 여왕은 그에게 교회의 권징서를 회복시킬 것을 명령하였다. 그리고 고위 성직자 제도를 묵인하는 통일령을 국법으로 세울 것을 요구하였다. 이미 토마스 카트라이트와의 논적을 통하여서 자신의 갈 길을 정한 화이트기프트(John Whitgift;1530~1604년 2월 29일)는 퓨리탄의 대적자로서 자처하여서 행세하였다. 그는 논쟁을 통하여서 실패한 것들을 그의 권력으로 뒤집으려고 하였다. 그는 3가지의 주제를 가지고 항목을 작성하여서 발표하였다.

1. 여왕의 수위권(supremacy)은 모든 사람들이 위에 있다. 그리고 모든 경우와 모든 시민들과 모든 교회에 있다. 2. 공동 기도서(the Book of Common Prayer)와 규칙서(Ordination)는 하나님의 말씀에 반대되는 것이 전혀 없다. 그래서 그것을 사용해야 한다. 3. 그리고 39개조 항목의 절대적인 서명을 요구한다.

퓨리탄들은 여왕의 수위권이 모든 백성들과 시민 권력 위에 있다는 것을 인정하였다. 그러나 교회위에 있다는 것은 거부하였다. 그리고 두 번째 부분 공동 기도서에 대하여서 퓨리탄들은 서명할 수 없다고 표명하였다. 세 번째 39개조 항목에 대하여서 약간의 어려움을 가지고 서명하려고 하였다. 그러나 그들은 전체를 강요당하였다. 얼마 되지 않아서 국교회 요구에 따르지 않는 매우 훌륭한 잉글랜드 사역자들에게 화이트기프트는 그 권한을 중지시켰다.

화이트기프트는 이것으로 만족하지 않고 여왕에게 교회를 치리하는 새로운 고등 판무관실(A New High Commission)을 세워줄 것을 요청하였다. 그는 그 기관을 통하여서 직접적으로 누구도 저항할 수 없는 권력을 행사하고자 하였다. 엘리자베스 여왕은 기꺼이 동의하였다. 심지어 그에게 독재적(despotism) 요소가 있는

---

157) Rev.Htherinto, **History of the Westminster Assemble or Divines**, p. 53.
158) Ibid., p. 54.

권력까지 내주었다. 이러한 권력으로 여왕의 처리에 반대하는 사람들을 고소하고 그들을 묶어서 감옥에 처넣을 수 있었다. 그래서 그들 스스로 고소인이 되고 형벌을 내릴 수 있도록 하였다. 고위 성직자들의 탐문을 통하여서 완전하게 교회를 지배하려고 하였다. 그리고 화이트기프트는 종교 재판관으로서 행세하였다.159)

1584년 핍박의 일들이 급속하게 진행되었다. 설교자들이나 백성들에 대한 자비는 찾아 볼 수 없었다. 엘리자베스의 지혜로운 대변인들은 화이트기프트의 판단으로 인하여서 발생한 어두운 결과들을 보고는 소스라치게 놀랐다. 그러나 그들의 간섭은 헛될 뿐이었다. 세실(Cecil), 벌레그(Burleigh), 왈싱햄(Walsingham)은 화이트기프트 보다 덜 영향력이 있었다. 왜냐하면 그들의 조언은 인간의 기본적인 분별력과 기독교의 보편적인 수준에 맞추어져 있었기 때문이다. 그러나 화이트기프트는 그렇지 않았다. 의회가 열렸을 때, 하원은 핍박의 속도를 늦추려고 시도하였다. 그리고 퓨리탄들로부터 몇 가지 요구들을 들어주려고 하였다. 그들은 주교들의(bishops) 권세를 다소간 축소하고자 다양한 청원서를 준비하였다. 그것은 주교들의 권력의 남용을 조절하고 권징을 개선하고자 하였던 것이다. 그러나 상당한 기민함을 가지고 화이트 기프트가 여왕에게 제안하였다. 그것은 만약 의회가 어떤 청원들을 통과하면, 그들은 다른 어떤 권위에 의하여서도 그것을 무효로 하지 못하게 될 것이라는 것이다.

무엇이든지 여왕이 스스로 혹은 주교회의(Convocation)에 의하여서 법령화해야 한다고 주장하였다. 그렇지 않으면 여왕 자신의 권위는 어떠한 경우에 폐지될 수 있다고 하였다. 엘리자베스는 그 제안을 환영하였다. 그녀는 교회의 직무에 간섭하는 것에 대하여서 하원을 크게 꾸짖었다. 그것은 그녀의 특권에 위해를 가하는 것이라고 생각하였던 것이다.

1586년에 퓨리탄들은 모든 합법적 구제책으로부터 박탈당하였다. 여전히 퓨리탄들은 그들의 의무로서 그것을 간주하였고 기독교 교사들의 특징으로 그들 자신들의 개선을 위한 최대한도로서 스스로 그것들을 노력하였다. 그리고 무지하고 거부된 백성들의 교육과 개혁에 대하여서도 그러하였다. 따라서 퓨리탄들은 그들 자신들의 교육을 위하여서 그들의 사역적 목회적 의무들에 대한 일들을 위한 권징서(a Book of Discipline)를 작성하였다. 그리고 이 책은 거의 500명이 넘는 현저하게 경건하고 신실한 잉글랜드 왕국의 사역자들에 의하여서 서명되었다.160)

---

159) Ibid., p. 55.

1588년 고위성직자들을 지지하는 새로운 법률이 공포되었다. 그것은 지금까지 공포된 법률보다 더욱 가공할 성격의 것이었다. 그리고 그것은 비참한 결과를 야기할 것들이었다. 1588년 1월 12일 왕궁 소속 대주교 밴크로프트(Dr. Bancroft)는 그의 설교에서 바울의 십자가를 설교하였다. 거기에서 주교들(bishops)은 사제들이나 장로들(presbyters)과 다른 질서(order)를 가지고 있다고 주장하였다. 그리고 교회 법정(jure divino)을 넘어서는 초법적 권세를 가지고 있다고 주장하였다. 그리고 그 권세는 하나님으로부터 직접 받은 것이라고 주장하였다. 이러한 대담한 주장은 잉글랜드 왕국 전체를 들쑤셔 놓은 격이 되었다. 퓨리탄들은 만약 이러한 법령이 공포되면 많은 사람들이 강한 저항을 할 것을 알고 있었다. 그리고 그것은 분파주의자들의 비난을 막아낼 수 없게 되는 것이다. 게다가 여왕의 수장권도 위협을 받게 될 것이라고 보았다. 고위 성직자들의 큰 세력들은 그들을 위한 새로운 교리를 만들어 냈다. 때문에 잉글랜드 개혁가들은 그들의 교리가 사람이 만들어낸 교리라고 간주하였다. 화이트 기프트는 이러한 밴크로프트 박사의 설교를 감독주의를 주장하는 교리로 써먹으려고 하였다. 그러나 다른 한편에서는 그러한 교리가 여왕의 수장권을 침해한다고 보았다. 그것은 여왕의 지상 대권을 심각하게 침해하는 것이었다. 만약 주교들이 성직자들의 수장으로서 여왕의 정치 아래에 있지 않게 된다면, 그리고 형제들 위에 있게 된다면, 그것은 여왕의 권위가 여왕의 수장권까지 포괄하지 못하게 된다고 주장하였다. 밴크로프트는 답변하기를 이 주장은 그의 교리의 필수적 귀결이 아니라고 말하면서 왜냐하면 주권적 권위는 하나님의 율법으로부터 주로 확증해야 하기 때문이라고 변명하였다. 이러한 변명이 여왕에게 만족스러웠다.161) 그래서 여왕은 퓨리탄주의를 박멸하고자 하였다. 그러나 이러한 끔찍한 비참한 법령의 권세는 두 세대 이후에야 나타나기 시작하였다. 매우 야비한 라우드(Laud)에 의하여서 잉글랜드 왕국이 분란이 일어났을 때, 그러한 일들이 일어났다.162)

1589년에 많은 싸움들이 있었다. 그 결과로 마틴 마 프렐레이트 트랙트(Martin Mar Prelate Tracts)라는 저서가 출판되었다. 이것은 분리주의자들에 의하여서 작성된 것으로 사려되는데, 그 저자가 끝내 알려지지 않았다. 이 저서는 고위성직자

---

160) Ibid., p. 56.
161) Ibid., p. 57.
162) Ibid., p. 58.

들(Prelate)의 성직 계급주의(Hierarchy)를 비판한다. 그래서 고위성직자들 즉 대주교나 대감독이나 부감독 그리고 교황까지 포괄해서 비판하였고, 복음의 원수라고 기록한다. 그리고 그들을 탐욕스러운 천박스러운 자들이라고 비난하였다.163) 어떤 퓨리탄들은 그 인쇄를 도와주었다. 인쇄의 자유가 이전에는 없었다. 그리고 소책자도 시작되었다. 이러한 소책자들의 출판은 빈정거림이나 독설의 상당한 힘을 보여주었다.164) 대주교가 그들의 방문 시에 22개조 항에 대하여서 지킬 것을 요구하였다. 그들은 각 교구를 방문할 때에 이러한 것을 감독하고 압력을 가하였다. 이러한 조항들에 의하여서 그들은 맹세하고 사역자들은 교회의 이러한 법령에 굴복하기도 하였다. 이러한 고난 받는 신학자들 중에서 존 우달은 죽음에 이르게 된 경우이다. 그는 테임즈의 킹스턴의 사역자였다. 주교들은 그에게 유죄를 선고하고 그를 게이트 하우스(Gate-house)로 보냈다. 그는 7월 23일에 발에 착고를 한 체로 크로돈(Croydon)으로 보내졌고 그는 몇 가지 저서들을 썼다.165)

이러한 상황 속에서도 퓨리탄들은 절망하지 않았다. 1591년에 의회가 다시 열렸다. 하원(the House of Commons)은 퓨리탄들의 고통을 덜어주고자 시도하였다. 그것은 강제로 서명을 요구하거나 맹세를 강요하는 고등 종교 회의(High Commission)를 조사할 기관을 세우려는 것이었다. 엘리자베스 여왕은 매우 진노하였다. 그리고 하원에게 교회의 일에 쓸데없이 참견하지 못하도록 하였다. 그래서 일반 변호사조차도 감옥에 보내려 하였다. 그러나 의회는 자유로운 잉글랜드 인들의 정신에 반대가 되는 가치 없는 것으로서 비밀 집회를 제지하는 법을 완화시키는 법을 통과시켰다. 이것은 여왕과 주교들 이외에 모든 백성들에게 환영을 받았다. 그것은 그 만큼 여왕과 주교들에 의하여서 공포된 법률들이 매우 독재적이고 (despotic) 전횡적이었다는 것이다.166)

1595년 고교회주의자들(High Churchmen)과 퓨리탄들(Puritans) 사이에는 그들의 중요한 원리들에 대하여서 발전적인 논쟁이 있었다. 이 시기에 바운드 박사(Dr. Bound)가 안식일(Sabbath)에 대한 책자를 출판했다. 그는 주장하기를 안식일에는 영속적으로 신성함을 유지해야 한다. 그리고 하나님께 대한 예배를 철저하게 드릴 것을 의미했다. 모든 퓨리탄들은 이 교리에 동의하였다. 반면에 고위성직자주

---

163) Daniel Neal, p. 326.
164) Rev.Htherinto, **History of the Westminster Assemble or Divines**, p. 58.
165) Daniel Neal, p. 236.
166) Rev.Htherinto, **History of the Westminster Assemble or Divines**, p. 59.

의자들은(Prelatists) 기독교인의 자유를 제한하려고 하였다 그리고 교회에 의한 여러 축제들과 안식일을 구별하는 것을 부적절다고 생각해서 비난하였다. 이때까지 잉글랜드 성직자들은 39개조 항목에 대하여서 그것이 칼빈주의적이라고 하는 것을 의심하는 자가 없었다. 그래서 그들은 다른 견해가 없었다. 왜냐하면 그것들이 칼빈의 저작에 영향을 받았다고 생각했기 때문이다. 그러나 논쟁이후에 화이트기프트는 람베드 항목(Lambeth Articles)불리는 9개의 제안들을 준비했다. 그것에 대하여서 모든 대학교 학자들은 엄격하게 그들의 판단에 연결되게 되었다. 이러한 람베드 항목은 더욱 엄격하게 칼빈 그 자신이 원하였던 것보다 더욱 칼빈적이었다. 확실하게 초기 잉글랜드 교회는 알미니우스적이었다. 그러나 화이트기프트는 그 스스로 여전히 철저한 칼빈주의자라고 생각하였다. 그러나 고위성직자 부분에 있어서는 알미니우스주의를 지향한다고 하였다. 퓨리탄들은 그들의 대적자들에 대항하여서 싸우려고 하였던 것보다 더욱 치열한 싸움의 현장으로 이끌렸다. 그리고 그들은 절기와 의복에 대하여 경쟁적으로 논쟁하는 것 대신에, 비중이 더 크고 심각한 교리적 부분을 논쟁하였다. 그리고 그들을 교리적 퓨리탄이라고 불렀다.

이것은 두개의 직접적인 다른 결과를 이루었다. 퓨리탄들이 보존하고 있었던 교리로부터 더욱 넓게 빗나갔던 고위성직자주의가 있었다. 그리고 퓨리탄들은 이러한 고위성직자 관점의 심오한 연구를 수행하기 위하여서 수고하였다. 그리고 이러한 괄목할 만한 노력은 다음 세대의 퓨리탄 신학자들과 함께 정밀도와 완성도가 높은 교리로 설명할 수 있었다. 그리고 그것은 가장 심오한 기독교 계시의 진리를 드러낸다. 드디어 적대적 형태의 중지로 불리게 되는 사건이 발생하였다. 그것은 엘리자베스 여왕이 나이로 인하여서 병약해지기 시작함으로서 찾아왔다. 부분적으로 예상되는 것이 있었다. 그 다음의 잉글랜드 국왕은 엘리자베스 여왕의 계승자였던 스코틀랜드 국왕 제임스 6세이다. 잉글랜드 퓨리탄들은 제임스 6세의 장로교적인 입장이 퓨리탄들의 교리적 입장에 호의적이기를 희망하였다. 그때에 고위 성직자(Prelate)들도 혹독한 핍박으로 퓨리탄들을 괴롭히려 하지 않았다.

양쪽 진영에 적어도 행동에 있어서는 분쟁이 중지되었다. 그러나 그 동안에도 고위성직자(Prelate)들의 보이지 않는 핍박으로 퓨리탄들의 경계심이 여전하였다. 그러나 고위성직자들에 대한 혐오감은 줄어들었다. 어느 누구도 제임스 1세 왕의 정치적 성향을 잘 알지 못하였다. 고위성직자들은 퓨리탄에 대한 적어도 직접적인 공격을 진정시켰다.167)

1603년 여왕 엘리자베스는 그해 3월 24일에 죽었다. 그의 나이 70세였고 그가 잉글랜드를 통치한지 45년 되던 해였다. 여왕은 후계자가 없었다. 일평생 혼인을 하지 않았기 때문이다. 결국 그 다음의 왕위 계승권자는 여왕의 사촌 조카라고 할 수 있는 그 당시의 스코틀랜드 국왕 제임스 6세가 될 수밖에 없었다. 이 제임스 1세의 모친이 잉글랜드의 엘리자베스 여왕의 치하에서 역모 죄로 처형당한 스코틀랜드의 메리 여왕이다.

이 스코틀랜드의 메리 여왕은 원래 프랑스 왕 프란시스의 아내였다. 그러나 그의 남편이 죽자 메리는 더 이상 프랑스 땅에 있을 수 없게 되었고 다시 그녀의 원래 모국이었던 스코틀랜드로 돌아오게 되었다. 그러나 스코틀랜드에서의 그녀의 생활은 순탄치 않았다. 무엇보다 그녀는 카톨릭 종교를 가지고 있었고 스코틀랜드는 존 낙스의 활약으로 점차적으로 개혁 장로교회로 발전하고 있었기 때문이다. 이렇게 장로교회로 나아가고 있는 시민들의 의식에 대하여서 여왕은 전혀 따라 주지 못하고 자주 전횡을 휘둘렀으며 무엇보다 여왕의 개인적인 생활이 도마에 올랐다. 그것은 그녀가 스코틀랜드에 와서 재혼을 하였는데 그 결혼 생활 과정이 순탄하지 못하였다. 그녀는 리치오라는 남자와 불륜에 빠졌는데 그 남편 단리경이 이를 보다 못해 결국 그 리치오를 살해하기에 이른다. 이에 대한 보복으로 메리 여왕은 측근이었던 보스웰 백작을 통해서 단리경을 죽이는 음모를 꾸미게 되었다. 남편과 사이가 좋지 않은 메리 여왕이 자발적으로 나서서 살해하고자 하였던 것이다. 그것이 그 유명한 단리경 폭파 시해 사건이다. 단리경은 메리 여왕이 총애하는 보스웰 백작에 의하여서 폭탄으로 살해되었다. 직접적으로 여왕이 관여하지 않았다고 해도 여왕의 측근에 의해 그녀의 남편 단리경이 죽은 사건은 스코틀랜드 시민들의 여론이 좋지 않게 형성되는데 충분하였다. 그런데 그렇게 단리경을 죽인 보스웰 백작과 메리 여왕이 결혼함으로서 다시 한 번 여론의 도마 위에 올랐다. 이런 패륜에 대하여 메리 여왕에 대항하는 반정 세력들이 귀족들 중에 생겨나고 단리경의 측근들이었던 귀족들을 중심으로 반란을 일으켰다. 이 반란은 메리 여왕의 패배로 끝났다. 보스웰 백작은 처형되었고 메리 여왕은 유배의 형태로 스코틀랜드를 떠나야 했다. 그녀는 프랑스와 잉글랜드 중에서 한 곳을 선택해야 했다. 그녀는 최악의 선택을 했다. 프랑스와 잉글랜드 모두 다 안전한 도피처로 생각을 하였는데 그 중에서도 더 가까운 잉글랜드가 낫다고 생각하였던 것이다.

---

167) Ibid., p. 61.

그녀의 측근들은 반대하였으나 그녀는 잉글랜드로 가기로 마음을 먹었다. 그러나 그녀는 잉글랜드로 들어가자마자 연금 상태에 들어가게 되고 비참하게 생을 마감해야 했다. 그녀는 사촌 언니였던 엘리자베스 여왕의 이중적인 위선을 알지 못했던 것이다. 엘리자베스 여왕은 비록 정치적으로 잉글랜드 백성들에게 명망이 있었지만 메리 여왕을 대하는 태도에 있어서는 전혀 달랐다. 엘리자베스 1세는 메리 여왕이 자신의 왕위를 차지할 수도 있다고까지 생각했다. 무엇보다 이미 한 번의 결혼을 통해 아들 제임스 6세를 낳은 메리 여왕에 대해서 엘리자베스는 약간의 열등의식도 가지고 있었던 것 같다. 엘리자베스 1세가 평소 잉글랜드 종교 정책에서 보여준 위선은 그녀가 어떠한 인물인가를 충분히 알 수 있다. 메리 여왕은 잘못된 선택으로 엘리자베스 1세 시대에 역모 죄로 잉글랜드에서 처형되는 비운을 맞았다. 메리여왕의 처형이후에도 엘리자베스는 70세까지 살았으며 그녀가 죽자 스코틀랜드 국왕으로 있었던 제임스 6세가 잉글랜드 국왕의 지위까지 차지하며 제임스 1세가 된다. 제임스 6세는 메리 여왕과 단리경과의 사이에서 1566년에 태어났다.168)

이런 과정을 통해 태어난 제임스 6세는 모친 메리의 뒤를 이어서 유아 때부터 스코틀랜드 왕으로 있었다. 그러다가 그의 나이 36세에 스코틀랜드 국왕으로 있는 중에 엘리자베스 1세의 죽음으로 스코틀랜드와 잉글랜드 국왕을 겸임하는 영예를 누리게 된다. 그러나 그가 스코틀랜드의 장로교회적인 환경에서 자랐어도 그의 마음은 여전히 카톨릭적이었고 국교회적이었다. 그는 잉글랜드 국왕이 되자 스코틀랜드 국왕으로 있었을 때의 모습을 모두 버리고 잉글랜드 국교회의 확립을 위하여서 퓨리탄 장로교회주의자들과의 일전을 벌이게 된다.

엘리자베스 1세 사후에 스코틀랜드 제임스 6세는 런던으로 입성한다. 그리고 잉글랜드 제임스 1세로서 왕관을 쓰게 된다. 그의 남쪽으로의 이동을 따라서 퓨리탄 사역자들은 천명의 청원(Millenary Petition)이라는 것을 왕에게 제출할 것에 대한 기회를 얻고자 하였다. 이것은 그 당시 사역자 1000여명의 서명이 되어있는 청원서였기에 그러한 이름이 붙여졌다. 정확하게는 750명이었다. 그 청원서 서문에서 "천명을 넘어서는 수에 대하여서 그들이 인간의 의식과 절기(rites and ceremonies)의 짐 아래에서 신음한다. 그래서 그들 스스로를 폐하의 발아래에서 경감시켜 주는 것입니다."169) 그 청원서는 25개 지역 정도 되는 곳의 사역자들에

---

168) Sir. Walter Scott, **Tales of Scottish Grandfather**, vol. 2, New York. 1831.

의하여서 서명되었다. 주로 잉글랜드 왕국의 북쪽(northern), 서쪽(westland), 그리고 중앙(midland) 부근이었다. 이에 대하여서 고위성직자(Prelates) 집단은 적어도 동일하게 왕의 호의를 얻을 때까지 극도로 인내하였다. 그래서 그들은 비굴(obsequiousness)할 준비가 되어 있었다. 그랬기 때문에 성공적이었다. 그러나 제임스 왕은 양쪽 모두에게 호의적으로 대하였다. 그는 그 자신의 신학이 별 쓸모가 없으며 그의 새로운 주제를 전시할 바램의 논쟁적 토의의 기술도 쓸모가 없다는 사실을 깨닫게 되었다.

그래서 양쪽을 불러 모아서 최종적인 심판자처럼 그 자신의 존재를 알렸다. 이것은 그 유명한 햄프톤 코트 컨퍼런스(Hampton Court Conference)였다. 그것은 고위성직자 집단의 논객 중 한 사람이었던 체스터(Chester)의 수석 사제(dean) 발로우 박사(Dr. Barlow)에 의하여서 출판되었다. 퓨리탄들은 발로우가 이 회의에 대하여서 한쪽으로 치우친 평가를 하는 것에 대하여서 불만을 가졌다.170)

---

169) Rev.Htherinto, **History of the Westminster Assemble or Divines**, p. 62.
170) Ibid., p. 62.

제 2 장 엘리자베스 시대의 스코틀랜드 종교 개혁 전개

(1) 스코틀랜드 여왕 메리의 통치 시기

엘리자베스(Elizabeth 1st; 1533년 9월 7일~1603년 3월 24일; 재위기간: 1558년 11월 18일~1603년 3월24일까지 45년) 이후에 스코틀랜드 종교 개혁의 역사는 동 시대를 살았던 존 낙스(John Knox;1510~1572)의 사역과 연결되어 있다. 엘리자베스 여왕이 1558년부터 1603년까지 잉글랜드를 45년 통치했다고 할 때, 그녀는 14년 정도 잉글랜드 여왕으로서 존 낙스와 동시대를 살았다고 볼 수 있다. 그러므로 엘리자베스의 여왕 통치 시대의 스코틀랜드 종교 개혁의 역사를 살펴보는 것은 매우 중요하다. 그러므로 우리는 이제 잉글랜드 국왕 엘리자베스 1세의 잉글랜드 통치 기간에 스코틀랜드의 국왕은 누구였는지를 먼저 살피고 그 왕들의 면면을 살펴 본 다음에 본격적으로 스코틀랜드 종교 개혁의 역사를 살펴보려고 한다.

잉글랜드에서 엘리자베스 여왕이 통치할 때, 스코틀랜드에서는 엘리자베스의 사촌 여동생 메리(Mary, Queen of Scots, 생몰년:1542년12월8일~1587년2월8일; 재위 기간: 1542년12월14일~1567년7월24일 24년간)가 통치하고 있었다.[171]

메리 여왕은 태어난 지 약 10일이 못되어서 스코틀랜드 여왕으로 등극하였다. 그 이유는 그녀가 태어난 지 얼마 되지 않아서 그녀의 부친 제임스 5세가 세상을 떠나게 되기 때문이다. 그녀의 부친은 영국 국교회를 세운 헨리 8세의 사촌 조카였다. 즉 헨리 8세의 누이동생이 제임스 5세의 모친이었기 때문이다. 잉글랜드 왕 헨리 8세는 잉글랜드를 국교회로 바꾼 뒤에 제임스 5세에게 자신과 같이 스코틀랜드 교회를 국교회로 바꿀 것을 요구하기에 이른다. 그러나 거칠고 난폭한 헨리 8세에 대한 막연한 두려움이 있었던 제임스 5세는 헨리 8세의 요청을 거절하고 로마 카톨릭 교회로 남아 있으려고 하였다. 그럴 뿐만 아니라 제임스 5세는 그의 아내들을 모두 프랑스의 카톨릭 가문으로부터 취하였다. 무엇보다 메리 여왕의 모

---

171) http://en.wikipedia.org/wiki/Mary_I_of_Scotland

친이 되는 메리 드 기즈는 프랑스의 로마 카톨릭 명문가라 할 수 있는 기즈가의 여자였다. 이러한 시기에 스코틀랜드 전체의 종교적 성향은 제임스 5세의 종교적 성향과 달랐다. 스코틀랜드 귀족들 이하 모든 백성들의 종교적 성향은 개혁주의적이었다. 그 당시에 스코틀랜드는 스위스 제네바의 존 칼빈으로부터 신학을 배워가지고 온 성직자들이 늘어나면서 그들로 인하여서 점차적으로 스코틀랜드는 개혁 교회가 되어가고 있었다. 다만 왕과 로마 카톨릭에 소속되어 있었던 추기경과 주교들과 같은 고위성직자들만 여전히 로마 카톨릭을 지지하였다.

1542년 스코틀랜드 제임스 5세 왕은 개신교회로 전환할 것을 요청한 헨리 8세의 기대를 저버림으로서 양국은 전쟁을 초래하게 되었다. 이 전쟁에서 스코틀랜드는 패배하였고 왕은 절망과 자포자기에 빠졌다. 왕은 전쟁의 패배로 인한 슬픔과 수치심으로 인해 초래된 고열에 시달리다가 화병으로 죽었다. 그때에 메리 여왕의 나이는 갓 태어난 한 살이었다. 결국 그녀는 그녀의 나이 1살에 스코틀랜드 왕이 되었다. 그녀가 스코틀랜드 왕위에 오르자 왕위에 오른 메리 여왕을 대신하여서 섭정을 하게 된 사람은 혈통 상 여왕과 가장 가까운 친척인 애런 백작이었다. 그런데 나이 어린 메리가 여왕이 되었을 때 스코틀랜드 귀족들 사이에서는 두 세력이 다투고 있었다. 메리 여왕의 모친 마리 드 기즈와 데이비드 비턴 추기경을 중심으로 하는 로마 카톨릭 지지 세력과 그 반대파로 여왕 메리의 가장 가까운 친척으로 섭정을 맡은 애런 백작이었다. 왕족들과 고위성직자(Prelates)들은 로마 카톨릭을 지지하였고 귀족들과 일반 평민들은 개신교회를 지지하였다.

1558년 메리 여왕은 나이 16세에 프랑스의 황태자 프란시스와 혼인을 했다. 그리고 얼마 있지 않아서 그녀의 남편 프란시스는 프랑스의 왕 프란시스 2세가 되었다. 그와 함께 그녀도 왕비가 되었다. 그러나 그녀의 결혼 생활이 그리 오래 지속되지는 못했다. 프란시스 2세가 얼마 되지 않아서 사망하기 때문이다.

1561년 프란시스 2세가 죽자 그녀는 더 이상 남편의 나라 프랑스에 있을 수 없게 되었다. 여전히 그때도 스코틀랜드의 여왕으로 있었던 메리 여왕은 다시 모국으로 돌아오게 된다. 이때 섭정은 그의 모친 메리 드 기즈였다. 그녀는 메리 여왕이 프랑스 왕과 결혼하자 섭정을 맡고 있었던 애런 백작을 밀어내고 자신이 섭정을 하였다. 섭정의 자리에 올라서 국사를 처리할 수 있게 되자 마리 드 기즈는 (Guise Marie de Guise; 1515년11월22일~1560년6월11일 섭정 기간: 1554년~1560년 대략 6년 정도)는 스코틀랜드 귀족들의 권한을 축소시키고 자신의 위치를 확고히 하기 위하여서 왕권을 강화하고자 하였다. 이러한 시기에 스코틀랜드 종교 개혁의 역사는 좀 더 발전적으로 나아간다.

1554년에 제네바로부터 스코틀랜드로 돌아와서 스코틀랜드 종교 개혁에 헌신하였던 존 낙스가 1556년 9월 13일 다시 제네바로 떠나게 된다. 제네바에서 존 낙스는 매우 행복한 시간을 갖는다. 칼빈과 교제하며 베자와도 교류하고 스코틀랜드 종교 개혁에 대하여 서로 의견을 교환하기도 하였다. 존 낙스에게 제네바에서의 체류 기간은 스코틀랜드 종교 개혁에 나름대로 방향을 설정하게 되는 기간이었다. 제네바에서 존 낙스의 삶은 매우 분주하였다. 그는 한 주에 세 번 설교하였다.

1558년에는 "여자들의 끔찍한 통치에 대항하여서 첫 트럼펫의 외침"(The First Blast of the Trumpet Against the Monstrous Regiment of Women.)이라는 저서를 출판하였다. 그는 이 저서에는 여성이 국가를 통치하는 것에 대하여서 부정적인 견해를 표명한다. 그는 말하기를 여성이 국가를 통치하는 것은 그 자체가 불법이라는 견해를 표명한다.172) 이러한 그의 입장 표명은 잉글랜드 여왕 엘리자베스에게 매우 불쾌한 것이었다. 그것은 향후 잉글랜드 여왕 엘리자베스와 존 낙스 간에 불편한 관계를 의미하는 것이었다.

1559년 존 낙스는 다시 스코틀랜드로 돌아왔다. 그는 에딘버러에 도착하여서 던디(Dundee)로 향하였다. 그곳은 개혁주의 정신이 강하였던 곳이었다.173)

1560년 8월 스코틀랜드 의회가 열렸다. 그 의회에서 스코틀랜드 신앙 고백이 통과되었다. 그럼에도 불구하고 스코틀랜드 종교 개혁은 계속되어야 할 성격으로 남아 있었다. 각 지역으로 파송되었던 지교회의 사역자들이 그들의 의무를 수행하기 위하여서 청빙된 교회의 회중들게 인정을 받아야 했다. 1560년 12월 20일 에딘버러에서 회합을 가졌다. 그곳은 스코틀랜드 개혁 장로교회의 첫 총회가 열렸던 곳이다. 그해 7월에 의회에 제출된 교회 개혁의 청원서를 살펴보기 위해서 비공식적으로 모임을 가졌다. 성 앤드류에서 가장 많은 수의 사역자들이 자연스럽게 모였다. 대학 기관들과 함께 참석한 많은 성직자들은 일정한 목회지역에서 목회를 하는 목사들이 많았다. 그 회합에서 성직자들은 장로들과 집사들의 선출에 의하여서 지역 교회의 조직이 형성되도록 결의하였다.

1560년의 스코틀랜드 종교 개혁의 역사는 개혁이 아래로부터 위로의 개혁이기

---

172) Lainc, The Works of John Knox.vol.4, Bannatyne Club, 1966. pp. 365~422
173) http://en.wikipedia.org/wiki/John_Knox

는 하였지만, 여러 가지 문제점도 있었던 개혁이었다. 그럴지라도 스코틀랜드 종교 개혁은 그 개혁으로 인하여서 고백서를 낼 수 있게 되었고 좀 더 엄밀한 종교 개혁으로 나아갈 수 있는 계기가 되었다. 그때에 작성된 스코틀랜드 신앙 고백은 1567년에 의회에 의하여서 통과되었다. 그리고 그 해에 스코틀랜드 장로 교회 첫 총회(the first General Assembly)가 열릴 수 있게 되었다. 그러나 이미 비공식적으로는 모였던 1557년 12월 3일 에딘버러에서 다수의 개신교 귀족들과 향신층(Protestant nobles and gentlemen)들이 서명 할 때에, 자발적인 모임이 형성되었었다.

이것은 하나 된 종교적 연합체(religious bonds) 혹은 상호 협력체(mutaual agreements)였다. 첫 총회는 스코틀랜드 개신교의 연합체라는(the confederation of Protestants of Scotland) 안전한 공통된 특권(secure common privileges)에 대하여서 비준하였다. 그래서 회중(Congregation, εκκλησια, *ecclesia*)이라는 의미는 나중에 결국 교회(Kirk, κυριακον)로 바뀌었다. 그때에 그 의미는 배교적인 교황주의적 교회(apostate Papal Church)에 반대하여서 참된 그리스도의 교회(the true Church of Christ)라는 의미를 가지고 있다. 이러한 참된 그리스도의 교회라는 의미는 에드워드 6세 치하에 잠시 동안 잉글랜드 교회와 "제네바의 규칙서"(Order of Geneva)에서 사용되었다. 그러나 1560년까지 공식적으로 교리적으로 기록된 적이 없었다.174)

1560년 8월 15일 기즈가의 메리 여왕의 섭정인 여왕의 모친이 죽자 프랑스 군대는 물러났다. 그러나 메리 여왕은 아직 프랑스에 있었을 때였다. 이러한 과도기에 스코틀랜드 의회가 에딘버러에서 개회되었다. 그것은 스코틀랜드 왕국의 역사에 매우 중요한 회합이 되었다. 교회 문제에 있어서 교황주의적 교회 제도를 철폐하고 순수한 형태로의 예배의 개혁과 치리서의 개정과 함께 경건한 성직자들을 지원해줄 교회적 재정에 대하여서 개혁하였다. 그리고 그 나머지는 학문의 증진과 가난한 자들을 위한 구제로 돌리기로 하였다. 이러한 회합으로 "권징서"(the Book of Discipline)라고 하는 책이 출간되었다. 존 낙스는 약간 복잡한 심경으로 그것을 받아들였다. 왜냐하면 이러한 책의 출판과 함께 스코틀랜드 로마 카톨릭 교회의 재산들이 몰수 되었는데 그 재산의 대부분을 그 귀족 동료들이 로마 카톨릭 교

---

174) Philip Schaff, The Creeds of Christendom.vol.1: the History of Creeds. Baker, 1998, p. 681.

회를 무너뜨리면서 손을 대기 시작하였기 때문이다. 그들은 그것들을 자신들의 손 아귀에 움켜쥐고 착복하였다. 결국 그의 우려는 현실로 드러났으며 그는 교회와 국가와의 정치적 쟁점에 대하여서 가르칠 필요를 느끼지 못하게 되었다. 그의 귀족 동료들이 그를 실망시켰기 때문이다. 그들의 더러운 탐욕으로 교회의 기반이 무너질 수도 있는 위기를 맞았다.

1560년 8월 17일 고백서가 두 번 낭독되었다. 그리고 하나님의 불변하는 말씀 위에 기초한 교리로서 비준되었다. 모든 회원들이 투표를 하였다. 교황적 주교들이 (the papal bishops) 반대하고 논박하였으나 곧 침묵했다. 모든 경들이(Lords) 투표하였다. 다만 아톨 백작(the Earl of Athole)과 서머빌 경(Lord Somerville)그리고 보스위크 경(Lord Borthwick)이 제외됐다.

1560년 8월 24일 종교 개혁에 반하는 미사와 교황의 재판권과 로마 카톨릭을 지지하는 모든 공적 교회법들을 철폐하고 신앙 고백을 통과시켰다. 그로부터 7년 후인 1567년에 의회는 공식적으로 스코틀랜드 신앙 고백에 따라서 그리스도를 구주로 고백하는 사람들과 함께 개혁 교회를 세웠다. 그리고 다음과 같이 선언하였다. "그 교회는 이 왕국의 참되고 유일한 거룩한 교회이다."(to be the only true and holy Kirk of Jesus Christ within this realm) 그리고 그것은 1572년 모든 성직자들에게 서명이 요청되었다.175)

📖 **스코틀랜드 신앙 고백 해설** 📖

스코틀랜드 신앙 고백(The Scotch Confession)은 25 항목과 짧은 머리말로 되어있다. 그 머리말은 순교자들을 위한 참된 정신의 고백자들의 숨결을 느낄 수 있다. 그것은 "긴 시간 동안 우리는 우리가 고백한 이 교리를 세상에 내놓기 위하여서 목말랐을 뿐만 아니라 모진 어려움과 고초를 겪었다."로 시작한다. 그리고 마지막으로 "우리는 우리 신앙의 고백 안에서 그 목적을 오래 지속시킬 것을 확고하게 목적한다."라고 기록되어 있다.176)

스코틀랜드 신앙 고백서(1560년)는 하나님에 대한 교리로부터 시작하여서 교회론과 성례론 그리고 세속 관원에 대한 교리로 마치고 있다. 그것은 명료하고, 생기

---

175) Ibid., p. 682.
176) Ibid., p. 683.

가 넘치며 설득력 있게 정통 개혁 신앙을 요약한다. 그리고 그러한 신앙 고백은 잉글랜드와 스위스, 프랑스, 그리고 화란의 개신교의 신앙 고백과 일치하는 것이었다. 스코틀랜드 신앙 고백서는 스콜라적인 사변적 표현을 쓰지 않았다.

스코틀랜드 신앙 고백서는 교회론에서 정통 교회란 세상 시작부터 끝까지 중단될 수 없는 역사를 가지고 있다고 진술한다. 교회에 대한 고백은 이러하다. "교회는 하나님에 의하여서 선택된 다수의 사람들이 모인 공동체이며, 그곳에는 올바른 예배와 모든 교회들에게 동일하게 머리가 되시는 예수 그리스도에 대한 참된 믿음에 의하여 그리스도와 연결되는 곳이라고 말한다. 또한 교회는 그리스도의 신부이며 그의 몸이다. 그래서 교회는 보편적이어야 하며 우주적이어야 한다. 왜냐하면 교회는 모든 세대를 포괄하는 참된 실재이며 하나님과 교제하는 참된 연합체이기 때문이다."177)

스코틀랜드 교회가 확실한 원리에 의하여서 정치적으로 종교적으로 일치된 국민 언약(National Covenant)을 마련하였다. 그것은 구약의 언약을 참고 한 것이다.(여호수아 24:25; 이사야 44:5) 초창기 언약들은 주로 교황주의에 대하여서 경계하는 형태로 고백되었으나 후기에는 주로 감독주의에 대하여서 경계하는 형태로 고백되었다. 스코틀랜드 교회 역사에 있어서 개혁의 시기는 세 시기로 나누어진다. 첫째 교황주의에 저항하였던 시기(1560년~1590년), 둘째 고위성직자들에 대하여서 저항하였던 시기(1690년), 세 번째 국가의 성직 서임권에 저항하였던 시기(1875년)이다. 첫 언약은 개신교 귀족들과 향신층들에 의한 로마 카톨릭에 저항하는 상호 협력의 시대였다. 그것은 미언스(Mearns)에서 1556년에 그러하였다. 그리고 에딘버러에서 1557년 12월 3일에 퍼스(Perth)에서 마지막으로 1559년 12월 31일에 있었다.178) 스코틀랜드 신앙 고백서에 대한 간략한 개요는 다음과 같다. 스코틀랜드 신앙 고백서는 25장으로 되어 있으며 각 장에 대한 개요는 다음과 같다.

제 1장 하나님에 대하여서

스코틀랜드 신앙 고백서는 "우리는 유일하신 하나님을 고백하고 인정한다."라고 시작하고 나서 "오직 우리는 그분만을 섬기며 그분만을 경배하며 그분만을 믿습니

---

177) Ibid., p. 684.
178) Ibid., p. 686.

다."라고 진술한다. 그리고 이어서 "그는 영원하시며, 무한하시고 측량할 수 없으시고 불가해하시며 전능하시고 보이지 아니하신다."179) 그리고 "그는 한 실체에 세 위격으로 계신다. 세 위격은 아버지 하나님, 아들 하나님 그리고 성령 하나님이시다. 우리는 하늘에 있는 것이나 땅에 있는 것이나 보이는 것이나 보이지 않는 것이나 이 모든 것을 그가 창조하셨음을 고백한다. 그리고 통치하시고 오묘하게 섭리하신다. 그는 그의 영원하신 지혜와 선으로 만물 가운데 그의 영광을 드러내신다."180)

제 2 장 인간의 창조에 대하여서

"우리는 하나님께서 인간을 창조하셨음을 고백하고 인정한다. 우리 첫 조상 아담은 그의 형상와 모양으로 창조되었다. 하나님께서는 그에게 지혜와 통치권과 공의와 자유의지와 명료한 지식을 주셨다. 뱀에게 속은 여자와 여자의 말을 잘 듣는 남자가 둘 다 주권자이신 하나님에 대하여서 범죄에 대하여서 첫 공모자가 되었다. 그가 이미 선악을 알게 하는 나무의 실과를 먹을 때는 정녕 죽으리라고 말씀하셨음에도 불구하고 그들은 그 계명을 어겼다."181)

제 3 장 원죄

"원죄라고 불리는 죄악은 인간 안에 하나님의 형상을 전적으로 파괴시켰다. 그리고 그의 본성을 하나님께 대하여서 원수가 되게 하였다. 그리고 사탄의 종이 되었다. 그리고 죄의 노예가 되었다. 위로부터 중생하지 않는 한 그들은 영원한 죽음을 피할 수 없다. 이 중생은 성령의 사역이다. 하나님께서 택자들의 마음 안에 성

---

179) Philip Schaff, The Creeds of Christendom. vol. 3: p. 439:"We confessse and acknawledge ane onelie God, to whom…whom onelie we must serve, whom onelie we must worship, and in whom onelie we must put our trust."
180) Ibid., p. 440:"Who is Eternall, Infinit, Unmeasurable, Incomprehensible, Omnipotent, Invisible:…in substance, and zit distinct in the personie, the Father, the Sonne, and the holie Gost.…we confesse and beleve all theings in hevin and eirth, aswel Visible as Invisible, to have been created, to be reteined in their being, and to be ruled and guyded be his inscrutable Providence, to sik end, as his Eternall Wisdome, Gudnes, and Justice hes appoynted them, to the manifestation of his awin glorie"
181) Ibid., p. 440:"We confesse and acknawledge this our God to have created man, to wit, our first father Adam, to his awin image and similitude, to whoem he gave wisdome, lordship, justice, free-wil, and cleir knawledge of himselfe.…the woman being deceived be the Serpent, and man obeying the voyce of the woman, both conspyring against the Soveraigne Majestice of God, who in expressed words had before threatned deith, gif they presumed to eit of the forbidden tre."

령으로 믿음과 약속을 주입시키신다. 그리고 그 하나님께서 그의 말씀으로 우리에게 계시하셨다. 하나님께서 믿음으로 예수 그리스도를 알게 하시며 은혜와 혜택으로 그리스도 안에서 우리 안에 그의 약속을 이루신다."182)

제 4 장 약속의 계시

"하나님께서 인간 상태의 비참하고 타락 된 처지 이후 다시 아담을 찾으셨다. 그리고 부르시고 그의 죄악을 책망하셨다. 동일하게 그에게 유죄를 선언하셨다. 그러나 결국은 그에게 가장 기뻐할 약속을 체결하셨다. 즉 여자의 후손이 뱀의 머리를 상할 것이라는 것이다. 그것은 그가 악마의 일을 파괴시킬 것을 의미한다. 그것은 아담으로부터 노아까지, 노아로부터 아브라함까지 그리고 아브라함으로부터 다윗까지 기쁨으로 지속적으로 모든 신실한 자들에게 받아들여질 것을 의미한다. 그것은 예수 그리스도의 성육신에 대하여서 신실한 자들이 모두 (이는 율법 아래에 모든 신실한 열조들을 포괄하는 것을 의미한다.) 예수 그리스도의 즐거움을 보았으며 그리고 기뻐하였다."183)

제 5 장 교회의 영속과 증가와 보존에 대하여서

"우리는 하나님께서 예수 그리스도의 성육신 이전까지 아담으로부터 모든 세대에 걸쳐서 그의 교회를 죽음에서 생명으로 부르셔서 그들을 보존하시고 가르치시고 증가시키시고 영예롭게 하셨다. 하나님께서 아브라함을 그들의 열조들로부터 불러내셨다. 하나님께서 그에게 지시하시고 그 하나님께서 그의 후손을 중다하게

---

182) Ibid., p. 441:"Be quhilk transgressionun, commonlie called Original sinne, wes the Image of God utterlie defaced in man, and he and his posteritie of nature become enimies to God, slaves of Sathan, and servandis unto sin.······that eith everlasting hes had, and sall have power and dominioun over all that have not been, ar not, or sal not be regenerate from above:quhilk regeneratioun is wrocht be the power of the holie Gost, working in the hartes of the elect of God, ane assured faith in the promise of God, reveiled to us in his word, be quhilk faith we apprehend Christ Jesus, with the graces and benefites promised in him."

183) Ibid., p. 441:"For this we constantlie beleeve, that God, after the feirfull and horrible defectioun of man fram his obedience, did seek Adam againe, call upon him, rebuke his sinne, convict him of the same, and in the end made unto him ane most joyful promise, to wit That the seed of the woman suld break down the serpents head, that is, he suld destroy the works of the Devill. Quhilk promise, as it was repeated, and made mair cleare from time to time; so was it imbraced with joy, and maist constantlie received of al the faithfull, from Adam to Noe, from Noe to Abraham, from Abraham to David, and so 력소 새 the incarnation of Christ Jesus, all did see the joyfull daie of Christ Jesus, and did rejoyce."

하셨다. 동일한 그 하나님께서 애굽의 압제와 폭정으로부터 훌륭하게 보존하시고 구원하셨다. 그리고 그들에게 그의 율법을 주시고 가나안의 땅을 소유하게 하셨다. 사사시대 이후에 다윗을 이스라엘 왕으로 세우시고 그와 언약하셔서 영원토록 그의 보좌위에서 그가 통치하시겠다고 하셨다. 그 동일한 백성들에게 때때로 선지자들을 보내시고 그들의 하나님의 길로 올바르게 행하게 하셨다."184)

제 6 장 그리스도 예수의 성육신

"때가 차매 하나님께서 그의 영원하신 지혜이시며 이 세상에서 그의 영광의 실체이신 그의 아들을 보내셨다. 그는 동정녀의 본질로부터 성령으로 인간의 본성을 취하셨다. 그는 다윗의 후손으로 오셨다. 하나님의 위대한 경륜의 사자가 임마누엘이라고 믿고 고백하여 알고 있는 메시야로 보내심을 받았다. 그는 완전한 하나님이시며 완전한 사람이시다. 두 본성이 한 위격 안에 결합되어 계신다."185)

제 7 장 왜 중보자는 완전한 하나님으로서 완전한 사람으로 오셔야 했는가?

"우리는 인지하고 고백한다. 이것은 하나님의 신성과 인간의 본성이 그리스도 예수 안에 신비하게 연합되어 있으시다. 그것은 영원으로부터 나아가며, 하나님의 작정의 불변하는 것으로부터 나온 것이다."186)

제 8 장 선택에 대하여서

---

184) Ibid., p. 443.:"We must constantly beleeve, that God preserved, instructed, multiplied, honoured, decored, and from death called to life, his Kirk in all ages fram Adam, till the cumming of Christ Jesus in the flesh. For Abraham he called from his Fathers cuntry, him he instructed, his seede he multiplied; the same he marveilouslie preserved, and mair marveilouslie delivered from the bondage and tyrannie of Pharaoh; to them he gave his lawes; them he to them after Judges,……he gave David to be king, to whome hee made promise, that of the fruite of his loynes suld ane sit for ever upon his regall seat."

185) Ibid., p. 444:"Quhen the fulnes of time came, God sent his Sonne, his eternall Wisdome, the substance of his awin glory in this warld, quha tuke the nuature of man-head of the substance of woman, to wit, of a virgine, and that be operation of the holie Ghost: and so was borne the just seede of David, the Angell of the great counsell of God, the very Messias promised, whome we confesse and acknawledge Emmanuel, very God and very man, two perfit natures united, and joyned in one person."

186) Ibid., p. 444:"We acknawledge and confesse, that this maist wonderous conjunction betwixt the God-head and the man-head in Christi Jesus, did proceed from the eternall and immutable decree of God, from quhilk al our salvation springs and depends."

"동일하게 영원하신 하나님 아버지께서 단지 그의 은혜로 창세전으로부터 그의 아들 그리스도 예수 안에서 우리를 선택하셨다. 그를 우리의 머리로 우리의 맏형으로 우리의 목자로 우리 영혼의 큰 감독으로 임명하셨다. 그러나 하나님의 공의와 우리의 죄악 사이에 큰 간격으로 인하여 서로 원수가 되었다. 그래서 인간이 육신으로 하나님께 나아갈 수 없었고 그럴 엄두를 내지도 못하였다. 하나님의 아들께서 우리와 같은 몸으로 우리와 같은 육체로 우리와 같은 뼈로 하나님과 인간 사이의 중보자로서 오셨다. 아담 안에서 상실해 버린 거룩한 연합이 다시 회복되었다. 이로 인하여서 하나님께서 우리의 아버지가 되셨다."187)

제 9 장 그리스도의 죽음과 부활과 장사지내심

"우리 주 예수께서 그 스스로 자발적으로 하나님 아버지께 우리를 위해서 희생제물로 드려졌다. 죄인들의 모순을 짊어지시고 그는 상하시고 우리의 죄악으로 인해 고난을 당하셨다. 그는 무죄하신 하나님의 어린양이셨다. 그는 십자가의 거친 고난을 당하셨을 뿐만 아니라 아버지의 진노 아래에 잠시 계셨다."188)

제 10 장 부활에 대하여서

"우리는 의심할 수 없이, 주님 예수께서 고난을 당하시고 죽으시고 장사지낸바 되었다가 우리를 의롭다 하시기 위하여서 살아 나셨다는 것을 믿는다."189)

제 11 장 하늘에 오르심에 대하여서

"그가 하늘과 땅의 모든 권세를 받으시고 아버지 하나님의 우편에 앉으셨다. 그

---

187) Ibid., p. 446.:"For the same eternall God and Father, who of meere grace elected us in Christ Jesus his Sonne, befoir the foundatioun of the warld was laide, appointed him to be our Head, our Brother, our Pastor,a nd great Bischop of our souls. Bot because that the enimitie betwixt the justice of God and our sins was sik, that na flesh be it selfe culd or might have attained unto God: It behooved that the Sonne of God suld descend u nto us, and tak himselfe a bodie of our bodie, 릳 조 of our flesh, and bone of our bones, and so become the Mediator betwixt God and man, giving power to so many as beleeve in him, to be the Sonnes of God;"
188) Ibid., p. 447:"That our Lord Jesus offered himselfe a voluntary Sacrifice unto his Father for us, that he suffered contradiction of sinners, that he was wounded, and plagued for our transgressiouns, that hee being the cleane innocent Lambe of God,····That hee suffered not onlie the cruell death of the Crosse, quhilk was accursed be the sentence of God; bot also that 도 suffered for a season the wrath of his Father,······"
189) Ibid., p. 448:"We undoubtedly beleeve,······our Lord Jesus crucified, dead and buryed,······did ryse agayne for our Justificatioun,·"

리고 그가 우리를 위한 유일한 보호자이시며 중보자로서 그의 나라에서 왕으로 앉으셨다. 의심 없이 우리는 그가 최후의 심판 때 하늘에 오르신 그대로 가시적으로 다시 오실 것을 믿는다. 그리고 만물을 새롭게 하실 것을 믿는다."190)

제 12 장 성령 안에서의 신앙에 대하여서

"우리는 하나님 아버지와 아들과 함께 성령께서 동일하시다고 고백한다. 그 성령은 우리를 거룩하게 하시는 분이시다. 그리고 우리를 그의 진실한 사역을 통하여서 전에 하나님과 원수된 상태에 머물러있게 두시지 않으신다."191)

제 13 장 선한 행위의 원인에 대하여서

"선한 행위의 원인은 우리의 자유 의지가 아니다. 그것은 주 예수께서 성령으로 우리 마음에 거하심으로서 열매를 맺고 믿음을 따라 우리를 위하여 예비하신 것을 받음으로 된 것이다."192)

제 14 장 어떤 사역이 하나님 앞에서 선하게 간주되는가?

"그것은 두 가지가 있다. 하나는 하나님을 영화롭게 하는 것이다. 그것은 하나님께서 우리에게 계시하신 뜻을 따라서 행하는 것이다. 그것은 하나님께 경배하는 것이고 우리의 모든 어려움 가운데서 그에게 간구하는 것이고 그의 이름을 영화롭게 하는 것이다. 그리고 그의 거룩하신 성례에 참여하는 것이다. 이것이 바로 첫 번째 돌판에 속한 의무들이다. 두 번째는 부모와 군주와 통치자와 높은 위치에 있는 자들에게 마땅한 영예를 돌리고 그들을 사랑하며 그들을 도우며 하나님의 계명에 어긋나지 않는 한 그들의 요구에 순종하는 것이다. 그리고 무죄한 자를 구제하고 폭정을 바로잡고 압박받는 자를 변호하며 우리 신체를 거룩하고 깨끗하게 보존하는 것이다. 이것이 두 번째 돌판에 속한 의무들이다."193)

---

190) Ibid., p. 449:"he hes received all power in heaven and eirth, quhere he sittes at the richt hand of the Father, inaugurate in his kingdom, Advocate and onlie Mediator for us.……as that we undoubtedlie beleeve …in the finall Judgment:……whereof we certainelie beleve, that the same our Lord Jesus sall visible returne, as that hee was sene to ascend. And then we firmely beleve, that the time of refreshing and restitutioun of all things sall cum,……"

191) Ibid., p. 450:"Whome we confesse God equall with the Father and with his Sonne, quha sanctifyis us, and bringis us in all veritie be his awin operation, without whome we sulde remaine for ever enimies to God……"

192) Ibid., p. 452:"Sa that the cause of gude warkis, we confesse to be not our free wil, bot the Spirit of the Lord Jesus, who dwelling in our hearts be trewe faith, bringis furth sik warkis, as God hes prepared for us to walke in.……"

제 15 장 율법의 완전성에 대하여서 그리고 인간의 불완전성에 대하여서

"우리가 고백하건데 하나님의 율법은 가장 공의로우시고 가장 완전하시고 거룩하시다. 그래서 완전한 생명을 주실 수 있다. 사람들로 영원한 행복을 가져다준다. 그러나 우리의 본성은 그렇게 부패하여서, 연약해졌고 그리고 불완전하다. 그래서 우리는 완전하게 율법의 요구를 이룰 수 없다."194)

제 16 장 교회에 대하여서

"우리는 아버지 아들 성령께서 한 하나님이심을 믿는다. 그와 같이 우리는 끊임없이 태초부터 지금까지 세상 끝 날까지 하나님의 택자들로 구성된 교회가 있을 것을 믿는다. 교회는 그리스도 안에서 참된 신앙이 있는 자들이 함께 올바른 예배를 드리는 곳이다. 그 교회가 보편 교회이다. 왜냐하면 그것은 오고 오는 세대 모든 택자들을 포괄하고 있기 때문이다. 모든 민족들과 언어들과 유대인이건 이방인이건 관계없이 하나님 아버지와 그의 아들 그리스도 예수와 그의 성령의 거룩하게 하심을 통하여서 함께 교제하는 것이다."195)

---

193) Ibid., p. 454:"And thir warkes be of twa sortes. The ane are done to the honour of God,……and both have the reveiled will of God for their assurance. To have ane God, to worship and honour him. to call upon him in all our troubles, reverence his holy name, to heare his word, to beleve the same, to communicate with his holy Sacraments, are the warkes of the first Tabill To honour Father, Mother, Princes, Rulers, and superiour powers; to love them, to support them, zea to obey their charges (not repugning to the commaundment of God), to save the lives of innocents, to represse tyrannie, to defend the oppressed, to keepe our bodies cleane and halie,……"

194) Ibid., p. 456:"The Law of God we confesse and acknawledge maist just, maist equall, maist halie, and maist perfite, commaunding thir thingis, quhilk being wrocht in perfectioun, were abill to give life, and abill to bring man to eternall felicitie, Bot our nature is sa corrupt, sa weake, and sa unperfite, that we ar never abill to fulfill the warkes of the Law in perfectioun.……"

195) Ibid., p. 458:"As we beleve in ane God, Father, Sonne, and haly Ghaist; sa do we maist constantly beleeve, that from the beginning there hes bene, and now is, and to the end of the warld sall be, ane Kirk, that is to say, ane commpany and multitude of men chosen of God, who right worship and imbrace him be trew faith in Christ Jesus, quha is the only head of the same Kirk, uahilk alswa is the bodie and spouse of Christ Jesus, quhilk Kirk is catholike, that is, universal, because it conteinis the Elect of all ages, of all realmes, nations, and tongues, be they of the Jewes, or be they of the Gentiles, quha have communion and society with God the Father, and with his Son Christ Jesus, throw the sanctificatioun of his haly Spirit:……"

제 17 장 영혼의 불멸에 대하여서

"세상을 떠난 피택자들은 그들의 노동으로부터 자유롭게 되어 평강과 안식에 있게 된다. 그들은 자는 것이 아니라 망각에 이르고 그들은 모든 공포와 고통과 유혹으로부터 구원을 받으며 모든 하나님의 택자들은 이러한 삶 아래에 놓인다. 그와 반대로 유기자들과 불신자들에게는 모든 고통과 괴롭힘과 번민이 말할 수 없게 가하여진다."196)

제 18 장 참된 교회에 대하여서

"하나님의 참된 교회에 대하여서 주지할 때는, 우리는 믿고 고백하고 맹세하는 것이 있다. 첫째는 하나님의 말씀에 대한 참된 가르침이 있어야 한다. 그 말씀은 선지자들과 사도들의 기록들로서 하나님께서 그 자신을 계시하신 것이다. 두 번째 성례의 합당한 시행이다. 그것은 하나님의 말씀과 약속에 부과되어서 주어진 우리 마음에 동일한 표징과 징표이다. 마지막으로는 교회적 권징이다. 그것은 하나님의 말씀이 더욱 공고하게 실현되는 것이다."197)

제 19장 성경의 권위에 대하여서

"우리가 성경을 하나님의 말씀으로 믿고 고백하는 데로, 그것으로 하나님의 말씀을 가르치기에 충분하고 그래서 우리는 하나님의 말씀으로서 전적으로 인정한다."198)

제 20 장 일반적 공의회, 그들의 권세와 권위와 그 회의의 목적에 대하여서

"우리는 경건한 자들이 합법적으로 총회로 함께 모이는 것을 정죄하지 않는 것

---

196) Ibid., p. 560:"The Elect departed are in peace and rest fra their labours: Not that they sleep, and come to a certaine oblivion,……but, that they are delivered fra all feare and torment, and all temptatioun, to guhilk we and all Goddies Elect are subject in this life,……As contrariwise, the reprobate and unfaithfull departed have anguish, torment, and paine, that cannot be expressed.……"
197) Ibid., p. 462:"……The notes therefore of the trew Kirk of God we beleeve, confesse, and avow to be, first, the trew preaching of the Worde of God, into the quhilk God hes revealed himselfe unto us, as the writings of the Prophets and Apostles dois declair. Secundly, t he right administration of the Sacraments of Christ Jesus, quhilk man be annexed unto the word and promise of God, to seale and confirme the same in our heart. Last, Ecclesiastical discipline uprightlie ministred, as Goddis Worde prescribes,……"
198) Ibid., p. 464:"As we beleeve and confesse the Scriptures of God sufficient to in struct and make the man of God perfite, so do we affirme and avow the authoritie of the same to be of God,……"

처럼, 총회의 이름 아래 모이는 인간의 뜻을 강요하는 모임을 받을 수 없다."199)

제 21 장 성례에 대하여서

"율법 아래에서 조상들이 희생의 진실성을 가지고 있는 두 개의 중요한 성례를 가지고 있었다. 그것은 할례와 속죄일이다. 그와 같이 지금 우리가 믿고 고백하고 있는 대로 복음의 시대에는 주 예수로부터 소개 되었던 중요한 두 가지 성례가 있다. 세례와 주의 만찬이다. 주의 만찬은 주님께서 자신의 몸과 피를 나누는 것으로 소개하셨다. 구약과 신약의 이러한 성례들은 모두 하나님에 의하여 제정된 것이다. 그러나 그의 자녀들의 신앙을 시행하는 것과 그들의 마음에 그의 약속을 확증하는 믿음을 시행하는 것이다."200)

제 22 장 성례의 올바른 시행에 대하여서

"성례는 시행되어야 하는 것이다. 우리는 여기에 두 가지 요구가 있다고 판단한다. 하나는 하나님의 말씀을 가르치는 것으로서 설교가 있다. 설교를 할 수 있는 사람은 교회 안에서 합당하게 선택된 자들이다. 그리스도 예수께서 이르시되 이것을 먹어라, 이것으로 나를 기념하라. 그는 빵과 포도주를 그의 거룩한 몸과 피의 성례로서 거룩하게 하셨다. 그래서 마지막까지 모든 신자들에게 떡과 포도주를 먹고 마시라고 명령하셨다. 그리고 왜 그러한 성례가 제정되었는가 하는 것이다. 그리스도 예수께서 행하도록 명령하셨고, 그것은 그리스도께서 다시 오실 때까지의 칭송과 가르침과 찬미가 있다."201)

제 23장 성례의 관계성

"우리는 고백하고 인정한다. 세례가 신실한 자들의 유아들에게 주어지고 성인에게 베풀어진다. 우리는 재세례파의 오류를 정죄한다. 그들은 아이들의 세례를 거부하기 때문이다. 주의 만찬은 믿음으로 받는 것이다. 그들은 자신의 신앙을 시험하

---

199) Ibid., p. 465:"As we do not rashlie damne that quhilk godly men, assembled togither in generall Councel lawfully gathered, have proponed unto us; so without just examination dare we not receive quhatsoever is obtruded unto men under the name of generall councellis:……"

200) Ibid., p. 467:" As the Fatheris under the Law, besides the veritie of the Sacrifices, had twa chiefe Sacramentes, to wit, Circumscision and the Passeover, the despisers and contemners whereof were not reputed for Gods people;………And this Sacramentes, as weil of Auld as of New Testament, now instituted of God,……But also to exercise the faith of his Children, and, be participation of the same Sacramentes,…"

201) Ibid., p. 472.

고 나서 만찬을 들어야 한다. 주 예수의 식탁에 참가할 자는 지식과 회심에 참여한 자들이다."202)

제 24장 시민 관원

"우리는 제국과 왕국과 자치국과 도시들이 서로 구별된다는 것을 고백하고 인정한다. 그것들은 하나님에 의하여서 질서가 세워졌다. 권세와 권위가 동일하다. 그들의 제국 안에 황제, 왕국 안에 왕들 그리고 자치구 안에 영주들과 도시들 안에 관원들이 있다. 그들은 하나님께서 그 자신의 영광을 위하여서 세우셨다. 그리고 인류의 유일한 유익과 편리성을 위하여서 그렇게 하셨다."203)

제 25장 교회에게 주시는 자유로운 혜택

"하나님의 말씀이 비록 참되게 전파되고 성례의 시행이 합당하게 시행된다고 할지라도, 권징이 하나님의 말씀을 따라서 시행되어야 한다. 그것도 참된 교회의 확실하고 불멸하는 표징이다. 유기자들이 택자들과 섞여서 함께 교회 생활을 한다. 그들은 입술로 하나님을 고백하나 마음으로부터 하나님과 멀리 있다. 교회는 그러한 자들을 권징한다."204)

1560년 프랑시스 2세와 결혼한 메리 여왕은 남편과 함께 스코틀랜드의 주권을 행사하였다. 의회의 입법은 그들의 동의를 얻어야 할 필요가 있었다. 이러한 목적 때문에 의회는 제임스 샌딜랜드(James Sandilands) 경을 프랑스로 급파하였다. 메리는 스코틀랜드로부터 온 그녀의 신하들을 그들의 사랑과 충성에도 불구하고 약간 반역자로 간주하였다. 그녀의 태도는 이러하다. 프랑스가 스코틀랜드를 정복할지도 모른다. 그래서 스코틀랜드 지도자들은 잉글랜드와 더욱 동맹을 강화하도하라는 것이다. 그들은 잉글랜드 여왕 엘리자베스와 채텔헤라우스(Chatelherault) 공작(Duke)의 상속자 애런 경(Earl of Arran)이 결혼할 것을 제안했다. 그들은 옛적의 잉글랜드와의 적대적 관계를 잊고 엘리자베스 여왕이 개신교 국왕이라는 사실로 인하여서 친근감을 가지게 되었다. 엘리자베스 측근들과 잉글랜드 개신교도들은 그러한 연합을 반겼다.

스코틀랜드 메리 여왕의 남편 프랑시스 2세가 죽었다. 이 젊은 미망인의 미래

---

202) Ibid., p. 474.
203) Ibid., p. 475.
204) Ibid., p. 477.

에 유럽의 정가가 촉각을 곤두세우게 하였다. 프란시스 2세의 미망인 메리는 원래 스코틀랜드의 여왕이었다. 그는 또한 잉글랜드 국왕의 왕위 서열에서도 매우 가까웠다. 그녀 스스로도 피의 메리 여왕이 1558년에 죽었을 때 자신이 잉글랜드 왕위 계승권자로서 권리가 있다는 사실을 언급하였다. 그때 엘리자베스 여왕은 그 사실을 매우 심각하게 생각하였다.

1570년 교황이 엘리자베스 여왕을 이단으로 정죄하였을 때, 스코틀랜드 메리 여왕은 개신 교회를 대적할 로마 카톨릭 교회의 희망으로 부각되었다. 다행히도 스페인과 프랑스 두 명의 로마 카톨릭 지도자들이 서로 화해할 수 없을 정도로 정치적 맞수였기 때문에 엘리자베스 여왕에게는 좋은 기회가 되었다. 서로 서로의 반목 질시가 엘리자베스 여왕에게 호재가 되었다.

1588년 위대한 스페인 무적함대(great Spain Armada)가 출범하였다. 스코틀랜드에서 프랑스 왕인 프란시스 2세의 죽음은 귀즈가의 몰락을 의미하는 것이다. 그것은 프랑스의 침략으로부터 스코틀랜드가 해방 되는 것이었다. 프란시스 2세의 죽음으로 인하여서 스코틀랜드 메리 여왕은 본국으로 돌아올 수 밖에 없었다. 스코틀랜드를 떠날 때 그녀는 십삼 세 소녀였다. 그러나 이제 어엿한 숙녀가 되어서 돌아왔고 스코틀랜드를 직접 다스릴 수 있게 되었다. 대부분의 스코틀랜드 백성들은 그녀가 돌아오기를 진심으로 바랬다. 그러나 스코틀랜드 백성들은 메리 여왕과 종교를 바라보는 관점은 달랐다. 로마 카톨릭의 고위성직자들은 그녀가 종교 개혁을 원상태로 돌릴 수 있는 능력이 있는 군주로 보았다. 그래서 그녀의 주위에는 로마 카톨릭 성직자들이 많이 둘러있었다.

글래스고우의 대주교(Archbishop of Glasgow)는 1560년 이래로 메리와 함께 프랑스에 있었다. 그는 그녀에게 그의 동료들이 스코틀랜드에서 얼마나 고초를 겪는가를 알려주었다. 그리고 그녀에게 그들의 지지가 있을 것이라는 확신도 심어주었다.205) 그녀는 결국 스코틀랜드의 수도인 에딘베러에 도착하였다. 그리고 거기에는 개신교도의 대표자라고 할 수 있는 그녀의 이복형제 제임스 스트우트 경(Lord James Stewart)을 대면했다. 스코틀랜드 사람들이 메리 여왕의 귀국을 환영했던 이유가 있었다. 프랑스보다 더욱 스코틀랜드 종교에 우호적인 잉글랜드 국왕의 자리가 메리 여왕에게 있기 때문이었다.

엘리자베스 여왕이 죽으면 그 자리를 차지할 수 있는 가장 유력한 계승자가 메

---

205) J.H. Burleigh, A Church History of Scotland, p. 181.

리 여왕이었기 때문이다. 엘리자베스 여왕은 메리 여왕이 잉글랜드를 순방하는 것을 거절하였다. 메리 여왕은 1561년 8월 배로 리드(Leith)에 도착하였다. 프랑스 르네상스 학교에서 교육을 잘 받은 메리 여왕은 매우 지성적이었다. 그러나 그녀는 난해하고 다루기 힘든 스코틀랜드 왕국의 매우 사나운 상황에 직면하였다. 그녀는 로마 카톨릭 신자였는데 그녀가 다스려야 할 스코틀랜드 사람들은 대다수가 개신교도들이었다는 것이 최대의 어려움이었다. 상황은 여전히 유동적이었다. 그래서 메리 여왕에게는 스코틀랜드 교회를 로마 카톨릭 교회로 환원시킬 수 있을지가 난제였다.

1562년 2월에 메리 여왕은 개혁 교회에 호의적인 태도를 보였다. 이러한 태도의 첫 행동은 "치리서"(Book of Discipline)을 제정하는 것이었다. 두 번째 메리 여왕의 에딘버러 방문은 그녀가 프랑스 교회 형태로 미사를 드렸다는 사실이 논란거리가 되었다. 많은 스코틀랜드 사람들은 그러한 미사는 불법적이라고 생각하였다.206)

스코틀랜드 종교 개혁자 존 낙스와 메리 여왕은 서로 이해할 수 없는 사이가 되었다. 스코틀랜드에 들어오기 전부터 메리 여왕은 존 낙스를 가장 위험한 로마 카톨릭의 적이라고 하였다. 그래서 그녀는 존 낙스를 스코틀랜드 왕국에서 가장 위험한 인물로 간주하였다. 존 낙스 또한 메리 여왕이 귀즈가의 후계자라고 하는 사실을 익히 잘 알고 있었다. 여왕 메리는 스코틀랜드 사람들이 그들의 군주에게 절대 복종해야 한다고 생각하였다. 그러나 존 낙스는 하나님의 말씀에 순종하고 죄인들을 꾸짖는 것이 사역자들의 몫이라고 주장하였다. 메리는 존 낙스가 설교하였던 성 가일스(St. Giles)의 예배에 참석하지 않았다. 존 낙스는 즉시 그녀의 미사 참석을 비판하였다. 이렇게 왕권과 귀족들 이하 백성들의 종교적 성향의 차이로 인하여 스코틀랜드는 심한 정치적 분열을 겪고 있었다. 그러나 앞서 언급한대로 메리 여왕이 스코틀랜드에서의 결혼 생활에 매우 심각한 실수를 저지르게 되면서 여왕의 직위를 박탈당하게 되었고, 잉글랜드로 망명을 하게 되었다. 그로 인하여서 스코틀랜드 종교적 상황은 전혀 다른 국면으로 치닫게 되었다.

메리 여왕 이후에 그녀를 계승하여 스코틀랜드 왕으로 등극한 후계자는 그녀의 어린 아들 제임스 6세였다. 그는 매우 어려서 왕이 되었고 결국 섭정을 하기에 이른다. 이것은 스코틀랜드에서 왕권의 약화를 의미하는 것이다. 그리고 이것은 로마

---

206) Ibid., p. 184.

카톨릭 세력의 몰락을 의미하였다. 이렇게 로마 카톨릭 세력이 약화되면서 그 당시 스코틀랜드 안에 로마 카톨릭이 소유하고 있던 많은 재산들이 개신 교회로 이전되었으며, 더 이상 카톨릭은 스코틀랜드에서 세력을 얻지 못하게 되었다.

(2) 제임스 6세의 스코틀랜드 통치 시기

제임스 6세(James VI; 생몰년: 1566년 6월 19일~1625년 3월 27일, 재위기간: 스코틀랜드 통치 기간: 1567년 7월 24일~1603년 3월 24일 36년간, 잉글랜드 국왕 겸임 기간: 1603년 3월 24일~1625년 3월 27일 22년간)라는 명칭은 메리 여왕의 아들로서 엘리자베스 계승자로서 잉글랜드와 스코틀랜드와 아일랜드를 아우르는 명실공히 대영제국의 왕이 되는 제임스 1세가 잉글랜드 왕이 되기 전에 스코틀랜드 통치 시기의 명칭이다. 제임스 6세는 조부 제임스 5세의 뒤를 이어서 왕이 되었다. 1603년 잉글랜드 튜더가문의 마지막 통치자였던 엘리자베스 1세를 계승하면서 잉글랜드 왕위를 겸직하게 된다. 그때에 제임스 왕은 제임스 1세로 그의 호칭을 바꾼다. 제임스 6세는 나이 13세쯤에 친정(親政)을 시작하였다.

1568년 메리 여왕이 권좌에서 물러나서 폐위되고 스코틀랜드를 떠나 망명을 하려 할때 잉글랜드의 엘리자베스 여왕 보호 아래에 있겠다고 고집을 부렸다.207) 그때 메리 여왕의 아들 제임스는 이제 겨우 2살의 나이였다. 제임스 6세는 나이 열세살이 되기까지 섭정아래 놓이게 된다. 그 당시에 섭정은 메리 여왕의 친척 오라비였던 모레이(Moray) 백작이었다. 모레이가 섭정을 할 때 메리 여왕을 지지하였던 자들을 사형시키고자 하였다. 그러나 존 낙스가 그를 설득하여서 겨우 그들은 사면되었다. 그러나 그들의 사면은 곧 모레이 백작의 죽음을 불러왔다. 왜냐하면 여왕의 측근들 중에 해밀턴가의 보스웰호가 모레이(Moray)백작을 무참하게 살해 하였기 때문이다. 1570년 사면을 받은 보스웰호는 모레이 백작이 복잡한 장터를 지날 때 총으로 저격하여 살해하였다.208) 그러자 모레이 백작을 대신하여서 제임스 6세의 외조부로서 단리경의 부친인 레녹스가 섭정이 되었다. 그러나 그도 1571년에 여왕파(Queen's party)에 의하여서 죽었다. 그러자 다시 섭정의 자리는 마의 백작(Earl of Mar)에게로 넘어갔다. 그러나 그도 얼마 살지 못하고 죽었다.

---

207) J.H.S. Burleigh, A Church History of Scotland, London:Oxford University Press. 1960, p. 188.
208) Ibid., p. 188.

그때가 1572년이었다. 이제 섭정의 자리는 모턴 백작에게로 넘어갔다. 그는 국왕파(King's party)였으며 재능은 있었으나 매우 잔인해서 그의 섭정 기간에 소소한 내전이 일어났다.

1573년부터 1580년까지 모턴 백작이 스코틀랜드를 다스렸다. 모턴은 개신교도로 알려져 있다. 모턴이 스코틀랜드를 섭정 할 때, 존 낙스는 그에게 매우 실망하였다. 왜냐하면 그가 로마 카톨릭의 교회 재산을 모두 자신의 소유로 몰수하였기 때문이다. 그로 인하여서 존 낙스에게 그는 자주 책망을 받았다. 그러나 그는 개의치 않았다. 결국 존 낙스는 죽었고, 모턴은 그 이후에도 계속 교회의 재산을 자신에게 가져갔다. 그리고 무엇보다 스코틀랜드 성직자들이 매우 경계하는 주교 제도를 부활하여서 그들이 받는 수입의 대부분을 차지하고 그들에게 극히 일부의 급료만을 지급했다. 이러한 모턴의 탐욕은 결국 얼마 가지 않아서 몰락으로 치달았다. 왜냐하면 제임스 왕이 어느 정도 나이가 들어서 친정을 시작할 수 있었기 때문이다. 제임스 왕은 그의 총신들을 관직에 임명하였다. 관직에 임명된 제임스 왕의 총신들이 모턴이 제임스 왕의 부친의 모살 음모에 간접적으로 개입되었다는 정황을 포착하게 되었다. 제임스 왕은 모턴을 처형하기에 이른다. 끝도 없는 권력을 누리던 모턴은 제임스왕의 손에 처형되었던 것이다. 섭정 기간 동안 개혁가들에게 환영을 받은 섭정은 모레이 백작이다.

모레이는 1559년 이래로 존 낙스의 친구로서 지냈다. 그러나 그 둘의 관계는 모레이가 여왕의 미사와 연결된 레팅톤(Lethington)의 정책에 기울어짐으로서 깨어졌다. 그러나 여왕의 미사와 연결된 정책이 깨어지고 여왕 메리가 단리경과 결혼한 이후에 다시 가까워졌다.209) 모레이의 섭정의 첫 행적은 1567년 12월에 의회를 개회한 것이다. 그때에 1560년의 회의록을 다시 다루었다. 그래서 모든 법률이 개혁 교회에 유리하게 작성되었다. "스코틀랜드 신앙 고백서"(1560년)가 단지 재비준 되었을 뿐만 아니라 왕권 아래에서 모든 사람들이 의무를 지켜야 하는 것으로 만들고 일반 학교와 대학교에서 가르치도록 명령되었다.210)

그러나 맨 나중에 섭정이 되는 모턴은 악하였다. 그는 모든 면에서 개신교회를 자신의 세력 확장의 도구로 이용하였다. 그는 여왕파의 파괴자이면서 개신교주의의 승리자로서 위치에 있었다. 개혁 교회는 그와 다툴 수 없었다. 그는 4년 안에

---

209) Ibid., p. 191.
210) Ibid., p. 191.

그의 이름을 가지고 주교직 제도를 세웠다. 그러나 모턴의 주교 제도는 환영받지 못했다. 어느 누구도 그러한 제도에 찬성하지 않았기 때문이다.211) 스코틀랜드에서 장로교회가 시작되는 시기는 어느 정도 제임스 6세 때이다. 제임스 6세 때까지 계속되었던 스코틀랜드의 종교 개혁은 그 시대에 하나의 방향을 갖게 되었다. 그것은 장로주의라고 하는 매우 놀라운 개혁 교회 교리가 형성되었다는 것이다. 처음 로마 카톨릭주의와의 우상 숭배에 대한 싸움으로부터 비롯된 스코틀랜드의 종교 개혁은 점차적으로 하나의 철저한 개혁 장로교회로 발전하기에 이른다. 그것은 스코틀랜드 개혁주의자들이 참된 종교를 보존하고 증진시키기 위하여서 동맹이나 언약의 형태로 연합되어야 할 필요성을 가지게 되었기 때문이다. 그리고 하나님의 섭리에 의하여서 교황주의의 전체 체계가 무너졌기 때문이기도 하다. 스코틀랜드에 장로주의가 형성될 수 있는 전 국가적 바탕이 형성되었다. 스코틀랜드 제임스 왕이 잉글랜드의 제임스 1세가 된 이후에 잉글랜드에서 스튜어드 왕조가 되었다. 잉글랜드 스튜어드 왕가는 표면적으로 스코틀랜드 종교 개혁에 대하여서 지지하는 입장이었다.

그러나 실지로는 매우 심각하게 스코틀랜드 종교 개혁을 저지하고 방해하고 축소시키려고 하였다.212) 때문에 비록 제임스 6세가 공적으로 스코틀랜드 교회를 세상에서 가장 신실하고 순수한 교회라고 천명하였을지라도, 그는 잉글랜드 왕이 된 이후에 종교 개혁의 아름다움과 위대한 업적들을 손상시켰다. 그리고 그 법적인 질서를 뒤집어 버렸다.

1572년에 이미 대주교의 이름과 직책이 교회에게 주어져 있었다. 이에 대하여서 1580년 총회는 "이러한 직책들은 하나님의 말씀으로 지지를 받지 못한다"고 천명하였다. 그러나 여전히 제임스 왕은 장로주의(presbyterianism)에 대하여서 반감을 가지고 있었다. 그는 물심양면으로 감독 교회 제도를 세우려고 애썼다. 헛되이 스코틀랜드 사역자들은 그들의 군주의 할례 받지 못한 귀에다 대고 외쳤던 것이다.

1606년에 잉글랜드 왕이 된 제임스 1세는 자신을 교회와 국가의 수장으로서 천명하였다. 그리고 주교 제도를 복구 시켰으며 그들에게 예전의 지위와 권력을 맡겼다. 그리고 장로주의자들과 대회들에게 주교나 그들의 감독관을 항구적 의장

---

211) Ibid., p. 195.
212) The Author, History of the Covenanters in Scotland.vol.1. Edinburgh: 1837, p. 14.

(constant moderators)으로 세울 것을 강요하였다.213)

스코틀랜드 왕으로서 제임스 재위 5년 1572년 11월 24일 위대한 종교 개혁자 존 낙스는 그의 생애를 마친다. 그의 나이 67세였다. 그는 성 가일스의 교회 묘지에 묻혔다. 그 당시 섭정이었던 모턴은 그의 조사에서 "여기에 하나님 한 분 이외에 어느 누구도 두려워하지 않은 사람이 잠든다"라고 그의 죽음을 애도하였다.214)

1574년 앤드류 멜빌(Andrew Melville)은 제네바 대학교에서 베자로부터 수학을 하였고 그의 고국으로 돌아왔다. 그리고 글래스 고우(Glasgow) 대학의 학장(principle)으로 선임되었다. 그는 대학교에서 교편을 잡으면서 그의 성직을 수행하였다. 곧 그의 명성은 스코틀랜드에 알려졌다.

1575년 에딘버러의 성직자였던 존 두리(John Dury)가 총회에 보낸 질의서에서 지금 스코틀랜드 교회에 있는 주교 제도가 하나님의 말씀에 부합한지 그렇지 아니한지에 대하여서 물었다. 그때에 총회는 앤드류 멜빌(Andrew Melville)과 데이빗 린세이(David Lindsay)를 포함한 6명의 학자들에게 그 문제와 관련하여서 연구하고 보고하도록 하였다. 그들은 그에 대한 답변을 즉각적으로 주었다.

"주교라는 이름은 하나님의 말씀을 가르치는 개교회 양떼를 살피는 감독과 같은 것으로서 그는 말씀 사역과 성례 시행과 교회 권징의 시행을 책임 맡는다. 주교들도 총회의 결정을 따라서 선임되어야 한다."215)

1576년 4월에 다시 이 문제를 논의하였고 다수에 의하여서 학자들의 견해를 인정하였다. 1578년 4월에 총회는 치리서(Book of Discipline)를 통과시켰다. 불행히도 이러한 결정은 섭정과의 마찰을 일으켰다. 이런 상황에서 잉글랜드의 월터 트레버스와 토마스 카트라이트의 신학적 결과들은 스코틀랜드의 치리서 결정에 중요한 자료가 되었다. 이러한 치리서는 세속 정부와 교회 정치 사이의 구별을 분명하게 한 것이었다. 그것은 칼의 권세와 열쇠의 권세가 서로 같지 않다는 것이다. 교회가 부패하였을 때, 기독교 관원들과 경건한 군주는 교회를 정화하기도 한다. 그러나 사역자가 합법적으로 사역을 행할 때 기독교 관원들과 경건한 군주들은 그런 사역의 기능들과 공정성이 보존되도록 도와주어야 한다. 넓은 의미로서 교회의 직원의 종류는 다음과 같다. (a) 목사, 목회자, 주교 (pastor, mininster, bishop)

---

213) Ibid., p. 15.
214) J.H.S. Burleigh, A Church History of Scotland, p. 195.
215) Ibid., p. 197.

(b) 박사와 교사들(doctors and teachers) (c) 치리 장로들 (d) 집사들이다. 이러한 모든 기능들은 지교회를 섬길 때에 매우 긴요하다. 목사들은 말씀의 사역자들이다. 그리고 그들은 성례의 시행자들이며 양떼들을 돌보는 자들이다. 치리 장로들은 목사들과 연합하여서 교회 치리에 관한 선한 질서와 시행을 수립하기 위하여서 행한다. 그것은 영적 직무이고 합법적으로 서로 번갈아서 봉사하는 것이다.216)

1560년에 치리 장로들은 사역자들과 치리회에서 동등한 권세가 있었으나, 그들의 직무는 사역자들의 직무와 구별되었다. 교회의 정치 구조는 치리회에 의하여서 결정되었다. 치리회는 목사들과 치리 장로들로 구성된다. 그리고 그러한 치리회는 당회, 노회, 대회, 총회, 국가회, 국제 종교 회의가 있다. 그 회의는 적당한 때에 만나서 안건을 결정하고 파회하는 것이다. 그러한 치리회의 목적은 순수하게 종교와 교리를 보존하고 그것을 위하여서 죄악에 대한 권징과 치리를 시행하는 것이다.217) 모든 교황주의적 요소들은 철폐되었다. 주교들도 목사들과 같은 직급이 되었다. 총회는 자유롭게 만났으며, 교회적 문제를 결정하였다.218)

1589년 스코틀랜드 제임스 왕은 그의 덴마크 신부를 맞이하려고 덴마크로 갔다. 1590년 8월 총회에서 제임스 왕은 스코틀랜드 교회에 대하여 다음과 같은 선언을 하였다. "스코틀랜드 교회는 세상에서 가장 신실한 교회이다. 그러나 이웃하는 잉글랜드 교회는 악하고 미사에 아직도 찌들어있다." 그리고 그는 약속하기를 자신의 생애를 바쳐서 스코틀랜드 교회를 보존할 것이라고 하였다.

1592년 총회 회의록에서 장로교회 대헌장(The Charter of Presbytery)을 작성하였다. 그것은 스코틀랜드에 속한 모든 교회의 자유와 권리와 면책을 비준하는 것이었다. 그 회의에서 총회는 일 년에 한번 모이는 것으로 되었다. 혹은 군주나 그의 위원회가 요청할 때 회합할 수 있는 것으로 하였다. 그리고 다음 장소와 시간을 결정하고 해산하였다. 총회(General Assembly) 아래에 있는 치리회의 종류는 대회(Synode)와 노회(Presbytery)와 당회들(Particular session)이 있다. 감독회의(Episcopal jurisdictions)는 폐지되었다.219)

1596년 앤드류 멜빌은 제임스 1세를 책망하였다. 앤드류 멜빌은 제임스 1세를 게으른 왕 제임스라고 말하면서 그는 하나님의 어리석은 그릇이라고 말하였다. 그

---

216) Ibid., p. 199.
217) Ibid., p. 200.
218) Ibid., p. 201.
219) Ibid., p. 204.

리고 그는 자신이 두 나라에 속하였는데 그리스도 예수께서 왕이 되시는 나라가 있고 그 아래에 제임스 왕의 왕국이 있다고 하였다.220)

1600년 3월 몬트로스(Montrose)에서 다음 총회가 열렸다. 제임스 1세가 참석하였고 대회로부터 올라온 보고서를 듣고 나서 회의 절차를 따라서 여러 가지 안건들의 처리 기간과 제목들을 살펴보았다.

1602년 11월에 총회가 개회되었고 그 총회에서는 1604년 7월에 에버딘(Aberdeen)에서 만나기로 하였다. 그러나 한편으로 제임스 왕은 강력한 야망을 드러내었다. 그는 1603년에 평화롭게 잉글랜드의 왕권을 물려받자마자 돌변하였다. 그는 스코틀랜드에 그의 신하들을 그대로 내버려 두고 런던으로 입성하였다. 그는 잉글랜드에서 주교들에게 보필을 받게 되었다. 잉글랜드에서 종교적으로도 보필을 받자 제임스 1세는 스코틀랜드에서 고분 고분하지 않은 성직자들의 태도에 염증을 느꼈다. 제임스 1세의 허영심이 모든 것을 삼켜 버렸다. 그는 옛 잉글랜드 국교회 체계의 혜택을 누리게 되었다. 그는 매우 교묘하게 행동하였다. 첫 번째 그는 총회의 권한을 축소하려고 하였다.

1604년에 개회하기로 한 총회를 왕은 일 년 동안 연기하였다. 그러나 더 멀리 연기된 것이 정해졌을 때에, 19명의 어떤 사역자들이 1605년 7월에 에버딘에서 만났다. 그리고 그해 9월에 다시 만났다. 그들은 추밀원에 소환되어서 그들의 행적에 대하여서 답변하였다. 그리고 그들은 반역죄로 정죄되고 추방되었다.

1606년에 멜빌 형제와 6명의 다른 형제들이 런던으로 소환되었다. 저명한 앵글리칸 성직자들에 의하여서 설교의 과정에 대하여서 압박을 받았으며, 잉글랜드 국교회 주교들이 그들에게 감독제도의 우월성을 설명하였다. 그러나 이것은 효과가 없었다. 앤드류 멜빌은 켄터베리 대주교 뱅크로프트(Bancroft)에게 반박 하였다. 그리고 제임스 1세에게도 반박하였다. 스코틀랜드 주교들이 빠르게 왕의 측근들로 가득 채워졌다. 제임스 1세는 1587년 의회에 의하여서 결정된 아넥션 결정록(Act of Annexation)을 무효로 하고 그들의 재산을 회복시켜 주었다. 제임스 1세는 한 걸음 한 걸음 특별하게 결정된 치리회의 결정을 치리회의 동의도 없이 폐지시켰다. 그래서 주교들의 교회적 치리권을 회복시켰다.

1617년에 제임스 1세 왕은 잉글랜드 왕이 된 이후에 처음 북쪽 왕국을 방문하였다. 스코틀랜드 의회는 교회의 재조직을 완성하였다.221) 그러나 왕의 제안은 사

---

220) Ibid., p. 205.

실상 총회를 폐지하는 것이었다. 그리고 다음으로 스코틀랜드의 예배를 뜯어 고치려는 것이다. 제임스 1세는 스코틀랜드 교회에게 예배 시에 앵글리칸 예배 의식을 따라 드리도록 강요하였다. 그리고 주교들에 의하여 도입된 예배를 따르라고 하였다.

1618년에 퍼스(Perth)에서 열린 총회 앞에서 그는 예배에 대하여서 5가지를 내놓았다. (1) 그리스도의 몸과 피를 받을 때에 무릎을 꿇을 것 (2) 사적으로 환자들에게 사역할 것이다. (3) 필요하다면 각 가정에서 개인적으로 세례를 베풀어도 된다. (4) 8세 된 아이들은 주교에게 데려가서 견신례를 하라 (5) 그리스도의 탄생과 고난과 부활과 승천과 성령 보내신 날을 정해서 기념하라222) 이러한 퍼스의 5개 조항은 스코틀랜드 장로교회의 역사에 있어 두고 두고 큰 논쟁거리가 되었다. 1603년까지 스코틀랜드 총회가 잉글랜드로 입성하기 이전 제임스 1세와의 충돌을 통하여서 얻어낸 값진 개혁의 성과들이 제임스 1세가 잉글랜드의 왕위에 오른 이후에 물거품이 되어 버렸다.223)

---

221) Ibid., p. 207.
222) Ibid., p. 208.
223) Ibid., p. 209.

제 3 부 제임스 1세 시대의 잉글랜드와 스코틀랜드 종교 개혁사

[개 관]

　제임스 1세 시대는 스코틀랜드와 잉글랜드 모두 종교적으로 격변하는 시기 이다. 이 시기를 거치게 되면 스코틀랜드에서 종교 개혁은 어느 정도 장로교회로 형성되고 잉글랜드에서는 그러한 스코틀랜드의 개혁을 따라 가고자 하는 형태로 나아가려고 한다. 그러나 잉글랜드와 스코틀랜드의 국왕을 겸임하고 있는 제임스 1세는 그야말로 잉글랜드의 왕이 되고 나서 스코틀랜드 교회와의 협약을 모두 다 어겨 버린다. 그러한 제임스 1세의 파행적인 종교 정책은 후에 찰스 1세 때 잉글랜드 내전으로 치닫고 스코틀랜드에서는 국민 언약(1638년)과 엄숙 동맹(1643)으로 이어지며 영국의 내전으로 치닫는 불씨를 제공한다.

　제임스 1세 시대는 왕의 권력과 의회의 권력이 점차적으로 충돌 일보 직전으로 치닫게 된다. 이 기간에 잉글랜드는 퓨리탄 운동이 절정에 이르고 그러한 퓨리탄 운동은 하나의 거대한 종교 개혁으로 나아갈 수 있게 되었다. 각지에서는 학식 있는 성직자들이 속속히 일어나고 그러한 개혁주의 성직자들의 가르침으로 무장된 평신도들도 하나 둘씩 종교 개혁에 동참하기에 이른다. 그리고 그들은 그러한 종교 개혁을 통하여서 잉글랜드 안에 하나의 일치된 교회 정치를 통한 하나의 교회를 세우려고 한다. 그러나 잉글랜드 퓨리탄들의 활동은 번번이 제임스 1세에 의하여서 억압을 받는다. 결국 그것은 찰스 1세 때 의회의 반란으로 나타났고 왕당파와 의회파의 싸움으로 치닫는다. 그것이 잉글랜드 내전(Civil War)이다. 찰스 1세의 부친 제임스 1세 때 그 모순이 이미 극에 달한 상태였다. 그러나 스코틀랜드는 성실하고 정직하게 종교 개혁을 이루게 된다.

제 1 장　제임스 1세 시대의 잉글랜드의 종교 개혁

제임스 1세 (James VI;1566년 6월 19일~1625년 3월 27일, 재위기간: 스코틀랜드 통치 기간: 1567년 7월 24일~1603년 3월 24일 36년간, 잉글랜드 국왕 겸임 기간: 1603년 3월 24일~1625년 3월 27일 22년 간) 부터 시작된 잉글랜드의 스튜어드 왕가는 잉글랜드 교회에 더 많은 재앙을 가져다 주었다. 그 기간 동안의 4명의 스튜어드 왕들은 잉글랜드의 시민적 권리에 적대적이었다. 그들은 초법적으로 다스렸다. 그래서 임의로 세금을 거두어 들였고 의회의 존재를 없애려고 애썼다. 종교에 관해서는 프로테스탄트의 목소리를 억압하였으나 그렇다고 로마 카톨릭의 좋은 후원자도 아니었다. 잉글랜드의 스튜어드 왕가는 두 종교 사이에서 반쪽 길을 갔다.

스코틀랜드 제임스 6세가 잉글랜드 제임스 1세가 되었을 때 그의 나이는 36세였다. 그는 잉글랜드 왕으로 22년을 다스렸다. 그는 1589년 덴마크 공주 앤(Anne)과 결혼하였다. 그녀로부터 그는 3명의 자녀를 얻었다. 웨일즈(Wales)의 헨리 왕자는 19세가 되기 전 1612년에 죽었다. 제임스 1세의 딸 엘리자베스는 1613년에 팔라틴의 선제후와 결혼하였다. 그리고 제임스 1세의 장남 찰스 1세는 부친을 이어서 잉글랜드의 왕이 되었다. 스코틀랜드에서 제임스 1세가 가졌던 종교적 견해로 인하여서 잉글랜드 퓨리탄들은 많은 기대를 하였다. 그러나 그는 잉글랜드 왕이 되고 나서 돌변하였으며 전혀 다른 사람이 되었다 224)

원래 제임스 1세로는 로마 카톨릭 부모로부터 태어났었다. 그러므로 그는 로마 카톨릭 관습에 따라서 유아 세례를 받았다. 그러한 그의 교육 배경으로 보았을 때 그가 스코틀랜드에서 보여준 장로 교회에 대한 호의적인 태도는 단지 스코틀랜드의 장로교회적 세력에 대한 타협적인 측면이 강하였다. 그러나 1603년에 잉글랜드 왕이 되고부터 제임스 1세는 스코틀랜드와 잉글랜드의 국왕을 겸임하면서 세력이 커지게 되자 퓨리탄들과 자주 갈등을 일으켰다. 제임스 1세가 런던에 입성하자

---

224) Daniel Neal, The History of the Puritans. vol. 1. London: 1837. p. 389.

잉글랜드 퓨리탄들은 천명 서명으로 된 청원서(petition)를 제출하였다. 그것은 일천 명의 손으로 서명이 되었기 때문에 그렇게 명명 된 것이다. 그 청원서 제목은 이러하다. "확실한 의식 남용의 개혁을 희구하는, 잉글랜드 교회 사역자들의 겸손한 청원서"(The humble petition of the ministers of the church of England, desiring reformation of certain ceremonies and abuses of the church)이다. 그것은 그리스도의 신실한 사역자들이 겸손하게 약간의 교권 남용을 시정하려고 하였던 것이다. 그 청원서는 다음과 같은 내용들로 되어있었다. 1. 교회 의식들(church service) - 세례 시에 십자가를 긋는 것과 유아에게 문답식을 하는 것과 여자들에 의하여서 세례가 베풀어지는 것과 견신례 등은 철폐되어야 한다. 그리고 교회 음악은 절제된 것이어야 한다. 주일은 더럽혀져서는 안 된다. 다른 절기들은 지켜져서는 안 된다.(nor the observation of other holidays strictly enjoined) 정경이외에는 다른 어떤 외경이나 위경도 교회 안에서 읽어서는 안 된다. 2. 사역자들에 관하여서 - 역량이 없는 사람은 사역자가 될 수 없다. 그들은 주의 날에 강설할 의무가 있다. 사역자가 임지가 없는 것은 허락되지 않는다. 성직자의 혼인은 정당하고 합법적이다. 사역자들은 왕의 강제에 의하여서 종교적 서명을 강요당하지 않는다. 3. 교회 - 주교들은 그들의 교권들을 버려라. 4. 교회 권징에 대하여서 - 출교와 권징은 관원에 의하여서 시행될 수 없다. 그들은 성직자들과 상의 없이 사람들을 권징할 수 없다.225)

레이놀즈(Dr. Reynolds)는 퓨리탄의 이름으로 가능한 형태를 취하여서 논쟁점의 주요한 것을 지적하였다. 1. 하나님의 말씀을 따라서 순수하게 교회의 교리가 보존되기를 바란다. 2. 훌륭한 목회자들이 모든 교회에 임직하여서 동일한 교리를 강론할 것을 바란다. 3. 교회 정치는 하나님의 말씀을 따라서 신실하게 운영되기를 바란다.226) 그러나 대주교들과 그 추종 세력들은 왕이 잉글랜드에 최고위 성직자라고 고백하였다. 그들은 개혁자들을 사납고 당파적이고 사려가 없고 교회와 국가를 혼돈케 한다고 감정적으로 헐뜯었다.227)

그러나 퓨리탄들의 주장은 정당하게 논의되었고, 전체적으로 연구되었고, 근접한 일치를 보았다. 평화로운 협정이 적어도 서로 간에 이루어졌다. 그러나 왕이 방

---

225) Ibid., p. 392.
226) Rev.Htherinto, **History of the Westminster Assemble or Divines**, p. 62.
227) Daniel Neal, **The History of the Puritans**. vol. 1. p. 392.

해하기 시작하였다. 그리고 비난하고 소동을 부렸다. 신하들은 어이없다는 듯이 웃었고, 고위성직자들은 슬며시 넘어가려고 했다. 그래서 왕의 방해와 비난을 퓨리탄들에게로 돌렸다. 왕은 다시 그의 선언을 반복하였다. "주교 없이 왕도 없다." 이 것은 고위 성직자들에게 권력을 계속 맡기며 그들을 자신이 다스리고자 하는 속셈이었다. 이는 교회에 대한 지배를 강화하려는 책략이었다. 그날의 폐회 즈음에 레이놀즈 박사에게 다른 제안이 없느냐고 물었다. 그러자 그는 "더 이상 없습니다. 폐하"라고 말하였다.

세 번째 날의 회합의 큰 부분은 왕과 고위성직자들이 고등 판무관(High Commission)과 관련되어지는 일들에 대하여서 기도서(Prayer-Book)에서 제안한 것을 마음대로 결정하는 일이었다.228)

1604년 주교 회의(Convocation)에서 뱅크로프트(Bancroft)가 의장이 되었다. 화이트기프트(Whitgift)가 그 해에 죽었다. 그들은 회의 개최 이후에 에드워드와 엘리자베스 통치 기간 동안의 교회법(the Book of Canons)을 모았다. 그것은 141개 정도였다. 이 교회법은 주교 회의에서 찬성되었고 왕에 의하여서 인준되었다. 그러나 의회법으로는 비준되지 못했다. 그래서 그것은 법률로서 효력을 가지고 있지 않았다. 이러한 법률집들은 퓨리탄에 대하여서 반대적인 입장으로 정리되어 있었다. 그 법률집은 서임에 대한 개인적인 것도 설교에 대한 의무도 없는 형태였다. 그리고 요리 문답을 가르치는 것에 대하여 부정적이었다. 뱅크로프트(Bancroft)는 화이트기프트(Whitgift)의 질병으로 공석이 되었던 캔터베리 대주교의 자리에 임명되었다. 그리고 즉시 퓨리탄들에게 극단적인 위협을 가하면서 그 법률집에 서명할 것을 요구하였다. 거부하는 자들에게는 극형을 처하겠다고 압박하였다. 상당한 수의 사람들이 극단적인 고통을 느끼며 물러났고, 어떤 사람들은 그들 자신들의 신변의 위협을 느껴서 핍박을 피해 외국으로 망명하였다.229) 이러한 극심한 핍박에도 불구하고 퓨리탄들은 자신들의 원리를 지킬 것을 결의하였다. 그 핍박은 단지 핍박을 넘어서 추잡한 종류의 중상과 비방도 있었다. 그리고 야심 넘치는 교회 사람(church man)들은 퓨리탄들을 혐오하는 어두운 거친 비어와 악담을 쏟아 놓았다. 이러한 비난에 대한 답변으로 퓨리탄들의 저서가 출판되기 시작하였다. 아메스 박사(Dr Ames)가 "잉글랜드의 청교도주의"(English Puritanism)라는 저서를 라

---

228) Rev.Htherinto, **History of the Westminster Assemble or Divines**, p. 64.
229) Ibid., p. 65.

틴어로 후에 번역하였다. 그것은 외국에도 퓨리탄 정신을 알리기 위함이었다.

1601년에 매우 난폭한 일들이 고위 성직자들로부터 있었다. 그들은 위험한 원리들을 공언하였다. 그들은 퓨리탄들을 핍박하기 위하여서 악한 법령들을 쏟아냈다. 잉글랜드 의회는 고등 판무관의 불법적이며 폭군적인 행동에 대하여 퓨리탄들의 권리를 변호하였다. 그러한 자유의 정신에 반대하여서 잉글랜드 왕은 뱅크로프트(Bancroft)의 조언을 받아들여 의회를 해산시켜 버렸다. 이러한 전횡적 행동은 그의 아들 찰스 1세 때도 있게 된다. 그러나 그러한 폭군적 전횡이 오히려 그들의 왕권이 전복되는 원인이 되었다.

1605년에 퓨리탄들이 공동 기도서(The Book of Common Prayer)의 미신적 요소(superstition)를 지적하였다. 그들은 공동 기도서(The Book of Common Prayer)를 반대하였다. 퓨리탄들이 지적한 공동 기도서의 문제점에 대하여서 살펴보고자 한다.

1. 정경적 성경의 가장 큰 부분이 공적 예배에서 읽혀지지 않았다.
2. 외경의 기록들에 대하여서 너무 큰 경의를 표한다. 그것이 너무 자주 읽혀지고 무엇보다 성경이라는 미명하에 너무 많은 비중을 차지한다.

3~7. 공동 기도서는 하나님의 말씀에 반대되는 것으로 간주되는 의식들의 사용과 연결되어있다. 그것은 하나님의 말씀과 달리 예배에 있어서 여러 의식들이 남발되고 있다. 그러한 의식들은 교황주의자들에 의하여서 우상숭배와 미신으로 오용되고 있다. 그러한 의식들은 교회 안에 필요가 없다. 그것은 세 가지 정도이다. 첫째는 성직자들이 입는 예식복(surplice)이다. 이것은 성직자직의 남용이다. 모든 사제들이 이 예식복을 입는데 그것은 교황주의적이다. 둘째는 십자가를 긋는 것이다. 마법의 힘을 깨고, 질병을 퇴출시키고, 퇴마를 위하여서 긋는 십자가 기호는 미신적이고 우상 숭배적이다.

8. 성례 시에 무릎을 꿇는 것은 오용된 것이다. 그것은 성찬식의 잔과 떡을 화체설로 보는 관점에서 그렇게 하는 것이다.230)

일군의 퓨리탄들은 자신들에 대한 지속적인 핍박과 그로부터 벗어날 소망이 없어 보이자 대륙으로 피신하기에 이른다. 그들 중에서는 로버트 브라운(Brown)에 의하여 가르침을 받은 극단적 분리주의자들이 네덜란드로 망명을 하기에 이른다. 이들 중에 헨리 야곱(Henry Jacob)이 있었다. 그는 네덜란드로 망명해서 레이든

---

230) Daniel Neal, The History of the Puritans. vol. 1. p. 428.

시의 회중 교회 목회자였던 로빈슨 씨 (Mr Robinson)와 함께 연합한다. 로빈슨 씨는 1616년에 잉글랜드로 돌아와서 그의 가르침을 고통 중에 있었던 독립파 퓨리탄들에게 가르쳤다. 그들은 철저한 국가 교회의 개혁에 대한 소망이 없었기 때문에 스스로 전적으로 잉글랜드 교회로부터 분리하는 것을 생각하였다. 그리고 그러한 교회는 단지 교회 연합 형태를 가지고 기독교 서임을 유지하려는 정도였다. 그들은 야곱씨(Mr Jacob)를 그들의 목회자로 선택하고 집사들을 선출했다. 그것이 최초의 잉글랜드 독립 교회의 첫 회중이었다.231) 홀랜드의 브라운주의자 (Brownist)들 중에 잘 알려진 목회자는 레이든의 존 로빈슨(John Robinson)이다. 그는 독립교회주의자들의 아버지라고 할 수 있다. 존 로빈슨이 목회하는 교회 회중들 중에 나이 많은 사람들이 사망하게 되자 점차로 기울어졌다. 그리고 그들의 자녀들이 홀랜드 사람들과 혼인을 많이 했다. 그들은 어떻게 그들의 교회와 종교를 유지할까 고심한다. 하늘을 향한 엄격한 서약을 한 후, 더 젊은 회중들은 미주 신대륙으로 이민을 염두에 둔다. 그곳은 그들이 종교의 자유를 누릴 수 있는 곳이기 때문이다. 그러자 그들의 친구들과 그들을 따르는 지역 사람들이 함께 이주하기를 희망하였다. 결국 그들은 잉글랜드로 들어가서 왕의 허락을 받고 몇몇 상인들의 도움으로 미주 신대륙으로 떠난다. 약 60톤급 작은 배와 120명 정도의 선원을 태우고 그 선박은 홀랜드로 향했다. 로빈슨은 그 회중들을 위하여서 금식하고 기도하며 그들의 떠날 것을 준비시켰다.232)

 1618년에 강력한 충돌이 고위성직자들 그룹과 퓨리탄들 사이에서 일어났다. 그것은 오락의 책(king's Book of Sports)의 출판으로 비롯되었던 것이다. 이 책은 퓨리탄들의 확산을 막기 위하여서 제임스 1세와 영국 국교회가 주도하여서 출판하였던 책이다. 이 책은 주교 모튼(Bishop Moreton)에 의하여서 저술되었다. 그리고 왕의 지도로 1618년 5월 24일 출판되었다. 그 책의 출간의 평계는 다음과 같았다. "안식일을 지키는 것에 대한 퓨리탄들의 엄격함이 많은 사람들을 소외시켰다. 그리고 그들을 제수이트파(Jesuits)의 유혹에 노출되도록 방치하였다. 그들로 교황주의를 부추기게 하였다. 그래서 이러한 사태를 막기 위해서 폐하가 제안한 것이다." 그러나 이것은 사람들이 종교에 있어서 더욱 주의 깊게 교육받아야 함에도 불구하고 신적 예배 이후에 레크레이션, 춤, 궁술, 술래잡기, 경마대회, 부활절 축제, 모

---

231) Rev.Htherinto, **History of the Westminster Assemble or Divines**, p. 68.
232) Daniel Neal, **The History of the Puritans**. vol. 1. p. 477.

리스 춤 같은 여흥을 주일에 즐기게 된 것이다.233) 그러나 퓨리탄들에게 주의 날은 그들의 종교적 의무를 다하고 하나님의 말씀 안에 자신들의 영혼의 안식을 추구하는 날이다. 엘리자베스 여왕도 퓨리탄들의 안식일 설교를 금지시켰다. 그것은 백성들이 주의 날에 대하여서 그렇게 생각할까 하는 우려에서 나온 것이었다. 제임스 1세도 동일한 생각으로 그날을 "레크레이션의 날"(Recreation's Day)로 생각했다. 그들은 그날을 단지 오락하는 날로 간주해서 매우 위험한 놀이들을 시도하려고 하였다.234)

퓨리탄들은 이런 폭력적인 강요에 대하여 다음과 같이 그들의 견해를 피력한다. "이유는 명백하다. 주의 날을 소중히 여기는 신자들은 왕의 명령에 노예가 될 수 없다. 패역한 통치자들은 완전한 폭정을 성취하고자 욕망하는 자들이다. 경건한 사람들은 엄숙하고 고상하게 생각하고 또 생각해야 한다. 그러므로 이러한 정부의 시도에 반대해야 한다. 종교는 하나님의 말씀으로 기뻐하는 곳에 그 자리를 내주어야 하고 하나님께서 거룩하게 하신 날은 모든 방탕한 종류의 레크레이션에 의하여서 신성모독을 받아서는 안 된다는 것이다."

이 오락의 책(The Book of Sports)은 랑카시르(Lancashire)의 교구 교회(parish churches) 안에서 읽혀지도록 명령이 되었다. 이 책은 왕국 안에 신속하게 퍼졌고 이전 캔터베리의 대주교로 있었던 뱅크로프트(Bancroft)를 계승한 아보트(Abbot)가 거부하였다.235) 뱅크로프트의 계승자 아보트(Abbot)는 건전한 개혁주의자였고 철저한 칼빈주의자였으며 교황주의자들에 대하여 대적자였다.236)

1617년은 학식 있는 열정적인 개혁주의자 폴 바인스(Paul Baynes)가 죽은 해이다. 그는 런던에서 태어났으며, 캠브리지에 있는 기독 대학(Christ College)에서 교육받았다. 그는 세인트 앤드류 교회에서 퍼킨스를 계승했다. 바로 그때에 뱅크로프트가 사람을 보내서 국교회법(the Book of Canons)에 서명할 것을 요구하였다. 그러나 바인즈는 거부하였다. 이렇게 바인즈는 국교회의 대주교에게 좋지 않은 인상을 주었다. 그는 캠브리지에서 설교하였으며 고요하게 지냈다. 그러나 1617년의

---

233) Rev.Htherinto, **History of the Westminster Assemble or Divines**, p. 68:"after divine service, they should be indulged in such recreations as dancing, archery, leaping, May-games, Whitsunales, morrice-dances, setting up of May-poles, and such like amusements."
234) Ibid., p. 69.
235) Ibid., p. 69.
236) Daniel Neal, **The History of the Puritans**. vol. 1. p. 450.

큰 핍박 가운데서 생을 마쳤다.237)

　1618년 11월 13일 대륙의 네덜란드에서는 칼빈주의 교리를 정립하기 위한 종교 회의가 도르드레히트에서 있었다. 그 회의에서 도르드레히트 신앙 고백이 결정되었다. 그것은 전적 타락, 무조건적 선택, 제한 속죄, 불가항력적 은혜, 성도의 견인 교리를 정립하였다.(TULIP) 그 종교 회의는 그 다음해 5월 29일까지 계속되었다. 도르드레히트 신앙 고백은 교리적으로 벨직 신앙 고백서를 계승하는 것이었다.238)

　1617년에 잉글랜드의 왕 제임스 1세는 스코틀랜드에게 감독교회를 강요할 뿐만 아니라 에딘버러에 열 두 사도의 동상을 세우고 그것을 에딘버리의 교회 안에 설치하도록 하였다. 제임스 1세는 거드름을 피우며 스코틀랜드 사람들을 자기의 종교 정책에 종속시키려고 하였다. 그의 취지가 스코틀랜드 의회와 총회에 보고되었다. 제임스 1세는 왕에게 교회 정치를 좌우 할 권한이 있다고 말하면서 자신의 종교 정책에 스코틀랜드 교회가 협조할 것을 요청하였다. 대부분의 고위 성직자들과 대주교들과 주교들은 이에 동조하였다. 그러나 일선 성직자들은 거부하였다. 대표적인 성직자는 포베스(Mr. Forbes)와 저명한 칼더우드(Calderwood)였다.239) 그 다음 해인 1618년 8월 25일에 제임스 1세는 퍼스에서 회합을 가질 것을 총회나 고위성직자 회의에 통보하였다. 그때에 참가자는 주로 귀족들 남작들, 의원들 그리고 대변인들이었다. 그리고 그 회합에서 퍼스의 5개 조항이라는 교회법이 결정되었다. 그 조항이 이러하다.

　1. 성례(Holy sacrament)시에는 무릎을 꿇어야 한다.

　2. 사역자들은 병자들 중에서 만약 원하는 자들이 있을 때에, 개인집에서도 성례를 집행해야 한다.

　3. 사역자들은 필요한 경우에 사적으로 아이들에게 세례를 베풀 수 있다. 그리고 그것은 다음 주의 날에 회중에게 인증을 받을 수 있다.

　4. 사역자들은 그들의 교구 아이들을 가르치기 위하여서 데려와야 한다. 그리고 반복적으로 주기도문과 신경들과 10 계명을 읽도록 해야 하며, 주교들이 그들에게 견신례를 행하고 그 아이들에게 복을 빌어 주어야 한다.

---

237) Ibid., p. 463.
238) Ibid., p. 466.
239) Ibid., p. 469.

5. 크리스마스(Christmas)・부활절(Easter)・오순절(Whitsuntide)・주님의 승천일(ascension) 등은 스코틀랜드 교회 안에서 장래에 기념이 되어져야 한다.240) 제임스 1세는 이것을 출판하라 명령하였다. 그리고 사역자들은 그들의 학생들에게 가르치라 명령하였다.

수많은 퓨리탄 사역자들이 이 조치를 거부하였다. 이에 대하여 왕은 불쾌함을 표현하였으나 형벌을 가하지는 않았다. 퍼스 총회에서의 투표는 그 조항을 법적으로 받아들이기에 턱없이 부족한 지지표가 나왔다. 그래서 왕은 그 조항을 의회에서 다루려고 하였다.

1621년 6월 1일에 의회가 개회되었다. 사역자들(Ministers)은 의회에서 퍼스의 5개 조항의 부당함을 호소하였다. 많은 수의 사람들이 사역자들(Ministers)의 입장을 지지하였다.241)

그 해에 윌리엄 브래드쇼우(William Bradshaw)가 죽었다. 그는 1571년에 레이세트터쉬르(Leicestershire)에 보스워드(Bosworth)에서 태어났다. 그리고 캠브리지의 임마누엘 칼리지에서 교육을 받았다. 그는 나중에 이주하여서 시드니 칼리지의 동료 교수로 허락되었다. 그는 그곳에서 목회자가 되었다. 그는 아빙돈(Abingdon)에서 첫 설교를 하였다. 1601년에 그는 캔트(Kent)에 있는 챠담(Chatham)에서 정착하였다.242)

1622년 잉글랜드 교회는 탁월한 저술가이고 설교가였던 니콜라스 비필드(Nicolas Byfield)를 잃어 버렸다. 그는 워르빅쉬어(Warewich shire)에서 태어났고 옥스퍼드의 엑스터 칼리지(Exeter College)에서 교육을 받았다. 그리고 4년 후에 그는 대학을 떠나서 아일랜드로 갔다. 그러나 체스터에서 설교하였고 그리고 그곳에서 성 베드로 교회에 초청이 왔다. 그는 심오한 판단의 성직자였다. 강한 기억력을 가지고 있었고 매우 창의적인 사람이었으며 지치지 않는 근면성을 가지고 있었다. 윌리엄 구지는 그에 대한 회상에서 니콜라스 비필드는 철저한 칼빈주의자였고 비국교도였으며(Nonconformist) 안식일에 대한 엄격한 주창자였다고 술회하였다. 니콜라스 비필드는 그의 생애에 몇 권의 책을 썼다. 베드로서와 골로새서의 주석을 저술했고 그것은 그의 사후에 출판되었다.243)

---

240) Ibid., p. 469.
241) Ibid., p. 470.
242) Ibid., p. 471.
243) Ibid., p. 483.

제 2 장 제임스 1세 통치 기간의 스코틀랜드 종교 개혁사

스코틀랜드 국왕이었던 제임스 6세가 엘리자베스 여왕 사후에 런던으로 입성하였을 때에 퓨리탄들은 그들의 왕으로서의 그에 대한 호감을 가지고 그의 행보를 기대하였다. 그래서 제임스 6세가 잉글랜드로 입성하기 전에 그에게 1000 명의 서명으로 제출된 청원서를 제출하였다. 그 청원서에는 천명의 사역자들이 서명을 하였다. 그 결과 그는 자신의 종교적 성과를 보여주고자 잉글랜드 교회를 대변하는 두 부류들을 햄프톤 법정(Hampton Court)에 불러서 회합을 하기로 결정하였다. 이에 아홉 명의 주교들(Bishops)과 일곱 명의 부주교들(Deans)과 대집사(Archdeacon)들과 퓨리탄 측 네 명의 사역자들로 구성된 종교 회의가 열렸다.

1604년 1월 14일에 그들은 회합을 가졌다. 그 회의는 삼 일간 계속되었다. 첫 날은 주교들과 부주교들만 모였다. 그리고 왕이 연설하였다. 그는 이 연설에서 견신례와 여성에 의한 안수들에 대하여서 지지하였다. 그때에 앤드류 멜빌이 퓨리탄들을 훌륭하게 소개하였다.[244] 두 번째 날에 1월 16일에 회의가 열렸다. 네 명의 퓨리탄 사역자들과 두 명의 주교들과 여섯 명의 부주교들이 참석하였다. 퍼스의 사역자 패트릭 갈로웨이(Patrick Galloway)도 참석하였다. 캠브리지의 레이놀즈(Reynolds)가 겸손하게 교리와 정치와 교회 예배의 개정에 대하여서 설명하였다. 그가 반대한 중요한 부분은 주로 예배의 책(Service-Book)에 대한 것이었다. 그는 외경(Apocrypha)을 예배시간에 읽는 것을 반대하였고 세례에 대한 의문점과 십자가 성호를 긋는 것 그리고 다른 여러 미신적 관습들과 혼인 시에 반지를 끼는 것과 산후 결례에 대한 성결 의식을 반대하였다. 이러한 의식들은 죄악일 뿐만 아니라 사도적 교회에서 가장 낯선 의식들이라고 주장하였다. 그리고 그것은 그리스도인의 자유를 침해하는 강압적인 것이라고 하였다. 그러나 제임스 1세는 더 이상 퓨리탄을 지지하는 왕이 아니었다. 그는 일반적인 예식복으로 흰 가운을 입는 것

---

[244] Rev. John Cunningham, **The Church History of Scotland: From the commencement of the christian era to the present century. vol.2.** Edinburgh Adam & Charles Black. 1859. p. 1.

을 선호하였고 콘스탄티 시대로부터 유래된 십자가 성호를 그리는 것을 천명하였다.245) 세 번째 날은 주로 주교들과 부주교들이 득세하였다. 그리고 제임스 1세 또한 그들의 말을 많이 경청하였다. 제임스 1세는 자신을 그 시대의 솔로몬으로 간주하였고 제사장과 왕직을 겸직해야 한다고 생각하였다. 그는 자신을 모든 교회 위에 높여서 탁월하게 하였다. 제임스 1세는 스코틀랜드에 서신을 보냈다. 그는 세례 이후에 십자가를 그리는 행위를 금지하는 자들은 벌을 받는다고 선포하였다.246)

1604년 3월에 제임스 1세는 잉글랜드 의회에서 연설하였다. 그는 퓨리탄들을 대영제국에 참을 수 없는 분리주의자들이라고 선언하였다. 그는 그리스도께서 십자가에 못 박히신 이후에 사도 시대 이후 로마 카톨릭 교회가 모든 교회의 모태가 되었던 것처럼 비록 타락하여서 결점이 많을 지라도, 잉글랜드 국교회의 모 교회는 로마 카톨릭 교회라고 주장하였다. 제임스 1세는 스코틀랜드의 제임스 6세가 아니었다. 그는 잉글랜드의 새로운 제임스 1세였던 것이다.

1604년 7월 마지막 화요일에 총회가 애버딘에서 열렸다. 그러나 제임스 1세는 그것을 다음해까지 연기하였다. 그러한 정회에도 불구하고 스코틀랜드의 성 앤드류의 노회는 그 지정한 날에 모이기로 결정하였다. 그 모임의 지도자들은 주로 제임스 멜빌(James Melvile:1556-1614), 윌리엄 어르스킨(William Erskine: ?-1685), 그리고 윌리엄 머레이(William Murray: 1600-1655) 등이었다. 그들은 애버딘에서 성 니콜라스의 교회에 총대로서 참석하였던 자들이었다.

1605년 7월에 스코틀랜드의 장로 교회 총회가 열렸다. 사도 시대로부터 유래된 오래된 장로교 정신이 다시 부활한 것이다. 그리고 그것은 나라 전체로 확산되었고 이후 8년 동안 합법화 되었다. 그해 6월에 스코틀랜드 장로 교회 총회가 비상 소집되었고 많은 노회들이 그들의 총대들을 선출하였다. 7월 2일에 19명의 사역자들이 애버딘에 나타났다.247) 제임스 멜빌은 감옥에 갇힌 퓨리탄 사역자들을 위한 탄원서를 국왕에게 보냈다. 감옥에 갇힌 퓨리탄 사역자들도 그들 스스로 제임스 왕에게 사료 깊은 서신을 보냈다. 7월 마지막 주에 던디(Dundee)에서 스코틀랜드 장로 교회 총회가 열렸고 그해 10월 24일에 열네 명의 사역자들이 추밀원

---

245) Ibid., p. 2.
246) Ibid., p. 3.
247) Ibid., p. 5.

(Secret Council)으로 소환되었다. 그리고 그들의 행동에 대하여서 답변을 요구받았다. 그들은 사법 재판소에서 심판을 받았다. 추밀원은 선언하기를 스코틀랜드 장로 교회 총회는 불법이라고 천명하고 거기에 모인 사람들은 처벌을 받을 것이라고 경고하였다.

1605년 11월 5일에 잉글랜드 의회는 회합을 가졌다. 제임스 1세가 그들의 조치에 축배를 들고 있을 때, 포베스와 그의 장로교회 신앙 동지들은 감옥에 있었다. 제임스 왕은 포베스와 웰쉬와 던칸 샤프 듀리, 스트라헨(Forbes, Welsh, Duncan, Sharp, Dury, Strachan)을 반역죄로 처벌하려고 하였다. 1606년 1월 10일에 그들은 몇몇 귀족들 앞에서 범죄자처럼 심문을 받았다. 248)

1606년 7월 9일에 의회가 퍼스에서 열렸다. 주요한 의제는 모든 고대의 세금과 특권으로 주교들의 신분을 세워주는 것이었다. 그리고 임대형태의 영지를 몇몇 고위성직자에게 주는 것이다. 그 협약은 임대형 영지로 고위성직자들의 몇몇을 세웠다.249)

1606년 9월 20일에 그들은 런던으로 돌아왔고 스코틀랜드 사역자들은 살스베리(Salisbury)의 딘(Dean)에 기다리고 있었다. 그 달 20일에 햄프톤 법정에 섰다. 앤드류 멜빌은 하나님의 말씀과 율법 안에 충분한 권위가 있다고 주장하였다. 나머지 사역자들도 동의하였다. 앤드류 멜빌은 왕의 조언자를 바라보며 교황주의자라고 책망하였다. 그리고 그리스도의 사역자들을 핍박하는 자라고 비판하였다. "여전히 나의 주님께서 너희들은 너희 자신과 동일한 정신을 가지고 있다고 하였다. 당신들이 스코틀랜드 사람들에게 대하여 항변하는 것에 만족하지 않고 여전히 계속 형제를 비판하는도다!" 이 말이 끝나자 제임스 1세는 고개를 켄터베리 대주교에게 돌려서 외치기를 "이가 무슨 말을 하느냐? 내 생각에는 그가 당신을 적그리스도라고 하는 것 같다. 그것은 요한 계시록에 보면 하나님에 의하여서 마귀의 이름으로 불리는 것이다."고 하였다.

1606년 9월 22일 안식일 그들은 다시 체스터의 주교 앤드류에게 듣기 위하여서 왕의 예배당으로 갔다. 그들은 그곳에서 런던에 온 스코틀랜드 추밀원의 회원들 앞에 섰다. 그들은 강하게 이러한 불법적이고 불의한 처벌에 대하여서 항의하였다. 그러나 이것은 거절되었다.250)

---

248) Ibid., p. 7.
249) Ibid., p. 9.

1608년 7월 마지막 화요일이었다. 스코틀랜드 교회 총회가 다시 개최되었다. 던바(Dunbar) 백작은 왕의 대리자였다. 약 사십 명의 귀족들이 참석하였다. 글래스고우 노회는 앙구스 백작(Earl of Angus)에 저항하여서 진행하였다. 퍼스의 노회는 에롤 백작(Earl of Errol)에 저항하여서 진행하였다. 그리고 어빙(Irving)의 노회는 완고한 카톨릭주의자였던 샘필 경(Lord Semphil)에 저항하여서 진행하였다. 비탄할 일은 바로 많은 교회에 사역자들이 없어서 곤란을 겪는다는 것이다.251) 그러나 이러한 변화에도 불구하고 장로주의적 기구들이 형성되어 갔다. 대회(Synode)와 장로회(Presbyteries)는 교회의 지역적 관심을 지배하에 두려고 하였다. 당회(Kirk Sessions)는 회중들을 다스렸다. 권징은 고대 엄격함에 대하여서 좀 더 유연하게 시행되었다.252)

1609년 6월 24일 스코틀랜드 의회가 에딘버러에서 열렸다. 그리고 졸렬한 교황주의자들에 대항하여서 새로운 형벌 제도를 통과 시킨 후에, 주교들에 대한 합법성에 대하여서 진행했다. 병참부의 재판권과 모든 영적이고 교회적인 사건들에 대한 정의의 실행을 논의하였다. 이 회의 결과로서, 그들은 모든 유언장 안에 결정과 혼인과 이혼의 영향을 미치는 모든 것에 대한 권력을 부여하였다. 그리고 일반적으로 영적이고 교회적인 것 안에서 가져올 수 있는 것들을 의미한다.253)

1610년 4월 1일에 제임스 1세는 화이트홀로부터 공문서를 작성하도록 하여 6월 8일에 글래스고우에서 스코틀랜드 교회 총회를 열도록 하였다. 그 회의에는 열세 명의 주교들과 열세 명의 귀족들 사십 명의 남작들과 그리고 백명이 넘는 목회자들이 모였다. 던바 백작은 왕의 파견인으로서 왔다. 그리고 다음과 같은 항목들이 결정되었다.

1. 총회의 소집은 폐하에게 있다. 그리고 결과적으로 1605년 애버딘에서의 회합은 무효이고 불법이다. 그리고 총회는 매년 열어야 한다.
2. 대회는 한해에 두 번 정도 주교 관구에서 열려야 한다. 그곳에서 주교 관저의 대주교나 주교는 참석해야 한다.
3. 출교나 사면의 선고는 주교 관구 관할 주교 허락 없이는 선고될 수 없다.
4. 모든 성직 추천은 주교 관구 관할 대주교나 주교에게 지도를 받아야 한다.

---

250) Ibid., p. 13.
251) Ibid., p. 19.
252) Ibid., p. 19.
253) Ibid., p. 20.

5. 목회자의 면직은 주교가 목회자 자신과 협의해야 한다.
6. 모든 목회자는 그의 지역 안에서 폐하와 그의 서임에 순종해야 한다.
7. 주교들은 그들의 주교 관구를 방문해야 한다. 만약 그 주교 관구가 크지 않다면, 그 안에서 그들은 대리를 지정할 수 있다.
8. 교리의 수행은 정기적으로 모이는 때에 목회자들 사이에서 매주 계속되어야 한다.
9. 주교들은 총회의 견책에 모든 것을 복종해야 한다.
10. 어느 누구도 사십 세 아래는 주교로 선임될 수 없다.254)

1616년 8월 13일에 애버딘에서 스코틀랜드 교회 총회가 열렸다. 선거도 없이 대주교가 의장직을 맡았다. 그 회의에서 로마 교회의 법을 취소하는 결정들을 하였다. "하나님의 어린양(Agnus Dei), 묵주(rosary), 십자가(a cross)혹은 고난당하시는 예수상(a crucifix), 그리고 책 위에다가 그런 것을 새기는 행위는 배교행위이다."

그 회의는 새로운 신앙 고백과 새로운 요리 문답과 새로운 예배 예식서와 각 교구 안에서의 혼인과 장례에 대하여서 입안하였다. 그리고 이러한 모든 것을 왕의 특별한 허락으로 성립되도록 하였다.255)

왕의 권한 안에 있는 교회들은 교회 정치에 있어서 대주교의 조언과 함께 시행해야하며 주교들이 목사들을 지배해야한다고 선언하였다. 그에 대하여서 에딘버러에 모여 있었던 많은 수의 목사들은 함께 저항하기로 하였다. 그들은 왕의 주장에 저항하며 하나님의 말씀에 기초한 교회 정치를 구상하였다.256)

스코틀랜드 교회는 점차로 잉글랜드 국교회에 순응되어 갔다. 그러나 예배는 아니었다. 그러자 제임스 1세는 교회 예배에 부분에까지 그의 의지를 관찰하려고 하였다. 1616년 스코틀랜드 교회 총회는 신자들의 권징 시행에 있어서 교회에게 사법권을 지원하는 것을 지원해야 한다는 지난번 총회의 결정을 지지하였다. 더 이상 총회의 결정으로서가 아니라 교회의 헌법으로서 불렀다.257) 제임스 1세는 아이들에 대한 견신례와 사적으로 주의 만찬을 시행할 수 있다는 것과 무릎을 꿇고 주의 만찬을 받을 것 그리고 절기들을 지킬 것에 대한 자신의 주장을 첨가하려고

---

254) Ibid., p. 23.
255) Ibid., p. 29.
256) Ibid., p. 32.
257) Ibid., p. 33.

하였다. 제임스 1세는 스코틀랜드를 방문하는 동안 주교들과 성 앤드류의 지도자적인 목사들의 회합을 지배하려고 하였다. 제임스 1세는 성직자들만 모여서 결정한 회의는 무효라고 주장하였다.258)

1616년 11월 25일 스코틀랜드 교회 총회가 모였다. 그러나 그럼에도 불구하고 주교들이 서약한 결정은 총회가 다루기 어려웠다. 제임스 1세는 총회의 결정을 들었을 때에 분개하였다. 그는 대주교에게 서신을 보냈다. 그 서신에서 크리스마스를 지키라고 명령하고 첨가하여서 반역적인 목사들의 급료 지불을 국교회를 받아들이기 전까지 금하라고 명령한다. 그럼에도 불구하고 이 왕명은 실패하였다. 다른 시도가 1618년 8월 25일 퍼스 총회에서 있었다. 성 앤드류의 대주교는 경건한 회원들을 권유함으로서 그의 목적을 확인하려고 하였다.259)

제임스 1세의 서신은 두 번 낭독되었다. 왕의 의도는 분명했다. 제임스 1세 왕은 더 이상 총회를 소집하지 말라는 것이었다. 그는 홀로 스스로 모든 교회적 질서들을 세우려고 하였다. 그래서 교회의 모든 일들 곧 종교 회의의 소집과 교회의 권력을 행사하는 것들을 왕의 지배 아래에 두려고 하였다. 이러한 그의 전횡적 행위에 대하여 어느 누구와도 대화하려 하지 않았다. 제임스 1세는 그가 스코틀랜드 왕이었을 때에 받아들인 모든 교회의 법들을 혐오하였다.260)

제임스 1세의 핍박은 에딘버러 서부 지역의 목회자였던 딕슨과 함께 시작되었다. 그리고 그의 형제들 다수가 결국 동일한 안내를 보여주었다. 그리고 동일한 형벌을 감내하였다. 결과적으로 왕은 헛되이 억압을 하고 있는 것이 되었다.261)

1621년에 의회가 함께 소집되었다. 주로 퍼스의 5개 조항에 대한 인준 때문이었다. 그것은 여전히 합법적인 비준을 필요로 하고 있었다. 1618년은 5개 조항을 동의한 퍼스 총회 뿐만 아니라 알미니우스주의를 정죄하고 칼빈주의를 채택한 도르드레히트 대회가 열린 해이기도 하였다. 제임스 1세 왕은 대회의 결정을 처음에는 기뻐하였다. 그러나 후에 제임스 왕은 알미니우스주의 성직자들에게 그의 호의를 보이기 시작했다.262) 왕과 그의 측근들은 그들의 폭압적인 결정을 따르도록 총회에 압력을 행사하였다. 그리고 사역자들과 백성들은 무겁게 압박을 받았다. 그

---

258) Ibid., p. 34.
259) Ibid., p. 35.
260) Ibid., p. 36.
261) Ibid., p. 41.
262) Ibid., p. 42.

러나 계속 저항하였다. 그러자 왕은 장로회를 폐지하고 목회자들을 핍박하기 시작하였다. 그래서 그는 퓨리탄주의로부터 장로주의를 제거하여 감독제도로 돌아가고자 하였다. 왕권신수설과 같은 어리석은 사상은 그의 아들 찰스 1세 때에 비참한 역사로 귀결되었다. 제임스 1세는 젊은 시절이 노년 시기 보다 더 양호하였다. 노년에 제임스 1세는 품행이 더욱 나빠지고 성품이 파괴적이 되었다. 그는 탐식과 과음과 게으름으로 가득 찼으며 모든 것을 자기 뜻대로 다스리려고 하였다. 그는 영리하고 왕으로 학식이 있었고 때때로 재치도 있었다. 그러나 노년에 그의 마음은 활력과 판단력을 거의 잃어 버렸고 1625년 5월 27일에 죽었다. 그의 나이 향년 59세였다.263)

---

263) Ibid., p. 44.

제 4 부 찰스 1 세 시대의 잉글랜드와 스코틀랜드 종교 개혁

[개   관]

　찰스 1세(재위 기간:1625~1649) 때가 되면 스코틀랜드는 종교 개혁을 거의 완성하고 명실상부 개혁 장로교회로 나아가게 된다. 그러나 잉글랜드 교회는 종교 개혁이 그렇게 만만하지 않았다. 이미 전대에서부터 비롯된 장로주의에 대적하는 잉글랜드 국교회의 핍박이 더욱 거세졌다. 잉글랜드 교회의 종교적 분쟁은 국교회를 대표하는 왕당파와 장로주의를 표방하는 의회파 간에 내전(Civil War:1642~1651)으로 치닫게 되고 잉글랜드는 내전을 통하여서 크나큰 정치적 소용돌이에 휘감기게 되었다. 감독제도(Episcopalian System)를 주장하는 잉글랜드 국교회(Conformist)와 장로제도(Presbyterian System)를 표방하는 대다수의 잉글랜드 퓨리탄들과 독립교회(Independent Church)를 지향하는 소수의 퓨리탄들로 분리되어 있었던 영국 교회는 장로주의자들을 중심으로 웨스트민스터 신앙 고백서를 작성하기에 이른다. 웨스트민스터 표준 문서는 왕당파의 입김과 에라스투주의자들과 장로주의를 표방하는 대다수의 퓨리탄과 5명의 의견을 달리하는 독립파 회중교회주의 성직자들과 평신도 사정관들이 모여서 약 3년에 걸쳐서 웨스트민스터 사원에서 논의함으로서 작성되었다. 웨스트민스터 총회는 장로주의적 교회형태를 표방하면서 독립교회파의 교회 정치 입장과 타협하여서 정리되었다.
　시민전쟁은 의회파의 승리로 끝났다. 그러나 의회파 군대를 장악하고 있었던 독립교회파 의원 올리버 크롬웰이 찰스 1세를 처형하고 청교도 혁명을 일으켜서 호국경으로 집권하면서 장로주의는 새로운 국면을 맞이하게 된다. 독립교회주의자인 올리버 크롬웰은 집권하자마자 대다수의 장로주의 의원들로 구성된 장기 의회를 폐쇄시키고 교만의 숙청이라는 죄목으로 그들을 처단하고 잔부 의회(Rump Parliaments)를 열어서 독재 체제를 확립하였다. 군대의 힘으로 세워진 올리버 크롬웰의 공화정은 그를 호국경으로 하는 철저한 독재 체제를 구축하였다. 찰스 1세는 공개적으로 처형된다. 잉글랜드 역사에서 전무후무한 왕의 처형이 있게 된 것이다. 잉글랜드는 올리버 크롬웰 사후 왕정복고가 되기 전까지 공화국 시대를 맞이한다. 이 시기를 청교도 혁명의 시기라고 한다. 그러나 잉글랜드 시민 전쟁 당시에 대다수의 퓨리탄들이 장로주의자였다는 사실을 감안하면 올리버 크롬웰의 청교도 혁명은 당시의 대다수 퓨리탄들의 개혁신학을 반영한 혁명이라고 보기 어렵다. 지극히 소수였던 독립파 퓨리탄들에 의하여서 주도된 왜곡된 혁명이었다고 할 수 있다. 그것은 장로교회가 추구하였던 교회의 보편성과 통일성을 버리고 분파주의적 종교 혁명이었다. 그리고 일종의 군사 쿠데타였다.

올리버 크롬웰의 독재 정치는 그가 죽은 이후에 잉글랜드 국민들에게 왕정복고를 희구하게 만들었다. 올리버 크롬웰의 강압적이고 폭압적인 청교도 혁명은 잉글랜드 시민들의 민심을 잃게 하였다. 이것은 왕정복고 이후에 더욱 철저하게 국교회가 비국교도들을 핍박할 수 있게 된 원인이 되었다. 잉글랜드 왕정복고는 비국교도들에게 크나큰 신앙적 시련과 환란의 시기였다. 결국 잉글랜드 종교 개혁은 웨스트민스터 신앙 고백을 남기고 역사 속으로 사라지는 것으로 그 역할을 다하게 되었다. 그럴뿐만 아니라 올리버 크롬웰의 청교도 혁명 기간 동안 우후죽순 일어난 분파주의자들이 자기들의 자리를 갖게 되었다는 것이다. 왜냐하면 올리버 크롬웰은 왕과 주교 제도 만 거부하면 모든 분파주의자들과 함께 갈 수 있다고 생각하였기 때문이다. 그러므로 국교도 이외에 모든 분파들이 각자 자기 자리를 마련할 수 있었다. 그것은 잉글랜드 교회 몰락의 견인차 역할을 하게 되었다.

그래서 명예혁명 이후 조금씩 종교관용 정책으로 잉글랜드가 전환되어 가면서 퀘이커 교도인 존 폭스나 모든 신비주의자들이나 재세례파 분파주의자들이 잉글랜드 교회 안에 더욱 정당성을 갖게 되었다. 후대에 잉글랜드 감독 교회로부터 떨어져 나가는 분파주의자 웨슬리가 감리교회를 세울 수 있는 토양이 올리버 크롬웰의 종교 정책과 무관하지 않다.

개혁 교회에서 이단 교리였던 알미니우스 사상이 잉글랜드 국교회의 교리가 되었다. 그 국교회 소속 집사였던 존 웨슬리가 감리교회를 세울 때 모라비안 교도들의 경건주의와 교리적으로 알미니우스 사상을 따라서 분파를 형성한다. 그리고 이러한 분파주의자들이 잉글랜드와 뉴잉글랜드 교회에 들불처럼 번져나갔다.

한 세대가 지나고 나서 정통 교회로 탈바꿈한 분파주의 교회들은 미합중국 종교의 몰락에 심대한 영향을 끼친다. 여러 모로 청교도 혁명은 잉글랜드 교회가 정통 칼빈주의로부터 다양한 분파주의로 몰락하는데 크나큰 역할을 하였다. 그리고 올리버 크롬웰의 청교도 혁명 기간 동안에 형성된 종교 자유주의는 모든 분파주의들의 난립으로 이어져서 분파주의를 활성화 시키는 견인차 역할을 하였다. 개혁주의 신앙으로 시작한 개신교가 정통 교리의 상실과 교파 난립의 교파주의 교회로 나아가게 되었다.

제 1 장 스코틀랜드 종교 개혁

찰스 1세(Charles 1st: 생몰년:1600~1649 재위기간: 1625~1649)는 1625년 5월 27일에 제임스 1세가 죽었을 때, 그의 부친의 뒤를 이어서 왕이 되었다. 찰스 1세는 원래 그의 부친 제임스 1세가 잉글랜드의 엘리자베스 여왕 서거 이후에 왕위를 계승하기 위하여서 런던으로 떠날 때 너무 어려서 함께 갈 수 없었다. 그래서 몇 년 간 스코틀랜드에 머물러 있다가 나중에 나이가 들어서 런던으로 갈 수 있었다. 그렇게 이후에 런던으로 입성하여서 제임스 1세를 이어서 왕이 된 찰스 1세는 부왕 제임스 1세의 '왕권신수설'의 유지를 그대로 받들어 더욱 철저하게 감독 교회를 지향하였다. 무엇보다 그의 아내였던 헨리타 마리아(Henrietta Maria)는 프랑스 왕 앙리 4세의 딸이었다. 그럴 뿐만 아니라 그녀 자신은 로마 카톨릭 교도였다. 찰스 1세에게 지대한 영향력을 행사하였던 왕비가 로마 카톨릭 교도였다는 것은 찰스 1세가 향후에 어떠한 종교 정책으로 기울어질지 가늠할 수 있는 대목이다. 무엇보다 찰스 1세는 선친이었던 제임스 1세와 달리 유통성도 없었다. 결국 찰스 1세의 이러한 성향과 기질은 잉글랜드 역사에서 있어서 전무후무한 단두대의 처형으로 그를 이끌었다.264)

1635년에 찰스 1세는 그의 대관식을 위하여서 스코틀랜드를 방문하기에 이른다. 그는 그곳에서 에딘버러의 시민권을 매우 기뻐하면서 받았다. 그러나 그는 그의 수행 길에 나중에 켄터베리 대주교가 되는 런던의 주교 윌리엄 라우드(William Laud:1573.10.7.-1645.1.10.)를 데리고 갔다. 이미 그때에 라우드는 교회적인 문제에 관하여서 왕의 중요한 조언자였고 조력자였다. 라우드는 찰스 1세가 스코틀랜드 종교 정책에 대하여서 결정할 때 고문으로서 큰 영향력을 행사하였다. 그것은 의심할 것도 없이 스코틀랜드 안에 앵글로 카톨릭주의(Anglo-Catholic)를 세우고자 하였던 것이다. 윌리엄 라우드는 알미니우스주의자였다.

---

264) J.H.S. Burleigh, A Church History of Scotland, London:Oxford University Press. 1960. p. 210.

찰스 1세는 에딘버러의 방문 시기 동안 재정 정책과 다른 여러 가지 목적을 가지고 의회를 열었다. 그리고 그는 스코틀랜드에 있는 동안에 스코틀랜드 주교들과 스코틀랜드 교회의 어려운 점에 관하여서 협의를 했다. 그것은 그때에 법전(the code of canon)이 없었다는 것이다. 그리고 적당한 의식서(liturgy)가 없었다. 때문에 자연스럽게 공동 규칙서(Book of Common Order)가 왕에게 만족스럽지 못했다. 이미 선친 제임스 왕 때 그러한 시도가 있었다. 그러나 만족할 만한 성과를 얻지는 못했다. 찰스 1세는 법령(Act)이 지금 있어야 한다고 결론을 내렸다. 그래서 법전의 초안을 왕에게 헌정할 주교들을 선정하였다. 그들은 런던의 주교 라우드에게 조언을 구하고 잉글랜드 교회의 법전에 가장 가까운 교회 정치에 대한 법전을 마련하기로 하였다.265)

1636년에 "교회의 법과 규칙에 대하여서"(Canons and Constitutions Ecclesiastical)이라는 제목의 책이 발간되었다. 그 문헌은 스코틀랜드 교회 정치에 대하여 기록되어있다. 그것은 왕에게 보증을 받는 것이었다. 그 첫 장은 교회의 문제에 관하여서 왕의 수위권(King's supremacy)을 인정하지 않는 자들의 출교에 관한 기록으로 되어있다. 그것은 교회의 동의 없이 왕의 절대권을 인정하라는 것이다. 그 법전은 성직자들의 목회와 생활 그리고 교회의 예배의 형태까지도 다루고 있다. 그리고 퍼스의 5개 조항도 포함하였다. 그리고 세례와 성만찬 교리에 있어서는 개혁교회 교리를 버렸다. 공적 기도에 있어서는 즉흥적인 기도를 금지하였다. 이 법전은 최소한 라우드(Laud)의 작품이 아니라면 왕의 재가를 받아서 라우드가 간섭하여서 작성된 것으로 보아야 한다. 그리고 목회자들을 장로들(presbyters)과 집사들(deacons)라고 부르고 있으며, 치리 장로들(elders)에 대한 언급이 없고 당회들(kirk sessions)이나 노회들(presbyteries)이나 총회(General Assembly)가 언급되지 않고 있다. 나중에 라우드(Laud)의 예식서(Liturgy)로 알려진 스코틀랜드를 위한 공동 기도서(Scottish Book of Comon Prayer)가 출간되었을 때 찰스 1세와 라우드(Laud)는 스코틀랜드 주교들에게 통합 왕국 안에 종교와 예배의 통일령을 변경 없이 받아들일 것을 강요하였다.266)

1638년은 스코틀랜드 장로교회사에 있어서 기념비적인 해이다. 왜냐하면 1638년에 "국민 언약"(National covenant)이 서명되었기 때문이다. 그 국민 언약을 통

---

265) Ibid., p. 213
266) Ibid., p. 214.

하여서 스코틀랜드 교회는 장로 교회로 나아가는 결정적인 계기가 되었다.

1638년 스코틀랜드 교회 총회는 "국민 언약"(National Covenat)에 서명할 것을 결정하였다. 1637년 그 당시 대다수 스코틀랜드 목회자들은 주교에 의하여서 성직 서임을 받아야 사역자로서 직무를 수행할 수 있었다. 왜냐하면 다른 제도가 없었기 때문이다. 어떤 사람들은 그러한 것을 참으로 좋아했다. 예를 들어 아이쉬르(Ayrshire)의 킬위닝(Kilwinning)의 사역자였던 로버트 베일리에(robert Bailie)와 무엇보다 1635년에 세상을 떠난 주교 패트릭 포베스(Bishop Patrick Forbes)의 유산을 소중하게 생각하고 있었던 애버딘(Aberdeeen)의 박사들로 알려진 집단에서는 더욱 그러하였다. 다른 사람들에게 퍼스의 5개 조항(Perth Articles)은 적어도 총회(Generall Assembly)와 의회(Parliament)에 의하여서 인준된 합법적인 것이었다. 퍼스 총회(Perth Assembly)에 그런 논제에 반대하여서 투표하였던 대부분의 비국교도(Nonconformist) 원로들(Mostly Elder Men)도 있었다. 그들은 그들의 주교들(Bishops)의 묵인 아래에 퍼스 총회의 논제를 계속 무시하였다. 그리고 또한 멜빌의 전통(Melvillian tradition)에 서 있었던 더 젊은 사역자들이 있었다. 예를들면 사무엘 러더포드(Samuel Rutherford)가 그러하다. 그는 1627년부터 솔웨이(Solway)에 의하여서 앤워드(Anwoth)의 사역자로 있었다. 열정적인 논쟁주의자였던 솔웨이는 1636년에 사역을 박탈당하고 애버딘으로 추방되었다. 그리고 1637년에 아직 목사후보생이었던 조지 길레스피(George Gillespie)가 있었다. 그는 "스코틀랜드의 교회에 강요된 잉글랜드 교황주의의 의식들에 관한 논쟁"(Dispute concerning the English Popish Ceremonies obtruded upon the Church of Scotland)이라는 글을 썼다. 그는 그 저서를 통하여서 퍼스의 5개 조항(Perth Articles)를 적절하게 공격하였다. 이 모든 사역자들의 지도자는 로이챠스(Leuchars)의 사역자였던 학자적이며 그들의 대변인격인 알렉산더 헨더슨(Alexander Henderson)이었다. 그는 감독주의의 강력한 지지자였다. 그러나 1618년경에 퍼스의 총회에서 결정된 조항들을 반대하는 성명을 하고서 다른 길로 나아갔다. 그리고 그의 소논문에서 참된 교회적 몸이 아닌 것으로서 퍼스의 총회를 비판하였다.267) 이 세 분의 신학자들은 논쟁점의 요점을 이해하고 있었던 분들이었다. 그리고 그들은 그들의 학식과 역량으로 장로주의를 표현할 수 있었던 분들이었다.

---

267) Ibid., p. 215.

윌리엄 라우드(William Laud)는 앵글로-카톨릭주의라 부르는 교리를 스코틀랜드 교회에게 심으려고 하였다. 그러나 윌리엄 라우드에 의한 찰스 1세의 시도는 왕의 독재적인 방법으로 인하여서 갈등과 불만만 유발시켰다. 그리고 평민과 귀족들 사이의 동맹을 강화시켰다. 찰스 1세의 선언으로 스코틀랜드 교회는 교황주의의 제도의 재도입이라는 위기감을 느끼게 되었다. 그래서 더욱 강력한 반대를 불러 일으켰다. 그때 유럽 대륙은 30년 종교 전쟁이 한창 진행 중이었다. 로마 카톨릭 교회가 개신교를 박멸하려는 종교 전쟁이 시작되었던 시기였다. 많은 스코틀랜드 군인들도 구스타부스 아돌푸스(Gustavus Adolphus)의 군대를 도왔다. 1632년 그 군대는 뤼젠(Luzen)에 있는 개신교 승리자였다.

스코틀랜드 교회는 기도서의 도입을 몇 달 동안 연기하려고 하였다. 그러나 그해 7월 세 번째 주일에 왕으로부터 어명이 내렸다. 그래서 그 주일에 그 기도서가 성 가일 성당(St. Giles Cathedral)에서 사용되었다. 그 날에 에딘버러의 주교들도 참석하였고 그와 함께 추밀원(Privy Council)의 회원이었던 성 앤드류와 챈셀러의 (St. Andrews & Chancellor) 대주교 스포티스우드(Spottiswoode)도 참석했다. 사제 한나(Dean Hanna)가 예배서를 읽자마자 야단법석이 났다. 주교가 질서를 잡기 위하여서 간섭하자 더욱 소동이 커졌다. 소동을 부린 자들이 교회로부터 퇴장을 당했다. 그러나 그들은 밖에서 계속 시위를 하였고 주교들이 예배를 마치고 집으로 돌아가기 위하여서 나오자 주교들에게 분노하였다.268)

1637년에 잉글랜드에서도 찰스 1세에게 어려움이 많이 있었다. 그것은 선박세 때문이었다. 찰스 1세는 더욱 강퍅해졌고, 추밀원을 책망하였다. 왜냐하면 너무 소심하고 버티지 못했다는 것이다. 이때에 스코틀랜드에 로우랜드(Lowlands) 사람들을 중심으로 왕에 대하여서 저항하는 세력들이 일어났다. 귀족들과 남작들, 시민들과 사역자들에 의하여서 청원서가 서명되었고 종교와 예배 형태가 의회와 전국 총회(Parliament & National Assemblies)에 의하여서 세워졌다. 그해 10월에 청원서에 대한 왕의 답변이 주어질 것을 기대하였다. 그래서 청원자들이 에딘버러 광장에 구름떼 같이 모였다. 그들은 도시를 떠나라는 왕의 포고문을 거절하였다. 대신 다른 청원서를 작성하였고 많은 귀족들과 대지주들과 사역자들이 서명하였다. 그것은 왕을 속이고 있는 주교들을 비난하는 것이었다. 주교들이 예배 예식서(Liturgy)와 법전(Canons)을 강요하여 많은 해악들이 있게 되었기 때문이다.

---

268) Ibid., p. 216.

두 번째 더욱 심각한 것은 시위자(riots)들이 시장과 관원들(provost & magistrates)을 회관(chamber) 안에 갇어 버렸다. 몇몇 추밀원(Privy Council) 회원들도 억류되었다. 그리고 상해와 모욕을 당하였다. 스코틀랜드 정부는 시위자들을 다루어야 할 상황에 이르렀다. 그리고 그들을 해산할 목적으로 귀족들과 지주와 사역자들과 시민의 대표자들을 파견시켰다. 잠시 동안 그 평의회(council) 는 저항세력들을 해산시킬 묘책을 찾기 위하여서 모였다.269) 런던의 찰스 1세에게 그러한 상황이 알려졌다. 이제 찰스 1세는 그가 강요한 기도서(Prayer Book)에 대한 무한 책임을 져야 했다. 왕의 반대파들은 오래전에 세워진 스코틀랜드 실천서에 의지했다. 그것으로 귀족들(Nobles)은 그들 자신들의 정당성을 유지하였다. 그것은 그들이 상호 연합 서약으로 되어있다는 것이다. 그 권한이 알렉산더 헨더슨(Alexander Henderson)과 순수한 퓨리탄주의를 따르는 젊은 대변자 와리스톤의 아치발디 존스톤 (Archibald Johnston of Wariston)에게 주어졌다. 그들은 이러한 "결성"(band)을 작성하였다. 그들은 공동체 안에 모든 계층에게 가능한 인정되도록 노력을 기울였다.

국민 언약(National Covenant)은 세 부분으로 나누어진 긴 문서이다. 첫 번째 부분은 1560년의 고백서(Confession)에 대한 보충으로서 원래 의도 된 1581년의 부정 언약(Negative Confession)이다. 이 고백의 선택은 의심 없이 국가 안에 비교황주의(No-Popery)에 대한 공감을 위하여서 작성 된 것이다. 그러나 사실은 전임 왕인 제임스 6세에 의하여서 서명되었던 것이다. 그리고 후에 모든 계층에 의하여서 그리고 추밀원(Privy Council)과 총회(General Assembly)에 의하여서 결정된 것이다. 거기에서 로마 교회(Roman Church)로부터 참된 종교로서의 개혁교회(Reformed Church)로의 개혁(Reformation)을 추진한 이래로 기록된 의회의 법령의(Parliament Acts) 남김 없는 명부가 있다. 명백하게 그것은 직업 변호사의 작업으로 되어 있었다. 서명자들(signators)에 의하여서 추정된 의무(obligation)들이 있다. 그 서명자들은 주로 귀족들, 남작들, 향신층, 대지주, 사역자들과 평민들이었다. 그들은 참된 종교 개혁을 위하여서 성도의 자유를 침해하는 근래에 교회에 도입된 혁신적인 악들에 대해서 저항하였다. 그리고 그들은 참된 종교 · 왕의 명예 · 왕국의 공적 평화를 보존하기 위해서 "우리는 왕의 신분과 권위, 그의 엄위, 주권을 방어할 것을 약속한다."라고 함으로서 왕에 대한 충성을 보여주었다.

---

269) Ibid., p. 217.

그 언약은 산출되었다. 그리고 에딘버러의 그레크라이어 교회(Greyfriars Kirk) 안에 귀족들과 남작들의 무리들에게 낭독하였다. 그리고 그 무리들이 1638년 2월 28일에 서명하였다. 그때에 에딘버러에 있던 사역자들, 대지주들과 평민들은 그레크라이 교회 마당에서 (Greyfriars churchyard) 그 다음날 서명할 기회를 얻었다. 그때에 그곳에서 비상한 열정의 관경이 감지되었다. 이는 복사본들이 도시와 마을에 배포되어 모든 자들에게 서명이 제안되었다는 것이다. 때때로 약간 충동적으로 서명하는 경우도 있었으나 대체로 애버딘을 제외하고는 넓게 서명되었다. 에버딘에서는 몬트로스 백작(Earl of Montrose)의 참관하에 있었음에도 그것을 수납하기를 거절하였다. 그리고 하이랜드(Highland) 지역은 전혀 영향을 받지 않았다. 확실한 것은 언약자들(Covenanters)도 모두 한 마음이 되지 못한 부분이 있지만 그 언약은 그러한 종류의 문헌으로서는 참된 국민 언약이었다.270)

찰스 1세는 런던에서 무기력하게 그러한 정황을 지켜보고 있었다. 그리고 그는 우유부단하게 그의 심복들을 멀리하고 있었다. 세 달 동안 그는 아무것도 하지 않았다. 그 후 그는 해밀톤의 마쿠이스(Marquis of Hamilton)를 그의 고등 판무관(high commissioner)으로서 스코틀랜드에 보냈다. 찰스 1세의 훈령은 왕의 거만함을 드러내는 책략으로서 매우 애매한 훈령이었다. 해밀톤은 런던에 몇 년 동안 살았었다. 그런데 그는 거의 믿을 수 없는 사람이었다. 그는 두 번씩이나 왕의 훈령을 보고하기 위해서 돌아왔다. 그해 9월에 찰스 1세는 법전(Canons)과 기도서(Prayer Book)를 철회하겠다고 선언하였다. 그리고 고등 법원(the Court of High Commission) 제도를 개선할 것을 약속하였다. 그는 또한 자유롭게 의회에 의한 그리고 자유롭게 총회에 의한 소환을 동의하였다. 그러나 총회가 어떻게 선거할 것인가? 찰스 1세는 순수하게 성직자 몸이어야 한다는 것과 사역자의 상당한 숫자가 이것을 환영하여야 한다는 것을 조건으로 약정하였다. 그러나 더 많은 열렬한 언약자들이 총회 위원들(commissioners)은 노회에 의하여서 선거되어야한다는 것과 장로들(elders)도 추천이 되어야 한다는 것과 사역자들과 함께 투표에 참여할 권리가 있어야 한다는 것을 주장하였다. 노회 안으로 평신도 장로(laic elders)의 참여를 지지하는 주교들과 성직자들은 성직자만의 회의체를 형성하라는 왕의 훈령에 만족하지 못하였다. 그들은 총회에 파송할 총대들의 선출에 있어서 장로들의 지배적인 영향력은 권위가 없고 불법적이라는 주장에 반대 의사를 표명했다.

---

270) Ibid., p. 218.

1638년에 엄격한 헌법적 타당성을 살피는 것은 불합리한 것이다. 1600년 이래로 제임스 1세는 자신의 목적을 얻기 위하여서 총회를 소집하였다. 그러나 1618년 이래로 어떠한 종류의 총회도 열리지 않았다. 1638년 11월에 성당과 고교회(HIght Church)가 있는 글래스고우에서 종교 회합이 있었다. 그들은 의심할 것 없이 지금 교회 권력을 행사하는 의회 진행자들(Tables)이었다. 그 회원 자격은 심사되었다. 왕의 대리자들이 다양한 형태로 심사하였다. 그 정책은 1600년 이래로 모든 종교적 행사의 목표에 대하여 혁명적이었다. 그것은 1592년 시기로 돌아가는 것이다. 이미 사라졌을 것으로 믿었던 더 오래된 총회로의 복구와 총회록의 복고는 더 큰 확신을 증폭시켰다. 1938년 열린 총회는 알렉산더 헨더슨을 의장으로 선출하고 와리스톤의 존스톤(Johnston of Wariston)을 서기로서 선출하였다.271)

총회가 개회되기 한 달 전에 개인적으로 몇몇 주교들을 향한 공격이 있게 되었고 그들 중에 여섯 명이 잉글랜드로 망명하였다. 그해 12월 6일 기도서 · 법전 · 규칙서 그리고 고등 법원 등이 정죄되었다. 그러한 것들은 개혁 교회로부터 권위를 받지 못하였던 것들이었다. 그리고 예배 · 정치 · 기존 로마 카톨릭 교리에 대한 전면적인 개정이 있게 되었다. 그리고 다음과 같이 결정되었다. "모든 주교직은 목회직과 다르다. 그것은 교회 안에서 폐기되어어야할 제도이다. 그리고 제거되어야 할 직분이다."272)

1638년 12월 10일 스코틀랜드 총회는 퍼스의 5개 조항이 장로 교회 신앙 고백에 어울리지 않는다고 결정하여서 폐기하였다. 1638년 12월 19일에 법령(Act)이 통과되었다. 그래서 교회나 사역자들은 왕과 의회와 모든 종교에 관한 일체 기관에 대하여서 하나님의 말씀에 일치하게 권고할 의무가 생겼다. 이 법령은 의회(Parliament)의 영적 지배권(Spiritual Estate)의 폐지를 시행한 것 이었다. 그것은 교회와 국가의 관계에 대한 것으로서 어떤 개혁 교회에게든지 그것이 원리가 되었다. 지상의 교회는 세상 나라와 다른 공동체이며 나라이다. 그래서 모든 일체의 종교적인 권위는 교회에 만 있다. 다음 총회가 1639년 7월 세 번째 수요일에 에딘버러에서 열리기로 결정되었다. 스코틀랜드 총회는 왕이 계획하고 입안한 모든 것들을 공개적으로 철폐하였다. 이 말은 반역을 의미하는 것이었다. 몇몇 스코틀랜드 사람들은 왕권신수설을 부정하였다. 찰스 1세 눈에 언약자들은 지금 군대의 힘으

---

271) Ibid., p. 219.
272) Ibid., p. 221.

로 복종시켜야 할 반역자들이었다. 글래스고우 총회는 일곱 명의 백작과 그에 상응하는 귀족들과 남작들 그리고 도시의 강력한 대표자들의 지지를 받았다. 그리고 언약자들은 젊은 아그릴 백작이라는 강력한 교회 정치의 후원자를 얻었다. 찰스 1세 왕이 잉글랜드에서 군대를 모집하였을 때 스코틀랜드 장로교회는 이만 명의 훈련된 군대를 가지고 있었다. 그들은 알렉산더 레슬리(Leslie)의 지도아래 있었다. 첫 번째 주교들의 전쟁은 버빅의 패시픽(Pacification of Berwick)에 의하여서 중대한 전투 없이 종결되었다. 1639년 8월에 에딘버러에서 모인 총회에서 언약자들은 군대 해산을 동의하였다.

찰스 1세는 스코틀랜드에 대하여서 두 번째 주교 전쟁(Bishop's War)을 준비하기 위한 재원 마련을 위하여서 잉글랜드 의회에게 호소하기로 결정하였다. 왕은 다루기 어려웠던 단기 의회를 열었다가 한 달 만에 해산하였다. 왕의 어려운 상태와 왕과 그의 신하들의 저항을 직면한 스코틀랜드 의회는 반복된 정회의 피곤함 등으로 1640년 6월에야 총회의 법령을 인준했다. 1640년 8월 언약 군대는 트위드(Tweed)를 가로질러서 뉴캐슬(Newcastle)과 두르햄(Durham)을 점령하였다. 그래서 찰스 1세는 1640년 11월에 "장기 의회"(Long Parliament)를 소집하게 된다. 장기 의회에 모든 퓨리탄들과 장로주의 의원들은 찰스 1세와 싸우는 스코틀랜드 군대를 자기들과 동류(allies)로 보았다.273) 잉글랜드 의회는 1641년이 되기 전까지 찰스 1세에게 많은 부분의 권력을 이양할 것을 청원하였다. 그리고 잉글랜드 의회는 스코틀랜드에 대한 배상으로서 300,000파운드를 지불할 것을 동의하였다. 스코틀랜드 언약 군대는 찰스 1세에게 스코틀랜드 교회 안에 감독 교회주의를 폐지할 것을 골자로 하는 1640년의 스코틀랜드 의회의 법령을 인준해 줄 것을 요청하였다. 이러한 조건으로 언약 군대는 철수하였다.

1641년에 아일랜드의 폭동은 프로테스탄트(protestant)의 순교자들을 억압하고자 교황주의자들이 일으킨 사건이다. 장기 의회는(Long Parliament) 1641년 11월에 그랜드 레몬스트란스(Grand Remonstrance)를 통과시켰다. 그리고 격렬한 논의 후에 잉글랜드 감독주의를 비판하기 시작하였다.

1642년 1월 스코틀랜드 의회는 왕이 아일랜드 폭동의 진압을 군대에게 요청할 것인지에 대하여서 논의하였다. 1642년 8월 22일에 잉글랜드 찰스 1세가 노팅햄에서 군대를 일으켰을 때 시민 전쟁(Civil War)은 피할 수 없게 되었다. 스코틀랜

---

273) Ibid., p. 223.

드 군대가 잉글랜드의 싸움에서 중립적으로 남을 수 있었을까? 확실하게 언약자들의 지도자들은 왕당파의 승리를 지켜볼 수 없었다. 그래서 1642년 11월에 스코틀랜드 언약 군대는 잉글랜드 의회를 지원 할 것을 천명한다. 그런데 언약자들 사이에서는 만약 스코틀랜드와 잉글랜드 두 나라 교회가 공동의 고백과 예배 형태와 교회 정치를 갖는다면, 두 나라의 가장 좋은 상태의 평화와 연합을 이루는 것이 가능하다고 믿기에 이르렀다. 이것은 찰스 1세의 이념이기도 하였다. 그러나 그는 고교회적인 앵글리컨 기반(High Anglican Basis)위에 그것을 실현시키기를 원하였다. 그래서 그는 장로주의적인 기반 위에서 잉글랜드 교회가 개혁되는 것을 동의하지 않았던 것이다. 그는 그것이 터무니 없는 제안이라고 여겼다. 그러나 스코틀랜드 언약자들은 왕에게 그것을 요청하였다. 많은 협상 후에 엄숙 동맹과 언약(Solemne League and Covenant)이 알렉산더 헨더슨에 의하여서 초안이 작성되고 스코틀랜드 총회와(Scottish Assembly)와 의회의 언약(Convention of Estates)에 의하여서 승인되었다. 그리고 1643년 9월 잉글랜드 의회에 의하여서 수납되었다. 다시 언약 군대는 잉글랜드로 들어갔다. 그리고 1644년 7월 데이빗 레슬(David Leslie)의 지도아래에 기병대가 마르스톤 모어(Marston Moor)에서 의회의 승리에 결정적으로 공헌하였다. 이때로부터 전쟁의 소용돌이가 왕에게 불리하게 돌아가기 시작했다. 엄숙 동맹과 언약은 거의 교회 정치사의 협정을 닮지 않았다. 274) 초기에 스코틀랜드 국민 언약(National Covenant)처럼 그것은 모든 계층의 개개인에 의하여서 하나님의 존전에서 엄숙하게 들어가는 종교적인 연합이었다. 그것의 가입자들은 그들 스스로를 모든 노력을 기울여서 잉글랜드 교회 안에 감독주의와 아일랜드 교회 안에 교황주의를 제거할 것을 서약했다. 때문에 세 왕국 안에 하나님의 교회들의 이끌림이 지금 한 왕국 아래에서 섭리적으로 되고 있었다.

"종교에 있어서 신앙 고백과 교회 정치와 예배 지침과 요리 문답에 대한 연합과 결합이 가장 가깝게 있다. ……하나님의 말씀을 따라서 그리고 가장 좋은 개혁된 교회의 모범을 따라서; 그리고 의회와 왕국의 자유의 권리와 명예(Right & Privileges)의 보존을 위한 그리고 왕의 엄위, 신분과 권위 그리고 견고한 평화와 연합의 축복에 대하여서 이전에 것을 거절하고 지금 행복하게 즐기고 있다."

엄숙 동맹과 언약(Solemn League and Covenant)이 있고 나서 몇 달 후에 잉

---

274) Ibid., p. 224.

글랜드 의회는 교리와 예배와 잉글랜드 교회의 정치에 대한 개혁을 결정하였다. 그것은 하나님의 거룩한 말씀에 가장 일치하는 방법으로 교회의 평화를 보존하고 지키는 것으로 정하였다. 그리고 이러한 결정은 스코틀랜드 장로 교회와 가장 일치하는 교회법을 마련하기 위함이었다. 잉글랜드 의회는 121명의 사역자들과 30명의 평신도로 구성된 웨스트민스터 총회 개회를 요청하였다. 이 총회의 구성원들 대다수는 장로주의 퓨리탄들이었다. 그러나 의견을 달리하는 5명의 독립교회파 퓨리탄들 도 있었다.275)

그러나 웨스트민스터 총회는 교회적인 기구가 아니었다. 그것은 일종의 의회의 요구에 대한 조언하는 위원회 성격이 있었다. 그래서 의회가 모든 결정에 있어서 최종적인 선고를 하게 되어 있었다. 웨스트민스터 총회는 1643년 7월 1일 첫 모임을 가졌다. 그리고 스코틀랜드 총회에 게 총대 파송을 요청하기에 이른다. 그래서 1643년 8월 탁월한 장로주의 신학자들인 알렉산더 헨더슨(Alexander Henderson) · 로버트 발리에(Robert Baillie) · 사무엘 러더포드(Samuel rutherford) · 조지 길레스피(George Gillespie)가 파송되었다.276) 웨스트민스터 총회의 첫 번째 할 일은 잉글랜드 교회의 기도서(Prayer Book)을 대체할 하나님께 대한 공적 예배의 지침서(the Public Worship of God) 마련하는 것이었다. 그것이 스코틀랜드와 잉글랜드 교회가 함께 결정한 엄숙 동맹과 언약(Solemn League and Covenant)의 일치성에 대하여 한 걸음 다가가는 것이었다. 그 지침서는 1644년에 스코틀랜드 의회에 의하여서 인준된 스코틀랜드 공동 규례서(Scottish Book of Common Order)와 중요한 견해에 있어서 약간 다르다. 웨스트민스터 총회는 신앙 고백과 일반 신자들의 신앙 교육을 위한 대소요리 문답을 위해 더 많은 시간을 할애하였다. 이러한 웨스트민스터 신앙 고백서의 대소요리 문답들은 칼빈의 요리 문답보다 더욱 칼빈주의적인 신학을 가지게 되었다.

1647년에 웨스트민스터 총회는 종결되었다. 그간 가장 어렵고 중요한 문제는 교회 정치 제도에 대한 견해 차이를 좁히는 것이었다. 스코틀랜드와 잉글랜드 퓨리탄 장로주의자들은 독립교회파의 반대에 부딪혔다. 독립 교회파는 개교회주의에 반대 되는 국민 교회에 대한 필요성이나 장로회 제도에 대한 견해에 있어서 성경

---

275) Ibid., p. 225: " The great majority were Presbyterian in sympathy, but there were also five Independents who held that every local gathered congregation was itself a Church with no formal subjection ot higher ecclesiastical authority."
276) Ibid., p. 225.

적인 근거를 얻을 수 없다고 하며 부정적이었다. 무엇보다 잉글랜드 의회 대표적인 하원 의원들이 당회(Kirk session)와 노회(Presbyteries)가 권징과 재판을 한다는 것에 대하여서 듣지 않으려고 하였다. 가장 학식 있는 웨스트민스터 총회의 평신도 사정관 이었던 셸던(Seldon)은 그러한 사상을 가지고 있었던 에라스투주의자(Erastian)이었다. 잉글랜드 의회(Parliament)는 1645년 완성된 교회 정치의 형태(Form of Church Government)를 수납하였다. 그러나 잉글랜드 안에서 장로제도의 시행은 런던을 벗어나서는 거의 반 정도였다. 이는 잉글랜드 안에 분파주의자들로 경원시 되었던 독립교회파(Independents)와 침례파(Baptist)들이 증가하였다는 것이다. 그들은 나중에 독립교회주의자 올리버 크롬웰의 군대로 유입되어 신기군을 형성한다. 그래서 올리버 크롬웰의 집권 기반이 되어 버린다. 이는 스코틀랜드 장로교회가 감독주의자들 보다 더욱 가공할 난적을 만난 것이다. 1647년 웨스트민스터 표준 문서는 스코틀랜드로 보내졌다. 그리고 스코틀랜드 총회로부터 인준을 받았다.277)

그 동안에 언약론자들 사이에 중대한 균열이 발생하였다. 이에 대하여서 몬트로스의 백작 제임스 그래햄(James Graham, Earl of Montrose)에 대한 간략한 약력의 소개가 필요하다. 그는 성 앤드류 대학에서 교육을 받았다. 그리고 다른 많은 스코틀랜드 귀족들처럼 해외에 여행을 하는 몇 년을 보냈다. 1636년에 그는 24살의 젊은 나이로 높은 정신(high-spirited)과 야심을(ambition) 가지고 돌아왔다. 그는 런던에 가서 찰스 1세에게 충성을 맹세하려고 갔다. 왕당파인 해밀톤의 마르쿠이스(Marquis of Hamilton)가 그를 찰스 1세에게 소개하였다. 찰스 1세는 그를 냉담하게 대하였다. 그리고 이로 인해 몬트로스는 해밀톤을 비난하였다. 그로 인하여서 몬트로스는 왕당파 해밀톤에게 격렬하게 적대감을 품게되었다. 그러한 분위기에서 몬트로스는 로데스 백작(Earl of Rothes)이 조직한 찰스 1세의 종교 정책에 반대하는 스코틀랜드 국민 교회 활동에 열광적으로 참여하게 되었다. 1638년 그는 국민 언약에 서명하였다. 그는 치리 장로(elder) 신분으로 글래스고우(Glasgow) 총회에 아우크테라르데(Auchterarder) 노회의 총대로서 참여하였다.

1639년 8월의 스코틀랜드 의회에서 몬트로스의 백작 제임스 그래햄은 아그길(Argyll)백작에 의하여서 제안된 왕의 고유 권한을 없애자는 교회법 개정에 반대하였다.

---

277) Ibid., p. 226.

1640년에 언약 군대의 지도자들 사이에서 가장 중요한 것은 잉글랜드를 침공하는 것이었다. 몬트로스는 아그길(Argyll)에 대한 적대감을 숨기지 않으며 아그길(Argyll)백작을 고소할 것을 생각하였다. 이로 인하여서 몬트로스는 에딘버러 성에 감금되었다. 몬트로스는 찰스 1세에게 그의 옛 왕국으로 가게 해달라고 서신을 보냈다. 몬트로스의 서신은 찰스 1세에게 보내지기 전에 어떤 지혜로운 사람에 의해서 보관되었다. 그 서신의 내용은 이러하다. 스코틀랜드 의회가 찰스 1세의 종교적 권력을 찬탈하여 스코틀랜드로부터 감독 제도를 제거하고 그들의 종교의 순수성과 자유를 지키려 한다는 것이다.

1641년에 찰스 1세가 잠깐 에딘버러를 방문하는 동안에 몬트로스는 감옥에 있었다. 왕에게 저항하는 엄숙 동맹과 언약(Solemn League and Covenant) 협정이 잉글랜드로 보내졌다. 찰스 1세는 계속적으로 그 협정에 대한 제안을 거부하였다. 그리고 해밀톤의 조언을 들었다.

1644년 2월 1일에 언약 군대가 잉글랜드를 침공했다. 그때에 몬트로스는 스코틀랜드에서 군대를 일으키고자 왕당파를 영접했다. 8월에 몬트로스는 아일랜드의 로마 카톨릭 군대와 왕에게 덜 충성스럽지만 아그길 백작을 혐오하는 하이랜드의 군대를 얻었다. 그해에 스코틀랜드 안에 피비린나는 내전이 있었고, 몬트로스는 왕에게 자신이 승리할 것이라는 서신을 보냈다. 1645년 여름의 끝자락이 되기 전에 그것은 확실해 보였다. 몬트로스는 왕의 용감한 군대의 지원도 받을 수 있을 것으로 기대하였다. 그러나 이것은 허사였다. 몬트로스의 군대는 1645년 9월 13일에 초토화되었고 그는 충격에 빠져 그의 군대가 허망하게 무너지는 것을 지켜 보아야 했다. 데이빗 레슬(David Lestle)이 이끄는 언약 군대에게 처참하게 무너졌다. 그는 해외로 도피하여서 망명해 버렸다. 몬트로스는 개인적으로 매력있는 스코틀랜드의 귀족이었다. 평판 좋고 충성스럽고 용기 있고 기사적인 그러한 사람이었다. 그는 학자적이고 정치적인 이론가였다. 그러나 그는 스코틀랜드 교회에게 큰 피해를 끼치고 해외로 도피하듯이 망명함으로 존재 가치를 상실하였다.278)

1645년 6월에 필리포(Philiphaugh) 전투 이전에 잉글랜드에 왕당파는 네이스비(Naseby) 진지를 잃어 버림으로서 돌이킬 수 없는 실수를 하였다. 그 전쟁은 다음 해로 옮겨간다. 그러자 왕은 외교적 전술로 돌이킨다.

1646년 5월에 왕은 포위된 뉴워크(Newark) 군대를 지원하기 위하여서 스코틀

---

278) Ibid., p. 228.

랜드 진영 안으로 들어간다. 그때에 찰스 1세 왕은 스코틀랜드 군대가 잉글랜드 의회과 동맹군들을 혐오하기를 희구하였다. 올리버 크롬웰의 많은 분파주의자들(sectarianism)과 급진주의자들(radicalism)과 공화주의자들(republicanism)로 구성된 군대가 스코틀랜드 언약자들에게는 불쾌감을 줄 수 있기 때문이다.

그런데 심각한 것은 [엄숙 동맹과 언약]을 이행하기 위해 진지하게 의도된 부분이 잉글랜드 의회 군대 안에는 없었다는 것이다. 찰스 1세는 아직 그러한 것까지 파악하지 못하고 있었다. 찰스 1세는 잉글랜드 의회군에 체포되기 전까지 그 자신의 이익을 얻기 위한 음모만을 꾸미고 있었다. 결국 찰스 1세는 체포되어서 런던으로 보내졌다. 스코틀랜드 사람들은 왕에 대한 큰 동정심이 생겼다. 스코틀랜드는 어쩔 수 없이 잉글랜드 의회로부터 많은 배상금을 받을 수 있었기 때문에 더 이상의 전쟁은 의미가 없었다. 그래서 스코틀랜드 귀족 중에서 왕의 권한을 회복시키고자 가능한 수단을 동원하였다. 만약 여의치 않으면 잉글랜드 의회군과 전쟁도 불사하려고 하였다. 스코틀랜드는 맹약(Engagement)에 의해 왕을 지지할 모든 부분을 함께 이끌려고 하였다. 그러나 그 대신에 오히려 언약자들 안에 맹약주의자(Engagers)와 반맹약주의자(Anti-Engagers)로 분리되는 사태가 발생하였다. 그것은 지주 계층(Estate)과 교회(Kirk) 간에 균열의 원인이 되기도 하였다. 지주 계층(Estate) 안에 대다수는 맹약을(Engagement)을 수납하고자 하였다.279) 그러나 스코틀랜드 장로 교회 총회는 그것을 지지할 것을 거절하였다. 큰 어려움 가운데 한 부대가 해밀톤(Hamilton)의 무능한 명령 아래에서 일어났다. 그러나 1648년에 올리버 크롬웰의 군대에 의하여서 여지없이 무너졌다. 이 패배로 아그릴(Argyll)과 반-맹약주의자들(Anti-Engagers)은 권력을 갖게 되었다. 계층의 법령(Act of Classes)이 통과되어 가던 그 주에 찰스 1세는 화이트홀(Whitehall)에 있는 단두대 이슬로 사라졌다. 이러한 보도가 에딘버러의 그의 아들에게 전하여지자, 찰스 1세의 아들은 홀랜드(Holland)로 피신한다. 그는 나중에 찰스 2세가 된다. 언약자들은 찰스 2세를 스코틀랜드로 초청하여서 언약에 서명할 것을 요청하였다. 그러나 찰스 2세는 주저하였다. 그는 아일랜드 군대가 일어나서 자신의 왕위를 되찾아 주기를 희망하였다. 그러나 그 기대는 올리버 크롬웰의 군대에 의하여서 여지없이 무너졌다. 그는 망명 중에 있었던 몬트로스에게 갔다. 오르크니(Orkney)에 도착하여서 몬트로스는 작은 군대를 조직하였다. 그는 남쪽으로 가서 카이스니스

---

279) Ibid., p. 229.

(Caithness)에 도착하여서 서덜랜드(Sutherland)로 갔다. 그리고 에딘버러를 점령하고 그곳에서 정권을 인수받았다. 찰스 2세는 1650년 6월에 엄숙하게 언약을 서명했다. 그리고 스코틀랜드에 도착했다. 그때에 그의 진실성에 대하여서 의심하는 자들이 많았다. 왕으로서 찰스 2세의 주장은 가능한 신속히 잉글랜드 공화국과 올리버 크롬웰에 대하여서 전쟁을 선포하는 것이었다. 올리버 크롬웰은 서둘러 북쪽으로 진군했고 그는 1650년 9월 3일 던바(Dunbar)에서 스코틀랜드 군대를 만났다. 그리고 다시 한 번 올리버 크롬웰의 군대가 승리의 함성을 외쳤다. 1651년 1월 1일 찰스 2세는 스콘(Scone)에서 모든 엄격함을 가지고 다시 군대를 무장시켰다. 그러나 공화국의 장군 몽크가 군대를 이끌고 스코틀랜드를 침공하여서 무너뜨렸다.

1651년 9월 3일에 크롬웰은 청교도 혁명을 일으켜서 잉글랜드의 호국경으로 집권하였다. 시민 전쟁(Civil War)은 끝났다. 찰스 2세는 프랑스로 피신하였다. 그리고 잉글랜드 공화국은 스코틀랜드를 군대로 제압하고 피정복지라고 규정하였다. 그래서 스코틀랜드는 잉글랜드 군대에 의하여서 통제가 되었으며 잉글랜드에서 세운 위원회에 의하여서 지배를 받았다. 1653년 스코틀랜드 장로교회 총회가 해산되었다. 그리고 크롬웰은 다신 소집되지 못하도록 금지시켰다.280) 올리버 크롬웰이 지배하는 잉글랜드 공화국은 교황주의와 감독주의자들을 제외하고 모든 자들에게 종교 관용의 정책을 시행하였다. 호국경으로 취임한 올리버 크롬웰은 모든 분파주의자들로부터 장로주의자들까지 그러한 종교 관용 정책 아래에서 신앙 생활을 하도록 하였다. 그러므로 크롬웰의 이러한 종교 관용 정책으로 모든 분파들이 다양하게 잉글랜드 교회 안에 자리를 마련하게 되는 교파교회로 나아가게 된다.281)

---

280) Ibid., p. 231.
281) Ibid., p. 232.

제 2 장 잉글랜드 종교 개혁

(l) 시민 전쟁(Civil War) 이전의 잉글랜드 종교 개혁의 역사

제임스 1세의 치세 기간 잉글랜드 종교 개혁은 여러 가지로 난관에 부딪친다. 종교 개혁자들이 역본 한 제네바 바이블(Geneva Bible)에 대항하기 위하여서 킹 제임스 버전(King James Version)이 만들어졌고 그것은 주교 바이블(Bishop Bible)라는 별칭을 가지고 교묘하게 장로주의적인 성경 본문을 감독주의적으로 역본 하였다. 그것은 확산되는 장로주의를 말살시키려는 의도였다. 그로 인하여 종교 개혁시대에 잉글랜드 성도들이 보편적으로 가지고 다녔던 제네바 바이블보다 긴 세월이 지난 지금에 와서는 킹 제임스 버전이 더욱 일반화 되었다. 제임스 1세는 스코틀랜드 시절 제임스 6세 때 장로주의를 신봉할 것을 서약하고도 잉글랜드의 왕으로 런던에 입성한 후에는 제임스 1세로 호칭을 바꾸고 열렬한 감독주의자가 되어서 장로주의를 핍박하였다. 이러한 제임스 1세의 변덕으로 스코틀랜드 개혁 장로교회도 약간의 피해를 입었으며 잉글랜드 교회는 더 많은 피해를 입었다. 그의 아들 찰스 1세 때 발생하게 되는 시민 전쟁(Civil War)은 그 결과이기도 하다. 부친의 뒤를 이어 통합된 대영제국의 왕이 된 찰스 1세(생몰년: 1600~1649 재위 기간: 1625~1649)는 제임스 1세 보다 더욱 융통성이 없는 군주였다. 그의 선친의 뜻대로 더욱 철저한 감독 교회를 지향하고 있었다. 이러한 찰스 1세의 강경한 감독 교회 제도의 열망은 더욱 심각한 결과를 초래하게 되었다. 찰스 1세는 25세에 부왕을 계승하여 잉글랜드와 스코틀랜드 왕이 되었다. 스코틀랜드에서의 찰스 1세의 영향력과 그와 관련된 스코틀랜드 개혁 장로교회의 역사에 대하여서는 이미 다루었다. 이제 이 장에서는 스코틀랜드에서보다 잉글랜드에서 더욱 막강한 영향력을 행사하였던 찰스 1세의 행적과 그에게 저항하였던 잉글랜드 장로주의 퓨리탄들의 극심한 고난의 역사가 펼쳐질 것이다.

찰스 1세는 스코틀랜드 덤펄링(Dumferling)에서 1600년에 태어났다. 그는 그 지방의 장로교회 목사에 의하여서 유아 세례를 받았다. 그는 어렸을 때 매우 유약한 성품의 소유자였다. 말도 더듬었다. 그의 다리는 약간 구부러졌다. 그리고 그는 외고집이고 성미가 비꼬였다고 전한다.282)

제임스 1세가 교황주의로부터 전제적이고 폭군적이며 일방적인 절대 권력을 배운 것처럼 찰스 1세도 스페인을 여행하고 나서 더욱 폭압적인 군주로 교육 받는다. 무엇보다 그의 아내였던 프랑스 앙리 4세의 딸 헨리타 마리아(Henrietta Maria)는 찰스 1세의 종교적 정책에 결정적 영향력을 행사하였다. 그녀의 종교관은 제수이트파(Jesuits)와 사제주의에 의하여서 형성된 외골통적인 것이었다.283) 그리고 다른 한편으로 찰스 1세의 종교 정책에 깊숙하게 관여하여 잉글랜드를 국교회로 이끄는데 교리와 예배와 정치를 좌우하였던 찰스 1세의 최측근이 있었다. 그는 바로 런던의 주교였던 윌리엄 라우드(William Laud)였다. 그는 사사건건 장로주의 퓨리탄들의 종교 개혁을 방해하였다. 무엇보다 그는 교리적으로 그 당시에 이단 교리로 정죄된 알미니우스주의를 신봉하였고 교회 정치적 관점으로는 열렬한 감독주의의 수호자였다. 그는 옥스퍼드 대학의 성 요한 대학(St. John's college, Oxford)에서 교육받았다.284)

1625년은 찰스 1세가 왕으로 등극한 해였다. 그의 즉위식 해에 대륙의 개혁 교회는 잉글랜드의 종교 개혁에 대하여 심각한 우려를 하고 있었다. 현명하고 지각 있는 왕이 필요 할 때에 찰스 1세는 좁은 소견의 사람이었고, 완고하고, 강퍅하였고, 억지가 세서 심성이 고쳐지기 어려운 상태였다. 특히 종교적 문제에 대하여서 더욱 외고집이었다.285) 그의 습성이 왕과 의회 사이에 일어나는 갈등의 원인이 되었다. 무엇보다 교황주의의 증가에 대한 심각한 우려를 의회가 왕에게 표출했을 때, 왕은 의회를 해산해 버렸다. 그러나 그것은 찰스 1세가 국정을 이끌 때 의회의 도움을 받을 수 없다는 것을 의미하였다. 1625년에 왕은 의회를 해산하였다. 그리고 1628년 다음 의회의 개회 이전까지 성직자들에게 왕의 뜻과 원하는 바에 복종하는 절대적 복종을 입증할 수동적 순종과 비저항적 교리를 가르치도록 압박하였다. 교회의 행사들은 모두 자의적이고 불법적인(arbitrary & illegal) 방법에 의하여서 처리 되었다. 특히 런던의 대주교였던 윌리엄 라우드는 잉글랜드 교회와 로마 교회를 하나로 결합시키려는 광범위한 계획을 잉글랜드 교회에게 설득시키려

---

282) Daniel Neal, **The History of the Puritans**, vol.1, p. 494.
283) Ibid., p. 496.
284) Ibid., p. 496.
285) William Maxwell, **History of the Westminster Assembly of Divines**, p. 71.

고 하였다. 그는 최소한의 올바른 양심도 가지고 있지 않았던 사람이었다. 이러한 혼합주의 방법을 따라서 교회의 예배당들은 재수리되었고 성상들과 성화들과 형상들로 재장식되었다. 그리고 공적 예배는(Public worship) 갖은 호화로운 의식들과 (pompous rites) 절기들로 가득 차게 되었다. 그리고 그러한 교황주의를 절대적으로 거부하였던 장로주의 퓨리탄들(Puritans)은 국외로 쫓겨나기에 이르렀다.286)

찰스 1세의 훈령은 훌륭한 사역자들에 대한 폭력적인 수단들로써 영적 법정에 큰 타락을 촉진하였다. 그것으로 퓨리탄 사역자들의 매주 사역을 중지시키고 박탈시켰다.287)

1628년에 의회가 다시 개회되었다. 의회는 기존의 로마 카톨릭적인 교회법을 폐지하고 새로운 교회법을 만들고자 하였다. 이에 대하여 잉글랜드 국왕 찰스 1세는 더욱 강력한 폭군적인 법을 세우려고 하였다. 그것은 고교회(High Church)와 퓨리탄(Puritans)들 사이의 싸움이었다. 그렇게 잉글랜드 왕국은 깊게 두 세력으로 갈라졌다. 그중에 퓨리탄들은 시민적 자유의 방어막과 같았다. 그러나 고교회(High church)측은 군주적인 교회 제도를 생각하며 왕에 의하여서 임명되는 성직자 제도를 선호하였다. 그것은 왕국의 시민적 자유와 올바른 양심에 대하여서 도덕관념을 희생시키는 법이었다. 무엇보다 대주교 라우드는 알미니우스 교리에 반대가 되는 어떤 교리도 금지하였다. 그리고 퓨리탄들에 의하여서 가르쳐진 강론들을 핍박하였다. 잉글랜드 국왕 찰스 1세는 자신에게 절대 충성할 교회 세력을 원하였다.288) 이 간교한 고위 성직자 라우드는 중요한 정통 교리적 주제들이 성도들의 사고 능력을 촉진시킨다는 것을 알고 있었다. 그래서 그는 건전한 종교적 지식을 가지고 있는 사람들에게는 폭군적이고 미신적인 노예 상태가 되게 하기가 불가능하다는 사실도 알고 있었다. 그래서 잉글랜드 인민들(people of England)을 미신적 노예 (superstitious slaves)가 되게 하기 위하여서 그것에 방해가 되는 모든 기질과 성향들을 억압하였다. 그래서 그는 정신세계와 윤리 의식을 부패시키려고 하는 방법으로서 본능적 욕구를 추구하게 하였다. 그것이 라우드가 왕에게 설득하였던 오락의 책(the Book of Sports)을 주일에 읽게 하는 것이었다.

이 오락의 책은 1633년에 왕의 칙령으로 잉글랜드 교회에게 시행되었다. 그것

---

286) Daniel Neal, **The History of the Puritans**, vol. 1. London. 1837. p. 531.
287) Ibid., p. 534.
288) William Maxwell, **History of the Westminster Assembly of Divines**, p. 73.

은 하나님의 말씀에 정면으로 대적하는 짓이었다. 주교(bishops)들은 그것의 출판을 서둘렀다. 그러나 이것은 모든 경건한 성직자들(pious clergymen)에게 마음의 큰 고통을 가져다주었다. 어떤 사람은 그것을 읽기를 거절하였다. 그리고 그 결과 면직(suspended)되었다. 어떤 다른 사람은 그것을 읽었다. 그러자 즉시 다음과 같은 의무가 주어졌다. 그것은 4 계명을 읽는 것이었다. 이러한 시기에 정치적 투쟁(conflict)의 조짐이 넓고 깊게 퍼지기 시작했다. 그리고 그것은 종교적인 문제로부터 시작된 것이었다.

잉글랜드 의회는(Parliament)는 핍박 받는 퓨리탄(Puritans)의 고통을 덜어주기 위한 방안을 마련하는데 부심하였다. 그리고 매우 강하고 중대한 언어로 하원(House of commons)을 이끄는 의원들에 의하여서 알미니우스 주의와 고위 성직자 측의(Prelatic party) 폭력적 행위를 정죄하기에 이르렀다. 찰스 1세는 그러한 의회의 종교적 시민적 자유를 향한 노력을 무력화시키려고 하였다. 그래서 의회의 해산을 명령하였다. 그러나 이러한 자의적인 명령을 의회는 거부하였다.289) 결국 잉글랜드 왕은 의회를 주도하는 4명의 의원들을 잡아 가두었다. 그들은 잉글랜드 의회의 대변인격인 엘리오트(Eliot) 그리고 홀리스(Hollis), 발렌틴(Valentine), 과 카리톤(Cariton) 등이다. 그들은 런던 탑으로 보내졌고 그 중에서 엘리오트(Eliot)는 죽을 때까지 런던 탑에 갇혀 있었다. 찰스 1세는 의회가 결코 수동적인 강요된 법에 굴복하지 않을 것을 배우게 되었다.

켄터베리 대주교였던 윌리엄 라우드는 퓨리탄들이 끔찍하게 혐오하는 그러한 새로운 예식들(ceremonies)을 강요하기에 이르렀다. 이러한 교황주의적 예식들(Popish ceremonies)은 많은 사람들을 비국교도(nonconformity)로 몰아갔다. 많은 수의 사람들이 이에 불복종하였고, 인내심의 한계를 느꼈다. 알렉산더 레이톤(Alexander Leighton)은 귀가 잘리는 형벌을 받았다. 그리고 유죄를 선고 받고 죄수의 칼을 쓰고 감옥에 던져졌다. 버튼(Burton), 바스트윅(Bastwick), 프린(Prynne) 등도 동일한 고통을 당하였다. 그리고 많은 수의 사람들이 궁핍함의 나락으로 떨어졌다. 왜냐하면 그들 모두 윌리엄 라우드의 교황주의적 예식에 반기를 드는 말과 글을 표출했고 고위 성직자 구조의 교회 정치 제도를 반대했기 때문이었다. 그래서 많은 경건한 퓨리탄들이 잉글랜드를 등지고 멀리 타국으로 망명을 하기에 이르렀다. 그러한 연유로 네덜란드에 잉글랜드로부터 핍박을 피해온 개혁

---

289) Ibid., p. 74.

교회 신앙인들의 공동체가 형성되었다. 그리고 그들 중에 일부는 좀더 급진적으로 북아메리카 신대륙으로 떠나려고 하였다. 왜냐하면 잉글랜드에는 종교적 시민적 자유가 없었기 때문이다. 그들이 느끼는 감정은 충격과 분노뿐이었다.290) 바로 이 시기에 다른 방법으로 종교와 시민적 자유를 찾으려고 하는 움직임이 있었다. 그것은 바로 햄프덴(Hempden)과 그의 사촌, 올리버 크롬웰(Oliver Cromwell)이다. 그들이 추구하였던 기나긴 투쟁은 그때까지는 열매가 없었다. 그들은 새로운 세상(the New World)을 추구하고 있었다. 그것은 고대 잉글랜드의 모든 종교적 유산을 버리는 형태의 자유였던 것이다.

찰스 1세는 그의 가장 무서운 반대자들에게 끔찍한 절망적 상황을 주었다. 그러나 그것이 그를 더욱 어둡고 캄캄한 운명으로 이끌어 갔다. 윌리엄 라우드는 혈안이 되어서 계속 비국교도들을 핍박하였다.291) 이러한 비국교도들에 대한 끔찍한 핍박과 억압은 그 전환점을 맞이하게 된다. 그것은 바로 스코틀랜드로부터 시작되게 되었다. 그 당시에 스코틀랜드는 잉글랜드와 달리 철저한 종교 개혁이 진행되었고, 그것은 국민 언약(National Covenant)이라는 스코틀랜드 전체의 국가적 종교 개혁이 있게 되었다.

1638년에 스코틀랜드 의회는 국민 언약을 통과시키고 모든 스코틀랜드 성직자들과 시민들에게 국민 언약의 서명을 명령하였다. 이러한 국민 언약은 감독교회를 지향하는 잉글랜드 국왕에게는 반역과 같은 것이었다. 이러한 스코틀랜드의 반란을 진압하고자 찰스 1세는 군비를 확충하고 군대를 모으기 시작하였다. 그러나 이미 잉글랜드 국왕의 침략을 예상한 스코틀랜드는 국민의 군대를 조직하여서 잉글랜드 국왕의 침략을 대비하고 있었다.

국민 언약(National Covenant)을 거부하는 잉글랜드 국왕 찰스 1세는 군대를 동원하여서 스코틀랜드를 억압하려고 하였다. 이에 스코틀랜드도 자체적인 군대를 동원하여서 잉글랜드의 정부군과 맞서 싸우게 된 것이다. 이것이 제 1 차 주교 전쟁(Bishops War:1639.1~6)이었다. 그 전쟁은 1638년 스코틀랜드의 국민 언약으로 야기된 스코틀랜드 언약자들과 잉글랜드 찰스 1세와의 전쟁이었다.

국민 언약 이후에 스코틀랜드 교회는 글래스고우 총회이후에 의회를 중심으로 군대를 조직하여서 왕의 침략에 대비하였다. 그래서 1639년 애딘버러에서 모여서

---

290) Ibid., p. 76.
291) Ibid., p. 77.

전략을 구축하였고 왕의 군대의 침공을 준비하였다.

1639년 찰스 1세는 군대를 이끌고 에딘버러를 공격하였다. 그때에 언약 군대의 사령관은 알렉산더 레이슬(Alexander Leslie)이었다. 왕의 군대는 군비의 부족으로 행군이 느렸고 싸움의 명분도 별로 없었다. 그러나 스코틀랜드 언약자들의 사기는 매우 높았고 잉글랜드 장로주의 퓨리탄들에게 심리적 지원을 받고 있었다. 레이슬 장군은 별 어려움 없이 에딘버러를 지켰으며 로데스 경(Lord Rothes)이 왕의 군대 병참고를 점령하였다. 전세가 불리한 찰스 1세는 스코틀랜드 군대와 화해를 모색하게 되었다. 찰스 1세는 스코틀랜드 군대와 협상을 시작하였다. 그러나 그 협상은 결렬되었고 왕은 더 이상 싸울 수 없어서 그해 7월에 런던으로 돌아가 버렸다.292) 잠시 소강상태를 보이던 찰스 1세는 다시 군대의 힘으로 스코틀랜드를 제압하고자 결심하였다. 그래서 아일랜드로에 있었던 왕의 충실한 조언자 토마스 웬트워드 경(Sir. Thomas Wenthworth)을 불러 들여 전쟁을 시작하였다. 이것이 제 2 차 주교 전쟁(Episcopal War)이다. 웬트워드는 1640년 1월 스트라포드 백작(Earl of Strafford)이 되었다. 그는 아일랜드 의회를 압박해서 스코틀랜드를 대적할 아일랜드 군대를 확장할 군비를 마련하고자 하였다. 그리고 찰스 왕에게 잉글랜드의 의회를 열어서 더 많은 군비를 확보하도록 조언하였다. 그래서 왕이 임의로 폐쇄한 의회를 다시 개원하였다. 이것이 1640년 4월에 개회된 단기 의회였다.293) 1628년에 폐회된 이후에 12년 만에 다시 열린 의회였다. 그런데 그때에는 자유에 대한 정신이 잉글랜드 의회 의원들 사이에서 더욱 강하였던 상태였기 때문에, 왕의 요구에 대하여서 의회는 잉글랜드 국교회에 대한 개혁을 요구하기에 이르렀다. 그러자 왕은 의회를 해산하기에 이른다. 그리고 몇몇 의회 지도자들을 감금하기에 이른다.294)

그리고 단기 의회에서 별 소득이 없자 찰스는 스페인과 프랑스 그리고 심지어

---

292) http://www.british-civil-wars.co.uk/military/bishops-wars.htm
293) http://www.british-civil-wars.co.uk/glossary/short-parliament.htm."찰스왕의 통치 기간중에 4번째 열린 의회였다. 그것은 주교 전쟁으로 야기된 군비를 마련하기 위하여서 열게 된 의회였다. 이 의회를 계기로 찰스는 자의적인 국가 통치에 종말을 고하게된다. 1640년 4월 13일에 개회하였다. 찰스 왕은 이를 계기로 군비에 필요한 물자와 여러 가지 도움을 얻을 것으로 기대하였으나 의회는 달리 생각하였다. 의회는 왕의 종교 정책에대하여서 달리 생각할 것을 요청하고자 하였다. 찰스는 의회의 요구를 거절하고 1640년 5월 5일에 의회를 해산하였다."
294) William Maxwell, **History of the Westminster Assembly of Divines**. p. 79.

교황에게 조차 군비 확장에 필요한 물자의 지원을 요청하였다. 그러나 이것도 별로 소득을 얻지 못하였다.

그러자 자체적으로 조달한 군비로 1640년 8월에 스코틀랜드로 침공해 들어갔다. 왕의 군대는 요크셔(Yorkshire)와 노덤벌랜드(Northumberland)로 진격하였다. 그러나 매우 빈곤한 무기와 병력을 가지고 갔기 때문에 그렇게 효과적으로 진격하지 못하였다. 그럴 뿐만 아니라 스트라포드(Strafford)의 아일랜드 군대도 미처 준비가 되어 있지 않았다. 이때에 스코틀랜드의 의회는 에딘버러에서 모여서 스코틀랜드 방어 전략을 짜고 있었다. 마리샬 윌리엄 케이트 백작(The Earl-marischal William Keith)은 1640년 5월에 언약 군대를 위한 교두보를 마련하고자 에버딘(Aberdeen)을 점령하였다. 그리고 로베르트 몬로(Robert Monro) 총 사령관은 그해 6월에 왕당파의 소굴인 북동쪽 지역 고든(Gordons)을 침공하였다.

아길 백작(Earl of Argyll)은 군대를 동원해서 왕당파의 소굴인 하일랜드(High Land) 안에 지역을 섬멸했다. 아길(Argyll)은 스트라포드의 아일랜드 군대가 서쪽 스코틀랜드로 상륙할 것에 대비한 방책으로서 덤바톤(dumbarton)을 둘러 진을 쳤다. 언약 군대의 서너 연대가 무장한 채 첫 주교 전쟁 이후에 그곳에 주둔해 있었다. 그래서 다시 전쟁이 일어나자 쉽게 모병을 할 수 있었다.

1640년 8월 초순에 언약 군대(Covenanter army)는 각 60개의 소총으로 훈련된 군인들을 가진 2만 명의 강력한 군대가 잉글랜드와의 접경 지역에 진치고 있었다. 잉글랜드 군대는 두 곳에서 집결해 있었다. 하나는 요크셔(Yorkshire)에서 왕의 도착을 기다리고 있었고, 다른 한 곳은 노덤벌랜드(Northumberland)였다. 잉글랜드 군대의 총 사령관 노덤벌랜드 백작은 병에 걸렸다. 북쪽 군대의 사령관 비스카운트 콘웨이(Viscount Conway)는 버빅(Berwick)의 경계지역에서 방어진을 구축하고 있었다. 그들은 너무 늦은 시기까지 언약자들의 징집을 무시하고 있었다. 언약 군대를 막아설 도리가 없다고 판단한 잉글랜드 군 수뇌부는 선제 공격을 준비하고 있었다.

1640년 8월 20일 레이슬 장군(General Leslie)은 트웨드강(River Tweed)을 가로 질러서 콜스트림(Coldstream)에 이르렀다. 그리고 다시 잉글랜드 안으로 진격하였다. 그리고 버빅을 통과하여서 바로 뉴캐슬(Newcastle)로 진격하였다. 그러자 찰스 왕은 북쪽으로 서둘렀다. 스코틀랜드 군대는 8월 27일에 뉴캐슬의 끝자락에 도착했다. 뉴캐슬의 북쪽으로 강하게 몰아붙이는 것 대신에 틴(Tyne)강을 따라서 서쪽으로 뉴번(Newburn)으로 진격했다. 그는 틴의 북쪽과 남쪽 언덕을 지키면서 뉴캐슬을 포위하였다. 잉글랜드 군대의 사령관 비스카운트 콘웨이는 (Viscount Conway)군대를 증강시키기 위하여서 1500명의 기병대와 3000명의 보병대를 보냈다. 스코틀랜드 장군 레이슬은 스웨덴의 구스타브 아돌푸스 대제(the great Gustavus Adolphus)의 수하에서 섬겼던 포병 장교 알렉산더 해밀튼(artillery officer Alexander Hamilton)을 기대했다. 스코틀랜드 군대 포병이 더 높은 지대에 있었다. 결국 포격은 잉글랜드 군대를 완전하게 장악하기에 이른다. 레이슬은 콘웨이에게 스코틀랜드 군은 싸우기 원치 않으니 왕에게 간청할 수 있도록 길을 내 달라고 요구하였다. 그런데 그는 달리 거부할 선택권이 없었다.

1640년 8월 28일에 이른 오후에 얕은 개울을 향하여서 스코틀랜드 군대는 진군할 수 있었다. 그런데 잉글랜드 진지로부터 총격이 있었다. 그러자 언약 군대는 구축되지 않은 강둑의 위치를 차지하고 개울가를 향하여서 포탄을 퍼부었다. 잉글랜드 기마대의 사령관 헨리 윌모트(Henry Wilmot)가 용감하게 전진하려고 하였다. 그러나 순식간에 잘 훈련된 언약 군대의 머스켓 총병들에게 압도당했다. 그리고 대부분의 잉글랜드 보병들은 뉴캐슬을 향하여서 공황 상태(panic)에서 도망쳤다. 콜로넬 몽크가 가까스로 그의 연대를 제지시켰다. 그리고 잉글랜드 포병들과 함께 훌륭한 명령으로 퇴각할 수 있었다. 언약 군대의 레이슬 장군은 군대들에게 피하는 잉글랜드 군대를 추적하지 말라고 명령했다. 이러한 스코틀랜드 군대의 돌격에 비스카운트 콘웨이는 뉴캐슬이 방어 진지가 되지 못할 것으로 보고 더햄(Durham)이라는 곳으로 퇴각하였다. 그해 8월 30일 언약 군대는 뉴캐슬을 점령할 수 있었다.

잉글랜드 군대의 사기는 요크셔(Yorkshire)에서 떨어졌고 뉴번(New burn)에서 붕괴되었다. 그해 9월 24일에 찰스 왕은 요크에서 피어스의 평의회(Great Council of Peers)를 소환하였다. 그 자리에서 찰스 왕은 스코틀랜드와의 협상을 지시하였다. 1640년 10월에 조약을 맺기 위하여서 스코틀랜드와 잉글랜드 대표자들이 리본(Ripon)에서 만났다. 리본 조약(The Treaty of Ripon)은 10월 14일에 서명되었다. 그리고 정전(cessation of hostilities)하기로 동의하였다. 항구적 협정을 위한 협상이 런던에서 열린 새로운 의회에 의하여서 비준되었다.

그리고 스코틀랜드 군대는 노덤벌랜드(Northumberland)와 더햄(Durham)을 점령하였다. 그리고 정확하게 잉글랜드 정부로부터 매일 850 파운드의 배상금을 받기로 하였다. 배상금에 대한 절망적인 상황에서 찰스 1세 왕은 어쩔 수 없이 장기 의회를 소집하게 되었다. 그 첫 모임은 1640년 11월 3일이었다.295)

일주일 후에 스코틀랜드 대표자들이 런던에 배상금 문제로 도착하였다. 스코틀랜드 언약 군대는 반란군으로서 찰스 1세에 대한 탄핵을 요구함에도 불구하고 그 언약 군대의 대표자들은 런던의 장로주의 퓨리탄들에 의하여 환영을 받았다. 그리고 찰스 1세는 그의 체면을 심각하게 손상당하였다. 스코틀랜드와 잉글랜드 사이에서의 협상은 1641년 봄과 여름까지 계속되었다. 런던에서의 시민적 불안의 배경에 대하여서 그리고 잉글랜드 의회는 찰스 1세의 중요한 조언자 스트라포드(Strafford) 백작과 라우드(Laud) 대주교에 대한 탄핵에 대하여 찰스 1세에게 가능한 빨리 마무리지어 주기를 요청하였다.

스코틀랜드 장로 교회 총회는 스코틀랜드 교회로부터 감독 교회 제도를 추방하기로 결의하였다. 에딘버러에 왕당파 성들과 덤바튼(Dumbarton)은 오직 방어적 목적으로 사용되도록 하였다. 국민 언약에 서명한 스코틀랜드 사람들 어느 누구도 견책을 받거나 징계를 받지 않도록 하였다. 잉글랜드가 전쟁 중에 탈취한 스코틀랜드의 장비들과 선박들은 되돌려 주기로 합의하였다. 그리고 언약론자들에 반대하는 모든 책들과 출판물들과 선언서들은 압수하기로 하였다. 그리고 스코틀랜드는 배상금으로 3백만 파운드르 받기로 하였다.

장기 의회는 "형제적 지원"(brotherly assistance)으로 간주하였다. 스코틀랜드는 협상의 결과를 매우 기다렸다. 그리고 대표자들이 돌아왔을 때에 환영을 받았다. 그리고 잉글랜드 교회의 감독주의의 탄핵이 쟁점화 되었고 스트라포드와 라우드에 대한 공격이 그들의 관심 밖에 있는 것으로 간주되었다. 그리고 언약론자들은 잉글랜드와 스코틀랜드와 아일랜드 이 세개의 왕국 모두 다 장로주의를 채택할 것을 제안하였다. 그리고 런던 협정이 1641년 8월 서명되었다.296)

---

295) http://www.british-civil-wars.co.uk/alossarv/ona-darliamen.htm.: 장기 의회란? 장기 의회는 찰스 왕에 의하여서 불리워진 이름이다. 그것은 단기 의회를 해산한지 약 6개월 후에 일이다. 스코틀랜드와 벌인 찰스 왕의 주교 전쟁의 패배로 배상금문제가 불어지게 되었고 결국 찰스는 해산된 의회를 다시 소집할 수밖에 없었다. 그는 절망적인 심정으로 의회를 개회하기에 이른다. 그런데 놀랍게도 그 장의 의회가 1차 2차 시민 전쟁의 원인이 될 줄을 찰스왕은 몰랐다. 그 전쟁은 1648년까지 계속되었고 장기 의회는 올리버 크롬웰에 의한 교만의 숙청으로 기능이 정지 되었다가 1660년 2월에 크롬웰이 호국경에서 물러나자 원래대로 기능이 회복되었다. 그리고 정식으로 1660년 3월에 해산되었다.

296) http://www.british-civil-wars.co.uk/military/bishops-wars.htm.

(2) 시민 전쟁(Civil War) 이후의 잉글랜드 종교 개혁의 역사

스코틀랜드와의 주교 전쟁(Bishop War)의 패배로 배상금을 마련해야 할 상황에 놓인 찰스 1세는 잉글랜드의 의회를 소집하기에 이른다. 이것이 장기 의회(Long Parliament)이다. 그러나 장기 의회(Long Parliament)의 초기 기간 동안, 존 핌(John Pym)은 왕의 정책에 반대하는 정책을 지휘하였다. 그는 찰스 1세보다 왕을 보좌하는 자들에 대하여서 비판하였다. 핌은 스트라포드 백작과 대주교 라우드를 "악한 조언자"로 고소하였다. 그리고 장기 의회 첫 회기 동안 몇 주도 되지 않아서 의회는 스트라포드 백작과 라우드를 감옥에 가두어버렸다.

1641년 동안 일련의 개혁이 수행되었다. 스타챔버(Star Chamber)와 고등판무관(High Commisiion)과 다른 여러 왕의 친위 기관들이 폐지되었다. 무엇보다 찰스 1세가 의회를 폐지한 12년 동안 자행되었던 개인적 규칙(Personal Rule: 1629~40)을 폐기시켰다. 적법성이 의심스러운 재정에 대한 법령도 폐기시켰다. 예를 들면, 선박세, 강제적인 대부 등이다.

1641년 1월 장기 의회는 트리니얼 법령(The Triennial Act)을 선포하였다.297) 잉글랜드의 종교 개혁은 시민 전쟁이 일어나기 전까지 장기 의회에 의하여서 차분하게 진행되어 가고 있었다. 1641년 10월에 아일랜드의 반란이 있었다. 이 아일랜드 반란은 튜더 왕조와 스트어드 왕조의 식민지 정책(Plantation)에 반발하여서 일어났다.298) 그 당시에 아일랜드는 스코틀랜드와 잉글랜드로부터 이주한 개신교 정착민에 의하여서 다스려지고 있었다. 16세기 중반부터 아일랜드 지주들은 정착민들의 도로를 만들기 위하여서 추방이 되었다. 그리고 그런 악순환이 아일랜드 폭동자들에 의하여서 뒤따랐다. 1580년대에 문스터(Munster) 지역은 데스몬드 반란(Desmond Rebellions)의 진압이후에 혹독하게 잉글랜드 정착민들에 의하여서 지배를 받았다. 1607년에 잉글랜드에 저항하였던 티론의 백작(Earl of Tyrone), 후고 오닐(Hugh O'Neill)은 얼스터(Ulster)로 진출하였다.

제임스 1세가 잉글랜드와 스코틀랜드의 동일한 왕이 되었을 때, 얼스터 식민지

---

297) http://en.wikipedia.org/wiki/Triennial_Acts:"이 법령은 장기 의회에 의하여서 찰스 1세 기간에 통과된 법령이다. 첫째 그 법령은 의회가 적어도 매 삼년에 한번 50일 정도 모이는 것을 의무화 하고있다. 그것은 의회를 무시한 국왕의 통치를 제어하는 장치였다. 만약 왕이 의회를 소집하지 않으면, 그 법령은 대법관(Lord chancellor)에게 상원(the House of Lord)을 모일 수 있도록 할 것을 요구한다. 그리고 하원(the House of Common)의 선출을 하게된다."
298) http://www.british-civil-wars.co.uk/glossary/long-parliament.htm

는 대영제국의 한 부분이 되었다. 그러므로 적어도 얼스터의 정착민은 반 정도가 스코틀랜드 사람들로 채워졌다. 원주민 아일랜드 사람들의 이주는 아일랜드 안에 로마 카톨릭 교회에게 큰 타격이었다. 잉글랜드 개신교들은 아일랜드의 정부를 지배하였다. 그리고 카톨릭은 제외되었다. 16세기 동안 포이닝 법령(Poynings Law)으로 알려진 법규에 의하여서 아일랜드 의회는 잉글랜드 의회에 복속되었다. 그리고 17세기 초반까지 아일랜드 법령은 잉글랜드와 스코틀랜드의 개신교 대표자들을 허락하도록 개정되었다. 그 결과로 아일랜드 의회는 개신교도들이 다수를 차지하게 되었다. 그러나 원주민 아일랜드인들은 로마 카톨릭 종교로 남아 있었다.

   1632년부터 1640년까지 토마스 웬트워드 경(Sir Thomas Wentworth)의 혹독한 통치로 아일랜드는 모두 반항적이 되었다. 토마스 웬트워드 경은 왕의 수익을 극대화시키기 위하여서 그리고 아일랜드 귀족의 권력을 꺾기 위하여서 그렇게 하였다. 1641년 한 해 동안 경제적으로 낙후되고 그해의 수확량조차 빈약하게 되자 아일랜드사람들의 분노는 극에 달하였다. 그때에 잉글랜드 정부에 저항하는 스코틀랜드의 경우를 보고 충동을 얻었다. 그래서 그해에 콘노 메이규어 백작(Lord Conor Maguire) 오 모어(Rory O'More)와 휴고 맥마흔(Hugh MacMahon)이 그들의 지배력을 회복하고자 그리고 잃어버린 땅을 찾고자 반란을 일으켰다. 반란군들은 중요한 타운들을 차지하기로 계획을 세웠다. 그리고 그 다음 그러한 유리한 상태에서 배상금을 요구하려고 하였다. 얼스터로와 레인스터(Leinster)의 메이규어와 휴고 맥마흔 경(Maguire and Hugh MacMahon)은 약 200명의 가담자들과 함께 무장하고 더블린의 주요 도시를 점령하였다. 그리고 그에 동조하는 오 닐(O'Neill)과 작은 그룹들이 얼스터 지방 안에 방비가 허술한 곳을 기습하려고 하였다. 계획대로, 오닐과 얼스터 반란군들은 성공적으로 칼레몬(Charlemont)과 몬트 조이(Montjoy)와 덩가논(Dungannon)을 차지하였다. 그러나 더블린에서 그러한 행렬이 멈추었다. 메이규어 경(Lord Maguire)는 다음날 아침까지 공격하였다. 그 시도는 휴고 맥마흔의 입양된 형제 오웬 오콘놀리(Owen O'Connolly)에게 달려있었다. 그런데 그는 더블린의 정부군에게 음모를 밀고하였다. 결국 메이규어와 휴고 맥마흔은 그해 10월 23일에 체포되었다. 그리고 다른 가담자들은 흩어져 버렸다.

   더블린 침공의 실패는 오히려 아일랜드 원주민들의 잉글랜드에 대한 전면전으로 치닫게 된다. 펠림 오닐 경(Sir Phelim O'Neill)은 아일랜드 원주민들에게 그들 자신들의 생존과 자유를 지키기 위하여서 무장할 것을 촉구하였다. 그래서 폭동 가담자들은 잉글랜드 왕과 신하들을 해치려고 하는 의도를 버렸다. 그러나 얼스터 아일랜드에 있는 정착민들에게로 그들의 분노는 흘러갔다. 그리고 그것은 폭력 사태로 번지게 되었다. 그래서 얼스터의 개신교도들은 그들의 땅을 강탈당하고 내쫓겼다. 농장들과 집들은 불탔고 성채들은 약탈당하였다. 그 폭동은 정착민들에 대한 광범위한 살육으로 번졌다. 그리고 그것은 악명 높은 대학살로 알려진 사건이 1641년 11월에 카운티 아르메이(County Armagh) 안에 포타다운(Portadown)에서 있었다. 수천 명의 개신교도 정착민들이 그 폭동으로 죽었다. 그리고 많은 사람들이 잉글랜드로 피신하였다.299) 이 사건은 1641 10월 22일에 폭동 가담자들의 한 집단이 얼스터 지방의 6개 도시를 점령하면서 시작되었다.

그곳은 칼몬트(Charlemont), 마운트조이(Mountjoy), 듀가논(Dugannon), 캐슬카필드(Castlecaulfield), 살터스타운(Salterstown) 그리고 리산(Lissan) 등이다. 이 사건은 메이규어 경(Lord Maguire)이 더블린 공략을 실패한 이후에 발생하였다. 펠림 오닐 경(Sir Phelim O'Neill)은 폭동자들을 규합하여서 얼스터에 폭동자들을 보냈다. 그들은 법을 정지 시켰다. 그리고 개신교 정착민들을 공격하기 시작하자 약탈과 살육이 시작되었던 것이다. 특히 카운티 아르메이(County Armay) 포타다운(Potadown)에서는 악명높은 학살이 자행되었고 그날 밤에 수백구의 개신교도들의 시체가 밴강(River Bann)에 버려졌다. 오닐의 군대는 아르메이와 루간(Armagh and Lurgan)을 차지하였다. 그러나 그들의 진격은 격렬한 개신교 군대의 저항으로서 리스번(Lisburn)에서 멈추었다. 반면에, 서부쪽 얼스터에서는 로버트 경(Sir Robert)과 윌리엄 스트워드 경(Sir William Stewart)이 약탈자들로부터 스스로를 보호하고자 래간군대(Lagan army)로 알려진 군대를 정착민들로 구성했다. 얼스터의 개신교 저항군으로서 알려진 군대의 강성함을 미리 파악한 반란군들은 그들을 피하여 더블린으로 행군하였다. 뉴웨리와 던달크(Newry & Dundalk)가 반란군의 수중에 떨어졌다.

1641년 11월 말경에 보인 강(River Boyne)위에 전략적 요충지인 드로게다(Drogheda)가 포위되었다. 그러자 더블린으로부터 정부군이 드로게다(Drogheda)를 지원하기 위하여서 보내졌다. 이러한 아일랜드 반란군의 승리는 로마 카톨릭 귀족이었던 레인스터(Leinster)를 자극하였다. 그래서 그는 반란군에 가담하였다. 그러나 그는 대포가 없었다. 그러나 약간의 화약이 있었다. 그래서 그는 드로게다

---

299) http://www.british-civil-wars.co.uk/military/ireland-1642.htm

(Drogheda)가 스스로 허기져서 굶어 죽도록 장기전으로 끌고 갔다. 이러한 아일랜드 상황에 대하여서 잉글랜드 정부는 오르몬드(Earl of Ormond) 백작을 정부군 총 사령관으로 임명하였다. 오르몬드와 그의 참모들은 군대들을 모았다. 그리고 더블린의 장관 찰스 코트 경(Sir Charles Coote)은 반란군들에게 급습을 당하여서 레인스터(Leinster)안에 잉글랜드 변경기지를 포위당했다. 그러나 그는 잘 막아내서 반란군들에게 함락 당하지는 않았다. 그리고 오히려 전세가 호전되었을 때는 남쪽으로 진군하여서 위클로우(Wicklow)를 보존하였다. 그리고 다시 1642년에 북쪽으로 진출하여서 스워드(Swords)에 있는 반란군을 제압하였다.300)

1642년에 반란군은 아일랜드 전체에서 흩어져서 사라져 버렸다. 주로 아일랜드 반란은 우발적이고 무정부주의였다. 그러나 나중에 더욱 조직적으로 변화하였다. 그래서 1642년 원주민 아일랜드의 귀족들과 로마 카톨릭 성직자들과 젠트리 계층이 모여서 킬켄니(Kilkenny) 회합을 하게 된다. 이 회합을 시작으로 아일랜드는 좀더 체계적으로 잉글랜드에 대항하려고 모색하기에 이른다. 그래서 그러한 그들의 폭동은 11년간 연방 전쟁(Confederate War)로 번졌다. 그러다가 올리버 크롬웰에 의하여서 1649~53년 동안 아일랜드에 폭동 군을 진압함으로서 끝났다.

⟨1⟩ 제 1 차 시민 전쟁(The first Civil War: 1642~6)

1642년부터 1644년까지 의회의 전쟁에 대한 노력은 안전 위원회(Committee of Safety)로서 알려진 회의를 특별하게 지정함으로서 인도되었다. 의회군이 스코틀랜드와 동맹을 맺은 이후에 안전 위원회(the Committee of Safety)는 양국을 위한 위원회(Committee for Both Kingdoms)에 의하여서 자리를 빼앗겼다. 잉글랜드 의회 하원(the members House of Commons)의 3분의 1과 대부분의 상원(the House of Lords)은 왕과 연합하기 위하여서 웨스트민스터로 떠났다. 그 대안이 1643년의 옥스퍼드 의회(Oxford Parliament)이다. 1642년에 존 핌(John Pym)은 런던에서 거두는 수량의 할당을 위하여서 첫 혁신적인 재정 측량법을 도입한다. 그것은 의회가 군주의 재가 없이 세금을 부과할 수 있게 하는 것이다. 과세를 위한 평가 기준은 점차적으로 의회의 제어 아래에 잉글랜드 전체로 파급시키도록 한것이다. 1643년 3월에 핌(Pym)은 악의적인 왕당파의 소유지를 몰수 하는 법령을 도입하였다. 그리고 1643년 7월에 그 법령의 시행이 상인의 세금으로 부

---

300) http://www.british-civil-wars.co.uk/military/ireland-1642.htm

과되었다. 1644년에 장래의 기금은 그들의 몰수된 소유지를 댓가를 지불하고 돌려줌으로서 마련하기로 하였다. 핌의 지도아래에 의회는 지방 정부를 조직하였다. 그래서 각각의 지방 재정을 각각의 지방에서 책임지도록 하는 것이었다. 찰스 1세는 의회에서 주도적인 역할을 하는 5인의 의원들을 체포하고자 의회에 불시에 난입하였다. 그러나 그들은 모두 피신하고 없었다. 1642년 1월 10일 백성들이 의회를 지지하자 왕과 왕의 친척들과 왕당파는 런던을 떠났다. 그해 2월 12일에 왕은 의회에 대한 군대의 제어를 포기하라는 의회의 요구를 거절하였다. 그러나 의회는 왕의 거부에도 불구하고 그것을 통과시켰다. 그러자 찰스 1세는 그해 3월 19일에 그의 법정을 요크(York)에 세웠다. 그해 6월 1일 19개 항목이 의회에 의하여서 통과되었다. 그것은 왕이 성직자를 임명하는 권리를 포기할 것과 군대 통설권을 포기할 것에 대한 것이었다. 잉글랜드 내전의(Civil War) 첫 군대의 무력 시위는 왕당파가 도시 벽 바깥의 건물들을 태워버리기 위하여서 훌(Hull)로 접근할 때 시작되었다. 그해 7월 12일 의회는 군대를 일으켰다. 에섹(Earl of Essex) 장군이 사령관을 맡았다. 그해 9월 9일 에섹 장군은 런던으로부터 왕당파와 싸우기 위하여서 행진하여 나갔다. 10월 23일 에드게힐 전투(Battle of Edgehill)에서 에섹 장군은 런던으로 쳐들어오는 왕당파 군대를 제지하는데 실패했다. 그러자 왕당파 군대는 런던으로 입성하여서 터햄 그린(Turhham Green)에서 머물렀다. 1643년 1월 19일 브래독 다운의 전투(Battle of Braddock Down)에서 전투가 있었다. 그 전투에서 왕당파 랄프 홉톤(Sir Ralph Hopton)이 이겼다. 그리고 그해 6월 30일에 아드왈톤 모어의 전투(Battle of Adwalton Moor)에서 전투가 있었다. 왕당파인 뉴캐슬 백작(Earl of Newcastle)이 의회파인 하이어팩스 경(Lord Fairfax)를 물리쳤다.

1643년 7월 1일 의회의 명령으로 앵글리칸 교회의 개혁을 위한 첫 회합을 웨스트민스터 사원에서 가졌다. 그리고 그것은 장기 의회가 사라지고 잔부 의회로 남게 되는 그 시기까지 계속된다. 웨스트민스터 신앙 고백에 대한 자세한 설명은 다음 장에서 하기로 하고 좀 더 이후에 벌어지는 잉글랜드 교회의 역사를 살펴 보려고 한다.

1643년 7월 13일 의회파 서부군 사령관이었던 윌리엄 월러(Sir William Waller)의 군대가 라운드웨이 다운 전투(Battle of Roundway Down)에서 패배하였다.

1643년 7월 26일 브리스톨이(Bristol) 루퍼트(Rupert) 왕자에게 함락되었다. 그리고 그해 8월 10일에 왕의 군대가 글루세스터(Gloucester)를 포위했다. 그리고 9월 2일 뉴캐슬 백작(Earl of Newcastle)이 훌(Hull)을 포위했다. 그리고 9월 5일에 에섹 백작(Earl of Essex)이 글로스터(Gloucester)의 포위를 풀었다. 그리고 9월 20일에 뉴버리(Newbyry)의 전투가 있었다.

1643년 9월 25일 스코틀랜드 언약자들(Covenanters)은 잉글랜드 의회와 엄숙 동맹과 그 언약(Solemn League and Covenant)을 체결하였다.[301] 잉글랜드 상하원(Both Houses of Parliament)과 스코틀랜드 위원들(Commissioners)이 협정을 체결하였다. 그것은 군사 연맹과 종교적 서약이었다.(a military league & a religious covenant) 그것의 직접적인 목적은 1643년에 잉글랜드 시민 전쟁에서 유리한 위치를 차지하고 있었던 왕당파를 물리치고자 하였던 것이다. 잉글랜드 의회와 스코트간의 이 동맹은 1643년 존핌에 의하여서 제안된 것이었다. 의회는 잉글랜드에서 왕당파의 승리를 역전시키기 위하여서 스코틀랜드로부터 군사적 도움을 확고히 하고자 열망하였다. 그러나 스코틀랜드 언약자들은 잉글랜드 의회의 요청이 주로(principally) 두 나라 간에 종교적 연합체로서 동맹으로 간주하였다. 스코틀랜드 교회는 교회 정치에 있어서 장로교회로서 스코틀랜드와 잉글랜드 교회가 연합되기를 희망하였다. 잉글랜드 의회는 18세 이상 된 모든 잉글랜드 사람들이 그 언약에 서명하도록 할 것을 결정하였다. [302]

1643년 8월에 4명의 잉글랜드 위원들이 하원에 의하여서 지명을 받아서 에딘버러에 도착하였다. 그들은 헨리경(Sir Henry Vane), 윌리엄 알마인 경(Sir. William Armyne), 토마스 해쳐(Thomas Hatcher)와 헨리 달리(Henry Darley) 등이다. 그들은 두 명의 성직자를 수행하여 갔다. 그들은 장로주의자인 스테판 마샬(Stephen Marshall) 그리고 독립주의자인 필립 나이(Philip Nye)이다. 비록 잉글랜드 상원이 동맹에 호의적으로 투표하였지만, 협상 대표로는 스코틀랜드에 가는 의원을 준비하지 않았다. 그러므로 헨리 베인 경(Sir Henry Vane)이 잉글랜드의 의원들 중에 지도자적인 대변인이었다. 양측은 왕당파를 무찌르기를 원하였다. 그래서 협상은 매우 빠르게 나아갔다. 잉글랜드 의회는 1643년 8월 말경에 두 주일 사이에 새 언약을 비준했다. 잉글랜드 의회는 엄밀한 장로주의에 대한 직접적인

---

301) http://www.british-civil-wars.co.uk/timelines/civil-war-1.htm
302) http://www.british-civil-wars.co.uk/glossary/solemn-league-covenant.htm

위무 이행을 피하기 위한 약간의 변경이 필요했다. 그리고 이 서약은 대표자 회의(Convention of Estates)에 의하여서 허락되었다. 스코틀랜드는 잉글랜드 의회가 교회와 함께 일을 추진할 것을 조건으로 하여서 군대를 파견하는 것을 동의했다. 비록 이 서약이 장로교적인 예배와 교회 정치 형태를 잉글랜드와 웨일즈와 아일랜드 교회에 채택하는 것을 원칙으로 하는 것일지라도, 그 문장은 다음과 같이 작성되었다. 교회 개혁은 하나님의 말씀을 따라서 수행하는 것이다. 이것은 다른 해석에 대하여서 열려있다는 것을 의미한다. 앵글리칸 교회의 개혁은 웨스트민스터 총회에서 논의가 되었다. 그러나 잉글랜드에서 장로주의적 교회 개혁은 독립교회파와 다른 파벌들에 의하여서 강력하게 저항을 받았다. 그래서 언약론자들에 의하여서 하나의 절충안으로서 간주되어서 부과되었다.

1643년 12월 왕은 의회의 동의 없이는 합법적으로 의회를 해산할 수 없다고 생각하였다. 그래서 이미 런던을 빠져 나온 왕당파 상원 의원들과 하원 의원들을 소환하였다. 그들은 왕과 함께 새로운 의회를 구성하고자 모인 자들이었다. 그래서 그 자리에 모인 의원들 중에 하원 의원은 전체 175명 중에 82명이었다. 1643년에 웨스트민스터 의회의 의원들이 스코틀랜드 언약론자들과 종교적인 연합체인 엄숙 동맹과 언약을 맺자 찰스 1세 왕은 스코틀랜드가 잉글랜드를 침공한 것에 대하여서 모든 저항군대는 왕당파와 연합할 것을 호소하였다.303)

1644년 1월 19일 스코틀랜드 언약 군대가 잉글랜드를 침공했다. 언약 군대는 트위드(the River of Tweed)강을 가로질서 잉글랜드 안으로 행진했다. 이 침공은 잉글랜드 의회와의 엄숙 동맹과 언약(Solemn League and Covenant)을 따라서 실행된것이다. 스코틀랜드 정부는 18000명의 보병과 2000명의 기병대와 1000명의 포병대로 구성된 군대를 예비했다. 비록 언약 군대가 잉글랜드로 입성하기는 했지만, 전적으로 강하지 않았다. 북쪽 왕당파들은 즉시 방어적으로 되었다. 그러자 잉글랜드 의회군이 쉽게 왕당파의 다른 지역 군대를 압박할 수 있었다. 스코틀랜드 군대는 버빅-온-트웨드(Berwick-on-Tweed)를 짧은 시간에 장악하였다. 언약 군대는 1643년 가을에 소집되었다. 언약 군대 각각의 연대 병력 안에는 장로교 성직자들이 한 명씩 있었다. 그들은 언약 군인들에게 약탈과 간음을 금지시켰다. 그리고 찰스 1세 왕에 대한 무례와 불경을 금지시켰다. 언약군들은 자신들을 왕의 반역자들로 간주하지 않았다. 그들은 이 전쟁이 왕의 오류를 바로 잡기 위해

---

303) http://www.british-civil-wars.co.uk/glossary/oxford-parliament.htm

필수적인 것으로 믿었다. 1644년 1월 19일에 결국 레벤(Leven)은 그의 군사들에게 트웨드 강을(River Tweed) 건널 것을 명령하였다. 그의 첫 목표는 뉴캐슬-온-타인(Newcastle-on-Tyne)이었다. 그곳은 런던에 석탄을 안정적으로 제공해주는 정기적인 공급처로서 잉글랜드 의회가 점령하기를 간절히 원하는 곳이었다. 그리고 그곳은 대륙으로부터 무기와 물자를 공급받는 왕당파의 중요한 항구이기도 하였다.304)

1644년 2월 16일 잉글랜드 의회와 스코틀랜드 군대 사이에 위원회가 양국 사이에 형성되었다. 그것은 엄숙 동맹과 언약(Solemn League and Covenant) 체결 이후에 안전 위원회(the Committee of Safety)를 대체하기 위하여서 세워진 것이다. 잉글랜드 의회 하원에서 14명으로 구성된 위원들이 있다. 7명은 상원이고 4명은 스코틀랜드 위원이다. 그 위원회는 의회에 대한 답변을 해야 하지만 전쟁을 수행하는 데에 독립적인 권한을 가지고 있었다. 그 위원회는 잉글랜드와 스코틀랜드 사이에 전략적 명령을 합의해야 했다. 그러나 두 나라의 정치적 차이와 종교적으로 독립교회파와 장로주의 사이의 차이로 인하여서 갈등과 혼란이 있었다.305)

1644년 3월 12일에 악명 높은 라우드 대주교는 결국 런던 탑에 갇혀 있었다가 참수를 당하였다. 1640년 찰스 1세가 스코틀랜드와의 전쟁 물자를 얻기 위하여서 장기 의회를 소집하였을 때, 존 핌과 다른 지도자들은 국가적 재난을 초래한 라우드를 지목하여서 그를 체포해 버렸다. 그리고 장기 의회는 라우드를 왕의 사악한 조언자로 간주하고 1641년 2월 26일 그를 런던 탑에 가두어 버렸다. 라우드는 고소를 당하였고 그는 참다운 종교를 뒤집으려는 죄로 인하여서 갇혔다. 1641년 3월 그는 런던 탑에 있었으며, 그해 5월 12일에 그의 친구 스트라포드(Strafford)가 처형당하는 것을 창문을 통해서 보았다. 1644년 3월 하원에서 취조를 받고 1644년 11월에 상원에서 투표 없이 바로 유죄로 판결하였다. 그리고 1645년 1월 4일 그 유죄는 하원에 의하여서 통과되었고 1645년 1월 윌리엄 라우드는 런던의 타워 힐(Tower Hill)에서 참수되었다. 그리고 할로우 교회(church of Hallows)에 매장되었다.

윌리엄 라우드는 1573년 버크셔(Berkshire)에서 태어났다. 그는 부유한 상인의 아들이었는데 그는 1591년에 런던 시장을 역임했다. 그는 어려서 옥스퍼드의 성

---

304) http://www.british-civil-wars.co.uk/military/1644-north.htm
305) http://www.british-civil-wars.co.uk/glossary/committee-both-kingdoms.htm

존 대학(St. John' College)에 신학부에서 공부하였다. 그의 선생은 존 버커리지(John Buckeridge)였다. 존 버커리지는 칼빈주의에 반대하는 집단의 지도자적인 인물이었다. 그는 라우드에게 교회 예식의(Church Liturgy) 카톨릭화에 영향을 미쳤다. 1601년 라우드는 사제가 된다. 라우드는 야심찬 인물이었다. 그래서 매우 빠르게 고위 성직자 자리를 차지할 수 있었다. 그는 주로 로체스터의 주교(bishop of Rochester) 리챠드 나일(richard Neile)의 후원을 통하여서 정치적으로 컸다. 리챠드 나일이 바로 제임스 1세의 법정에 라우드를 소개한 인물이다. 켄터베리 대주교 조지 아보드(George Abbott, archbishop of Canterbury)는 그의 교리적인 위험성을 알고 그를 혐오했음에도 불구하고 왕의 권력을 등에 업고 라우드는 나중에 아보드를 이어서 켄터베리 대주교가 된다. 1617년에 왕의 예배 목사가 되었다. 그리고 1621년에 성 다윗(St David)의 주교로 지명되었다. 그리고 그 다음에 버킹검 공작 마르퀴스(Marquis)의 조지 빌리어(George Villiers)에 예배 목사가 되었다. 라우드의 이력서는 제임스 1세의 다음 왕 찰스 1세 때 화려하였다. 그는 웨스트민스터의 주교의 자리에서 찰스 1세의 대관식 예식을 집전하였다. 그리고 대주교 앤드류(Archbishop Andrews)가 1626년 9월에 죽었을 때 라우드는 왕궁 예배 성직자로서 그를 계승하였다. 그리고 1627년에 추밀원(privy council)의 회원이 되었다. 그리고 1628년에 런던의 주교들 배드(Bath)와 웰스(Wells)를 세웠다. 1630년 그는 옥스퍼드 대학교의 총장으로 선임되었다. 그리고 1633년에 아보트를 계승하여 켄터베리 대주교가 되었다. 찰스 1세는 라우드의 학식에 경탄하였으며 그의 충고를 가치 있게 생각하였다. 그는 교회를 지배하려고 하였을 뿐만 아니라 국가의 일에도 깊게 관여하였다. 그는 왕의 최측근으로서 중요한 사무원으로 임명되었다. 그러나 그는 성공적인 정치가는 아니다. 왜냐하면 그의 아둔함(inflexibility)과 타인을 비판하는데 있어서 보여준 과장된 반응(over-sensitivity) 때문이었다. 왕비 헨리타 마리아(Henrietta Maria)는 그를 싫어하였다. 그의 성향들 때문이다. 즉 떠들기 좋아하고 성가시게 하고(fussiness) 과장된 말투(pomposity)와 건방진 태도 등이다. 그의 그러한 태도들이 종종 더욱 세련된(sophisticated) 귀족들에게 조롱거리(mokery)가 되었다. 그러나 그는 왕에게 영향력이 절대적이었다. 윌리엄 라우드의 신학은 화란의 신학자 야곱 알미니우스의 가르침에 영향을 받았다. 그는 예정에 앞서서 자유 의지를 강조한 신학자였다. 그는 예배의 통일령을 확립하고자 하였다. 라우드의 의식에 대한 애착은 찰스 왕에게 호감이 가는 것이었다. 왜냐하면 그것은 교회의 머리로서 찰스 1세를 높여주는 것이었기 때문이다. 찰스 왕의 11년간의 폭압 정치 기간에 라우드는 선봉에 있었다. 그는 비국교도(Nonconformist)를 근절하기 위하여서 왕과 매우 친밀하게 협의하였다. 1634년과 1637년 기간에 라우드는 폭압적인 교회 정책을 통하여서 국교도화 하는 작업에 박차를 가했다. 그는 여러 가지 예배와 교회 정책을 불법적으로 바꾸어 버렸다. 그리고 초기 잉글랜드 개혁의 형태를 따라서 잉글랜드 교회를 개조하려고 하였다. 그러나 그의 그런 강압적인 시도는 퓨리탄들의 강한 반발을 불러 일으켰다. 그리고 그의 알미니우스 교리는 로마 카톨릭 교리와 연결되는 매우 위험한 것으로 간주되었다.306) 그러나 그의 그러한 초법적인 조치는 더욱 큰 반발을 불러 일으켰고 그의 생애 처형으로 종말을 고하는 것이 되었다.

1637년 종교적으로 과격한 윌리엄 프린(William Prynne)과 헨리 버튼(Henry Burton) 그리고 존 바스트빅(Bastwick) 등은 라우드의 정책에 반대했다가 감옥에 갇혔다. 그것은 결국 퓨리탄 순교자를 낳게되었다. 라우드는 아일랜드와 스코틀랜드에도 국교도를 강요하였다. 그리고 미주 대륙 식민지에도 국교도를 강요하였다. 그러나 라우드가 스코틀랜드에 국교도들 강요한 것이 그의 재난(disaster)의 시작이었다. 왜냐하면 1637년 그가 새로운 기도서와 예식서를 스코틀랜드에 강요하였을 때에 그로 인하여서 에딘버러에서 폭동이 일어났기 때문이다.307) 그러한 사회 불안은 삽시간에 스코틀랜드 전국으로 퍼졌다. 그것의 확산이 1638년 국민 언약(National Covenant)으로 발전하기에 이른다.

1644년 3월 21일 왕자 루퍼트가 뉴워크(Newark)의 포위를 풀었다. 그리고 그해 3월 29일 윌리엄 왈러 경(Sir William Waller)는 랄프 홉폰 경(Sir Ralph Hopton)을 체리톤(Cheriton) 전투에서 패배시켰다. 이것이 의회군이 최초로 왕당파에게 이긴 전투였다.

1644년 4월 20일 의회와 스코트 동맹군이 요크(York)를 포위했다. 그러자 그해 5월 16일 왕자 루퍼트가 요크를 구하기 위하여서 행진하였다. 그해 7월 2일에 마리스톤 모더 전투(Battle of Marston Moor)에서 왕당파의 힘이 잉글랜드 북부

---

306) http://www.british-civil-wars.co.uk/biog/laud.htm "his attempts to force uniformity of worship ran contrary to all shades of Puritans opinion, and his Arminiam doctrines were regarded as dangerously close to Roman Catholicism."
307) Ibid., "Riots broke out in Edinburgh when Laud's new prayer book and liturgy were intorduced in July 1637"

지방에서 끝났다. 그리고 그해 9월 2일에 에섹 백작이 로스트위텔(Lostwithiel)에서 그의 군대를 포기하였다. 그리고 그해 9월 18일에 몽고메리 전투(Battle of Montgomery)에서 의회군이 중앙 웨일스를 장악하였다. 그해 10월 27일에 뉴버리에서 두 번째 전투가 있었다. 의회군 명령권자들이 서로 말다툼했다. 그리고 그해 11월 25일에 올리버 크롬웰(Oliver Cromwell)이 하원에서 맨체스터 백작(Earl of Manchester)의 지도력에 대항하여서 그의 불만을 노골적으로 드러냈다.

1644년 10월 12일 뉴캐슬의 백작(The Earl of Newcastle)은 훌(Hull)에 대한 포위를 풀었다. 그해 12월 8일 잉글랜드 교회 개혁을 위하여서 수고한 존 핌(John Pym)이 죽었다.308) 옥스퍼드 의회는 웨스트민스터 의회의 정통성을 대체하는 수단으로서 에드워드 경이(Sir Edward Hydes) 왕에게 제안한 것이다. 옥스퍼드는 왕당파가 런던을 의회파에 내준 이후에 1642년 11월 임시 왕의 거처로 삼은 곳이다. 그래서 옥스퍼드는 왕당파로 전향을 거부한 의회파 군인들의 감옥이 되었다.

1645년 1월 4일 장로 교회 예배 모범이 공동 기도서를 대체하도록 결정되었다. 그리고 그해 1월에 대주교 라우드가 참형 당했다. 그리고 그해 1월 29일에 왕과 의회-스코트 연합군이 욱스브리지 트레티(Uxbridge Treaty)에서 협상을 하였다.

1645년 2월 17일에 신기군(New Model Army)의 설립이 상원에 의하여서 통과되었다. 신기군은 원래 1644년 6월 크로퍼디 다리(Cropredy Bridge) 전투에서 패배한 이후에 윌리엄 왈러 경(Sir William Waller)에 의하여서 제안되었던 것이다. 의회군대들은 지방 연합으로부터 신입군인을 징집하였다. 그러나 군인들은 종종 그들의 지역으로부터 벗어나서 싸우는 것을 주저하기도 하였다. 그것을 그가 런던의 연대 병력을 통솔할 때 알게 되었다. 그래서 왈러는 지역적 동맹으로부터 형성된 형태가 아닌 국민 군대 형태를 제안하였던 것이다. 그리고 그 제안은 하원에서 발표한 올리버 크롬웰에 의하여서 채택되었다. 그래서 의회는 1644년 12월에 그것을 통과시켰다. 그래서 신기군이 1645년 2월 19일에 통과된 것이다. 의회의 새로운 군대는 22,000명의 군인으로 구성되었다. 1,200명의 보병 12개 연대였다. 3분의 2가 머스켓 총기병(musketeers)이었다. 그리고 나머지 3분의 1이 창병(pikemen)이었다. 11 연대의 600명의 기병이 있었다. 그리고 하나의 연대의 1000명의 기병대가 있었다. 그런데 그 군대의 보병들과 기병들이 중무장한 형태라는 것이다. 이들은 전문적인 군인들로서 매우 싸움에 능한 사람들로 구성되어있

---

308) http://www.british-civil-wars.co.uk/timelines/civil-war-1.htm

으며, 그들의 복장이 전체적으로 철에 의존한다. 그렇기 때문에 이것을 철기군이라고도 한다.309)

1645년 6월 14일 네이스비 전투(battle of Naseby)에서 신기군(New Model Army)이 왕의 군대를 패배시켰다. 그리고 그해 7월 10일에 랑포트 전투에서(Battle of Langport) 신기군이 서쪽으로 진출했고 고링 경(Lord Goring)을 패배시켰다. 그리고 그해 9월 11일 왕자 루퍼트가 신기군에게 브리스톨(Bristol)에서 패배하였다. 1645년 11월 27일 언약군대가 네워크(Newark)를 포위하였다.

1646년 2월 16일 토링톤 전투(Battle of Torrington)에서 토마스 페어팍스 경(Sir Thomas Fairfax)이 홉톤 경(Lord Hopton)과 서부 왕당파 군대를 패배시켰다. 그해 3월 14일 홉톤 경의 군대가 페어팍스 군대에게 포위되었다. 그리고 그달 21일에 윌리엄 브레톤 경(Sir William Brereton)에 의하여서 스토우-온-볼드(Stow-on-Wold)에서 아스테일 경(Lord Astley)와 마지막 왕당파 군대가 패배당하였다. 그해 5월 3일에 신기군이 옥스퍼드를 포위하였다. 그리고 그달 5일에 잉글랜드 국왕 찰스의 군대가 언약군대에게 네워크(Newark)에서 항복하였다. 그리고 그해 6월 24일에 옥스퍼드가 항복하였다.310)

⟨2⟩ 제 2 차 시민 전쟁(The Second Civil War: 1647~49)

첫 번째 시민 전쟁은 1646년에 끝났다. 그리고 찰스 1세는 스코틀랜드 군대에게 넘겨졌으며, 1647년 1월 30일 스코틀랜드 군대는 국왕 찰스 1세를 잉글랜드 의회에 넘겨주었다. 그리고 그해 2월 16일에 의회의 위원들은 왕을 수행하고 홀름비 하우스로 갔다. 그리고 그해 4월 28일에 군대를 대표하는 아기테이터(Agitators)가 의회에 불만을 쏟아 부었다. 그해 6월 4일에 코넷 조이스(Cornet Joyce)가 군대를 위하여서 왕을 보호하였다. 그해 7월 30일에 11명의 장로주의자들은 군부에 반대하여서 런던을 무장시키고자 하였다.311) 그들은 바로 다니엘 홀즈(Denzil Holles), 윌리엄 왈러 경(Sir William Waller), 필립 스태플레톤 경(Sir Philip Stapleton), 존 글린(John Glyn), 존 메이나드 경(Sir John Maynard), 윌리엄 루이스 경(Sir William Lewis), 존 클로워디 경(Sir John clotworthy), 에드워

---

309) http://en.wikipedia.org/wiki/New_Model_Army
310) http://www.british-civil-wars.co.uk/timelines/civil-war-1.htm
311) http://www.british-civil-wars.co.uk/timelines/civil-war-2.htm

드 매시(Edward Massie), 월터 롱(Walter Long), 에드워드 할레이(Edward Harley), 그리고 앤토니 니콜(Anthony Nichol) 등이다.312)

1647년 8월 6일 군부는 런던을 점령하고 모든 장로주의적 의원들을 내쫓아 버렸다. 그리고 그해 10월 28일에 정치적 과격주의자들인 레벨러(Levellers)와 군대의 사령관들 사이에서 퍼트니 논쟁(Putney Debates)을 시작하였다. 그 퍼트니 논쟁은 신기군과 레벨러 사이에서 벌어진 잉글랜드에 새로운 법을 세울 것에 대한 중대한 논쟁이었다. 그 논쟁이 퍼트니의 성모 마리아 교회에서 열렸기 때문에 퍼트니 논쟁이라고 한다.313)

1647년 11월 11일 찰스 1세는 햄프톤 법정(Hampton Court)으로부터 탈출하여서 와이트의 섬(the Isle of Wight)으로 갔다. 그해 12월 25일에 런던과 이프스위치와 켄터베리의 폭동자들은 잉글랜드 의회에 반대하면서 크리스마스 기념을 하라고 압박하였다. 그해 12월 26일에 왕은 스코틀랜드 언약 군대와 함께 협정을 맺었다.

1646년 11월의 퍼트니 논쟁(Putney Debates)때에, 콜로넬 레인스보로우(colonel Rainsborough)는 찰스 1세와 협정을 파괴시킬 것을 제안하였다. 왜냐하면 레인스보로우와 과격한 군대는 찰스 왕을 신뢰하지 않았다. 그리고 어떤 사람들은 공공연히 군주제도를 뒤집어 엎을 것을 공공연히 말하기도 하였다. 올리버 크롬웰(Oliver Cromwell)과 그랜디(Grandees)는 그 과격주의자들의 말을 반대하였다. 그리고 협상을 향하여서 일할 것을 선호하였다. 그런데 찰스 1세 왕이 햄프톤 법정(Hampton court)을 탈출하여 스코틀랜드와 협상을 하려고 하였을 때, 크롬웰이 결정적으로 찰스 1세에 대하여서 마음을 돌렸다.

1647년 12월에 잉글랜드 의회는 4가지 법안(bill)을 마지막으로 시도하였다. 왕이 그 법안을 거절 하였을 때에, 아더 헤슬리게(Arthur Hesilrige) 경은 협정이 파괴되었다는 것을 선언하였다. 잉글랜드 하원은 1648년 1월 3일에 그 제안을 위하여서 투표하였다. 그러나 상원은 그 투표를 반대하였다. 왜냐하면 그 자체의 권위가 간접적으로 우려가 된다고 생각했기 때문이다. 귀족들의 동의가 없었기에 그 투표는 통과되지 못하였다. 이러한 정치적 난국은 군대의 간섭으로 타개되었다. 그해 1월 11일에 군대 평의회가 윈져에서 투표에 호의적인 입장을 표명했다.

---

312) http://www.british-civil-wars.co.uk/glossary/eleven-members.htm
313) http://www.british-civil-wars.co.uk/glossary/putney-debates.htm

1648년 2월 11일 왕의 재가 없이 잉글랜드 의회에 의하여서 통과되었다. 왕의 불성실함을 표명한 것이다. 잉글랜드 의회는 그 자신들의 조건으로 국가의 통치를 세우고자 시도하였다. 그러나 그러한 법안은 스코틀랜드에 의하여서 공공연히 비난을 받았다. 그 결과 잉글랜드 의회와 스코틀랜드 사이에 동맹은 깨졌다. 그러나 1648년 8월에 그 투표는 왕당파의 패배로 폐지되었고 뉴포트의 트레디(Treaty of Newport)에서 왕과 의회 사이에 최종적인 협상이 촉진되었다.

1648년 5월 8일 성 파간(St Fagans)에서의 전투에서 왕당파가 남 웨일스 지방에서 패배하였다. 그해 5월 21일 의회파에 저항하는 반란이 켄트에서 일어났다. 그해 6월 1일 페어팍스(Fairfax) 장군이 켄트의 미드스토운(Midstone)에서 왕당파를 무찔렀다. 그리고 그해 6월 4일에 의회파에 저항하는 반란이 에섹(Essex)에서 발생했다.

그해 7월 17일 나중에 찰스 2세가 되는 웨일스의 왕자(생몰년:1630~1685)는 왕당파와 함께 홀랜드로 항해를 하였다. 그리고 그해 8월 17일 프레스톤의 전투에서 해밀톤의 용병들이 크롬웰에 의하여서 패배를 당했다. 그해 9월 18일 잉글랜드의 장로주의자들이 뉴포트에서 왕과 협정을 시도하였다. 그러자 그해 11월 20일 군대의 항의서(Army Remonstrance)가 의회에 제출되었다. 그리고 그해 12월 2일 군대가 런던을 장악하고 12월 6일에 교만의 숙청(Pride's Purge)을 추진하였다.314) 잉글랜드 의회에 대한 교만의 숙청은 제 1 차 시민 전쟁이 끝난 이후에 군부의 표명(Representation of the Army)으로 알려진 성명서에서 이미 제안되었다. 1647년 6월에 장로주의 의원들이 군대의 불만을 해결하지 못하고 신기군(New Model Army)를 해산하려고 할 때에, 그 성명서가 의회에 제출되었다. 그리고 그해 8월에 군부가 런던을 장악하였다. 그것은 쿠데타였다. 이후에 선동자들이 숙청을 요구하였다. 그 결과 군대를 해산하려고 하였던 11명의 사람들 중에 일부를 런던으로부터 다른 곳으로 보내 버렸다. 부사령관이었던 올리버 크롬웰은 이 시점에서 선동자들(Agitators)를 지지하였다. 그러나 전체의 숙청은 페어팍스(Fairfax) 장군에 의하여서 제지당하였다. 1647년 8월 20일 크롬웰은 하이드 팍(Hyde Park)에서 기병 연대를 주둔시켰다. 그리고 군대의 호위를 받으며 하원에서 그의 자리를 차지하기 위하여서 런던으로 행진하였다. 이러한 행보는 장로주의자들을 의회로부터 제거하려는 강압적인 시위였다. 잠시 동안 하원을 떠나는 의회

---

314) http://www.british-civil-wars.co.uk/timelines/civil-war-2.htm

는 독립파(Independent) 주류의 관점이 군부의 전반적인 분위기였다.

　1647년 11월 육군 대령 주비(Jubbes)는 피트니 논쟁(Putyney Debates)에서 의회의 숙청을 제안하였다. 군대의 과격분자들은 왕을 변호하는 자들을 제거하려고 하였다. 그리고 그들의 이러한 주장은 찰스 1세가 스코틀랜드와 협상을 한 그 때에 더욱 거세졌다. 뉴포트의 트레티(Treaty of Newport)를 위한 협상 동안 왕의 완고함으로 절망했을 때 사령관 헨리 이어톤(Hennry Ireton)은 페어팍스(Fairfax)에게 의회에서 계속 왕과 협상을 추진하는 회원들의 숙청을 지지할 것으로 요청하였다. 페어팍스(Fairfax)는 장로주의자들이 왕과 지속적으로 협상하는 것이 결정적일 때까지 반대하였다.

　1648년 11월 군부의 평의회(General Council of the Army)가 군대의 항의서(Army Remonstrance)로 알려진 결의서를 채택하였다. 의회는 그것의 논의를 거부하였다. 그러자 신기군(New Model Army)이 런던으로 행진하여 들어와서 1648년 12월 2일에 의회를 장악하여 버렸다. 비록 군부의 움직임이 포착되었으나, 의회는 마지막까지 왕으로부터 최종적인 제안을 받으려고 하는 토의를 계속했다. 이 때에 콜로넬 해리슨(Colonel Harrison)에 의하여서 지지를 받는 이레톤(Ireton)과 다른 과격주의자들이 숙청(purge)보다 의회 해산을 원하였다. 그러나 존 리번(John Liburne)이 주장하기를 그러한 해산은 불법이라는 것이다. 그래서 독립파 소속 의원들인 어드먼드 러들로우(Edmund Ludlow), 코로넬리우스 홀랜드(Cornelius Holland) 그리고 헨리 스미스(Henry Smith)는 의회의 해산 보다 숙청을 원하였다. 의회가 왕과 협상을 계속하는 동안에, 하나의 회합이 12월 5일에 화이트홀(Whitehall)에서 열렸다. 그것은 군부의 장교들이 이레톤(Ireton)과 독립파들의 지지를 받으며 주도하였다. 그래서 왕을 계속 지지하는 의회를 해산하기보다는 숙청할 것을 결정하였다. 숙청할 의회 의원 명단이 준비되었다.

　1648년 12월 6일 이른 아침에, 보병의 콜로넬 프라이드 연대(Colonel Pride's regiment)와 콜로넬 리치 기병대가 웨스트민스터 사원과 궁궐을 포위하였다. 그리고 의원들이 도착하자 그들에게 집으로 되돌아갈 것을 명령하였다. 470명의 의원들 중에서 적어도 100명 정도가 숙청의 명단에 있었다. 그들은 의회와 런던으로부터 추방령을 받았다. 그 중에서는 장로주의자들의 지도자 덴질 홀리스(Denzil Holles)와 존 글린(John Glyn)이 있었다. 이 숙청의 명령은 헨리 이레톤(Henry Ireton)에 의하여서 주도되었다. 비록 모든 군인들의 행동이 페어팍스(Fairfax) 장군의 이름으로 자행되었다고 해도, 그는 표면적으로 이 일에 관여하였다는 것이 알려진 것이 없다.

1649년에 숙청 기간 동안에 체포된 나머지 대상들이 석방되었다. 올리버 크롬웰은 숙청 이후에 런던으로 돌아왔다. 이러한 숙청은 왕의 처형을 위한 예비단계였다. 그것은 이로 인하여서 잉글랜드 의회에서 왕에 대한 처형을 반대할 수 있는 의원들이 줄어들었고 결국 1649년 잉글랜드 의회는 왕을 처형하고 공화국(Commonwealth)을 선포하였다. 올리버 크롬웰이 숙청하고 남은 하원 의원들로 구성된 의회를 잔부 의회(Rump Parliament)라 불렀다.315) 잔부 의회는 교만의 숙청(Pride's Purge) 이후에 장기 의회(Long Parliament)에게 붙여진 이름이다. 그것은 찰스 1세와 화해를 모색하는 장기 의회 의원들을 군부가 숙청한 것이다. 그리고 그러한 배경에는 시민전쟁 동안에 왕당파를 물리치는데 중요한 역할을 수행하였던 신기군(New Model Army)을 해산하려고 하는 그러한 찰스 1세의 의도를 미리 차단하고자 실행된 것이다. 잔부의회는 잉글랜드 공화국의 합법적인 의회로서 간주되었다.

1648년 12월의 숙청이후에 잔부의회는 80명의 회원으로 유지되었고, 신기군에 의하여서 지지를 받았다.

1649년 1월 4일 잔부 의회는 그 자신들을 "이 공화국에 최고의 권력 기관"으로 선언하였다. 그래서 그들은 왕이나 상원(the House of Lords)의 동의 없이 의회의 법령을 비준했다. 그 첫 번째가 고등 재판 법원(the High Court of Justice)을 세우는 것이었다. 특히 찰스 1세 대한 재판을 위하여서 설치하게 되었다. 교만의 숙청과 왕의 처형 사이에 몇 주 동안, 대략 100명 정도의 장기 의회 의원들이 잉글랜드 의회로부터 쫓겨났다. 그리고 공화국이(Commonwealth) 설립 되었을 때에 더 많은 수가 쫓겨났다.

1649년 2월 동안, 80명 정도의 남은 의원들이 1648년 12월 5일의 결의사항에 대하여서 의견을 달리하는 기록을 다시 허락하였다. 470명 정도의 장기 의원들 중에 교만의 숙청(Pride's Purge)으로 잔부 의회가 들어선 1648년 12월 부터 올리버 크롬웰에 의하여서 잔부 의회가 해산 된 1653년 4월까지 약 200명 정도가 회원으로 남아 있었다. 그 제명된 270명 정도의 의원들이 대부분 장로주의자들이었다. 찰스 1세의 처형 이후에 잔부 의회는 상원과 군주제를 폐지할 것을 의결하였

---

315) http://www.british-civil-wars.co.uk/glossary/prides-purge.htm

다. 잔부의회는 1649년 5월 19일 잉글랜드를 "자유 공화국"(Commonwealth and Free State)으로 선언하였다.

1650년대 초에 스코틀랜드와 아일랜드에도 공화국 체제를 조직하려는 시도가 있었다. 1653년 이후 공화국 체제로서 크롬웰의 호국경(Protectorate) 제도 아래에서 하나의 정부가 세 개의 국가를 통치하였다. 잔부 의회는 법 제정과 재판권을 관례에 따르지 않았다. 그래서 귀족들과 왕족들과 주교들에 관례적으로 맡겼던 권력을 그들 없이 홀로 의회가 주도하였다. 중앙 정부가 많은 권력을 수행하도록 하였고 그것을 1640년대에 형성된 위원회의 사슬 구조(Network)로 실행하였다.

1649년에 국가 평의회가(the Council of State) 임명되었다. 그 기관은 국가 안전 기획과 국내외 정책을 시행하였다. 그리고 그 국가 평의회는 실무 기관으로서 입법기관인 국가 최고의 권력 기관으로서 하원에 (the House of the Commons) 종속되어 있었다. 교만의 숙청(Pride's Purge)과 왕에 대한 처형(the King's execution) 이후에 악화된 잉글랜드 여론을 감안해서 잔부 의회는 정책 결정과 입법에 대하여서 매우 온화하고 신중했다.

1651년 왕당파의 마지막 근거지인 보르세스트(Worcester)가 무너지자 군부의 정책 과정에 대한 실질적인 간섭으로 잔부 의회가 급속히 무너졌다. 결국 그것은 1653년 잔부 의회 해산으로 이어졌다. 그리고 크롬웰에 의한 독재 체제가 구축되었다. 잔부 의회는 교회의 변화에 직접적이고 과격하게 영향력을 미쳤다. 그것은 개신교 분파들(Protestant sects)에 대하여서 전반적인 관용(universal toleration)을 원하였던 과격파에 의하여서 주도되었다. 그래서 이전 교회의 법정이 폐지되었고 그로 인하여서 도덕적 문제가 비종교적인 범죄에 국한되게 되었다.

1650년 5월 간통법(Adultery Act)은 간통하거나 간음한 자를 죽이게 되어 있었다. (그러나 실지로 시행된 적은 없었다.)

1650년 8월의 불경죄에 대한 법령(Blasphemy)은 극단적인 종교적 "열광주의"(enthusiasm)를 억제하는 수준으로 권징의 목표를 정하였다. 견책(Censorship)은 천년 왕국 소책자를 전파하는 것을 제한하는 것에 그쳤다. 비록 안식일의 준수가 강제되었지만, 종교의 자유를 향한 허가(concession)도 있었다.

1650년 9월의 관용의 법(Toleration Act)은 강제로 교회에 가야 하는 법령(statute)을 폐지시켰다. 이 법령(statite)은 엘리자베스 1세 여왕 이후로 앵글리칸 주교들 권세의 버팀목이었다. 스코틀랜드와의 동맹으로 시작된 잉글랜드 안에 장로교회를 세우려고 하는 모든 진전(process)들은 서서히 폐지되었다. 성직자를 조절하고(regulate) 건전한 교리를 세우는 것(acceptable doctrine)은 복음의 증식(propagation)을 위한 위원회가 성직자를 제어하는 것으로 제안되었다. 그래서 오직 설교할 허락을 받은 사역자들에게만 허락하기로 되었다. 이러한 증진의 계획이 (the propagation scheme) 웨일스와 북 잉글랜드에서 시행되었다. 잉글랜드 정부는 그곳이 카톨릭과 앵글리칸 교회의 영향력이 가장 크다고 생각했기 때문이다. 그리고 1649년과 1650년에 뉴잉글랜드(New England)와 아일랜드에도 복음의 증진을 위한 법령이 통과되었다. 전반적인 증진의 법의 논의가 전체 잉글랜드에 천천히 진전되었다. 종교법에 대한 제안을 사려하는 것에 대하여서 위원회가 임명되었다. 그리고 그것은 존 오웬에 의해서 세워졌다. 그러나 결론에 이르지 못하고 올리버 크롬웰에 의하여서 잔부 의회는 해산되었다.

1653년 잔부의회(Rump Pariliament)가 해산되었다. 원래 잔부 의회는 영속적으로 존속시킬 것을 의도하고 남겨 진 것 아니었다. 새로운 대표기구가 세워질 때까지 잠정적으로 잉글랜드를 통치할 기관으로 있었던 것이다. 이것은 올리버 크롬웰의 왕당파에 대한 결정적인 승리였다. 그것은 1651년에 있었고 공화국을 위협하는 세력의 종말을 의미하는 것이었다. 그러나 의회는 몇 대표 기구에 대한 이견이 있었다. 헨리 바인 경(Sir Henry Vane)과 그의 지지자들은 장기 의회를 세우는 회원들과 함께 선거구를 통한 분배를 제안하였다. 그러나 올리버 크롬웰과 그의 평의회원들은 바인 경의 계획을 비판하였다. 그리고 전적으로 새로운 의회를 위한 선거구 개편을 요구하였다. 보르세스터(Worcester) 전투 이후에 크롬웰이 의회로 돌아온 이후에 새로운 선거구를 위한 계획을 세우려고 하였던 위원회가 세워졌다.

1653년에 군부와 의회 간에 긴장이 있었고, 장교들과 의원들 간에 회합이 있었다. 올리버 크롬웰은 의회의 형태를 임시적으로 생각했었기에 경건한 사람들의 중간적 회의로(interim council) 대체하였다. 그래서 의회가 필요 없는 대표 기구를 세우려고 하였다.

1653년 4월 20일 아침 11시에 올리버 크롬웰은 웨스트민스터에 총기병의 다수를 세웠다. 그리고 하원에 들어가기 안전하게 해놓고 그는 의원들에게 처음에는 조용하게 그리고 나중에는 화를 내면서 그들에게 의회를 떠날 것을 위협하였다.

[1653년 4월 20일 올리버 크롬웰의 의회 해산시에 행한 연설]

"....당신들이 여기에 앉아 있는 것을 끝낼 시간이 되었다. 당신들은 모든 악하고 치욕스런 행동으로 불명예를 안았다. 그리고 모든 악행으로 더러워졌다. 당신들은 당파적인 패거리들이다. 그리고 모든 선한 정부의 원수들이다.; 당신들은 돈에 고용된 비열한 무리들이다. 그리고 당신들은 에서와 같이 잡동사니를 위해서 나라를 팔아버린 자들이다. 그리고 돈을 위하여서 유다처럼 당신들의 하나님을 배반한 사람들이다. 당신들에게 어떠한 덕목이 남아 있는가? 당신들은 나의 병마보다도 덜 종교적이다. 돈이 당신들의 신이다. 공화정의 선을 위하여서 최소한의 것도 당신들을 가지고 있지 않다. 그래서 당신들의 부도덕한 악한 생각으로 주의 성전을 도적들의 소굴로 만들었다. 당신들은 전 국토에 참을 수 없는 악취를 풍긴 자들이다. (중략) 나는 당신들에게 명령한다. 이곳으로부터 떠나라. 화려한 싸구려를 치워라. 문을 걸어 잠가라. 당신들은 선을 위하여서 너무 오래 있었다. 신의 이름으로 꺼져라! 올리버 크롬웰의 서명으로 워슬레이(Worsley)가 총기병과 함께 의원들을 해산시키려고 행진했다. 사령관 해리슨(Harrisaon)은 개인적으로 의회의 대변인이었다. 의원들이 떠난 이후에, 의회의 문은 봉인되었고 못으로 잠겼다. 그리고 밖에서 볼 수 있도록 "이 의회는 끝났다. 이제 활동하지 않는다."

의회를 내쫓은 크롬웰의 정확한 이유는 아직 불분명하다. 전통적 관점에서 그는 의회가 헨리 바인 경의 계획을 채택함으로서 영속될 것으로 계획한 것으로 보인다. 그러나 그는 자신의 행동에 분명하게 해명하지 않았고 그것은 권력에 대한 욕망의 결과였다고 밖에 볼 수 없다. 그렇지 않다면 어떠한 종교적인 열광주의에 의하여서 그렇게 했다고도 볼 수 있다. 어찌되었건 그의 이러한 어리석은 행동은 잉글랜드의 전통적인 두 기관을 말살시킴으로서 잉글랜드 사람들의 신임을 완전히 잃어버리는 결과를 낳았다. 첫째 그가 왕을 시해한 자라는 오명을 갖게 되었다는 것과 적법한 절차도 없이 무력으로 의회를 해산함으로서 후대에 쿠테타의 표본이 되었다. 이러한 불명예보다 더욱 악한 것은 그의 잘못된 종교 정책으로 많은 이단들이 양산되었다는 것이다. 그는 왕과 주교의 종교가 아니라면 어떤 종교도 관용하였다. 그렇게 되다 보니 성직자의 수준이나 건전한 교리는 관심의 대상이 되지 못하고 오직 왕과 주교의 종교가 아닌 모든 종교의 자유를 통한 종교적 방탕주의만 부추긴 결과를 낳았다.

잉글랜드 교회는 올리버 크롬웰의 종교 정책으로 결국 몰락의 길을 가게 된다. 올리버 크롬웰의 집권 기간 동안 확산된 분파주의자들의 종교 활동은 나중에 18세기 교회 몰락의 원인자가 되었다고 할 수 있다.316) 무엇보다 교리에 대한 다양화는 결국 필연적으로 분파주의 교리의 활성화로 나아가게 되었고, 이는 18세기 신비주의 계통의 경건주의와 감리교 운동이 활발하게 일어날 수 있는 종교적 토양을 심어 놓은 꼴이 되었다. 18세기 개혁주의 교리에 적대적이었던 알미니우스 사상을 수용한 감리교회의 등장은 새로운 시대에 새로운 정신을 따라서 세속화된 교회의 첨병으로 나아가게 되었다. 그 배경에는 잉글랜드의 독립 교회파 올리버 크롬웰이라고 하는 독재자가 있었다. 우리가 흔히들 청교도 혁명이라고 부르는 올리버 크롬웰의 혁명은 단지 한 권력가의 쿠데타에 불과하며 급진적이고 과격한 사회 운동에 불과하다. 잉글랜드 사람들은 이러한 크롬웰의 정책에 신물을 느끼고 그가 죽은 이후에 호국경이 된 그의 아들을 끌어 내리고 왕정 복고를 단행하기에 이른다. 이러한 일련의 사태를 놓고 볼 때, 크롬웰의 청교도 혁명은 잉글랜드 종교 역사에 매우 잘못된 역사였다고 할 수 있다. 무엇보다 잉글랜드 종교 개혁의 역사에 있어서 가장 큰 오류는 크롬웰이라고 하는 야심가를 미처 간파하지 못하고 그에게 가장 위험한 종교 형태로 나아가는 것을 허락해 버린 것이다. 올리버 크롬웰의 종교 정책으로 많은 장로 주의자들이 핍박을 받고 잉글랜드 의회로부터 쫓겨났다. 그 후에 올리버 크롬웰은 자기 세력 만 남은 잔부 의회 의원들 조차도 무력을 동원하여서 쫓아내 버렸다. 올리버 크롬웰은 의회주의라는 잉글랜드 민주주의 역사에서도 크나큰 불명예로 남았다. 올리버 크롬웰의 야심작인 청교도 혁명은 있어서는 안 되었던 가장 실패한 분파주의적 종교 혁명이었다.

(3) 제 3 차 시민 전쟁(The Second Civil War: 1647~51)

1949년 1월 1일 찰스 1세의 처형(excution)이후에, 잉글랜드는 의회에 의하여서 공화정을 선포하였다. 그러나 찰스 1세의 아들 찰스 스투어드는 스코틀랜드 왕임을 선포하고 잉글랜드의 왕위를 되찾기 위하여서 전쟁을 일으키게 된다. 이것이 제 3 차 시민 전쟁이다. 잉글랜드 왕당파들은 2 차 시민 전쟁에서 무너졌다. 그리고 몇몇 지도자들은 처형을 당하였다. 찰스 스투어드는 유럽의 권력들로부터 확실한 비준을 받았다. 그러나 실재적 도움을 받지는 못했다. 그의 유일한 소망은 스코

---

316) http://www.british-civil-wars.co.uk/glossary/rump-parliament.htm

틀랜드와 아일랜드로부터 잉글랜드 침공의 힘을 얻는 것이었다.

    1649년 여름에, 잉글랜드 공화국은 올리버 크롬웰을 사령관으로 하여 아일랜드에 군대를 보냈다. 그리고 아일랜드를 지배하고 있던 왕당파를 패배시켰다. 그래서 아일랜드에 대한 소망이 사라진 찰스 2세는 스코틀랜드 군대를 움직일 잉글랜드의 장로주의자들의 제안을 수락하였다. 그래서 1650년 언약자 지도자들과 함께 브레다 조약(the Treaty of Breda)을 체결하였다. 그러자 잉글랜드 국가 평의회(the Council of State)는 스코틀랜드를 선제 공격할 것을 결정했다. 그때에 페어팍스(Fairfax) 장군이 스코틀랜드와 싸우는 군대를 지휘하는 것을 거부하였다. 그러자 크롬웰이 그 자리에 임명되었다. 크롬웰은 1640년 던바(Dunbar)에서의 전투에서 언약군대(Covenant army)를 무찔렀다. 크롬웰이 북쪽 파이프(Fife)로 진격하여 들어왔다. 그러자 찰스 2세는 스코틀랜드-왕당파 군대를 데리고 잉글랜드로 침공했다. 크롬웰은 북쪽으로부터 추격했다. 그리고 1651년 9월에 보르세스터(Worcester)의 전투에서 찰스 2세의 군대를 격파하였다. 보르세스터(Worcester)에서의 크롬웰의 승리로 본토에서의 대영제국 시민 전쟁은 종식되었다. 그리고 1652년 3월에 공화국 해군은 왕당파에 의하여서 세워진 식민지 전초 기지들을 근절시켰다. 그러므로 스튜어드 왕가는 1660년 왕정 복고 시기까지 잠정적으로 해외로 망명하였다. 그때에 찰스 2세는 프랑스로 망명하기에 이른다.317)

---

317) http://www.british-civil-wars.co.uk/military/index-3.htm

[제 3 차 시민 전쟁의 대략의 연표는 이러하다.]318)

연 도	월 일	사 건 의 개 요
1649년	2월 5일	찰스 2세는 에딘버러에서 왕의 대관식을 갖는다.
	2월 13일	잉글랜드 의회가 상원(House of Lords)과 군주 제도(Monarchy) 제도 대신에 평의회(the Council of State)를 세운다.
	2월 22일	찰스 2세는 스코틀랜드에서 마르퀴스 몬트로스(Marquis of Montrose)를 사령관으로 임명한다.
	3월 13일	크롬웰이 레벨레 무티니에스(Leveller mutinies)를 파괴시킨다.
	8월 15일	올리버 크롬웰이 아일랜드에 도착한다.
1650년	4월 27일	카리비스달(Carbisdale) 전투에서 몬트로스(Montrose)는 콜로넬 스트라첸(Colonel Strachen)에 의하여서 패배당한다.
	5월 1일	찰스 2세는 스코틀랜드 장로주의자들과 동맹의 안전을 위한 브레다 협정(Treaty of Breda)를 서명한다.
	5월 21일	몬트로스는 에딘버러에서 교수형에 처하여진다.
	5월 27일	크롬웰이 얼스터를 안전하게 하고 아일랜드를 떠난다.
	6월 20일	평의회(the Council of State)가 스코틀랜드 침공을 결정한다.
	6월 23일	찰스 2세가 스코틀랜드에 도착한다. 그리고 언약을 채택한다. 크롬웰이 스코틀랜드 침공을 위한 군대의 사령관으로 임명된다.
	7월 22일	크롬웰이 스코틀랜드 변경을 가로 질서 침공하였다.
	9월 3일	던바(Dunbar)에서의 전투에서 크롬웰이 스코틀랜드 군대를 참패시킨다.
	12월 24일	에딘버러가 크롬웰에게 항복하게 된다.

---

318) http://www.british-civil-wars.co.uk/timelines/civil-war-3.htm

제 5 부 웨스트민스터 표준 문서

[개 관]

　웨스트민스터 총회는 잉글랜드 교회 역사에 한 획을 긋는 매우 중대한 사건이었다. 웨스트민스터 총회에서 결정된 표준 문서는 개혁 교회 교리와 예배와 정치에 대한 광범위한 문제에 대하여서 신앙 고백 형태로 작성된 장로 교회법이다. 웨스트민스터 총회는 잉글랜드의 왕당파와 의회파 사이의 내전 때 의회파의 명령으로 소집된 총회였다. 웨스트민스터 총회에 참석한 성직자들은 121명이었고 평신도 사정관들이 상원 10명 하원 20명이었다. 그리고 서기가 3명이 있었다.

　웨스트민스터 표준 문서가 이후 장로 교회에 어떠한 영향력을 행사하였는가 하는 것은 장로 교회사 역사를 통하여서 알 수 있다. 웨스트민스터 표준 문서 이전에 화란의 개혁 총회가 도르드레히트 신앙 고백서를 내놓았다. 도르드레히트 신앙 고백서는 당대 유럽의 모든 나라 개혁주의 신학자들이 모여서 결정한 신앙 고백서이다. 그와 달리 웨스트민스터 신앙 고백서는 잉글랜드와 스코틀랜드 성직자들이 모여서 결정한 신앙 고백서이다. 그래서 웨스트민스터 신앙 고백서는 도르드레히트 신앙 고백서와 다르게 유럽 대륙에는 잘 알려지지 못하였다. 그러나 웨스트민스터 신앙 고백서는 도르트 신앙 고백서와 달리 신학의 전 분야를 총 망라한 신앙 고백서로서 가치가 있다. 도르트 신앙 고백서가 칼빈주의 구원론에 대한 5가지 요점을 정리한 신앙 고백서라면 웨스트민스터 신앙 고백서는 교리의 전체 주제를 체계적으로 정리한 신앙 고백서이다.319)

---

319) Philip Schaff. The Creeds of Christendom:The History of Creeds. vol. 1. p. 729.

제 1 장 웨스트민스터 표준 문서의 작성과 그 배경

1643년 7월 1일 웨스트민스터에서 의회의 명령으로 부름을 받은 성직자들이 모였다. 그것은 같은 해 6월 12일에 논쟁점이 되었던 잉글랜드 전체 교회에 대한 교리와 예배와 정치에 대한 결정을 위한 것이었다. 6월 22일, 잉글랜드 찰스 1세는 왕명으로 허락한 것 외에 의회에서 만나는 모든 것을 금지하는 명령서를 하달하였다. 만약 회합을 하게 된다면 법의 엄중한 처벌을 받을 것이라고 위협하였다. 이것은 의회의 부름을 받은 감독주의(Episcopalian) 성직자들에게는 큰 부담이 되었다.320) 그래서 스코틀랜드 귀족들의 대회 참가자들은 6월에 만났으나, 해결의 실마리를 찾지 못하고 있었다. 왕과 의회에 의하여서 제안된 것이 더욱 분명하게 드러나야 했다. 스코틀랜드 언약자들은 피할 수 있다면 잉글랜드 내정에 직접적으로 개입하는 것을 꺼렸다. 웨스트민스터 총회에 부름을 받은 회원들의 구성은 이러하다. 먼저 상원 의원 10명, 평신도 사정관으로서 하원 의원 20명, 121명의 성직자들과 3명의 서기관들이다.321) 이들 중에서 성직자 25인 정도는 웨스트민스터 총회에 나타난 적이 없다. 그리고 두 명의 회원은 총회 기간에 소천하셨다. 몇몇 감독주의 퓨리탄들은 왕을 불쾌하게 할 것을 두려워하기도 하였다. 또 다른 인물들은 고위 성직자 제도를 더 선호하기도 하였다. 웨스트민스터 총회 기간 연장으로 인하여서 회원들의 결원이 생겨서 후에 출석한 성직자들도 있다. 이제 웨스트민스터 총회 총대 명단을 살펴보려고 한다.

---

320) William Maxwell Hetherington, History of the Westminster Assembly of Divines. p. Ibid., p. 111.
321) "이 명단 외에 인물들은 주로 총대들에 대하여서 부총대로 생각할 수 있다. 그들은 총대들의 결원이 되었을때에 대체 인물로 보면 되리라"(필자주)

웨스트민스터 총대들의 명부

평신도 사정관들

상원 의원들 명단

노덤벌랜드 알게르논 백작(Algernon, Earl of North umberland)

베드포드의 윌리엄 백작(William, Earl of Bedford.)

펨브로크와 몬트고메리의 필립 백작(Philip, Earl of Pembroke and Montgomery.)

샐스베리의 윌리엄 백작(William, Earl of Salisbury.)

홀랜드의 헨리 백작(Henry, Earl of Holand)

맨체스터의 에드워드 백작(Edward, Earl of Manchester)

비스카운트 세이와 세일스 경 윌리엄 백작(William, Lord Viscount Say and Seale)

비스카운트 콘웨이의 경 에드워드(Edward, Lord Viscount Conway)

와톤의 영주 필립(Philip, Lord Wharton.)

에스크리크의 하워드 경 에드워드(Edward, Lord Howard of Escrick.)

엔비크의 백작 바실(Basil, Earl of Enbigh)

볼링브로크의 백작 올리버(Oliver, Earl of Bolingbroke)

워크의 그레이 백작 윌리엄(William, Lord Grey of Warke)

군 사령관 에섹의 로버트 백작 경(Robert, Earl of Essex, Lord General)

해군 대장 워위치의 백작 로버트 경(Rober, Earl of Warwich, Lord High Admiral.)

하원 의원들 명단

존 셀덴(John Selden.)

프란시스 루스(Francis Rous)

에드먼드 프라이데우크(Edmund Prideaux)

부친 헨리 바인 경 (Sir Henry Vane)

존 화이트(John White)

불드스트로드 휘틀로크(Bouldstrode Whitlocke)
험프리 샐로웨이(Humphrey Salloway)
세르젠 빌드(Mr. Serjeant Wild)
세인트 존 올리버 (Oliver St. John)
벤자민 루드야드 경(Sir Benjamin Rudyard,)
존 핌(John Pym)
존 클로드워디 경(Sir John Clotworthy)
존 매이나드(John Maynard)
아들 헨리 바인 경 (Sir Henry Vane)
윌리엄 피에르포인트(William Pierpoint)
윌리엄 휠러(William Wheeler)
토마스 바링톤 경(Sir Thomas Barrington)
월터 영(Walter Young)
존 에벨린 경(Sir John Evelyn)
로버트 할레이 경(Sir Robert Harley)
윌리엄 매삼 경(Sir William Massam)
윌리엄 스트로드(William Stroud)
아쳐 경(Sir Arthur)
로버트 레이놀즈(Robert Reynolds)
주르 테이트(Zouch Tate)
길버트 게라르드 경(Sir Gilbert Gerard)
로버트 피 경(Sir Robert Pye)
존 코크 경(Sir John Cooke)
나다니엘 피에네스(Nathaniel Fiennes)

성직자들 명단

1. 허버트 팔마(Herber Palmer)
2. 올리버 보웰스(Oliver Bowles)
3. 헨리 윌킨슨(Henry Wilkinson)
4. 토마스 발렌틴(Thomas Valentine)

5. 윌리엄 트위스(William Twisse)
6. 윌리엄 레이너(William Rayner)
7. 한니발 가몬(Hannibal Gammon)
8. 야스퍼 혹은 카스퍼 힉스(Jasper or Gasper Hickes)
9. 여호수아 호일(Joshua Hoyle)
10. 윌리엄 브릿지(William Birdge)
11. 토마스 윈콥(Thomas Wincop)
12. 토마스 군윈(Thomas Goodwin)
13. 존 레이(John Ley)
14. 토마스 케이스(Thomas Case)
15. 존 핀(John Pyne)
16. 프란시스 위덴(Francis Whidden)
17. 리차드 러브(Richard Love)
18. 윌리엄 구지(William Gouge)
19. 랄프 브라우네리그(Ralph Brownerigg)
20. 사무엘 와르드(Samuel Ward)
21. 존 화이트(John White)
22. 에드워드 페일(Edward Pale)
23. 스테판 마샬(Stephen Marshall)
24. 오바디야 세드위크(Obadiah Sedgewick)
25. 존 카터(John Carter)
26. 피터 클러크(Peter Clerk)
27. 윌리엄 메이(William Mew)
28. 리차드 카펠(Richard Capell)
29. 데오필리우스 바더스트(Theophilus Bathurst)
30. 필립 나이(Philip Nye)
31. 피터 스미스(Peter Smith)
32. 코넬리우스 버게스(Cornelius Burges)
33. 존 그린(John Greene)
34. 스탠레이 고워(Stanley Gower)

35. 프란시스 테일러(Farncis Taylor)
36. 토마스 윌슨(Thomas Wilson)
37. 안토니 터크니(Antony Tuckney)
38. 토마스 콜레만(Thomas Coleman)
39. 챨스 헐(Charles herle)
40. 리차드 헤리크(Richard Herrick)
41. 리차드 클레톤(Richar Cleyton)
42. 조지 깁스(George Gibbs)
43. 칼리부트 다우닝(Calibute Downing)
44. 예레미야 버로우(Jeremy Burroughes)
45. 에드먼드 칼라미(Edmund Calamy)
46. 조지 워커(George Walker)
47. 조셉 카릴(Joseph Carrill)
48. 라자루스 시멘(Lazarus Seaman)
49. 존 해리스(John Harris)
50. 조지 몰레이(George Morley)
51. 에드워드 레이놀즈(Edward Reynolds)
52. 토마스 힐(Thomas Hill)
53. 로버트 샌더슨(Robert Sanderson)
54. 존 폭스크로프트(John Foxcroft)
55. 존 잭슨(John Jackson)
56. 윌리엄 카터(William Carter)
57. 토마스 쏘로우굳(Thomas Thoroughgood)
58. 존 애로스미드(John Arrowsmith)
59. 로버트 해리스(Robert Harris)
60. 로버트 크로스(Rober Crosse)
61. 제임스 어셔(James Ussher)
62. 마디아스 스타일(Matthias Styles)
63. 사무엘 깁슨(Samuel Gibson)
64. 예레미야 화이테커(Jeremiah Whitaker)

65. 에드먼드 스토운톤(Edmund Stanton)
66. 다니엘 피틀레이(Daniel Featley)
67. 프란시스 콕(Francis Coke)
68. 존 라이트푸트(John Lightfoot)
69. 에드워드 코베트(Edward Corbet)
70. 사무엘 힐더샘(ammuel Hildersham)
71. 존 랭글리(John Langley)
72. 크리스토퍼 티스달(Christopher Tisdale)
73. 토마스 영(Thomas Young)
74. 존 필립(John Phillips)
75. 험프리 챔버(Humphrey Chambers)
76. 존 코난트(John Conant)
77. 헨리 홀(Henry Hall)
78. 요시아 슈트(Josias Shute)
79. 헨리 스쿠더(Henry Scudder)
80. 토마스 베일리(Thomas Baylie)
81. 벤자민 픽커링(Benjamin Pickering)
82. 헨리 나이(Henry Nye)
83. 아쳐 살라웨이(Arthur Sallaway)
84. 시드락 심슨(Sydrach Simpson)
85. 안토인 버게스(Antony Burgesse)
86. 리차드 바인스(Richard Vines)
87. 윌리엄 그린힐(William Greenhill)
88. 윌리엄 모르톤(William Moreton)
89. 리차드 버클레이(Richard Buckley)
90. 토마스 템플(Thomas Temple)
91. 시므온 애쉬(Simeon Ashe)
92. 윌리엄 니콜슨(William Nicholson)
93. 토마스 가테이커(Thomas Gattaker)
94. 제임스 웰디(James Weldy or Welby)

95. 크리스토퍼 파실리(Christopher Pashley)
96. 헨리 토저(Henry Tozer)
97. 윌리엄 스퍼스토우(William Spurstow)
98. 프란시스 체이넬(Francis Cheynell)
99. 에드워드 엘리스(Edward Ellis)
100. 존 해켓트(John Hacket)
101. 사무엘 데 라 플레이스(Samuel De la Place)
102. 존 데 라 마취(John De la March)
103. 매튜 뉴코멘(Matthew Newcomen)
104. 윌리엄 리포드(William Lyford)
105. 윌리엄 카터(William Carter)
106. 윌리엄 랑스(William Lance)
107. 토마스 핫지(Thomas Hodges)
108. 안드레아스 페른(Andreas Perne)
109. 토마스 웨스트필드(Thomas Westfield)
110. 헨리 해몬드(Henry Hammond)
111. 니콜라스 프로펫(NIcholas Prophet)
112. 피터 스테리(Peter Sterry)
113. 존 얼(John Erle)
114. 존 깁본(John Gibbon)
115. 헨리 페인터(Henry Painter)
116. 토마스 미클레드웨이트(Thomas Micklethwaite)
117. 존 윈콥(John Wincop)
118. 윌리엄 프라이스(William Price)
119. 헨리 윌킨슨(Henry Wilkinson)
120. 리차드 홀스워드(Richard Holdsworth)
121. 윌리엄 던닝(William Dunning)
122. 프란시스 우드콕(Francis Woodcoke)
123. 존 메이나르드(John Maynard)
124. 토마스 클레돈(Thomas Clendon)

125. 다니엘 코드레이(Daniel Cawdrey)
126. 윌리엄 라드본(William Rathbone)
127. 존 스트릭랜드(John Strickland)
128. 윌리엄 굳(William Good)
129. 존 본드(John Bond)
130. 험프리 하드위크(Humphrey Hardwick)
131. 존 와르드(John Ward)
132. 에드워드 코베트(Edward Corbet)
133. 필립 델메(Philip Delme)
134. 토마스 포드(Thomas Ford)
135. 리차드 비필드(Richard Byfield)
136. 존 두리(John Dury)
137. 윌리엄 스트롱(William Strong)
138. 로버트 존스톤(Robert Johnston)
139. 사무엘 불톤(Samuel Boulton)

스코틀랜드 총대들

성직자들
알렉산더 헨더슨(Alexander Henderson)
로버트 더글라스(Robert Douglas)
사무엘 러더포드(Samuel Rutherfurd)
로버트 베일리에(Rober Baillie)
조지 길레스피(George Gillespie)
로버트 블라이어(Robert Blair)

장로들
카실리스 백작 존(John Earl of Cassilis)
메이틀랜드 경 존(John, Lord Maitland)
와리스톤의 아치발드 존스톤 경(Sir Archibald Johnston of Warriston)
로버트 메드럼(Robert Medrum) 존스톤 부재시 대체(in absence of Johnston)

루돈의 경 존(John, Earl of Loudon)
에르스킨의 찰스 경(Sir Charles Erskine)
발메리노의 존 경(John Lord Balmerino)
아르길의 마르퀴스 아치발드(Archibald, Marquis of Argyll)
리베르톤의 조지 윈르햄(Georege Winrham, of Libberton)

서기관들
헨리 로보로우(Henry Roboruough)
아도니람 비필드(Adoniram Byfield)
존 왈리스(John Wallis)

스코틀랜드로부터 온 평신도 사정관을 포함해서 32명의 사정관들이 있었다. 4명의 스코틀랜드 총대들을 포함해서 142명의 성직자들이 있었다. 그러나 첫 모임 때는 약 69명이 출석했다. 전반적으로 매번의 모임 때, 출석 인원은 60명에서 80명 정도였다. 102명 가량의 성직자들이 신앙 고백의 공동 편집부분에 참여했다. 몇몇 사람들은 정규적으로 나온 것이 아니다. 그러나 많은 성직자들이 듣고 생각하고 토론하는 데에 매우 학식이 높고 역량이 있었다. 3명의 서기관들은 토론에 참여하지 않았다. 뉴버리의 윌리엄 트위스 박사(Dr Twisse of Newbury)가 총회 의장이 되었다. 그의 죽음 이후에는 의장 직무를 찰스 헐(Mr. Charles Herle)이 계승하였다. 와포드의 버게스 박사(Dr Burgess of Watford) 그리고 도르체스터의 화이트 박사(Dr White of Dorchester)가 의장에 대한 보좌관 역을 맡았다.322) 몇몇 주교(bishop)들이 관심을 가졌으나 엄숙 동맹과 언약(the Solemn League and Covenant)가 찰스 1세로부터 정죄를 받았기에 웨스트민스터 총회에 참석하기를 주저하였다.

1643년 7월 1일 지정된 날이 되자 의회의 상하 양원(the two Houses of Parliament) 의원들 중에 이름을 올린 의원들은 총회에 참석하였다. 그리고 성직자들도 웨스트민스터 대 교회(Abbey Church, Westminster)에 참석하였다. 윌리엄 트위스 박사가 의장으로 선출되었다. 그는 선출 된 기념 석상에서 요한 복음 14장 18절을 가지고 강설하였다.

---

322) William Maxwell Hetherington, p. 114.

"내가 너희를 고아와 같이 버려 두지 아니하고 너희에게로 오리라"

설교 이후에 모든 회원들은 휴회하였다. 그리고 참석 인원이 69명이었다. 그날 특별한 지침은 없었다. 직접적인 토론을 위한 주제를 선정하지도 않았다. 총회는 목요일까지 휴회하였다. 이것이 웨스트민스터 총회의 특징이다. 웨스트민스터 회의는 교구회의(Convocation)도 아니고 장로회 대회나 총회(Presbyterian Synod or General Assembly)도 아니었다. 웨스트민스터 총회의 참된 지론(theory)은 두 가지 요소로 구성되어 있다.

첫째는 잉글랜드 안에 기독교 교회(Christian Church)가 있었다. 그러나 조직이 되어 있지는 않았다(not organized). 시민적 권리와 기독교에 대한 교리도 정립되어 있지 않았다. 그와 함께 교회 정치 제도와 권징 조례 등이 형성되지 않았다 (those points of government and discipline). 그런 회의(Assembly)는 기독교 시민 정권에 의하여서(by a Christian civil magistrate) 소집된 것이다. 오직 교회의 변화 추이에 따라서 가변적이었다. 즉 국가 교회(National Church)가 설립 될 수 있는가 하는 것이다. 무엇보다 교황주의와 고위 성직자 교회는 시민적 자유를 심하게 침해하기에 그곳으로 돌아갈 수 없었다. 기독교 교회에 본질적인 영적 권리와 권세와 자유를 양보할 수 없었다. 그래서 의회는 국가 교회라고 하는 명칭을 생각하게 된 것이다.

총회가 목요일에 다시 있었다. 토의 주제들이 제시되었다. 그리고 의회의 귀족들과 의원들이 이런 지침을 내렸다.

1. 두 명의 보좌관들이 의장의 부재 시에 사회를 보도록 한다.
2. 서기관들이 모든 과정을 기록하도록 지명되었다. 그들은 헨리 로보루우 (Henry Roborough) 그리고 아도니람 비필드(Mr Adoniram Byfield) 등이다.
3. 모든 회원들은 엄숙하고 진지한 주장을 해야 한다.
4. 첫 번째 제출된 주제를 하루에 다 해결(resolution) 하려고 하지 말라
5. 어떤 사람이 필요한 것으로써 입증할 책임을 맡았을 때, 그는 성경으로부터 입증하라.
6. 의장이 침묵을 요청한 이후에는 어느 누구도 토론할 수 없다.
7. 총회로부터 의견을 달리하는 것을 그에 대하여서 합당한 이유를 설명하고자 한다면 거절할 수 없다.
8. 모두 다 동의하게 되면, 의회를 위해서 회의록을 마련하고 공개적으로 읽고

그것을 채택한다.323)

이러한 일반적 지침에 대하여서 총회는 자체 지침을 마련하였다.
1. 모든 모임은 기도로 시작하고 마친다.
2. 첫 기도 이후에 총회 개회를 선언하고 출석을 체크한다. 이후에 출석한 회원들은 서기관에게 알리고 회의에 참석한다.
3. 지정된 모임 시간은 오전 10시이다. 오후는 위원들을 위하여서 비워둔다.
4. 웨스트민스터 총회원들 중에 3명 정도는 상원과 하원의 예배를 매주 인도한다.

총회의 모든 회원들은 다음과 같이 결의한다.
"나는 전능하신 하나님 앞에서 진지하게 약속하고 맹세한다. 이 총회 기간에 나는 하나님의 말씀에 일치하는 것 이외에 다른 어떤 교리도 주장하지 않을 것이다. 그리고 하나님의 영광을 위해 가장 선하고 평화롭게 참여할 것이다."

이러한 주장은 매주 월요일 아침에 시행할 것이다. 그리고 상원과 하원과 성직자들이 이러한 지침에 따라서 일치하게 행동한다.324) 의회는 39개조 항목에 대한 개정을 요구하였다. 그리고 그 항목에 대한 단순화와 명료화 그리고 분명화를 하도록 요청하였다. 웨스트민스터 총회는 39개조를 가지고 토론했으며, 앞에 15개조를 가지고 10주간 논쟁하였다. 스코틀랜드 총대들의 도착이후에 엄숙 동맹과 언약에 대한 서명이 논의 되었다. 그리고 전체적인 토의가 진행되었다. 잉글랜드 의회가 고위성직자 제도를 폐지하였을 때, 그들은 새로운 교회 정치 형태를 숙고해 줄 것을 총회 성직자들에게 요청하였다. 325)

1643년 8월 17일에 총회에 대한 엄숙 동맹과 언약(the Solemn League and Covenant)이 제출되었다. 그리고 엄숙 동맹과 언약에 대한 논의는 잉글랜드 위원들(English Commissioners)과 스코틀랜드 언약자들 사이에 잘된 논쟁이었다. 엄숙 동맹과 언약이 스코틀랜드의 교구회의(Convention)가 귀족들과 총회의 동의를 얻었을 때, 그 복사본이 잉글랜드 의회와 웨스트민스터 성직자들에게 보내졌다. 위원들이(Commisioners) 총회에 출석하기 위하여서 임명되었다. 부분적으로 장로들

---

323) Ibid., p. 116.
324) Ibid., p. 117.
325) Ibid., p. 122.

이고 부분적으로는 성직자들이었다. 장로들은 다음과 같다. 캐실리스 경(Earl of Cassilis), 메이트랜드 경(Lord Maitland) 그리고 와리슨의 존스톤(Johnston of Warriston)이다. 사역자들은 메세르스 헨더슨(Messrs Henderson), 발리에 (Baillie), 길레스피(Gillespie), 러더포드(Rutherford) 그리고 더글러스(Douglas) 등이다. 캐실리스 경(Earl of Cassilis)과 로버트 더글러스(Robert Douglas)는 결코 총회에 참석하지 않았다. 그래서 스코틀랜드 총대는 6명이 전부였다.326)

엄숙 동맹과 언약(the Solemn League and Covenant)이 낭독되었다. 그리고 전체가 총회의 비준을 받아들였다. 이러한 모든 과정을 거쳐서 10월 15일에 하원 (the House of Lords)에 의하여서 그 언약이 통과되었다. 이 과정에서 템플 박사 (Dr Temple)가 설교하고 콜레만(Mr Coleman)이 격려사를 하였다. 드디어 1644년 2월에 의회에 의하여서 그 명령서가 쟁점화 되었다. 잉글랜드 전체 왕국에 언약의 명령이 전달되었다. 스코틀랜드에서는 그러한 정보를 받자마자 귀족들의 위원회가 그 언약이 모든 계층과 사람들이 서명하도록 명령하였다.327) 여기에 엄숙 동맹과 언약에 대한 첨부서에 다음과 같이 그에 대하여서 기록되어 있다.

"엄숙 동맹과 언약(the Solemn League and Covenant)은 개혁에 대한 그리고 종교적인 보존에 대한 것이다. 그리고 왕의 영예와 행복에 대한 것이고 스코틀랜드와 잉글랜드와 아일랜드의 평화와 안전에 대한 것이다. 잉글랜드 성직자들의 회의와 의회의 상하 양원 위원들에 의하여서 서명된 것이다. 그리고 스코틀랜드의 총회와 귀족 회의(Convention of Estates)의 위원회가 함께 동의한 것이다. 그리고 스코틀랜드 총회로부터 승인된 것이다.

1643년 엄숙 동맹과 언약은 채택되고 허락 되었다. 이후에 앞에 서명한 권위에 의하여서 그리고 모든 스코틀랜드와 잉글랜드의 계층들에 의하여서 같은 해에 받아들여져 서명되었다. 1644년에 그것은 스코틀랜드 의회의 법령으로 비준되었다. 스코틀랜드 · 잉글랜드 · 아일랜드 왕국 안에 사는 귀족, 남작, 기사, 신사, 시민, 공민, 복음의 사역자들과 모든 부류의 대중은 하나님의 섭리에 의하여 한 사람의 왕 아래에서 개혁 된 종교를 통해서 하나님의 영광을 눈 앞에서 본다. 그리고 이것은 우리 주 구주 예수그리스도의 왕국의 진보 · 국왕과 그의 후손의 영예와 행복 · 참다운 공적 자유와 안녕과 평화를 위한 모든 개인의 조건이 포함된다. 그리

---

326) Ibid., p. 126.
327) Ibid., p. 128.

고 하나님의 대적자들의 믿을 수 없는 피의 음모와 모의와 시도와 실행은 종교가 개혁된 이래로 참다운 종교에 반대하는 시도이다. 이에 대하여 얼마나 많은 분노와 위력과 억측들이 난무하였는가? 그 상태가 더욱 확대되어서 아일랜드와 같은 통탄할 상황에 이른 것이다. 잉글랜드 교회는 비통한 상태에 이르렀고 스코틀랜드 교회는 위험한 상태에 이른 것이다. 그것은 지금 분명하게 현존하는 공적 증거들이 있다. 우리는 지금 마침내 모든 파괴로부터 우리 자신과 우리 자신의 종교를 보존하기 위하여서 상호간에 엄숙 동맹과 언약을 체결하기로 하였다. 우리 모두 서명하고 가장 높은 신 하나님께 손을 들어서 맹세했다.

I. 우리는 신실하게 실재적으로, 끊임없이 하나님의 은혜를 통하여 교리 · 예배 · 권징 조례 · 정치 구조에 관한 스코틀랜드 교회의 종교 개혁의 보존과 몇 가지 부분들과 소명을 인내로 행한다. 그리고 잉글랜드와 아일랜드 교회 안에 하나님의 말씀을 따라 교리 · 예배 · 권징 조례 · 정치 구조에 대하여 종교 개혁을 보존하려고 한다. 그리고 그것은 가장 좋은 종교 개혁의 표본이다. 그래서 신앙 고백과 교회 정치 구조와 예배 지침과 요리 문답(Confession of Faith, Form of Church Government, Directory for Worship and Catechising)에 대하여서 결정하고자 한다.

II. 우리는 그와 같은 방법으로 교황주의자들과 고위성직자들의 핍박을 인내한다. 그리고 모든 다른 미신들, 이단들, 분파주의자들, 이교적인 것들을 배척한다. 그리고 무엇이든지 건전한 교리와 선의 능력에 반하는 자들을 거부한다. 왜냐하면 그들의 죄에 동참하지 아니하려는 것과 그들의 역병에 전염되는 위험성을 멀리하고자 하기 때문이다.

III. 우리는 동일한 신실성 · 실재성 · 불변성으로 인내할 것이다.

IV. 우리는 또한 신실하게 모든 악의적인 것으로 종교의 개혁을 방해하는 세력에 대하여 인내할 것이다.

V. 우리는 이러한 왕국의 복된 평화의 행복을 위해서 하나님의 선하신 섭리 가운데 우리에게 주어지는 은혜를 누릴 것이다. (생략) "328)

이러한 것은 엄숙 동맹과 언약(the Solemn League and Covenant)에 대한 중요한 원리를 담고 있다. 의심할 것 없이 이러한 것은 잉글랜드 의회가 스코틀랜드 종교 개혁으로부터 추구하는 배경이다. 그리고 그 배경은 스코틀랜드의 귀족 회의

---

328) Ibid., p. 131.

와 교회 총회를 통하여서 드러났다. 그것은 국제적 연맹이면서 종교적인 언약이기도 하였다. 잉글랜드 의회는 장로 교회 형태의 교회 정치 구조를 희구하였다. 그리고 그것이 웨스트민스터 신앙 고백에서 투영되었다. 장로교 퓨리탄들은 이미 그것들을 장로교적인 구조로 형성하였다. 그래서 장로 교회적 회의체를 구성했고, 장로 교회적 권징 조례를 시행하였다. 웨스트민스터 총회의 목적은 잉글랜드 안에 장로 교회적인 교회 정치 제도를 세우는 것이었다. 핌(Pym)과 햄프덴(Hampden)은 장로교회 제도를 선호했다. 그러나 그들이 일찍 사망함으로서 그들의 강력한 지원을 받을 수 없게 되었다. 잉글랜드 하원에서 장로교회에 대한 적극적 지원자는 윌리엄 왈러 경(Sir William Waller), 필립 스태플레톤 경(Sir Philip Stapleton), 존 글로트워디 경(Sir John Clotworthy), 벤자민 루드야드 경(Sir Benjamin Rudyard), 콜로넬 메시(Colonel Massy), 콜로넬 할레이(Colonel Harley), 서잔 메이나드(Serjeant Maynard), 덴질 홀리스(Denzil Hollis), 존 글린(John Glynn) 그리고 약간의 영향력 있는 인물들이다. 극소수의 인물 중에 독립교회파 혹은 회중 교회파가 있었다. 그들은 사려할 만한 재능을 가지고 있었으며 학식이 있었다. 원래 독립 교회파의 원형은 이미 언급된 대로 브라운주의자들이다. 그러므로 웨스트민스터 신앙 고백 작성 당시에 독립 교회파는 장로 교회와 브라운주의자들의 중간 정도의 위치라고 할 수 있다. 그들은 교리적으로 어느 정도 장로교회와 일치하였으나 교회 형태에 대하여서는 교회의 권세가 각각의 지교회에게 있다고 주장하였다. 그래서 그들은 교회 견책을 받아들이지 않았다. 독립 교회파는 뉴잉글랜드에서 권력을 잡고 있었다.329) 독립 교회파는 교회의 열쇠가 사도들에게 주어졌다고 하는 견해를 극렬하게 반대하였다. 그들은 공적 권위가 사도들에게 있다는 것을 거부하였다. 그리고 그들의 원리로서는 정규적인 신자들이 모여 있는 지교회에 모든 권세와 권위가 있다고 생각하였다. 그래서 교회의 열쇠를 지교회의 회중이 가지고 있다고 생각한 것이다. 이후 목사의 직무 관점에 대하여서 토의가 이루어졌다. 목사는 항존적이고 양무리를 먹이고 성례의 시행을 하는 것에 봉사한다.

독립 교회파는 교사를 각 회중들을 섬기는 목사 직분과 다르다고 생각하였다. 그 견해는 총회에 의하여서 격렬한 논쟁을 불러 일으켰고 예리하게 비판받았다.330) 치리 장로의 설립에 대하여서 반대하는 회원들이 있었다. 템플 박사(Dr

---

329) Ibid., p. 138.
330) Ibid., p. 164.

Temple), 스미스 박사(Dr Smith), 가테이커 씨(Mr Gataekr), 바인스 씨(Mr Vines). 프라이스 씨(Mr Price), 홀씨(Mr Hall) 라이트 푸드씨 (Mr Lightfoot) 콜레만 씨(Mr Coleman), 팔마씨 (Palmer) 그리고 독립 교회파들 중에서도 거부하는 움직임이 있었다. 필립 나이(Nye) 그리고 브릿지(Bridge) 등이다. 그러나 치리회의 설립에 적극적이었던 장로주의 성직자들도 있었다. 스테판 마샬(Mr Marshall), 칼라미씨(Mr Calamy), 영 씨(Mr Young), 시어멘 씨(Mr Seaman), 그리고 워커 씨(Mr Walker), 뉴콤멘 씨(Mr Newcomen), 헐 씨(Mr Herle), 화이테커 씨 (Whitaker) 그리고 스코틀랜드 성직자들 등이다. 331) 이러한 토론들은 긴 시간 피로감을 가중 시켰다. 그래서 스코틀랜드 성직자 핸더슨은 위원들이 서로 일치하는 것이 어렵다고 생각하여서 움직이기 시작하였다. 그의 노력으로 토마스 굿윈이 동의하고 다음과 같은 보고서가 나왔다.

1. 그리스도께서 그 교회 안에 치리회와 교회적 치리권자를 세웠다.
2. 그리스도께서 정치를 위한 선물들로 그의 교회 안에 어떤 자들을 시여하셨다.
3. 하나님의 말씀에 의하여서 보증이 된 바 말씀의 사역자 혹은 교회 치리권자들과 나란히 있는 다른 직원들은 교회의 정치 안에서 사역자들과 함께 연결되어있어야 한다. 332)

그리고 이러한 주장에 대하여서 로마서 12장 7,8절과 고린도 전서 12장 28절를 첨가하였다. 그러나 라이트푸드는 이의를 제기하였다. 그는 말하기를 이것은 교회를 다스리는 관원에 대한 것이라고 하였다. 위의 결정 1번과 2번은 문제가 없었다. 그러나 라이트 푸드의 반대 의견을 포함해서 3번의 문제는 논란이 되었다. 템플 박사(Dr Temple)도 반대 의견을 하나 더 첨가하였다. 그래서 이 문제는 매우 중요하게 되었다. 왜냐하면 어떤 결정에 따라서 에라스투주의적 교회도 될 수 있고 독립 교회도 될 수 있으며 장로 교회가 될 수 있었기 때문이다. 그것은 적절성과 분별력을 통하여서 사려하는 것 외에 다른 어떤 권위도 없었다. 치리 장로가 관원의 성격이 있다고 에라스투주의자들이 주장하였다. 이에 대하여서 스코틀랜드 성직자들과 잉글랜드 퓨리탄 장로주의자들이 그 견해를 비판하였다. 그것은 신적 제도 안에 단지 인간적인 발명품을 끼워 넣는 것이 된다고 하였다. 결국 관점은

---

331) Ibid., p. 165.
332) Ibid., p. 165.

치리 장로에 대한 것이다. 이 치리 장로가 신적 제도에 포함된다는 것은 동의하였다. 그런데 그 치리 장로의 성격에 대한 논쟁이 생긴 것이다. 그래서 유대 교회의 제도 안에 있는 백성들의 장로 제도로부터 논의를 끌어와서 접근하려고 하였다. 기독 교회 안에 치리 장로의 제도에 대하여서 유대와 일치하는 기능적인 것에 대하여서 살펴보려고 할 때, 하나의 문제가 발생했다. 히브리인 장로들이 교회적 사업을 위하여서 선택되었는가?

콜레만(Coleman)은 말하기를 산헤드린 공회의 장로들과 70명의 산헤드린 회원들은 관원이었다고 하였다. 그러나 칼라미(Mr Calamy)와 버게스 박사는(Dr Burgess) 이것을 뒤집었다. 길레스피는 그것을 증명하였다. 즉 70명은 모세와 아론과 연결된 자들이었다. 구약의 백성의 장로들은 제사장과 연결되어 있거나 선지자들과 연결되어 있다고 하면서 그것은 관원의 성격이 아니라고 말하였다. 그러나 그날의 논쟁이 결론을 맺지 못하고 다른 안건으로 넘어갔다.

그 다음은 집사 직분에 대한 논의하였다. 그런데 이 직분에 대한 설립은 거부하는 자가 거의 없었다. 그러나 몇몇 사람들은 이것이 항존직이 아니라 임시직이라고 주장하였다. 에라스투주의자들 몇몇 제외하고 대체로 받아들였다. 그래서 집사직이 항존직임을 천명했다. 비록 콜레만과 셀던이 그 견해에 대하여서 반대 입장을 언급했지만, 라이트 푸드만 반대표를 던졌다. 집사직에 대한 반대 의견의 배경은 주로 엘리자베스 시대의 세워진 빈곤한 시민법에 있다.

이제 그 다음으로는 성경에 근거를 두고 있는 "과부들"(widow)에 대한 직원 설립 문제였다. 총회는 사도 시대에 있었던 "과부"라는 직분이 안수 집사직처럼 항존적인가 아니면 임시적이었는가 하는 것이었다. 독립 교회파와 한 두 명의 토론자들은 이 직분을 유지시키는 것으로 기울어졌다. 그러나 몇 번의 논의 과정을 통하여서 그러한 직분은 교회 안에 항존적으로 있어야 할 직분으로 인정되지 못하였다.

1643년의 논의 과정을 통하여서 장로 교회 총회의 성격은 그리스도께서 교회의 머리시라는 것으로서 유일하게 결정되었다. 그래서 모든 직원들은 본질적으로 주님 안에 있고 주님으로부터 있으며 모든 권위도 주님으로부터 나오는 것으로 결정했다. 그리고 사도직(apostles)과 선지자들(prophets)과 전도자들(evangelists)의 직분은 비상직으로 그 이후 시대에 그쳐진 것으로 결정하였다. 그리고 목사와 박사들과 교사들(pastors and doctors or teachers)은 본질적으로 동일한 직분으로 간주하기로 결정하였다. 그리고 교회 안에 가장 높은 질서는 성직자들로 결정하였다. 그리고 치리 장로들도 신적으로 임명된 것으로 간주하였다.(ruling elders are also of divine appontment) 그러나 목사들과 다소 거리가 있는 것으로 간주하였다(are distinct from pastors). 그리고 안수 집사들도 항존적이고 신적인 직분(deacons are likewise of divine and permanent institution)으로 간주하였다. 집사들은 비록 가르치고 다스리는 권세는 없지만 자비를 베푸는 일과 재정적인 일에 집중하게 하였다.(though not entitled to preach or to rule, but to take charge of charitable and pecuniary concerns)333)

1644년 1월 2일에 두 가지 주제가 논의되었다. "목사와 교사들은 성례식에 대하여서 그 대상들에게 요청할 권세와 판단할 권세가 있다. 사도들은 모든 교회 사역자들을 임명할 권세가 있다." 그런데 문제가 생겼다. 그렇다고 하면 사도가 없는 시대에 성직자들은 누가 임명하는가? 하는 것이다. 이로 인하여서 권징과 서임에 대한 문제(discipline and ordination)가 발생하게 되었고 그것을 논의하게 되었다.

이에 대하여서 독립 교회주의자들은 사도들만이 이 권세를 가지고 있다면 이제는 그 권세가 직분자들에게 없다면, 교회 그 자체에게 있다고 주장하였다. 그래서 정규적인 교회의 소집과 교회의 권세를 회중이 가지고 있다고 주장하였다. 긴 논의 과정 이후에 길레스피(Gillespie), 바인스(Vines), 심슨(Simpson)과 다른 성직자들이 임명은 적절한 방법이 있어야 한다고 주장하였다. 그런데 총회는 서임에 대한 사도들과 선지자들과 전도자들의 권세를 약간 논의한 후에 성직자 전체에 대한 서임은 치리회의 비준을 거쳐야 할 것으로 정리하였다.

1644년 1월 9일에 서임에 대한 전체 질의가 템플 박사에 의하여서 공정하게 언급되었다. 1. 무엇이 서임인가? 2. 필수적으로 계속되어야 하나? 3. 누가 서임하는가? 4. 누가 서임을 받고 어떻게 인정하는가? 5. 어떤 방법으로 서임하는가?

이러한 문제 제기에 대하여서 다음과 같이 결론이 떨어졌다. 1. 서임은 교회 안에 일반 사람들과 다른 어떤 공적 직원을 선출하는 중대한 일이다. 2. 그것은 교회 안에 계속되어야 한다. 3. 사도와 전도자들이 했고 가르치는 장로들이 했다. 그런데 사도와 전도자들은 비상 직원들로서 교회 안에 계속되지 못하였다. 그래서 우리는 가르치는 장로가 그 일을 계속한다고 믿는다.334)

---

333) Ibid., p. 167.
334) Ibid., p. 172.

1644년 5월 21일에 사무엘 러더포드는 공적 예배에 대한 지침서를 마련하기 위하여서 움직였다. 이러한 결과로 팔마 씨는(Mr Palmer) 그 목적을 위한 위원회 의장으로 선임되었다. 그리고 총회 앞에서 공정하게 그 주제를 가져와서 24일에 보고하였다. 약간의 이견이 있었다. 그것은 공적 예배(Public Worship)시에 성경을 목회자(Minister)이외에 누가 읽을 수 있는가 하는 것이었다. 목사 후보생에게 가끔 성경 강독을 허락하도록 하였다. 주의 만찬의 분배에 대한 문제에 대하여서 독립교회파와 스코틀랜드 성직자들 간에 첨예한 대립이 있었다. 독립 교회파는 성찬 전달자의 배석을 다른 일반 좌석과 함께 앉는 것을 반대하였다. 그러나 스코틀랜드의 회원들은 그들을 동일한 탁자에 앉게 하는 방도를 지지하였다.335) 그에 대한 논쟁은 총회에서 1644년 6월 10일로부터 7월 10일까지 계속되었다.

세례에 대한 지침서도 논쟁이 될 만한 주제였다. 그것은 7월 11일부터 8월 8일까지 계속되었다. 안식일에 대한 성일 준수의 지침서는 받아들여졌다. 한 위원회가 공적 예배에 대한 완전한 지침서를 위하여 서문을 준비하였다. 그 위원회는 메세르 굳윈(Messrs Goodwin,), 나이(Nye), 브리지(Bridge), 버게스(Burgess), 레이놀스(Reynolds), 바인스(Vines), 마샬(Marshal), 그리고 템플 박사(Dr Temple) 등이다. 그들은 스코틀랜드 회원들과 함께 모여서 준비하였다.

이 부분에 대한 총회의 결정은 1644년 11월 22일에 의회의 비준을 받았다. 결혼과 장례를 위한 지침서를 제외하고, 11월 27일에 예배 지침서 작성을 마쳤다. 곧 의회의 비준을 받았다. 의회에 의하여서 요구된 새로운 교회 정치에 대한 부분이 성직자들의 총회가 엄격한 체계와 방법의 업무를 가지고 나아갔다. 그리고 교회의 머리이신 그리스도를 시작으로 하였다. 그가 그 자신 안에 모든 권세와 모든 직무를 가지고 계시는 것으로 고백하였다. 여기에서 다양한 형태의 교회의 직원들에 대하여서 성경 안에 있는 것을 살피고 그 호칭을 정리하려고 하였다. 336)

1644년 1월 19일에 버게스 박사(Dr Burgess)는 첫 의원회로부터 보고를 받았다. 1. 성경은 교회 안에 노회(a Presbytery in a Church)를 주장하였다.(딤전 4:14; 행 15:2,4,6,) 2. 노회는 말씀을 가르치는 사역자들과 교회 안에 그러한 다른 공적 직원들로 구성된다. 그때에 스코틀랜드 위원들(commissioners)은 교회 정치에 있어서 장로교적 형태의 대강을 포함한 책을 준비하였다. 그리고 총회의

---

335) Ibid., p. 178.
336) Ibid., p. 179.

회원들에게 복사가 되어서 주어졌다. 그 회의체는 4가지로 구분된다. 1. 특정한 회중들의 당회(Elderships of particular congregations) 2. 고전적 장로회(Classical Presbyteries) 3. 지역적 대회(Provincial Synods) 4. 국가적 총회(National Assemblies). 특정한 지교회의 당회는 1. 그리스도께서 언급하셨다. (마 18:17) 2. 일반적인 자연의 빛으로 3. 피할 수 없는 필연성에 의하여서 보증을 받는다. 고전적 노회는 1. 그리스도께서 언급하셨다. (마 18:17) 2. 사도적 교회의 실례 - 예루살렘, 안디옥, 에베소서, 고린도, 로마 등등.337) 이러한 제안들은 위원회에 제출되었고 총회로 가져가게 된 합당한 경로로써 장로회와 연결되는 모든 일들의 준비와 함께 맡겨졌다. 그러나 거기에는 독립 교회파와 에라스투주의자들의 반대가 없지 않았다. 총회 안에서 독립 교회파는 직접적으로 영향력을 행사하는 형태로 드러내지 않았다. 때문에 필립 나이와 군윈(Goodwin)은 그러한 주제들을 탐색하는 것으로서 지원하였다. 1644년 1월 말경이나 2월 초순경에 "정식 해명"(An Apologetical Narration)이라는 논문을 출판했다. 그리고 토마스 군윈과 필립 나이, 시드락 심슨, 예레미야 버로우, 윌리엄 브리지에 의하여서 의회에 요원들에게 (the Honorable House)에게 제출되었다.

의회는 잉글랜드의 계산법에 따라서 3월 25일에 시작되었다. 베일리에(Baillie)가 1644년 2월 18일자로 된 하나의 서신 안에 새롭게 출간된 것으로서 이 논문을 언급한다. 베일리에(Baillie)는 이러한 산출물에 관하여서 지적한다. 그는 말한다. "결국, 앞서 보건대 이러한 관점에 이르는 긴 기간 동안에 이들이 이른 곳은 그들에게 적합하다. 정식 해명(Apologetical Narration)은 그들의 방식이다. 그리고 그것은 그들이 의회에 제출했던 문서 옆에 두었던 것이다. 그것은 가장 교활하고 비열한 방법이다. 그것은 이교도의 이설을 받아들이는 관용의 법칙(toleration)이기도 하며 한편으로는 모든 개혁 교회들에게서 개혁교리를 제거하는 것이기도 하다. 그것은 그들의 새로운 형태가 받아들여질 때를 괴롭게 하는 여전히 불완전한 그들만의 개혁이다." 베일리에는 언급하기를 "어떤 자들에 의하여서 매우 악한 주제에 영향을 받게 되었다. 그러나 짧게는 놀랄만한 발견이다"라고 했다. 독립 교회파들에 의한 "정식 해명"(Apologetical Narration)과 같은 이러한 논문의 출간은 어떤 우호적인 조정의 가능성도 막는 것이었다.338)

---

337) Ibid., p. 180.
338) Ibid., p. 182.

독립 교회파는 장로교회적인 교회 정치에 대하여서 그들의 거부감을 드러낸 것이다. 이러한 독립 교회파의 정식 해명서로 인한 논쟁으로 총회는 큰 부담감을 갖게되었다. 그리고 이것은 독립 교회파가 매우 치졸한 형태의 논쟁을 불러일으키는 자들이라는 인상을 남겼다. 그들은 논쟁의 형태에 있어 매우 무례하게 주장하였다. 로버트 베일리에는 그들을 상당히 과격한 자들(considerable severity)이라고 말하였다. 사무엘 러더포드는 그들의 주장에 즉각적으로 정당한 논쟁을 촉구하였다. 그는 그의 저서에서 이러한 그의 마음을 표출하였으나 어떤 경우에도 사나운 기질을(asperity of temper) 드러내는 것이나 언어의 폭력적(harshness of language)인 표현을 하지 않았다.339)

장로주의자들은 참된 신자들의 모임이 참된 교회라는 주장을 거부하지 않는다. 비록 목회자가 없는 교회라 할지라도 목회자의 서임에 관계된 것이 아니라면 그들이 회원을 선택 할 때 가장 근엄하고 경건한자들을 선택해야 하는 것은 아니다. 장로주의자들은 지교회에게 자체적 권세가 있다는 주장을 받아들인다. 그러나 장로주의자들은 주장하기를 그리스도께서 가장 먼저 스스로 교회의 직원을 세우셨고 그들에게 다른 직원들을 서임할 권세를 주셨다. 이것은 명령되어진 것이기 때문에 후대에까지 지속적으로 시행되어야하는 제도이다.

독립 교회파의 오류는 "교훈의 방법"(method of precept) 대신 "필요성의 상황"(case of necessity)을 정상적인 규칙으로 채택 한 것이다. 그래서 그들은 정죄될 만한 견해들에 집요하게 집착하였다. 그리고 그들에게 동의할 수 없는 모든 대다수 회원들과 교제를 끊었다.340)

독립 교회파들은 "참다운 신자들"이라는 미명하에 결과적으로 완전한 교회로서 자기들의 회중에 속한 자들만을 인정하는 높게 성별된 기능을 옳다고 시행하여서 결과적으로 가장 높은 감각을 가진 중생한자들과 철저하게 믿는 자들을 제외하고 그들의 교회의 회원으로 허락할 수 없다는 이론으로 발전하였다. 이것이 바로 본질적으로 그들의 이론의 필연적인 결과이다. 그들은 다른 공동체와의 대화를 단절한다. 모든 것을 개교회로서 완전하다고 보고 성직자 서임조차도 개교회의 회원들에게 권세가 있다고 보아서 당회 제도나 노회 제도나 대회 총회 제도를 거부하였다. 이러한 동일한 이유 때문에 독립 교회파들은 국가 교회라는 개념을 거부하였

---

339) Ibid., p. 190.
340) Ibid., p. 193.

다. 그들은 참다운 신자들만이 모인 회중 교회 이외에 다른 교회 형태를 인정하지 않았다. 그래서 항상 그것은 교회의 회원이 참다운 신자들이어야만 하고, 그래서 그 기독교 교제가 참다운 신자 이외에 다른 사람은 안 된다고 생각했다. 그러나 그것은 실재로는 불가능하다. 왜냐하면 사람이 사람의 마음을 알 수 없기 때문이다. 만약에 어떤 신자가 거짓된 마음으로 다가오면 교회는 분간 할 수 없다. 회중 교회주의는 실재적으로 불가능한 이론이다. 무엇보다 교회에서 권징이 결핍되고 더 높은 상회 치리회가 부재한 것은 실재로는 더 나은 교회의 순결을 기대하기 어렵게 될 수 도 있다. 그래서 회중에게 교회의 열쇠를 맡기는 형태의 교회는 모든 이단들이 발흥할 수 있는 위험한 발상이다.341)

한편 온건한 회중 교회 주의자들은 장로회 제도 자체를 거부하지는 않지만, 특정한 교회가 장로회 아래에 있는 것은 선택의 문제이며 결코 의무사항이 아니라고 말하면서 노회 제도는 필요에 따라서 만들어진 가변적인 제도일 뿐이라고 주장한다. 이러한 독립교회파의 주장에 대한 논란을 "아마도"(may-be) 논쟁이라고 한다. 그때에 토마스 굳윈은 다음과 같이 말한다.

"성경은 하나의 노회 제도 아래에 특정한 교회가 놓여있는 것은 그럴 수도 있고 그렇지 않을 수도 있다는 것이 성경의 주장이다."라고 하면서 "만약 장로들이 하나의 장로회적 치리회를 구성한다면, 그때에 장로들 모두는 그러한 교회들 모두의 장로가 된다. 그러나 하나님의 말씀은 그것을 인정하지 않는다."

그러면서 "집사는 여러 교회의 집사가 아니라 한 교회의 집사이다. 그렇다면 목사도 한 교회의 목사일 뿐 여러 교회의 목사는 아니다. 그가 여러 교회에 가서 설교하지 않기 때문이다. 그래서 한 명의 목사는 여러 교회의 연합체로부터 목사가 되는 것이 아니라 한 회중 아래에서 목사가 되는 것이다."

그들이 장로 제도를 거부한 것은 성경적인 기초에 의한 것이 아니라 편리성과의 부조화에 근거한 것이다.

바인 씨(Mr Vines)는 주요한 제안에 대하여서 다음과 같이 답변하였다. "전체에 속한 것은 모든 부분에 속한 것이 아니다. 그러나 장로회는 연합된 전체이다. 그리고 그것은 교회가 이러한 장로회 아래에서 연결되는 것이다.; 그러므로 장로회에 의하여서 형성된 관계들은 총합체로서의 전체에 대한 것이다. 그리고 그것은 각각 다른 형태를 의미하는 목사들과 회중들의 관계가 아니다.

---

341) Ibid., p. 194.

마살 씨(Mr Marshall)는 위원회의 제안을 입증함으로 시작하였다. 즉 전체 교회가 하나의 몸이다. 그리고 지체들은 분리된 실체로서 행하는 것이 아니라 연결된 회원으로서 행하는 것이다. 즉 직원 서임은 그리스도에 의하여서 제정된 것이고 때문에 일반적인 선과 교회를 위하여서 필요하며 또한 교회의 통일성을 위하여서도 필요하다. 그 지체들은 특정한 한 회중 안으로 들어가는 세례를 받은 것이 아니라 보편적 그리스도의 몸 안에 들어가는 세례를 받은 것이다. 그리고 이러한 보편적 교회의 몸은 공동체를 구성하며 그것은 신적으로 세워진 교회(instituted churches)라고 부르는 것이다.

길레스피도 동일한 노선으로 주장하였다. 그것은 네덜란드의 일반적 상태의 대표적인 정치 형태로부터 묘사되는 것이다. 그리고 더하여서 그것은 하나의 장로회 안에 정치의 권세는 질서의 권세가 아니라 재판의 권세이다. 그들은 장로들로서 치리하는 것이 아니라 하나의 장로회로서 치리하는 것이다.342)

1644년 2월 14일에 위원회가 보고하였다. 그것은 많은 회중들의 모임은 장로회 아래에 있어야 한다는 것이다. 그리고 그것을 성경으로부터 논증하였다. 1. 예루살렘 교회 2. 고린도 교회 3. 에베소서 교회 4. 안디옥 교회 등은 많은 회중들의 모임이 있었을 것이고 그러나 하나의 노회가 있었다. 그것은 많은 목회자들로부터 복수의 교회들이 있었고 그것은 하나의 노회 아래에 있었다는 것이다. 그리고 다수의 목회자들을 장로들 혹은 감독들이라고 불렀다. 한 장소에서 모일 수 없을 정도로 많은 수의 신자들이 있는 곳에서는 한 명의 목회자보다 더 많은 목회자가 있었고 한 지교회보다 더 많은 지교회들이 있었다. 그러한 지교회들을 하나로 모아가지고 있는 치리회가 장로회이다. 그리고 그러한 지교회는 장로 제도의 정치 구조 아래에 놓여 있어야 합리적이다.343)

이러한 장로회 정치 제도의 주제가 논쟁의 자리를 잡아 갈 때 셀던이 다른 방향으로 논제를 돌렸다. 셀던은 웨스트민스터 총회의 결정에 반대하였다. 그 반대 견해를 에라스투주의라고 한다. 셀던은 세상 관원에게 교회 정치가 맡겨졌다고 주장하였다.344) 그런 주장에 대하여서 조지 길레스피가 반론을 제기하였다. 그는 시민 법정은 교회의 권세에 관여할 수 없다고 하면서 1. 교회 권세는 영적이라는 것

---

342) Ibid., p. 197.
343) Ibid., p. 200.
344) Ibid., p. 201.

이다. 2. 그 목적도 영적이라는 것이다. 때문에 그것은 어떤 배상을 얻거나 손해를 돌려받는 것에 있는 것이 아니라 영적이다. 3. 그 인격이 영적이다. 그리스도께서 사도들에게 말씀하셨다. 4. 그 과정도 영적이다. 모든 것이 그리스도의 이름 안에서 시행된다. 5. 권징도 영적이다. 때문에 그의 영혼을 감싼다. 6. 그리스도께서는 시민 법정에게 영적 판결을 맡기시기 위해 제자들을 보낸 것이 아니다. 7. 유대의 교회는 영적 견책을 가지고 있었다.345)

그 시간에 필립 나이(Nye)는 교활하게 장로회의 권세에 반대하도록 의회의 질투심을 유발시키려고 애썼다. 그는 장로회의 권세에 반대하여서 논의를 굳히려고 시도하였다. 그는 다음과 같이 말했다. "다른 권세 위에 있는 권세는 없다. 거기에는 본성상 차이(distinction)도 없고 운영에 있어서 차이(difference)도 없다."346)

스테판 마샬은 모든 출석한 의회 의원들에게 호소하였다. 장로회적 정치가 서로에게 의존적이지 않고 서로 관계도 하지 않는 천개 혹은 이천 개의 회중 교회보다 그들에게 더욱 가공한가 하는 것이다. 화이트록(Mr Whitelocke, M.P)은 유사한 과정을 거쳐서 다음과 같이 묘사한다. "독립적인 회중 교회제도는 증명된 대로 얼마나 혼란스러운 제도인가?" 다음 주제는 예루살렘 교회의 실례를 많은 회중들 위에 있었던 하나의 장로회로서 증명하는 것으로서 숙고하는 것이었다. 비록 이 주제에 대하여 상당한 시간을 허비하였으나 앞의 경우처럼 많은 전시 효과를 이끌지 못했다. 거의 장로 정치의 중요한 이념은 길레스피에 의하여서 제안된 의견에 의하여서 정리 되었다. 그것은 몇 개의 회중 교회가 하나의 교회일 수 없다는 것이 이견 없는 원리였다. 하나의 도시에도 시민적 몸이 형성되어 있다면 교회적 연합도 장로회 안에 있는 것 이외에 다른 것이 아니라는 것이다. 왜냐하면 그들은 한 장소에 함께 모일 수 없었고 하나의 장로회로써 있었다. 그러한 정치 형태는 장로회적 기능을 수행하였다.

그들은 하나의 교회적 몸을 형성했다.(ecclesiastical body) 한 번 더 독립 교회파들은 비틀거렸다.(Once more the Independents were staggered, and could not answer.) 그리고 답변을 할 수 없었다. 토마스 굿윈(Thomas Goodwin)과 필립 나이(Philip Nye)는 적어도 교리적 열쇠가 대회나 총회의 손아래 에 있다는 것

---

345) Ibid., p. 202.
346) Ibid., p. 202:"That there is no power over another power, where there is no distinction in nature nor difference in operation;"

을 인정했다.347) 그래서 많은 사람들이 모이면 한 사람보다 더 높은 무형의 권세가 있는 것처럼 많은 교회들이 함께 모이면 한 교회보다 더 높은 교회의 권세가 있어야 한다.348)

알렉산더 헨더슨(Alexander Henderson)씨가 독립 교회파와의 협의 일치를 위하여서 위원회를 구성할 것을 제안했다. 그래서 메스르스 시멘(Messrs Seaman), 바인스(Vines), 그리고 팔머(Palmer), 마샬(Marshall), 굳윈(Goodwin), 나이(Nye) 버로우(Burroughs) 그리고 브릿지(Bridge) 등이 위원들로 선임되었다. 그들과 함께 4명의 스코틀랜드 총대들이 합류하였다.

1644년 3월 14일에 독립 교회파는 다음과 같은 제안에 동의하였다. "1. 많은 이웃 회중들의 장로들의 모임이나 하나의 장로회가 있다는 것을 교회적 일에 있어서 회중들의 관심으로서 참고하기로 하였다. 그러한 장로회가 그리스도의 질서라는 것과 그리스도의 권세와 권위가 있다는 것이다. 2. 그러한 장로회들은 그들 앞에서 권세를 가지고 하나님의 말씀에 대한 일치된 교리를 결정 할 수 있고 그리스도의 질서로서 의무들을 받는 그들의 판단권이 있다. 3. 그들은 회중들의 장로들에게 교리나 실행에 있어서 잘못된 것을 시정할 요구를 할 수 있는 권세가 있다.349) 그들은 다음과 같은 교리를 산출했다.

"장로회는 하나님의 질서이다. 그것은 사역자들과 치리 장로들을 부르신 그리스도의 권세와 권위가 있다. 그리고 치리회 앞에서 신자들의 생활과 교리에 있어서 위반적인 것에 책임을 물을 수 있다. 그리고 그 원인을 조사하고 처리할 수 있다. 또한 견책을 시행할 수 있고 만약 그들이 완고하게 고집을 부릴 때, 그들을 이교도로 선언할 수 있다. 그리고 그들을 관원들의 형벌에 넘길 수 있다. 또한 교리적으로 모든 종교적 질의에 대하여서 하나님의 말씀을 천명할 수 있다. 사역자들과 치리 장로들은 고정된 장로회의 회원이 될 수 있다. 그래서 모임을 정하고 설교를 하고 교리와 함께 권징을 연결 시킬 수 있다."350)

확실하게 매우 작은 부분에까지 장로주의와 독립 교회파 사이에 완전한 일치를

---

347) Ibid., p. 204:"Both Goodwin and Nye admitted that at least the keys of doctrine are in the hands of a synod or assembly;"
348) Ibid., p. 204:"and that as many men united have more moral power than one man, so many churches joining together must have more ecclesiastical power than one church"
349) Ibid., p. 204.
350) Ibid., p. 205.

산출할 필요가 더 많았다. 독립 교회파들은 장로 교회에 대하여 본질적으로 모두 동의하기에 이른다. 그러나 불행히도 독립 교회파는 장로주의와 연결됨으로서 세속주의자들과 군대 안에 영향력을 잃어버릴 것을 염려하였다. 필립 나이가 베인(Vane)과 크롬웰(Cromwell)의 정치적 술수에 깊게 관여하였다.351)

1644년 3월 13일에 논의 과정은 교회 정치에 대하여서 하나의 정리가 있었다. 예루살렘과 고린도의 실례를 따라 증명하는 형태였다. 그리고 이 주제는 위원회에 언급되었고 모든 요점들이 결정되었다. 부분적으로 의회에 보고 되었고 부분적으로 총회에 보고 되었다. 1644년 4월 10일 보고서가 작성되었다.

"1. 성경에서 하나의 교회란 하나의 장로회를 말한다. 2. 장로회는 말씀의 사역자들과 교회의 정치에 있어 사역자들과 연결되어 있는 교회를 다스리는 자로서 하나님의 말씀에 의하여서 보증이 되는 동의할만한 공적 직원으로 구성된다. 3. 성경은 하나의 장로회 정치 아래에서 많은 지교회가 있다고 주장한다. 그리고 그것은 예루살렘 교회를 실례로 증명한다."

1644년 4월 16일 총회는 에베소 교회의 실례로부터 장로 교회적인 정치를 증명했다. 약간의 논쟁 이후에 이 실례가 중요한 제안의 증거로서 채택되었다. 사무엘 러더포드는 특정한 교회들의 권징과 정치에 대한 권세의 어떠한 억압에 대하여서 반대쪽으로 인도하고자 애를 썼다. 그리고 이것은 헨더슨에 의하여서 지지를 받았다.352)

장로 교회 진술에 대한 제안들은 이러하다.

"성경은 하나의 장로회 정치 아래에서 여러 회중들의 모임이 있었다고 말한다. 1. 예루살렘 교회에 대하여서 그 교회는 하나보다 더 많은 회중들로 구성되어 있다. 그리고 모든 그러한 회중들은 하나의 장로회 아래에 놓여 있다. 2. 에베소서 교회는 하나보다 더 많은 회중들의 모임을 가지고 있었다. 비록 한 장로회 아래에서 여러 지교회들이 있었지만, 무리들로서 지교회를 치리하는 많은 장로들이 있었다."353)

다른 견해를 가진 독립교회파에 반대하는 두 번째 주제에 관하여서 그것은 각 치리회의 종속성에 대한 것이다. 이 제안은 다음과 같다.

---

351) Ibid., p. 206.
352) Ibid., p. 208.
353) Ibid., p. 214.

"그것은 하나님의 말씀에 일치하고 합법적이다. 즉 당회, 노회, 대회, 총회, 등이 종속 관계가 있고 그래서 하위 질서로부터 상위 질서까지 형성된 것들이 있다."354)

이제 장로교회주의자들과 온건한 회중 교회파가 가지고 있는 크나큰 차이는 치리회의 거부가 아니라 각 치리회간에 종속적인 관계가 있느냐 없느냐 하는 것이다. 독립 교회파는 각 회중 교회 상호 간에 유기적 통일성(organic unity)을 거부하는 것이다. 그들은 각 회중 교회는 각 개교회로부터 직원이 선출되며 상회 치리회는 필요 없다는 생각이다. 이러한 독립 교회파의 견해와 달리 결정된 총회의 결의는 1644년과 1645년 사이에 정리가 되었다. 1648년에 독립 교회파가 자신들의 견해를 도서 형태로 출간하였다.

"장로회 정치에 관한 확고한 제안에 대하여서 반대하여서 의견을 달리하는 형제들에 의하여서 발간된 이론서"(The Reasons presented by the Dissenting Brethren against certain Propositions concernign Presbyterial Government)

그리고 그 도서는 다시 1652년에 "의회에 의하여서 권위를 부여 받은 웨스트민스터에 성직자의 총회에서 논의된 장로회와 독립교회주의에 관한 거대한 논쟁"(The Grand Debate concernign Presbytery and Independency, by the Assembly of Divines convenced at Westminster by authority of Parliament)이라는 제목으로 다시 출간되었다.355)

웨스트민스터 총회는 의견을 달리하는 형제들이 실지로 그들이 원하는 입장을 정리해서 표현하지는 않으면서 단지 교회 정치에 관하여 모든 제안을 반대만 한다고 지적하였다.356) 의회의 상하 양원은 장로주의자들과 독립 교회파가 서로 화합할 수 없다는 것을 알고 1646년 3월 9일에 마지막 회합을 갖고 의견을 달리하는 형제들(Dissenting Brethen)의 요구와 의견과 이유에 대하여서 총회의 회원들에 의한 답변을 수정하였다. 위원회는 더 이상 만나지 않았다.357) 어떠한 일치 없는 논쟁과 문서와 변론도 의미가 없게 되었다. 장로주의자들과 독립교회파 사이에 매우 깊은 유감의 표현 없이는 연장된 논쟁의 재심리는 불가능하게 되었다.358) 당

---

354) Ibid., p. 217.
355) Ibid., p. 222.
356) Ibid., p. 223.
357) Ibid., p. 225.
358) Ibid., p. 226.

시에 뉴잉글랜드 교회들 안에는 모두 독립 교회 제도가 집중되어 있었다. 그러나 그들은 주저 없이 그들과 다른 종교적 일들에 대하여서 가혹하고 혹독하게 압박하고 억눌렀다. 그래서 구금과 형벌 그리고 항구적 노예로 전락시켰다. 뉴잉글랜드에서 그들의 질서는 처음에 자유였다. 그런데 사회의 질서와 평화를 이루는데 독립 교회파 주장이 너무 불편했다. 그래서 그들은 전반적인 무질서로부터 그들을 보존하기 위하여 그들의 체계 안에 그런 변경된 강력한 통치 기구를 설치하여 독립 교회주의를 무리하게 강요하였다. 그들의 타고난 결점을 자각함으로서 더 이상 자신들의 방법으로만 사회 질서가 유지 되지 않는 것을 알게 되었고 강압적으로 다수의 논리로 밀어붙였다. 그로 인하여서 그들은 교회 정치에 있어서 장로 교회적 형태가 필요하다는 것을 인정하였다.359) 독립 교회파는 잉글랜드에서는 음모를 꾸미기 좋아하는 성격의 필립 나이가 올리버 크롬웰과 해리 베인 경(Sir Harry Vane)에게 영향력을 행사하여 정치적으로 문제를 해결하려 하였다.360) 그래서 이러한 영향으로 왕과 의회 간에 있었던 시민 전쟁이 끝난 이후에 독립 교회파는 크롬웰의 군사적 통치를 통하 그들의 견해를 관철시키려고 하였다. 그래서 크롬웰의 공화정 기간 동안에 잉글랜드 교회는 그 근원에서부터 썩어가기 시작하였다. 그것은 모든 분파주의자들의 발흥으로 드러났다. 올리버 크롬웰의 군대 안에 형성된 모든 종교적 열광주의자들을 중심으로 퓨리탄 혁명이 일어나게 되었다. 올리버 크롬웰은 왕과 주교 제도를 거부하는 모든 분파주의자들을 포용하는 종교 정책을 추진하였다. 청교도 혁명은 잉글랜드 종교 개혁 역사에 가장 어두운 그림자를 드리웠다. 그것은 종교의 무질서와 파탄이었다. 모든 분파주의자들을 관용하는 법을 제정하여 선포함으로서 모든 분파주의자들이 왕정복고 되기 전까지 잉글랜드 교회를 무질서로 이끌었다. 그리고 왕정 복구 후에 겪게 되는 잉글랜드 종교 정책은 큰 박해였다. 모든 비국교도에 대한 체포 구금 재판이 수행되었다. 그 과정에서 장로주의자들은 차차 세력을 잃어가고 잉글랜드 국교회 입장에서는 분파주의의로 치부되어 버렸다. 그것이 비국교도라는 미명하에 잉글랜드 국교회가 압살하려한 분파주의 말살 정책이었다. 이것은 잉글랜드 교회에 씻을 수 없는 오류를 남겼다. 잉글랜드의 퓨리탄 혁명과 왕정 복고 이후 잉글랜드 국교회의 핍박은 잉글랜드 교회의 몰락에 전초전이었다. 그렇게 기나긴 기간 동안의 종교 개혁을 향한 노력이 잉

---

359) Ibid., p. 227.
360) Ibid., p. 228.

글랜드에서 종말을 고하게 되었다.

  웨스트민스터 총회 기간에 다수의 장로주의 입장과 다른 주장을 하는 또 다른 일군의 움직임이 있었다. 그들이 에라스투스주의자들이다. 웨스트민스터 총회는 그들과의 논쟁을 피할 수 없었다. 그들은 세상 나라와 교회의 다른 점에 대하여서 보편적으로 혼동하였다. 그래서 교회의 통치를 그들의 세상적인 통치 방식으로 시행하려고 하였다. 그들은 주로 의회 안에 법률가들이었다. 대부분의 변호사들이 에라스투스주의자들이었다고 로버트 베일리에는 전한다.361) 그리고 그는 셀던(Selden)에 대하여서 "그가 바로 에라스투스주의자들의 지도자였다."고 말하였다. 그는 유대 공동체와 교회를 일치 시키려고 하였으며 그래서 유대 공동체의 정치 제도를 교회와 국가의 정치 제도로 삼고자 하였다. 그래서 의회가 곧 교회가 되는 것이다. 라이트 푸드(Lightfoot)와 콜레만(Coleman) 그리고 소수의 에라스투스주의 성직자들이 총회에 있었다. 그들은 셀던과 모든 정치적 노선을 같이 하였다. 그래서 기독교 국가를 이루고자 하였다. 그리고 관원들이 교회를 통치하게 하는 것이었다. 그것은 시민 정부와 교회 정치 사이의 통합 정책이었다. 그래서 시민 정부의 사법권이 교회 정치를 다스리는 것이다.362)

  1646년 3월 14일 양원에 교회 정치의 장로교회적 형태를 조직할 것에 대한 모든 필요성과 장로들의 선택을 정규적으로 할 것을 결정하였다.363) 이러한 상황에서 불행한 왕 찰스 1세는 여러 전투에서의 패배로 인하여서 옥스퍼드로 물러나 있었다. 그는 의회파와 평화를 위한 새로운 협상을 제안하였다. 그래서 많은 서신들이 찰스 1세와 의회 간에 오갔다. 그러나 의회는 승리에 대한 안전이 보장되어 있을 뿐만 아니라 크롬웰과 그의 동료들의 영향력 아래에 있었기 때문에 협상에 대하여서 적극적이지 않았다.364) 그러나 스코틀랜드 총대들은 그와 달리 왕과 적극적으로 협상하기를 원하였다. 잉글랜드 의회는 더 이상 스코틀랜드 군대의 도움이 필요하지 않았기 때문에 스코틀랜드 군대의 눈치를 볼 필요가 없었다. 그러나 그렇다 해서 그들은 스코틀랜드와 맺은 엄숙 동맹과 언약을 파기시킬 수는 없었다. 그들은 지속적으로 스코틀랜드 의회와 교류하였다. 스코틀랜드 총대들은 잉글랜드 교회의 올바른 정치 형태의 정착을 위한 과제에 관심을 기울였다. 그리고 그것은

---

361) Ibid., p. 233.
362) Ibid., p. 234.
363) Ibid., p. 258.
364) Ibid., p. 259.

두 나라 간에 맺은 엄숙 동맹과 언약에 따라서 장로 정치 제도가 정착되기를 바라는 것이다.365) 스코틀랜드 총대들은 잉글랜드 의회에 평화의 관점에서 몇 가지 질의서를 제출했다. 종교적 주제에 대한 이러한 문서들은 웨스트민스터 총회의 주의를 끌기에 충분했다. 그 문서의 내용은 다음과 같다.

"교회 정치에 대한 의회의 몇 가지 질서와 지도와 투표에 관하여서 첫째 회중들과 당회와 대회와 국가회의 종속에 대하여서 둘째로 장로들의 선출을 위한 지도에 동의하는 종교적 제안들에 대하여서 그리고 셋째 그들의 모임 시간과 세워져야 할 부분들에 관하여서 질의한다."

잉글랜드 의회에 의하여서 출판된 이 선언은 장로주의에 대한 변론이었다. 그것은 에라스투주의에 대한 강한 부정을 포함하고 있었다. 에라스투주의자들은 하나님의 말씀 안에 교회 정치가 있는가 하는 문제에 대하여서 의문을 제기하였다. 그리고 특별한 교회의 치리회가 신적인 법정인가? 교회 정치란 무엇인가? 이에 대하여서 웨스트민스터 총회는 분명하게 답변하였다.

"주 예수는 그의 교회의 왕과 머리로서 교회 정치를 제정하셨다. 교회 직원의 손으로 교회를 다스리도록 하셨는데 그것은 세상 관원과는 다른 것이다."

이에 대하여서 두 명의 에라스투주의자가 총회에서 발언하였다. 특히 콜레만이 강력한 논쟁으로 에라스투주의를 주장하였다.

그에 대한 반론으로 로버트 베일리에(Bailie)는 다음과 같이 말한다. "왕이시고 그의 교회의 머리이신 주 예수 그리스도 그가 세상 관원과 다른 교회 직원들에게 교회정치를 맡기셨다. 그리고 그것은 교회의 권징에 대하여서도 그러하다. 그 교회 정치는 시민 정부의 간섭 없이 교회 직원들에 의하여서 시행되는 것이다. 의회 안에 이러한 견해를 반대하는 사람은 거의 없다. 다만 학식 있는 콜레만 씨와 잉글랜드 의회 변호사들이 에라스투주의를 주장한다."366) 베일리에의 주장은 웨스트민스터 총회와 잉글랜드 의회가 에라스투주의를 거부하는 것이었다.

1646년에 12월 1일에 "교회 정치에 대한 권리"(Jus Divinum Regiminis Ecclesiastici; or The Divine Right of Church Government Asserted and Evidenced by the Holy Scriptures)라는 저서가 출간되었다. 이 작품은 신적 권리 관한 잉글랜드 의회의 질문에 분명하고 직접적으로 답변한 표현이다.367)

---

365) Ibid., p. 259.
366) Ibid., p. 267.

잉글랜드에서 총회 성직자들과 교회 목회자들이 시온 대학에서 만난다. 그리고 약간의 회의가 있은 후에 하나의 선언을 발표하였다. 그것은 지금 런던 땅에 장로교회를 세우는 자는 것이었다. 장로회의 실질적 설립은 직접적으로 의회의 명령에 의한 것이 아니라 총회와 교회 목회자들의 동의에 의한 것이었다.

1647년 4월 22일에 의회의 양원은 "교회 정치에 대한 약간의 방해를 제거할 치유책"이라는 책을 출판하였다. 그리고 그에 따라 잉글랜드 몇 지역에 장로회적인 형태의 교회 제도를 시행 할 것을 명령하였다. 런던 지역에 몇몇 장로회의 사역자들과 장로들을 선임하여서, 성 바울의 콘보케이션하우스(Convo- cation House) 안에서 지역 대회를 열었다. 그것이 5월 1일 이었다. 이러한 임명에 따라서, 1647년 5월 3일에 런던 첫 지방 대회가 열렸다. 이 대회에서 108명의 사람들이 참석했다. 그리고 구지 박사(Dr Gouge)가 의장으로 선임되었다. 런던 대회는 다시 12개의 노회로 나누어졌다. 그리고 각각의 노회는 2명의 성직자와 4명의 장로들을 선출해서 런던 대회의 총대로 보내도록 가결했다. 368)

1647년 10월 13일에 투표가 있었고 그것은 장로교회적인 정치 제도의 최종적인 설립으로 간주되었다. 그리고 그것은 장기 의회 기간 동안에 있게 되었으며 웨스트민스터 총회의 조언에 의한 것이었다. 잉글랜드 장기 의회는 기간 만료 전에 크롬웰의 권력에 의하여서 스스로 가라앉았다. 크롬웰의 종교 정책은 교회 정치를 세우지 않는 것이었다. 오직 모든 것이 그 자신에게 의존하기를 바랬다. 그의 주요한 관심은 독립 교회 정치 형태였다.369)

에라스투주의자들과의 논쟁과 함께 연결된 한 가지 이상의 요점이 있다. 그것은 신앙 고백의 비준과 형성에 대한 것이다. 상당한 기간 동안 총회가 토의를 시작한 후에 관심을 가지고 있는 주요한 주제들이 있었다. 공적 예배에 대한 지침서 그리고 성직자 서임에 대한 것, 교회 정치에 대한 것이다. 만족스러운 결론에 이르기까지 총회는 신앙 고백을 형성하는 중요한 작업들 외에 다른 것을 삼갔다. 그러나 웨스트민스터 총회 일을 마무리하기 위하여서 선정된 위원회가 중요한 제안들을 논의하도록 맡았다. 이러한 위원회의 회원들은 스코틀랜드 총대들 이외에 호일 박사(Dr Hoyle), 구지 박사(Dr Gouge), 메스르헐(Messrs Herle), 가테이커

---

367) Ibid., p. 270.
368) Ibid., p. 279.
369) Ibid., p. 280.

(Gataker), 터크니(Tuckney), 레이놀즈(Rdynolds) 그리고 바인스(Vines) 등이다. 이러한 학식 있고 유능한 성직자들은 하나님께서 사람에게 계시하신 위대하고 거룩한 진리의 가장 체계적인 질서를 형성하기 위하여서 그들의 노고를 시작하였다.370) 웨스트민스터 총회의 이 제안은 에라스투주의자들의 이론에 필연적이고 직접적으로 반대하는 원리들을 포함한다. 그러므로 에라스투주의자들의 영향력은 전반적으로 미미하였다. 총회의 태도는 에라스투주의자들에 대하여서 독립 교회파에 대한 반대적 태도와 함께 강력하게 반대적이었다. 차라리 독립 교회파에 대하여서는 타협의 여지가 많이 있었다. 그리고 조정하려는 노력도 많았다. 그러나 에라스투주의자들에 대하여서는 그러한 여지를 전혀 총회가 허락하지 않았다.

웨스트민스터 총회는 의회에게 제안한 것에 대하여서 비준을 해달라고 강제할 수는 없었다. 그러나 그들은 자유롭고 두려움 없이 그들이 믿는 바에 대하여서 진술할 수 있었고 그렇게 하였다. 그리고 성의껏 그리고 촉구하는 형태로 비준을 간청하였다. 그리고 그들은 독립 교회파에 대하여서 최대한 관대하게 대하였다.

1646년 10월 이른 시기에 신앙 고백의 반 정도가 의회에 제출되었다. 그리고 그해 11월 26일에 나머지가 완전한 형태로 총회에 제출되었다. 그리고 의장이 총회의 이름으로 위원회에 그러한 작업을 하였던 노고에 대하여서 감사를 표시하였다. 1646년 12월 3일에 그것이 전체 총회의 이름으로 의회에 제출되었다. 그 제목은 "의회의 권위에 의하여서 지금 웨스트민스터 총회에서 제출하는 신앙 고백에 관한 겸손한 조언"(The Humble Advice of the Assembly of Divines and others, now by the authority of Parliament sitting at Westminster, concerning a Confession of Faith)이었다.

그리고 그해 12월 7일에 의회는 요청하였다.

"총회는 50백 부를 출판해서 상하 양원의 의원들에게 배부할 것과 총회는 성경에 의하여서 모든 부분이 증명이 되도록 관련 성구를 삽입해 줄 것"

웨스트민스터 총회는 의회의 요청에 따라서 다시 그 작업을 시작하였다. 그리고 신앙 고백을 모든 성경 구절을 삽입하여서 의회에 제출하였다.

1647년 4월 29일 그렇게 완성된 웨스트민스터 신앙 고백은 의회에 제출되었고, 의회는 그러한 큰 노고를 아끼지 않은 총회에 감사를 하였다. 그래서 600부가 출간되어서 의회와 총회에 보내졌다.

---

370) Ibid., p. 281.

1647년 5월 19일 비필드(Byfield)에 의하여서 지정된 부수만큼 출판되고 상하 양원 의원들과 총회에 보내졌다. 그러나 의회의 비준은 쉽지 않았다. 의회 소속 군대의 반란으로 방해를 받았기 때문이다. 왕과의 협상도 불만족스러웠고 유예가 되었다. 그래서 1648년 3월까지 그 신앙 고백의 점검이 완전히 이루어지지 않았다. 1648년 3월 22일 상하 양원 사이에 회의가 열렸다. 그것은 신앙 고백의 검토를 비교하기 위함이었다. 그 회의에서 루스워드가 발표하였다.

"그 회의에서 이날의 논평은 이러하다. 신앙 고백이 상원에 제출되었고 그들에 의하여서 약간의 수정을 거쳐 통과되었다. 그래서 그들은 그들의 귀족들과 함께 교리적인 부분은 총회에 동의하였다. 그리고 교리에 대해 다르지 않은 잉글랜드 의회, 모든 개혁 교회 그리고 잉글랜드 왕국이 공식적으로 동일한 열망을 가지기를 바란다. 어떤 특별한 부분에 수정이 불가피하였다. 그것은 관원에 대한 마땅히 치러야할 의무(tribute)의 부분이다. 그것들은 당연함(dues)이다. 결혼의 정도에 대하여서 그들은 입법을 언급한다. 그리고 "신앙 고백"(A Confession of Faith)이라는 호칭보다는 "양원에 의해 동의된 신앙의 논설"(Article of Faith agreed upon by both Houses of Parliament)이라고 하는 것이 39개조의 제목에 대하여서 어울리는 호칭이다."(particulares in discipline are recommitted)

이것이 웨스트민스터 신앙 고백에 대한 잉글랜드 의회의 가장 긍정적인 제정이었다. 그리고 잉글랜드 의회는 "권징에 대한 특별한 부분은 회부된다."라고 명령하였다. 그 특별한 부분은 30장 "교회의 견책에 대하여서"(Of Church censures)라는 부분이다. 그리고 31장의 "대회와 공의회에 대하여서"(Synodes and Councils)이다. 그리고 20장의 4번째 조항 "기독교인의 자유와 양심의 자유에 대하여서"(Of Christian liberty, and liberty of conscience)이다. 이 부분을 의회가 문제 삼는 것은 잉글랜드 의회 의원들 중에 일부가 에라스투주의와 일치하는 견해를 가지고 있었기 때문이다. 그들은 교회에 권징의 권세가 있다는 것에 대하여 직접적으로 적대감을 가지고 있었다. 그러나 "권징에 대한 특별한 부분"은 잉글랜드 의회에 의하여서 거부되지는 않았다. 다만 일반적으로 지적이 되고 회부되어서 위원회에게 더욱 완성도가 있도록 작성할 것을 권고하는 형태였다. 그러나 잉글랜드 의회가 머지 않아 군부의 권력 아래에서 놓이게 되면서 크롬웰에 의하여서 장기 의회가 해산되기에 이른다. 웨스트민스터 총회 소속 위원회는 보고서를 되돌려 받지 못하게 되었고 결과적으로 이러한 권징의 특별한 부분은 잉글랜드 의회에 의하여서 거부되거나 비준되지 못하였다.371) 에라스투주의 이론이 매우 중요한 관심과 쟁점이었으나 잉글랜드 의회의 몰락과 함께 더 이상 의견의 진전이 없게 되었다. 다만 웨스트민스터 성직자들 몇몇이 어떤 부분을 언급하였다. 그 부분은 이러하다. 초기에 기독교는 교회와 세속 정부가 적대적이었다. 그러다가 로마 제국의 황제 콘스탄틴이 기독교를 공인하고 국교화 하면서 교회와 세속 정치가 서로 혼합되게 되었다. 그때에 기독교는 깊고 악한 누룩으로 더러워졌다. 고위성직자(Prelacy) 개념이 거칠게 일어났고 동일하게 하위 성직자들과 백성들을 통치하는 개념으로 발달하게 되었다. 그리고 세속 관원의 통제로 인하여서 교회가 침해를 당하였다. 그리고 로마 주교와 왕권의 세력 사이에 계속되는 권력 다툼이 있었다. 그리고 그러한 권력은 단지 교회를 넘어서 일반 개인들의 권리까지 침해하는 형태였다. 그리고 세속 관원들과 세속적인 일들을 다스리는 로마 고위성직자들의 교회의 최고 권세라는 지상대권(supremacy)이 세워졌다. 다행히도 이러한 끔찍한 교회의 오염이 종교 개혁으로 제거되었다. 그러나 종교 개혁자들이 어느 정도 세속 관원들에게 영향력을 행사하지만, 그들의 통치를 완전하게 제어할 수 없다.372)

진리와 자유의 위대한 원리가 세속과 교회의 재판권의 차이에 대한 원리였으나 그것이 에라스투에 의하여서 유럽 대륙에서 유린당하였다. 그리고 호기심어린 주제가 되었다. 불행히도 진리와 자유의 원리에 관해서 종교 개혁자들은 에라스투 이론에게서 모두 거의 멀리 떨어져 나갔다. 세속적 마음이 있는 자들에 의하여서 에라스투주의가 더욱 활기를 띠었다. 그리고 그것은 잉글랜드에서 후에 고위 성직자 개념으로 나아가게 된다. 셀던(Selden), 와이트로크(Whitelocke), 라이트푸드(Lightfoot), 그리고 콜레만(coleman)은 다른 배경에서 그 주제를 취하였던 인물들이다. 그들은 유비(analogy)에 의하여서 그 정체성을 주장했다. 그들은 주장하기를 기독교 체계는 모세의 시대(Mosaic Dispensation)를 유비로 하여서 교회 정치를 하여야 한다고 주장하였다. 그들은 그것을 증명하려고 시도하였다. 그들은 모세 시대의 이스라엘 공동체는 세속 정치와 교회 정치가 하나였다고 하면서 그런 맥락에서 교회의 정치가 세속 정치와 하나가 될 수 있다고 주장하였다. 그것은 혼합된 법정을 의미하는 것이었다. 그곳에 왕은 수장이고 최고의 머리이다(the king was the supreme and ultimate head and ruler). 그리고 그 결과 시민 법정이 모든

---

371) Ibid., p. 285.
372) Ibid., p. 286.

일을 시행한다. 그것은 세속에 관한일 뿐만 아니라 교회에 대한 것도 그러하다. 그래서 모든 형벌과 종교적 일에 대하여서 교회의 권징에 대하여서 세속 정부가 시행하는 것이다. 이로부터 세속 관원은 공인된 기독교인이어야 한다. 그리고 그가 모든 일에 대하여서 최고의 수장권과 궁극적 사법권을 가지고 동일한 권세로 교회를 권징할 수 있다는 것이다. 그래서 에라스투주의자들은 말하기를 "하늘 나라의 열쇠권"(the keys of the kingdom of heaven)과 "매고 푸는 권세"(binding and loosing)는 권징(discipline)에 대한 것이 아니라 교리(doctrine)의 정립에 대한 것이라고 주장한다. 그러나 그들의 그러한 주장은 많은 지지를 받지 못하였다.

1645년 콜레만의 하원(the House of Commons)에서의 강론은 에라스투주의적 입장의 강론이었다. 그는 강론 끝에 다양한 조언과 지도를 하였다. 그리고 왕국의 평화와 번영을 증진시키는 것을 말하였다. 그리고 교회의 통일성을 강조하였다. 그리고 다음과 같은 지침을 마련하였다.

"1. 신적 법정(jure divino)을 세워야 한다. 그리고 시행해야 한다.
2. 그리고 그것은 성경대로 신적 제정 형태로 세워야 한다.
3. 더 이상 사역자들의 어깨에 교회 정치를 맡겨서는 안 된다.
4. 기독교 관원이 교회의 통치자이다."

1645년 8월 27일 조지 길레스피가 상원에서 한 강론은 바로 에라스투주의자들에 대한 경계의 강론이었다. 그는 강론 후에 그것을 출판하였다. 책 제목은 "전에 출판된 콜레만의 설교의 어떤 부분에 대한 형제애로서의 검토"(A Brotherly Examination of some Passages of Mr Coleman's late printed Sermon)이다. 이 작은 책에서 길레스피는 콜레만의 주장에 답변할 뿐만 아니라, 완전하게 콜레만의 논지를 뒤엎을 만한 그의 논지를 주장한다.

길레스피는 그의 책에서 영적 권세는 세속 권세와 다르다고 주장하면서 기독교 관원이라는 것은 있을 수 없다고 단언한다. 그는 분명하게 콜레만의 위험한 발상에 대하여서 경계한다. "모든 정권은 중보자로서 그리스도에게 주어진 것이고 그들의 머리로서 그리스도께서 교회에게 주신 것이다. 그러므로 세속 정부와 중보자로서 하나님으로서 그리스도의 정권과는 다르다."373)

그 이후에도 콜레만과 길레스피가 서로 자신들의 입장을 주장하는 책자를 출간하였으나 1646년의 길레스피의 "아론의 싹난 지팡이 ; 교회 정치에 대한 신적 명

---

373) Ibid., p. 292.

령에 대한 변증서"(Aaron's Rod Blossoming; or The Divine Ordinance of Church Government Vindicated)를 출판함으로서 일단락되었다. "아론의 싹난 지팡이"는 바로 에라스투주의자들의 위험성에 대하여서 반론의 글로 쓴 것이다. 이 저서에는 세 부분으로 나누어서 설명이 된다.

첫째가 유대 교회 정치에 대하여서(Of the Jewish Church Government), 둘째가 기독교회 정치(Of the Christian Church Government)에 대하여서, 세 번째가 교회로부터 출교와 주의 만찬으로부터의 정치(Of Excommunication from the Church and of Suspension from the Lord's Table)에 대하여서가 그러하다.

그 책에서 다음과 같은 주제를 다루고 있다. 1. 유대 교회는 유대 세속 정부와 다르다. 2. 교회적 산헤드린과 정부는 시민 정부와 다르다. 3. 교회적 출교는 세속 정부의 형벌과는 다르다. 4. 유대 교회 안에 공적 회개와 회심의 선언 그리고 거룩한 것 안에 교회와 함께 교제할 것에 대한 수락이 있다. 5. 성전과 유월절로부터의 불경건에 대한 제제 등이다. 이러한 길레스피의 주장은 셀던, 라이트푸드, 콜레만 세 사람의 공격을 모두 극복한 것이었다.374)

콜레만은 그의 강론에서 다음과 같이 말하였다. "기독교 관원은 교회의 통치자이다." 그리고 "모든 정사가 중보자로서 그리스도에게 주어졌다. 그리고 그리스도께서 그들의 머리로서 교회에게 주어졌다." 이 이론으로부터 콜레만은 분명하지는 않지만 기독교 관원이 그리스도의 대리인이라고 추론하게 된다. 여전히 이러한 관점이 주장되었을 때에, 그의 추론을 약간 변경한다. "그 관원이 그의 나라를 섬기도록 그리스도에게 주어졌다." 그러나 이러한 수정된 진술은 에라스투주의의 논점을 제대로 답변한 것이 아니었다. 그래서 켄트의 체실허르스트에(Chesilhurst) 허세이 씨(Mr Hussey)에 의하여서 대담하고 평이하게 표현된 것이 있다.

"모든 정사가 중보자로서 그리스도에게 주어졌다. 그리고 중보자로서 그리스도께서 그 아래에 기독교 관원을 두셨다. 그리고 그의 대리자로서 교회를 통치하도록 허락하셨다." 이 주장은 그리스도의 중보자적 주권의 특성과 한계를 포함하는 주장이었다. 이러한 관점에 대하여서 길레스피가 허세이 씨(Mr Hussey)의 논지에 대한 답변으로서 그의 진술을 제시하였다. 길레스피는 영원한 하나님의 아들로서(as the Eternal Son of God) 그리스도의 권세의 주권과 신인이신 중보자로서(as God-man and Mediator) 그것을 구분하였다. 영원한 하나님의 아들로서 말씀으로

---

374) Ibid., p. 293.

서 사려 하건대 우주는 그 분에 의하여서 존재가 발생하였다고 할 수 있다. 그는 필연적으로 만물을 다스리시며 그 자신으로부터 세상 관원들의 권세를 산출하셨다. 그러나 신인이신 중보자로서 사려 하건대 그의 직접적인 주권은 그의 몸으로서 교회 안에 그 위에 있다. 그래서 하늘과 땅의 모든 권세는 그 분에게 주어졌다. 그것은 그의 영적 왕국의 확장과 보존을 위하여서 그에 의하여서 쓰이는 것이다. 그 이상의 구분이 길레스피에 의하여서 진술되었다. 그것은 어떤 왕국 *안에* 있는 *권세와 위에 있는 권세이다.*(power over and power in any kingdom) 그것은 필연적으로 동일하지는 않다. 비록 하나가 다른 것의 촉진과 안전을 목적으로 채택되었다고 해도 그러하다. 이러한 논의 안에서 길레스피가 분명하게 구분을 진술했다. 모든 논의를 넘어서서 그는 에라스투주의자들의 "시민 관원은 그리스도의 대리자이고 교회를 통치하기 위하여서 선임된 것이라"는 이론을 극복하였다. 에라스투주의자들에 대한 논박서로 쓸모 있고 잘 다듬어진 작품은 사무엘 러더포드에 의하여서 저술된 "교회의 정치과 출교에 대한 성직자들의 권리"(The Divine Right of Church Government and Excommunication)라는 저서이다. 러더포드가 그 주제의 전반적인 이해를 담고 주요한 주제에 대하여서 매우 충분하게 다룬다. 기나긴 논쟁 기간 동안 교회 정치에 대한 논의는 에라스투주의를 배척함과 동시에 독립 교회파의 입장을 일부 받아들였다. 지교회와 노회의 관계에 있어서 may-be under로 결정하였다. 여기에서 may-be under란 장로주의자들과 독립 교회파가 논쟁한 부분으로서 지교회가 노회의 아래에 필연적으로 있어야 하는가 하는 부분에 대하여서 독립 교회파는 그렇지 않다고 주장하였고 장로주의자들은 그렇다고 주장하였다. 그래서 장로주의자들은 must-be under라고 하였으나 독립 교회파가 그것을 거부함으로서 may-be under로 결정 한 것이다.

이제 총회는 교회 정치에 대한 하나의 매듭을 지으며 잉글랜드 의회가 명령한 공적 예배와 성직 서임과 교회 정치 형태·권징 조례·신앙 고백에 대하여서 서면으로 제출하였다. 그리고 아이들과 종교적으로 무지한 자들의 교육을 위한 요리 문답이 정리가 되었다. 그것은 참된 기독교 교회에 중요한 교리들이다. 잉글랜드 교회의 요리문답으로서 그것은 국가 교회 체계를 세우는 것이었다. 성직 서임과 예배 지침서에 대한 부분은 1644년에 전적으로 논의가 마쳐졌다. 그리고 신앙 고백과 요리 문답에 대한 작성으로 들어갔다. 그리고 총회는 1645년 5월말까지 그 것을 마치기로 하였다. 그러나 교회 정치에 대한 에라스투주의 자들과 독립교회파와의 논쟁으로 인하여서 소요리 문답의 정리가 늦어졌다. 그래서 그것이 1647년 11월 5일에 하원에 제출되었다. 대요리 문답은 1648년 4월 14일에 제출되었다.

스코틀랜드 총대들의 상황은 이러하다. 총회의 모임이 막바지에 이르렀을 때에 알렉산더 헨더슨은 뉴캐슬로 떠났다. 그리고 스코틀랜드 군대와 함께 머물러 있을 때 찰스 1세와 함께 담화하였다. 그는 만족스럽고 영구적인 평화의 기초를 다지기 위해서 왕을 설득하고자 하였다. 그러나 긴 전쟁으로 이미 지쳐버린 찰스 1세 왕에게 어떤 영향력도 줄 수 없었다. 그래서 헨더슨은 뉴캐슬을 떠나서 에단버러로 돌아갔다. 그리고 얼마 있지 않아서 그는 그곳에서 죽었다. 그는 그 세대 가장 나이 많은 개혁자로서 어떤 다른 사람도 앞서지 못할 명성을 뒤로 하고 역사의 무대에서 사라졌다.375)

1646년이 끝나갈 무렵에 베일리에(Baillie)는 총회를 떠나는 것을 허락받고 스코틀랜드로 돌아갔다. 그리고 그는 1647년에 스코틀랜드 총회의 부름을 받고 그간의 경위를 설명하였다. 그때에 스코틀랜드 총회는 두 왕국 간에 종교적인 일치의 배경으로서 스코틀랜드 총회에 의하여서 승인될 신앙 고백을 기대하였다. 길레스피와 러더포드는 여전히 남아 있었다. 그것은 잉글랜드 의회에 의하여서 웨스트민스터 신앙 고백서와 대소요리 문답 성경 구절 삽입에 대하여서 맡겨진 것이 있었기 때문이다. 그러나 길레스피는 좀 더 일찍 런던을 떠나서 스코틀랜드로 돌아갔고 러더포드는 약간 더 오래 런던에 있었다.

1647년 10월 24일 사무엘 러더포드도 런던을 떠났다. 잉글랜드 교회는 학식 있고 존경할 만한 스코틀랜드 총대들로 인하여서 많은 도움을 받았다. 그들의 탁월하고 분명한 교리적 입장으로 인하여서 총회는 예배 지침서와 신앙 고백의 형태와 교회 정치와 권징 조례를 마무리 할 수 있었다. 웨스트민스터 총회는 러더포드의 떠남을 허락하였고 의장이었던 찰스 헐이 일어나서 총회의 이름으로 스코틀랜드 총대들에게 감사를 표시하였다. 이제 총회의 사업은 실질적으로 마쳤다. 그리고 그 결과물들이 의회에 의하여서 전적으로 논의되도록 그들의 결과물들이 상하 양원에 제출되었다. 그런데 그것에 대한 전적인 승인도 거절도 없이 장기 의회가 해산되기까지 그 서류가 방치 되었다. 찰스 1세와의 협상은 계속되었다. 이렇게 잉글랜드 의회에 제출된 웨스트민스터 표준 문서의 보고서는 승인도 거부도 되지 않고 보류 되어있다가 올리버 크롬웰이 집권하면서 장기 의회가 해산되면서 자연

---

375) Ibid., p. 303.

스럽게 승인이 되지 못하는 결과를 초래하였다. 대부분의 웨스트민스터 총대들은 각자 자신들의 일상으로 돌아갔다. 약간의 사람들만 런던에 남아서 마무리 작업을 하였다.

1649년 2월 22일 웨스트민스터 총회는 공식적인 모든 절차를 마치고 폐회하였다. 그리고 1653년 3월 25일 올리버 크롬웰이 강제로 장기 의회를 해산하였다. 그러나 그때까지 지속적으로 만남을 유지하고 있었던 몇몇 총회 성직자들의 모임도 해산되었다.376) 잉글랜드 의회에 의하여서 승인도 거부도 되지 않고 방치되었던 웨스트민스터 표준 문서는 스코틀랜드 의회에서 비준 되었다.

1645년 에딘버러에서 스코틀랜드 장로교회 총회가 있었다. 그리고 그 총회는 1645년 2월 3일에 예배 지침서를 통과 시켰다. 그리고 그해 2월 15일에 다른 법령 즉 교회 정치와 성직 서임에 대한 법령도 통과 시켰다. 여전히 잉글랜드 교회에게는 전적으로 받아들여지지 않고 있었던 것들이었다.

1647년 8월에 스코틀랜드 총회가 다시 소집되었다. 그리고 신앙 고백서가 전적으로 받아들여지고 그해 8월 27일에 스코틀랜드 총회에서 통과되었다. 그리고 대요리 문답과 소요리 문답은 그때에 통과되지 못하고 유예되었다가 1648년 7월에 스코틀랜드 총회에서 전적으로 받아들여지고 통과되었다.377)

---

376) Ibid., p. 305.
377) Ibid., p. 306.

제 2 장 웨스트민스터 신앙 고백의 특징들

웨스트민스터 신앙 고백서는 33장을 되어 있다. 그리고 그에 첨부되어서 대요리 문답과 소요리 문답 그리고 교회 정치 예배 지침서 권징 조례가 있었다.

웨스트민스터 신앙 고백 33장의 각 장의 제목은 다음과 같다.

제1장 성경에 대하여서	제18장 은혜와 구원의 확실성에 대해서
제2장 하나님과 거룩한 삼위일체	제19장 하나님의 율법에 대하여서
제3장 하나님의 영원한 작정	제20장 그리스도인의 자유와 양심의 자유
제4장 창조에 대하여서	제21장 종교적 예배와 안식일에 대하여서
제5장 섭리에 대하여서	제22장 합당한 맹세와 서원에 대하여서
제6장 인간의 타락과 죄악과 형벌에 대하여서	제23장 시민 관원에 대하여서
	제24장 결혼과 이혼에 대하여서
제7장 인간과 맺으신 하나님의 언약	제25장 교회에 대하여서
제8장 중보자 그리스도에 대하여서	제26장 성도들의 교통에 대하여서
제9장 자유의지에 대하여서	제27장 성례에 대하여서
제10장 효과적 부르심에 대하여서	제28장 세례에 대하여서
제11장 칭의에 대하여서	제29장 주의 만찬에 대하여서
제12장 양자됨에 대하여서	제30장 교회의 권징에 대하여서
제13장 성화에 대하여서	제31장 대회와 총회에 대하여서
제14장 구원하는 신앙에 대하여서	제32장 사람의 죽음의 상태와 죽은자의 부활에 대하여서
제15장 생명에 이르는 회개에 대하여	
제16장 선한 사역에 대하여서	제33장 마지막 심판에 대하여서
제17장 성도의 견인에 대하여서	

제 1 장 성경에 대하여서

1. 비록 자연의 빛과 창조와 섭리의 사역이 사람이 핑계할 수 없을 정도로 하나님의 선과 지혜와 권세를 드러낸다고 할지라도 여전히 그것들은 하나님을 아는 지식과 구원에 필요한 그의 뜻을 충분하게 주지는 못한다. 그러므로 주님께서는 여러 때를 따라서 다양한 방식으로 그 자신을 계시하시기를 그리고 진리의 더 나은 보존과 전파를 위하여서 세상과 사단의 사악함과 육신의 부패에 대하여서 더 확실한 교회의 설립과 안전을 위하여서 그의 교회에게 그의 뜻을 선포하시기를 기뻐하셨다. 그리고 동일하게 전적으로 가장 필요한 것으로 성경의 기록을 위임하셨다. 하나님의 계시의 앞선 방법들은 지금의 그의 백성들에게 그쳐진 것이다.

2. 기록된 하나님의 말씀으로서 성경이라는 이름 아래에서 지금 구약과 신약의 모든 책을 포함하는 것은 다음과 같다.

구 약

창세기	사무엘상	에스더	예레미야	요나
출애굽기	사무엘하	욥기	예레미야애가	미가
레위기	열왕기상	시편	에스겔	나훔
민수기	열왕기하	잠언	다니엘	하박국
신명기	역대상	전도서	호세아	스바냐
여호수아	역대하	아가	요엘	학개
사사기	에스라	이사야	아모스	스가랴
룻기	느헤미아		오바댜	말라기

신 약

마태복음	로마서	데살로니가 전서	야고보서
마가복음	고린도 전서	데살로니가 후서	베드로 전서
누가복음	고린도 후서	디모데 전서	베드로 후서
요한복음	갈라디아서	디모데 후서	요한일서
사도행전	에베소서	디도서	요한이서
	빌립보서	빌레몬서	요한삼서
	골로새서	히브리서	유다서
			요한 계시록

이 모든 기록들은 신앙과 삶의 법칙으로서 하나님의 영감에 의하여서 주어진 것이다.

3. 우리가 일반적으로 외경이라고 불리는 책들은 신적 영감도 없고 성경의 정경을 구성할 수 없는 것들이다. 그러므로 그것은 하나님의 교회에 어떠한 권위도 없고 다른 어떤 것으로도 증거될 수 없다. 그것은 단지 다른 인간의 기록들보다 좀 더 탁월할 뿐이다.

4. 성경의 권위는 당연히 믿어야 하고 복종되어야 한다. 그것은 어떤 사람이나 교회의 증거에 의존하지 않는다. 그것은 전적으로 하나님 자신에게 의존한다. (진리는 그 자체로서 진리이다) 그것은 자체 권위를 가진다. 게다가 그것은 수납이 되어야 하는데 왜냐하면 하나님의 말씀이기 때문이다.

5. 우리는 성경의 높은 존경할 만한 수준과 그 주제의 천적성, 교리의 유효성과 문체의 장엄함과 전체의 영역과 부분들의 일치성에 대한 교회의 증거에 의하여서 감동되고 고양된다. (그것은 전적으로 하나님의 영광으로 되어있다.) 전적인 발견은 인간의 구원의 유일한 방법이다. 그것은 많은 다른 이해할 수 없는 탁월성과 전적인 완전성이 그것이 하나님의 말씀이라는 사실을 그 자체로서 풍성한 증거를 논증한다. 그러나 여전히 그럼에도 불구하고 절대로 확실한 진리와 신적 권위에 대한 우리의 확신과 보증은 우리의 마음 안에 말씀으로 그리고 말씀에 의하여서 증거를 하는 성령의 내적 사역으로부터 온다.

6. 그 자신의 영광과 인간의 구원, 신앙과 삶에 대한 필요한 모든 것들에 관하여서 하나님의 전적인 계획은 성경 안에 분명하게 고정되어 있다. 게다가 성령의 새로운 계시나 인간의 전통에 의하여서 어떠한 때에도 성경이 첨가 될 수는 없다. 그럼에도 불구하고 우리는 말씀 안에 계시된 것으로서 그러한 것들에 대한 구원하는 이해를 위한 성령의 내적 조명을 인정한다. 그리고 항상 살펴야 하는 말씀의 일반적 법칙을 따라서 자연의 빛과 그리스도인의 분별력에 의하여서 정해야 하는 인간의 활동과 사회에 대한 공통적인 하나님께 대한 예배와 교회 정치에 관한 어떤 상황이 있다.

7. 성경 안에 모든 것들이 그들에게 동일하지도 않고 모든 자들에게 분명하게 이해되는 것이 아니다. 여전히 구원을 위하여서 알려지고 믿어지고 지켜져야 하는 부분이 필수적이다. 그것은 그렇게 분명하게 성경의 어떤 장소 안에 제의되고 열려있다. 그래서 학식 있는 자나 학식이 없는 자나 일반적인 방법들을 합당하게 사

용함으로서 충분하게 그것들을 이해할 수 있다.

8. 히브리어로 기록된 구약 (그것은 옛적 하나님의 백성들의 모국어였다)과 희랍어로 기록된 신약은 (그것은 그 시대에 가장 잘 알려진 열방들의 언어였다) 하나님에 의하여서 직접적으로 영감된 것이다.

9. 확실한 성경 해석 법칙은 성경 그 자체이다. 그러므로 어떤 성경 본문이 전적으로 바르게 이해되는 것에 대하여서 의문이 생길 때, 더 명백하다고 말하는 다른 본문에 의하여서 알려져야 한다.

10. 결정해야 할 종교적 논쟁과 결정해야 할 모든 교리들과 고대 문헌들의 견해들과 인간의 교리와 사적인 정신에 있어서 우리가 살펴야 할 것은 최고의 심판자가 성경 안에서 말씀하시는 성령이시라는 것이다.

[해 석]

웨스트민스터 신앙 고백은 성경론에서 자연의 빛과 창조와 섭리의 사역을 통하여서 하나님의 지식에 대한 불충분성을 제시한다. 이러한 웨스트민스터 신앙 고백은 요한 칼빈의 기독교 강요 1권의 하나님을 아는 지식의 부분에서 성경에 대하여서 칼빈이 진술할 때 창조에서 하나님의 영광이 빛난다고 말하고 나서 그럴지라도 그러한 창조에서는 하나님에 대한 올바른 지식을 전혀 알 수 없다고 진술한 부분과 교리적으로 일치한다.

그리고 이러한 웨스트민스터 신앙 고백서는 19세기 개혁주의 신학자 헤르만 바빙크가 정리한 일반 은총의 한계성과 교리적으로 만나고 있다.

비록 웨스트민스터 신앙 고백이 헤르만 바빙크 박사의 일반 은총이라는 표현이 없을 뿐 그 개념은 일치한다. 그리고 그러한 일반 은총의 개념은 칼빈의 기독교 강요에까지 소급된다.

그래서 웨스트민스터 신앙 고백은 제 1 장 1 절에서 "자연의 빛과 창조와 섭리의 사역이 하나님의 권세와 선하심과 지혜를 희미하게 드러내고 있다."(Although the light of nature, and the works of creation and providence, do so far manifest the goodness, wisdom, and power of God,)고 진술하였던 것이다. 그리고 이어서 "그렇기 때문에 사람들이 평계치 못한다."(as to leave men inexcusable;)고 진술한다. 그러나 "그럴지라도 여전히 그것들은 구원에 필수적인 하나님의 뜻과 그의 지식에 대하여서 불충분하다."(yet they are not sufficient to give that knowledge of God, and of his will, which is necessary unto salvation:)고 선언하고 있다.

여기에서 일반 계시의 불충분성이 웨스트민스터 신앙 고백서에서도 있다는 것을 알 수 있다.

그리고 이어서 웨스트민스터 신앙 고백서는 "그러므로 그 주님께서 여러 시대와 여러 모양으로 그 자신을 계시하시기를 기뻐하셨다. 그래서 그의 뜻을 그의 교회에게 선언하셨다."(therefore it pleased the Lord, at sundry times, and in divers manners, to reveal himself, and to declare that his will unto his Church;)라고 진술한다.

여기에서 여러 시대와 여러 모양(at sundry times, and in divers manners)은 신구약의 경륜과 각 경륜의 시대의 계시의 다양한 형태에 대한 것이다.

구약의 경륜조차도 아담과 노아까지의 시대적 경륜이 있고 노아부터 아브라함 시대까지의 경륜이 있으며 아브라함으로부터 그리스도께서 오시기까지의 경륜의 시대가 있다. 신약 시대에서도 그리스도와 사도 시대의 경륜의 시대가 있고 그 이후 주후 2세기부터 지금까지의 경륜의 시대가 있는 것이다. 우리는 사도 시대의 경륜의 시대와 그 후 경륜의 시대가 다르다는 것도 알아야 한다.

사도 시대의 경륜의 시대는 사도들이 살아 있었던 시대의 경륜이고 아직 하나님의 말씀이 기록의 형태로 완성되기 이전의 경륜의 시대이다. 그러나 주후 2세기 이후는 하나님의 말씀이 기록으로 완전하게 보존되어 있었다. 주후 2세기 이후 시대는 주로 성경으로부터 정통 교리가 정립되는 경륜의 시대라 할 수 있다.

웨스트민스터 신앙 고백서는 제 1장 1절에서 하나님의 말씀을 기록으로 남기게 된 이유에 대하여서 자세하게 기술한다.

"진리에 대한 더 나은 보존과 전파를 위하여서 그리고 육신의 부패와 이 세상과 사탄의 악의에 대하여서 교회의 설립과 안전을 위하여서 전적으로 기록하도록 위임되었다."(for the better preserving and propagating of the truth, and for the more sure establishment and comfort of the Church against the corruption of the flesh, and the malice of Satan and of the world, to commit the same wholly unto writing.)

첫째, 진리에 대한 더 나은 보존과 전파가 목적이었다.

둘째, 육신의 부패와 이 세상과 사탄의 악의에 대하여서 교회의 설립과 안전을 위하여서이다.

1장 2절에서 웨스트민스터 신앙 고백서는 신구약 성경의 범위에 대하여서 확정한다. 그것은 구약 39권 신약 27권이다. 그리고 3절에서 그 외에 다른 문헌들에 대하여서 그것은 외경(Apocrypha)으로서 신적 영감도 정경도 아니라고 고백한다. 그래서 하나님의 교회에 권위가 없으며 어떤 경우에도 그것을 인간의 기록 이외에 다른 것이 아니라고 확정하였다.

1장 4절에서 웨스트민스터 신앙 고백서는 성경의 권위에 대하여서 다룬다.

"성경의 권위는 당연히 믿어지고 받아들어져야 한다. 그것은 인간이나 교회의 어떤 증거에 의존하지 않는다. 전적으로 하나님께 의존한다. 그가 진리 자체이시다. 그래서 성경은 그 자체의 권위가 있으며 하나님의 말씀으로 받아들여져야 한다."(The authority of the holy scripture, for which it ought to be believed and obeyed, dependeth not upon the testimony of any man or church, but wholly upon God, (who is truth itself,) the author thereof; and therefore it is to be received, because it is the word of God.)

첫째, 성경은 그 권위가 당연히 믿어지고 받아들여져야 한다. 그런데 그것이 교회나 사람의 어떤 증거에 의존하지 않고 오직 전적으로 하나님께 의존한다. 즉 성경의 권위는 전적으로 하나님께 있다.

둘째, 그렇기 때문에 성경을 하나님의 말씀으로 받아들여야 한다.

제 1장 5절에서 웨스트민스터 신앙 고백서는 성경이 비록 전적으로 하나님께 권위를 두기는 하지만, 교회의 논증으로 성경의 고상하고 존엄한 가치들이 증거가 된다고 말한다.

"우리는 교회의 증거에 의하여서 성경의 높고 존엄한 가치에 대하여서 움직이고 촉진될 수 있다."(We may be moved and induced by the testimony of the Church to an high and reverend esteem of the holy scripture,)

"그것은 그 내용의 천적성 그리고 교리의 유효성, 문체의 장엄함 모든 부분의 일치성과 전체의 범위의 통일성 그것은 전적으로 하나님의 영광을 위한다. 그리고 인간의 구원의 유일한 길을 발견하게 한다."(and the heavenliness of the matter, the efficacy of the doctrine, the majesty of the style, the consent of all the parts, the scope of the whole, (which is to give all glory to God,) the full discovery it makes of the only way of man's salvation)

그리고 이 5절에서 신앙 고백서는 우리가 성경을 진리로서 신적 권위가 있는 문헌으로 받아들이게 되는 것은 전적으로 성령의 내적 사역의 결과라고 언급한다.

"여전히 그럼에도 불구하고 우리의 오류 없는 진리로서 전적인 확신과 보증을 얻게 되는 것은 성령의 내적 사역으로부터이다."(yet notwithstanding, our ful persuasion and assurance of the infallible truth, and divine authority thereof, is from the inward work of the Holy Spirit,)

제 1 장 6절은 하나님의 전체 계획과 목적들이 성경 안에 기록되어 있다고 언급한다. "하나님 자신의 영광과 인간의 구원에 관한 그의 전체의 계획이 성경 안에서 명백하게 표현되어 있거나 성경으로부터 필연적으로 선하게 결론이 추론되어 있다."(The whole counsel of God, concerning all things necessary for his own glory, man's salvation, faith, and life, is either expressly set down in scripture, or by good and necessary consequence may be deduced from scripture:)

여기에서 성경의 기록 목적이 분명하게 드러난다. 첫째는 성경은 하나님의 영광을 드러내는 문헌이라는 것이다. 둘째는 인간의 구원에 관한 문헌이라는 것이다.

1 장 6절은 후반부에 성경을 전복시키고 직접 계시를 추구하려고 하는 신비주의자들의 오류에 대하여서 정확하게 지적한다.

"어떠한 경우에도 성령의 새로운 계시라든가 인간의 전통이라든가 하는 것에 의하여서 성경이 추가되는 것은 있을 수 없는 일이다."(unto which nothing at any time is to be added, whether by new revelations of the Spirit, or traditions of men,)

웨스트민스터 신앙 고백은 재세례파와 퀘이커 교도들과 같이 직접 계시를 추구하는 자들에 대하여서 단죄할 뿐만 아니라 여전히 로마 카톨릭이 주장하는 교회 전통에 대한 절대성에 대하여서 정죄한다. 그러므로 성경 이외에 다른 어떤 직접 계시나 교회의 전통 조차도 성경의 권위를 넘어서서 교회에서 공적으로 드러나게 해서는 안 되며 그러한 것들이 성경과 같은 권위를 가지고 교회 안으로 들어올 수 없다는 것이다.

성경 자체를 올바르게 해석하는 것은 전적으로 하나님의 성령의 조명이 필요하다고 진술한다.

"우리는 말씀 안에 계시된 그러한 것의 구원하는 깨달음을 위하여서 필수적으로 하나님의 성령의 내적 조명을 인식하게 된다."(we acknowledge the inward illumination of the Spirit of God to be necessary for the saving understanding of such things as are revealed in the word)

그런데 "하나님께 대한 예배와 교회 정치에 대한 어떠한 상황들은 우리가 항상 살피는 말씀의 일반적 법칙을 따라서, 자연의 빛과 기독교인 분별력으로 제정이 될 수 있다."(and that there are some circumstances concerning the worship of God, and government of the Church, common to human actions and societies, which are to be ordered by the light of nature and Christian prudence, according to the general rules of the word, which are always to be observed)고 고백한다.

여기에서 자연의 빛은 일반 은총 안에서의 지혜를 의미하고 기독교인의 분별력은 하나님의 말씀으로부터 나오는 지혜를 의미한다. 이렇게 사람의 지혜를 동원해서 가장 선하게 그러한 것은 제정할 수 있다는 것이다.

1장 7절에서 웨스트민스터 신앙 고백은 성경을 이해하는 올바른 방법에 대하여서 진술한다.

"성경 안에 모든 것들이 그들에게 동일하지도 않고 모든 자들에게 분명하게 이해되는 것이 아니다.; 여전히 구원을 위하여서 알려지고 믿어지고 지켜져야 하는 부분이 필수적이다. 그것은 그렇게 분명하게 성경의 어떤 장소 안에 제의되고 열려있다. 그래서 학식 있는 자나 학식이 없는 자나 일반적인 방법들을 합당하게 사용함으로서 충분하게 그것들을 이해할 수 있다."(All things in scripture are not alike in themselves, nor alike clear unto all; yet those things which are necessary to be known, believed, and observed, for salvation, are so clearly propounded and opened in some place of scripture or other, that not only the learned, but the unlearned, in a due use of the ordinary means, may attain unto a sufficient understanding of them)

여기에서 "일반적인 방법들"(ordinary means)을 다시 해석하면 "정규적인 방법들"로 된다. 이것은 건전하고 올바른 방법을 의미하는데 바로 정통 교리를 의미한다. 정통 교리를 따라서 성경을 해석해야 할 것을 의미하는 것이다. 정통 교리에 대하여서 분명하게 숙지하게 되면 학식이 있건 없건 누구나 동일하게 구원에 이르는 충분한 이해를 할 수 있다.

1장 8절에서 웨스트민스터 신앙 고백은 신구약 성경의 언어에 대하여서 분명하게 진술한다. 구약은 히브리어로 신약은 희랍어로 기록되었다는 것이다.

이러한 고백들은 정통 교회가 보존해야할 매우 중요한 신앙 고백이다.

"히브리어로 기록된 구약 (그것은 옛적 하나님의 백성들의 모국어였다.)과 희랍어로 기록된 신약은 (그것은 그 시대에 가장 잘 알려진 열방들의 언어였다.) 하나님에 의하여서 직접적으로 영감된 것이다."(The Old Testament in Hebrew, (which was the native language of the people of God or old,) and the New Testament in Greek, (which at the time of the writing of it was most generally known to the nations,) being immediately inspired by God,

1장 9절에서 웨스트민스터 신앙 고백서는 성경의 해석의 원리를 제시한다.

"확실한 성경 해석 법칙은 성경 그 자체이다."(The infallible rule of interpretation of scripture is the scripture itself;) 그래서 "어떤 성경 본문이 전적으로 바르게 이해되는 것에 대하여서 의문이 생길 때, 더 명백하다고 말하는 다른 본문에 의하여서 알려져야 한다."(when there is a question about the true and full sense of any scripture, (which is not manifold, but one,) it must be searched and known by other places that speak more clearly.)

웨스트민스터 신앙 고백의 성경 해석의 원리는 성경은 성경으로 해석하는 것이다. 그래서 성경을 벗어나서 다른 외부 자료들을 신뢰하는 것은 결코 성경 해석의 올바른 것이 아니라는 것이다.

1장 10절에서 웨스트민스터 신앙고백은 모든 종교적 논쟁의 최고의 권위가 성경 안에서 말씀하시는 성령이시라고 천명한다.

"결정해야할 종교적 논쟁과 결정해야할 모든 교리들과 고대 문헌들의 견해들과 인간의 교리와 사적인 정신에 있어서 우리가 살펴야 할 것은 최고의 심판자가 성경 안에서 말씀하시는 성령이시라는 것이다."(The supreme Judge, by which all controvoersies of religion are to be determined, and all decrees of councils, opinions of ancient writers, doctrines of men and privat spirits, are to be examined, and in whose sentence we are to rest, can be no other but the Holy Spirit speaking in th scripture)

웨스트민스터 신앙 고백은 모든 종교적인 논쟁과 결정과 교리들과 문헌들과 어떠한 정신에 있어서 최고의 심판자는 성경 안에서 말씀하시는 성령이시라고 고백한다.

제 2 장 하나님과 거룩한 삼위일체

1. 살아 계시고 참되신 하나님은 한 분 뿐이시다. 그는 존재와 완전함에 있어서 무한하시고 가장 순수한 영이시고, 불가시적이시며, 몸이 없으시고, 부분도 없으시고, 성정도 없으시고, 불변하시며, 광대하시고, 영원하시며, 불가해하시고, 전능하시며, 가장 지혜로우시며, 가장 거룩하시며, 가장 자유로우시고, 절대적이시다. 하나님께서는 그의 영광을 위하여서 그 자신의 변함없으시고 가장 의로우신 뜻의 의논을 따라서 만물에게 역사하신다. 지극히 사랑하시고, 은혜가 풍성하시고, 긍휼히 많으시고, 길이 참으시고, 선하심과 진리가 풍성하시며, 악과 과실과 죄를 사하시고, 부지런히 그를 찾는 자들을 보상하시나 다른 한편으로는 가장 공의롭고 가공하게 그의 심판을 행하시고 죄악을 미워하신다. 그리고 어떠한 경우에도 그 죄책을 깨끗게 아니하신다.

2. 하나님께서는 그 자신 안에 그리고 그 자신으로부터 모든 생명과 영광과 선과 복락을 가지고 계신다. 그리고 그 하나님께서는 그 안에 그리고 그 자신에게 홀로 모든 충만을 가지고 계신다. 그래서 그가 만드신 모든 피조물들로부터 어떠한 필요를 가지고 계시지 않는다. 그래서 그들로부터 어떠한 영광도 취하시지 않는다. 그러나 오직 그 자신의 영광을 그들 안에 그들에 의하여서 그들에게 그들 위에 드러내신다. 그는 홀로 모든 존재의 기초가 되신다. 그로부터 그를 통하여서 그에게 의존해서 만물이 존재한다. 그는 만물들 위에 가장 최고의 주권을 가지고 계시고 그들에 의하여서 그들을 위하여서 그들 위에서 행하신다. 그리고 그것은 그가 기뻐하시는 대로 그렇게 행하시는 것이다. 그의 눈앞에 모든 만물이 벌거 벗겨져 있으며 드러나 있다. 그의 지식은 무한하시고, 무오하며, 피조물로부터 독립적이다. 그래서 그에게는 우연적인 일이나 불확실한 일이란 없다. 그는 그의 모든 의논과 그의 모든 사역과 그의 모든 명령에서 지극히 거룩하시다. 그에게 모든 천사들과 사람들과 피조물들이 무엇이든지 예배하고 섬기는 것은 합당하다. 그는 그들로부터 요구하시기를 기뻐하신다.

3. 신성의 통일성 안에 하나의 본체와 권세와 영원성의 세 위격이 있다. 아버지 하나님 아들 하나님 성령 하나님이시다. 아버지는 피조 되지 아니하시고 발생하지 아니하시고 발출하지 아니하신다. 아들은 영원으로부터 아버지로부터 발생하신다.

성령은 영원으로부터 아버지와 아들로부터 발출하신다.

[해 설]

웨스트민스터 신앙 고백서는 하나님의 속성에 대하여서 다루고 나서 삼위일체론을 다룬다. 하나님의 속성이 하나이고 그 한 본질이신 하나님께서 삼위일체로 계시기 때문이다. 하나님의 속성을 다루고 이어서 하나의 본질로 계시는 하나님께서 삼위로 계시는 것을 진술한다.

하나님의 속성에 대하여서 웨스트민스터 신앙 고백서는 "1. 살아 계시고 참되신 하나님은 한 분 뿐이시다."(There is but one only living and ture God,)라고 고백한다.

"그는 존재와 완전함에 있어서 무한하시고 가장 순수한 영이시고, 불가시적이시며, 몸이 없으시고, 부분도 없으시고, 성정도 없으시고, 불변하시며, 광대하시고, 영원하시며, 불가해하시며, 전능하시며, 가장 지혜로우시며, 가장 거룩하시며, 가장 자유로우시고, 절대적이시다."(who is infinite in being and perfection, a most pure spirit, invisible, without body, parts, or passions, immutable, immense, eternal, incomprehensible, almighty, most wise, most holy, most free, most absolute,)라고 진술한다.

이어서 삼위일체 하나님의 의논과 작정에 대하여서 언급한다.

"하나님께서는 그의 영광을 위하여서 그 자신의 변함없으시고 가장 의로우신 뜻의 의논을 따라서 만물에게 역사하신다."(working all things according to the counsel of his own immutable and most righteous will, for his own glory)

이 본문은 에베소서 1장 11절을 표현한다.

"그의 자신의 뜻의 의논을 따라서 만물에 역사하시는 자의 작정을 따라서 예정된……."(προορισθέντες κατὰ πρόθεσιν τοῦ τὰ πάντα ἐνεργοῦντος κατὰ τὴν βουλὴν τοῦ θελήματος αὐτοῦ)

가장 먼저 하나님의 뜻이 있다. 이것은 성삼위일체 하나님의 뜻이다. 그리고 성삼위일체 하나님의 의논이 있다. 그리고 그에 따라서 만물에 대하여서 역사하시는 하나님의 작정이 있다. 택자들을 향한 예정이 있다.

이것이 하나님께서 그의 뜻을 펼치시는 방식이다. 웨스트민스터 신앙 고백은 그것의 순서를 진술한다.

이어서 그가 만물에 대하시는 속성에 대하여서 진술한다.

"지극히 사랑하시고, 은혜가 풍성하시고, 긍휼히 많으시고, 길이 참으시고, 선하심과 진리가 풍성하시며, 악과 과실과 죄를 사하시고, 부지런히 그를 찾는 자들을 보상하시나 다른 한편으로는 가장 공의롭고 가공하게 그의 심판을 행하시고 죄악을 미워하신다. 그리고 어떠한 경우에도 그 죄책을 깨끗케 아니하신다."(most loving, gracious, merciful, long-suffering, abundant in goodness and truth, forgiving iniquity, transgression, and sin, and who will by no means clear the guilty)

이제 웨스트민스터 신앙 고백서는 2장 2절에서 자충족적이신 하나님에 대하여서 진술한다.

"2. 하나님께서는 그 자신 안에 그리고 그 자신으로부터 모든 생명과 영광과 선과 복락을 가지고 계신다. 그리고 그 하나님께서는 그 안에 그리고 그 자신에게 홀로 모든 충만을 가지고 계신다. 그래서 그가 만드신 모든 피조물들로부터 어떠한 필요를 가지고 계시지 않는다. 그래서 그들로부터 어떠한 영광도 취하시지 않는다. 그러나 오직 그 자신의 영광을 그들 안에 그들에 의하여서 그들에게 그들 위에 드러내신다."(God hath all life, glory, goodness, blessednes, in and of himself; and is slone in and unto himself all-sufficient, not standing in need of nay creatures which he hath made, not deriving any glory from them, but only manifesting his own glory, in, by, unto, and upon them:)

이제 웨스트민스터 신앙 고백서는 만물의 기초로서 하나님에 대하여서 진술한다.

"그는 홀로 모든 존재의 기초가 되신다. 그로부터 그를 통하여서 그에게 의존해서 만물이 존재한다."(he is the alone fountain of all being, of whom, through whom, and to whom, are all things;)

이제 하나님의 통치적 주권에 대하여서 진술한다.

"그는 만물들 위에 가장 최고의 주권을 가지고 계시고 그들에 의하여서 그들을 위하여서 그들 위에서 행하신다. 그리고 그것은 그가 기뻐하시는 대로 그렇게 행하시는 것이다."(hath most sovereign dominion over them, to do by them, for them, or upon them, whatsoever himself pleaseth.)

이제 하나님의 지식에 대하여서 웨스트민스터 신앙 고백은 진술한다.

"그의 눈앞에 모든 만물이 벌거벗겨져 있으며 드러나 있다. 그의 지식은 무한하시고, 무오하며, 피조물로부터 독립적이다. 그래서 그에게는 우연적인 일이나 불확실한 일이란 없다."(so as nothing is to him contingent or uncertain)

"그는 그의 모든 의논과 그의 모든 사역과 그의 모든 명령에서 지극히 거룩하시다. 그에게 모든 천사들과 사람들과 피조물들이 무엇이든지 예배하고 섬기는 것은 합당하다. 그는 그들로부터 요구하시기를 기뻐하신다."(He is most holy in all his counsels, in all his works, and in all his commands. To him is 열 from angels and men, and every other creature, whatsoever worship, service, or obedience, he is pleased to require of them.)

이제 2장 3절에서 하나님의 삼위일체 대하여서 진술한다.

"3. 신성의 통일성 안에 하나의 본체와 권세와 영원성의 세 위격이 있다. 아버지 하나님 아들 하나님 성령 하나님이시다. 아버지는 피조 되지 아니하시고 발생하지 아니하시고 발출하지 아니하신다. 아들은 영원으로부터 아버지로부터 발생하신다. 성령은 영원으로부터 아버지와 아들로부터 발출하신다."(3. In the unity of the Godhead there be three persons, of one substance, power, and eternity; God the Father, God the Son, and God the Holy Ghost. The Father is of none, neither begotten nor proceeding; the Son is eternally begotten of the Father; the Holy Ghost eternally proceeding from the Father and the Son)

제 3장 하나님의 영원한 작정에 대하여서

1. 하나님께서 영원 전부터 그의 지극히 지혜로우심과 거룩하신 그 자신의 뜻의 의논에 의하여서 자유롭게 변함없이 되어 질 모든 것을 정하셨다. 그러나 여전히 그가 죄의 창시자는 아니시다. 피조물의 뜻에 반하여 폭력적으로 행하시는 분도 아니시다. 두 번째 원인의 자유나 우연성을 제거하시는 것도 아니시다. 오히려 그것을 세우신다.

2. 비록 하나님께서 모든 상상할 수 있는 상황이 되거나 될 수 있는 모든 것을 아셨다고 해도, 여전히 그가 그것들을 장래의 일로서 혹은 그러한 상황으로 될 것을 미리 아시고 작정하신 것은 아니시다.

3. 하나님의 작정에 의하여서, 그의 영광의 현현을 위해 어떤 사람과 천사들은 영원한 생명으로 예정되었고, 나머지는 영원한 사망으로 예정되었다.

4. 그와 같이 예정되도록 정해진 천사들과 사람들은 개별적이고 변동 없이 계획되었다. 그들의 수는 확실하게 정해졌다. 그 수는 증가하거나 감소하거나 할 수 없다.

5. 생명으로 예정된 인류는 창세전에 하나님께서 그의 영원하고 불변하는 목적을 따라서 정하여 진 것이다. 그리고 그의 뜻의 비밀스러운 의논과 선하신 기뻐하심을 따라서 그리스도 안에서 영원한 영광으로 선택되었다. 그것은 단지 그의 자유로우신 은혜와 사랑으로부터 어떠한 믿음이나 선행이나 그들 안에 인내를 미리 보신 것이 없이 정하여 진 것이다. 피조물 안에 다른 어떤 상황이나 원인들이 그것으로 인하여서 그를 움직이지 못한다. 다만 택자 모두는 그의 영광의 은혜의 찬송을 위하여서 선택되었다.

6. 하나님께서 영광으로 택자들을 지명하심으로서 그가 영원한 지극히 자유로우신 그의 뜻의 목적에 의하여서 모든 수단들도 미리 정하셨다. 선택된 그들이 아담 안에서 타락했고 그리스도에 의하여서 구속을 받는다. 그리고 때가 차매 그의 성령의 일하심으로서 그리스도 안에서 믿음으로 효과적으로 부르심을 받는다. 그리고 그들은 의롭다함을 받고 양자되고 성화를 이룬다. 그리고 생명에 이르도록 믿음을 통하여서 그의 권세에 의하여서 지켜진다. 그러나 다른 어느 누구도 그리스도에 의하여서 구속을 받고 효과적으로 부르심을 받고, 의롭다함을 받고 양자되고 성화되어 구원에 이르지 못한다. 오직 택자들만이 가능하다.

7. 인류의 나머지는 하나님께서 그의 뜻의 접근할 수 없는 의논을 따라서 자비를 확장시키거나 거두시거나 하시는 것을 기뻐하셨다. 그래서 그의 주권적 권세의 영광을 따라서 그가 그의 피조물을 지나치시기를 기뻐하셨다. 그리고 그의 공의의 영광을 위하여서 그들의 죄로 인하여서 불명예와 진노로 가두시기로 정하셨다.

8. 예정의 높은 신비의 교리는 특별한 분별력과 주의를 요망한다. 이것은 그의 말씀 안에서 계시된 하나님의 뜻에 인간이 참여하는 것이다. 그리고 그들의 영원한 선택의 보증인 그들의 효과적 부르심의 확실성으로부터 순종을 산출한다. 그래서 이 교리는 하나님에 대한 찬송과 경의와 경탄을 제공한다. 그리고 복음에 신실하게 순종하는 모든 자들에게 겸손과 근면함과 풍성한 위로를 제공한다.

[해 설]

웨스트민스터 신앙 고백은 하나님의 영원하신 작정에 대하여서 첫 번째 "1. 그 자신의 뜻의 의논에 의하여서"(1.·····counsel of his own will)라는 표현을 쓰고 있으며 "자유롭게 그리고 변함 없이"(freely and unchangealby)라는 표현을 쓰고있다. 그것은 하나님의 작정이 그분 자신의 자유로운 뜻 가운데 어떤 외부로 부터의 압력이나 영향 없이 된 것이라는 것이다. 결국 삼위일체 하나님의 작정은 삼위 일체 상호간의 일치하는 뜻의 의논을 따라서 그 하나님의 자유롭고 불변하게 되어진 것이다.378)

웨스트민스터 신앙 고백 2절에 하나님의 작정과 죄의 관계에 대하여서 하나님께서 될 모든 것을 작정하셨다고 해도 그가 죄를 직접적으로 창시하신 분이 아니시라고 진술한다. 오히려 죄는 두 번째 원인들에 의하여서 발생한다는 것이다. 이 두 번째 원인은 가까운 원인이라고 할 수 있다. 즉, 죄의 책임은 가까운 원인과 관련이 되며 먼 원인과는 관련이 없다.

결국 하나님의 작정은 죄와 그 죄의 책임조차도 포함되는 것이다. 그것은 두 번째 원인들에게로 죄의 책임이 작정되었다는 것을 의미하고 그러므로 하나님께는 죄에 대한 책임이 없으시다. 그만큼 작정은 하나님의 비밀한 계획이고 그의 절대적 주권적인 역사이다. 거기에는 두 번째 원인자와(second causes)와 서로 영향을 주고 받는 형태가 아니다. 그렇기 때문에 두 번째 원인자로서 사람의 범죄는 전적으로 그 책임이 사람에게 있다.

이제 웨스트민스터 신앙 고백은 하나님의 작정이 두 번째 원인자와 충돌하거나 두 번째 원인자의 자유를 억압하지 않는다고 진술한다. 오히려 두 번째 원인자의 자유를 세우는 형태로 작정되었다는 것이다. 그렇기 때문에 인간의 자유 의지는 하나님의 작정과 충돌하는 것이 아니라 오히려 하나님의 작정을 이루어가는 것에 불과하다. 인간이 어떠한 자유를 행하던 그것 자체가 하나님의 작정 아래에 있다는 것이다. 그리고 그 인간의 자유로운 행동의 책임도 그들에게 지어지도록 작정하셨기 때문에 인간은 자신의 타락에 대하여서 하나님께 변명할 수 없는 것이다.

웨스트민스터 신앙 고백 2절의 "2. 하나님께서 모든 상상할 수 있는 상황이 되었거나 될 수 있는 모든 것을 아셨다."(Although God knows whatsoever may or can come to pass upon all supposed conditions;)고 할 때에 이것은 '모든 상상할 수 있는 상황 무엇이든지 아신다.'(God knows whatsoever·····all

---

378) "1. God from all eternity did, by the most wise and holy counsel of his own will, freely and unchangeably ordain whatsoever comes to pass"

supposed conditions)고 하는 의미에 초점을 두고 살펴보아야 한다. 이것은 하나님의 속성에 대한 것이다. 하나님께서는 전지전능하신 분이시기에 모든 것을 아신다. 그러나 하나님의 작정은 '장래일이나 그러한 상황으로 될 것으로서 그것을 미리 아심을 따라서'(he foresaw it as future, or as that which would come to pass upon such conditions) 된 것이 아니다.

그래서 앞부분은 단지 "아시다."(Knows)가 나오고 있고 뒷부분은 "미리 아셨다."(foresaw)라고 달리 쓰고 있다. 그러므로 앞부분의 "무엇이든지 아신다."(knows watsoever)는 그의 전지전능한 속성을 의미하는 것이고 뒷부분의 "미리 아셨다."(foresaw)라는 것은 그러한 "미리 아셨다는 것"을 따라서 작정된 것이 아니라는 것을 진술하기 위하여서 앞부분의 "아신다."와 달리 표현한 것으로 볼 수 있다.

웨스트민스터 신앙 고백서는 3절에 이중 예정을 고백한다379). 이것은 칼빈의 예정론과 연결되는 부분이다. 칼빈도 그의 기독교 강요 2권에서 이중 예정을 가르치고 있다. 웨스트민스터 신앙 고백서는 4절에서 택자들의 예정이 그 수에 있어서도 변개될 수 없는 것이며 결정된 것이라고 진술한다.

"4. 그와 같이 예정되도록 정하여진 이러한 천사들과 사람들은 개별적으로 그리고 변동 없이 계획되었다."(4. These angels and men, thus predestinated and foreordained, are particularly and unchangeably designed)

하나님의 예정은 창세전에 된 것이다. 그리고 그 예정은 영원하고 불변한 목적을 따라서 된 것이다. 그때에 웨스트민스터 신앙 고백서는 "그의 뜻의 비밀스러운 의논과 선하신 기뻐하심을 따라서 그리스도 안에서 그들을 선택하였다."고 진술한다. 결국 택자들은 창세전에 그리스도 안에서 선택된 것이다.

그 선택의 대상의 어떠한 가치도 보는 것이 없이 주의 영광의 은혜를 찬송하기 위하여 선택되었다. 그래서 웨스트민스터 신앙 고백서는 "5. 피조물 안에 다른 어떤 상황이나 원인들이 그것으로 인하여서 그를 움직이지 못한다."(5.····any other thing in the creatures, as conditions, or causes moving him thereunto)고 진술한다. 웨스트민스터 신앙 고백서가 타락 전 선택설을 취한다는 것은 바로 다음

---

379) "3. By the decre of God, for the manifestation of his glory, some men and angels are predestinated unto everlasting life, and others foreordained to everlasting death."

과 같은 진술 때문이다. "6. 선택된 그들이 아담 안에서 타락했고 그리스도에 의하여서 구속을 받는다"(6.·····they who are elected being fallen in Adam, are redeemed by Christ)라는 것이다. 그것은 하나님의 선택이 먼저 있었고 그 다음 전 인류가 타락하였는데 그렇게 타락 전에 선택된 자들이 그리스도에 의하여서 구속을 받는다는 것이다. 이것은 웨스트민스터 신앙 고백서의 타락 전 선택설에 관련 본문이다.

웨스트민스터 신앙 고백서는 하나님의 선택은 그 선택을 이루시는 방도까지 작정이 되었다고 진술한다. 이런 선택을 유효적 부르심이라고 진술하며 그것은 개별적으로 적절한 시간에 부르심을 받고 의롭다함을 받고 양자되고 성화를 이룬다고 진술한다. 그리고 이 대상은 오직 택자들 뿐이다.

웨스트민스터 신앙 고백서는 하나님의 유기작정에 대하여서 진술한다. 그것은 "7. 접근할 수 없는 그의 의논을 따라서 된 것이라"(7.··according to the unsearchable counsel of his will)고 고백한다. 유기 작정의 목적은 "하나님의 공의의 영광을 찬송하게 하기 위함이라"(to the praise of his glorious justice)고 진술한다. 하나님의 영광이 두 부분으로 나누는데 의(righteousness)의 영광과 공의(justice)의 영광이다. 의의 영광은 구원을 통한 하나님을 직접적으로 찬송하는 영광이고 공의의 영광은 하나님의 뜻을 배도한 자들에게 하나님께서 형벌하시는 간접적으로 찬송하는 영광이다. 이러한 모든 영광은 하나님의 속성으로부터 나온 것이다.

제 4 장 창조에 대하여서

1. 아버지, 아들, 성령 하나님께서 그의 영원하신 권능과 지혜와 선하심의 영광을 드러내시기를 기뻐하셔서 태초에 무로부터 가시적이거나 비가시적인 세상과 만물을 6일간 공간 안에서 창조하시고 만드셨다. 그리고 그가 보시기에 모든 것이 매우 좋았다.

2. 하나님께서 다른 모든 피조물들을 만드신 이후에 그가 남자와 여자를 이성 있는 불멸하는 영혼으로 만드셨다. 하나님께서 그의 형상을 따라서 지식과 의와 참된 거룩함을 부여하셨다. 그리고 그들의 마음 안에 하나님의 법을 가지고 그것을 성취할 능력을 주셨다. 그러나 여전히 타락할 가능성 아래 있도록 하셔서 그들 자신의 의지의 자유로 그렇게 되도록 내버려 두셨다. 그런데 그 자유 의지는 가변

적이었다. 게다가 그들의 마음 안에 기록된 율법으로 그들은 선악을 알게 하는 나무의 실과를 먹지 말라는 명령을 받았다. 그들이 지키면 그들은 하나님과 교통 가운데 행복하게 되었을 것이다. 그리고 피조물을 다스리게 되었을 것이다.

[해 설]

이 본문은 하나님의 창조의 목적이 진술되어 있다. 그것은 1절에서 "그의 영원하신 권능과 지혜와 선하심의 영광을 드러내시기를 기뻐하셨기 때문이다."(for the manifestation of the glory of his eternal power, wisdom, and goodness,)

그런데 그 창조는 "무로부터 가시적이거나 비가시적인 세상과 만물을 만드셨다."(to create, or make of nothing, the world, and all the things therein, whether visible or invisible,)는 것이다.

웨스트민스터 신앙 고백은 2절에서 사람을 이성 있는 불멸하는 영혼(reasonable and immortal souls)으로 창조하셨다고 고백한다. 그런데 그것이 바로 "지식과 의와 참된 거룩함"(knowledge, righteousness, and true holiness)으로 되어있었다고 고백한다. 그런데 바로 그 인간의 마음에 하나님의 율법을 기록하셨다(having the law of God written in their hearts)고 고백한다.

결국 하나님의 형상으로 피조된 인간의 모든 영혼의 활동의 최고의 목적은 바로 하나님의 율법을 그 마음에 기록하는 것이다.

웨스트민스터 신앙고백은 2절에서 "그러나 여전히 그들은 타락할 가능성 아래 있도록 하셔서 그들 자신의 의지의 자유로 그렇게 되도록 내버려 두셨다."(yet under a possibility of transgressing, being left to the liberty of their own will)고 고백한다.

제 5 장 섭리에 대하여서

1. 만물의 위대한 창조주이신 하나님께서 모든 피조물들과 그들의 행동을 가장 큰 것으로부터 가장 작은 것까지 그의 지극한 지혜와 거룩한 섭리에 의하여서 떠받드시고, 운행하시고 배치하시고 다스리신다. 그의 지혜, 권능, 정의, 선하심과 자비의 영광을 찬송하게 하기 위하여서 그 자신의 의지의 자유롭고 불변하는 경륜에 따라서 그리고 그의 오류 없는 지식을 따라서 그가 행하신다.

2. 비록 하나님의 지식과 작정에 관계되어 있는 첫 원인을 따라서 만물이 불변

하고 오류가 없이 지나가게 될 지라도, 여전히 동일한 섭리로, 그가 두 번째 원인의 특성에 따라서 그들을 타락에 두신다. 그것은 필수적이고, 자유로우며, 혹은 우연적이다.

3. 하나님께서 그의 일상적인 섭리 안에서 수단들을 사용하신다. 그러나 그의 기뻐하심을 따라서 그것들 없이 그것들 위에서 그것들에 반하여서 자유롭게 일하신다.

4. 하나님의 전능하신 능력, 헤아릴 수 없는 지혜와 무한한 선이 그의 섭리 안에서 드러내고 있는 것은 첫 타락과 천사들과 사람들의 다른 죄악들에게 까지 미치는 것이다. 그리고 그것은 단지 허용이 아니라 가장 지혜롭고 권세 있는 주권과 함께 그의 자신의 거룩한 목적에 이르도록 다양한 시행 안에서 그것들의 질서와 통치와 연결되어있다. 그러나 여전히 죄악성은 하나님 자신으로 부터가 아니라 피조물로부터 오직 나오는 것이다. 가장 거룩하고 의로우신 그가 죄의 창시자나 찬동자가 되실 수 없기 때문이다.

5. 가장 지혜롭고 의로우며 은혜로우신 하나님께서 종종 그 자신의 자녀들에게 잠깐동안 여러 가지 유혹과 그들 자신들의 마음의 부패에 빠지도록 내버려두신다. 그것은 그들의 앞선 죄들로 인하여 그들을 징계하시고 그들 마음의 더 강력한 부패와 거짓된 감추어진 죄악들을 그들에게 드러내 보이시고자 그렇게 하시는 것이다. 그래서 그들로 겸손케 하려 하심이다. 그래서 그들로 더욱 친밀하고 영속적으로 그들의 의존을 하나님께 두게 하시고자 하신 것이다. 그리고 더욱 모든 일어날 수 있는 죄악을 살펴 볼 수 있게 하려는 것이고 다른 여러 공의롭고 거룩한 목적을 위한 것이다.

6. 사악하고 불경건한 자들에 관하여서 하나님께서 의로운 심판자로서 앞선 죄들 때문에 그들을 어둡게 하시고 강퍅하게 하신다. 하나님께서는 그들의 마음 안에 이해되고 기록된 것으로 비추어지고 있는 그의 은혜를 억제하실 뿐만 아니라 때때로 그들이 가지고 있는 은사들을 거두어 들이신다. 그리고 그들을 죄를 지을 수 있는 상태로서 그들의 부패를 드러내신다. 그와 동시에 그들을 그들 자신들의 정욕과 세상의 유혹과 사단의 권세 아래에 내버려 두신다. 그것에 의하여서 그들은 간과 되었다. 그래서 다른 사람들을 부드럽게 사용하시는 하나님의 방법들 아래에서 조차도 그들은 그들 스스로를 더욱 강퍅하게 한다.

7. 하나님의 섭리가 일반적으로 모든 피조물들에게 이르는 것처럼 그렇게 가장

특별한 방법을 따라서, 그의 교회를 돌보시고 그로부터 선에 이르도록 모든 것을 베풀어 주신다.

[해 설]

웨스트민스터 신앙 고백은 첫 번째 원인과 관련하여서 하나님의 지식과 작정이 오류가 없이 지나가게 될 것이지만, 여전히 동일한 섭리로 그가 두 번째 원인의 특성을 따라서 그들을 타락에 두신다(in relation to the foreknowledge and decree of God, the first cause, all things come to pass immutably and infallibly, yet, by the same providence, he ordereth them to fall out according to the nuature of second casuses)고 고백하였다.

그것은 타락조차도 하나님의 오류 없으신 작정의 결과라는 것이다. 그래서 첫 원인과 관련하여서는 타락은 하나님의 작정 아래에 있고 두 번째 원인과 관련하여서는 타락은 인간의 불순종에 있다.

웨스트민스터 신앙 고백서는 3절에서 하나님의 섭리의 일상적인 수단들에 대하여서 하나님께서는 그것들 없이 그것들 위에서 그것들에 반해서 자유롭게 그의 기뻐하심을 따라서 일하신다고 고백한다.(God in his ordinary providence maketh use of means, yet is free to work without, above, and against them, at his pleasure.)

웨스트민스터 신앙 고백서는 5절에서 "하나님께서 종종 그 자신의 자녀들에게 잠깐 동안 여러 가지 유혹과 그들 자신들의 마음의 부패에 빠지도록 내버려 두신다."고 고백한다. 이어서 그 이유에 대하여서 진술한다.

"그것은 그들의 앞선 죄들로 인하여 그들을 징계하시고 그들 마음의 더 강력한 부패와 거짓된 감추어진 죄악들을 그들에게 드러내 보이시고자 그렇게 하시는 것이다. 그래서 그들로 겸손케 하려 하심이다."(God, doth oftentimes leave for a season his own children to manifold temptations, and the corruption of their own hearts, to chastise them for their former sins, or to discover unto them the hidden strength of corruption, and deceitfulness of their hearts, that they may be humbled.)고 고백한다.

제 6 장 인간의 타락과 죄악과 형벌에 대하여서

1. 사단의 간교와 시험에 의하여서 유혹된 우리의 첫 조상들은 금지된 열매를 먹음으로서 죄를 지었다. 이것은 하나님께서 기뻐하신 일인데 그의 지혜와 거룩하신 의논을 따라서 허용된 것이다. 그것은 그 자신의 영광에 대하여서 그것의 질서를 세우신 목적이 있었다.

2. 이러한 죄악으로 그들은 하나님과의 교제와 그들의 원의로부터 타락하였다. 그리고 죄안에서 죽게 되었다. 그래서 전적으로 영혼과 몸의 모든 부분의 기능이 더럽혀졌다.

3. 모든 인류의 뿌리로서 그들은 이 죄의 책과 죄안에서 동일한 죽음과 본성적 오염이 모든 그들의 후손들에게 이전되어서 그들로부터 일반적 출생에 의하여서 전가된다.

4. 이러한 원래적 부패로부터 우리는 전적으로 모든 선에 대하여서 불능케 되고 무능력하게 되며 반대하게 되었다. 그리고 전적으로 모든 악에 기울어지게 되었다. 그리고 모든 실재적 범죄로 나아가게 되었다.

5. 이러한 본성의 부패는 이 생에서는 중생한 자들 안에서도 남아 있는다. 그리고 비록 그리스도를 통하여서 그것이 사죄가 되었다고 해도, 그리고 억제가 되었다고 해도, 여전히 그 부패성 자체는 모두 다 그리고 거기로부터 나오는 모든 행위도 전적으로 참으로 합당하게 죄악이다.

6. 모든 죄는, 원죄이건 자범죄이건, 하나님에 대한 의의 법의 위반이다. 그러므로 그 자신의 본성 안에서 죄인들에게 죄책이 임한다. 그 죄책으로부터 그는 하나님의 진노를 촉발시킨다. 그래서 모든 영적, 순간적 영원한 비참함과 함께 죽음 아래 놓인다.

[해 설]

웨스트민스터 신앙 고백서는 1절에서 "우리 첫 조상들이 금지된 열매를 먹음으로서 죄를 지었다."(Our first parents………sinned in eating the forbidden fruit.)고 고백하고 "이것은 하나님께서 기뻐하신 일인데 그의 지혜와 거룩한 의논을 따라서 허용된 것이라"(This their sin God was pleased, according to his wise and holy counsel, to permit)고 고백한다. 그리고 그 궁극적 목적은 "그 자신의 영광에 대하여서 그것의 질서를 세우는 목적이 있었다."(having purposed to order it to his own glory)고 진술한다.

웨스트민스터 신앙 고백서 2절은 "이러한 죄악으로 그들은 하나님과의 교제와 그들의 원의로부터 타락하였다."(By this sin they fell from their original righteousness, and communion with God)고 진술한다. 첫째로는 하나님과의 교제가 끊어졌다. 둘째로는 원의로부터 타락하였다.

웨스트민스터 신앙 고백서 3절은 죄의 전가에 대하여서 그것이 "일반적 출생에 의하여서 전가 된다"(sis was imputed,……by ordinary generation)고 고백한다. 왜냐하면 첫 조상의 범죄가 인류의 뿌리로서(They being the root of all mankind) 범죄를 저질렀을 것이기에 그러하다.

웨스트민스터 신앙고백서는 4절에서 "우리는 전적으로 모든 선에 대하여서 불능케 되고 무능력하게 되며 반대하게 되었다"(we are utterly indisposed, disabled, and made opposite to all good)고 진술한다.

그리고 "전적으로 모든 악에 기울어지게 된다."(wholly inclined to all evil) 인간이 악의 성향이 매우 강하다는 것을 보여준다. 인간은 결코 선을 행할 수 없다. 전적으로 타락하였다. 그래서 매우 악하다.

제 7 장 인간과 맺으신 하나님의 언약

1. 하나님과 피조물 사이는 그 간격이 매우 커서, 비록 이성 있는 피조물들이 그들의 창조주로서 그분에게 순종을 해야 할 의무가 있다고 하더라도 여전히 그들은 그들의 복과 보상으로서 그의 열매를 가질 수 없다. 단지 하나님의 편에서 어떤 자발적인 낮아지심에 의하여서 언약이라는 방법으로 표현하시기를 기뻐하셨다.

2. 사람과 맺은 첫 언약은 행위언약이었다. 그것으로 아담에게 생명이 약속되었다. 그리고 그 안에서 그의 모든 후손들에게도 동일하다. 그런데 그것은 완전하고 인격적인 순종이 조건이다.

3. 인간의 타락으로 그 언약에 의하여서 생명에 이를 수 없게 되었다. 그러므로 하나님께서 두 번째 언약을 맺으시기를 기뻐하셨다. 일반적으로 그것을 은혜언약이라고 부른다. 그것으로 그가 자유롭게 죄인들에게 예수 그리스도에 의한 구원과 생명을 제공하신다. 그리고 그들에게는 저희로 구원을 얻도록 주 안에서 믿음을 요구하신다. 그리고 그들에게 모든 것을 약속하신다. 그것은 그들로 기꺼이 믿을 수 있게 하여 주시는 그의 거룩하신 성령으로 생명에 이르도록 작정하셨다.

4. 이러한 은혜 언약은 자주 성경 안에서 유언자가 되시는 예수 그리스도의 죽

음과 영원한 유업과 그에 속한 물려받은 모든 것에 관하여서 유언 언약으로 이름이 지어짐으로 세워졌다.

5. 이 언약은 율법의 시대 안에서와 복음의 시대 안에서 다르게 시행이 되었다.

율법 아래에서 그것은 약속과 예언과 희생과 할례와 유월절의 양과 유대인들에게 주어진 다른 유형들과 규례들에 의하여서 시행되었다. 그리고 그러한 것들은 오실 자 그리스도의 예표였다. 그것은 그 시대에 충분하고 효과적이었다. 영의 작용을 통하여서 약속된 메시야 안에서 믿음으로 택자들을 세우고 가르쳤다. 그것으로 그들은 전적으로 사죄를 받았고 영원히 구원을 받았다. 그리고 이것을 구약이라고 부른다.

6. 복음 아래에서는 실체이신 그리스도께서 보여지셨다. 이 언약이 시행하는 규례는 말씀의 선포와 세례와 주의 만찬의 성례 시행이 있다. 비록 숫자에 있어서 더 적고 더 단순함과 외적으로 덜 영광스럽게 시행된다고 할지라도, 여전히 그것들 안에 더욱 충만함과 증거와 영적 효력이 유대와 이방을 포함한 모든 열방들에게 나아간다. 그리고 이것을 신약이라고 부른다. 그러나 실체에 있어서 다른 두개의 은혜 언약이 있는 것이 아니라 다양한 경륜 아래에서 하나이며 동일한 언약이 있는 것이다.

[해 설]

웨스트민스터 신앙 고백서는 하나님의 모든 언약이 은혜언약이라고 하는 사실을 주지시키고 있다.

그것이 1절에 명확하게 제시되어 있다.

"하나님과 피조물 사이는 그 간격이 매우 커서, 비록 이성 있는 피조물들이 그들의 창조주로서 그 분에게 순종을 해야 할 의무가 있다고 하더라도 여전히 그들은 그들의 복과 보상으로서 그의 열매를 가질 수 없다. 단지 하나님의 편에서 어떤 자발적인 낮아지심에 의하여서 언약이라는 방법으로 표현하시기를 기뻐하셨다."(The distance between God and the creature is so great, that although reasonable creatures do owe obedience unto him as their Creator, yet they could never have any fruition of him as their blessedness and reward, but by some voluntary condescension on God's part, which he hath been pleased to express by way of covenant.)

이제 2절에서 하나님께서 사람과 맺으신 첫 언약이 행위 언약(a covenant of works)이라고 진술한다. 그때 행위 언약의 조건은 "완전하고 인격적인 순종이었다."(upon condition of perfect and personal obedience)

3절에서 그 언약이 무력해진 것은 타락이 원인이라고(Man by his fall having made himself incapable of life by that covenant,) 진술한다. 그래서 하나님께서 두 번째 언약을 체결하시기를 기뻐하셨다고 진술한다. 그리고 일반적으로 그것을 은혜 언약(the Covenant of Grace)이라고 부른다.

이 언약의 특징은 "그가 자유롭게 죄인들에게 예수 그리스도에 의한 구원과 생명을 제공하는 것이다."(he freely offereth unto sinners life and salvation by Jesus Christ) 그런데 그 구원을 얻을 자들에게 주 안에서의 믿음이(requiring of them faith in him) 요구된다고 진술한다. 그런데 그러한 자들로 성령으로 믿을 수 있게 생명으로 작정이 되었다고 진술한다.(are ordained unto life his Holy Spirit, to make them willing and able to believe)

4절에서 그 은혜 언약이 자주 "예수 그리스도의 죽음과 영원한 유업과 그에 속한 물려 받은 것에 관하여서 유언 언약이라고도 부른다"(This covenant of grace is frequently set forth in the scripture by the name of a Testament, in refrence to the death of Jesus Christ, the testator, and to the everlasting inheritance, with all things belonging to it, therein bequeathed)고 진술한다.

5절에서 은혜 언약의 두 경륜에 대하여서 진술한다.

"이 언약은 율법의 시대 안에서와 복음의 시대 안에서 다르게 시행되었다."(This covenant was differently administered in the time of the law, and in the time of the gospel)

웨스트민스터 신앙 고백서는 율법 아래에 약속과 예언과 희생과 할례와 유월절의 양과 유대인들에게 주어진 여러 규례들이 그리스도의 예표였고 그것은 성령의 능력으로 약속된 메시야 안에서 믿음으로 택자들을 세우고 가르쳤다. 그리고 그러한 예표를 통하여서 믿음으로 영원한 구원을 받았다. 이것이 구약이다.

이제 6절에서 "복음 아래에서 실체이신 그리스도께서 보여지셨다."(Under the gospel, when Christ the substance was exhibited)고 가르치고 있다. 이 언약 아래에서 시행되는 규례는 말씀의 선포와 성례의 시행이다.(this covenant is dispensed aret the preaching of the word, and the administration of the sacraments) 그것이 외적으로 덜 영광스러운 것처럼 보여도 여전히 그것들 안에 충만한 증거와 영적 효력이 된다.(less outward glory, yet in them it is held forth in more fulness, evidence, and spiritual efficacy) 이것은 실체에 있어서 두 개의 은혜 언약이 아니라 다양한 경륜 아래에 하나님의 동일한 언약이다.(There are not therefore two covenants of grace differing in substance, but one and the same under various dispensations)

제 8 장 중보자 그리스도에 대하여서

1. 하나님께서는 그의 영원하신 목적 안에서 그의 독생자 주 예수를 하나님과 인간 사이에 중보자로서 선택하시고 정하셨다. 그리고 그를 선지자와 제사장과 왕으로서 그의 교회의 머리로서 만물의 후사로서, 그리고 세상의 심판주로서 주셨다. 그에게 하나님께서 영원 전부터 그의 후사로서 한 백성을 주셨다. 그리고 그에 의하여서 적절한 때에 구속하시고, 부르시고 의롭다 하시고 거룩하게 하시고 영화롭게 하셨다.

2. 삼위일체의 두 번째 위격이신 하나님의 아들께서 영원한 하나님이시고 아버지와 한 실체이시고 동일하신 분으로서 때가 차매 인간의 본성을 취하시고 오셨다. 그것은 인성의 모든 본질적 특성과 함께 인류의 공통적인 연약성을 타고 나셨으나 죄는 없으시다. 성령의 권능에 의하여서 마리아의 태로부터 잉태하셨고 그녀의 본체로부터 나오셨다. 그래서 두개의 전적으로 완전한 구별되는 본성들을 가지신 신성과 인성의 분리될 수 없는 한 위격 안에 속성간의 전환 없이 혼합이나 혼동 없이 결합되셨다. 그는 하나님과 인간 사이에 유일하신 중보자이시고 한분 그리스도이시며 하나님이시고 사람이시다.

3. 신성과 결합된 인성 안에 주 예수께서는 성령으로 거룩하게 되고 한량 없이 기름 부음을 받으셨다. 그분 안에서 지혜와 지식의 모든 보화가 있다. 그분 안에 모든 충만이 거하도록 하시기를 아버지께서 기뻐하셨다. 끝까지 거룩하시고 해함이 없으시고 흠 없이, 은혜와 진리의 충만함으로 그가 중보자와 보증인의 사역을 완전하게 수행하도록 준비시키셨다. 그 직분은 그가 스스로 취하심이 아니요 거기에 그의 아버지에 의하여서 부르심을 받았다. 그가 모든 권세와 심판을 그의 손에 맡기고 그에게 동일하게 그것을 시행하도록 명령하셨다.

4. 주 예수의 이 사역은 가장 자발적으로 취하신 것이다. 그가 그것을 이행하시

기 위하셔서 율법 아래에 있게 되셨다. 그리고 완전하게 그것을 수행하셨다. 즉시 그의 영혼에 가장 슬픈 고통을 견디셨고 그리고 그의 몸에 가장 아픈 괴로움을 당하셨다. 그래서 그는 십자가를 짊어지시고 죽으셨다. 그리고 장사지낸바 되셨고 죽음의 권세 아래에 머물러 있게 되셨다. 그러나 부패함을 보지 않으셨다. 삼일 만에 그가 고난당하신 그 동일한 몸으로 그가 죽은 자들 가운데서 일어나셨다. 그 몸으로 그가 하늘에 오르셨다. 그리고 거기에서 그의 아버지의 우편에 앉으셨다. 그리고 중재하시며 세상의 종말에 사람들과 천사들을 심판하시려 돌아오실 것이다.

5. 주 예수께서는 그의 완전한 순종과 그 자신의 순종하심으로서 그는 영원한 성령을 통하여서 단번에 하나님께 희생 제물로 드려지셨다. 그래서 그의 아버지의 공의를 전적으로 만족시키셨다. 그리고 아버지께서 그에게 주신 모든 것들 위한 화목을 이루셨을 뿐만 아니라 하늘 나라의 영원한 유업을 얻으셨다.

6. 비록 그리스도의 성육신 이후 까지는 구속의 사역이 실지로 그리스도에 의하여서 이루어진 것이 아니지만, 여전히 그 가치와 효력과 혜택이 모든 택자들에게 세상의 시작으로부터 모든 시대에 계속해서 그러한 약속들과 예표와 제사들 안에서 그리고 그것들에 의하여서 교류되었다. 그런 점에서 그가 계시되었고 여자의 씨로서 알려지셨다. 그는 뱀의 머리를 상하게 하신 분이시고 어제나 오늘이나 동일하게 영원토록 태초부터 죽임을 당하신 어린양이시다.

7. 중보의 사역 안에 그리스도께서는 두 본성을 따라서 행하신다. 각각의 본성에 의하여서 그가 합당하게 그 자체로서 행하신다. 여전히 위격의 연합의 이유에 의하여서 성경 안에서 때때로 한 본성에 고유한 것이 다른 본성에 의하여서 불리어진 위격에게로 돌린다.

8. 그리스도께서 구속을 위해 대가를 치른 모든 자들에게 확실하고 효과적으로 동일하게 그것을 적용시키시고 전달하신다. 그들을 위해 중재하시고 말씀 안에 말씀에 의하여서, 구원의 신비를 그들에게 계시하기 위하신다. 그리고 효과적으로 성령에 의하여서 그들을 믿어 순종케 하신다. 그리고 그의 말씀과 성령으로 그들의 마음을 다스리신다. 그리고 그의 전능하신 능력과 지혜에 의하여서 그러한 방식 안에서 그러한 방법으로 그의 경이롭고 불가해한 경륜에 가장 일치하게 그들의 모든 원수들을 정복하신다.

[해 설]

웨스트민스터 신앙 고백서는 예수 그리스도의 삼중직을 진술한다. 그것이 바로 선지자와 제사장과 왕의 직분이다. 그는 교회의 머리로서 만물의 후사로서 세상의 심판주로서 주셨다(the Prophet, Priest and King, the Head and Saviour of his Church, Heir of al things, and Judge of the world)고 한다.

그리고 그의 씨로서 한 백성들 주셨다. 그래서 그에 의하여서 적절한 때에 구속하시고 부르시고 의롭다 하시고 거룩하게 하시고 영화롭게 하신다.

간단한 구원의 서정을 소개한다. 더 자세한 부분은 다른 부분에서 다룬 것으로 알고 그때 좀 더 자세하게 살펴보기로 한다.

2절에서 예수 그리스도의 신분과 낮아지심에 대하여서 다룬다.

그의 원래 신분은 "삼위일체의 두 번째 위격이신 하나님의 아들"(The Son of God, the second person in the Trinity,)이시다. 그리고 "아버지와 한 실체이시고 동일하신 분이시다."(of one substance, and equal with the Father)

이것은 예수 그리스도의 신성을 따라서 된 진술이다. 그리스도께서는 신성을 따라서는 아버지와 한 실체이시고 동일하신 분이시다. 그리고 인성을 따라서는 "인간의 본성을 취하시고" "인성의 모든 본질적 특성과 함께 인류의 공통적인 연약함을 타고 나셨으나 죄는 없으시다."(man's nature, with all the essential properties and common infirmaties thereof, yet without sin) "그래서 두개의 전적으로 완전한 구별되는 본성들을 가지신 신성과 인성의 분리될 수 없는 한 위격 안에 속성간의 전환 없이 혼합이나 혼동 없이 결합되셨다."(So that two whole, perfect, and distinct natures, the Godhead and the manhood, were inseparably joined together in one person, without conversion, composition, or confusion)

제 9 장 자유 의지에 대하여서

1. 하나님께서 본성적 자유를 가지고 인간의 의지를 부여하셨다. 즉 그것은 선과 악에 대하여서 강제적이지도 않고 어떤 절대적 본성의 결정된 필요성에 의하여서도 아니다.

2. 인간은 그의 무흠한 상태 안에서 의지에 대한 자유와 권세를 가지고 있었다. 그래서 그는 하나님께 선하고 그가 기뻐하실 것을 행할 수 있었다. 그러나 여전히 가변적이고 그래서 그는 그로부터 타락할 수 있었다.

3. 죄의 상태로 떨어짐으로서 인간은 전적으로 구원을 동반하는 영적인 선에 대한 의지의 능력을 모두 잃어 버렸다. 그래서 자연인으로서 그러한 선으로부터 게다가 뒤집어졌고 그리고 죄 안에서 죽었다. 그 자신의 능력으로는 그 스스로를 돌이키거나 혹은 그 자신을 그로부터 준비시키는 것을 행할 수 없게 되었다.

   4. 하나님께서 죄인을 돌이키실 때에 그리고 그들을 은혜의 상태 안으로 돌이키실 때, 하나님께서 죄인을 죄의 본성적 결박으로부터 자유롭게 하신다. 그리고 오직 그의 자유로운 은혜로서만이 영적 선을 의도하거나 행하게 하신다. 여전히 그렇다고 해도, 죄인 안에 남아 있는 부패성의 이유로 그가 완전하게 행할 수 없고 선만을 의도할 수 없다. 오히려 악을 의도하기도 한다.

   5. 인간의 의지는 오직 영화의 상태 안에서만 선에 대하여서 행할 완전하고 불변하는 자유를 가지게 된다.

[해 설]

   웨스트민스터 신앙 고백서는 1절에서 타락 이전에 주어진 인간의 자유 의지에 대하여서 진술한다.

   그것은 본성적 자유를 가진 의지였다.(will of man with that natural liberty) 그래서 그것은 어떤 강압적인 것이나 선악에 대하여서 본성의 절대적 필연성에 의하여서 결정되는 것이 아니었다.(nor by any absolute necessity of nature determined, to good or evil) 그래서 2절에서 "인간은 무흠한 상태에서 의지에 대한 자유와 권세를 가지고 있었다."(in his state of innocency, had freedom and power to will)고 진술한다. 그러나 여전히 가변적이었다. 그래서 타락할 수 있었다(yet mutably, so that he might fall from it)고 말한다.

   3절에서 웨스트민스터 신앙 고백서는 노예 의지론을 피력한다. 그것은 인간이 죄의 상태로 떨어져서 영적 선에 대한 의지의 능력을 모두 잃어 버렸다는 것이다.(by his fall into a state of sin, hath wholly lost all ability of will to any spiritual good) 그러므로 그 자신의 능력으로는 그 스스로를 돌이키거나 혹은 그 자신을 그로부터 준비시키는 것을 행할 수 없게 되었다고 한다.(is not able, by his own strength, to convert himself, or to prepare himself thereunto)

제 10 장 효과적 부르심에 대하여서

1. 하나님께서 생명에 이르도록 예정하신 모든 자들과 오직 그가 기뻐하시는 모든 자들은 그의 적당한 때에, 그의 말씀과 성령에 의하여서 죄와 죽음의 상태로부터 돌이킴을 받고 효과적으로 부르심을 받는다.

  그들은 본성적으로 죄와 죽음의 상태에 있는데 예수 그리스도에 의하여서 은혜와 구원으로 인도된다. 그들의 마음은 영적으로 빛을 받고 그리고 하나님에 대하여서 구원하는 이해를 하게 되며 돌과 같은 마음이 사라지고, 살과 같은 마음을 그들이 받는다. 그들의 의지는 새롭게 되고, 그의 전능하신 능력으로 그들은 선함에 이르도록 정하여지고 그들을 예수그리스도에게 효과적으로 이끌려진다. 여전히 그들이 가장 자유롭게 나아오는 그대로 그의 은총에 의하여서 자발적으로 하게 하신다.

  2. 이 효과적 부르심은 오직 하나님의 자유로우신 특별한 은총으로부터 오는 것이다. 그것은 전혀 인간 안에 어떤 것을 미리 보시는 것으로부터가 아니다. 성령에 의하여서 살아나게 되어 새롭게 되기 전까지 그는 전혀 수동적이다. 그것에 의하여서 그는 이 부르심에 답변할 수 있고 그 안에서 제공된 은혜를 받아들이며 전달 받을 수 있다.

  3. 선택된 유아들은, 어려서 죽었을 때에, 하나님께서 기뻐하시는 때에 기뻐하시는 곳에서 그리고 기뻐하시는 방법으로 그리스도에 의하여서 성령을 통하여서 중생이 되고 구원을 받는다. 그래서 말씀의 사역에 의하여서 외적으로 부르심을 받을 수 없는 다른 택자들 또한 그러하다.

  4. 선택되지 않은 나머지는 비록 그들이 말씀의 사역에 의하여서 부름을 받았다고 해도, 그리고 성령의 일반적인 사역을 가지고 있다고 해도, 여전히 그들은 결코 참으로 그리스도에게 오지 않는다. 그러므로 구원을 받을 수 없다. 더더욱 자연의 빛을 따라서 그들의 삶을 형성시키기 위해서 그렇게 부지런하게 하는 무엇이든지 어떤 방법으로도 기독교 종교를 고백하지 않는 자는 구원을 받을 수 없다. 그리고 그들이 고백하는 그러한 종교의 법과 그들이 주장하고 유지하려고 하는 것들은 매우 유해하고 혐오스러운 것이다.

[해 설]

  웨스트민스터 신앙고백은 효과적으로 부르심에 대하여서 그 기초가 하나님의 영원하신 예정이라는 사실을 밝히고 있다.

"1. 하나님께서 생명에 이르도록 예정하신 모든 자들과 오직 그가 기뻐하시는 모든 자들은 그의 적당한 때에, 그의 말씀과 성령에 의하여서 죄와 죽음의 상태로부터 돌이킴을 받고 효과적으로 부르심을 받는다."고 하는 구절이다. 그리고 효과적 부르심에 대한 은혜의 방도는 "말씀과 성령"이다.

이 절에서 중요한 것은 "그들의 마음이 영적으로 빛을 받고 그리고 하나님에 대하여서 구원하는 이해를 하게 된다."(enlightening their minds spiritually and savingly to understand the things of God)고 하는 것이다. 그때에 그들이 돌과 같은 마음으로부터 살과 같은 부드러운 마음을 갖게 된다고 말한다.(taking away their heart of stone, and giving unto them an heart of flesh) 결국 그리스도인이 되었다는 것은 하나님 말씀에 대하여서 돌같은 폐쇄적이고 닫혀 있는 마음(mind)의 상태로부터 개방적이고 열려있는 마음(mind)의 상태로 바뀐다는 것이다.

그리고 이어서 "그들의 의지를 새롭게 하시며"(renewing their wills)라고 고백한다. 결국 의지가 선함에 이르도록 새롭게 된다고 하는 것이다. 그리고 효과적으로 예수 그리스도에게로 그들이 이끌리게 된다는 것이다. 그리고 그들은 가장 자유롭게 되며 그의 은혜로 자발적으로 그렇게 된다고 고백 한다.

2절에서 웨스트민스터 신앙 고백에서는 이러한 효과적 부르심이 하나님의 자유로우시고 특별한 은혜(God's free and special grace)라고 말한다. 그리고 이러한 교리적 진술은 그 다음에 언급하고 있는 본문과 연결되어서 인간의 모든 가치에 선행하여서 하나님의 자유로우시고 기뻐하셨던 뜻이 있었다고 하는 교리적 입장을 고백한다. 그것은 바로 "그것은 전혀 인간 안에 어떤 것을 미리 보시는 것으로 부터가 아니다."(not from any thing at all foreseen in man)라는 것이다. 오히려 성령께서 그들을 깨우시고 새롭게 하시기 전까지 전적으로 수동적이라고 진술한다.(who is altogether passive therein, until, being quickened and renewed by the Holy Spirit)

제 11 장 칭의에 대하여서

1. 하나님께서 효과적으로 부르신 자들은 자유롭게 의롭다함을 얻는다. 그들 안으로 의를 주입시키심으로서가 아니라 그들의 죄를 사하심으로서 그리고 그들의 인격들을 의롭다 여기시고 받아들이심으로서 그러하다. 그것은 그들 안에 어떠한 이점이나 그들의 행위로 인하여서가 아니라 오직 그리스도로 인하여서 이다.

그 자체로서 믿음을 주입시켜서도 아니고, 신자의 행위로서도 아니고, 어떤 다른 복음적 순종으로서도 아니다. 이것은 그들에게 그들의 의로서 되는 것이 아니다. 그러나 그들에게 그리스도의 순종과 만족을 귀속시키심으로서 그러하다. 그들은 그리스도를 영접하고 믿음으로 그의 의를 신뢰한다. 그 믿음은 그들 자신으로부터 얻은 것이 아니라 하나님의 선물이다.

2. 신앙은, 그리스도와 그의 의를 영접하고 신뢰하는 것인데 오직 칭의의 수단이다. 여전히 칭의 받은 인격 안에는 그것만 있는 것이 아니라 모든 다른 구원하는 은혜가 함께 있고 그것은 죽은 믿음이 아니라 사랑으로 역사하는 것이다.

3. 그리스도께서 그의 순종과 죽음으로서 전적으로 의롭게 된 모든 자들의 빚을 탕감해 주셨다. 그리고 그들 편에서 아버지의 공의를 합당하게 실재로 전적으로 만족시키셨다. 여전히 그가 아버지에 의하여서 그들을 위하여서 주어졌다. 그리고 그들을 대신하여서 그의 순종과 만족이 받아들여졌다. 양쪽 다 자유롭게, 그들 안에 어떠한 이점을 인하여서도 아니다. 그들의 칭의는 오직 자유로우신 은총으로부터 있다. 즉 엄밀한 공의와 하나님의 부요한 은총은 양쪽 다 죄인들의 칭의 안에서 영광스럽게 된다.

4. 하나님께서 영원으로부터 모든 택자들을 의롭다고 작정하셨다. 그리고 그리스도께서 때가 차매 그들의 죄를 위하여서 죽으셨고 그리고 그들을 의롭다 하시기 위하여서 다시 사셨다. 그럼에도 불구하고 그들은 성령께서 합당한 때에 그들 위에 실재적으로 그리스도를 접붙여 주시기 전까지 의롭게 되지 못한다.

5. 하나님께서 의롭게 된 자들의 죄를 계속 사하여 주신다. 그리고 비록 그들이 의롭게 된 상태로부터 결코 떨어질 수 없지만, 여전히 그들은 그들의 죄에 의하여 하나님 아버지의 불쾌하심 아래로 떨어질 수도 있다. 그리고 그들이 스스로를 낮추고 죄악을 자백하고, 용서를 구하고, 신앙을 새롭게 하고 회개하지 않는 한은 그들에게 회복된 얼굴빛을 보여주지 아니하실 것이다.

6. 구약 아래에 신자들의 칭의는 신약 아래의 신자들의 칭의와 모든 관점에서 하나이고 동일하다.

[해 설]

"1. 그것은 그들 안에 어떠한 이점이나 그들의 행위로 인하여서가 아니라 오직 그리스도로 인하여서 이다. 그러나 그들 위에 그리스도의 순종과 만족을 전가시키심으로서 그러하다."(not for nay thing wrought in them, or done by them, but for Christ's sake alone: but by imputing the obedience and satisfaction of Christ unto them.) 이 본문을 통해 칭의가 무엇인가를 알았다. 그것은 오직 전적으로 그리스도의 공로로 구원을 얻는다는 것이다.

웨스트민스터 신앙 고백서는 2절에 신앙에 대하여서 정의한다.

"2. 신앙은, 그리스도와 그의 의를 영접하고 신뢰하는 것인데 오직 칭의의 수단이다."(Faith, thus receiving and resting on christ and his righteousness, is the alone instrument of justification;)

웨스트민스터 신앙 고백서는 그리스도의 죽으심에 대하여서 두 가지로 나누어지는 효력을 고백한다.

"3. 그리스도께서 그의 순종과 죽음으로서 전적으로 의롭게 된 모든 자들의 빚을 탕감해 주셨다. 그리고 그들 편에서 아버지의 공의를 합당하게 실재로 전적으로 만족시키셨다."(Christ, by his obedience and death, did fully discharge the debt of all those that are thus justified, and did make a proper, real, and full satisfaction to his Father's justice in their behalf)

제 12 장 양자됨에 대하여서서

1. 하나님께서 칭의 된 모든 자들을 그의 독생자 예수 그리스도 안에서 그리고 그를 인하여서 양자됨의 은혜에 참여함을 허락하셨다. 그것으로부터 그들은 일정한 수 로 취해지고 자유와 하나님의 자녀 된 특권을 누린다. 그리고 하나님의 이름이 그들에게 주어지고 양자의 영을 받으며 담대하게 은혜의 보좌 앞에 나아간다. 그리고 아바 아버지라 부를 수 있게 되고 긍휼을 받으며, 보호받고, 제공받으며, 아버지에 의하여서 처럼 그리스도에 의하여서, 순화되고 결코 내어 쫓기지 않으며, 구속의 날까지 인쳐지고 영원한 구원의 상속자로서 약속을 물려받는다.

[해 설]

웨스트민스터 신앙 고백서는 양자됨을 1절로 표현한다. 그 특징은 다음과 같다. 양자됨은 독생자 예수 그리스도 안에서 허락된 것이다.(vouchsafeth, in and for his only Son Jesus Christ) 그리고 하나님의 자녀 됨의 특권을 누린다.(enjoy the liberties and privileges of the children of God) 그래서 양자의 영을 받아담대하게 은혜의 보좌로 나아간다.(receive the Spirit of adoption) 그리고 아바 아버지라 부를 수 있게 된다.(enabled to cry, Abba, Father) 결국 구속의 날에 구원의 상속자로서 약속을 물려받는다.(to the day of redemption, inherit the promises, as heirs of everlasting salvation)

제 13 장 성화에 대하여서

1. 효과적으로 부르심을 받고 중생한 그들은 새 마음을 가지고, 그들 안에 새로운 영을 창조 받는다. 실재적으로 그리고 인격적으로 더욱 그리스도의 죽음과 부활의 효력을 통하여서 그의 말씀과 그들 안에 거하시는 성령에 의하여 거룩하게 된다. 죄로 인한 몸 전체에 대한 지배는 사라진다. 그리고 몇 가지 정욕들이 더욱 약해지고 사라진다. 그리고 그들은 모두 구원하는 은혜 안에 더욱 살아나고 참된 거룩함의 실행이 더욱 강력해진다. 이것이 없이는 어떤 사람도 주님을 볼 수 없는 것이다.

2. 성화는 전인 안에서 일생을 통하여서 지속된다. 그러나 여전히 이 세상에서는 불완전함이 있다. 그러므로 여전히 모든 부분에 있어서 부패의 찌꺼기가 약간 남아 있다. 그러므로 지속적이고 화해할 수 없는 싸움이 일어난다. 성령에 대적하는 육신의 정욕과 육신에 대적하는 성령의 역사가 있다.

3. 그 싸움 안에서, 비록 일시적으로 남아 있는 부패가 강하게 지배할지라도, 여전히, 거룩케 하시는 그리스도의 영으로부터 지속적인 강력한 공급을 통하여서 중생한 부분이 승리한다. 그리고 성도들은 은혜 안에서 자라고 하나님을 경외 안에서 완전한 거룩함을 이룬다.

[해 설]

먼저 새 마음을 가지게 되고 그들 안에 창조된 새로운 영을 가지게 된다.(having a new heart and a new spirit created in them), 그리고 그의 말씀과 그들 안에 거하시는 성령에 의하여서 거룩하게 된다.(farther sanctified by his word and Spirit dwelling in them) 그리고 죄로 인한 몸 전체에 대한 지배는 사라진다(the dominion of the whole body of sin is destroyed)고 한다.

그들은 모든 구원하는 은혜 안에서 더욱 살아나고 강하게 된다.(they more and more quickened and strengthened in all saving graces)

웨스트민스터 신앙 고백서는 "2. 성화가 전인 안에 일생을 통해 지속되지만, 여전히 이 세상에서는 불완전하다."(II. This sanctification is throughout in the whole man, yet imperfect in this life)고 고백한다.

제 14 장 구원하는 신앙에 대하여서

1. 신앙의 은총 그것으로 택자들이 그들의 영혼의 구원에 대하여서 믿을 수 있는 그것은 그들의 마음 안에서 역사하시는 그리스도의 영의 사역이다. 그리고 일반적으로 말씀의 사역에 의하여서 일하신다. 그것으로 또한 그리고 성례의 시행과 기도에 의하여서 확대되고 강화된다.

2. 이러한 믿음에 의하여서, 기독교인은 하나님 자신이 거기에 말씀하신 권세를 인하여서 말씀 안에서 계시된 것은 무엇이든지 참되다고 믿는다. 그리고 각각의 특별한 구절들을 포함하는 것에 따라서 다르게 행동한다. 명령에 순종하여 복종하고 경고에 떨기도 하고 이 생애 동안 그리고 오는 생에 있어서 하나님의 약속을 받아들인다. 그러나 구원하는 신앙의 원리적 행위는 은혜 언약의 효력에 의한 칭의와 성화와 영원한 생명을 위하여 오직 그리스도를 영접하고 받아들이며 신뢰하는 것이다.

3. 이 신앙은 정도에 있어서 약하고 강한 차이가 있다. 종종 그리고 여러 방법으로 공격을 받고 약해지기도 한다. 그러나 승리를 얻는다. 우리 믿음의 원인자이시고 종결자 되시는 그리스도를 통한 전적인 보증에 이르도록 여러 방면으로 자라게 된다.

제 15 장 생명에 이르는 회개에 대하여서

1. 생명에 이르는 회개는 복음적 은혜이다. 그 교리는 그리스도 안에서 신앙의 그것과 함께 복음의 모든 사역에 의하여서 선포되는 것이다.

2. 그것에 의하여서 죄인은 하나님의 의로운 법과 거룩한 본성에 반대하는 것으로서 위험한 것일 뿐만 아니라 그의 죄의 더러움과 가증함의 시각과 감각으로부터 그리고 죄를 회개하는 것에 이르도록 그리스도 안에서 그의 자비의 이해력으로 그렇게 그의 죄를 미워하고 그것을 슬퍼하며 그래서 하나님께로 그것들 모두로 부터 돌이키고 그의 계명들의 모든 방법들 안에서 그와 함께 걷기 위하여서 결심하고 노력한다.

3. 비록 회개가 죄에 대한 만족이 되거나 사죄의 어떤 원인이 될 수 없고 오직 그리스도 안에서 하나님의 자유로운 은혜의 행위이지만, 여전히 회개 없이 사죄를 기대할 수 없을 정도로 모든 죄인들에게 필수적이다.

4. 정죄 받을 수 없을 만큼 작은 죄는 없다. 그러나 참으로 회개하는 자들에게 정죄를 가져다 줄 수 있을 만큼 큰 죄는 없다.

5. 사람들은 일반적 회심에 그들 스스로를 만족 시킬 수 없다. 그러나 그들의 개인적인 죄들을 개인적으로 회개함에 이르도록 노력하는 것은 모든 사람들의 의무이다.

6. 모든 사람은 하나님께 사죄를 간구함으로서 그의 죄의 개인적 자백을 함에 따라, 그것들을 버림으로서 그가 자비를 얻게 될 것이다. 그의 형제를 그리스도의 교회를 모욕시켰던 그는 자발적으로 죄에 대한 개인적으로나 공적으로 자백과 슬퍼함에 의하여서 화해할 수 있고 그를 사랑으로 받아들이는 피해자들에게 그의 회개를 선포하여야 한다.

[해 설]

웨스트민스터 신앙 고백서는 3절에서 "회개가 죄에 대한 만족이 되거나 사죄의 어떤 원인이 될 수 없고 오직 그리스도 안에서 하나님의 자유로운 은혜의 행위이다."(repentance be not to be rested in, as any satisfaction for sin, or any cause of the pardon thereof, which is the ac of God's free grace in Christ)라고 말한다.

제 16 장 선한 행위에 대하여서

1. 선한 행위는 하나님께서 그의 말씀 안에서 명령하신 것이다. 그리고 그것으로부터의 보증 없이 인간에 의하여서 눈먼 질투나 선한 의도를 가진 척하는 어떤 것도 선행이 아니다.

2. 이러한 하나님의 계명에 대하여서 순종으로 행하는 선한 행위는 참되고 살아 있는 신앙의 열매와 증거이다. 그래서 그것들에 의하여서 신자들은 그들의 감사와 그들의 보증을 확실하게 하는 것을 드러낸다. 그리고 그들의 형제를 교화하며 복음의 고백을 장식하고 대적자들의 입을 막고, 하나님을 영화롭게 한다. 그들은 그리스도 예수 안에서 창조된 하나님의 솜씨이다. 그들의 열매는 거룩함에 이

르고 그들의 마지막은 영생이다.

3. 그들의 선한 일을 행하는 능력은 그들 자신으로부터가 아니라 전적으로 그리스도의 영의 사역이다. 그리고 그들은 그것에 대하여서 행할 수 있다. 무엇보다 그들은 은혜를 이미 받았다. 그래서 거기에는 그의 선하신 기뻐하심으로 의도하시고 행하시도록 그들 안에서 역사하시는 동일한 성령의 실재적 효력이 요구된다.

[해 설]

웨스트 민스터 신앙 고백서는 2절에서 "하나님의 계명에 대하여서 순종으로 행하는 선한 행위는 참되고 살아 있는 신앙의 열매와 증거이다."(These good works, done in obedience to God's commandments, are the fruits and evidences of a true and lively faith)라고 고백한다.

그리고 이어서 3절에 "그들의 선한 일을 행하는 능력이 그들 자신으로부터가 아니라 전적으로 그리스도의 영의 사역이라"(Their ability to do good works is not at all of themselves, but wholly from the spirit of Christ)고 고백한다. 웨스트민스터 신앙 고백서는 성화가 전적으로 그리스도의 영의 사역이라고 고백한다. 결국 중생과 회심과 믿음과 칭의 뿐만 아니라 성화조차도 전적으로 그리스도의 영의 사역이며 인간의 공로의 산물이 아니라는 것이다.

제 17 장 성도의 견인에 대하여서

1. 하나님께서 그의 사랑 안에서 영접하셔서 성령에 의하여서 효과적으로 부르심을 받고 거룩하게 된 그들은 결코 전적으로 은혜의 상태로부터 궁극적으로 타락할 수 없다. 오히려 마지막까지 확실하게 거기에 유지되고 그리고 영원히 구원을 받는다.

2. 이러한 성도의 견인은 그들 자신의 자유 의지에 달려있는 것이 아니라 선택 작정의 불변성에 기초한다. 그것은 아버지 하나님의 자유롭고 변치 않는 사랑으로부터 흘러나오기 때문이다. 그래서 그것은 예수 그리스도의 중보사역과 공로의 효력과 성령의 내주하심과 그들 안에 하나님의 씨의 내재함과 은혜 언약의 본성에 기초한다. 그리고 그 모든 것은 확실성과 불멸성을 또한 일으킨다.

3. 그럼에도 불구하고 그들은 사단과 세상의 유혹을 통하여서 그리고 그들 안에 남아 있는 부패의 만연성과 그들의 보존의 수단들을 방치함으로서 통탄할 죄악

에 떨어지기도 하고 잠시 동안 그 상태가 계속되기도 한다. 그것으로 그들은 하나님의 불쾌하심을 초래하기도 하고 그의 성령을 근심케 한다. 그래서 그들의 은혜와 위로의 어떤 상태가 박탈되기도 하고 그들의 마음이 강퍅케 되기도 하고 그들의 양심이 상처를 입기도 한다. 그리고 다른 사람을 상하게도 하고 격노시키기도 하고 그들에게 일시적인 심판이 초래되기도 한다.

[해 설]

웨스트민스터 신앙고백서는 1절에서 "성령에 의하여서 효과적으로 부르심을 받고 거룩하게 된 그들은 결코 전적으로 은혜의 상태로부터 궁극적으로 타락할 수 없다."(effectually called and sanctified by his Spirit, can neither totally nor finally fall away from the state of grace)고 고백한다. 이러한 성도의 견인 교리는 도르드레히트 신앙 고백서에서도 주지되고 있는 것이다.

2절에서 "성도의 견인은 그들 자신의 자유 의지에 달려있는 것이 아니라 선택 작정의 불변성에 기초한다."(This perseverance of the saints depends not upon their own free will, but upon the immutability of the decree of election,)고 고백한다. 이어서 "그것은 아버지 하나님의 자유롭고 변치 않는 사랑으로부터 흘러나오기 때문이다."(flowing from the free and unchangeable love of God the Father)고 진술한다.

제 18 장 은혜와 구원의 확실성에 대하여서

1. 비록 외식하는 자들과 다른 중생하지 못한 자들이 헛되이 그들 스스로를 하나님의 은혜와 구원의 상태에 있는 듯이 거짓된 소망과 육신적 추측으로 속일지라도, 그들의 그러한 소망은 사라질 것이다. 그러나 여전히 주 예수 안에서 참되게 믿는 자로서 그리고 신실하게 그를 사랑하는 자로서 그 앞에서 모든 선한 양심으로 행하려고 애쓰는 자들은 이 생애에서 확실하게 그들이 은혜의 상태에 있다는 것을 보증한다. 그리고 그들은 하나님의 영광의 소망 안에서 기뻐할 것이다. 그 소망은 결코 그들을 부끄럽게 하지 않는다.

2. 이러한 확실성은 잘못된 소망에 기초를 둔 단지 짐작되고 추측된 신념이 아니라 구원의 약속의 신적 진리에 기초한 신앙의 확실한 보증이다. 그러한 약속들이 산출된 은혜의 내적 증거는 우리의 영과 함께 우리가 하나님의 자녀라고 증거

하시는 양자의 영의 증거이다. 그 성령께서 우리 상속의 담보이시다. 그로부터 우리는 구속의 날까지 인치심을 얻게 된다.

3. 이러한 불변하는 보증은 믿음의 본질에 속한 것은 아니다. 그러나 참된 신자는 그가 그것에 참여하기 전까지 긴 시간 기다려야 하고 많은 여러움을 겪어야 한다. 그러나 여전히 그들은 성령에 의하여서 하나님께서 자유롭게 주신 것들을 알 수 있다. 비상한 계시 없이 그는 정규적인 방법을 바르게 사용함으로서 그러한 상태에 이를 수 있다. 그리고 그의 부르심과 선택을 확실하게 하는 것은 모든 자들의 의무이다. 그러므로 그의 마음은 성령 안에서 평강과 기쁨으로 확대되고 하나님에 대한 사랑과 감사로 확대되며 순종의 의무에 대하여서 강화와 기쁨이 넘친다. 이러한 확실성의 합당한 열매를 맺는다. 그래서 잃어버림에 대해 기우는 경향으로부터 멀어진다.

4. 참된 신자들은 그들의 구원의 보증을 가지고 있다. 그것은 다양하게 흔들리고, 축소되고 일시적으로 멈추기도 한다. 태만함으로 그것을 보존하려다가 타락에 의하여서 약간의 특별한 죄를 안으로 떨어지기도 한다. 그것은 양심에 상처를 내고 그리고 성령을 근심케 하고 돌연적이고 갑작스러운 시험에 의하여서 그렇게 되기도 하고 하나님께서 그의 얼굴빛을 돌이키심으로서 어둠 가운데 걷고 있다는 두려움으로 비롯된 고통을 겪기도 한다. 그리고 빛이 없는 상태에 이르기도 한다. 그러나 여전히 그들은 결코 전적으로 하나님의 그 씨의 결핍이 없으며 신앙의 생명과 그리스도의 사랑과 형제의 사랑이 마음의 신실성과 양심의 의무감으로 성령의 역사에 의하여서 그것으로부터 이 보증이 합당한 때에 소생하게 되고, 그것으로 적당한 때에 그들은 완전한 절망으로부터 지지를 받는다.

제 19 장 하나님의 율법에 대하여서

1. 하나님께서 행위 언약의 법으로서 아담에게 주신 율법은 그와 그의 후손들이 그것에 기초하는 법으로서 인격적이고 전적으로 엄밀하게 영속적으로 순종해야 하는 법이었다. 그 성취를 통해 생명이 약속되었다. 그리고 그것을 파괴시킴으로서 죽음의 위협을 직면하게 된다. 그리고 하나님께서는 그에게 그것을 지킬 능력과 권세를 주셨다.

2. 이 율법은 그의 타락 이후에 의의 완전한 법칙으로서 지속적이다. 그리고 그와 같은 율법이 시내산에서 하나님에 의하여서 주어졌다. 그것이 십계명이다. 그리

고 그것이 두 돌판에 기록되었다. 첫 네 계명은 하나님을 향한 우리의 의무를 포함하는 계명이다. 그리고 나머지 여섯 계명은 사람을 향한 우리의 의무를 포함하는 계명이다.

3. 일반적으로 도덕법이라고 불리는 이 십계명에 첨가하여서, 하나님께서는 유아 교회로서 이스라엘 백성들에게 몇 가지 전형적인 의무들을 포함하는 의식법을 주시기를 기뻐하셨다. 부분적으로 예배와 그리스도에 대한 예표와 그의 은혜와 행위들과 고난과 혜택을 드러내고 부분적으로 도덕적 의무의 약간의 교훈을 가지고 있다. 모든 의식법은 지금 신약 아래에서 폐지되었다.

4. 정치적 공동체로서 그들에게 그가 여러 가지 형법을 주셨다. 그것은 그 사람들의 상태와 함께 만료되는 법이었다. 그래서 지금뿐만 아니라 장래에도 그 법이 요구하는 일반적 형평성으로부터 더욱 지금 강제성이 없다.

5. 도덕법은 의롭게 된 자들뿐만 아니라 다른 자들에게도 그것으로 순종에 이르도록 영원토록 구속력을 가지고 있다. 그리고 그것을 포함하고 있는 일들에 관해서 뿐만 아니라 그것을 주신 창조주 하나님의 권한의 관점에서도 그러하다. 그리스도께서 복음 안에서 결코 어떤 것도 해체시키지 아니하셨다. 오히려 이러한 의무를 강화하셨다.

6. 비록 참된 신자들이 그것으로 의롭게 되거나 정죄되는 행위 언약으로서 율법 아래에 있지는 않다고 해도, 여전히 그것은 그들에게 뿐만 아니라 다른 사람들에게도 효용이 있다. 그 안에 생명의 법칙으로서 하나님의 뜻으로 그것들을 형성시킨다. 그리고 그들의 의무로서 그것들을 따라 걷도록 지시하고 결속한다. 그리고 그들의 본성과 마음과 생활들 안에 죄악 된 오염을 또한 발견한다. 그래서 그들 스스로를 그것에 의하여서 시험을 받고 그들은 게다가 죄에 대하여서 확신하게 되고 겸손하게 되어 죄를 미워하기에 이른다. 그리고 함께 그들은 더 분명한 시력을 가지고 그리스도를 갈구하고 그의 순종의 완전성을 갖고자 한다. 그와 동일하게 중생한자들에게 그것은 그들의 부패를 억제하는데 유용하다. 그리고 그것에 대한 두려움이 비록 율법 안에 있는 두려움의 저주로부터 자유케 되었다고 해도 그들의 죄 들이 얼마나 형벌을 받기에 합당하며 이 세상에서 재난을 피할 수 없다는 것을 직감하게 한다. 그와 같은 방식 안에서 그것에 대한 약속들은 그들에게 순종에 대한 하나님의 약속을 보여준다. 그리고 그것으로 수행되는 축복을 기대하게 된다. 비록 행위 언약으로서 그 율법에 의하여서 그들에게 기인하지 않을 지라도 그러하

다. 그래서 인간의 죄로부터의 억제와 선한 행위가 율법으로 인하여서 격려되고 다른 것들로부터 깨끗하게 된다. 그러나 그것이 그의 율법 아래에서의 있는 증거가 아닌 것처럼 은혜 아래 있다는 증거도 아니다.

7. 앞에서 열거한 율법의 사용이 복음의 은총에 반대되는 것이 아니라 그것과 함께 아름답게 조화를 이룬다. 이는 그리스도의 영이 인간의 의지를 율법 안에 계시된 하나님의 뜻이 행하도록 요구하는 것을 자유롭고 기쁨으로 행할 수 있도록 복종시킨다.

제 20 장 그리스도인의 자유와 양심의 자유

1. 복음 아래에서 신자들을 위하여서 그리스도께서 사신 자유는 그들의 모든 죄책으로부터, 하나님의 정죄의 진노로부터, 도덕법의 저주로부터, 그리고 이 악한 세상과 사탄의 올무로부터 죄에 매임으로부터 고통의 악으로부터 죄의 부추김으로부터, 무덤의 승리 및 영원한 정죄로부터 구출되는 자유이다. 그리고 또한 그것은 하나님께 자유롭게 가까이 가고 노예적 공포로서가 아니라 어린 아이 같은 사랑과 자발적인 하나님께 대한 그들의 순종으로 되어 있다. 그것이 율법 아래에 있는 모든 신자들에게도 마찬가지이다. 그러나 새 언약 아래에서 그리스도인의 자유는 유대 교회가 복종하였던 그 의식법의 멍에로부터 그들의 자유가 더욱 확대되었다. 그리고 그들은 율법 아래에 일반적으로 그것에 참여하였던 신자들보다 은혜의 보좌에 담대하게 나아가고 하나님의 영의 더욱 충만한 교제를 누리게 되었다.

2. 하나님께서 홀로 양심의 주가 되신다. 그리고 그것은 믿음과 경배의 경우에 있어서 그의 말씀에 반대되거나 그것을 제쳐두는 인간의 가르침과 명령으로부터 자유롭게 하셨다. 그래서 양심에 거스르는 그러한 가르침을 믿거나 그러한 계명에 복종하는 것은 참된 양심의 자유를 거역하는 것이다. 그리고 맹목적인 신앙의 강요나 절대적인 맹종은 양심과 이성의 자유를 파괴하는 것이다.

3. 그리스도인의 자유의 구실로 어떠한 죄를 실행하거나 정욕을 품는 것은 그리스도인의 자유의 목적을 파괴하는 것이다. 그것은 우리의 원수들의 손에 넘겨지는 것이고 그것은 우리가 우리의 생활에 날마다 하나님 앞에서 거룩함과 의로움 경외심 없이 주님을 섬기는 것이 된다.

4. 왜냐하면 하나님께서 정하신 능력과 그리스도께서 사신 자유는 하나님에 의하여서 파괴되도록 의도되지 않았기 때문이다. 오히려 상호 지지하고 보존하도록

의도되었다. 그리스도인의 자유를 구실로 시민법이건 교회법이건 어떤 합법적인 권세나 그것의 합법적인 시행을 반대하는 자는 하나님의 질서에 저항하는 것이다. 그리고 믿음에 대해서건 예배에 대해서건 혹은 담화에 대한 것이든 그러한 견해를 출판하는 자들은 자연의 빛이나 기독교의 알려진 원리에 역행하는 것이다. 경건의 능력에 대한 것이건 그런 오류가 있는 의견이나 그들 자신의 본성으로서의 실행이건 혹은 그러한 것들을 출판하거나 유지하는 방법 안에 있건 그러한 것들은 그리스도께서 교회 안에 세우신 외적 평화와 질서에 대하여서 파괴적이다. 그들은 합법적으로 교회의 견책이나 시민적 권세에 의하여서 나아가서 설명하도록 소환될 것이다.

[해 설]

1절에서 그리스도께서 사신 자유는 하나님께 자유롭게 가까이 가고 노예적 공포서가 아니라 어린 아이 같은 사랑과 자발적인 하나님께 대한 그들의 순종으로 되어있다.(The liberty which Christ hath purchased for believers in their free access to God and their y ielding obedience unto him, not out of slavish fear, but a child-like love, and willing mind) 고 고백한다.

2절에서 하나님께서 홀로 양심의 주가 되신다.(II. God alone is lord of the conscience)고 고백한다. 그리고 이어서 "양심에 거스르는 그러한 가르침을 믿거나 그러한 계명에 복종하는 것은 참된 양심의 자유를 거역하는 것이다. 그리고 맹목적인 신앙의 강요나 절대적인 맹종은 양심과 이성의 자유를 파괴하는 것이다."(So that to believe such doctrines, or to obey such commandments, out of conscience, is to betray true liberty of conscience: and the requiring of an implicit faith, and an absolute and blind obedience, is to destroy liberty of conscience, and reason also.)고 진술한다.

하나님께서 홀로 양심의 주가 되신다는 것은 매우 중요한 교리이다. 이것은 장로 교회 헌법의 정치 원리에도 있다.

제 21 장 종교적 예배와 안식일에 대하여서

1. 자연의 빛은 만물위에 다스리시는 주님이신 한 하나님이 계심을 비추어 주고 있다. 그는 선이시고 만물 위에 선을 행하신다. 그래서 그 분은 온 마음으로 그

리고 온 영혼으로 그리고 온 힘을 다해 경배를 받으시고 사랑을 받으시고 찬송을 받으시며 신뢰 받고 구하고 섬김을 받으셔야 할 분이시다. 그러나 참되신 하나님을 경배하는 합당한 방법은 그 자신에 의하여서 제정된 것이다. 그리고 그 자신의 계시된 뜻에 의하여서 제한이 되어야 한다. 그는 인간들의 상상이나 도구들에 따라서 혹은 가시적 표출에 의한 사단적 암시에 의하여서 혹은 성경 안에서 규정된 것이 아닌 다른 어떤 것으로도 경배를 받으시지 않으신다.

  2. 종교적 예배는 아버지 아들 성령 하나님께 주어진 것이다. 오직 그분에게만 주어진 것이다. 천사들이나 성인들이나 다른 어떤 피조물들에게도 주어지지 않았다. 그리고 타락 이후로 중보자 없이는 그리고 그리스도 한분 이외에 다른 중보로서는 경배를 받으시지 않으신다.

  3. 감사로 드리는 기도는 종교적 예배의 특별한 부분이다. 그것은 하나님에 의하여서 모든 사람들에게 요구되는 것이다. 그리고 그것은 받아들여지는 것이다. 아들의 이름 안에서 그의 성령의 도우심에 의하여서 그의 뜻을 따라서 이루어지는 것이다. 그리고 그것은 깨달음과 존경과 겸손과 열정과 믿음과 사랑과 견인으로 되며 만약 소리를 내어 기도한다면 알려진 언어로 기도해야 한다.

  4. 기도는 지금 살아있는 모든 부류의 사람들이나 앞으로 태어날 사람들을 위하여서 합법적인 것으로 행해야 한다. 그러나 죽은자들을 위하여서 기도하지 말아야하며 죽음에 이르는 죄를 범한 것으로 알려진 자들을 위하여서 기도하지 말아야 한다.

  5. 경건한 경외심으로 성경을 읽는 것과 건전한 교리의 가르침과 말씀에 대한 양심적인 경청은 하나님의 규례이다. 그것은 깨달음과 믿음과 존경과 마음으로 은혜스럽게 시편을 노래함으로 표출되며 그리스도에 의하여서 제정된 성례의 합당한 시행으로서 드러난다. 이러한 모든 것들은 하나님께 대한 정규적인 종교적 예배이다. 게다가 종교적 맹세와 서약, 엄숙한 금식이나 특별한 경우에 감사는 가끔 합당한 경우에 거룩한 종교적 방법으로 사용되어야 한다.

  6. 복음 아래에서 기도나 다른 어떤 종교적 예배도 그것이 시행되는 장소나 그것을 지향하는 어떤 곳에 의하여서 매이거나 더 합당하다고 지정되는 것이 없다. 오히려 하나님께서 성령과 진리 안에서 경배를 받으신다. 그래서 하나님께서 그의 말씀이나 섭리에 의하여서 부르실 때, 더욱 엄숙하게 공적 모임 안에서 경배는 게으르거나 버려지지 않도록 부주의하거나 자의적으로 되지 않게 드려져야 한다.

7. 자연의 법으로서 그것은 일반적으로 시간의 적당한 비율로 하나님께 대한 경배를 따로 떼어놓아야 한다. 그래서 모든 세대 모든 사람들에게 그의 말씀 안에 실정적이고 도덕적이며 영속적인 명령에 의하여서 그가 특별하게 그에게 거룩하게 지키도록 안식일로서 칠일 중에 한 날을 정하셨다. 창세로부터 그리스도의 부활까지 주말이 안식일이었고 그리스도의 부활로부터 주의 첫날로 바뀌었다. 성경 안에 그날을 주의 날이라고 부른다. 그리고 그 날은 기독교 안식일로서 종말까지 계속될 것이다.

8. 이 안식일은 주님께 거룩하게 지켜야 하는 날이다. 사람들이 그들의 마음으로 준비한 후에 그리고 그들의 일상적인 일을 그 전에 행하고 오직 그들의 세속적인 직업과 오락에 대하여서 그들 자신들의 일과 말과 생각으로부터 벗어나서 하루 내내 거룩하게 안식을 지켜야 할뿐만 아니라 또한 주께 대한 예배에 있어서 공적으로 그리고 사적으로 드리는 시행 안에서 전체 시간 안에 그리고 필요성과 자비의 의무 안에서 취해져야 한다.

제 22 장 합당한 맹세와 서원에 대하여서

1. 합법적 맹세는 종교적 예배의 한 부분이다. 그곳에 정당한 사유로, 사람이 주장하거나 약속하는 증거에 대하여서 하나님을 엄숙하게 맹세하여서 부르는 것이다. 그리고 그가 맹세한 것의 진리와 오류에 따라서 판단한다.

2. 하나님의 이름은 오직 그것으로 사람들이 마땅히 맹세하여야 하는 것이다. 그리고 그것으로 모든 거룩한 경건과 존경을 사용하는 것이다. 그러므로 영광스럽고 두려운 이름에 대하여서 헛되이 그리고 분별없이 맹세하거나 다른 어떤 것으로 맹세하는 것은 죄악이고 혐오스러운 것이다. 맹세는 중요성과 무게에 있어서 구약 아래에서 뿐 만 아니라 신약 아래에서도 하나님의 말씀에 의하여서 보증을 받는다. 그래서 합법적인 맹세는 법적 권위에 의하여서 주어지고 그리고 그러한 상황 안에서 지켜져야 한다.

3. 누구든지 맹세를 취하는 자는 그렇게 엄숙한 행동의 중요성을 사려하여야 한다. 그리고 그가 전적으로 믿게 된 것 외에 진리라고 단언할 수 있는 것이 없다. 어떤 사람도 그 스스로를 선한 것과 악한 것, 어떤 것에 대해서도 그리고 그가 그렇게 믿는 어떤 것도 맹세로 맬 수 없다. 그리고 그가 시행해서 해결 할 수 있는 것도 그러하다. 여전히 합당한 권세로 부여되는 어떤 선한 것과 공의로운 것을 접

근 할 때에 맹세를 거부하는 것은 죄이다.

4. 맹세는 말씀들의 평이하고 공통적인 감각 안에서 애매함 없이 그리고 마음의 걸리는 것 없이 취하여야 한다. 그것은 죄로 강요될 수 없다. 그러나 취하여진 죄가 아닌 어떤 것 안에 그것은 실행하도록 맨다. 비록 한 사람 자신의 것이 해가 될지라도 그러하다. 그것은 비록 이단들과 무신론자들에게 주어질지라도 강제적이지 않다.

5. 서약은 약속의 맹세와 같은 속성의 것이다. 그리고 그것은 종교적 관심과 함께 만들어진다. 그리고 신실한 자들과 함께 시행되어야 한다.

6. 그것은 어떤 피조물과도 체결되지 않는다. 오직 하나님과 체결되어지는 것이다. 그것은 믿음으로 받아들여져야 하고 의무에 대한 자각으로 자발적이어야 한다. 자비에 대한 감사의 방법 안에서 받아들여져야 한다. 혹은 우리가 원하는 것을 얻기 위하여서 우리는 더욱 엄격하게 우리 자신을 필수적인 의무들에 매야 하거나 다른 것에 매어야 하는 것이다. 그래서 그들은 적당하게 이끌어져야 한다.

7. 하나님의 말씀에 금지된 어떤 것도 그리고 그 계명의 의무를 방해하는 어떤 것도 행하겠다고 서약해서는 안 된다. 그리고 그가 하나님으로부터 능력을 약속받을 수 없는 것을 수행하기 위하여서 서약해서는 안 된다. 그러한 관점 안에서 독신과 빈곤함 삶과 정규적인 규례들에 대한 교황주의자들의 폭군적 서약은 더 높은 완전함의 정도로부터 너무 멀다. 그들은 미신적이고 죄악 된 올무이고 그 안에서는 기독교도들이 그 자신을 함정에 빠뜨리게 된다.

제 23 장 시민 관원에 대하여서

1. 온 세상의 최고의 주와 왕이 되시는 하나님께서 그의 영광과 공적 선을 위하여서 백성들을 통치하기 위하여서 그분 아래에 시민 관원을 세우셨고 그러한 목적을 위하여서 그들을 칼의 권세로 무장하게 하셨으니 선을 지키고 고쳐시키시고 악한 행위를 형벌하시기 위하여서이다.

2. 그리스도인이 관원의 직무를 임명받아 수행하는 것은 합법적이다. 특히 그 다스림에 있어서 각 국가의 건전한 법에 따라서 경건과 공의와 평화를 지키는 것은 마땅한 것이다. 그래서 그러한 목적을 위하여서, 그들은 합법적으로 지금 신약 아래에서 정의와 필연적인 이유로 전쟁에 참여할 수 있다.

3. 시민 관원은 말씀과 성례의 시행에 대하여서 그리고 하늘의 왕국의 열쇠의

권세에 대하여서 그 스스로 떠맡으려고 해서는 안 된다. 여전히 그는 하나님의 진리가 순수하고 전적으로 지켜지도록 교회 안에 통일성과 평화가 보존되도록 질서를 잡는 것과 모든 신성 모독과 이단들을 진압하는 권위를 가지고 있으며 예배와 권징에 있어서 모든 부패와 남용을 막거나 개혁하는데 있어서 하나님의 모든 규례가 정당하게 세워지고 시행되고 지켜지도록 하는 것은 그의 의무이다. 때문에 더 나은 효과를 위하여서 그가 대회를 소집하여 그곳에 참여하여서 하나님의 마음에 따라서 그것들 안에서 처리되어야 할 무엇이든지 제공할 권세를 가지고 있다.

4. 관원들을 위한 기도와 그들의 인격을 존경하고 과세의 의무를 지고 그리고 마땅히 해야 할 것을 행하는 것과 그들의 합법적 명령을 순종하게 하고 양심을 따라서 그들의 권위 아래에서 복종하는 것은 백성들의 의무이다. 종교에 있어서 불신앙이나 종교가 다른 것들은 관원의 공의와 법률상의 권세를 헛되이 돌리지 않도록 해야 한다. 그로부터 교회의 사람들도 제외될 수 없다. 그러므로 하물며 교황이라고 해도 그들의 백성들의 위에 서서 백성들을 통치하는 그들 위에 어떤 권세나 사법권을 가지고 있는 것은 아니다. 그리고 만약 그가 이단으로서 혹은 다른 어떤 구실로 판단하든지 그들의 통치권이나 생명들을 그들로 부터 빼앗을 수 있는 것은 더욱 아니다.

[해 설]

웨스트민스터 신앙 고백서는 3절에서 세속 정부의 관원들에 대하여서 "말씀과 성례의 시행에 대하여서 그리고 하늘의 왕국의 열쇠의 권세에 대하여서 그 스스로 떠맡으려고 해서는 안 된다."(The civil magistrate may not assume to himself the administration of the word and sacraments or the power of the keys of the kindgoem of heaven)고 고백한다.

그리고 이어서 "더 나은 효과를 위하여서 그가 대회를 소집하여 그곳에 참여하여서 하나님의 마음에 따라서 그것들 안에 처리되어야 할 무엇이든지 제공할 권세를 가지고 있다."(For the better effecting whereof, he hath power to call synods, to be present at them, and to provide that whatsoever is transcted in them be according to the mind of God)고 고백한다.

세속 관원이 할 수 없는 것과 할 수 있는 것을 구별해 놓고 있다. 세속 관원은 교회에 직접 관련된 것들에는 관여 할 수 없다. 그러나 교회 외적인 부분들 즉 교회와 관련되어 있으나 교회 밖에 있는 일들을 교회와 협의하기 위하여서 교회의 치리회를 소집할 수 있다. 그러나 성직자의 거부권도 있다.

제 24 장 결혼과 이혼에 대하여서

1. 결혼은 한 남자와 한 여자 사이에서 이루어지는 것이다. 그러므로 동시에 한 남자가 한 명의 아내보다 더 많은 아내를 갖거나 한 명의 아내가 한 명의 남편 보다 더 많은 남편을 동시에 갖는 것은 합법적이지 않다.

2. 결혼은 아내와 남편의 상호 협조를 위하여서 제정되었다. 때문에 합법적인 인류의 증가와 거룩한 자녀를 가진 교회의 증가 및 더러움을 막기 위함이다.

3. 그들의 동의로 판단할 수 있는 사람들은 어느 누구든지 결혼하는 것이 합법적이다. 그러나 여전히 기독교인들은 주 안에서 결혼하는 것이 의무이다. 그래서 참된 개혁 신앙을 고백하는 자들은 이교도들과 교황주의자들이나 다른 우상숭배자들과 결혼할 수 없다. 경건한 자로서 그 생활이 나쁘게 소문난 악한자들과 혹은 정죄 받을 이단을 고집하는 자들과 결혼함으로서 일치하지 않는 자들과 같은 멍에를 매어서는 안 된다.

4. 결혼은 말씀으로 금지하고 있는 혈족이나 인척 관계에서 할 수 없다. 근친상간은 어떠한 경우에도 인간의 법에 의해서도, 두 당사자 간의 합의에 의하여서도, 남자와 아내로서 함께 살아가는 것은 합법적일 수 없다. 남자는 혈통적으로 자기 자신의 혈통보다 더욱 아내와 매우 가까운 인척들과 결혼할 수 없다. 그녀의 친족들의 아내들도 그녀 자신의 친족들보다 더욱 혈통적으로 가까운 자들과 결혼할 수 없다.

5. 결혼 서약이후에 간음이나 간통이 결혼 전에 드러났을 때, 무죄한 측에서 그 서약을 파괴할 수 있는 정확한 이유가 있다. 결혼 이후에 간음한 경우에는 무죄한 측에서 이혼을 소송하는 것은 합법적이다. 그리고 이혼 이후에 다른 사람과 결혼하는 것도 합법적이다. 그리고 범죄를 저지른 자들은 죽은 자와 같다.

6. 비록 그와 같이 인간의 부패가 하나님께서 결혼으로 맺어주신 자들을 과도하게 떼어놓으려는 논의를 연구하는 경향이 있을지라도, 여전히 간음이나 그와 같은 고의적인 결혼 유기와 같이 교회나 국가에 의하여서 전혀 고쳐질 수 없는 경우를 제외하고는 결혼의 계약을 해체할 충분한 원인은 없다. 그러한 경우에도 공적으로 정당한 과정을 거치는 것은 지켜져야 한다. 그리고 사람들은 결혼 당사자 간

의 의지와 그들 사정을 따르는 재량에 맡기지 않도록 주의해야 한다.

[해 설]

웨스트민스터 신앙 고백서는 1절에서 일부다처제와 일처다부제를 거부한다. 일처 일부제라고 할 수 있다. 결혼의 목적에 대하여서 "합법적인 인류의 증가"(for the increase of mankind with a legitimate issue)와 "거룩한 자녀를 가진 교회의 증가"(and of the church with an holy seed) 그리고 "더러움을 방지하기 위함"(and for preventing of uncleanness)이라고 고백한다.

개혁 신앙을 가진 자들은 다른 신앙을 가진 자들과 같은 멍에를 매서는 안 된다고 고백한다.(웨스트민스터 신앙 고백 24장 3절) 이어서 웨스트민스터 신앙고백서는 근친상간을 거부한다.(웨스트민스터 신앙 고백 24장 4절) 결혼은 당사자 간의 합의로 가능하나 이혼은 국가적으로 엄중하게 다루어야 할 것을 말한다.(웨스트민스터 신앙 고백 24장 6절)

제 25 장 교회에 대하여서

1. 보편적이고 우주적인 교회는 하나이다. 그 교회는 비가시적이고 택자들의 전체 구성원으로 되어 있다. 그들은 머리되신 그리스도 아래에서 하나로 불러 모아졌고 불러 모아 지고 있으며 불러 모아질 것이다. 그 교회는 만물 안에서 만물을 충만케 하시는 자의 신부이며 몸이며 충만이다.

2. 복음 아래에서 보편적이거나 우주적인 교회는 온 세상 가운데 참된 종교를 고백하는 그들과 그들의 자녀들과 함께한 모든 자들로 구성되어 있다. (그것은 율법 아래에서처럼 하나의 민족으로 구성되지 않는다.) 그리고 주 예수 그리스도의 나라이다. 하나님의 집과 가족이다. 그곳으로부터 밖으로는 통상적으로 구원의 가능성이 없다.

3. 그리스도께서 세상 끝 날까지 성도들의 모이는 것과 완전함을 위하여서 하나님의 사역자와 명령들과 규례들을 보편적 가시적 교회에게 주셨다. 그리고 그의 약속을 따라서 그 자신의 존재하심과 성령에 의하여서 효과적으로 그들에게 그것을 이루신다.

4. 이 보편적 교회는 때때로 더욱 가시적이고 때때로 덜 가시적이다. 그리고 일정한 인원으로 구성된 지교회들은 가르쳐지고 받아들여진 복음의 교리에 의하여서

더욱 혹은 덜 순수하기도 하다. 그리고 법령의 시행과 공적 예배도 더 혹은 덜 순수하게 그들 안에 있다.

5. 하늘 아래에서 가장 순수한 교회들도 혼합과 오류에 노출되어 있다. 그리고 어떤 교회들은 점점 퇴보하여서 그리스도의 교회가 아닌 것이 되기도 한다. 오히려 사단의 회당이 되기도 한다. 그럼에도 불구하고 지상에는 항상 하나님의 뜻에 따라서 하나님께 예배를 드리는 교회가 있다.

6. 주 예수 그리스도 이외에는 다른 머리는 없다. 로마 교회 교황이라 해도 어떠한 경우에도 그 머리가 될 수 없다. 단지 적그리스도이며 죄악된 인간이고 그리스도를 거슬러서 스스로 교회 앞에 높아진 멸망을 받을 자들이다.

[해 설]

웨스트민스터 신앙 고백서는 교회의 머리는 한 분 예수그리스도이심을 밝히고 있다.(Christ the head thereof) 교회 밖에 통상적으로는 구원이 없다고 고백한다.(out of which there is no ordinary possibility of salvation)

제 26 장 성도들의 교통에 대하여서

1. 성도들의 머리되신 예수 그리스도로 연합된 모든 자들은 성령에 의하여서 믿음으로 그의 은혜와 고난과 죽으심과 부활과 영광 안에서 그와 함께 교제한다. 그리고 사랑 안에서 서로 연합된 자들은 서로 다른 은사들과 은혜들 안에서 교통한다. 그리고 속 사람이든 겉 사람이든 그들의 상호간에 선에 대하여서 유익이 되는 그러한 공적과 사적 의무의 수행을 하지 않으면 안 된다.

2. 성도들은 고백에 의하여서 거룩한 교제를 유지해야 하는 의무가 있다. 그리고 하나님께 대한 예배 안에서 교제한다. 그리고 그들의 상호적인 교회를 위한 다른 영적인 섬김을 수행한다. 또한 그들의 여러 능력들과 필요에 따라서 외적 일들로 서로 구제함으로서 그렇게 한다. 하나님께서 기회를 주시는 대로 각각의 교통은 어떤 지역에서든지 주 예수 이름으로 부르심을 받는 사람 모두에게 확장되어야 한다.

3. 이러한 교통은 성도들이 그리스도와 함께 가지고 있는 것인데 그의 신성의 본체에 지혜로운 참여자로서 그들을 인도하는 것도 아니고, 어떤 측면에서도 그리스도와 동등하게 되는 것도 아니다. 그러한 주장은 불경건하고 신성 모독적이다.

성도들로서 그들 상호간에 교통은 각 사람이 그의 물건과 소유를 가지고 있는 그러한 소유물과 그것의 권리를 강탈하거나 침해하지 못한다.

[해 설]

웨스트민스터 신앙고백서는 1절에 "성도들의 머리되신 예수 그리스도로 연합된 모든 자들은 성령에 의하여서 믿음으로 그의 은혜와 고난과 죽으심과 부활과 영광 안에서 그와 함께 교제한다."(All saints that are united to Jesus Christ their head by his Sprit, and by faith, have fellowship with him in his graces, sufferings, death, resurrection and glory.)

이러한 고백으로부터 성도의 교제의 기초가 무엇인가를 알 수 있다. 성도 교제의 기초는 예수 그리스도이시다. 그 교제의 수단은 믿음이다. 믿음으로 성도 상호간에 교제할 수 있다.

그리고 이어서 "그리고 사랑 안에서 서로 연합된 자들은 서로 다른 은사들과 은혜들 안에서 교통한다."(being united to one another in love, they have communion in each other's gifts, and graces)고 고백한다.

"2. 성도들은 고백에 의하여서 거룩한 교제를 유지해야 하는 의무가 있다. 그리고 하나님께 대한 예배 안에서 교제한다."(Saints, by profession, are bound to maintain an holy fellowship and communion in the worship of God)고 고백한다. 개혁 교회는 신앙 고백으로부터 성도의 교제가 가능하다는 것이다. 개혁 신앙을 가진 자들이 모여 있는 곳이 개혁 교회이며 그러한 개혁 교회는 "고백에 의하여서 거룩한 교제를 유지해야 한다."(by profession are bound to maintain an holy fellowship)고 말한다.

제 27 장 성례에 대하여서

1. 성례는 하나님에 의하여서 직접적으로 주어진 은혜 언약의 거룩한 표징과 인장이다. 그것은 그리스도와 그의 은혜를 드러내며 그리고 그리스도 안에서 우리의 권익을 확고하게 하신다. 그리고 성례는 교회에 속한 것과 나머지 세상에 속한 것 사이의 가시적 차이를 두는 것이다. 그리고 그의 말씀을 따라서 그리스도 안에서 하나님께 대한 봉사에 그들을 엄격하게 보증한다.

2. 모든 성례에 있어서 표징과 그것을 상징하는 사물 사이에는 영적 관계나 성

례적 연합이 있다. 거기로부터 어느 한쪽의 이름들과 그것의 효력은 다른 쪽으로 돌린다.

3. 올바르게 사용된 성례에 의하여서 혹은 그것 안에서 보인 그 은혜는 그것들 안에 어떤 권세에 의하여서도 베풀어질 수 없다. 성례의 효력은 성례를 실행하는 자의 경건이나 의도에 기초하는 것이 아니라 성령의 사역과 주어진 말씀에 기초한다. 그것은 가치 있는 수여자들에게 혜택의 약속을 사용하는 권위로 그것에 관하여 가르침을 가지고 함께 담고 있었다.

4. 복음 안에서 우리 주 예수 그리스도에 의하여서 제정된 성례는 두개이다. 그것은 세례와 주의 만찬이다. 그것은 다른 어떤 사람에 의하여서도 분배될 수 없고 오직 합법적으로 안수 받은 사역자들에 의하여서 분배될 수 있다.

5. 그것으로 의미하고 드러나는 영적인 것들 관하여서 구약의 성례는 본체에 있어서 신약의 성례와 동일하였다.

[해 설]

웨스트민스터 신앙 고백서는 1절에서 "성례는 하나님에 의하여서 직접적으로 주어진 은혜 언약의 거룩한 표징과 인장이다."라고 고백한다. 결국 성례는 은혜 언약과 관련된 것이라는 것이다.

제 28 장 세례에 대하여서

1. 세례는 예수 그리스도에 의하여서 제정된 새 언약의 성례이다. 그것은 가시적 교회에 들어오는 엄숙한 입회식일 뿐만 아니라 은혜 언약의 표징과 인장으로 그에게 주어진 것이다. 그것은 그리스도 안으로 접붙힘이며, 중생이고 죄의 사죄며 예수 그리스도를 통하여서 하나님께 나아가는 그의 새로운 삶의 행보이다. 그 성례는 세상의 끝날까지 그의 교회에게 계속되도록 그리스도 자신이 지정하신 것이다.

2. 성례에서 사용하는 외적 요소는 물이다. 그것을 가지고 당사자는 합법적으로 부르심을 받은 복음 사역자들에 의하여서 아버지와 아들과 성령의 이름으로 세례를 받는다.

3. 사람을 물속에 빠뜨리는 것은 필요하지 않다. 사람 위에 물을 쏟거나 뿌리는 것으로 올바르게 시행하는 것이다.

4. 실재로 그리스도 안에서 그리스도에게 순종하기로 신앙을 고백하는 자들뿐만 아니라 부모들 중 양쪽 혹은 한쪽이라도 믿는 자들의 유아들도 세례를 받아야 하는 것이다.

5. 비록 이러한 제도를 거부하거나 정죄하는 것은 큰 죄일지라도, 여전히 은혜와 구원은 사람이 세례 없이 중생하거나 구원을 받을 수 없다든지 혹은 세례 받은 자는 모두 다 의심할 것 없이 중생자라고 하는 주장과 나누어질 수 없는 것이 아니다.

6. 세례의 효력은 그것이 시행된 그 시간의 순간에 매여 있는 것이 아니다. 여전히 그럼에도 불구하고, 이러한 규례의 올바른 사용에 의하여서, 약속된 은혜가 주어질 뿐만 아니라 (나이든 사람이건 유아이건) 그러한 것에 대하여서 하나님 자신의 뜻의 의논에 따라서 그의 정하신 때에 실재로 성령에 의하여서 드러나고 베풀어진 것이다.

7. 세례의 성례는 누구에게든지 단지 한번만이 시행될 뿐이다.

제 29 장 주의 만찬에 대하여서

1. 우리 주 예수께서 잡히시던 날 밤에 주의 만찬이라고 불리는 그의 몸과 피의 성례로 제정되었다. 이것은 세상 끝 날까지 교회 안에서 그의 죽음 안에서 그 자신의 희생의 영속적인 기억을 위하여서, 참된 신자들의 모든 혜택을 보증하기 위하여서, 그들의 영적 자양분과 그 안에서 성장을 위하여서, 그리고 그들이 그에게 빚진 모든 의무에 대하여서 그 안에서 그들의 장래에 참여하는 것을 위하여서, 그리고 그리스도와 함께 그의 신비한 몸의 회원으로서 각각 서로 함께 그들의 교통의 서약과 약정으로서 지켜져야 한다.

2. 이러한 성례 안에서 그리스도께서 그의 아버지에게 드려지는 것이 아니다. 그리고 산자와 죽은 자의 죄의 사죄를 위해서 전혀 어떤 실재적 희생이 그 순간에 있는 것이 아니다. 그러나 그것은 오직 그 자신이 십자가에서 모든 자를 위하여서 단번에 드려진 것의 기념이다. 그리고 동일한 자들을 위한 하나님께 모든 가능한 찬송의 영적 봉헌이다. 그래서 교황주의자들이 칭하는 미사라는 희생 제사는 택자들의 모든 죄를 위한 유일한 화목제로서 그리스도의 오직 하나인 희생 제사에 대하여서 가장 혐오스럽게 중상하는 짓이다.

3. 주 예수께서 이러한 규례들 안에서 그의 사역자들을 임명하셨다. 그래서 그

의 말씀을 백성들에게 선포하고 기도하고 떡과 포도주의 성분을 축복하도록 하여 그것들을 거룩하게 사용하심으로써 일반적인 용도로부터 구별시키신 것이다. 그리고 떡을 취하여서 떼어내고 잔을 취하여서 그것을 받기에 합당한 자들에게 주셔서 (그들로 서로 교통하게 하셨다.) 그러나 회중 가운데에 그때에 현존하지 아니한 자에게는 주지 않게 하셨다.

4. 사적 미사, 혹은 사제들이나 다른 사람에 의하여서 성례를 받는 것과 백성들에게 컵을 거부하는 것과 같은 것도 그러한 떡과 포도주 성분들을 예배하거나 그것들을 높이는 것 혹은 숭배를 위하여서 그것들을 가져오는 것 그리고 가식된 어떤 종교적 사용을 위하여서 그것들을 비축해 두는 것은 모두 다 성례의 본성과 그리스도께서 제정하신 것에 반대되는 것이다.

5. 이러한 성례의 외적 요소들은 그리스도에 의하여서 제정된 사용에 대하여서 합당하게 분리된 것이다. 그것은 참되게 그가 십자가를 지신 것과 관계된 것이다. 여전히 성례적으로 오직, 그들은 때때로 그들이 표현하는 사물의 이름에 의하여서 불리는 것이다. 그것은 그리스도의 몸과 피를 알기 위하여서이다. 그럼에도 불구하고 본체와 본성에 있어서 그것들은 여전히 전에 그랬던 것처럼 참되게 오직 떡이고 포도주일 뿐이다.

6. 사제들의 신성화에 의하여서 혹은 다른 방법으로 떡과 포도주가 그리스도의 몸과 피의 본체로 바뀐다는 주장을 견지하는 그러한 교리는 (통상 화체설이라고 불리는 것이다.) 성경에 불일치하는 것이다. 더더욱 일반 상식과 이성에도 맞지 않는 것이다. 그것은 성례의 본성을 뒤집는 것이다. 그리고 잡다한 미신들과 천박한 우상숭배의 원인이다.

7. 훌륭한 수여자들은 이러한 성례로 가시적 요소에 외적으로 참여하는 것이다. 그때에 또한 내적으로 믿음으로 행하는 것이다. 실재적으로 참으로 그러하다. 그러나 육신적으로 신체적으로 계신 것이 아니라 영적으로 십자가에 달리신 그리스도를 영접하고 먹는 것이다. 그리고 그의 죽음의 모든 혜택이 주어지는 것이다. 그리스도의 몸과 피는 그때에 떡과 포도주 안에 그것과 함께 그것 아래에 육신적으로 신체적으로 계신 것이 아니다. 그러나 그 요소들 그 자체가 그들의 외적 감각에 있는 것처럼 영적으로 참되게 그 규례 안에서 믿는 자들의 신앙에 현존하시는 것이다.

8. 비록 무지하고 악한 사람들이 이러한 성례 안에서 외적 요소를 받아먹는다

고 해도, 여전히 그들은 그것으로부터 의미를 받은 것은 아니다. 오히려 가치 없는 행위로 인하여서 그들 자신들을 정죄하는 주의 몸과 피를 범하는 죄책을 가져올 뿐이다. 그러므로 모든 무지하고 불경건한 자들은 그들이 주와 함께 교통을 즐기기에 합당하지 않다. 그래서 그들은 주의 만찬에 합당하지 않을 뿐만 아니라 합당할 수 도 없다. 그리고 그리스도에 반항하는 큰 죄가 없는 자들은 거룩한 신비에 참여하거나 그것을 받아들이는 것이다.

제 30 장 교회의 권징에 대하여서

1. 교회의 왕과 머리로서 주 예수께서는 세속 관원과 다른 별개의 교회의 직원의 손에 교회 정치를 맡기셨다.

2. 이러한 사역자들에게 하늘나라의 열쇠들이 위탁된다. 그것으로 그들은 죄를 보류하거나 사죄하거나 하는 권세를 가지게 되었다. 그래서 완고한 자들에 대하여서 말씀과 권징에 의하여서 그 나라를 닫거나 회개하는 죄인들에게 복음의 사역에 의하여서 그리고 권징의 해벌에 의하여서 그것을 열어주는 것이다.

3. 만약 그들이 악하기로 소문난 그리고 완고한 범죄자들에 의하여서 교회가 더럽혀질 것에 대해서 그로부터 그의 언약과 표징을 견디려고 한다면, 교회 권징은 교정과 범죄한 형제를 얻는 것을 위하여서 그리고 범죄자들로부터 다른 자들을 보호하는데 필요하고 전체 덩어리를 부패시킬 수 있는 곰팡이를 제거하는데 필요하다. 또한 그리스도의 영예와 복음의 거룩한 증거를 변론하기 위하여서 필요하다. 그리고 그것은 교회 위로 떨어지는 하나님의 진노로부터 예방하는데 필요하다.

4. 더 나은 이러한 목적의 견지를 위하여서 교회의 직원들은 권고와 주의 만찬의 성례로부터 수찬 정지에 의하여서 합당하게 수행해야 하며, 죄악의 본성에 따라서 그 사람의 과실에 따라서 교회로부터 출교에 의하여서 시행할 수 있다.

[해 설]

웨스트민스터 신앙고백은 1절에서 교회의 권세가 세속 관원과 별개로(distinct from the civil magistrate) 교회의 직원의 손에 있다(in the hand of church officers)고 고백한다. 그리고 2절에서 그 사역자들에게 하늘나라의 열쇠가 위탁되었다고 고백한다.(to these officers the keys of the kingdom of heaven are committed)

그리고 3절에 권징의 목적은 첫째 범죄한 형제의 교정이다.(reclaiming and gaining of offending brethren) 그리고 둘째는 공동체의 순수성을 보존하기 위하여서이다.(purging out of that leaven) 4절에서 권징의 종류에 대하여서 "권고"(admonition)와 "수찬 정지"(suspension)와 가장 최고의 권징으로서 "출교"(excommunication)를 말한다.

제 31 장 대회와 총회에 대하여서

1. 교회의 더 나은 정치와 교화를 위하여서, 대회나 총회라고 일반적으로 불리는 그러한 회합체가 있어야 했다.

2. 관원들이 합법적으로 종교적 일에 대하여서 함께 협의하고 조언하기 위하여서 사역자들과 다른 합당한 사람들의 대회를 소집하는 것처럼 그렇게 만약 관원들이 교회에게 원수들을 개방시킨다면, 그리스도의 사역자들은 그들의 사역으로 그들 스스로부터 혹은 그들이 그들의 교회들로부터 다른 합당한 사람들과 함께 총대로서 그러한 회합에 다 같이 모일 수 있다.

3. 신앙적 논쟁을 결정하는 것과 양심상의 문제를 다루는 것은 대회나 총회에 속한 것이다. 그 대회는 하나님께 대한 공적 예배와 교회의 정치에 대한 더 나은 제도를 위하여서 법과 규칙을 세우는 것이다. 그리고 부실한 경영의 문제에 있어서 불만을 받고 동일한 문제를 권위적으로 결정하는 곳이다. 하나님의 말씀과 일치하는 한, 그 결정과 법령은 존경스럽게 순종함으로 받아야 한다. 그것은 말씀에 일치하기 때문이며 또한 그의 말씀으로 제정된 하나님의 규례로서 그것들이 만들어졌기 때문이다.

4. 모든 대회나 총회는 사도 시대 이래로 총체적으로나 지엽적으로 오류가 있고 있어 왔다. 그러므로 그들은 신앙과 행위의 법칙을 만들어서는 안 된다. 단지 그것을 돕는 데 쓰이는 것을 결정할 뿐이다.

5. 만약 겸손하게 청원하는 것이 아니라면, 그리고 비상적인 경우가 아니라면, 대회나 총회는 교회적인것 이외에 다른 어떤 것도 다루거나 결정해서는 안 된다. 그리고 국가와 관련된 국가적 일에 간섭해서도 안 된다. 만약 시민 관원에 의하여서 요구되는 것이라면, 양심의 만족을 위한 충고의 방법에 의하여서 간섭할 수 있다.

[해 설]

웨스트민스터 신앙 고백서는 2절에서 관원들이 사역자들의 회의를 소집할 수 있다고 고백한다.(magistrates may lawfully call a synod of ministers)

3절은 치리회의 하는 일은 "하나님께 대한 공적 예배와 교회의 정치에 대한 더 나은 제도를 위하여서 법과 규칙을 세우는 것이다."(set down rules and directions for the better ordering of the publick worship f Godn and governement of his church)라고 말한다.

4절은 "모든 대회나 총회는 사도 시대 이래로 총체적으로나 지엽적으로 오류가 있어 왔다."(all synodes or councils since the apostles' times whether general or particular, may err, and many have erred)고 말한다.

5절에서 "대회나 총회는 교회적인것 이외에 다른 것은 다루거나 결정해서는 안 된다."(synods and councils are to handle or conclude nothing but that which is ecclesiastical)고 말한다.

제 32 장 사람의 죽음의 상태와 죽은 자의 부활에 대하여서

1. 죽음 이후에 사람들의 몸은 흙으로 돌아간다. 그리고 부패를 보게 된다. 그러나 그들의 영혼은 (죽거나 잠들지 않는다.) 불멸의 실체를 가지고 즉시 그들을 내신 하나님께로 돌아간다. 의인의 영혼은 그때에 거룩함 안에서 완전하게 되어서, 가장 높은 하늘로 들려지고 그곳에서 빛과 영광 가운데 계신 하나님의 얼굴을 보게 될 것이다. 그리고 그들의 몸의 전적인 구속을 기다릴 것이다. 그리고 악한 자들의 영혼은 지옥에 떨어질 것이다. 그곳에서 그들은 고통과 어둠 가운데 머물 것이다. 큰 날의 심판 때까지 유보될 것이다. 게다가 그들의 몸으로부터 떠난 영혼들을 위한 두 장소들은 성경에서 알려주지 않고 있다.

2. 마지막 날에, 살아있는 자들은 죽지 않을 것이다. 그러나 변화할 것이다. 그리고 모든 죽은 자들은 같은 몸으로 부활할 것이다. 그리고 비록 다른 본질을 가지고, 영원토록 그들의 영혼과 영원토록 다시 결합 할 지라도, 다른 것이 없다.

3. 불의한 자들의 몸은 그리스도의 권세로 수치스럽게 다시 일어날 것이다. 성령에 의하여서 의로운 자들의 몸은 명예롭게 그의 자신의 영광스러운 몸으로 순응하게 될 것이다.

제 33 장 마지막 심판에 대하여서

1. 하나님께서 그가 정하신 날에 예수 그리스도에 의하여서 의로움으로 세상을 심판하실 것이다. 그에게 모든 권세와 심판권이 아버지로부터 주어졌다. 그 날에 타락한 천사들이 심판을 받을 뿐만 아니라 그와 같이 그리스도의 법정 앞에서 땅에 살았던 모든 사람들이 그들의 생각과 말들과 행동들로 셈하여 질 것이다. 그리고 그들이 몸 안에서 있을 때에 행한 대로 선악 간에 심판을 받을 것이다.

2. 하나님께서 정하신 마지막 날에 그가 그의 긍휼의 영광을 드러내시기 위하여서 택자들을 영원한 구원으로 이끄실 것이다. 그리고 그의 공의의 영광을 드러내시기 위하여서 사악하고 불순종한 유기자들에게 영원한 정죄를 내리실 것이다.

때문에 그때에 의로운 자들은 영원한 생명으로 나아갈 것이고 충만한 기쁨을 얻을 것이며 주의 면전으로부터 오는 새로움을 입을 것이다. 그러나 하나님을 모르고 예수 그리스도의 복음을 순종치 아니한 사악한 자들은 영원한 고통 가운데 던져질 것이다. 그리고 주님의 면전으로부터 그리고 그의 권세의 영광으로부터 영원한 멸망으로 심판을 받을 것이다.

3. 그리스도께서 우리에게 확실하게 죄로부터 모든 사람을 막으시고 경건한 자들이 역경 안에서 그들에게 더 큰 위로를 받게 하시기 위해서 심판의 날이 있을 것을 납득시키셨다. 그런데 그가 사람에게 그날을 알려지지 않게 하신 것은 그들의 육신의 안일함을 흔드시고 경계하게 하시려고 하심이다. 왜냐하면 그들이 주의 오실 것을 알지 못하여서 항상 준비하게 하시기 위함이다. 주 예수여 어서 오시옵소서 아멘

[해 설]

1절에 "그가 예수 그리스도에 의하여서 세상을 의로 심판하실 것이라."(he will judge the world in righteousness by Jesus Christ)고 말한다. 그런데 그 심판권이 그리스도에게 있다고 고백한다.(to whom all power and judgment is given of the Father)

제 6 부 얼스터 장로 교회의 역사

제 1 장 아일랜드 교회의 종교 개혁의 역사

　원래 로마 카톨릭 교회로 있었던 아일랜드에 종교 개혁의 시발점을 제공한 것은 잉글랜드 왕 헨리 8세 치하에서였다. 그때에 헨리 8세는 아일랜드에 대한 통치권을 확대하려고 하였고 그 와중에서 아일랜드의 일부 지방이 잉글랜드에 의하여서 통치를 받게 되었다. 그리고 헨리 8세의 계승자였던 에드워드 6세 때에 잉글랜드의 종교 개혁이 좀 더 나아졌는데 그때에 아일랜드의 종교 개혁도 병행하고자 하였다. 그래서 미사 제도가 변경되었다. 그래서 제단을 강단으로 바꾸고 신적 예배에 대한 인도를 바꾸었다. 그리고 공동 기도서를 작성하였다. 그러나 이러한 다양한 방법의 개선들이 아일랜드에는 그렇게 크게 영향력을 행사하지 못하였다. 에드워드 6세의 통치 아래에서 종교 개혁이 대영제국 안에서 진전이 있었으나 그러한 영향들은 아일랜드에 직접적으로 전파되지는 못하였다. 그가 왕위를 물려 받은 지 4년 후에 잉글랜드는 종교 개혁에 대한 열망이 대단하였다. 그래서 영어 성경도 전국에 전파될 정도였다. 그러나 종교 개혁에 대한 합리적이고 효과적인 계획이 아일랜드에 도입되었다.

　1551년에 잉글랜드의 공동 기도서가 모든 대영 제국에서 사용하도록 선포되자 그것이 논쟁점이 되었다. 그 기도서에 저항하는 로마 카톨릭 신부들에 대하여서 공의회는 새로운 예식서를 작성했다. 그것은 단지 로마 카톨릭 예식서를 번역한 것이었다. 더블린에서는 세속 관원과 교회 권위자들의 앞에서 새로운 예식서가 읽어졌다. 약간의 변화가 시민 권세에 의하여서 공적 예배 부분에 있었다.[380]

---

380) James Seaton Reid.D.D, **The History of the Presbyterian Church in Ireland,** Wauch and Innes, Edinburgh; 1834, p. 27.

잉글랜드의 의회는 아일랜드에 새로운 예배 의식을 작성하는 것을 주저하지 않았다. 그것은 로마 카톨릭 교회에 의하여서 사용되었던 것과 다른 것이었다. 그것은 "성경과 사도적 교회에 일치하고 성령에 의하여서 도움을 받는 감독에 의하여서 포함되는 신적 예배에 대한 의식서"라고 되어 있다. 그래서 아르마로부터 더블린까지 아일랜드 고위 성직자들이 가장 영향력 있는 상태로 교황 제도를 제거하였다. 그러나 개혁적 설교가가 결핍된 상태에서 괄목할 만한 종교 개혁은 미진하였다. 베일(Bale)은 아일랜드 종교 개혁에 중요한 인물이다. 그는 성실함과 함께 학식과 경건을 같이 가지고 있었던 개혁자였다. 그는 열정과 힘과 용기도 가지고 있었다. 그는 진리에 고양되어 있었으며 깊게 로마 카톨릭의 오류를 알고 있었다. 그는 잉글랜드에서 두 번 종교적인 이유로 감옥에 갔다. 그런데 크롬웰 경(lord Cromwell)에 의하여서 자유를 얻었다. 그리고 그는 대륙으로 가서 거기에서 루터와 칼빈과 다른 개혁자들과 8년간 교제하였다. 그는 에드워드 6세의 등극과 함께 잉글랜드로 돌아왔으며 1552년 8월에 오소리(Ossory)에서 제안을 받았다. 그는 모든 이전 교회의 미신적인 제도를 거부하였다. 에드워드 6세의 죽음은 여왕 메리의 등극으로 이어졌다. 그는 아일랜드의 로마 카톨릭 교회로의 복귀를 시도하였다. 그리고 그것을 폭력적인 방법으로 수행하였다. 메리 여왕의 등극한 해 9월에 그의 수행원 5명이 그의 거주지에서 살해되었다. 결국 그는 그곳을 포기하게 되었고 강력한 보호를 받고 킬게니(Kilkenny)로 안전하게 거주지를 옮겼다. 결국 아일랜드 전체 교회에 종교 개혁의 역사는 별로 효과가 없었다.381)

---

381) Ibid., p. 40.

제 2 장 얼스터 장로 교회 정착의 역사

로마 카톨릭의 배경을 가지고 있는 아일랜드에 얼스터 장로 교회가 세워지게 된 배경에는 얼스터 지방으로의 이주 정책을 실시하였던 제임스 1세 시대의 역사로 거슬러 올라가야 한다. 얼스터 지방은 지금의 아일랜드 북부 지방으로서 4개로 구성된 아일랜드 주(provinces)의 하나이다. 얼스터는 9개의 현(countries)으로 되어있는데, 안트림(Antrim), 아르마그(Armagh), 던(Down), 페마나그(Femanaghh), 런던더리(Londonderry)와 튀론(Tyrone)은 북 아일랜드에 소속되어서 영국 땅이고 카반(Cavan), 도네갈(Donegal)과 모나한(Monaghan)은 아일랜드 공화국 소속이다.

이 중에서 영국 땅에 소속된 지역이 바로 얼스터 장로 교회가 세워져 있는 곳이고 아일랜드 공화국은 종교적으로 로마 카톨릭으로 되어 있다. 그런데 이렇게 로마 카톨릭이 주도하던 아일랜드 북쪽 얼스터에 장로 교회가 세워지게 된 것은 그 지방으로 이주하게 된 스코틀랜드인과 잉글랜드인의 역사를 이해해야 한다.

원래 얼스터 지방은 아일랜드의 북쪽에 위치한 지방이었다. 이 지방은 토착 아일랜드 사람들이 살고 있었는데 잉글랜드의 국왕 제임스 1세가 스코틀랜드 로우랜드 사람들과 잉글랜드 사람들을 함께 모아서 얼스터에서 경작을 통하여서 정착할 것을 시도하였다. 그때에 정착한 스코틀랜드와 잉글랜드 계열의 사람들이 나중에 얼스터 장로 교회가 되었다. 이들이 정착한 얼스터가 바로 아일랜드 북쪽에 있었고 그래서 얼스터 장로 교도라는 이름이 불렸다. 그들은 스카치-아이리쉬라고 한다. 개인적인 정착은 1606년부터 시작됐다. 주로 부유한 대지주들에 의하여서 개간이 시작되었는데 나중에 공적으로 제임스 1세에 의하여서 1609년에 본격적으로 이주가 시작되었다. 얼스터는 개간이 되기 전에 게일어 계통의 아일랜드 사람들이 살고 있었다. 그들은 잉글랜드의 통치 바깥에서 광범위하게 펴져 살았다. 매우 작은 소도시들도 거의 없었고 도로 조차 거의 없이 깊은 삼림에 둘러싸여 있었다. 16세기를 통하여서 얼스터는 미개간된 미지의 세상으로서 잉글랜드 사람들에게 인지되었다. 초기 개간의 시도는 1570년대에 북쪽 아일랜드로부터 시작되었다.

그곳은 얼스터 동쪽 해변가였다. 그러나 그 개간은 실패하였다. 게일 아일랜드의 많은 사람들은 그곳에서 영구적으로 거주하지 않았다. 16세기 아일랜드의 잉글랜드 정복은 매우 평화적으로 이루어졌다. 그리고 그것은 헨리 8세에(Henry VIII: 1509~1547) 의하여서 주도되었다. 그리고 엘리자베스 1세 치하(Elizabeth I: 1558~1603)에서 전투 행위를 거치면서 완전하게 정복되었다. 이 전쟁 기간 동안 반 독립정부의 지휘관들의 힘은 무너졌다.

 1594~1603년간의 9년 전쟁(The Nine Years War)은 그 지역 개간의 직접적인 배경이 되었다. 그때에 북쪽 게일사람들의 지휘부의 연합은 후고 오네일(Hugh O'Neill)에 의하여서 주도되었다. 그는 잉글랜드 정부의 얼스터 진입을 적극 막았다. 그러나 잉글랜드 정부의 무자비한 진압으로서 1603년에 전쟁은 종식되었다. 그리고 멜리폰트의 협약(the Treaty of Mellifont)으로 후고 오네일과 후고 오 도넬의 군대는 해산되었다. 그러나 후고 오넬과 다른 반정부주의자들의 지휘부는 1607년의 어얼의 플라이트(the Flight of the Earls)안에 남아 있었다. 그리고 새로운 반정부 활동을 위하여서 스페인에 도움을 요청한 상태였다. 데푸티 아더 치체스터 경(Lord Deputy Arthur Chichester)은 그들의 땅을 점령하고 개간을 위한 이주를 시작했다. 그러나 그러한 개간은 1608년에 반정부주의자들의 방해에 의하여서 지연되었다. 그러나 매우 약한 반정부 활동은 리차드 윙필드 경(Sir Richard Wingfield)에 의하여서 진압되었다.

 제임스 1세에게 얼스터의 개간에 대한 보고서가 제출되었다. 그것은 대영제국의 연합으로서 잉글랜드와 스코틀랜드의 사람들이 이주하게 되었다. 그래서 적어도 그 지역의 반은 스코틀랜드 사람이었다. 제임스는 잉글랜드 왕이 되기 전에 스코틀랜드 왕이었는데 스코틀랜드의 그의 신하들에게 어떤 형태로건 보상을 필요로 했다. 얼스터와 스코틀랜드 서부 지방과의 협약으로 스코틀랜드 사람들의 참여가 실재적으로 이루어졌다.

 얼스터의 6개 지역이 공적으로 개간지로 선정되었다. 도네갈(Donegal), 콜레라인(Coleraine), 티론(Tyrone), 페르만나(Fermanagh), 카반(Cavan)과 아르마(Armagh) 등이다. 그리고 나머지 두 지역 안드림(Antrim)과 다운(Down)은 스코틀랜드 장로주의자들의 정착민들이 1606년 이래 지속적으로 개간해 오고 있었다. 그리고 긴 기간 스코틀랜드 정착민들은 얼스터로 이주해왔다. 그래서 최종적으로 가장 많은 이주민들은 스코틀랜드 장로 교도들이었다. 원래 15세기에는 하이랜드 스코트인들이 주로 이주해 왔다. 그들은 주로 용병으로 이주했다. 그러나 16세기에는 로우랜드 장로 교도들이 주로 이주해 왔다.

1630년대에 약 2만 명의 성인 남자가 얼스터에 정착을 한 것으로 되어 있다. 그러므로 전체 인구는 약 8만 명 정도이다. 그들은 얼스터 전체 인구의 대부분이었다. 무엇보다 비공식적인 인구는 집계도 되지 않았기 때문에 더욱 많은 인구가 얼스터로 이주했을 것으로 보고 있다. 무엇보다 그 중에 여자들이 반을 차지하고 있었기 때문에 더욱 많은 인구가 있었을 것이고 점차적으로 인구가 늘어났다. 그러나 아일랜드 전체에 대한 장로교회의 전파는 실패하였다. 가장 먼저 언어가 그들과 달랐다. 아일랜드 인들의 언어는 게일어였다. 그래서 아일랜드에서 섬길 사역자들은 성직 서임을 받기 전에 아일랜드 언어를 마쳐야 했다. 그런데 그 중에서 약 10 % 만이 유창하게 아일랜드어를 구사할 수 있었다. 그럼에도 불구하고 회심은 거의 드물었다. 382)

찰스 1세 때 얼스터에는 장로주의 사역자들이 전역에 있었다. 그런데 찰스 1세는 잉글랜드와 스코틀랜드에 감독 교회를 정착시키고자 하였다. 로마 카톨릭 주의자들도 왕의 그러한 정치를 선호하였다. 그들은 이전에 교회에 대한 사법권을 시행하려고 하였다. 그래서 종교 재판소를 마련하였다. 그리고 대도시 안에는 사제(priests)를 훈련시키는 대학을 열려고 하였다. 그리고 장로주의자들의 사역은 방해를 받았다.383)

---

382) http://en.wikipedia.org/wiki/Ulster
383) J.G. Craighead, **Scothch and Irish Seeds in American Soil:The Early History of the Scotch and Irish Churches, and Their relations to the Presbyterian Church of America,** Philadelphia, 1878, p. 181.

제 3 장 얼스터 장로 교회 수난의 역사

여러 모로 제임스 1세의 등극은 아일랜드에 장로 교회가 세워지는 결정적인 역할을 하였다. 1603년 4월 5일에 아일랜드 더블린에서는 제임스 1세의 등극을 그들 나라의 통치권을 인정하는 것으로 간주하였다. 제임스 1세는 엘리자베스 여왕의 뒤를 이어서 잉글랜드의 통치자 겸 대영제국의 통치자가 되었다.384) 그러나 제임스 1세는 왕국에 대한 통치 계획과 함께 종교적인 정책의 개혁도 더하였다. 그는 처음에 로마 카톨릭 성직자들에 의하여서 격려되었고 그래서 폭력적으로 아일랜드에 개혁 교회 목회자를 추방하였다. 이에 대하여서 성직자들의 반발을 사게 되었고 결국 저항에 부딪혔다. 그런데 다른 한편으로 그는 로마 카톨릭의 종교 정책도 반대하여서 그들과도 충돌하게 되었다. 그는 처음에 로마 카톨릭의 교리적 혐오의 양심적 혐오감보다 그들의 일시적 권력과 관련하여서 그들을 이용하였던 것이다. 예배에 있어서 개인적인 시행이 진행되었을 때, 그들은 공개적으로 고통을 당하였다. 이러한 상황에서 얼스터는 가장 카톨릭적인 교회로 있었다. 1605년에 로마 카톨릭 고위 성직자들이 많은 수의 사제들과 수사들을 모았다. 비록 공식적으로 해산되었던 성직자들이지만, 실지로는 다시 자리를 잡았다. 그러나 제임스 1세의 이주 정책에 의하여서 로마 카톨릭을 추구하는 원주민보다 잉글랜드나 스코틀랜드로부터 온 이민자들이 많아지게 되면서 점차적으로 개신교회적으로 바뀌었다. 그래서 나중에는 많은 개신교 성직자들이 얼스터의 성직자가 되었다.

얼스터 장로교도들은 그들의 조상들의 언약론을 따라서 사역하였던 사역자들에게 빚을 지고 있다. 그들은 왕당파와도 손을 잡지 않았고 로마 카톨릭과도 손을 잡지 않았다. 그 신실한 분들은 정신을 혼란케 하는 나라 안으로 들어가서 고난을 받았다. 그들은 많은 위험을 직면하였고 많은 곤비함 아래에서 지냈다. 그리고 위험한 여행을 마다하지 않았다.385) 이 당시에 얼스터는 종교적으로 정치적으로 매

---

384) James Seaton Reid.D.D, **The History of the Presbyterian Church in Ireland**, p. 73.
385) Ibid., p. 47.

우 취약한 곳이었다. 찰스 1세 시대의 얼스터의 종교적 상황은 매우 어두웠다. 그들이 의지할 어떤 것도 없었다. 왕의 정책은 잉글랜드와 스코틀랜드와 같이 감독 정치 형태를 확고하게 선호하였다. 로마 카톨릭주의자들은 왕의 선호하는 것을 받아들였다. 그들은 새로운 종교적 회의가 개회되자 그 이전의 교회적 법정(ecclesiastical jurisdiction)을 시행할 것에 고무되었다. 심지어 대도시의 대학들은 사제(priest)들을 위한 양성소로 세워졌다. 한편으로 개신교도들은 그들의 사역에 방해를 받았다. 그들의 예배의 자유는 제한되었고 많은 수의 사람들이 그들의 관심을 새로운 세상으로 돌리게 하였다. 그때에 뉴잉글랜드의 감독관 윈드롭(winthrop)의 아들이 아일랜드를 방문하였다. 그때 그들은 종교를 자유를 원하여서 신대륙으로 이주하는 것에 관심을 가지게 되었다. 그런데 얼스터의 사람들은 이러한 종교적 빈곤을 견디고 결정하고 정부의 정책의 더 나은 발전을 기다리기로 하였다.386)

1631년에 더블린에서 출판된 데리 주교(Derry)의 "은혜 언약에 대한 논문"은 알미니우스주의를 정죄하였던 저서이다.387) 1638년 국민 언약이 스코틀랜드에서 있었고 그것은 아일랜드 북쪽 지방으로 파급되었다. 얼스터 안에 스코틀랜드 사람들은 자극을 받았다. 그들은 런던의 영향력을 거부하였다. 그래서 그들은 런던 정부에 대하여서 불만이 쌓이게 되었고 북쪽 고위 성직자들이 잉글랜드 교회의 의식법을 따를 것을 촉구하게 되자 그들은 스코틀랜드에서 피난처를 찾게 되었다. 핍박은 그들의 싸움을 가라앉히지 못하였다.

잉글랜드의 의식서를 따라 하지 않겠다는 자들을 감옥에 보내기 시작하였다. 그러자 많은 수가 감옥에 가거나 스코틀랜드로 피신하기에 이른다. 그러나 대부분의 거주자들은 장로교회에 견고하게 서 있었다.388) 사회적으로 종교적으로 가해지는 이러한 고난 가운데서도 얼스터의 스코틀랜드사람들은 감독주의의 멍에로부터 이탈하려고 발버둥치는 그들의 모국의 여러 사건들에 대하여서 냉담할 수 없었다. 반대로 그들은 폭군적이고 편협한 사회 구조를 타파하려는 깊은 노력에 공감하였다. 그들 또한 그러한 상황 아래에서 신음하고 있었다. 이러한 서로간의 일치성은 스코틀랜드와 지속적인 교류를 통하여서 유지되었다. 그리고 그것은 무역으로 사

---

386) J.G. Craighead,, Sotich and Irish Seeds in American Soil, p. 182.
387) The history of the Presbyterian church in Irland, vol. 1. p. 163.
388) Ibid., p. 220.

람들이 교류함으로서 가능하게 되었다. 웬트워드(Wentworth)의 직무에 대한 북쪽 장로교도들의 저항은 핍박받는 가운데서도 견디었던 추방당한 사역자들과 함께 그들이 유지하고 있었던 넘치는 애정어린 교제에 의해서 강력해지고 증가되었다. 바로 이 신실한 사람들은 신자들이 가장 깊은 존경심을 가지고 바라보았던 사역자들이었다.

1638년 초에 블라이어(Mr Blair)는 아이르(Ayr)에 있는 윌리엄 아난(Mr. William Annan)에 동사 목사로 선임되었다. 제임스 해밀톤(Mr. James Hamilton)은 덤프라이스(Dumfries)에 정착하였고, 그곳에서 에딘버러로 이사했다. 던바(Mr. Dunbar)는 로디안(Lothian)의 칼드르(Caldr)에 사역자로 정착하였다. 그리고 콜베르트(Mr. Colvert)는 파이슬레이(Paisley)에 정착하였다.

클레란트(Mr. M Clelland)는 아일랜드의 사역자로 허락되었고 그는 키르크드브라이트(Kirkcudbright)에서 서임되었다. 존 셈플(Mr. John Semple)은 얼스터에서 자주 설교하였다. 그리고 갈로웨이(Galloway)에 카르스파이렌(Carsphairn)의 사역자가 되었다. 두 다른 추방된 사역자들은 스코틀랜드에 교구에 이 기간에 허락되었다. 이러한 자들은 사무엘 로우(Mr. Samuel Row)였고 그들은 던퍼믈라인(Dunfermline)에 있는 헨리 맥길(Mr. Henry Macgill)에 목사로서 서임되었다. 그리고 로버트 해밀톤(Mr. Robert Hamilton)은 아이셔(Ayrshire)에 있는 발란트래(Ballantrae)에 정착하였다. 이러한 9명의 사역자들은 국민 언약(National Covenant)의 열렬한 서명자였다. 이러한 자들에 의하여서 스코틀랜드 장로 교회의 승리가 궁극적으로 가능하게 되었다.

블라이어(Blair), 리빙스톤(Livingston), 클레랜드(M Clelland) 그리고 제임스 해밀톤(James Hamilton)은 글래스고우 총회를 기념하는 회원이 되었다. 이 총회의 합법성을 거부하였던 스코틀랜드 고위 성직자들은 점차적으로 기울어졌다. 그러나 여전히 추방당한 사역자들은 아일랜드 교회의 권징 아래에 있었다.389) 사역자들의 몇몇은 스코틀랜드의 서쪽 해변가에 정착하였고 자주 얼스터와 교류하였다. 스코틀랜드에 정착하게 된 아일랜드 사역자들은 그럼에도 불구하고 얼스터의 스코틀랜드 장로교도들에게 지대한 영향력을 행사하였다. 그리고 이러한 영향력으로 얼스터 장로 교회가 긴 시간 성공적으로 핍박을 견딜 수 있었다.

얼스터 지방 북쪽의 많은 장로교 사역자들은 스코틀랜드로 가서 국민 언약을

---

389) Ibid., p. 222.

서명하고 돌아왔다. 그들은 그들이 얻은 승리에 대하여서 고취되었다. 그들은 돌아와서 압박하는 멍에에 저항하였다. 그리고 아일랜드 정부의 얼스터에 대한 종교정책에 불신을 표하였다. 그러나 웬트 워드(Wentworth)는 얼스터의 평화에 대하여서 경고하였다. 웬트워드(Wentworth)는 얼스터의 불안한 종교적 상황에 민감하게 반응하였다. 그래서 스코틀랜드와의 모든 교류를 다 끊어 버렸다. 그리고 북쪽 스코틀랜드를 압박하기 위하여서 군대를 모았다.390)

웬트워드(Wentworth)는 얼스터에 있는 스코틀랜드인들을 언약에 연결되는 것으로부터 방해하고 반대하기 위하여서 예방책을 실행하였다. 그것은 예전에 그가 취한 조치에 비교가 되지 않을 정도로 강력한 성격을 가진 구속 권한이었다. 그것은 모든 북쪽 스코틀랜드인들에게 하나의 맹세를 통하여서 과세를 하는 것이었다. 그것을 검은 맹세(BLACK OATH)라고 한다. 강제로 왕의 명령에 반대하지 못하도록 서명을 강요하였다. 그리고 모든 언약과 맹세를 버리게 하였다. 이 첫 생각은 찰스로부터 온 것이다. 1639년 1월에 그는 엔트워드(Wentworth)에게 그것을 제안했고 얼스터 안에 스코틀랜드 언약자들에게 강요하도록 명령하였다. 4월 말에 회의가 소집되었고 엔트워드(Wentworth)가 그들에게 그의 계획을 발표하였다. 그때에 참석한 감독들(bishop)에게 열렬한 칭찬을 받았다. 엔트워드(Wentworth)와 고위 성직자들의 손안에서 수동적으로 태도를 취하였던 귀족들과 신사들(noblemen & gentlemen)은 방관하였다. 라포에(Raphoe)의 감독이 즉시 그것의 청원서를 작성하였다. 이 청원서는 평의회에서 제출되었고 해밀톤(Hamilton), 클랜보이 경(Lord Claneboy)와 몽고메리(Montgomery), 아즈의 영주(lord of Ards)와 클로거(Clogher), 라포에(Raphoe), 던(Down)의 감독들과 아르마(Armagh)와 던(Down)의 대집사들(archdeacons)들과 열명의 기사들(knights)과 24명의 사람들, 다수의 성직자들에 의하여서 서명되었다. 그중에 반대자들이 있었다. 그곳에 참석한 평신도들이었다.391)

평의회의 선언으로 5월 21일에 청원서가 복사되었고 얼스터에 거주하는 16세 이상 모든 스코틀랜드인들이 서명을 강요당하였다.392) 얼스터 전체에 걸쳐서 검은 맹세(BLACK OATH)는 강요되었고 이러한 기술적인 명칭은 핍박에 대하여서

---

390) Iibid., p. 225.
391) Ibid., p. 244.
392) Ibid., p. 245.

너무 노골적이라서 양심적인 장로주의자들 뿐만 아니라 종교의 자유를 추구하는 모든 이들에게 큰 고통이었다.393) 얼스터의 장로주의자들은 장기 의회(Long Parliament) 기간에 잉글랜드 의회에 자신들의 신앙의 자유를 위한 청원서를 보냈다. 그들은 많은 자들의 서명을 가지고 시민적 종교적 자유에 대한 자세한 청원서를 보냈다. 아일랜드 장로주의자들로부터 작성된 첫 청원서는 장기 의회에 제출되었다.394) 그들은 감독주의자들의 끝없는 핍박에도 불구하고 인내로 신앙을 지켰으며 제어되지 않는 감독주의자들(prelacy) 아래에서 얼스터의 종교적 상태의 그림은 확실하였다.395) 잠시 동안의 아일랜드 종교 상황이 소강상태에 들어갔다. 찰스는 모든 부분에 그의 면책을 비준했다. 로마 카톨릭은 전반적으로 관용하였다. 그들의 귀족들은 그들의 면책이 제한되었다. 그들의 향신층(gentry) 의회와 판관과 관원과 행정관 등 다수였다. 그들의 성직자들은 그들의 종교적 의식을 시행하는데 방해를 받지 않았다. 국가적 불만의 요소를 잠재울 구제책을 얻고자 개신교와 로마 카톨릭주의자들은 공조하였다. 고등 법원의 시행이 보편적이고 대중적이었다. 국가의 개선과 시민적 권리의 새로운 분기점이 마련되었다. 그러나 이러한 참여는 절망적이었다. 이때에 기억할 만한 폭동(memorable Rebellion)의 원인이 일어나기 시작하였다. 대영제국 권력의 과도함에 대한 반란(insurrection)의 계획이 있었다. 그들은 상실된 교황주의를 회복하고자 하였다. 의심할 것 없이 북쪽의 두목의 자손들과 함께 기원한다. 그들은 아일랜드로부터 추방당하였던 자들이었다. 그들의 물질적 번영이 개신교회에 의하여서 몰수당했다고 생각하였다. 그들은 로마와 마드리드의 법정에 있기를 좋아하였다. 그들은 가로막는 소통을 열고자 침입자로서 잉글랜드에 저항하였던 것이다.396)

그들의 폭동과 반역은 찰스 1세 시대였는데 그들은 대영제국 관원들에 대한 반감으로 그러한 폭동을 일으켰다. 그리고 스트라포드(Strafford)의 폭정에 견딜 수 없어서 그렇게 되었다. 그들은 거친 형태의 교황주의의 신봉자들이었다. 그들에게 개혁 신앙은 혐오스러운 것이었다. 그래서 아무런 죄도 없는 개혁 신앙을 가진자들을 학살하였다. 얼스터에서 아일랜드 카톨릭주의자들의 반역이 발생했다. 개신교도들이 방어할 틈도 없이 무방비 상태에 놓여 있었다. 데리(Derry)와 도네갈

---

393) Ibid., p. 253.
394) Ibid., p. 279.
395) Ibid., p. 280.
396) Ibid., p. 297.

(Donegall)이 즉시 반역자들에 의하여서 점령되었다. 약간의 읍내와 성채가 다행히도 보존되었다. 에니스킬렌(Enniskillen)은 윌리엄 콜 경(Sir William Cole)의 활동으로 보호되었다. 반역자들이 폭동을 일으켰을 때 그 여파가 빠르게 확산되었다. 몇몇 지역은 방어를 위한 행동을 시작하였다. 윌리엄 로울레이(Mr. William Rowley)는 모네이모(Moneymor)의 강탈에 의하여서 경고를 받고 토요일 오후에 콜러레인(Coleranine)으로 피신하였다. 그는 주일 오전에 도착하였다. 그리고 콜러레인(Coleranine)은 안전하였다. 비록 자주 공격을 당했지만, 스코틀랜드로부터 군대가 도와주러 올 때까지, 그곳 거주자들에 의하여서 번번이 격퇴되었다.397)

아르마(Armagh)의 도시는 처음에는 안전하였다. 윌리엄 브라운로우 경(Sir William Brownlow)이 아르마(Armagh) 도시에 있었던 루간(Lurgan)의 성채를 지켰다. 카리크페르거스(Carrickfergus)는 얼스터의 동쪽 해변가에 위치하지만 그러한 공격에 대하여서 잘 지켰다.

1638년 10월 23일에 아쳐 치체스터(Arthur Chichester) 행정관은 즉시 그 성을 지키기 위하여서 보수를 하였다. 첫 번째 반란은 잉글랜드와 아일랜드 안에 특별한 부분에서 마찰이 있었다. 그러다가 로마주의자들이 대영제국의 권력과 사람들에 저항하여서 아일랜드의 사람들을 자극하였다.

1638년 10월 28일 목요일에 스코틀랜드에 이러한 긴박한 상황이 알려졌다. 신사들과 군인들은 카리크퍼구스(Carrickfergus)에 모여서, 읍내와 성채의 방어를 위한 벽들 사이에서 전투를 하러 나갈지에 대하여서 사려하고 있었다. 안트림(Antrim)의 읍내와 성채는 폭도들의 갑작스러운 공격에 안전하였다. 안트림(Antrim)은 아치발디 스트워트(Archibald Stewart)의 분발로 보호되었다. 그는 가장 영향력 있는 인물이었다. 벨파스트(Belfast)와 리스번(Lisburn)의 읍내들은 그들의 상태를 보존하고 있었다. 데리(Derry)의 상인이었던 로버트 라우슨(Mr. Rober Lawson)은 철저한 장로주의자였다. 그가 그 위기의 상황에 대하여서 기록하였다. "1638년 10월 16일에 반란의 조짐이 보였다. 그때에 내가 런던더리(Londonderry)로부터 더블린(Dublin)까지 여행을 하고 있었다. 10월 21일에 더블린으로부터 여행을 마쳤다." 그리고 그는 반역의 소문을 들었다. 그는 던드럼(Dundrum)으로 돌아왔다.398)

---

397) Ibid., p. 312.
398) Ibid., p. 315.

라우손(Lawson) 대장이 적절하게 용감하게 리스번(Lisburn)을 보호하고 있었을 때에, 그는 캐리스크퍼구스(Carrickfergus)근처에 그의 군대를 모으기 시작하였다. 그리고 그는 벨파스트(Belfast)에 도착하였다. 안드림(Antrim)의 남쪽에 위치한 개신교도들은 안전한 곳으로 곧 옮겨야 했다. 이러한 우울한 사태를 기록한 문서가 발견되었다.

"1641년 10월 23일 약간 이후에 아일랜드 폭도들이 안드림(Antrim)에 있는 모든 남자들과 여자들과 아이들을 살해하였다. 피해자는 모두 개신교도들이었다. 그들의 집들과 곡식은 불타버렸다. 로마 카톨릭 폭도들은 나머지 지역의 사람들에게 명령하고 총병들에게 공격하라고 하였다. 1642년 6월 중순까지 계속되었다."

안드림(Antrim)의 개신교도들이 그들의 안전에 대하여서 점령되었을 때, 던(Down)의 그들의 형제들은 움직일 수 없었다. 클렌보이 경(Sir of Claneboy)과 아르즈(Ards)는 방어적 자세를 취하고 효과적으로 반란군들의 진행을 막았다. 콘 마게니스 경(Sir Con Magennis) 아래에 반정부주의자들은 드로모(Dromore) 도시를 향하여서 북쪽으로 방향을 돌렸다. 반란군들에 대한 행보가 전하여져 왔고 행정관 매튜(matthews)가 뉴리(Newry)를 향하여서 행진하였다. 그리고 대담하게 드로모(Dromore) 근처까지 행진한 반란군들을 공격하였다. 그는 약간의 손실을 당하면서 그들을 격퇴시켰다. 그러나 그의 부재 시에, 소심한 감독이 결국 그 도시를 버렸다. 콘 마게니스 경(Sir Con Magennis)은 즉시 드로모(Dromore)를 점령하였다. 그리고 남아 있는 개신교도들을 잔인하게 살해하였다. 드로모(Dromore) 소도시를 불태워버렸고 뉴리(Newry)로 돌아갔다. 1641년 11월 4일에 그들은 다음과 같은 선언을 하였다. "잉글랜드와 아일랜드 왕국의 모든 로마 교회의 카톨릭주의자들에게 우리는 모든 행복과 양심의 자유와 긴 시간 우리를 괴롭힌 잉글랜드 이단들로부터 승리를 바란다." 이러한 문서에서 그들은 에딘버러로부터 왕의 교섭을 받았다.[399]

이때의 학살을 역사가들은 다음과 같이 기록한다. "보편적인 학살이 자행되었다. 그것은 나이도 성별도 유아들도 가릴 것이 없었다. 광범위하게 학살이 진행되었고 모든 상태가 전반적으로 황폐화 되었다. 남편의 토막난 시체 위로 비탄해 하는 아내들, 그 이전에 이렇게 끔찍한 경험을 겪어 본적이 없는 죽음이었다. 이러한 피의 장면은 다른 어떤 것보다 더욱 잔인한 것이었다. 여자들의 연약한 마음에 종

---

399) Ibid., p. 320.

교적인 더 강한 인상을 갖게되었고 그들은 남자들보다 더욱 모질게 되었다."400)

이러한 무시무시한 학살은 대영제국에 의하여서 보복이 가해졌다. 얼스터는 피의 들판으로 변했다. 로마 교회주의자들의 잔인성은 개신교도들의 신뢰를 저버린 행위였고 격노를 촉발 시킨 행위였다.401)

스트워르트스타운(Stewartstown) 근처의 이리(Irry)의 로버트 스트워르트(Mr Robert Stewart)는 폭동의 첫 경고를 하였던 자였다. 그는 600명의 스코틀랜드 병사들을 무장시켰다. 이 군대를 가지고 그는 쉽게 그 지역의 폭도들을 막을 수 있었다. 학살과 황폐함 가운데 살아 남은 장로교도들은 공적인 종교 행사가 결핍되게 되었다. 성직자들이 살해 당하였거나 안전한 곳으로 이주하였기 때문이다. 그리고 교회는 로마 카톨릭주의자들에 의하여서 몰수 되었다. 그러나 그들은 스코틀랜드로부터 원조가 오기까지 견고하고 성공적으로 그들의 종교적 원리들을 유지하였다. 그래서 평화가 찾아온 후에 복구가 가능했고 얼스터 안에 장로 교회가 첫 번째 정착 때보다 더욱 좋은 형편 아래에서 다시 소생할 수 있었다.402)

에딘버러의 왕과 잉글랜드의 의회는 얼스터에 바다를 통하여서 군대를 파견하였다. 아쳐 치체스터(Arthur Chichester)와 아쳐 티링햄 경(Sir Arthur Tyringham)은 모든 군대의 총사령관으로서 안드림(Antrim)으로 갔다. 치체스터 영주(lords Chichester), 클렌보이(Claneboy)와 아르즈(Ards)는 몇 명의 기사들(kinghts)과 신사(gentlemen)들과 함께 폭도들에 대한 진압을 위하여서 가장 큰 수고를 아끼지 않았다. 그에 따라서 잉글랜드 의회에서도 약 2개의 연대 병력을 파견하였다. 그 군대의 사령관으로는 콘웨이 영주(lord Conway)와 존 클로트워디 경(Sir John Clotworthy) 등이다.403) 얼스터 북서쪽에 반역자들의 무리들이 머물러 있었다. 스코틀랜드 군대의 선두가 안드림(Antrim)에 도착하자마자 그 지역의 평화를 회복하였다. 동시에 존 클로트워드 경(Sir John Clotworthy)은 로우 네아그(Lough Neagh)에서 전초전을 치렀다.404)

콜로네 클로워디(Colone Clotworthy)는 반역자들을 정복하고 중요한 지역을 얻었다. 존 경(Sir John)은 또한 데리(Derry) 지역으로 들어가기 위하여서 침략 계획

---

400) Ibid., p. 323.
401) Ibid., p. 326.
402) Ibid., p. 340.
403) Ibid., p. 342.
404) Ibid., p. 366.

을 세웠다. 그래서 찰레몬트(Charlemont)에 있었던 아일랜드 수비대가 몇 가지 보트를 지었다. 그리고 블랙 워터(Black water) 강을 지나서 로우(Lough) 안으로 들어갔다. 몇 번의 전초전이 있었다. 그러나 그들은 전적으로 패배하였다. 이러한 군사적 조치로 얼스터에 부분적인 평화가 찾아왔다. 로마카톨릭주의자들은 여러 곳에서 참패하였고 절망적이었다.405)

이어한 환경에서 얼스터 안에 대다수 개신교도들은 장로주의를 더욱 선호하게 되었다. 얼스터 안에 성경에 기초한 새로운 개신교가 세워졌다. 스코틀랜드 군대의 도착은 다행히도 개혁을 더욱 할 수 있는 계기가 되었다. 스코틀랜드 교회의 유익한 실천에 따라서 대부분의 연대 병력이 예배를 드렸고, 얼스터 안에 스코틀랜드인들은 여전히 보류된 형태를 조직하는 것이다.406) 그리고 현명하고 열정적인 인물들로 인하여서 장로교의 기초가 얼스터 안에 놓이게 되었다. 그래서 얼스터 안에 스코틀랜드 교 회는 조직을 짜고 구조를 정하면서 장로교회가 되었다. 교리는 스코틀랜드나 장로 교회 영향을 받았다.407) 캐리크페르거스(Carrickfergus)에 군대 사역자들 사이에서 노회의 형성이 있었고, 그 노회는 회중의 동의를 얻어 장로들을 세웠다. 그리고 노회에 대한 이러한 행동은 이러한 회중에게 받아들일 만한 일이었다.408)

이제 스코틀랜드로부터 아일랜드로 사역자들이 가게 되었다. 총회는 청원서를 받아들이고 북 아일랜드에 파송할 사역자들을 세웠다. 복음을 가르칠 사역자의 부재와 고위성직자들의 폭군적 점령 때문에 그리고 폭도들의 칼로 인하여서 어려울 때에, 스코틀랜드 총회는 그들에게 여러 가지 지원을 하였다.409) 로버트 블라이어 성직자(Rev. Robert Blair), 방고르(Bangor), 제임스 해밀톤 성직자(Rev. James Hamilton)와 발리월터(Ballywalter)는 얼스터에 방문하였다. 그들이 도착한 후 첫 노회에서 그들은 총회의 위임장을 제출했다. 그리고 그것은 노회에 가장 감사하게 접수되었다. 이러한 경험이 풍부한 사역자들에 의하여서 지도를 받으면서 얼스터의 교회는 빠르게 회복이 되었다. 그들은 그 나라의 형편을 잘 알고 있었고 숙련되게 성공적으로 임무를 수행했다.410)

---

405) Ibid., p. 367.
406) Ibid., p. 368.
407) Ibid., p. 370.
408) Ibid., p. 373.
409) Ibid., p. 378,

스코틀랜드 교회로부터 파송된 사절단들의 주요한 임무는 그 지역안에 지교회를 조직하고 그들로 새로운 형태의 교회로 연결시키고 주의 만찬을 시행하는 것이었다. 그들은 어디에서나 이러한 임무를 환영하였고 각 교구 교회들은 다시 예배자로 붐볐고 더 많은 기도와 감사가 넘쳐났다. 사람들은 그들의 교회의 회복을 기뻐하였고 종교적 권리를 회복하였다. 그들은 참으로 찬송을 부르며 시온으로 나아왔고 그들의 마음에 기쁨이 넘쳤다. 그들의 예배는 어떤 의식서에 따라 드리는 노예적 예배가 아니었고 그들의 교회적 관심도 질서가 있었다. 이 방문 기간 동안 블라이어(Mr. Blair)의 수행원이었던 사람이 말하기를 석 달 동안 행복했다고 말하면서 그는 매일 한번씩 강론하였고 안식일에는 두 번씩 강설하였다. 전에 많은 사람들이 검은 맹세를 강요당하였고 국민 언약을 포기하게 되었으나 블라이어(Mr. Blair)가 검은 맹세의 죄악을 내려 놓게 하였다.411) 몇 몇 감독교회 성직자들이 노회에 가입하기 시작했다. 그러나 그들이 지교회를 맡고 서임을 받을 때까지 노회의 회원으로는 허락되지 않았다.412)

아일랜드가 잉글랜드에 의존하고 있었던 것처럼, 스코틀랜드의 사역자들의 가르침 아래에 있었던 얼스터에서 시행해야 할 교회적 의무들은 잉글랜드 의회의 비준을 얻어야 했다. 따라서 위원회의 제안에 따라서, 북쪽 아일랜드의 교회의 상태는 잉글랜드 의회로부터 임무를 천거 받았다. 그리고 그들이 총회에 참석하였다.413)

이렇게 형성된 얼스터 장로 교회는 스코틀랜드 장로 교회와 아울러서 지속적으로 발전하게 되었고 바로 그 얼스터 장로 교도들이 후에 미합중국으로 대거 이민을 가면서 미합중국 장로 교회의 형성에 이바지하게 된다.

---

410) Ibid., p. 381.
411) Ibid., p. 384.
412) Ibid., p. 386.
413) Ibid., p. 395.

제 4 장 얼스터 장로 교도들의 미합중국으로의 이민의 역사

　스코틀랜드와 아일랜드 장로교도들의 미주 대륙으로의 이민은 공통점이 많다. 그들은 자연스럽게 지속적으로 그들이 정착한 곳의 먼저 이주해온 사람들과 뒤섞였다. 그래서 그들의 이민의 역사를 추적하여 분류한다는 것은 거의 불가능하다.
　피의 핍박이 있는 동안에 스코틀랜드 장로교도들은 미주대륙으로 이민을 하였다. 아일랜드의 압박받는 회중들이 미주 대륙으로 이민함으로서 미주 대륙에 장로교회를 형성하는데 기여했다. 그들은 모국으로부터 모든 종교적 자유를 거부당하면서 종교의 자유를 찾아서 미주 대륙으로 이주한 것이다.
　1670년 ~1680년 사이에 아일랜드의 많은 장로교도들이 버지니아의 엘리자베스 강 위에 정착하였다. 그 세대가 지나기 전 20년 안에 몇 개의 교회가 세워졌다. 몇 사람의 스코틀랜드 귀족들(nobles)과 향신층(gentry)들이 미주 대륙 안에 그들의 핍박받는 형제들을 위하여서 집을 지어주는 계획을 세웠다. 그들은 자신들의 정착지 안에서 고위 성직자들을 반대하였다.414)
　1667년에 5천명이나 미주 대륙으로 이주하였다. 제임스 2세 치하에서 핍박을 피하여서 스코틀랜드로부터 이주한 장로주의 회중들이 메릴랜드의 말보로우(Marlborough)와 블라덴스부르그(Bladensburg)에 교회를 세웠다. 다른 스코틀랜드 사람들 중에 한 무리들은 버어지니아에 요크와 랩파녹 강을 따라서 델라웨어에서 정착지를 찾았다. 반면에, 많은 수의 이민자들은 남부 지방으로 들어갔다. 그들은 윌밍톤(Wilmington)이나 찰스톤(Charleston)에 정착하였다. 찰스톤(Charleston)에 정착한 자들은 뉴잉글랜드로부터 온 회중교회주의자들과 결합하였다.415) 그러나 수년 동안 스코틀랜드에 속한 목사들이 있었다. 그 교회는 적어도 1682년에 형성되었을 것이다. 1686년에 프랑스 위그노(French Huguenot)교회가 세워졌다. 그리고 남부 캐롤라이나에 순수한 장로교회가 처음 세워졌다.

---

414) Scotch and Irish seeds in American Soil, p. 266.
415) Ibid., p. 267.

1710년에 식민지에 5개의 장로교회가 세워졌다고 보고한다. 북 캐롤라이나는 초기 스코틀랜드 이민자들에게 신세를 지고 있다. 1729년 초기에 다시 1736년과 1739년에 다시 많은 이민자들이 몰려왔다. 그들은 케이프 피어 리버(Cape Fear River)를 따라서 정착하였다.416)

1698년에 프랑스 장로교회(위그노) 이민자들이 일천명이 넘었다. 그들은 남 캐톨라이나의 쿠퍼(Cooper) 강과 산테(Santee)에 정착지를 세웠다. 위그노들의 이민이 수 년간 계속되었다. 그리고 다양한 이민자들이 미주 대륙에 정착하였다. 이로부터 남부에 가장 가치 있는 시민들의 후손들이 생겼다. 1700년에 스위스 장로교회의 가족들이 70개의 무리가 동일한 곳에 정착하였다. 비록 초기에는 스코틀랜드로부터 이민자들이 아일랜드의 북쪽 지방으로부터 온 사람들보다 더 많았을지라도, 1715년과 1750년까지 조직된 형태의 교회가 거의 없었다. 이 기간 동안 미주 대륙은 많은 수의 개신교 신자들의 이민을 받아들였다. 그리고 그들 중 대부분이 스코치-아이리쉬 장로교주의자들이었다. 아일랜드로부터 많은 수의 사람들이 시민적 미주 대륙으로 신앙의 안식처를 찾으러 왔다.417)

1718년에 얼스터의 한 사역자가 보낸 서신이다. "이 나라의 북쪽에는 우리의 형제들이 미주 대륙으로 이민을 가서 매우 황폐해 있다. 벌써 6명의 성직자들이 사역지를 떠났으며 그들과 함께 많은 수의 회중들이 떠날 것이다. 그래서 우리는 사역자들과 회중에게 경고를 하였다."418) 퀘이커 교도로 알려진 펜실베니아의 지방 의회의 의장이었던 제임스 로간(James Logan)은 아일랜드로부터 온 이민자들에 대하여서 비우호적이었다. 그는 말하기를 "만약 스카치-아이리쉬들이 계속 이주해 온다면 그들이 이 지방의 지배자가 될 것이기 때문이다." 이러한 이민자들이 주로 보스톤, 필라델피아 그리고 칼레스턴에 정착하였다. 보스톤에 정착한 사람들은 주로 마인(Maine)과 뉴 햄프셔와 매사추세츠에 정착하였다. 뉴잉글랜드에 최초의 정착이 있었다. 장로주의자들의 많은 수가 몇몇 지역에 정착하였다. 코튼 마터는 우리에게 다음과 같이 전한다. "1640년에 4000명 정도의 장로교도들이 도착했다. 많은 수의 핍박받는 형제들이 북 아일랜드로부터 이주하였다."419)

1719년에 보스톤과 매사추세츠와 펠햄에서 회중들이 형성되었다. 1745년에 노

---

416) Ibid., p. 268.
417) Ibid., p. 269.
418) Ibid., p. 274
419) Ibid., p. 276.

회가 설립되었다. 1775년에 시부룩(Seabrook)에서 세 개의 노회가 연합해서 대회를 열었다. 장로주의자들은 결코 힘을 얻으려 하지 않았다. 많은 장로주의 정착자들은 그들의 길을 펜실베니아에서 발견했다. 그리고 필라델피아의 항구를 통하여서 미주 대륙 안으로 쏟아 들어왔다. 이들은 처음에는 펜실베니아의 동부나 중간에 있었다. 그리고 남부 캐롤라이나에 정착한 사람들은 더 많은 사람을 접하게 된다. 많은 장로교 정착자들은 그들의 길을 펜실바니아에서 찾고 있었다. 이러한 이민자들은 첫째는 펜실베니아의 동부와 중부 지방에 있었다. 그리고 델라웨이(Delaware)와 매릴랜드(Maryland) 등에 인접하였다. 북부와 남부 캐롤라이나와 조지아주의 비옥한 땅에 그들 스스로를 위치시켰다. 그리고 그들은 더 북쪽 지방 안에 원래 정착하였던 그들의 형제들을 다수와 연결되었다. 이민의 빠른 증가로 가장 좋은 농업 기지로서 중부 펜실베니아에 많은 스카치아이리쉬들이 정착하였고 후에 남쪽으로 나아갔다. 그리고 나중에 비옥한 땅 버어지니아주에서 그들의 가족들을 위하여서 집을 지었다. 후에 서부 펜실베니아가 주의 중앙부 안에 정착한 자들의 후손들에 의하여서 점유되었다.420) 그들은 어디든지 정착하게 되면, 그곳에서 가족들을 위한 거주지를 마련한 후에 하나님께 예배를 드리기 위하여서 회중들을 모아서 예배처소를 마련하였다. 이것은 그들의 관습이었다. 이러한 개척자들은 버어지니아의 계곡안으로 나아갔다. 그곳에는 12 장로교회가 조직되었다. 이러한 진지한 열심에 대하여서 장로교회 대회는 그들을 방문하기 위하여서 2 명을 임명하였다. 이 시기에 사무엘 블라이어는(Samuel Blair) 다음과 같이 그 시대에 교회 상황을 설명한다. "펜실베니아의 모든 교회들은 아일랜드로부터 이민 온 사람들에 의하여서 형성되었다."421)

그때에 이민 온 사람들은 대부분이 북쪽 아일랜드 사람들이었다. 우리가 아는 바는 그 이민은 일반적으로 자주 있었고 목사들이 그들의 사역이 놓여 있었던 곳에 장애물로부터 경감을 찾을 때 그들은 그들의 전체 회중들에 의하여서 새로운 세상에로 나아갔다. 그리고 그들은 자발적인 참여에 의하여서 이주하였다.422)

이러한 신대륙의 장로교회들은 그들의 사역자들과 함께 회중들을 모으고 교회를 구성하고 교회 질서와 정치의 동일한 형태를 채택하였다. 장로교회의 본질적인

---

420) Ibid., p. 278.
421) Ibid., p. 280.
422) Ibid., p. 281.

부분들은 성직자들의 동등성과 성직자들과 나누는 치리 장로들의 임무들이다. 이것을 당회라고 한다. 당회로부터 결정된 것들은 더 높은 치리회에 올려진다. 이것이 잘 알려진 장로교회 원리들이다. 장로주의가 넓게 확장 될 때에, 대회의 조직이나 총회의 구성이 이루어지게 되며 이것은 자연스러운 현상이다. 예배의 유형은 스코틀랜드와 아일랜드에서 이미 사용한 것을 교회들이 형성되어 갈 때에 채택하였다. 그리고 각각 회중들의 회원들을 제한하여 목회하였고 성경과 요리문답은 자녀들에게 그들의 가족들이 학교에서 가르쳤다. 안식일에, 가족 모든 구성원들은 정규적으로 모였고, 부모와 자녀들과 함께 요리 문답을 낭독하였다. 이것은 교리를 담고 있는 것을 반복적으로 습득하는 것이다. 그것은 성경으로부터 온 것이다. 그리고 그들의 가르침에 엄격하게 형성된 것이다.

  치리 장로들이 회중의 일부분을 맡았다. 치리장로들의 의무는 그들의 구역 안에 사람들의 영적 상황을 살피는 것이다. 목사들은 한 명이나 그 이상의 치리 장로들과 함께 자주 회중들을 만나는 것에 익숙해져야 했다. 그것은 개인 집이나 다른 편리한 장소에서 요리 문답을 읽고 기독교 교리와 권면의 말들을 그들에게 하는 것이다. 이러한 방법은 장로들의 충성심을 통하여서 확장되었고 성직자들의 설교에 의하여서 풍성하게 되었다. 그리고 안식일이 매우 중요한 날로 인식되었다.423)

  장로교회 초기 역사 동안에, 노회들이 회중을 방문할 위원들을 임명하는 것이 일반적이었다. 그들은 목회자가 그의 양떼를 위하여서 양심적으로 그의 의무를 다하고 있는가 하는 것과 치리 장로들이 그들의 사역에 있어서 책임성을 가지고 있는가 하는 것이다. 그리고 어떻게 성도들이 설교 시간에 출석하는가 하는 것과 교회의 질서에 순복하는가 하는 것이다. 주의 만찬은 한 해에 두 번 시행되었다. 주의 만찬 시에 긴 탁자가 배치되었고 그것은 종종 강대상으로부터 문가까지 통로에 놓여 있었다. 초기에 장로교 사역자들은 아일랜드 교회로부터 이주해 온 사람들이었다. 그들은 실지로 스코틀랜드 사람들이거나 아일랜드로 이주한 자들의 후손들이었다. 몇몇을 제외하고 스코틀랜드 안에서 교육을 받았다. 1738년 경에 신대륙 안에 장로교 사역자들의 70% 정도가 글래스고우 대학교를 졸업하였다. 그러나 점차적으로 그것이 불가능하게 되었다.424)

  프란시스 메케미는 장로교회 기초를 놓으신 분이다. 그는 아일랜드의 도네갈

---

423) Ibid., p. 282.
424) Ibid., p. 286.

(Donegal)에서 태어났다. 그리고 스코틀랜드 대학에서 교육을 받았다. 그리고 1681년에 라간의 장로회로부터 안수를 받았다. 메릴랜드로부터 신대륙을 위하여서 복음전도자로서 장로교를 이끌기 위하여서 서임되었다. 1682~1683년 경에 도착한 후에 1684년경에 메릴랜드의 스노우 힐(Snow Hill)에서 교회를 조직하였다. 그곳은 신대륙에서 최초로 노회가 결성된 곳이었다. 메릴랜드 동부 해변과 버어지니아의 인접한 곳이 그의 주요한 사역지였다. 그는 그곳에서 초기 세례의 의무를 충성스럽게 다하였다.425)

1705년 그는 필라델피아에서 7명의 사역자들과 함께 첫 노회를 결성하는데 헌신하였다. 그는 1708년 죽기 까지 활동적으로 효과적으로 빈곤한 정착자들 사이에서 순회 사역에 종사하였다. 회중들을 모으고, 유능한 사역자들을 보냈다. 전체 지역에 장로주의 광대한 영향력을 발휘하였다. 그는 지칠줄 모르는 노력으로 그리고 뛰어난 경건함과 강력한 지적 능력으로 모든 의무를 두려움 없이 행하였다.

사무엘 다비스가 메케미 다음의 사역자가 되었다. 그는 델라웨어의 레웨스(Lewes)에서 설교하였고 후에 메릴랜드의 스노우 힐에서 가르쳤으며 1709년 필라델피아 노회의 의장이 되었다.

1685년에 존 프란저(John Franzer)와 아치발드 리델(Archibald Riddel)은 신대륙에 도착했다. 존 프란저는 코네티켓의 우드버리(Woodbury)에서 사역하였고 아치발디 리델은 뉴저지의 우드브리지(Woodbridge)에서 사역하였다. 다비드 심슨과 존 윌슨은 1686년에 도착하였다. 그리고 후에 델라웨어의 뉴캐슬에 정착하였다. 조지 맥니시가 1705년에 잉글랜드로부터 돌아올 때 프란시스 메케미와 동행하였다. 그리고 메릴랜드의 몽고킨과 위코미코에서 수고하였다.426)

1717년에 롱 아일랜드에 노회가 결성되었다. 메케미의 다른 조력자 존 햄프톤은 메릴랜드의 스노우 힐에 목사였다. 요시아 메키는 버어지니아에서 수고하였다.

1706년에 존 보이드는 프리홀드와 미들타운에 목사로 봉직하였다. 1709년 델라웨어의 뉴캐슬에 목사 제임스 엔더슨은 뉴욕에서 사역하였다. 존 헨리는 1709년 메케미의 후계자가 되었다. 1712년에 조지 길레스피는 뉴저지의 우드브리지에 첫 목사가 되었다.

1716년에 윌리엄 테네트(William Tennent)는 아일랜드 조직 교회(Established

---

425) Ibid., p. 288.
426) Ibid., p. 289.

Church)의 집사였다. 그는 그곳을 떠나서 신대륙으로 왔다. 그리고 필라델피아의 노회에 의하여서 받아들여졌고 뉴욕의 이스트 체스터(East Chester)에서 정착하였다. 그 다음에 1726년에 네쉬미니(Neshaminy)에 있었다. 여기에서 그는 그 유명한 "통나무 대학"을 설립한다. 그리고 장로교 사역자들 위해 젊은이들을 교육시키려고 그의 생애를 바친다. 그는 휘트필드(Whitefield)에게 감탄하였고 그의 개인적인 친구가 되었다. 그리고 열정적인 부흥운동의 선구자였다.

1717년에 로버트 크로스는 델라웨어 뉴캐슬에서 목사가 되었다. 그리고 필라델피아의 제데디아 앤드류(Jedediah Andrews)에 목사가 되었다. 그리고 그는 나중에 구파(Old Side)의 지도자가 되었다.

1719 제임스 맥그레고가 아일랜드의 그의 교회와 연결된 100명의 가족들과 함께 보스톤에 왔다. 이 이민자들은 하버힐(Haverhill) 근처 런던더리(Londonderry)에서 정착하였다. 그리고 맥그레고가 그들의 사역자가 되었다. 그리고 이것이 뉴잉글랜드의 첫 장로 교회가 되었다.427)

1722년 로버트 라이그(Robert Laing)은 메릴랜드의 스노우 힐(Snow Hill)에서 사역하였다. 1723년 토마스 크레이크헤드가 화이트 클래이 크리크(White Clay Creek)의 목사가 되었다. 1724년에 죠셉 휴스톤(Joseph Houston)이 뉴 런던(New London)에서 첫 설교를 하였다. 그 다음에 메릴랜드의 엘크 리버(Elk River)에서 교회의 목사로 봉직하였다. 그리고 뉴욕의 월킬(Walkill)에서 최종적으로 목사가 되었다. 1725년에 아담 보이드(Adam Boyd)가 펜실베니아의 옥토라라(Octorara)와 페쿠아(Pequa) 교회의 목사가 되었다. 그곳에서 그는 44년간 사역하였다. 길버트 테넨트가 그의 부친과 함께 1716년에 신대륙으로 왔다. 그는 뉴저지의 뉴 브런스윅(New Brunswick)에서 1726년에 목사로 세워졌다. 그곳에서 16년간 머물렀다.

그는 1740년에 화이트필드(Whitefield)와 보스톤에 순회 설교에 동참하였다. 그들은 뉴 햄프셔(New Hampshire)와 마이네(Maine)의 북쪽으로 나아갔다. 그는 필라델피아에 새로운 교회 초빙을 수락하였고 1743년에 휫트필드(Whitefield)의 찬미자가 되었다. 존 테넨트(John Tennent)는 윌리엄 테넨트의 셋째 아들이었다. 그는 1729년에 강도사 인허를 받았고 뉴저지의 프리홀드의 교회에 목사로 안수 받았다. 그는 그곳에서 3년 반 동안 간단한 사역을 지냈다.

---

427) Ibid., p. 290.

윌리엄 테넨트는 뉴저지의 프리홀드에 그의 형제의 회중의 목사가 되었다. 그는 그곳에서 1777년 죽을때까지 머물렀다. 그는 자주 메릴랜드와 버어지니아와 뉴욕에 순회 설교를 하러 갔다. 그의 사역의 특징은 부흥운동주의였다.

사무엘 블라이어는 1733년에 뉴저지의 미들타운에 초빙을 허락하기에 이른다. 그는 그곳에서 1739년까지 머무른다. 그리고 펜실베니아의 파크스 마노(Fagg's Manor)로 이주한다. 그곳에서 그는 기념비적인 고전 학교를 세운다. 그는 설교가로서 구별되었다.428)

1734년 알렉산더 크레이헤드(Alexander Cragihead)가 미들 옥토라라의 목사가 되었다. 거기로부터 1749년에 그는 버어지니아로 이주했다. 그리고 그 다음에 북 캐롤라이나로 이주했다. 프란시스 알리슨은 1735년에 펜실베니아의 뉴 런던(New London)의 목사가 되었다. 15년간 사역하였고 고전 학교를 세웠다. 그는 1752년에 필라델피아로 이주하였다. 1755년에 대학을 설립한다. 그는 신대륙의 알려진 학자로서 명성이 있었다.

---

428) Ibid., p. 292.

제 5 장 얼스터 장로교회의 역사적 의의에 대하여서

　미합중국 장로 교회사의 초기 형성 과정을 살펴 보려고 하면 얼스터 장로교회의 역사를 살펴보아야 한다. 얼스터 장로교회의 역사는 스코틀랜드와 북 아일랜드 장로교회 역사를 미합중국 장로교회에 이어주는 역할을 한다.
　찰스 1세 때 얼스터 장로교회는 로마 카톨릭을 신봉하는 남부 아일랜드의 폭동으로 대학살을 경험하게 되었고 그 이후에 많은 얼스터 장로 교도들이 신대륙으로 이민을 가게 된다. 초기 북미주 신대륙 장로교회의 거의 대부분의 신자들은 스코틀랜드와 얼스터 지방의 장로교회 신자들이었다. 그만큼 얼스터 장로교회는 미국 장로교회 형성의 역사에 있어 지대한 공헌을 하였다. 그리고 그렇게 미합중국 장로교회 역사를 형성하는데 지대한 공헌을 하였던 얼스터 장로교회의 역사는 미합중국 장로교회로부터 복음을 받았던 조선 예수교 장로교회의 형성에 전혀 무관하다 할 수 없다. 그러므로 한국 장로교회는 미합중국 장로교회와 얼스터 장로교회 성도들에게 빛을 지고 있는 것이다. 그들의 크나큰 노고로 지금 이 땅에 대한 예수교 장로교회의 역사가 지속될 수 있었다.
　개혁 신앙이 한 나라에 꽃을 피운다는 것은 그야말로 큰 진통을 겪고야 가능하다. 그것은 산고의 진통을 이겨낸 자들이 얻게 되는 귀한 생명과 같다. 그 생명을 유지시키는 것도 하나님의 은혜이다. 그분의 은총으로 기나긴 기간 여러 가지 핍박과 고통과 아픔이 있었을지라도 능히 극복하고 장로교회의 역사가 흘러와서 지금 한국 장로교회사를 이루는데 배경이 되었다. 이것은 하나님의 큰 일을 보는 것과 같다. 앞으로 전개될 미합중국 장로교회 역사를 통하여서 이제 장로교회 역사가 어떻게 신대륙에서 전개될 것을 살펴보고자 한다. 얼스터 장로교회 신자들의 거룩한 신앙과 그들의 아름다운 삶에 경의를 표한다.

대영제국 장로 교회사 인물 개요

　이 부분은 대영 제국 종교 개혁의 역사 가운데 개혁 장로교회를 이루는데 지대한 업적을 남겼던 인물들에 대한 간략한 요약과 해설을 통하여 종교 개혁이 어떻게 어떠한 인물들에 의하여서 이루어지게 되었는가를 살펴 보려고 한다.

헨리 8세 이전의 종교 개혁자들(~1509)

마일스 코베르데일(Miles Coverdale, D.D 1488~1569)
　이 기념할 만한 퓨리탄은 요크셔(Yorkshire)에서 태어났다. 그리고 그는 캠브리지 대학교에서 교육을 받았다. 교황주의가 가득차 있을때에 그는 어거스틴적 수도사가 되었다. 그는 독일의 튜빙겐에서 박사 학위를 받았다. 그리고 캠브리지에 합류하였다. 헨리 8세의 초기에 그는 교황주의의 족쇄를 격파하였다. 그리고 그는 가장 열정적이고 공공연한 개신교도가 되었다. 헨리 8세가 교황주의와 싸울 때 그는 순수하게 복음을 전한 최초의 인물이었다. 그는 전적으로 그 자신을 종교 개혁에 헌신하였다.
　1528년 그는 에섹에 있는 번스테드(Burnsted)에서 강설하였다. 그는 공개적으로 로마 카톨릭의 미사 제도와 형상 숭배와 고해 성사를 비판하였다. 그는 죄의 고백은 하나님과 사람 사이로 족하고 그 중간에 신부들이 끼어드는 것이 옳지 않다고 주장하였다. 그의 이러한 노고가 헛되지 않았다.
　1529년 윌리엄 틴달이 영역본 성경중에 모세 오경의 번역을 마쳤다. 그는 함부르크에 가서 출판하려고 하였다. 그러나 배가 풍랑에 파손되어서 모든 경비와 서류들을 잃어 버렸다. 그는 다시 작업을 해야 했다.
　1535년 틴달과 코베르데일(Coverdale)은 번역을 함께 하였고 전체 성경을 출판하였다. 이것이 출판된 최초의 영역본 성경이다. 그것은 함부르크에서 그라스톤(Graston)과 휘트쳐치(Whitchurch)에 의하여서 출판되었고 그때에 로져스(Mr.

Rogers)가 최초의 순교자가 되었다. 이 성경은 1550년과 1553년에 재 출판되었다.

1537년에 잉글랜드에서 두 번째 성경이 출판되었다. 그것도 틴달과 코베르달(Coverdale)의 작품이었다. 이 탁월한 성직자는 에섹(Exeter)의 주교였을때에 매우 가치 있는 사역을 하였다. 그는 지속적으로 가르쳤다. 그는 매우 엄격하고 온화하였으며 거룩하고 부끄러움이 없었으며 친절하고 선한 사람이었다. 그는 가난한 자들에게 자유를 주었고 모든 자들에게 용기를 주었다. 그리고 헛된 자랑을 버렸다. 그리고 탐욕스러운 것과 사악한 것을 혐오하였다. 커버달(Coverdale)은 에드워드 6세의 죽음으로 새로운 국면에 접어 들었다. 그 이유는 그 다음 왕이었던 메리 여왕의 로마 카톨릭 회귀 정책 때문이었다. 그는 곧 압력을 받았고 결국 감옥에 갔다. 그러나 그는 그곳에서 서신을 통하여서 망명을 신청하고 그가 독일에 있었을 때 알게되었던 덴마크 왕의 도움으로 망명할 수 있었다. 그는 처음 덴마크로 갔다. 그 다음에 베스트팔리아(Westphalia)의 베젤(Wezel)로 갔다. 그리고 독일로 가서 라인의 선제후(Elector)의 보호를 받았다. 커버달(Coverdale)은 선제후의 도움으로 전에 있었던 위치를 회복하고 그곳에서 개혁에 박차를 가하였다. 커버달(Coverdale)과 그의 형제들은 망명기간 동안에 새로운 성경 번역에 착수하였다.

이 성경의 역자들은 커버달(Coverdale)과 함께 굿맨(Goodman), 길비(Gilby), 횟트햄(Whittingham), 샘슨(Sampson), 콜(Cole), 낙스(Knox), 보디에(Bodie)와 풀레인(Pullain)이었다. 모든 기념할 만한 퓨리탄들이었다. 그들은 1557년에 신약 번역본을 완성하였다. 그리고 그것을 1560년에 출판하였다. 그리고 여왕 엘리자베스에게 헌사하였다. 이로 인하여서 여왕 엘리자베스는 그의 귀환을 요청하였고 그의 주교직도 복직 되었다. 1559년에 대주교 파커(Parker)의 성직 수임을 지지했다. 그는 지속적으로 가르쳤고 1568년 1월 20일 81세의 나이로 사망하였다.[429]

존 베일(John Bale, D.D. 1495~)

이 부지런하고 기념할 만한 성직자는 1495년 11월 21일 서퍽(Suffolk) 안에 던위치(Dunwich) 근처의 코브(Cove)에서 태어났다. 그의 부모들은 낮은 계층 사람들이었다. 그리고 많은 가족을 거느리고 있었다. 그는 12살에 노르위치(Norwich)에 있는 카르멜리츠(Carmelites)의 수도원으로 보내졌다. 그리고 후에 그 수도원

---

[429] Benjamin Brook, The Lives of the Puritans, vol. 1. p. 127

으로부터 캠브리지의 지저스 칼리지(Jesus College)로 갔다. 그는 로마 교회의 모든 미신 가운데 교육을 받았다. 그러나 후에 그는 가장 열렬하고 괄목할 만한 개신교도가 된다. 그의 소감을 그 자신의 펜으로 그는 피력했다. "나는 수도원과 캠브리지에 있을 때 나의 마음의 어두움과 무지로 인하여서 방황하였다. 나에게는 후원자도 조언자도 없었다. 그러나 하나님의 말씀이 비춰졌을 때 교회는 순수한 신적 기초로 돌아갔다. 거기에서 새 예루살렘이 일어났다. 그것은 수도승이나 사제들에 의하여서가 아니라 웬트-워드 경(Lord Went-worth)에 의하여서 일어났다. 그리고 그곳에는 하나님의 아들로서 그리스도가 선포되고 있었다. 나는 그때에 나 자신의 흉함을 보고 인지했다. 그리고 직접적으로 하나님의 선하심을 통하여서 나는 볼모의 산으로부터 꽃이 만개하고 비옥한 복음의 계곡으로 인도되었다. 거기에서 나는 모든 기초를 깨달았다. 그 기초는 모래가 아니라 반석이었다. 나는 사악한 적그리스도의 표지들을 시급하게 버렸다. 그리고 전적으로 나로부터 그 멍에를 떨쳐 버렸다. 그리고 나는 하나님의 아들들의 풍요와 자유에 참여하였다. 그리고 결코 밉살 스러운 금수와 같은 삶을 따르지 않았다. 그리고 나는 신적 명령에 순종하기 위하여서 신실한 아내 도로시(Dorothy)를 얻었다."

베일은(Bale) 회심하는 은혜를 경험하였다. 그는 공적으로 그를 부인하는 고백을하고 교황주의를 혐오하였다. 그의 책에서 로마 교회의 우상과 미신적 경배에 대하여서 기록하였다. "나는 하나님의 자비를 묻는다. 수천년 시간; 내가 그들 중에 하나이다. 나는 내 자신의 마음 에 신적 진리의 권세를 느낀다. 그리스도의 순수한 복음의 설교를 통하여서 우스꽝스러운 로마 교회의 전통과 오류 투성이의 교리를 버린다."

그는 독일로 잠시 침거하게 된다. 거기에서는 그는 놀랍게도 마틴 루터를 만나게 된다. 그리고 몇몇 괄목할 만한 개혁가들을 만난다. 그리고 그곳에서 8년의 세월을 보낸다. 그가 대륙으로 망명할 때 그는 더는 게으른 성직자가 아니었다. 그는 부지런히 그의 자신의 신앙의 개선을 위하여서 수고하였고 로마 교회의 미신에 저항하는 논문의 출판을 계속하였다. 그는 1550년에 "종교적 열광주의자들의 부정과 행동, 그들의 이야기와 연대기의 모음집"(The Acts and unchaste Example of religious votaries, gathered out of their own Legends and Chronicles)을 출판했다. 베일은 프랑크 푸르트에 침거하기 위하여서 갔다. 그곳에서 그의 자유를 얻었다. 그는 그곳에서 잉글랜드에서의 종교적인 핍박을 피해서 대륙으로 넘어온 신자들을 모아서 이민자 교회를 세웠다. 그는 그곳에서 활동적으로 교회의 예배 지침서를 마련하였다. 그러나 새로운 형태의 교회가 세워지자 회중들 사이에서 분란이 있게 되고 베일은 그곳을 떠나서 스위스의 바젤로 간다. 그는 그곳에서 피의 메리가 죽을때까지 머물게 된다. 그는 잉글랜드의 유명한 저술가로서도 유명했다.

그가 쓴 글은 이것이다. "비잔틴 도서에 주요한 최고의 묘사들"(Summarium illustrium majoris Brytanniae Scriptorum)(1549) 베일은 로마 교황주의자들로부터 혹독하게 고통을 당하였다. 그러나 베일은 매우 온화하게 로마 교회주의자들과 논쟁했다. 베일은 로마 교회에 의하여서 그의 저술이 금지당하였다. 그러나 그의 저서는 매우 많다.430)

헨리 8세 이후의 종교 개혁자들 (1509~1558)

존 풀레인(John Pullain, B.D. 1517~1565)

존 풀레인은 매우 열정적인 개혁가였다. 그는 뉴 칼리지에서 교육을 처음 시작하였다. 그리고 옥스퍼드의 그리스도 칼리지에서 교육 받았다. 에드워드 6세 치하에서 그는 유명한 설교가였고 기념할 만한 개혁가였다. 그는 1552년에 런던의 코른힐(Cornhill)의 세인트 피터(St. Peter's)에 렉토(rector)가 되었다.

피의 메리의 핍박이 시작되자 그는 즉시 피하지는 않았고 약간의 폭풍을 견뎠다. 그의 공적 사역이 제한을 받자 그는 사적으로 기회가 있을때마다 강설하였다.

그는 사적인 공간에서 설교하고 개신교 회중들에게 주의 만찬을 시행하였다. 개혁 교회에 대한 핍박이 시작되면서 풀레인(Mr. Pullain)은 가장 위험한 불 가운데 있게 되었다. 그는 외국으로 떠났다. 그리고 제네바에 정착하였다. 그곳에서 그는 잉글랜드 회중의 회원이 되었고 그곳에서 메리 여왕의 치세 기간 동안 머물렀다. 여왕의 사망이 전해지자 모든 망명자들은 들뜨기 시작하였고 존 플레인도 마찬가지였다. 존 플레인은 그 당시 제네바 교회와 연합되기를 원하였다.

1559년 쯤에 풀레인(Mr. Pullain)은 에섹의 캡포드(Capford)의 렉토가 되었다. 그곳에서 그는 죽을 때가지 살게 된다. 그 시기에 그는 콜체스터(Colchester)의 아치디컨(Archdeacon)이 된다. 그는 1562년에 유명한 회집에 참여하게 된다. 그리고 종교에 대한 논문을 저술하게 된다. 그는 교황주의와 미신에 대하여서 비판

---

430) Ibid., p. 113

하였다. 그는 모든 부패한 관습과 사악한 절기들을 폐지할 것을 촉구하고 오직 하나님의 말씀으로 권징과 교회 정치를 마련하기도록 가르쳤다. 그는 1565년 죽었다 그의 나이 48세였다.431)

존 하리드맨(John Hardyman, D.D. ~)

그는 헨리 8세 때에 캠브리지에서 교육을 받았다. 그리고 그곳에서 학위를 받았고 성 마틴(St Martin) 교회에서 설교자가 되었다. 그는 담대하게 공개적으로 종교 개혁을 부르짖었다. 그는 공적으로 설교할 때 "사제들의 고백은 혼동스러운 것이고 교회의 절기들은 미신적인 인습이다. 마땅히 철폐되어야 한다."고 주장하였다. 그는 이러한 허망한 풍습들이 하나님의 영광을 강탈한다고 주장했다. 그는 그리스도 안에 있는 그 믿음이 없다면 성례도 무효하다고 피력했다. 그래서 그리스도 안에서 믿음이 의롭게 되는데 충분하다고 가르쳤다.

1560년 엘리자베스 여왕은 그를 웨스트민스터의 12명의 유급 성직자로 임명하였다. 그리고 동일한 시기에 그는 퓨리탄적 원리로 유명하게 되었다. 그는 다른 많은 성직자들과 달랐다. 그는 비국교도(nonconformist) 정신을 따라서 살았다.

1567년에 그는 고등 법원으로부터 소환을 받았다. 그리고 그의 성직록을 박탈당하였다.432)

윌리엄 터너 (William Turner,M.D ~1568)

이 괄목할 만한 사람은 노덤벌랜드(Northumberland)의 모르페드(Morpeth)에서 태어났다. 그리고 캠브리지 대학교에서 교육을 받았다. 거기에서 그는 철학, 물리학, 신학의 깊이로 유명하였다. 그는 가장 학식 있고 경건한 비국교도였다(nonconformist). 그리고 모든 교황주의를 혐오하였다. 그리고 가장 열정적인 종교 개혁자였다. 그는 학식있는 사람들로부터 배우기를 좋아했고 책을 즐겼다. 그는 지속적으로 개혁주의를 설교하였고 결국 그로 인하여서 감옥에 갔다. 그리고 나서 그는 잉글랜드로부터 추방당하였다. 그는 그 기간 동안 이태리를 여행했다. 그리고 그곳에서 많은 사람들이 그의 학식에 감동받았다.

헨리 8세가 죽기 직전에 그는 독일의 콜리그네(Colgne)에서 살았다. 에드워드

---

431) Ibid., p. 116
432) Ibid., p. 117

6세 치하에서 그는 잉글랜드로 돌아왔다. 그가 돌아왔을 때에 많은 젊은 개혁주의자들에게 존경을 받았다. 그는 잉글랜드로 돌아와서 요크의 유급 목사로 봉직하게 되었다. 그는 강도권을 허락받은 이후에 전처럼 지속적으로 강설하였다. 그러나 에드워드 6세의 죽음 이후에 잉글랜드를 피의 메리가 통치하게 되자 다시 그는 독일로 망명하기에 이른다. 그리고 스위스의 바젤에서 정착하게 된다. 그러다가 여왕 엘리자베스의 등극과 함께 다시 잉글랜드로 귀환하게 된다. 그가 부감독으로 돌아왔을 때에, 그는 물리학자들과 신학자들 모두에게 존경을 받았다. 그는 물리학에 남다른 조예가 있었기 때문이다. 무엇보다 그의 많은 저작들이 말해주고 있다.

그는 "새로운 약초학"(New Herbal)이라는 영어로된 최초의 이 분야 저서를 내놓았다. 그리고 이 저서는 같은 주제로 쓰여진 제라드(Gerard)의 기념비적 작품에 기초가 되었다. 그가 헨리 8세가 다스리던 시대에 캠브리지 대학교에서 물리학자로 알려지지 않았다. 그러나 그는 그때에도 식물학에 관하여서 희랍어와 라틴어와 영어의 이름으로 알려진 학자였으며 식물학에 있어서 조예가 깊었다.

1559년 터너 박사(Dr. Turner)는 폴스 크로스(Paul's cross)에서 설교하였다. 그리고 그는 보편적으로 사랑받는 학자이며 가장 대중적인 설교가 였다. 그럴뿐만 아니라 그는 철저한 비국교도(Nonconformist)였다. 그래서 인습과 세속적 전통을 거부하였다. 그리고 그는 예식복을 입지 않는 성직자로 유명했다. 그로 인하여서 런던의 사역자들과 함께 40명이 면직되었다. 미델턴(Mr. Midelton)과 카트라이트(Mr. Cartwright)는 예식복을 거부한 최초의 인물은 아니다. 오히려 터너가 최초이다. 1563년에 웰스(Wells)의 딘(dean)이었던 터너 박사(Dr. Turner)는 감독주의(Episcopacy)와 절기중심적인(Ceremonies) 교회 예배를 거부하였던 최초의 인물일 것이다. 그러나 그는 평화를 방해하는 것을 반대하였다. 그는 이렇게 활동적으로 왕성하게 교회 개혁의 활성화를 위하여서 노력하였다. 그는 1568년 7월 7일 런던의 하트-스트리트(Hart-street), 세인트 올라베스(St. Olave's) 교회의 챈셀(chancel)에 안장되었다.433)

로버트 화킨스 (Robert Hawkins)

이 열정적인 퓨리탄은 런던에서 성직록을 받았다. 그러나 화킨스는 비국교도주의로(nonconformity) 인하여서 많은 고초를 겪었다. 1566년에 관습과 절기에 대

---

433) Ibid., p. 131

한 결정에 많은 비국교도들이 침묵할 때, 그는 친구들과 함께 회중으로부터 분리되어서 사적으로 모여서 따로 예배를 드렸다. 그들은 기존 교회의 서임을 거부하고 퓨리탄이라고 불리는 형태로 점차적으로 발전하기 시작하였다.

그들은 두 부류로 나뉘었다. 첫째 부류는 고요하게 평화적으로 접근하였다. 그들은 국교도의 인간적 전통과 관습을 따르지 않고 신앙생활을 하려는 부류들이다. 그들은 절기들과 무릎을 꿇고 성찬에 임하는것과 십자가 형상을 긋는 것과 결혼식 때에 반지를 끼는 것을 반대하였다. 그러나 기존 교회와 교류하였고 자발적으로 공동 기도서를 받아들였다. 그러나 다른 부류는 국교회의 모든 것을 거부하였다. 왜냐하면 그것에는 교황주의의 잔재가 남아있었기 때문이다. 그리고 전적으로 타락한 부패성이 도처에 깔여 있었기 때문이다. 이들은 사적 모임으로 분리해서 모였다. 그들은 공동 기도서(the Book of Common Prayer)를 거부하였다. 그리고 추방된 잉글랜드 망명자들을 위한 제네바의 기도서를 받아들였다. 그들은 사적으로 만나서 기도하였을 뿐만 아니라 성례식까지도 하였다. 화킨스(Mr. Hawkins)는 이러한 분리자들 중에 지도자였다. 그는 활동적이고 열정적인 설교자였다.

1567년 6월 19일 그들은 플룸버-홀(Plumbers-hall)에서 설교하고 성찬식을 갖기로 하였다. 이 모임이 최초로 퓨리탄들과 잉글랜드 교회가 서로 연합해서 예배를 드린 것이다. 그러나 결국 잉글랜드 여왕 엘리자베스로 인하여서 많은 수가 감옥에 갔다. 감옥에 간 이후에 화킨스(Mr. Hawkins), 메스르스(Messrs). 윌리엄 화이트(William White), 토마스 보울랜드(Thomas Bowland), 존 스미스(John Smith), 윌리엄 넥슨(William Nexson), 제임스 아일랜드(James Ireland) 그리고 리차드 모레크라스트(Richard Morecrast) 등은 주교 그린달(Grindal)과 딘 굿맨(Dean Goodman), 아치디컨 와트(Archdeacon Watts) 앞으로 인도되었다. 그 자리에서 주교는 그들을 자기들의 관구를 떠난 목회자로 비판하였다. 그러나 그들은 잉글랜드 교회를 정죄하면서 하나님의 말씀에 따라서 교회를 개혁할 것을 요청하였다. 퓨리탄들은 국교회의 강압에 굴복하지 않았다. 그리고 브라이드웰(Bridewell)로 보내졌다. 거기에서 그들은 여러 형제들과 부녀자들의 도움으로 견뎠다. 이 기간동안 그 유명한 토마스 레버(Mr. Thomas Lever)를 만났다. 그 유명한 존 낙스 조차도 그들의 부당한 고통의 삶에 대하여서 한 없는 애정으로 서신을 보냈다.434)

---

434) Ibid., p. 147

엘리자베스 여왕 시대의 종교 개혁자들 (재위기간:1558.11.18.~1603.3.24.)

앤드류 킹밀 (Andrew Kingmil, 1538~1569)

이 탁월한 인물은 1538년 햄프셔(Hampshire)에 시드맨톤(Sidmanton)에서 태어났다. 그리고 옥스퍼드의 코르푸스 크리스티 칼리지(Corpus Christi College)에서 교육을 받았다. 그리고 동일한 대학교에 있는 올 소울 칼리지(All Souls College)의 동료 교수로 임명되었다. 그는 시민법을 전공했다. 그는 그 분야에 상당한 지식을 가지고 있었다. 그러나 그는 하나님 나라 의(righteousness)를 추구하는 것을 잊지 못했다. 그래서 그는 복음의 신비한 지식을 알고자 열망하였다. 그는 진리 이외에 다른 어떤 것도 받아들이지 않으려고 하였다. 그는 결국 성경의 증거를 통하여서 진리를 발견하였다. 그는 하나님의 말씀에 집중하였고 그는 하나님에게 친숙한 자가 되었다. 그는 진심으로 반복해서 성경을 읽었다. 그는 희랍어에 능통했고 로마서 전체와 갈라디아서 그리고 요한 일서 전체를 탐독하였다.

킹밀(Mr. Kingmill)은 사사로운 이익과 출세를 생각하지 않았다. 그는 영원한 생명에 대한 안전한 확신과 복락을 추구하였다. 그는 그의 동료들에게 복음을 증거하는 것을 좋아하였다. 그는 옥스퍼드의 대학교에서 경탄할 만한 설교자가 되었다. 때문에 엘리자베스 시대에 그 대학교에서 유일한 세 명의 설교자가 되었다. 그들은 험프레이 박사(Dr. Humphrey), 샘슨 박사(Dr. Sampson), 그리고 킹밀(Mr. Kingmill)이었다. 이들은 곧 닥친 국교도화 정책(imposition of conformity)로 인하여서 샘슨(Dr. Sampson)은 그의 직책으로부터 박탈당했고 킹밀(Mr. Kingmill)은 은퇴하게 되었다. 그는 비국교도(nonconformist)에 그의 마음을 고정시켰다. 그는 대주교 파커(Parker)에게 국교도(conformity) 정책의 로마 카톨릭화(papists)에 대하여서 그 관습과 절기와 다른 여러 가지 미신을(habits, ceremonies and other things equally superstitious) 지적하는 서신을 보냈다.

킹밀(Mr. Kingmill)은 왕국으로부터 떠났다. 그는 교리와 권징에 있어서 가장 개혁된 교회가 있는 곳에 머무르고자 하였다. 그곳을 외국으로부터 찾으려고 하였다. 그래서 그가 머물게 된 곳이 제네바였다. 그는 그곳에서 3년간 머물면서 학식과 경건에 대하여서 주위 사람들에게 존경을 받았다. 그는 후에 라우사네(Lausanne)로 이주하였다. 그리고 그곳에서 1569년 9월에 죽었다. 그의 나이 31

세였다. 비록 그는 열렬한 퓨리탄이었고 스스로 인정한 비국교도였으나 그의 경건과 헌신과 모든 경탄할 만한 덕을 남겨두고 젊은 나이에 세상을 떠났다.435)

크리스토퍼 콜레만(Christopher Coleman, ~)

그는 열정적인 퓨리탄이었고 런던의 비국교도 회중에게 강설한 인물 중에 하나이다. 그는 1567년 그의 형제들과 함께 플름버 홀(Plumbers Hall)에게 체포되어서 감옥에 갔다. 중형이 선고되었고 그는 감옥에서 긴 기간을 보냈다. 그는 앵글리칸 교회로부터 분리된 것으로 인하여서 그리고 사적인 모임에 신적 예배를 드린 것으로 인하여서 그 죄목으로 형벌을 받았다. 1569년 그는 풀려난 이후에 세크레타리 세실(Secretary Cecil)에게 서신을 보냈다. 콜레만은 세실에게 교회 개혁의 촉진을 위한 그의 관심을 촉구하였다. 쿨만 씨(Mr. Coleman)과 그의 형제들 메르스(Messrs)ㆍ벤슨(Benson)ㆍ버튼(Button)ㆍ할링햄(Hallingham)은 다른 어떤 사람 보다 개혁에 대한 열망으로 가득차 있었다. 그들은 로마 교회만큼이나 오염된 주교에 대한 소명, 공적 예배의 예식서(Public Liturgy), 그 당시 교회의 권징에 대하여서 정죄하였다. 그들은 성경을 제쳐두고 하나님께 대한 공적 예배를 드리는 것을 반대하였다.

윌리엄 악스톤(William Axton)

그는 참으로 열정적인 인물이었다. 그는 결연한 비국교도주의자(nonconformist)였고 학식있는 성직자였다. 그는 쉬롭셔(Shropshire)에 모르톤 코르베트(Moreton Corbet)의 렉토로 몇 년 동안 봉직했다. 거기에서 그의 가장 친한 벗 로버트 코르베트 경(Sir. Robert Corbet)을 만났다. 비록 그렇게 탁월한 후견인의 보호 아래 있었으나, 비국교도주의(nonconformity)에 대하여서는 서로 의견을 달리했다.

1570년에 그는 벤담(Dr. Bentham) 앞에서 소환되었다. 그는 몇 가지 예를 들어서 성례시에 무릎을 꿇는 것과 세례시에 십자가를 긋는 것을 반박하였다. 그는 주교들과 다른 관원들과 논쟁하였다. 그 논쟁은 마쳤고 비록 주교들이 그를 좋은 학식이 있는 성직자로 인식하였으나, 그는 그의 삶으로부터 박탈당하였다. 그리고 잉글랜드로부터 추방당하였다. 그러나 그는 확실하게 개신교회에게 고위성직자는 무의미하다는 결론을 내렸다.436)

---

435) Ibid., p. 150

토마스 베컨(Thomas Becon,~1567년 9월 26일)

이 기념할 만한 성직자는 서퍽(Suffolk)에서 태어났다. 그리고 캠브리지 대학교에서 수학하였다. 그는 후에 대주교 크랜머(Cranmmer)의 채플레인(chaplain)이 되었다. 그리고 그는 헨리 8세 때부터 종교 개혁의 대변인이 되었다. 그는 많은 고위성직자들의 핍박과 싸우면서 지냈다.

1544년에 그는 로버트 위즈덤(Rober Wisdome)과 몇몇 개혁가들과 함께 감독 보너(Bonner)에 의하여서 체포되었다. 그는 풀려난 이후에 더 안전한 곳을 향하여서 북쪽으로 갔다. 그리고 더비셔(Derbyshire)의 피크(Peak) 안에 데일(Dale)에 있는 알숲(Mr. Alsop)에 정착했다. 그는 그곳에서 가르쳤다. 알숲(Mr. Alsop)은 경건한 신사였고 개혁에 대하여서 벗이었다. 시대의 혹독함을 통하여서 그들은 주님의 성실하고 신실한 일꾼으로 고난을 받았다. 베컨(Mr.Becon)은 스태포드셔(Staffordshire)로 이주할 수밖에 없었다. 그는 그곳에서 존 올드(Mr. John Old)라는 사람의 집에 머물게 되었다. 그는 궁휼과 경건을 가지고 있었던 인물이었다. 위즈덤(Mr. Wisdome)이 베컨과 함께 있었다. 베컨(Mr. Becon)은 "기쁨의 보화"(The Jewel of Joy)라는 저서를 에드워드 6세 시대에 출판하였다.[437]

에드워드 데링(Edward Deering. B.D.)

이 학식있고 괄목 할만한 퓨리탄은 서렌디드-데링가(Surrended-Dering)에 오래되고 가치있는 가문의 후예이다. 그는 종교적으로 주의 깊게 자랐다. 그는 그의 교육을 캠브리지의 크라이스트 칼리지(Christ College)에서 마쳤다. 여기에서 그는 가치 있는 지식에 놀랄만한 성취를 이루었다. 그리고 그는 탁월한 대중적 설교가가 되었다.

1571년에 대주교 파커 앞에서 변론하였다. 데링은 노퍽(Norfolk) 공작의 자녀들을 가르치는 교사가 되었다. 그런데 그 공작은 나중에 스코트의 여왕이 망명 해 왔을 때 엘리자베스 여왕에 의하여 반역죄로 죽을때 동조자로 몰려 죽었다.

1572년에 그는 런던의 세인트 폴(St. Paul)에 강의자가 되었다. 1574년 유명한 토마스 샘슨 박사(Dr Thomas Sampson)가 나이 들어서 사역을 할 수 없게 되자 그의 후계자가 되었다. 1576년 샘슨은 죽었고 데링은 그 자리를 계승하였다. 경

---

436) Ibid., p. 166
437) Ibid., p. 170

건하고 고통을 아는 설교가 데링은 또한 탁월한 신학자였다. 에드워드 데링(Mr Deering)은 매우 훌륭한 학식과 좋은 웅변술을 가지고 있었다. 1569년 여왕 앞에서의 그의 강론은 담대했다. 그러나 이로 인하여 그는 설교가 금지 되었다. 그러나 데링은 요동하지 않았다. 그는 하나님의 영광을 위해 쉬지 않았다.[438]

토마스 알드리히(Thomas Aldrich)

그는 노르윅(Norwich) 시의 시장으로 두 번이나 선출된 존 알드리히(John Aldrich)의 아들이었다. 그의 부친은 공적 인물이었다. 그는 웨스트민스터 프레벤다리 서드베리(Prebendary Sudbury)의 대집사(Archdeacon)가 되었다. 그리고 캠브리지 베네트 칼리지(Bennet College)의 교장이 되었다. 1571년 5월 20일 알드리히(Mr Aldrich)는 노퍽의 테드포드(Thetford)에서 설교하였다. 그는 비국교도주의를 인하여서 죽었다. 그것이 1576년이었다.[439]

토마스 레버(Thomas Lever B.D.~1577)

이 기념할만한 성직자는 랑카셔(Lancashire)의 레버(Lever)에 존경할 만한 부모에게서 태어났다. 그는 캠브리지 대학교에서 교육을 받았고, 졸업 후에 존 칼리지(John College)의 교수가 되었다. 그는 참된 종교에 대하여 열망하였던 개혁가였다. 1550년 그는 사제와 집사로 서임되었다. 에드워드 6세(King Edward)의 서거와 함께 잉글랜드는 교황주의로 회귀하였다. 그때에 핍박의 행렬이 계속되었는데 그는 바다를 건너 프랑크푸르트로 갔다. 그리고 그는 스트라스부르그와 바젤과 쥐리히와 베른과 라우사네와 제네바에서 학식있는 개혁주의 신학자들을 만날 수 있었다.

그는 그곳에서 위대한 종교 개혁 정신을 배웠고 건전한 교리를 알았다. 그리고 불링거와 칼빈을 만난 것을 매우 크게 의미를 두었다. 여왕 엘리자베스의 등극으로 레버는 잉글랜드로 돌아왔다. 그는 기념할 만한 설교가였고 종종 여왕 앞에서 강설하였다. 1561년 스트라이프(Mr Strype)에 있는 듀햄(Durham) 교회의 성직록을 받았다.[440]

---

438) Ibid., p. 193
439) Ibid., p. 213
440) Ibid., p. 221

윌리엄 휘팅햄(William Whittingham,A,M, 1524.~1579년 6월 10일)

이 탁월한 성직자는 1524년 체스터(Chester)의 시에서 태어났다. 그리고 옥스퍼드의 브라젠-노스 칼리지(Brazen-nose College)에서 교육을 받았다.

1545년 그는 올-소울 칼리지(All-Souls Colege)의 동료 교수가 되었다. 후에 그 대학교의 가장 우수한 학자중에 하나가 되었다. 1550년 그는 프랑스, 독일, 그리고 이탈리아로 여행하였다. 그리고 에드워드 통치 마지막 기간에 잉글랜드로 돌아왔다. 그러나 피의 메리 여왕의 등극 이후에 핍박이 거세지자 그 핍박의 폭풍을 피해서 프랑크푸르트로 피신하였다. 여기에서 그는 최초로 그곳 회중의 사역자가 되었다. 그러나 후에 존 낙스에게 물려 주고 사임하였다.

윌리엄 휘팅햄과 그의 형제들은 프랑크푸르트에서 잘 적응하였다. 그런데 여기에 콕스 박사(Dr. Cox)와 그의 동료들이 왔을 때 그들은 일치보다는 불화와 다툼을 일으켰다. 콕스 박사(Dr. Cox)는 그의 동료들과 함께 고래고래 소리를 쳤고 교회는 파괴되었다. 이러한 오만한 행동으로 교회를 어지럽혔다. 그는 무례하였고 비기독교도 같았다. 휘팅햄은 말하기를 그는 그와 다른 교회가 서로 연결되는 것을 합법적이라고 간주하였다. 휘팅햄은 그러한 무례한 행동을 지켜보았고 그들에게 말하였다. "당신은 어떠한 개혁 교회 내에서도 자리를 잡을 수 없다."

휘팅햄은 그후에 프랑크푸르트로 갔다고 제네바를 방문하였다. 그곳에서 그는 잉글랜드 이민자 교회의 목사로 청빙되었다. 그는 그것을 정중하게 사양하였다. 그러나 존 칼빈의 진심어린 설득으로 그는 그들의 초청을 수락하였다. 그리고 장로회의 안수로 목사로 서임을 받았다. 그는 제네바에 머무르는 동안에 다른 학식 있는 여러 성직자들과 함께 성경의 번역에 참여하였다. 이것이 나중에 제네바 성경이 되었다. 여왕 엘리자베스의 등극과 함께 그는 잉글랜드로 돌아왔다. 그리고 잠시 동안 설교가로 있었다. 1563년 그는 여왕 앞에서 설교를 하게 되었다. 게다가 그는 레이세스터 경(Earl of Leicester)에게 서신을 보냈다. 그는 이 서신에서 자신이 처한 상황에 대하여서 상세하게 기록하였다.

"나는 알았다. 그들이 우리를 강제로 우리의 양심에 반하는 교황주의적인 의례복들을 입히려고 하며 우리의 사역과 생명을 위협하고 있다. 그러나 전능하신 하나님에 의하여서 지켜지고 있다. 그러나 이후에 견디기 어려우리라 사료된다."

휘팅햄은 탁월한 성격과 경탄할 능력을 가지고 있었다. 그는 경건하고 모든 미신에 반대하였으며, 탁월한 설교가였다. 그는 그의 나이 65세인 1579년 6월 10일

에 소천하였다.441)

라우란스(Mr. Lawrance, ~)

그는 매우 경건하고 경탄할 만한 설교자였다. 그는 서퍽 출신이다. 그는 겸손하였고 비난받을 만한 행동을 하지 않았고 정통 교리에 익숙했다. 그는 1561년에 첫 사역자로 부름 받았다. 거기에서 6년 정도 사역하였다.

1567년에 그는 비국교도주의자라는 이유로 대감독 파커의 방문으로 침묵을 강요받았다. 그는 그러한 부당한 견책을 받아들였다. 그리고 대감독 파커에게 서신을 보냈다. 그리고 후에 그는 그렇게 하고자 하였던 사역을 회복하였다. 라우란스는 그가 살던 지방에 경건한 생활로 사랑을 받았다.442)

요한 핸드슨(John Handson)

요한 핸드슨은 서퍽 안에 베리 세인트 어드문드(Bury St Edmund)에 성 제임스 교회의 교구목사(curate)였다. 그는 예배를 인도할 때나 성례식 때, 예식복을 입는 것을 거절하였다. 그는 노르위크의 주교(Bishop of Norwich)의 종교법 고문(chancellor)에 의하여서 조사를 받았다. 1581년에 그는 다시 교구 감독에 의하여서 문제를 삼게 되었다. 프레크 박사(Dr. Freke)는 그를 비국교도로 고소하였다. 그 감독은 이러한 사실을 지적하였다.443) Mr. Handson은 어느 기간 동안에 감독제도의 견책을 받았다. 그는 그의 소견을 서신으로 감독에게 보냈다. 그리고 견책을 해벌해 주기를 요청하였다.444)]

로버트 라이트(Robert Wright)

그는 캠브리지 대학교 안에서 14년 동안 살았다. 그는 학식있는 사람이었고 에섹의 백작(Earl of Essex)의 전속 목사였다. 그는 감독직에 불만하였다. 그래서 그는 안트워드로 갔다. 그는 그곳에서 장로회의 손에 놓여 있었다. 그는 에섹(Essex)에 로허포드의 리치 경(Lord Rich of Rochford)에게 돌아왔다. 그는 지속적으로 설교하였고 그러나 감독들이 그의 가르치는 면허를 취소하였다. 그는 경탄할 만한

---

441) Ibid., p. 236
442) Ibid., p. 238
443) Ibid., p. 239
444) Ibid., p. 239

설교자였고 그의 위대한 경건성과 진지함으로 그 지방의 성직자들에 의하여서 사랑을 받았다. 1582년 9월 이 탁월한 성직자는 게이트 하우스(the Gatehouse)에서 매우 중대한 시간을 가지게 된다.445)

버나드 길핀(Bernard Gilpin, B.D.1517~1583년 3월 4일)

이 기념비적인 인물은 1517년 웨스트몰랜드(Westmoreland)에 켄티미어(Kentmire)에 유서 깊은 가문에서 태어났다. 그는 옥스퍼드의 퀸스 칼리지(Queen's College)에서 교육을 받았다. 그는 그 자신을 성직에 헌신하려고 하였다.

그는 성경을 그의 학문의 원리로 삼았고 그리스어와 히브리어에 대한 철저한 지식을 얻기 위하여서 부단히 공부하였다. 그는 문학사 학위를 받았고 그의 대학의 교수로 임명되었다. 그의 명성은 알려졌고 그는 카디날 울세이(Cardinal Wolsey)에 의하여서 세워진 대학을 대리하는 업무를 맡았다. 길핀은 교황적 종교에서 훈련을 받았다. 여전히 그러한 교회의 아들로서 있었다. 그는 헨리 8세 때는 교황주의자로 있었으나 에드워드 치세에서 순교자 피터 마터를 만나고 나서 개혁자로 돌아섰다. 버나드 길핀(Mr. Gilpin)은 로마 교회 교리를 공격하기 시작하였다.

1552년 그는 에드워드 왕 앞에서 설교하였다. 그리고 그는 3년 정도 대륙의 개혁 교회를 방문하게 되고 철저하게 교황주의의 오류를 깨닫게 되고 1556년 잉글랜드로 돌아온다. 그는 돌아와서 듀햄(Durham)의 교구를 복구하려고 하였다. 그는 모든 악과 오류에 대항하여서 담대하게 강설하였다. 그는 휴스톤(Houghton)에서 많은 해를 보냈다. 그는 그곳에서 가르치는 사역을 계속하였다. 1583년 3월 4일 그는 그의 수고를 다하고 그의 나이 66세에 소천하였다.446)

존 코핑(John Copping)

브라운주의자(Brownist)이며 열렬한 퓨리탄인 이 불행한 성직자는 버리 성 에드문드(Bury St. Edmunds) 인근의 사역자였다. 그도 비국교도주의 때문에 크게 고통을 당하였다. 그는 1576년에 노르위크의 감독(Bishop of Norwich)에 의하여서 문제를 야기했다. 그리고 버리(Bury)에서 감옥에 갔다. 그러나 이 성직자는 지속적으로 자신의 주장을 굽히지 않았다. 그리고 제단이라는 표현을 혐오하였

---

445) Ibid., p. 241
446) Ibid., p. 260

다.447)

토마스 언더다운(Thomas Underdown, ~)

그는 서섹크(Sussex) 지방의 레웨스(Lewes)에 성 메리 교회(St. Mary's church)의 사역자였다. 그러나 그는 비국교도적 입장 때문에 곤란에 처했다. 그는 대감독 화이트기프트(Whitgift)에 방문자 롱워드 박사(Dr. Longworth)로부터 특별한 경고를 받고 1583년 11월 18일에 레웨스(Lewes)에 교회 법정에 소환을 받았다. 그 법정에 그가 나타났고 그는 그 자리에서 화이트기프트의 3가지 포고령에 서명할 것을 강요당했다. 그는 첫번째와 세 번째 항목은 서명하였으나 두 번째 항목은 주저하였다. 그는 즉시 사역을 정지당했다. 동시에 살레허스트(Salehurst)의 비카(vicar)인 윌리엄 홉킨슨(Mr. William Hopkinson)과 햄세이(Hamsey)의 사역자 사무엘 노르덴(Mr. Samuel Norden)과 와르블레톤(Warbleton)의 사역자 토마스 헤일(Mr. Thomas Hely)은 서명 거부로 소환되었다. 이들 사역자들은 모두 다 교회적 권징을 받았다.448)

존 힐(John Hill)

존 힐은 성 에드문드 버리(St. Edmunds Bury)에 사역자였다. 그는 세례시에 십자가를 긋는 것을 거절하였다. 그로 인해 그는 고등 판무관실에 의하여서 사역을 정지당했다. 존 힐은 말하기를 "법은 내가 형벌 받아야 하는 것을 제공하는 것이다. 나는 재판 위원회로부터 동일한 일로 사역을 중지 당하였다."

그의 증거는 읽혀지고 생산되었다. 그의 이러한 공적 입장 표명에도 불구하고 그는 1583년 렌트(Lent)의 개방된 법정에서 다시 소환되었다. 그리고 판결을 받았다. 그러나 이러한 판결에 대하여서 존 힐(Mr. Hill)은 "나는 당신의 의식의 비진리성을 말하지 않았다."라고 말하였다. 그는 감옥에서 긴 시간을 보냈고 그는 긴 시간 후에 사역을 다시 회복하였다.449)

니콜라스 브라운(Nicholas Brown, B.D.)

---

447) Ibid., p. 262
448) Ibid., p. 272
449) Ibid., p. 275

니콜라스 브라운은 학식 있는 성직자였다. 그는 캠브리지의 트리니티 칼리지의 교수였다. 그리고 대학교에서 강설하는 사람 중에 하나였다. 그는 국가 교회의 권징에 불만이 많았다. 1573년에 그는 대학교에서 강설한 그 두개의 설교로 인하여서 문제를 일으키게 되었다. 브라운 씨(Mr. Brown)는 폭압적인 종교 정책에 반기를 들었다. 그는 감옥에 상당한 시간 억류되었다. 그리고 풀려났다. 그는 감옥에서 나온 이후에 사역을 회복하였다. 그러나 1583년에 화이트기프트의 포고령을 서명하지 않아서 그는 다시 사역이 중지되었다. 그는 여러 번 비국교도 입장으로 인하여서 고초를 받았다.450)

리차드 크리크(Richard Crich, D.D.)

리차드 크리크는 노르위크(Norwick)의 감독에 전속 목사(chaplain)였다. 1573년에 그는 폴스 크로스(Paul's cross)에서 강론하였다. 그리고 그의 강설에서 토마스 카트라이트의 화이트기프트에 대한 답변을 언급하였다. 그 시기에 비록 그가 감독주의 올가미에는 걸려들지 않았으나, 그는 고등 판무관(High Commissioners)의 손에 걸려들었다. 그들에 의하여서 그는 노르위크(Norwick)에 교회에서 승진을 박탈당하였다. 크리크 박사는 침묵을 강요당하였다. 그리고 주교 관구 안에 그의 많은 형제들이 그 공의회에 탄원을 제출하였다. 그들은 그 사랑하는 성직자를 복직시키고자 하였다. 그는 복음의 가르침을 다시 부여받았다. 1576년 9월 25일 이 탄원이 수리되었다. 1578년 8월 21일 그들의 겸손한 제안에 무릎꿇었다. 그들은 그 지역 법에 따라서 성례의 교리와 신앙의 부분을 서명할 것을 약속하고 그들의 사역을 회복시켜 줄 것을 요청하였다. 그들은 동시에 절기와 교회 정치는 허락을 받지 못하였다. 이 탁월한 성직자는 긴 시간을 파면된 체로 지냈다. 비록 그가 그의 사역을 후에 회복받았지만, 여전히 화이트기프트의 출판물 세가지에 대하여서 그가 혐의를 벗지 못하였다.451)

안토니 길피(Anthony Gilby)

이 경건한 열정적인 퓨리탄은 링콜른셔(Lincolnshire)에서 태어났다. 그리고 캠브리지의 그리스도 대학에서 교육받았다. 그는 그곳에서 그리스어와 라틴어와 히

---

450) Ibid., p. 277
451) Ibid., p. 278

브리어를 배웠다. 그는 앞선 개혁을 준비하고 있었다.

그는 피의 메리가 통치하는 기간에 외국으로 망명을 하기에 이른다. 그의 첫 번째 피난처는 프랑크푸르트였다. 그는 그곳에서 콕스 박사(Dr Cox)의 전횡적인 만행을 보았다. 이러한 상황에 그는 어떤 감독주의자에게 배척을 받았다. 그렇게 프랑크푸르트에서 견디지 못하게 되자 결국 제네바로 옮기게 되었다. 제네바로 옮긴 후에 그는 그의 형제들에게 서신을 보내서 제네바의 상황을 알려 주었다.

여왕 엘리자베스의 등극과 함께 길피(Gilby)도 잉글랜드로 돌아오게 되었다. 그는 잉글랜드 개혁주의자들에게 열렬한 환영을 받았다. 그는 당시 고위 성직자들에게도 명성이 있었다. 그리스도의 쓸만한 종 길피는 그 세대에 위대한 생애를 보냈다.452)

존 에드윈(John Edwin)

그는 학식 있고 경건한 성직자였다. 그는 서레이의 완스워드에 살았다. 그는 그곳에서 42년간 살았고 25년 동안 사역자로 있었다. 그는 대감독 파커에 의하여 성직자가 되었다. 그는 매주일 요리문답을 가르쳤고 공동기도서에는 서명하지 않았다.453)

에드워드 브라이언(Edward Brayne)

그는 캠브리지의 학식있는 성직자였다. 그는 대감독 화이티기프트의 세가지 강령을 거부함으로 핍박을 받았다. 1584년 5월 24일 브라이언은 그의 형제들과 함께 영주회의에 들어가서 그들의 입장을 밝혔다. 그것은 교황주의에 대한 거부였다. 그러나 여왕에 대하여서는 충성을 다짐하였다. 그들이 비록 그녀의 권위를 인정했으나 모든 이단적인 것이나 오류들 그리고 이교적인 관습은 거부하였다. 이러한 입장에도 불구하고 폭군적인 고위 성직자들은 그를 공적으로 쓸모 없게 만들어 버렸다.454)

바나비 베니손(Barnaby Benison)

---

452) Ibid., p. 284
453) Ibid., p. 285
454) Ibid., p. 289

그는 좋은 학식을 가진 런던에 사역자였다. 그러나 그는 개혁 신앙을 인하여 직무 정지를 당하고 감옥에 갔다. 그는 1584년이 끝나기까지 감옥에 있었다. 그는 감옥에서 긴 시간 고초를 겪었다.455)

윌리엄 레구스(William Negus)

그는 에섹의 레이그에 사역자였다. 그는 예배시에 의식복을 입는 것은 미신적이라고하여서 거절하였다. 그래서 그러한 구습을 반대하여서 핍박을 받았다.456)

존 스트로우드(John Stroud)

그는 얄딩에 첫 사역자였다. 그는 좋은 학식을 가지고 있었고 본이 되는 경건을 가지고 있었다. 그는 1567년에 교회 권징에 대한 책을 가지고 있었다는 이유로 로체스터의 감독 앞에 불려나갔다. 그러나 그러한 이유로 인해 참으로 경건한 자들 사이에 평판이 좋았다.457)

존 브라우닝(John Browning,D.D.)

그는 캠브리지의 트리니티 칼리지 출신이었다. 후에 베드포드의 백작의 개인 교사가 되었다. 그는 개혁 신앙으로 인해 약간의 시간 동안 감옥에서 있었다. 그는 대학으로 돌아와서 그의 공적 사역을 수행하였다. 옥스퍼드에서 그는 박사 학위를 받았다. 그는 그의 건전한 교리와 효과적인 강설로 유명했다. 1584년 그는 큰 어려움에 처했고 결국 그 해에 소천하신다.458)

스테판 터너(Stephen Turner)

스페판 터너는 서섹(Sussex) 안에 알링톤(Arlington)의 사역자였다. 그러나 그는 곧 비국교도주의자라는 이유로 핍박을 받기 시작했다. 1584년에 그는 교회 재판정 앞에 세워졌고 화이트기프트에게 세 가지 강령에 서명할 것을 강요당했다. 그는 거부하였고 한 발 더 나아가 공동 기도서도 문제 삼았다. 그는 그의 사역을 정지당했고 상당한 기간 동안 교회의 치리 아래에 있었다.459)

---

455) Ibid., p. 202
456) Ibid., p. 296
457) Ibid., p. 301
458) Ibid., p. 305

존 와르드(John Ward)

존 와르드는 기념할 만한 퓨리판 성직자였다. 그는 많은 해를 서퍽(Suffolk)의 하버힐(Haverhil)의 사역자로 수고하였다. 후에 그는 에섹(Essex)에 있는 첼름스포드(Chelmsford) 근처의 위리틀(Writtle)에 사역자가 되었다. 그러나 1584년에 그는 감독 아일머(Aylmer)에 의하여서 사역을 정지 당하였다. 왜냐하면 그가 의식복을 거부했기 때문이다. 그의 비국교도주의로 인하여서 비록 그가 탁월하고 온화한 사람이었지만, 그는 극단적 고통을 당하였다. 그는 권징서(Book of Discipline)에 서명하였다. 그리고 교회의 개혁을 위하여서 그의 형제들과 함께 연합하였다. 이 핍박을 받은 그리스도의 종은 하버힐(Haverhil)에서 소천하였다.460)

에드문드 로커리(Edmund Rockrey, B.D)

그는 캠브리지의 퀸스 칼리지의 교수였다. 그리고 학식과 역량에 있어서 구별될 만한 인물이었다. 그러나 그의 비국교도주의로 인하여서 많은 고초를 겪었다.

그는 매우 좋은 평판을 가지고 있었고 1569년에 대학교의 학생감(proctor) 중에 하나였다. 그는 의식복을 입는 것을 주저하였고 결국 그의 교수직을 박탈당하였다. 그리고 대학으로부터 쫓겨났다. 그는 로체스터(Rochester)의 수급 성직자 중에 하나였다. 그는 그곳에서 경탄할 만한 설교가였다. 1584년 그는 그의 사역을 박탈당하였다. 그리고 긴 연수 동안 교회의 견책 아래에 살았다.461)

로버트 무어(Robert Moore)

로버트 무어는 요크셔(Yorkshire)의 구이셀리(Guisely)의 교구 목사(Rector)였다. 그는 비국교도주의로 인하여서 핍박을 받았다. 1586년 1월 9일 그는 대감독 요크(York)와 여러 고등 위원들(high commissioners) 앞에 섰다.462)

토마스 카트라이트(Thomas Cartwright, 1535.12.27.~1603)

토마스 카트라이트는 허트포드셔(Hertfordshire)에서 태어났다. 그리고 캠브리지의 세인트 존스 칼리지에서 신학을 수학하였다. 1553년 잉글랜드 여왕 메리 1

---

459) Ibid., p. 305
460) Ibid., p. 306
461) Ibid., p. 308
462) Ibid., p. 311

세의 등극으로 그는 대학교를 떠났다. 그리고 법률 고문에게 서기로서 직업을 얻었다. 그로부터 5년 후인 엘리자베스 1세 시대에 그는 그의 신학적 연구를 회복하였다. 그리고 후에 세인트 존스의 동료 교수로 선택되었다. 그리고 후에 캠브리지의 트리니티 칼리지의 교수가 되었다. 1564년에 카트라이트는 엘리자베스가 그 대학을 방문했을 때 토마스 프레스톤(Thomas Preston)을 신학적 논쟁으로 압박하였다. 그리고 다음해에 교회 의식과 조직에 대한 퓨리탄의 태도에 집중하였다. 그는 1569년 캠브리지에서 래디 마가레트(Lady Margaret's) 신학과 교수로 임명되었다. 그러나 1570년 12월에 대법관이 된 존 화이트기프트가 그의 직책을 박탈하였다. 이는 그가 잉글랜드 교회 안에 세워진 고위 성직자들을 비판하였기 때문이다. 그는 사도 시대 초기 교회의 조직으로 비교하였다. 그래서 그와 화이트기프트 사이에 첨예한 대립이 있게 되었다. 윌리엄 세실(William Cecil)이 중간에서 중재를 하였다. 화이트기프트에 의하여서 쫓겨난 이후에 카트라이트는 제네바의 베자를 찾아갔다. 1572년에 그는 잉글랜드로 돌아온다. 그리고 캠브리지 대학에서 히브리어 교수가 되었다. 그러나 존 필드(John Field)와 토마스 윌콕스(Thomas Wilcox)가 그 유명한 의회에 대한 권고(Admontion to the Parliament)와 함께 표현한 유감이 문제가 되었다. 그는 체포를 피하기 위하여서 해외를 나갔다. 그는 잉글랜드에 대한 성직자로서 안트워프(Antwerp)에 거하였다. 그 다음에 미들부르그(Middeliburg)로 갔다.

1576년 카트라이트는 채널 아일랜드(Channel Island)의 휴그넛(Huguenot) 교회를 조직하였다. 그리고 후에 신약의 레니시(Rhenish) 버전을 재판하였다. 다시 안트워프(Antwerp)에서 목사로서 섬겼다. 그리고 성 앤드류 대학에서 의장직으로 기울었다. 1585년에 그는 런던에 허락도 없이 들어왔다. 그래서 짧은 기간 감금되었다. 그리고 워윅(Warwick)에 있는 레이세스터 백작(Earl of Leicester)의 병원에 주임 성직자가 되었다. 1590년에 그는 고등판무관(High Commission)의 법정에 소환되었다. 그리고 감금되었다. 1591년에 그는 플리트(Fleet) 감옥에 위탁되었다. 그는 거칠게 대우받지는 않았다. 그리고 유력한 영향력을 행사하였다. 그는 귀엠세이(Guernsey:1595~1498)를 방문하였다. 그리고 그의 노년을 그곳에서 보냈다. 그 해에 죽었다. 그 해는 엘리자베스 1세가 죽은 해이다.463)

---

463) http://en.wikipedia.org/wiki/Thomas_Cartwright_(Puritan)

존 월워드(John Walward:)

그는 옥스퍼드 대학교의 신학부 교수였다. 매우 학식이 높은 분이었다. 그러나 비국교도적 입장 때문에 고난을 당하였다. 그는 1586년 4월 7일에 고등 판무관실에 소환되었다. 그리고 그 앞에는 대감독 화이트기프트와 윈체스터(Winchester)와 사룸(Sarum)의 주교 아일머(Aylmer)가 취조하러 등장했다. 그리고 그가 교회 정치에 있어서 유대 회당 제도와 장로들의 질서가 예수 그리스도와 사도들에 의하여서 교회 정치에 계승되었다고 가르쳤다는 죄목으로 그를 정죄하였다. 그는 잉글랜드 교회 정치를 비방하고 멸시하였다는 죄목으로 감금되었다. 이 학식있는 신학자는 폭군적 고위 성직자들에 의해서 폭압을 당하였다. 그는 올바른 개인적 판단과 양심의 자유를 지키려다가 강압적 권력과 권세에 의하여서 희생되었다.464)

리챠드 헤이리크(chard Heyrick:1600~1667)

리챠드 헤이리크는 1635년에 맨체스터 대학교 교회의 관리자로서 임명되었다. 그리고 1646년에 랜드캐셔(Lancashire)에 세워진 고전적 장로교 체계의 인도자로서 잘 알려져 있다. 그 해에 감독주의가 폐지되었다. 랜드캐셔(Lancashire) 지역 안에 맨체스터 장로 교구는 1660년 여름까지 그 기능을 지속하였다. 찰스 2세의 왕정 복고로 폐지되었다. 비록 그가 랜드캐셔(Lancashire)의 그의 동료 찰스 헐(Charles Herle)처럼 웨스트민스터 총회에 참여하지는 않았지만, 그는 그럼에도 불구하고 긴밀하게 그 논쟁에 정규적으로 참여하였다. 이 논쟁 기간에 그는 두 가지 흥미로운 공헌을 한다.

1643년의 엄숙 동맹과 언약의 논쟁에서 속기록이 전적으로 분명하지 않다. 헤이리크는 그 법에 대한 반대 입장의 맹세를 부드럽게 하고자 그 쟁점을 부각시켰다. 감독주의의 폐지를 위한 그 언약의 실행은 명백한 투쟁이었다. 한 달 후인 1643년 11월 13일 "잉글랜드 교회가 참된 교회인가?"는 주제로 논쟁이 벌어졌을 때에, 헤이리크가 말하였다. 대감독은 적그리스도라고 정죄해야 옳다고 믿었다.

찰스 헐과 헤이리크 사이에 차이가 있었다. 그러나 그들 모두 활동적인 장로주의자들이었다. 그러나 왕정 복고 이후에 그는 잉글랜드 국교회를 신봉하기로 하였다. 1667년에 그는 죽었다.465)

---

464) Benjamin Brook, The Lives of the Puritans, vol. 1. p. 316.
465) http://dissent.hypotheses.org/313

월터 트레버스(Walter Travers, 1548~1635)

이 괄목할 만한 성직자는 캠브리지의 트리니티 대학에서 교육 받았다. 그곳은 그가 문학사를 받은 곳이다. 후에 그는 제네바를 여행하였다. 거기에서 그는 베자와 다른 학식 있는 성직자들과 함께 교류하였다. 그는 캠브리지로 돌아와서, 몇 년 동안 거기에서 머물렀다. 그리고 그는 신학자 학위를 받았다.

1572년에 그는 잉글랜드의 서레이(Surrey)에 완스워드(Wandsworth)에 세워진 첫 장로 교회의 회원이었다. 고위 성직자들이 가혹하게 사역자들에게 충성 서약을 하도록 강요할 때, 그래서 많은 학식있는 성직자들에게 기존 교회에 대한 엄격한 일치를 요구할 때, 많은 양식있는 학자들은 잉글랜드식 형태의 규례를 거부하였다. 그때에 트레버스는 안트워프(Antwerp)의 미델부르그(Middleburg)로 떠났다. 그리고 바로 그곳에서 해외 개혁 교회의 규례를 따라서 성직 서임을 받았다. 그는 더욱 하나님의 말씀에 대하여서 동의하였다. 안트워프(Antwerp)에 갔던 므라버스(Mravers)는 그곳 노회로부터 안수를 받았다. 그의 성직 서임일은 1578년 5월 14일이었다. 트레버스는 곧 카트라이트 씨(Mr. Cartwright)의 조목사가 되었다. 그래서 안트워프(Antwerp)에서 잉글랜드 상인들을 위하여서 설교하였다. 그는 높은 분별력과 학식 그리고 경건성을 가지고 있었다. 그는 잉글랜드로 돌아왔고 트레져 벌레이그 경(Lord Treasurer Burleigh)는 그를 그의 궁중 목사로서 선임하였다. 그리고 그의 아들 로버트(Robert)의 가정 교사로 삼았다. 그가 후에 살스베르의 백작(Earl of Salisbury)이 된다. 트레버스는 비국교도들과 친구였다. 참으로 그의 전 생애를 걸쳐서 그들에게 그의 애정을 쏟아 부었다. 그는 잉글랜드 내에서 학식 있는 탁월한 학자였다. 트레버스(Mr Travers)는 양심상 서명할 수 없었다. 1584년 템플(Temple)의 교장 알베리(Dr. Alvery)는 죽음으로서 그의 눈을 감았다. 그는 트레버스를 그의 계승자로 지목하였다. 트레버스와 알베리는 서로 그의 생전에 사랑과 존경으로 대하였다. 알베리는 교장이었고 트레버스는 강의자였다. 그들은 서로 그 곳의 종교 개혁을 위하여서 의기투합하였다. 그들은 학식있는 의원들을 사이에서 참으로 경건한 기독교인으로서 알려졌다. 그래서 그들은 여왕을 자주 알현하는 왕실 회계국 장관에게 소개되었다. 그러나 교회 위에 강력한 영향력을 행사하였던 대주교 화이트기프트(Archbishop Whitgift)의 영향 아래에 있었다. 그는 거절당하였다. 그리고 교회적 정치의 저자 리챠트 후커(Mr. Richard Hooker)가 그 자리에 거명되었다. 화이트기프트는 트레버스(Mr Travers)에 대하여서 가장 강력한 반대를 표명하였다. 그러나 그는 자신에 대한 부당한 발언에 반박하고 그의 서임의 정당성을 주장하였다. 그 다음 해에, 그는 람버트(Lambeth)에 공적 회의에 참석하였다. 그는 대주교 화이트기프트와 주교 윈체스터(Winchester)사이에 있었다. 트레버스(Mr Travers)와 토마스 스파르크 박사(Dr. Thomas Sparke)는 레이체스터 백작(Earl of Leicester), 그레이 경(Lord Gray)과 프란시스 왈싱햄 경(Sir Francis Walsingham)의 참석을 부탁하였다. 토의 주제는 공동 기도서(the Book of Common Prayer) 안에 있는 것이었다. 그들은 그 토론을 통하여서 서로 격렬하게 논쟁하였으나 결국 그들의 오류만을 확인하였다. 트레버스는 죽는 날까지 국교도를 거부하였다. 그리고 스파르크 박사(Dr. Sparke)는 햄톤 법정(Hampton-court)의 회의에 비국교도의 지도자로서 등장하였다. 이러한 기간 동안 거의 20년이 지났다. 트레버스(Mr. Travers)는 템플(Temple)에서 새로운 교장 후커(Mr. Hooker)와 함께 약 2년 동안 계속 강론하였다. 그러나 그들 사이에는 매우 큰 차이가 있었다. 트레버스(Mr. Travers)는 엄격한 개혁주의자였으나 후커(Mr. Hooker)는 넓은 원리주의자였다. 그들의 강설들은 많은 부분에서 논쟁을 불러 일으켰다. 그것은 먼저 교리적으로 그 다음 권징에 있어서 그리고 교회의 규례에 대하여서 그러하였다. 오전 설교에서는 켄터베리(Canterbury)의 언어로 말하였다면 오후 설교는 제네바의 언어로 말하였다. 트레버스(Mr. Travers)를 지켜본 어떤 사람은 말하기를 "그의 발언은 동의할만하였고 그의 몸짓은 은혜스러웠다. 그의 소재들은 적절했고 그의 방법은 평이하였다. 그리고 그의 스타일은 성화된 마음으로부터 우러나오는 은혜의 형태였다."고 한다. 아침에 설교는 종종 오후에 논쟁이 되었다. 그리고 다시 주님의 날에 변론이 되었다. 후커(Mr. Hooker)는 종종 이러한 사례에 불만을 표출하였다. 대주교 화이트기프트는 최소한의 예고도 없이 템플(Temple)에서 트레버스(Travers)의 강설을 침묵시켰다. 그리고 잉글랜드의 어떤 곳에서도 강설하지 못하게 하였다. 그 이유는 그가 잉글랜드의 교회 법을 따라서 성직을 서임받은 것이 아니라는 것이다. 그는 강도권을 받지 않고 강설하는 자라는 것이다. 그리고 그는 여왕의 성직 질서를 파괴시킨 자라는 것이다.이에 대하여서 월터 트레버스는 다음과 같이 변론하였다. 첫 번째 그는 잉글랜드 교회의 법을 따라서 부르심을 받지는 않았다고 말하면서 그러나 그는 외국의 개혁 교회 법을 따라서 치리회에서 안수를 받았으며 그것을 캔터베리의 경에게 그 증거를 보여주었다는 것이다. 그래서 만약 그 나라의 사역자가 합법적으로 사역자로 부르심을 받았다면, 자신도 그러하다라고 하면서 자신은 잉글랜드의 사역자로서 자격이 없다면 그것은 이 나라의 법에 따라서 서임을 받지 않았기 때문이라는 것이다. 그러나 나는 성도의 교제와 함께 하나님의 말씀을 따라서 참된 하나의 그리스도의 교회 안에서 엄숙하게 행하여진 서임은 무엇이든지 합법적이라고 생각한다고 말하였다. 그래서 자신은 그리스도의 말씀을 따라서 합법적이라고 주장하였다. 그리고 이러한 성직 서임은 한번으로 유효하기 때문에 잉글랜드에서 다시 받을 수 없다고 주장하였다. 그것은 세례나 결혼식과 같이 한번으로 족하다는 것이다. 그래서 비록 로마 카톨릭으로부터 성직 서임을 받았더라도 유효하다는 것이다. 그는 많은 스코틀랜드 성직자들은 로마 카톨릭 방식으로 성직 서임을 받았다고 하면서 그러한 성직 서임이 개혁교회로 전환되어도 유효하다는 것이다. 트레버스는 그의 답변서를 제출하고 기다렸다. 그러나 성직 서임에 대한 모든 권리를 가지고 있었던 화이트기프트는 월터 트레버스를 좋아하지 않았다. 월터 트레버스는 매우 기념할 만한 저서를 출판하기에 이른다. 그것은 "하나님의 말씀에 따라서 작성되어진 교회의 치리서"(De Disciplina Ecclesiastica ex Dei verbo descripta)였다. 그것은 월터 트레버스에 의하여서 교회 권징의 강령으로서 작성되었다. 그것은 많은 학식있는 동료 목회자들에 의하여서 서명되었다. 그리고 그것은 영어로 번역되었다. 그리고 캠브리지에서 출판되었다. 1644년 장기 의회에 의하여서 공동 기도서가 폐지되었을 때, 권징서(the Book of Discipline)로 재 출판되었다. 그리고 모든 교회적인 일에 있어서 지침서로 각광받았다. 그것은 "고대로부터 주장된 교회 정치에 대한 지침서: 여왕 엘리자베스의 때에 첫 비국교도에 의하여서 실행되고 그 시기에 고통을 당한자들이 가장 숙련된 성직자 토마스 가트라이트의 연구로 발견되었던 것이다. 이것은 그의 죽음 이후에 이러한 시기에 출판하기로 한것이다."(A Directory of Government anciently contended for; and, as far as the time would suffer, practised by the first nonconformists in the days of Queen Elizabeth, found in the study of that most accomplished divine, Thomas Cartwright, after his decease, and reserved to be published for such a time as this)

이 시기에 트레버스(Mr. Travers)는 템플(Temple)에서 침묵하였다. 그리고 그는 카트라이트(Mr. Cartwright)와 함께 성 앤드류 대학교에 신학교 교수로 초청이 왔다. 그러나 그는 정중하게 거절하였다. 그의 명성은 잉글랜드와 해외에 알려졌다. 게다가, 더블린의 대주교 로프투스(Dr. Loftus)와 캠브리지의 동료였던 아일랜드의 대법관이 그의 가치를 알고 있었다. 그래서 그를 더블린의 트리니티 대학의 학장으로 초빙하였다. 그러나 그는 임직할 마음이 없었다. 나중에 아르마(Armagh)의 대주교가 되는 제임스 어셔(Mr. James Usher)는 그를 매우 존경하였다. 트레버스는 늙어갔고 가난해졌다. 경건하고 학식있는 고위성직자들이 그를 위해서 약간의 금전을 지불하였다. 트레버스(Mr. Travers)는 위의 대학의 학장으로 계속 사역하였다. 아일랜드의 전쟁의 시작과 더불어 피신하였다. 그는 1624년까지 살았다.466)

존 우달(John Udal. ~ 1590)

존 우달은 기념할 만한 퓨리탄이다. 그는 캠브리지 대학교에서 교육을 받았고 매우 탁월한 사람이며 학식 있는 사람이다. 경건하며 여왕 엘리자베스에 대한 충성심이 대단하였다. 그러나 그의 비국교도적 입장 때문에 핍박을 피할 수 없었다. 그는 테임즈의 킹스턴에서 7년 동안 가르쳤다. 그러나 후에 결박되었고 감옥에 갇혔다. 긴 고통과 고난 이후에 학식 있고 탁월한 성직자는 그의 직분을 회복할 수 있었다. 그는 그의 형제들과 함께 "권징 조례서"(Book of Discipline)이라는 저서를 내놓았다. 그의 고난은 여기에서 끝나지 않았다.

1588년에 그는 다시 그의 일상생활을 중지당하고 박탈당했다. 이제는 교회 견책을 받았다. 게다가 그의 일상 생활과 함께 그가 가르치던 양떼들로부터 분리되었다. 그는 뉴캐슬로 갔다. 그곳에서 그의 목회적 수고는 많은 영혼들에게 큰 은혜였다. 그는 그곳에서 일 년 이상 있지 못했다. 추밀원으로부터 명령을 받고 런던으로 소환되었다. 그는 소환에 응하였고 1589년 1월 13일 코브햄스 하우스 경(Lord Cobham's House)에 나타났다. 그곳 위원들 중에 콥햄 경(Lord Cobham), 버크허스트 경(Lord Buckhurst), 치프 져스트 앤더슨 경(Lord Chief Justice Anderson), 로체스터(Rochester)의 주교, 아우베리 박사(Dr. Aubery), 레윈 박사(Dr. Lewin), 포르트스크베(Mr Fortesque)와 에게르톤 더 솔릭토(Egerton the solicitor)가 있었다. 우달은 게이트하우스(Gatehouse)로 보내졌다. 그해 7월 24일에 그는 다리에 족쇄를 채우게 되었다. 우달의 죄책이 난동에 있다고 하는 것은 추밀원의 음모였다. 그는 주교라는 직무를 가졌던 한때 여왕의 성직자였다. 그 죄수는 자유하기

---

466) Benjamin Brook, **The Lives of the Puritans**, vol.2. p. 329

를 원하였다. 잉글랜드 국교회는 우달의 석방을 고려하지 않았다. 우랄은 "만약 모든 상황이 극복되지 않는다고 해도 여전히 나의 구속자는 살아 계시기에 나는 그분에게 내 자신을 드릴 것이다. 예레미야가 언급한대로 그것은 나의 마음과 같지 않은 것이 하나도 없다. '보소서. 나는 당신의 손 안에 있습니다. 그러므로 내가 무엇이든지 선한 것을 행하겠사옵나이다. 그러나 당신이 아닙니다. 만약 주님께서 저를 사지로 몰아가신다면, 주님은 주의 고난당하신 보혈을 가져올 것입니다. 그리고 그것을 땅에 뿌릴 것입니다.' 그리고 그 피가 아벨의 피가 되듯이 우달의 피도 그러할 것입니다."라고 기도하였다. 그렇게 우달은 큰 소리로 하나님께 울부짖었고 그리고 땅의 의로우신 재판장이 모든 자들에게서 그 죄책을 물으실 것이라고 하였다. 그의 소원은 거부되었고 그의 판결은 여전히 확고부동하게 남아 있었다. 만약 그가 국교도에 서명하지 않는다면, 그는 죽게 되어 있었다. 결국 그는 그 다음해 2월 20일에 공개적으로 참수당하였다. 그는 불의한 폭력적인 판결을 받았을 때, 조금도 당황하지 않았다. 그러나 매우 진지하게 "하나님께서 다 하셨다."고 하였다. 다음날 아침에 재판관은 법정으로부터 나와서 판결을 하였다.

그는 처형 판결을 받고 나서 마지막 진술을 하고 죽었다. 그 진술은 이러하다. "나는 잉글랜드 교회가 지상의 참된 가시적 교회라고 믿는다. 그리고 그렇게 종종 설교하였다. 그래서 말씀과 성례가 참되게 시행되고 있다. 때문에 킹스턴(Kingston)에서 몇 해 동안 사역하였다. 나는 여전히 그 교회에 사역자로 되어 있다. 게다가 나는 브라운주의자(Brownist)들의 분리주의를 거부한다. 나는 법적 질서를 따라서 믿음의 교리와 성례가 시행되기를 바란다. 나는 여왕이 교회와 모든 시민들 위에 높은 권위를 가지고 있다는 것을 믿는다. 그러나 만약 여왕의 명령이 하나님의 법에 어긋나가게 되면, 나는 그것이 불법이라고 믿는다. 나는 교회는 사역자들에 의하여서 다스려져야 하고 대륙의 개혁 교회처럼 치리 장로들에 의하여서 도움을 받아야 한다고 믿는다. 나는 교회 권징은 영적인 것에 제한되어야 한다고 믿는다. 그래서 세속 군주라도 교회의 권징을 받아야 한다고 믿는다. 우리의 은혜로우신 여왕은 그녀 스스로 자신이 말씀과 성례의 시행 곁에 있다고 고백하였다. 그녀의 엄위로우심은 모든 것에 참된 것을 알리고 있으나 나는 살기를 원치 않는다."467)

---

467) Ibid., p. 23

존 페르니(John Perny, 1559~1593년 5월 29일)

존 페르니는 매우 괄목할 만한 퓨리탄이었다. 그는 1559년에 브레크녹셔 (Brecknockshire)에서 태어났다. 그는 캠브리지 대학교에서 수학하였고 그곳에서 1586년에 M.A를 취득했다. 그는 대학을 떠난 이후에 노르햄톤(Northampton)에 정착하였다. 거기에서 그는 가장 괄목할 만한 성직자였다. 1587년 그는 비국교도 라는 이유로 큰 핍박에 휩싸였다. 그는 대 주교 화이트기프트, 주교 쿠퍼(Cooper) 와 다른 고등 판무관 위원들 앞에 소환되었다. 그의 의사에 반하여서 판결이 내려 졌다. 페르니는 감옥에 갔다. 몇 달 이후에 풀려났다. 그리고 페르니는 스코틀랜드 로 들어갔다. 단지 안전한 삶을 위하여서는 아니었다. 좀 더 신학을 수학하고자 함 이었다. 거기에서 1593년까지 머물렀다. 그는 북쪽에 기거하면서 종교와 관련된 많은 견해들을 들었다. 그는 엘리자베스 여왕에게 보낼 청원서를 준비하였다. 이 청원서는 종교의 참된 상태에 대하여서 그녀의 엄위로움에 호소하는 것으로 되어 있다. 비록 이러한 것들이 페르니의 의도를 담고 있기는 하지만, 확실하게 거칠고 방어적인 표현이 있었다. 그는 이 청원서를 가지고 스코틀랜드로부터 돌아왔다. 그 는 돌아와서 그의 종교적 정치적 입장을 밝혔다. 페르니는 감옥에 들어갔고 그는 여왕을 알현하고자 하였다. 그의 제안은 일언지하에 거절당하였다. 그의 아내가 탄 원서를 제출하였다. 페르니는 1593년 5월 29일 오후 5시에 그의 나이 34세에 아 내와 4명의 가난한 아이들을 남겨 두고 처형당하였다. 그의 사후에 출판된 "고라 와 다단과 아비라의 역사"(History of Corah, Dathan, and Abiram)라는 저서는 그가 얼마나 경건하고 학식 있으며 진지한 신자였는가를 보여준다. 그는 웨일즈에 서 태어나서 웨일즈에서 죽었다.468)

윌리엄 스미스(William Smyth, 1563~)

그는 1563년에 태어났다. 그리고 캠브리지 대학교에서 교육 받았다. 그는 코벤 터리(Coventry)와 리필드(Lichfield)의 주교에 의하여서 성직 서임을 받았다. 그리 고 사룸(Sarum)의 주교에 의하여서 강도권을 허락받았다. 그리고 윌트셔 (Wiltshire)에 브래드포드(Bradford)에서 목회자가 되었다. 이러한 상황이 계속되 자 그는 런던으로 갔다. 그리고 브라운주의자 중에서 사적 회의에 참여하였다. 그 리고 열렬하고 활동적인 교회 사역자가 되었다. 그로 인하여서 그는 감옥에 갔다.

---
468) Ibid., p. 65

그리고 감옥에서 긴 시간을 보냈다. 1593년 4월 5일에 그는 웨스트민스터(Westminster)의 수석 사제(Dean), 데일(Mr. Dale), 바네스(Mr. Barnes)와 영(Mr. Young) 앞으로 소환되었다. 그들에게 고시를 보았다. 그는 런던으로 가서 존슨(Mr. Johnson), 그린우드(Mr. Greenwood)와 그 외 사람들을 만났다. 그리고 리스하우스(Lee's House) 집회에 참여 했다. 그는 결국 브라운주의자들의 회중에 결합되어서 연결되었다. 그리고 주교들의 핍박을 피하였다. 그는 은밀하게 개인 집에서 모였다. 그는 결국 이로 인하여서 반역자라는 오명을 쓰게 되었고 감옥에서 죽었다.469)

존 볼(John Ball,A.M. 1585~1640)

이 탁월한 신학자는 1585년 10월에 옥스퍼드셔(Oxfordshire)에 위치한 카센톤(Cassenton)에서 태어났다. 그의 수업을 대학에서 마쳤을 때 체셔(Cheshire)의 래디 콜레이(Lady Choley)의 자녀들의 가정교사가 되었다. 그 시기에 그는 그의 구원에 대하여서 심중하게 생각하게 되었다. 1610년 서명 없이 그는 서임을 받았다. 그는 뉴캐슬 근처의 화이트모어(Whitemore)의 사역자가 되었다. 에드워드 메인와링(Edward Mainwaring)의 집에서 그는 많은 해를 머물렀다. 그는 매우 높은 경건성으로 칭송을 받았고 온유하고 다정다감했다.

존 볼은 그 당대 동료들에게 사역자로서 사랑을 받았다. 그는 시온의 대로를 칭송하였고 세대의 통탄할 악에 대하여서 깊게 인상을 받았다. 그는 자주 금식 기도의 날에 그의 형제들과 함께 하였다. 그는 그의 양심을 지키기로 굳게 마음먹고 그는 교회 안에 옳건 그르건 무분별하게 받아들이지 않았다. 그는 국교도와 비국교도 사이의 논쟁도 세심하게 살펴보았다. 그러자 국교도의 성직자들은 폭력적으로 그에게 대하였다. 그리고 강압적으로 국교도에 서명하게 하였다. 그러나 존 볼은 그 시기에 주임 주교(lord bishop)을 지켜보았다. 존 볼은 체스터(Chester)의 주교와 함께 논쟁하였다. 그리고 오히려 더욱 더 비국교도의 원칙에 견고하게 자신을 세웠다. 세리프-할레스(Sheriff-Hales)의 래디 브롬레이(Lady Bromley)는 그녀의 영향력과 실천으로 왕 되신 대속 주에 대한 관심과 종교 개혁에 대한 원리를 활성화 시키는데 기여하였다. 그녀는 잉글랜드에서 핍박 받는 비국교도들에게 큰 보호자였다. 메르스(Messrs), 볼(Ball), 니콜스(Nicolls), 피어슨(Pierson), 헤링

---
469) Ibid., p. 45

(Herring)과 다른 여러 퓨리탄들이 그들의 사역지로부터 핍박을 받고 면직되었을 때, 이 역량 있는 래디 부롬레이(Lady Bromley)가 친절하게 그들을 지켜 주었다. 이들 신학자들은 종종 그녀의 이웃들에게 강설하였다. 그녀는 고위 성직자들에 의하여서 핍박 받는 성직자들을 보호하여 주었다. 비록 존 볼도 서명을 거부하고 비밀 집회를 갖는다고 교회 법정에서 자주 핍박을 받았으나, 그는 분리주의자들은 반대하였다. 이 성직자는 벨라민과 알미니우스와 앵글리칸에 대하여서 철저하게 논쟁하여야 할 것을 배웠다. 그는 바로 이러한 관점의 연구를 많이 하였다. 그래서 그가 어느 날 그에 대하여서 논증했을 때 반대파는 피할 길만 찾으려고 애썼다. 그는 성경의 어려운 본문을 해설하는데 탁월한 재능을 타고 났다. 그는 기도의 사람이었고 성례 시행을 자주 하였고 가족 예배의 시행을 장려하였다. 그는 그의 기질에 경탄할 만하게 명령하였으며 그는 대단한 자제력을 가지고 있었다. 그는 참된 기독교도의 겸손함으로 장식하였다. 이러한 그의 성품들이 바로 그의 도덕적 탁월함 안에서 가장 부요한 보화였다. 그는 자신보다 타인을 더 낫게 여겼다. 그리고 다른 어떤 사람도 몰지각하게 몰아세우지 않았다. 존 볼은 신자들과의 대화 중에 자주 익살스러운 표현을 썼다. 그는 모든 헛된 그리고 완고한 것에 대하여서 철저하게 반대하였다. 퓨리탄들에 대한 핍박이 가장 거셌을 때, 그는 동료 사역자들에게 다음과 같이 말하였다. "비록 퓨리탄들의 현재 상태가 죽음과 같고 가벼린 삶과 같을지라도, 하나님께서 우리의 잿더미로부터 우리를 구하실 것을 확신하라. 모든 감독주의자들과 의식주의자들로부터 구하여 내실 것이다. 고난을 두려워하고 그들을 따라 가면 멸망을 받는 원인을 가지게 되는 것이다."

존 볼은 열심히 공부하였고 만족스럽게 강설하였으며 그 영혼은 마지막 고통의 순간에서도 고요하였고 겸손하였고 평화로웠다. 그는 살아 있는 그 순간까지 설교하였다. 그리고 건강이 허락하는 한 가족을 위해 기도하였다. 존 볼은 그리스도에 대한 거룩한 확신을 경험하였다. 그리고 본질적인 평강으로부터 그것을 얻었다. 그는 친구들이 여러 가지 고통을 겪는 그를 염려할 때 말하기를 "만약 하나님께서 죄를 용서하시는 하나님이 아니시라면, 나는 가장 비참할 것이다."라고 하였다. 그는 질병으로 고생할 때도 "주님께서 기뻐하시면 나를 더 살게 하실 것이다."라고 말하였다. 그리고 죽음의 순간이 왔을 때, 그는 나는 하늘로 간다고 답변하였다.

1640년 10월 20일 그의 나이 55세에 그는 소천하였다. 그는 믿음의 사람이었고 탁월한 학자였다 그리고 고난을 아는 설교가였다. 그리고 유력한 문필가였다.

그의 저서 "믿음에 대한 논문서"(Treatise of Faith)는 설명을 다할 수 없을 정도로 수작이다. 그는 비국교도(Noncomformist)로 살았고 그렇게 죽었다.470)

제임스 1세 이후 종교 개혁자들

제임스 1세 이후의 종교 개혁자들은 찰스 2세와 제임스 2세까지 연결된다. 이들이 스튜어트(Stuart)왕조이다. 이들 이후에 1688년 오렌지 윌리엄 공에 의하여서 잉글랜드에 명예혁명이 일어나고 명예혁명 이후에 종교 개혁의 역사는 의미가 없다. 그때에는 이미 다른 시대로 접어들면서 역사 속으로 개혁 교회는 사라진다.

웨스트민스터 총회 회원들

상원의원(LORDS)

노텀벌랜드의 백작 알게르논(Algernon, Earl of Northumberland: 1602~1668)
알게르논은 노텀벌랜드 백작 헨리 퍼시(Henry Percy)의 셋째 아들이었으나 살아남은 맏이였다. 그의 어머니는 에섹의 백작 왈터 데버로크스(Walter Devereux)의 딸 노텀벌랜드의 퍼시 도르시(Percy Dorothy)였다. 1605년 그의 부친은 건파우더 플로트(Gunpowder Plot) 사건에 연루되어서 1621년까지 런던 감옥에 갇혔다. 그러나 그는 어린 알레르논의 교육에 관심을 기울여서 1615년에 알레르논은 캠브리지의 세인트 존스 칼리지에 수학하고자 보내졌다. 1616년 그는 런던에 미들 템플(Middle Temple)에 입학되었다. 그는 1616년에 M.A.를 받았다. 그리고 배스(Bath)의 기사 작위를 받고 알레르논 펄시 경이 되었다.

1618년에 알게르논과 그의 교사 에드워드 도우스(Edward Douse)는 유럽 대륙 여행을 떠난다. 여행을 통해서 네덜란드, 이태리, 프랑스를 경험하게 된다. 1624년 그는 잉글랜드로 돌아온다. 그리고 감옥에서 풀려난 그의 아버지를 만난다.

---
470) Ibid., p. 443

1624~42년까지 잉글랜드 내전이 벌어지기 전까지 그는 의회 위원으로 활동한다. 1624~25년 동안 "행복한 의회" 기간 동안 서섹(Sussex)를 위한 의원으로 활동한다. 그리고 1625~26년 "무용한 의회" 기간 동안 치체스터(Chichester)를 위한 의원으로 활동한다. 1626년 3월 알게르논은 상원으로 소환을 받는다. 이는 그의 아비의 작위를 물려받는 것이다.

1626년 11월 웨스트몰랜드(Westmorland)와 노덤벌랜드(Northumberland), 컴벌랜드(Cumberland)의 리테난트(Lieutenant) 경과 연합한다.

1629년 알게르논은 윌리엄 세실(William Cecil)의 딸 앤 세실(Anne Cecil)이라는 여자와 혼인을 하게 된다. 그의 아비의 거부에도 불구하고 그녀는 그와 결혼한다. 그는 그녀와 사이에 5명의 딸을 낳는다.

1630년대에 그는 해군에 입대해서 경력을 쌓는다. 그는 제독으로서 1636년 첫 항해를 시작한다.

1637년에 스코틀랜드에서 언약자들이 일어났고 그들이 공동 기도서(Book of Common Prayer)의 도입을 거부하였다. 찰스 1세는 8인을 추밀원(Privy Council)의 위원으로 선정해서 보냈다. 노덤벌랜드(Northumberland)의 후견인, 토마스 웬트워드(Thomas Wentworth)는 스코틀랜드에 우호적이었다. 그래서 노덤벌랜드(Northumberland)는 전쟁으로 돌입하기를 원하지 않았다. 그리고 북쪽의 잉글랜드에 있는 그들의 별장이 스코틀랜드와 적대적이 되어 유실될 것을 두려워하였다. 1640년 주교 전쟁(Bishop's Wars)에서 웬트워드(Wentworth)와 노덤벌랜드(Northumberland)가 잉글랜드 군대의 사령관을 맡았다. 노덤벌랜드는 다행히도 적은 손실로 언약자들의 군대를 대파하였다. 1640년 5월에 노덤벌랜드는 추밀원(Privy Council)의 소위원회 회원이 되었다. 그들은 단기 의회의 해손을 반대하였다. 그들은 장기 의회에서 만났을 때, 귀족들 중에 지도자적 위치에 서게 되었다.471)

베드포드의 백작 윌리엄(William, Earl of Bedford:1613.8.~1700.9.7.)

그는 잉글랜드 정치가이다. 1640~1641년까지 하원으로 있었고 그 후에 백작이 되면서 상원 의원이 되었다. 그는 의원 군대에서 싸웠고 후에 시민전쟁에서 왕당파 군대를 대패시켰다. 그는 프란시스 러셀 2세(Francis Russel II) 베드포드 4세

---
471) http://en.wikipedia.org/wiki/Algernon_Percy,_10th_Earl_of_Northumberland

의 아들로 태어났다. 그는 옥스퍼드의 마그달렌 칼리지(Magdalen College)에서 교육을 받았다. 1635년에 스페인어를 배우고자 마드리드로 갔다. 1637년 7월 다시 돌아왔다. 그리고 로버트 카(Robert Carr)의 상속녀 앤(Anne)이라는 여자와 결혼하였다.

1640년 4월 그는 타비스톡(Tavistock)이라는 지역구를 둔 단기 의회의 의원으로 임명되었다. 그리고 1640년 11월 장기 의회에 의원으로 재임명되었다. 그리고 1641년까지 그 자리에 있었다. 존 핌이 타비스톡(Tavistock)에 지역구를 둔 다른 의원이었다. 그는 아버지의 지도를 따라서 찰스 1세와 싸웠다. 그리고 잉글랜드 시민전쟁을 이끌었다. 1641년 5월 그의 부친이 예기치 못하게 돌아가신다. 그는 베드포드 백작으로서 아버지의 작위를 물려받는다. 그때에 그의 나이 겨우 24세였다. 의회는 그에게 상당한 신뢰를 주었다.

1643년에 베드포드는 의회 입장에서 서서 찰스 1세와 평화 협상을 주도하였다. 그것이 결렬되자 그는 의회파를 버리고 왕당파에 속하여서 왕의 군대가 되었다. 그는 왕당파로서 (1643년 9월 20일) 뉴버리(Newbury)의 전투에 참여하였다. 그러나 그는 1644년에 의회파로 전향하고자 하였다. 비록 찰스 1세가 전적으로 용서했다고 해도, 베드포드는 왕당파의 주변인이었다. 베드포드는 1643년 다시 의회파로 전향한다. 그리고 왕과 협상하는 인물이 된다. 그러나 의회는 그를 배반자로 규정하고 상원의 자리로 돌아오는 것을 허락하지 않는다. 그는 1644년~60년까지 공직에 물러나서 살았다.

1660년~1680년까지 왕정 복구가 되었다. 베드포드는 상원으로 복직되었다. 그리고 장로주의자들의 지도자가 되었다. 1661년 베드포드는 감히 찰스 2세의 대관식에 왕의 지팡이를 만들었다. 그러나 그는 결코 다시는 왕과 긴밀해지지 못하였다. 찰스 2세가 베드포드를 1671년에 플리머스(Plymouth)의 장관으로 임명하였다. 1672년 5월 29일 그는 가터(Garter)의 기사로서 작위를 받았다. 1673년 마샬 백작(Earl Marshal)의 직무를 위해서 협상 장관의 직무를 수행하였다. 비록 베드포드가 기존 교회에서 수고 하였지만, 그는 또한 장로교회를 지키려고 하였다. 그래서 그의 집에서 그의 아내와 함께 비밀 집회 죄로 체포되었다. 1682년에 그는 타비스톡(Tavistock)의 지역구를 잃어버렸다. 그리고 1683-88년에 두 번째 정계 은퇴를 하였다. 그리고 1688년 명예혁명(Glorious Revolution)의 시기에 공직으로 다시 돌아왔다. 그는 다시 윌리엄 공과 그의 아내 메리의 대관식에 지팡이를 만들어 온다. 그는 추밀원(Privy Council) 회원이 되었다. 그는 1689년 캠브리지의 재판관(Recorder)이 되었다. 그는 캠브리지와 베드포드셔(Bedfordshire)에서 1670년~1689년까지 리테난트 영주(Lord Lieutenant)로서 직무하였다. 그리고 1692년~1700년까지 미델세크(Middlesex)의 리데난트 영주(Lord Lieutenant)로서 직무하였다. 1700년 9월 7일 베드포드는 그의 저택에서 죽었다. 그리고 버킹햄셔(Buckinghamsire)의 체니에스(Chenies)에 묻혔다.472)

펨브로크 몬트게모리의 백작 필립(Philip, Earl of Pembrokeand Montgomery: 1584.10.10.~1650.1.23.)

그는 잉글랜드의 재판관이었다. 그는 제임스 1세와 찰스 1세 시대에 주로 활동한 인물이다. 그는 윌톤 하우스(Wilton House)에서 태어났다. 그는 헨리 허버트(Henry Herbert)의 아들이었다. 그는 1593년 옥스퍼드의 뉴 칼리지(New College)에서 수학하였다. 그러나 수개월 후에 떠났다.

1600년 16세의 나이로 필립은 궁정에서 제임스 1세를 처음 알현하였다. 그는 왕의 눈에 띄었다. 필립은 그때에 매 사냥에 몰두하였다. 1603년 5월 제임스 1세는 필립을 추밀원(Privy Chamber)의 신사(gentleman)로 임명하였다. 그리고 그해 7월에 배스의 기사(Knight of Bath)로 임명되었다. 1604년에 필립은 옥스퍼드의 백작 에드워드 드 베레(Edward de Vere)의 딸 수산 드 베레(Susan de Vere)와 결혼하였다.

1625년에서 40년까지 찰스 1세의 통치 기간에도 그는 계속 왕의 총애를 받았다. 그는 1626년에 찰스 1세의 대관식 때 황금 박차를 잡았다. 그리고 버킹검셔의 리에세난트 영주(Lord Lieutenant)가 되었다. 그는 찰스 1세 치하에서 식민지의 어려움에 관심이 많았다. 1626년에 구이아나 컴퍼니(Guiana Companay)의 법인 설립자가 되었다.

1629년 첫 아내가 죽었다. 1630년 그는 컴벌랜드 백작 조지 클리포드(George Clifford)의 딸 래디 앤 클리포드(Lady Anne Clifford)와 재혼을 한다. 1630년 그의 맏형이 죽는다. 그가 펨브로크(Pembroke)의 백작의 지위를 받는다. 그는 그의 죽은 형의 신분인 콘웰의 더치(Duchy of Cornwell)와 스탄나리엔스 와르돈 경(Lord Warden of Stannariens)을 물려받았다. 이렇게 좋은 찰스 1세와의 관계가

---

472) http://en.wikipedia.org/wiki/William_Russell,_1st_Duke_of_Bedford

1639년에 벌어지게 된다. 펨브로크와 찰스가 그들의 예술이나 건축의 관심에 일치했으나 종교적 관점에 대하여서 달랐다. 펨브로크는 경건한 개신교주의자였다. 그리고 퓨리탄에 대하여서 무한한 애정을 드러냈다. 이것이 그로 하여금 찰스 1세와 다투게 하였다. 무엇보다 찰스 1세의 아내 헨리타 마리아(Henrietta Maria)가 로마 카톨릭 신자였다. 펨브로크는 윌리엄 라우드(William Laud)를 매우 혐오하였다. 이러한 종교적 성향의 차이로 펨브로크는 주교 전쟁에서 언약자들의 편에 섰다. 그리고 강력하게 평화를 주장하였다. 펨브로크는 그 전쟁에서 버빅과 리폰에서 스코틀랜드 군대와 협상하는 찰스의 고문관으로 있었다. 비록 종교적으로 찰스 1세와 달라도 왕에 대하여 가지는 충성심을 버리지 않았다. 왕은 펨브로크에게 런던으로 돌아와서 스코틀랜드와 다시 싸울 것을 준비하기를 바랐다.

1642년에서 48년까지 잉글랜드 내전이 일어났고 펨브로크는 단기 의회와 장기 의회 동안에 상당한 영향력을 행사하였다. 그러나 펨브로크는 가장 온화한 의회주의자였다. 의회는 펨브로크를 찰스 1세와의 협상하는 자로 임명하였다. 펨브로크는 에드워드 하이드(Edward Hyde)와 협상하면서 왕에 대한 충성을 계속 보여주었다. 그러나 그는 1642년에 세워진 잉글랜드 안전 평의회의 한 사람이 되었다. 1642년 8월 그는 의회에 의하여서 와이트 아이슬(Wight의 Isle)의 행정 장관으로서 임명되었다. 1645년에 의회는 그를 펨브로크를 소머셋(Somerset)의 리에테난트 영주(Lord Lieutenant)로 임명하였다.

1643년 1월 옥스퍼드에 있는 왕과 협상하는 인물로 임명되었다. 1645년 협상하는 대표자로서 참여하였다. 그리고 경건한 개신교도였던 그는 1643년 웨스트민스터 총회에 평신도 사정관으로서 임명되었다. 펨브로크는 그 총회에서 온건한 감독주의를 지지하였다. 그와 친한 성직자는 제임스 어셔(James Ussher)가 대표적이다. 그는 총회에서 격렬하게 장로주의와 독립교회주의를 반대하였다. 그는 1645년 대감독 라우드를 체포하려는 투표에 찬성하였다. 그러나 런던 시에 의하여서 장로주의를 찬성하려는 서명서에 반대표를 던졌다.

1640년대에 펨브로크는 비스카운트 세이(Viscount Saye)와 셀레(Sele)인 윌리엄 피엔네스(William Fiennes)와 노덤벌런드(Northumberland) 백작 알게르논 퍼치(Algernon Percy)와 친하게 지냈다. 그런데 그들이 신기군을 만드는데 지원하게 되자 그들과 관계를 끊었다. 그리고 펨브로크는 그들과 거리를 두었다. 1641년 라우드가 체포되었다. 옥스퍼드 대학교는 펨브로크를 그 대학교 총장으로 대치하였다. 그러나 왕당파 군대가 쳐들어 왔을 때 펨브로크를 해임하고 헤르트포(Hertfor)를 임명하였다. 그런데 1647년 의회파가 장악하자 다시 펨브로크를 재임용하였다. 의회는 그에게 옥스퍼드 대학교를 개혁할 것을 명령하였다. 그들은 엄숙동맹과 언약을 서명할 것으로 대학교에게 요청하였다.

1648년 2월 그는 새로운 부학장 제도를 두었고 대학교의 많은 직원들을 교체하였다. 1648년에서 위기에 펨브로크는 왕의 편에 섰다. 1648년 7월 펨브로크는 다시 왕과의 협상에 참여하였다. 그러나 1648년 12월 교만의 숙청(Prides Purge)과 함께 이 협상은 뜻밖에 중단되었다. 그러나 펨브로크는 계속 협상을 하려고 하였다. 그러나 군대 평의회가 이러한 협상을 거부하였다. 그러나 펨브로크와는 좋은 관계를 유지하고자 하였다. 군대 평의회는 잔부 의회를 세웠다. 그리고 왕을 체포하였다.

1649년 군대 평의회는 펨브로크를 잔부 의회가 만든 고등법원(High Court of Justice)의 재판관으로 임명하였다. 그러나 펨브로크는 그 직위를 거부하였다. 이는 찰스 1세에 대한 재판을 위한 기관이었다. 그해 2월에 찰스 1세가 참수되었다. 잔부 의회가 펨브로크를 잉글랜드 국가 평의회원으로 임명하였다. 찰스 1세 처형 후에 상원 제도가 폐지되었다.

1649년 4월 버르크셔(Berkshire) 지역구 의원으로서 돌아왔다. 1649년 5월 펨브로크는 갑자기 쓰러졌다. 그리고 죽을때까지 침대를 면하지 못하였다. 그는 1650년 1월 23일 웨스트민스터 화이트홀에 장사되었다.473)

살리스베리의 백작 윌리엄(William Cecil, Earl of Salisbury:1591.3.28.~1668.12.3.)

윌리엄 세실은 로버트 세실(Robert Cecil)의 아들이다. 그는 1591년 3월 28일 웨스트민스터에서 태어났다. 그리고 그해 4월 11일 세인트 클레멘트 댄스에서 세례를 받았다. 윌리엄 세실의 어머니는 그가 여섯 살이 되었을 때 돌아가셨다. 그는 그의 이모 래디 프랑스 스토우톤(Lady Frances Stourton)에 의하여서 양육되었다. 그는 세르본(Sherborne) 학교에서 교육을 받았고 캠브리지에 있는 세인트 존스 칼리지에서 수학하였다. 그의 나이 11살이었다.

1612년 윌리엄 세실의 부친이 돌아가신다. 그가 셀리스베리 백작이 된다. 그는 헤르트포드셔의 리우테난트 경(Lord Lieutenant of Hertfordshire)이라고 불린다.

---

473) http://en.wikipedia.org/wiki/Philip_Herbert,_4th_Earl_of_Pembroke

그리고 1624년에 제임스 1세가 그에게 기사 작위를 내린다. 윌리엄 세실은 찰스 1세의 후견인으로서 제임스 1세에게 총애를 받는다.

1640년 주교 전쟁이 일어난다. 윌리엄 세실은 상원에서 하원을 지지하는 온건주의로 기울어진다. 그러나 1642년에 첫 잉글랜드 내전이 일어난다. 1648년 윌리엄 세실이 찰스 1세의 협상단에 속하게 된다. 이 협상은 결렬된다. 그러나 윌리엄 세실은 찰스 1세의 처형을 극구 반대한다. 그러나 왕이 처형되고 윌리엄 세실은 잉글랜드의 공화정을 지지하기로 결심한다. 그리고 맹약(Engagement)에 서명한다. 이 서명은 몇 가지 사실에 영향을 미친다. 그의 아들 둘이 잉글랜드 내전 기간에 의회에 편을 든다. 그리고 펨브로크의 백작 필립 허버트의 유실된 재산이 보상을 받는다. 그리고 노덤벌런드 백작 알게르논 펄스가 의회로 전향한다.

1649년에서 1651년까지 윌리엄 세실은 잉글랜드 국가 평의회(English Coucil of State) 회원이 된다. 그는 잔부 의회 안에 킹 린(King's Lynn)을 위한 의회 회원이 된다. 윌리엄 세실은 호국경 체제 아래에서 공직을 은퇴한다. 1656년 그는 두 번째 호국경 의회에서 헤르트포드셔(Hertfordshire)의 의원으로 선출되었다. 그러나 그는 그 자리를 차지하지 않았다.

1656년~68년 윌리엄 세실은 해트필드 하우스(Hatfield House)에서 지내다가 1659년 왕정 복고 이후에 1663년 찰스 2세에 의하여서 세인트 알반(St. Albans)의 고등 사무관(high stward)로 임명되었다. 윌리엄 세실은 1668년 12월 3일 해트필드 하우스(Hatfiled House)에서 죽었다. 474)

홀랜드의 백작 헨리(Henry, Earl of Holland: 1590.8.19.~1649.3.9)

그는 잉글랜드의 재판관이었고 귀족이었으며 군인이었다. 리치(Rich) 가문의 영향력 있는 사람 중에 하나이다. 부친은 와윅(Warwick)의 백작 로버트 리치(Robert Rich)이다. 그는 1610년 군인으로서 재판관으로서 경력을 쌓았다. 그는 제임스 1세와 절친했다. 그러나 찰스 1세와 소원하였다. 그러나 그는 왕당파였다. 1648년 찰스 왕의 처형 몇 달 전에 그의 군대가 헌팅돈셔(Huntingdonshire) 지방에 세인트 네오츠(St. Neots)에 진격하였다. 그의 군대는 배가 고팠고 지쳤다. 거기는 의회군대가 전적으로 장악하고 있었다. 헨리 리치 백작은 백 명의 기마병의 호위를 받으며 그곳을 탈출하였다. 그러나 퓨리탄과 의회 기병대가 추격하였다. 헨

---

474) http://en.wikipedia.org/wiki/William_Cecil,_2nd_Earl_of_Salisbury

리 리치 백작은 노르덤프톤(Northampton)으로 가기로 결심하였다. 그리고 세인트 알반스(St. Albans)와 던스테이블(Dunstable)을 거쳐서 그곳으로 갔다.

헨리 백작은 젊은 버킹검 공작과 피터버로우(Peterborough) 백작과 연결되었다. 그들은 다시 콜로넬 존 달비어(Colonel John Dalbier)와 연결되었다. 그리고 잘 훈련된 게르만 병사들과 연결되었다. 헨리 백작은 버킹검과 연결되어서 세인트 네오츠(St. Neots)의 사람들과 합세하기로 하였다. 버킹검 공작은 말했다. "그들이 피의 전쟁을 원하지 않지만 오직 왕 찰스 아래에 정권을 세우기를 원한다." 그들의 왕군은 반란군이 아니다. 그래서 거민들을 약탈하지 않는다. 그래서 그들은 그 약속들을 지켰다. 그들은 킹스턴에서 물러나서 쉴 곳을 찾았다. 약간의 수의 퓨리탄 기병대가 그들을 추적하였다. 그해 7월 10일 월요일 의회군이 이튼 포드(Eaton Ford) 근처로 진격하였다. 달비어(Dalbier)가 즉시 알렸다. 그리고 왕당파 군대가 전투를 대비하였다. 그리고 세인트 네오츠(St. Neots)의 전투가 시작되었다. 왕당파 군대가 빠르게 괴멸되었다. 전투는 도시 광장과 거리에서 있었다. 왕당파 군대는 전투를 위해 전적으로 준비한 상태에서 결사적으로 싸웠다. 라운드헤드(Roundheads) 주력 군대가 도착했다. 퓨리탄 군대의 물결이 도시 안으로 교각을 가로 질러 진격하였다. 전투는 치열했고 퓨리탄 군대가 도시를 점령하였다. 콜로넬 달비어(Colonel Dalbier)가 그 전투에서 전사하였다. 버킹검의 동생 프랑스 빌러(France Villers)와 게넬름 디그비(Kenelm Digby)를 포함한 다른 탁월한 왕당파 군인들이 죽었다. 다른 장교들과 사병들은 우스(Ouse) 강을 가로 질러 탈출하였다. 헨리 백작은 계획을 변경하였다. 그들은 런던으로 몰래 들어가서 프랑스로 탈출할 계획을 세웠다.

헨리 백작은 프랑스로 망명하기 전날에 묵을 여관을 찾았다. 그리고 문을 잠그고 자물쇠로 채우고 있었다. 그러나 의회군에 발각되었고 그들이 여관으로 진격하였다. 그들은 그곳에서 헨리를 잡았다. 이미 그의 군대는 흩어졌다. 퓨리탄 군대가 그를 잡아서 콜로넬 스크루페(Colonel Scroope)에 넘겼고 그들이 감옥에 가두었다. 남은 왕당파 군인들은 세인트 네오츠(St Noets)의 교구 교회 안에 갇혔다. 헨리 백작과 다른 야전군 장교들이 워윅 캐슬(Warwick Castle)에 있다가 런던으로 이송되었다.

1649년 2월 27일 헨리 백작은 런던으로 이감되었다. 그는 그의 범죄를 변호하였다. 1643년에 그는 의회군에 있었다. 그러다가 그해에 왕당파 군으로 전향하였다. 1649년 3월 3일 그는 사형을 언도받았다. 그의 동생 워윅(Warkwick)의 백작과 그의 처남 워윅(Warwick)의 카운테스(Countess)가 의회군에 선처를 부탁하는 청원서를 내었다. 의회군은 동일하게 표수가 나왔다. 대변인이 결정 투표권을 선고를 위해서 주었다. 그 청원이 이틀 동안 처형을 유예하였다. 그때에 헨리 백작은 중대한 질병에 걸려서 먹지고 자지도 못하였다. 그해 3월 9일 아침에 웨스트민스터 홀 앞에서 헨리 백작은 걸어갔다. 그리고 그는 기도하였다. 그리고 처형하는 자를 용서하였다. 그는 그의 머리를 블록에 두었고 그는 참수 당하였다. 두 번째 시민전쟁이 일어났고 프레스톤(Preston) 전투에서 종결되었다.475)

맨체스터의 백작 에드워드(Edward, Earl of Manchester: 1602~1671.5.5.)

그는 맨체스터 백작의 첫 아들이었다. 그는 1602년에 태어났다. 그리고 캠브리지의 시드니 서섹 칼리지(Sidney Sussex College)에서 교육받았다.(1618-22) 그는 찰스 황태자와 함께 스페인 합스부르그로 여행을 갔다. 그는 1623년~1624년까지 "행복한 의회"(Happy Parliament)와 1625년 "무용한 의회"(Useless Parliament) 그리고 1625-26년 의회의 헌팅돈셔(Huntingdonshire)를 위한 의원이었다.

1626년 찰스 1세의 대관식 이후에 배스(Bath)의 기사 작위를 받았다. 그리고 그의 첫 아내는 결혼 2년 만인 1625년에 죽는다. 그래서 1626년 와윅(Warwick)의 백작 로버트 리치(Robert Rich)의 딸 앤 리치(Anne Rich)와 결혼을 하였다. 그의 장인은 의회군의 사령관이었다. 장기 의회가 시작되자 그의 장인은 하원의 다섯명의 의원들과 함께 군대 지도자가 되었다. 1642년 시민전쟁이 발발하자 맨체스터의 백작 에드워드는 크롬웰과 함께 동부군대 의회군의 사령관이 되었다. 1644년 11월 그는 강하게 그 전쟁을 수행하는 것을 반대하였다. 크롬웰은 1644년 가을에 의회 앞에서 에드워드의 결단력 부족을 지적하였다. 에드워드는 사령관 직을 사임하였다. 그는 찰스와 협상하는 위원에 가담하였다. 그는 왕의 심문을 거절하였다. 그리고 공화정 아래에서 공직에 은퇴하였다. 그러나 후에 왕정복고가 되고 그는 활동적으로 왕을 도왔다. 그는 찰스 2세에 의하여서 명예를 얻었다. 1661년 에드워드는 가터(Garter)의 기사가 되었다. 1667년에는 왕립 협회 회원(Fellow of the Royal Society)의 회원이 되었다. 1667년 그는 사령관이 되었다. 그리고

---

475) http://en.wikipedia.org/wiki/Henry_Earl_of_Holland

1671년 5월 5일 죽었다.476)

윌리엄 비스카운드 세이와 셀레 (William, Viscount Say and Sele.: 1582.6.28. ~1662.4.14.)

그는 잉글랜드 귀족이며 정치가이다. 그는 옥스퍼드 안에 반베리(Banbury) 근처 브로톤 캐슬(Broughton Castle)의 가문에 태어났다. 그는 리챠드 피에네스(Richard Fiennes)의 독자였다. 그는 옥스퍼드 뉴 칼리지(New College)에서 교육을 받았다. 그는 그 대학 설립자인 위케햄(Wykeham)의 윌리엄의 누이의 후손이며 상속자였다. 피에네스는 1613년 그의 부친의 장원(barony)을 물려받았다. 1621년 그는 프란시스 베이컨의 열렬한 반대자로 활동하였다. 1626년 그는 의회에서 새로운 왕 찰스 1세에 반대하여서 귀족들의 권리를 변호하였다. 그는 권리청원을 논의할 때 법의 제한과 교정에 반대하였다. 왕당파와 의회파 간에 내전이 일어나자 그는 안전 평의회 위원으로서 옥스퍼드를 점령하고 군대를 일으켰다. 그는 상원을 통해서 의회와 함께 투쟁하는 군대를 위해서 서 있었다. 1648년 찰스 1세의 처형을 지켜보고 은퇴하였다. 그러나 왕정복고 이후에 추밀원 위원(Privy Counsellor)이 되었다. 그리고 1662년 4월 14일 브로톤 캐슬(Broughton Castle)에서 죽었다.477)

필립 와톤 경(Philip, Lord Wharton:1613.4.18.~1696.2.4.)

그는 잉글랜드 군인이었고 정치가였으며 외교관이었다. 그는 잉글랜드 내전시에 의회 의원이었다. 그의 부친은 아크 할(Aske Hall)의 토마스 와톤 경이다. 그의 부친은 1622년에 돌아가신다. 1642년 의회에 의하여서 버킹햄셔의 리우테난트 경(Lord Lieutenant of Buckinghamsire)으로 임명되었다. 그는 맨체스터에서 지역 탄약고를 차지하고자 무장군대를 이끌었다. 그는 독립교회주의자였고 크롬웰과 친하였다. 왕정 복고 이후에 그는 왕과 불편한 관계가 되었다. 1676년 그는 런던 탑에 감금되었다. 그러나 탈출하여서 망명하였다. 그리고 제임스 2세가 왕이 될 때에 돌아왔다. 그는 1688년 대영제국 왕이 되는 오렌지 윌리엄 공의 궁전에서 살았다. 그는 크롬웰을 향한 경탄을 결코 그치지 않았다. 그는 1687년 12월 14일

---

476) http://en.wikipedia.org/wiki/Edward_Montagu,_2nd_Earl_of_Manchester
477) http://en.wikipedia.org/wiki/William_Fiennes,_1st_Viscount_Saye_and_Sele

죽었다.478)

에스크릭의 에드워드 하워드 경(Edward Howard, Lord Howard of Escrick: ?~1675.4.24)

그는 대영제국 귀족이었고 의회주의자였다. 그는 토마스 하워드의 가장 어린 아들이었다. 1624년에 칼렌(Calne)과 월링포드(Wallingford)를 대표하는 의원이 되었다. 1628년에 그는 헤트포드(Hertford)를 대표하는 의원이 된다. 그는 잉글랜드 내전의 초기에 매우 활동적이었다. 그는 웨스트민스터 총회 성직자들과 함께 평신도 사정관으로서 그 회의에 참여하였다. 그리고 스코틀랜드 성직자들과도 접촉하였다. 그러나 그는 두 왕국의 위원회(Committee of Both Kingdom)을 떠났고 다가오는 해에 역할을 덜하였다. 1649년 상원이 폐지되자, 칼아이슬(Carlisle)을 대표하는 하원 의원으로서 활동한다. 1651년에 그는 의회로부터 축출 당한다. 그 후에 죽는다.479)

하원 의원(COMMONERS)

존 셀던(John Selden, Esq. 1584.12.16.~1654.11.30)

존 셀던은 에라스투주의자였다. 그가 에라스투주의자인 것은 잉글랜드 개혁의 시작과 무관하지 않다. 잉글랜드 개혁은 헨리 8세로부터 시작되었고 그는 교황제도를 철폐시키고 군왕의 교회의 수장권을 발표함으로서 잉글랜드 교회의 개혁을 시작했던 인물이다. 그러한 환경에서 자라온 존 셀던은 장로주의자들에 의하여서 잉글랜드 교회가 치리되는 것 보다는 관원들에 의하여서 교회가 통치 되는 것이 낫다고 생각하였던 것이다. 하원에서 대표적인 에라스투주의 지도자였던 셀던은 웨스트민스터 총회에 몇 안되는 학식 있는 평신도 사정관이었다. 비록 스코틀랜드로부터 왔던 평신도 총대들은, 예를 들어 아치발디 요한슨 그리고 요한 매이클랜드, 총회에 치리 장로로서 출석하였으나 그러나 의회로부터 온 평신도들은 개인 평신도 자격으로 온 것이다.

그는 웨스트민스터 총회에서 매우 활발하게 토론하였던 인물 중에 하나였다.

---

478) http://en.wikipedia.org/wiki/Philip_Wharton,_4th_Baron_Wharton
479) http://en.wikipedia.org/wiki/Edward_Howard,_1st_Lord_Howard_of_Escrick

1645년~ 1646년에 있었던 교회 정치에 대한 토론의 초점은 그가 주장하는 에라스투주의였다. 그와 같은 의견을 가진 자들은 바로 토마스 쿨만(Thomas Coleman)과 존 라이트푸트(John Lightfoot)였다. 셀던과 그의 동료들은 교회 정치에 있어서 고대 유대교의 이스라엘 공동체 정치 형태를 따르고자 하였다. 그것은 이러한 고대 유대교의 모델은 교회 정치와 세속 정치가 분리되지 않은 상태에서 가능하였던 제도라는 것이다. 셀던은 교회 정치의 기초에 대하여서 많은 생각을 하였다.

그는 1584년에 석세스(sussex)의 살빙톤(Salvington)에서 태어났다. 그리고 1600년 10월 24일에 옥스퍼드의 하트 홀(Hart Hall)에서 수학하였다. 그리고 나서 1602년에 클리포드에 법학을 공부하려고 입학했다. 그리고 1604년에 이너 템플(Inner Temple)에 입학했다. 그는 비록 법학을 공부했으나 그의 관심은 헌법 역사였다. 그리고 켄트의 백작 헨리 그레이의 도움을 받았다.

1612년에 그는 정치적 경력을 쌓았다. 왕에 대한 자유 토론의 권리에 대한 하원의 주장에 대한 법적 기반을 지원하는 것이었다. 그는 1623년, 1626년과 1628년에 하원으로 선출되었다. 그리고 그는 계속 잉글랜드 일반법(common law)에 기초를 둔 자유에 대하여서 견지하였다.

1629년 3월 4일에 추밀원에 의하여서 감옥에 가는 9인회 회원이 되었다. 그리고 1640년 11월까지 나오지 못하였다. 그는 교회 정치에 왕의 간섭을 배제하였으나 감독제도 자체를 거부하지는 않았다. 1642년에 왕은 그에게 런던을 떠나도록 높은 직분을 맡겼다. 그는 요오크에 있는 법정을 맡았다.

1649년 왕의 처형이후에 크롬웰이 정권을 잡았고 그는 모든 공직에서부터 물러났다. 1654년에 그는 카르멜리 하우스에서 죽었다. 그리고 교회 묘지에서 묻혔다. 그의 친구 대감독 어서는 그의 장례식에 조사를 낭독했다.[480]

프란시스 루이스(Francis Rouse:1579~1659.1.)

프란시스 루이스는 잉글랜드 정치가였다. 그리고 걸출한 퓨리탄이었다. 그는 또한 Eton의 학장(Provost)이었다. 그리고 몇 편의 신학적 저서를 남겼다.

1579년 데본(Devon)에서 태어났다. 그리고 옥스퍼드의 브로드게이트 할(Broadgates Hall)에서 교육받았다. 그리고 1597년경에 레이든 대학교에서 수학

---

480) http://en.wikipedia.org/wiki/John_Selden

하였다. 그리고 1601년에 미들 템플(Middle Temple)에 들어갔다. 그러나 곧 랜드레이크(Landrake)로 은퇴하였다. 그는 잉글랜드 의회의 지도자였다. 1604년에 콘웰(Cornwall)을 기반으로 하는 의원으로 선출되었다. 그리고 1656년에 트로로(Truro)를 기반으로 의원이 되었다.

1643년 6월 12일 웨스트민스터 총회가 개회되었을 때, 그는 평신도 사정관(Lay Assessors) 중에 한 사람으로 지명되었다. 1643년 9월 23일 그는 엄숙 동맹과 언약을 받아들였다. 1643년 10월 2일에 세워진 사역자들의 서임을 위한 위원회에 의장이었다. 1647년 5월 1일 옥스퍼드 대학교의 방문자로서 지명되었다. 1648년 7월 16일에 그는 더비 하우스의 위원회(Derby House Committee)의 맹약자가 되었다. 그는 호국경 시대에 잔부 의회가 해산되고 크롬웰에 의하여서 세워진 바레본 의회(Barebone Parliament) 기간 동안 대변인이었다. 그는 1657년에 호국경 크롬웰에 의하여서 어떤 관직을 추천받았으나 거절하였다. 그는 공화국 때 많은 일들을 얻었다. 에톤 칼리지의 학장을 하였던 것도 그 중에 하나이다. 처음에는 장로주의자였으나 나중에 독립교회주의자들과 연결되었다. 그것이 1649년 때이다. 그리고 1652년 초기에 복음의 증진을 위한 위원으로 섬겼다. 그는 회중 교회적 입장 때문에 국가 교회 형태를 실패한 조직으로 보았다. 바레본 의회(Barebone's Parliament)가 해산되었을 때, 루이스는 올리버 크롬웰 평의회에 맹약하였다. 1654년 그는 공적 설교가로 허가하는 위원회에 있었다. 1656년 4월 9일 그는 또한 크롬웰과 함께 왕권의 심문을 토론할 위원으로서 임명되었다. 그는 그 어간에 죽었다.[481]

에드먼드 프리데우크(Edmund Prideaux: ?~1659)

그는 잉글랜드 변화사이고 의원이었다. 그는 잉글랜드 시민 전쟁 기간에 의회파였다. 에드먼드 프리데우크는 바로네트(Baronet) 1세 에드먼드 프리데우크 경의 아들이다. 에드먼드는 트로로 그램머(Truro Grammar) 학교에서 첫 교육을 받았다. 그리고 캠브리지 대학교에서 M.A.를 마쳤다. 그리고 1625년 7월 6일 옥스퍼드를 입학하였다. 그리고 템플 법학원(Inner Temple)에서 법정에 재판소에 일을 보았다. 그는 엑세스터(Exeter)의 지방 법원 판사가 되었다. 에드먼드는 레임 레기스(Lyme Regis) 동안에 장기 의회로 돌아왔다. 그리고 찰스 1세에 저항하는 편에

---

481) http://en.wikipedia.org/wiki/Francis_Rouse

섰다. 그는 의회를 방어하는 청원에 서명하였다. 1643년부터 삼년 동안 상원과 하원의 대변인의 관리를 하였다. 그는 의회의 문서의 책임 위원이었다. 그는 1645년에 찰스 1세와 협상하는 협상단의 한 명이었다.

1648년 10월 12일에 그는 의회에 의하여서 왕의 변호사(solicitor-general)로 임명되었다. 그는 왕의 재판이 신속하게 되자 사임하였다. 1649년 4월 9일에 정부의 합법적 대변인(attorney-general)이 되었다. 1659년 8월 19일 위대한 유산을 뒤로 하고 그는 죽었다.482)

헨리 반, 경. 시니어(Sir. Henry Vane, Senior: 1589.2.18.~1655.)

헨리 반 경은 잉글랜드 정치가이며 1614년~1654년까지 다양한 경력의 하원이었다. 처음에는 찰스 1세를 섬겼던 충실한 신하였다. 그러나 잉글랜드 시민 전쟁이 일어나자 의회 편에 서게 되었다. 그는 켄트(Kent), 하드로우(Hadlow)의 헨리 베인(Henry Vane)의 장남이었다. 그는 1604년 옥스퍼드의 브라세노스 칼리지(Brasenose College)로부터 대학 입학허가를 받았다.23세에 그는 에섹의 톨레셔트 다르쉬(Tolleshurst Darch)의 딸 프랑스 다르시(Frances Darcy)와 혼인하였다. 1629년 그는 하우스홀드(Household)의 콤프트롤러(Comptroller)가 되었다. 1639년에는 하우스홀드(Household)의 트레져(Treasurer)가 되었다. 그는 1621년에 칼아이슬(Carlisle)에 기반한 의회 의원이 되었다. 그리고 1624년~1625년 계속 재선되었다. 그는 잉글랜드의 하원의 논쟁에서 중요한 부분을 얻지 못하였다. 1629년과 1630년 어간에 찰스 1세는 그를 홀랜드(Holland)로 보낸다. 이는 잉글랜드와 스페인 간에 평화 협상을 위함이었다. 1631년에 그는 스웨덴의 구스타부스 아돌푸스(Gustavus Adolphus of Sweden)와 함께 협상을 하고자 독일로 갔다. 1636년 4월 10일 그는 식민지에 대한 위원들 중에 하나가 되었다.

1640년 4월 그는 단기 의회에서 윌튼(Wilton)을 기반으로 한 의원으로 선출되었다. 첫 모임에서 그는 하원으로부터 전쟁을 위한 지원을 해줄 것을 요청하였다.

그해 5월 4일에 그는 왕에게 선박세금에 대한 조세권을 포기할 것을 요구하였다. 그러나 왕이 거절하였다. 의회는 이에 대하여서 왕의 요구를 거부하였고 왕이 의회를 해산하였다. 단기 의회가 사라졌다. 찰스 1세는 스코트랜드와의 전쟁에 패배하자 다시 전비를 마련하고자 1640년 11월에 장기 의회를 열었다.

---

482) http://en.wikipedia.org/wiki/Edmund_Prideaux

헨리 반 경은 1641년 12월 13일 의회파에 가담하였다. 1642년 2월 10일 의회는 반 경을 듀햄의 리우테난트 경(Lord Lieutenant of Durham)으로 지명되었다. 시민 전쟁이 발발하자 듀햄(Durham)은 심리적으로 왕당파에게 유리하였다. 1645년 4월에 그는 스코틀랜드 지원군을 대표하였다. 헨리 반 경은 교만의 숙청(Pride's Purge)이후에 잔부 의회(Rump Parliament)에 남았다. 1648년 잉글랜드 국가 평의회 회원으로 지명되었다. 그는 첫 호국경 의회에서 켄트(Kent)를 위한 의원으로 선출되었다. 반 경은 1655년경 66세의 나이로 죽었다. 그는 켄트(Kent)에 있는 쉽본(Shipbourne)에 묻혔다.[483]

존 글린 지방 법원 판사(John Glynn, Esq, Recorder of London:1602.~1666.11.5.)

그는 공화정과 왕정복고 때 웨일스 출신 변호사였다. 그는 올리버 크롬웰 시기에 고등법원(Upper Bench)의 주임 판사(Lord Chief Justice)가 되었다. 그는 1640~1660년까지 다양한 시기에 하원에 있었다. 그는 1603년에 카르나르본셔(Carnarvonshire) 지방의 글린릴폰(Glynllifon)에서 글릴린폰의 윌리엄 글린 경(Sir William Glynne of Glynliifon)의 맏아들로 태어났다. 그는 옥스퍼드의 하르트 홀(Hart Hall)과 웨스트민스터 학교에서 교육을 받았다. 거기에서 1621년 11월에 대학 입학을 하였다. 그는 1620년 1월 27일에 링콜른 법정(Lincol's Inn)에 들어갔다. 그리고 1628년 6월 24일에 의원 회관(Bar)에 직무를 맡았다. 그는 1640년대 단기 의회에 웨스트민스터를 기반한 의원으로 선출되었고 장기 의회에서 다시 재선출되었다. 그의 첫 중요한 의회 성과는 스트라포드 백작(Earl of Strafford)에 대항하여서 소송의 소장을 작성한 것이다. 그는 공화국에서도 성공적 경력을 누렸다. 그리고 최고 법정의 주임 재판관직(Lord Chief Justice)을 맡았다. 그리고 양국 협상 위원(Committee of Both Kingdoms)중에 한 사람이었다. 그러나 그의 장로주의적 입장으로 군부로부터 미움을 받아서 1647년에 쫓겨났다. 그리고 런던 탑에 거의 일 년 간 갇히게 되었다. 그는 1647년에서 1660년까지 캠브리지 대학교의 평의원이었다. 그는 1654년에서 1655년까지 호국경 시대 의회에서 카르나본셔(Caernavonshire)에 기반한 의원으로 돌아왔다. 그리고 크롬웰의 다른 의회(Cornwell's Other House)에 지명이 되어서 받아들여졌다. 호국경 제도 이후에 그는 그의 법적 직무를 내려놓고 왕정복고를 기다렸다. 글린은 1666년 11월 15일

---

483) http://en.wikipedia.org/wiki/Henry_Vane_the_Elder

런던에 그의 집에서 죽었다. 그리고 그해 11월 27일에 마가렛 교회에 묻혔다.484)

존 화이트(John Whyte, Esq. 1575~)

존 화이트는 옥스포드셔(Oxfordshire)에 세인트 존(St. John)의 스탄톤(Stanton)에서 태어났다. 그리고 1575년 1월 6일에 유아 세례를 받았다. 그의 부친은 잉글랜드에서 한트셔(Hantshire)에 화이트(Whites)의 후손이다. 그는 윈체스터(Winchester)의 도시 근처 윌리엄 위크햄(William Wickhams) 학교에서 문법을 가르쳤다. 옥스퍼드에서 뉴 칼리지(New-College)에서 수학하기 시작했다.

1595년에 그는 문학사를 마치고 성직 서임을 받았다. 그는 그의 대학을 떠나서 1606년에 잉글랜드의 도르셋(Dorset) 지방의 도르체스터(Dorchester)에 트리니티(Trinity) 교구의 목사(Rector)가 되었다. 그는 그의 사명에 대하여서 깊게 감명을 받았다. 그는 매우 근면한 사역자였고 신실한 목회자였다. 그는 주의 양떼들을 지식과 각성으로(knowledge and understianding) 먹였다. 그의 사역 과정에 그는 성경을 해석하였다. Dr Manton은 그를 탁월한 성경 해석자로 평가하였다. 성경에 대한 지식은 적합하였고 성경에 대한 해석은 정확하였다.485)

벌스트로이드 화이트록(Bulstrode Whitelocke: 1605.8.6.~1675.7.28.)

그는 잉글랜드 변호사이며 작가이고 의원이었다. 그리고 잉글랜드의 왕권의 상징으로서 옥쇄를 지키는 관원이었다. 그는 제임스 화이트록 경(Sir James Whitelocke)의 맏아들이었다. 그는 런던의 플리트 가(Fleet Street) 조지 크로크 하우스(George Croke's house)에서 태어났다. 그는 1605년 8월 19일 서부에 있는 세인트 둔스탄스(St. Dunstans)교회에서 유아 세례를 받았다. 그는 에톤 칼리지에서 간단하게 교육을 받았다. 그리고 머첸트 테일로(Merchant Taylors) 학교와 옥스퍼드에 있는 세인트 존스 칼리지에서 수학하였다. 그는 학위를 마치지 않고 옥스퍼드를 떠나서 미들 템플(Middle Temple)로 갔다. 그는 필드 스포츠와 음악을 공부하였다. 1633년 그는 왕과 왕비 앞에서 가면 무도회에 음악을 맡았다. 1626년 의회에서 스타포드(Stafford)를 기반한 의원으로 선출되었다. 그리고 아빙돈(Abingdon)과 헨레이(Henley)의 지방 법원 판사로서 임명되었다. 1640년 그는

---

484) http://en.wikipedia.org/wiki/John_Glynne_(judge)
485) James Reid, **Memoirs of the Westminster Divines, vol.1**. p. 99

장기 의회의 그레이트 말로우(Great Marlow)를 기반한 의원으로 선출되었다. 그는 왕당파의 지도자였던 스트라포드(Strafford)를 대항하는 부분에 탁월하였다. 그리고 관리 위원회의 의장이었다. 그리고 자기의 소견을 버리고 해산할 수 없는 의회를 만들기 위한 청원을 견인하였다. 그는 왕의 불신임안(Grand Remonstrance)를 지지하였다. 그리고 불법적 교회법(Illegal canon)에 저항하여서 하원에서 취한 법령을 받아들였다. 그러나 그는 의회와 왕 사이에 협상 여지를 지지하였다. 잉글랜드 시민 전쟁이 발발하자 그는 의회편에 섰다. 그래서 그의 영향력으로 버킹검셔와 옥스퍼드셔에서 군대를 일으키던 왕을 효과적으로 제어하였다.

1643년과 1644년에 옥스퍼드에 왕에게 협상 사절로 보내졌다. 그리고 찰스 1세와 비밀 대화를 나누었다.

그럼에도 불구하고 그는 1647년에 군대 해산에 대한 제안과 평화주의자들의 의견에 반대하였다. 그는 웨스트민스터 총회의 평신도 사정관으로 임명되었다. 그는 장로주의자들에 의한 성직자의 권위에 대한 천명을 거부하였다. 그는 올리버 크롬웰에게 이끌렸다. 그리고 군대를 중시했다. 그래서 왕의 처형에 대한 군대와 의회 간의 논쟁에 참여하지 않았다. 공화국이 세워졌을 때, 국가 평의회원으로 지명되었다. 그리고 새로운 국쇄 관리자로서 의회의 사무국장이 되었다.

1652년 그는 보르세스터(Worcester) 전투 이후에 크롬웰에게 왕족들을 소환할 것을 촉구하였다. 장기 의회의 해산을 거부하였다. 그는 무지와 대중적 편견에 의한 혁명적 신제도를 거부하였다. 그는 의회로부터 변호사를 제외시키는 그런 낯선 청원을 거부하였다. 그러나 그는 여전히 크롬웰과 좋은 관계였다. 그는 외교적 부분에서는 크롬웰의 대변인으로서 활동하였다. 1656년에 스웨덴과 무역 협상을 하였다. 같은 해 버킹검셔의 회원으로서 의회에 선출되었다. 청원과 충고(Petition & Advice)의 주제로 크롬웰과 의논하는 위원회의 의장이었다. 1657년 그는 크롬웰이 세운 의회(Cromwell's Other House)회원이 되었다. 크롬웰의 사후에 그의 아들 리차드 크롬웰이 호국경이 되었으나 무능하였다. 그래서 그는 영향력을 발휘하여서 다시 장기 의회를 복구하고 1659년 5월 14일 국가 평의회 회원이 되었다. 그러나 그는 뭉크가 주도하는 왕정복고에는 반대하였다. 그래서 찰스 플리트우드(Charles Fleetwood) 장군에게 도움을 요청하여서 뭉크를 견제하려고 하였으나 실패하였다. 그의 계획이 실패로 돌아가자 그는 정계를 은퇴하였다. 그리고 1675년 7월 28일 월트셔(Wiltshire) 안에 칠톤 폴리아트(Chilton Foliat) 근처에서 죽었

다.486)

험프리 샐로웨이(Humphrey Salway:1575~1652)

그는 잉글랜드 정치가이고 1640년부터 1652년까지 하원의원이었다. 그는 잉글랜드 시민전쟁에서 의회를 돕는다. 그는 스탄포드 법정의 아더 살웨이(Arthur Salwey of Stanford Court)의 아들이었다. 그는 옥스퍼드의 브라센노스(Brasenose)에서 교육 받았다. 1593년 2월 16일 B.A.를 얻게된다. 그리고 1594년 11월에 템플 법학원(Inner Tample)에 들어가고 보르세스터셔(Worcestershire)의 평화의 판사(Justice of the Peace)가 되었다.

1640년대 그는 장기 의회에 보르세스터셔(Worcestershire)에 기반을 둔 의회 의원으로 선출되었다. 1643년에 보르세스터셔(Worcestershire)를 위한 위원으로 임명되었다. 1644년 11월 웨스트민스터 총회 평신도 사정관 위원이 되었다. 1649년 왕을 취조하는 위원으로 지명되었다. 그러나 거절하였다. 그는 1652년에 웨스트민스터 사원에 안장되었다. 487)

세르젠 빌드 씨(Mr. Serjeant Wild:1590~1669)

잉글랜드 변호사이며 정치가이다. 그는 엑세스터의 수석 판사(Chief Baron of the Exchequer)였고 공화정 아래에서 국가 평의회 회원이었다. 그는 우스터(Worcester)의 조지 윌드(George Wylde)의 상속자였다. 1605년 1월 18일 그의 나이 14세에 그는 옥스퍼드의 발리올(Balliol) 칼리지의 입학 허가를 받아서 B.A.를 마쳤다. 그리고 1610년 7월 4일에 M.A.를 마쳤다. 그는 1602년 11월에 템플 법학원(Inner Tempe)의 학생이 되었다. 그리고 1612년에 의원 회관에 근무하게 되고 1628년에 의원 회관 주임이 된다. 그리고 1636년에 고등 변호사(Serjeant at Law)가 된다. 1640년 10월 21일 장기 의회에 우스터(Worcester)의 기사로서 돌아온다. 그리고 1641년에 상원으로서 활동하게 된다. 그는 1642년 6월 6일에 군대를 동원할 것을 촉구하는 위원들 중에 의장으로 활동하며 왕국과 도시의 안전을 책임지는 자리에 앉는다. 첫 잉글랜드 시민 전쟁에서 하원은 그를 우스터셔(Worcestershire)의 장교로서 임명되었다. 1643년 4월에 그가 군대의 행정관으로

---

486) http://en.wikipedia.org/wiki/Bulstrode_Whitelocke
487) http://en.wikipedia.org/wiki/Humphrey_Salwey

임명된다. 그는 웨스트민스터 총회의 평신도 사정관들 20명 중에 한 명이었다. 크롬웰이 집권하자 그는 은퇴한다. 그리고 평화의 판관으로 활동한다. 그는 왕정 복고 이후에 오를랜도 브리쥐맨 경(Sir Orlando Bridgeman)으로 임명된다. 그리고 나이 70이 되어서 그의 집으로 은거하고 정계를 은퇴하게 된다. 그리고 1669년에 죽었다.488)

세인트 존 올리버 (Oliver St. John, Esq,. Solicitor:1598~1673.12.31.)

그는 잉글랜드 재판관이었고 정치가였다. 1640년~1653년까지 하원이었다. 그는 잉글랜드 시민 전쟁 때 의회를 지지하였다. 그는 카시쇼(Cayshoe)의 올리버 세인트 존의 아들로 태어났다. 1616년 렌트(Lent)에 있는 캠브리지의 퀸 칼리지로부터 대학입학을 허가받고 1619년 4월 22일 링콜린 법학원(Lincoln's Inn)에 들어갔다. 그는 1626년에 의원 회관에 들어간다. 그는 존 핌(John Pym)과 세이 경(Lord Saye) 유명한 지도자들과 연결되었다. 1638년 그는 선박세를 걷는 법안을 거부할 때 존 햄프덴(John Hampden)의 거절을 돕는다. 그는 크롬웰과도 긴밀하게 친하였다. 1640년에 세인트 존은 단기 의회에서 토트네스(Totnes)에 기반한 의회 의원이 되었다. 그해 11월 장기 의회에서 재선출되었다. 그는 햄프덴(Hampden)과 핌(Pym)과 함께 활동하였다. 그는 왕의 선박세 세입을 반대하였다. 잉글랜드 시민 전쟁이 발발하자 그는 의회 지도자로서 활약하였다. 그리고 1649년의 교만의 숙청(Pride's Purge)에서 제외되지 않았다. 이 기간에 그는 크롬웰의 신임을 받았다.

1648년 그는 평민 소송의 주임 판사(Chief Justice of the Common Plaeas)가 되었다. 그는 찰스 1세의 탄핵과 재판에 반대 입장이었다. 그는 공화정의 기초에 관여하지 않았다. 1651년 그는 더치 공화국(Dutch Republic)과 잉글랜드 사이의 협상에 위원으로 참여하였다. 그는 성공적으로 스코틀랜드와의 협상에 임하였다. 그는 1651년에 캠브리지 대학교의 총장이 되었다. 그리고 1660년까지 머물러 있었다. 왕정 복고 이후에 그는 지나간 그의 행위에 대한 변론서를 출간하였다. 이 변론서는 그를 공직으로부터 제외시켰고 망명하게 하였다. 그는 1662년까지 노댐프톤셔(Northamptonshire)에 있는 그의 저택에서 은퇴한다가 스위스의 바젤로 망명하기에 이른다. 그리고 후에 독일의 아우구스부르크로 망명한다.489)

---

488) http://en.wikipedia.org/wiki/John_Wilde_(jurist)
489) http://en.wikipedia.org/wiki/Oliver_St_John

벤자민 루드야드 경(Sir Benjamin Rudyard:1572~1658.5.31.)

그는 잉글랜드 시인이자 정치가였다. 그는 하원에서 1621~1648년까지 봉직하였다. 그는 또한 1630년 프로비던스 컴퍼니(Providence Company)의 법인 설립자가 되었다. 그는 잉글랜드 내전시에 온건한 의회파였다. 그는 옥스퍼드의 윈체스터(Winchester) 칼리지와 세인트 존스 칼리지에서 교육을 받았다. 그리고 템플 법학원(Inner Temple)과 연결되고 1600년에 법정(Bar)으로 불리게 된다. 그는 포트스마우스(Portsmouth)에 기반한 의원으로 선출되었다. 그리고 다시 재선되었다. 1626년에 올드 사룸(Old Sarum)에 기반한 의원으로 선출된다. 1628년 그는 다운타운(Downton)에 기반한 의원이 된다. 1629~1640년까지 의원 활동기간에 미주 식민지에 관심을 갖게된다. 그리고 1640년 11월에 식민지 회사의 공동 출자자가 된다. 그리고 1643년에 그는 베르크셔(Berkshire)의 웨스트 우드헤이(West Woodhay)의 영지를 구입한다. 1640년 그는 단기 의회의 의원으로 선출된다. 그는 1640년 11월 장기 의회의 의원으로 재선출된다. 1643년에 웨스트민스터 총회의 평신도 사정관으로 임명된다. 그리고 그해에 의회에 의하여서 평의회 회원이 된다. 그는 찰스 1세의 재판에 반대하였다. 그래서 교만의 숙청 때 의회로부터 축출된다. 후에 그는 은퇴하여서 살다가 1658년 86세 나이에 웨스트 우드헤이(West Woodhay)에서 죽었다.490)

존 핌(John Pym:1584~1643.12.8.)

잉글랜드 의회 의원이며 장기 의회 지도자였다. 그리고 제임스 1세와 찰스 1세에 대한 날카로운 비판자였다. 그는 1642년에 하원에서 찰스 1세에 의하여서 체포 당할 뻔하였던 5명의 인물 중에 한 사람이었다. 그는 소머셋(Somerset)의 캐닝톤의 브리모어에서 태어났다. 그의 부친은 그가 어렸을 때 돌아가셨다. 그의 어머니가 안토니 로스(Anthony Rous) 경과 재혼을 하셨다. 1559년에 핌은 옥스퍼드의 펨브로크 칼리지(Pembroke College)에서 법률을 공부하였다. 그리고 1602년에 미들 템플(Middle Temple)로 갔다. 1614년 5월에 햄프셔에서 브람소트의 앤 후크(Anne Hooke)와 혼인하였다. 이 결혼으로 그는 루스(Rous) 가계의 일원이 되었다. 그리고 캐톨릭주의와 알미니우스 주의에 격렬하게 반대하는 퓨리탄 정신의 발달에 기여하였다. 그는 베드포드(Bedford) 백작의 영향으로 정계에 입문하

---

490) http://en.wikipedia.org/wiki/Sir_Benjamin_Rudyard

였다. 1614년에 윌셔(Whilshire)의 칼렌(Calne) 지역의 의원으로서 의원이 되었다. 그의 퓨리탄 정신에도 불구하고 그는 의회에서 좋은 위치를 얻었다. 그는 로마 카톨릭에 대항하여서 많은 반대 운동을 하였다.

1621년에 의회의 해산 이후에 그는 1622년 1월까지 체포되었다. 1624년에 그는 나머지 경력을 위하여서 타비스톡(Tavistock)을 대표하는 자리에 올랐다.

1626년에 그는 의회 해산을 주도한 버킹검의 첫 공작 조지 빌리어의 탄핵을 시도하였다. 그는 또한 에드워드 콕(Edward Coke)을 지원하였다. 에드워드는 1628년에 찰스에게 권리 청원을 제출하였던 인물이다. 1628년 의회에서 핌은 왕의 신적 권리와 수동적 순종(divine right of kings & passive obedience)이라는 주제로 찰스 1세의 명령을 따라 설교를 출판한 두 명의 성직자 로져 메인와링(Roger Maynwaring)과 로버트 시브토프(Robert Sibthorpe)에 대항하였다. 핌은 메이와링(Maynwarning)과 시브토프(Sibthorpe)의 설교는 절대 군주제도를 도입하려는 것이라고 믿었다. 1640년 단기 의회가 열렸다. 그는 의회를 이끄는 대변자가 되었다. 그리고 1640년 11월 장기 의회가 열리자 그는 왕에 저항하는 지도자가 되었다. 그는 의회의 권능으로 스트라포드 백작와 윌리엄 라우드를 잡아들일 법적 근거를 마련하였다. 1641년 10월 아일랜드 폭동 때 군대의 통솔이 쟁점이었다. 핌은 의회의 저항을 지도했다. 1641년 12월 1일 찰스 왕에게 항의서를 내었다. 의회의 많은 온건파가 다수의 강경파의 여세에 의하여서 위축되었다. 핌은 상원과 하원의 연합을 상실했다.

1642년에 잉글랜드 내전이 발발하자, 핌은 국가 안전 위원회 일원으로서 참여하였다. 그는 의회가 필요로 하는 세금과 재정을 조직하는 열쇠였다. 그래서 왕과 싸울 재원을 마련하는데 투신하였다. 그는 엄숙 동맹과 언약에 동조하였고 스코틀랜드 장로주의자들의 지지를 받았다. 이러한 핌의 활약으로 1645년~1646년 동안 내전이 의회파의 승리로 끝났다. 1643년 핌은 질병으로 죽었다. 그리고 웨스트민스터 사원에 안장되었다. 1660년 왕정복고가 되자 그는 다시 공동묘지로 이장되었다.491)

존 클로워디 경(Sir John Clotworthy:?~1665)

그는 휴고 클로트워디(Hugh Clotworthy) 경의 아들이었다. 1643년 그는 카운

---

491) http://en.wikipedia.org/wiki/John_Pym

디 안트림(County Antrim)의 회원으로서 아일랜드 하원으로 선출되었다. 그는 1640년 콘웰에 보시네이(Bossiney)를 대표하는 단기 의회와 장기 의회 의원이었다. 그는 대감독 라우드의 처형에 적극적이었다. 아일랜드 연방 전쟁에서 그는 불행하게도 1646년에 더블린의 양도를 위한 왕당파 사령관 오르몬드(Ormond)과 협상하였다. 그는 의회를 배신한 것으로 고소당하였다. 이 사건으로 그는 대륙을 피신하였다가 1648년 의회에 복귀하였다. 그해에 그는 체포되었다. 그리고 거의 3년 동안 감옥에 갇혔다. 왕정 복고 이후에 그는 활동적이었다. 그는 교황주의자들과 앵글리칸 고위성직자주의에 반감이 많았다. 그래서 그는 아일랜드 장로주의자의 주장을 옹호하였다. 그러나 개인적으로는 찰스 2세에게 우호적이었다.

1660년 11월 21일에 그의 교회적 관점은 뒤집어 졌다. 그는 아일랜드 귀족들 사이에서 중요한 인물이었다. 왕정복고 이후 얼마 안 있어 죽었다.492)

존 메이나드(John Maynard:1602~1690)

그는 찰스 1세 치하에 저명한 잉글랜드 법률가이자 정치가였다. 그리고 공화정과 찰스 2세와 제임스 2세와 윌리엄 오렌징 공 때까지 살았다.

그는 1602년 타비스톡(Tavistock)에 어베이 하우스(Abbey House)에서 미들 템플(Middle Temple)과 타비스톡(Tavistock)의 알렉산더 메이나드의 아들로 태어났다. 그는 1621년 4월 25일에 옥스퍼드의 엑세터(Exeter) 칼리지의 대학입학 허가서를 받았다.

1619년 그는 미들 템플(Middle Temple)에 들어갔다. 그는 1626년 11월에 Bar로 불렸다. 그리고 1648년에 평의원으로 선출되었다.

그는 1640년 단기 의회와 장기 의회에서 토트네스(Totnes)를 대표하였다. 그는 강력한 장로주의자였다. 1641년 5월 3일 개신교 종교에 대한 변론서를 의회에 제출하는데 서명을 하였다.

1641년 찰스 1세가 체포하고자 하였던 5인의 하원 중에 하나였다. 그는 의회의 권한을 변론하는 대변자였다. 1643년 6월 12일 의회의 시민군 장교가 되었다. 그는 웨스트민스터 성직자들의 평신도 사정관에 임명되었다. 그는 그 다음에 9월 25일에 언약을 받아들이고 1643년 윌리엄 라우드의 감금을 추진하였다. 메이나드(Maynard)는 그의 친구 벌스트로드(Bulstrode)와 화이트로크(Whitelocke)와 함께

---

492) http://en.wikipedia.org/wiki/John_Clotworthy,_1st_Viscount_Massereene

에섹(Essex)에서 반공화정 모임을 가졌다.

1644년 12월에 에섹 하우스(Essex House)에서 개회하였다. 그리고 크롬웰의 공화정을 받아들이려는 편의주의에 대하여서 토론하였다.

1645년 10월 의회에 의하여서 메이나르드(Maynard)의 명성이 증거되었다. 하원에서 그는 심대하게 존경을 받았다. 그는 봉건주의적 후견인 제도의 폐지를 옹호하였고 법적 개혁을 추진하였다. 잉글랜드 시민전쟁에서 의회파가 승리하였지만 공화정이 들어서면서 그는 1653년에 거짓 맹세 죄로 심문을 받았다. 그러나 호국경 제도 두 번째 의회에서 하원 의원이 되었다. 왕정 복구 이후 찰스 2세 때 그는 1661-79년 펜숀나리(Pensionary) 의회에 베어 알스톤(Bere Alston)을 대표하였다. 그리고 제임스 2세 때 그는 의회에서 베어 알스톤(Bere Alston) 지역구의 대표자가 되었다.

1688년 윌리엄 3세때에 그는 플리머스를 위한 의회 의원이 되었다. 그는 1690년 10월 9일 프린세스 아멜리아(Princess Amelia)에서 죽었다. 그는 에얼링(Ealing) 교회 안에 화려하게 묻혔다.493)

윌리엄 휠러(William Wheeler:1601~1666)
(없음)

토마스 바링톤 경(Sir Thomas Barrington:1585~1644)
(없음)

월터 영(Walter Young: 1579~1649)

그는 잉글랜드 변호사이고 정치가이다. 그리고 무역상이고 일기 작가였다.

그는 조지 영 경의 후손이었다. 그는 옥스퍼드의 마그달렌(Magdalen) 칼리지에서 교육을 받았다. 그리고 미들 템플(Middle Temple)에 법조인이 되었다. 무역상으로 활약하였고 그의 사무실이 도르체스터(Dorchester)가에 있었다. 그는 호니톤(Honiton)에 지역을 둔 장기 의회의 회원이었다. 그러나 교만의 숙청(Pride's Purge)때에 쫓겨나고 해군의 군수부에서 있었다. 그는 알아주는 작가였다. 그의 잘 알려진 저서 다이어리(Diary)는 역사적으로 가치가 있다. 지금 대영제국 박물관에 4권이 보관되어있다.494)

---

493) http://en.wikipedia.org/wiki/John_Maynard_(MP)
494) http://en.wikipedia.org/wiki/Walter_Yonge_of_Colyton

성직자들(Divines)

1. 허버트 팔머(Hebert Palmer, BD. of Ashwell. 1601~1647)

허버트 팔머는 잉글랜드의 켄트 지방의 윙햄(Wingham)에서 태어났다. 그리고 그곳에서 1601년에 유아 세례를 받았다. 그는 귀족과 젠트리 계층 양쪽의 주목할 만한 가문의 후손이었다. 그의 부친은 기사로서 윙햄(Wingham)의 귀족 토마스 팔마 경(Sir. Thomas Palmer)이었다. 그의 모친은 셔섹크(Sussex)의 허버트 펠햄(Herbert Pelham)의 장녀였다.

이러한 전기는 그의 부친의 가계의 정치적 종교적 교육으로 알려지게 되었다. 그의 부모는 그를 매우 주의 깊게 교훈과 권고로 양육하였다. 그리고 학식을 통하여서 그의 지적 역량을 증진시켰다. 그들의 교육은 효과적이었다. 그는 프랑스어를 배웠고 그것을 말할 수 있었다. 그의 열린 마음은 매우 주목할만하고 호감이 가는 특성이다. 그는 그의 모친에게 하나님의 관하여서 많은 것을 물었다.[495]

존 화이트(John White)의 건강이 기울어지자 웨스트민스터 총회는 허버트 팔마를 그 대체 회원으로 삼았다. 그래서 존 화이트의 대신 총대로서 그가 1646년 9월 23일에 호명되었다. 팔마는 교회 정치와 예배 지침서에 대하여서 가장 활동적인 논쟁가였다. 그는 점차적으로 장로주의를 선호하게 되었다. 그는 잉글랜드에서 최고의 교리 문답 해설자로서 명성이 자자했다. 그는 귀족적인 배경을 가진 매우 특이한 이력의 소유자였다. 그것은 그 당시 거의 대부분의 웨스트민스터 성직자들과 다른 것이었다. 그리고 그는 독신으로 살았다.

1616년 3월 23일 그는 캠브리지에 있는 세인트 칼리지(St. College)에 들어갔다. 그는 1619년에 B.A를 받았다. 그리고 1622년에 M.A.를 받았다. 1623년 7월 17일에 퀸스 칼리지(Queen's College)의 동료 교수(Fellow)로서 선임되었다. 그는 1624년에 성직 서임을 받았다.

그는 1626년 캔터베리의 세인트 알파게 교회(St. Alphage's Church)에서 목회적 직무를 수행하기 시작했다. 1632년에 라우드의 지원에 힘입어서 애쉬웰(Ashwell)의 조목사(Vicar)가 되었다.

1632년에 캠브리지의 대학교 강설자가 되었다. 그리고 그해 한 해 앞서 신학사

---

495) Ibid., p. 97

(Bachelor of Divinity)를 얻었다. 그의 강설은 평이하고 단순하다는 특징을 가지고 있다. 그것은 평범한 백성들에게 매우 중요한 것이었다. 개인적으로 요리 문답서를 내기도 하였다. 그 제목은 다음과 같다. "기독 종교의 원리를 이루는 노고"(An Endeavour of making the Principles of Christian Religion plain and easie)이다. 그는 대토지를 가지고 있었고 결혼하지 않았으나 그는 가난한 자들에게 성경을 주는 것에 관대하였다. 그는 캠브리지(Cambridge)의 퀸스 칼리지(Queen's College)에 가난한 학자들을 도왔다. 그리고 1644년 4월 11일 그곳의 학장이 되었다. 그리고 그가 죽을 때 그런 목적으로 그의 유산을 남겼다. 팔머는 장로주의 입장을 가지고 있었다. 그는 총회에 요긴한 인물이었고 그는 애쉬웰(Ashwell)에서 소재지와 사역지를 떠났다. 그리고 세인트 제임스 공작 지경(St. James' Duke Place)에서 강의자가 되었다. 그리고 웨스트민스터의 세인트 마가렛(St. Margaret's)의 교부에 뉴 교회(New Church)의 첫 목회자가 되었다. 의회의 지명에 의하여서, 그는 웨스트민스터 사원 교회에서 아침마다 하는 강론의 7인의 강의자 중에 한 사람이 되었다. 그는 의회 앞에서 강설하는 몇 번의 시간을 가졌다. 그는 그곳에서 서두르지 않고 분명하게 영적 필요를 따라서 청자들에게 가르쳤다. 이것은 때때로 그들의 불쾌함을 유발하였다. 그러나 그는 말하였다.

"어떻게 그들이 다른 관점에서 그를 상급으로 보는가, 여전히 그는 그들에게 우수한 위치에 있었다. 그러므로 나는 하나님의 뜻이라면 무엇이든지 두려워하지 않는다. 어떠한 불쾌감이나 위험성이 있을지라도 그러하다."

팔머는 더 많은 사람들에게 존 밀턴의 저서보다 더욱 영향력을 미쳤다. 그것이 바로 웨스트민스터 요리 문답이다. 그는 1647년 46세의 나이로 죽었다.[496]

2. 올리버 보웰스(Oliver Bowles, B.D. of Sutton. 1584~1674)

이 훌륭한 성직자는 캠브리지의 퀸스 칼리지(Queen's College)의 동료였다. 그도 그의 교육을 이곳에서 받은 것 같다. 그는 위대한 경건함을 가지고 있었으며 탁월한 학자였고 고명한 교사였다. 유명한 프레스톤 박사(Dr. Preston)은 그의 제자들의 하나였다. 보웰스는 그 대학교로부터 이주해서, 베드포드셔(Bedfordshire) 지방의 셔톤(Sutton)의 교구 목사(rector)가 되었다. 그리고 그곳에서 50년 동안 있었다. 올리버 보웰스는 웨스트민스터 총회 회원으로 임명되었고 지속적으로 그

---

496) William Barker, **Puritan Profiles**, 54 Puritans, Mentor, 1996, p. 35

곳에 출석하였다. 올리버 보웰스는 열정적인 개혁가였으며 잘 알려진 퓨리탄 사역자이다. 1643년 7월 17일에 "하나님의 의회의 활성화를 위한 열정"(Zeal for God's House Quickened)라는 제목으로 웨스트민스터 사원 교회에서 상원과 하원과 성직자들 앞에서 강설하였다. "복음적 선포를 하는 목회자에 대하여서"(De Pastore Evangelic Tractatus)라는 저서를 1649년에 런던에서 발간하였다.

비록 그가 왕정 복구 이후에 긴 시간을 살았으나 그는 결코 국교도에 가입하지 않았다. 그러나 그의 연로한 나이로 인하여서 그리고 몇 가지 이유로 인하여서 소환되지 않았다. 그는 1659년까지 강설을 포기하였다. 그는 1674년 9월 5일 그의 구주 품으로 영면하였다. 그의 나이 90세였다. 497)

3. 헨리 윌킨슨(Henry Wilkinson, B.D. of Maddesden.)

그는 잉글랜드 성직자이고 옥스퍼드 마그달렌 홀(Magdalen Hall)의 교장이었다. 그리고 도덕 철학과 교수였다. 그는 요크셔의 애드위크-레-가(Adwick-le-Street)의 궁정 목사였던 윌리엄 윌킨슨의 아들이었다. 1634년 10월 그의 나이 17세에 마그달렌 홀(Magdalen Hall)에서 수학한다. 그는 1635년 11월 28일 B.A.로 졸업한다. 그리고 첫 잉글랜드 내전이 발발하자 그는 옥스퍼드로 떠난다. 그리고 의회에 연합해서 엄숙 동맹과 언약을 받아들인다. 그리고 1642년에 레이세스터셔(Leicestershire)의 벅미니스터(Buckminster)의 사역자로 임명된다. 그리고 1643년 10월 30일에 에섹의 에핑의 교구 목사가 된다.

그는 1647년에 5월 1일에 옥스퍼드 대학교의 시찰위원 중에 한 사람으로 임명되었다. 그리고 1648년에 그는 신학사(B.D)라는 학위를 만든다. 그리고 1648년 5월 25일 마그달렌(Magdalen) 칼리지의 부학장이 되고 그해 8월에 학장이 되었다. 윌킨슨은 올리버 크롬웰과 토마스 페어팍스를 환영하였다.

1662년 통일령(Act of Uniformity)으로 옥스퍼드에서 윌킨슨은 물러나게 된다. 짧은 기간 동안 벅미니스터(Buckminster)에서 설교하였다. 그리고 에섹으로 돌아가서 고스필드(Gosfield)에서 정착한다. 거기에서 교구 목사로 사역한다.

1672년에 고스필드에서 장로교 교사로서 허가를 받았다. 1673년 그는 시블 헤딩햄(Sible Hedingham)으로 이사하게 된다. 1680년에 그는 서쪽에 있는 그레이트 콤나르드(Great Cornard)에서 살게 되고 1690년 5월 13일 그가 죽는 날까지 그

---

497) Benjamin Brook, The Lives of the Puritans.vol.3. p. 467.

곳에서 머물게 된다. 그는 라벤햄(Lavenham)근처 밀덴(Milden)에 장사되었다.
[작 품]
"학원가를 향한 세편의 설교들"(Conciones tres apud Academicos, Oxford, 1654) "주 하나님의 공의에 대한 요약집"(Brevis Tractatus de Jure Dei Dominicae Oxford. 1654.), "영광의 소망"(The Hope of Glory. Oxford. 1657), "학원가에 대한 6편의 설교들"(Conciones sex ad Academicos. Oxford. 1658), "복음의 대사"(The Gospel Embassy, Oxford. 1658), "선한 영에 따라서 자유의 중요성에 대하여"(De impotential Liberi Arbitrii ad bonum spirituale., Oxford. 1658), "30편의 설교들"(Three Decade of Sermons, Oxford. 1660), "간간하게 설명되어진 실재적 교리서"(The Doctrine of Contentment briefly explained and practically applied, London, 1671), "두 개의 논문들"(Two Treatises. London. 1681.)[498]

4. 토마스 발렌틴(Thomas Valentine, B.D. of Chalten Giles.)
토마스 발렌틴은 진리를 위하여서 큰 고난을 당한 사람이다. 그는 비국교도로서(Nonconformist) 살았다. 그는 그의 시대에 잉글랜드의 고위 성직자들의 압박과 폭력에 충격을 받았다. 1633년에 찰스 1세 왕이 대주교 윌리엄 라우드의 권유로 오락의 책을 발간하였다. 주의 날에 오락과 유희(recreations & pastimes)에 대한 격려서였다. 그와 그의 형제들은 폭군적 압박의 철로된 지팡이를 느꼈다. 이러한 불경한 책은 모든 방탕한 방법의 출구가 되었다. 그리고 이것은 모든 경건하고 학식있는 성직자들에게 몹시 혹독하게 큰 압박의 불행한 도구였다.

고위 성직자들은 비록 법에 의하여서 권위가 없다고 해도, 성직자들에게 회중들 앞에서 이 책을 읽을 것을 강력히 추천하였다. 퓨리탄들은 그것을 거절하였다. 그들은 고소되었고 그 거절의 댓가로 큰 고통을 치렀다. 칼라미 박사(Dr. Calamy)가 우리에게 전하는 바는 발렌틴 씨(Mr. Valentine)도 애쉬의 조목사(Dean of the Arches)의 존 램브 경(Sir. John Lamb)에 의하여서 그 책을 읽지 않은 죄목으로 고소를 당하였다. 그러므로 로스 씨(Mr. Wroth)와 웨일스(Wales)로부터 온 에르베리 씨(Mr. Erbery)와 글르세스터셔(Gloucestershire)로부터 온 제임스 씨(Mr. James)와 토마스 발렌틴 씨(Mr. Thomas Valentine)는 고등 판무관실(High

---
498) Ibid., p. 59.

Commission)에게 핍박을 받았다. 발렌틴 씨(Mr. Valentine)는 후에 웨스트민스터 총회 회원으로 부름을 받았다. 그는 회의 기간 동안 성실하게 참여하였다. 그는 장기 의회에서 강설하였다. 그의 저서는 다음과 같다. 1642년 12월 28일에 하원에서 강설한 스바냐 3장 8절에 대한 설교집이 있다. 1647년 5월 26일 웨스트민스터 금식 일 때에 요한복음 5장40절을 "유대주의에 저항하는 목소리와 아직 도래하지 않은 영원한 생명을 주는 기독교 세계"(A Charge against the Jew, and the Christian World, for not coming to Christ, who would have freely given them Eternal Life.)가지고 강설하였다.499)

5. 윌리엄 트위스(William Twisse D.D. of Newbury 1578~1646.7.19)

윌리엄 트위스는 잉글랜드 벅시어에 뉴베리 근처 스핀햄랜드에서 태어났다. 그의 조부는 독일인이었고 하나님의 섭리 아래에 그의 손자가 잉글랜드 왕국의 큰 복을 남겼다. 그의 부친은 의복 장사를 하였다. 그리고 그를 윈체스터 학교에 교육시켰다. 그의 나이 18세였다. 그는 옥스퍼드의 뉴컬리지로 옮겼다. 그는 철학과 논리학과 신학에 정교한 지식을 가지고 있었다. 1604년 그는 문학 석사 과정을 밟았다. 그리고 동시에 그는 안수를 받았다. 그리고 우리 구주 예수 그리스도의 복음에 근면하고 성실한 설교자가 되었다. 그는 대학교에서 역량있는 설교자였다. 1614년에 그는 전반적인 좋은 평가로 신학 박사 과정을 통과했다.500)

1613년 제임스 1세는 그를 그의 딸 엘리자베스와 그녀의 남편의 궁정 목사로 선택했다. 1614년 7월 5일 그는 D.D를 받았다. 1618년 그는 주일날에 왕의 '오락의 책'을 읽을 것을 거부하였다. 제임스 1세는 주교들에게 그를 괴롭히지 말라고 당부하였다. 왜냐하면 왕은 트위스가 잉글랜드에서 뿐만 아니라 해외에서도 명망있는 성직자라는 것을 알고 있었기 때문이다. 트위스의 명망은 그의 출판으로 드러났다. 1618년 "펠라기우스에 반대하는 하나님의 원인에 대하여서"(De Causa Dei contra Pelagium)라는 저서를 출판하였다.

1620년 10월 4일 뉴베리의 교구 목사로서 임명되었다. 그리고 나중에 웨스트민스터 총회 의장이 되기 전까지 그곳에서 머물렀다. 잉글랜드 의회는 그를 의장으로 지명하였다. 그리고 그것은 상원과 하원 모두에서 만장일치로 가결되었다. 그

---

499) James Reid, **Memoirs of the Westminster Divines, vol.1**. p. 191
500) Ibid., p. 38

의 정통 개혁주의 신학에 대한 그리고 온화한 인격에 대한 국제적 평판에 기인하는 것이다. 스코틀랜드 총대였던 로버트 발리에(Robert Baillie)는 그의 서신에서 윌리엄 트위스에 대하여서 소개한다.

"세계적으로 알려진 그 사람은 매우 학식 있고 학구적이며 매우 좋은 사람이다. 그리고 사랑이 충만하였으며, 귀족적 풍모를 가지고 있었다. 그러나 단지 책을 읽기만을 선호하였던 사람이 아니라 기도의 사람이었고 그는 자리에 앉아서 묵상으로 기도하기를 좋아하였다."

1632년 그는 "하나님의 권능과 섭리의 은혜에 대한 변론서"(Vindiciae Gratiae, Potestatis ac Providentiae Dei)라는 저서를 출판하였다. 그것은 제수이트파와 알미니우스주의자들을 반대하여서 저술한 것이다. 1641년 그는 "4번째 계명에 대한 도덕성"(Of the Morality of the Fourth Commandment)이라는 저서를 출판하였다. 그것은 다시 1652년에 안식일을 재조명하여서 "기독교 안식일 논쟁"(The Christian Sabbath Defended)이라는 저서를 출간하였다.

1646년에 그는 그의 친구 존코튼의 예정론에 대하여서 자신의 견해를 드러낸 "예정론에 대한 코튼씨의 저서에 대한 해설서"(The Examination of Mr. Cotton's Treatise concerning Predestination)가 있다.

그러나 그의 주요한 작품은 1649년에 앤드류 리베트(Andrew Rivet)에 의하여서 출판된 "예정론에 대한 관찰"(Animadversiones de Predestinatione)이다. 그는 이 저서에서 엘리자베스적인 칼빈주의자 윌리엄 퍼킨스에 반대하는 알미누스와 코르비누스와 여러 다른 사람들의 모든 논증에 대답하였다.

1653년 그는 "하나님의 사랑의 부요함"(The Riches of God's Love)라는 저서를 출판하였다.

그는 엄격한 칼빈주의자였고 그것은 그의 알미니우스주의를 반대하는 저서에서 잘 드러나 있다. 그가 강력하게 안식일의 중요성을 강조한 것은 그의 퓨리탄적 입장을 알 수 있는 부분이다. 웨스트민스터 총회의 가장 나이가 많았던 자로서 그는 널리 알려진 인물이었다. 그러나 그의 이지러지는 활동력과 결국 건강의 악화로 그는 총회 기간 동안에 소천하였다.[501]

6. 윌리엄 레이너(William Rayner, B.D. of Egham: 1595~1666)

---

501) William Barker, **Puritan Profiles**, 54 Puritans, Mentor, 1996, p. 19

윌리엄 레이너는 캠브리지 대학교에서 교육을 받았다. 그는 젊은 나이에 젠트리 계층에서 그의 사역에 많은 성공을 거두었다. 그는 웨스트민스터 총회 회원으로 임명되었다. 그의 교회 정치에 대한 견해는 이러하다.

"교회의 왕으로서 예수 그리스도께서 세속 정부와 별개로 교회의 정치를 정하셨다."

그는 런던 근처 셔레이(Surrey) 지방의 에그햄(Eggham)의 사역자였다. 그는 통일령(the Act of Uniformity)으로 인하여서 그 자리로부터 쫓겨났다. 그는 그곳으로부터 쫓겨났을 때 미래의 생존에 대한 염려를 하지 않았다. 그는 하나님의 섭리의 돌보심으로 기쁨으로 살았고, 궁핍하지 않았다. 그가 죽었을 때 그에게는 값어치 있는 것이 전혀 남아 있지 않았다. 그는 그의 생애를 마칠 때까지 교구에서 사역하였고 좋은 명성을 남기고 세상을 떠났다. 그는 그의 사역지로부터 쫓겨 난 이후에 은밀하게 사적으로 강설하였는데 그는 학식이 있는 자로 정평이 나 있었으며 저명한 교회사가로 알려졌다. 그는 대주교 제임스 어셔와 친분이 두터웠다. 유명한 비국교도(famous Nonconformist) 성직자 리차드 와벨 씨(Mr. richard Wavel)는 에그햄(Eggham)의 레이노르 씨(Mr. Reyner)와 함께 살기 위하여서 보내졌다. 그래서 그의 지도 아래에서 신학을 수학하였다.502)

7. 한니발 가몬(Hannibal Gammon, of Maugan: 1582~1646)

그는 잉글랜드의 퓨리탄 성직자였다. 그는 17세에 1559년 10월 12일 옥스퍼드의 브로드게이트 홀(Broadgates Hall)에서 수학하였다. 1603년 B.A.를 취득하였다. 1607년 M.A.를 취득하였다. 1619년 2월 11일에 콘웰(Cornwall)의 북쪽 연안에서 모우간-인-피더(Mawgan-in-Pyder)의 영지 목사로 사역하였다.

1642년 4월 20일 설교에서 그는 퓨리탄적으로 알려졌다. 그는 웨스트민스터 총회 중에 콘웰의 대표자로서 카스퍼 힉스(Gaspar Hick)와 함께 임명되었다. 가몬은 그 호 1에서 그의 자리를 잡은 것 같지 않다. 그의 죽음은 잘 알려져 있지 않다. 그래서 1646년에서 1660년까지로 추정된다.

그의 작품은 "레이디스 프란세스 로버르트"(Ladies Frances Roberts. London.1627.)이다. 1621년에 런던에서 발행된 두개의 의회 설교가 있다. 데고리 웨어레(Degory Wheare)로부터 그에게 온 긴 서신이 있다. 1626년이다.503)

---

502) James Reid, **Memoirs of the Westminster Divines, vol.2**, p. 125

8. 야스퍼 혹은 가스퍼 힉스(Jasper or Gasper Hicks, of Lawrick.1605~1677)

그는 사역자의 아들이었다. 버크셔(Berkshire)에서 태어났다. 1621년 그의 나이 16세에 그는 옥스퍼드의 트리니티 칼리지(Trinity College)에서 교육을 받았다. 그리고 그는 거룩한 사역을 하기 위하여 성직자의 길로 들어섰다. 그리고 콘웰(Cornwall) 지방에 라우위크(Lawrick)의 목사가 되었다. 여기에서 그는 계속 부지런하고 신실하게 설교하였다. 잉글랜드 시민전쟁이 발발하자, 그는 공공연하게 설교 가운데서도 의회의 주장에 동조하였다. 왕당파가 그 지방으로 쳐들어왔을 때, 그는 런던으로 떠났다. 그리고 웨스트민스터 총회의 총대로 임명되었다. 그는 지속적으로 참여했고 자주 런던에서 설교하였다. 그리고 다시 콘웰(Cornwall)로 돌아왔다. 1654년에 그는 콘웰(Cornwall)의 판무관으로 임명되었다. 1662년 통일령에 의하여서 그는 목사직을 내려놓고 살았다. 그 근처에서 설교할 기회를 얻어서 설교하였다. 그러나 다시 잃었다. 1670년 5월 30일 이후에 자신의 가족에서 설교하는 삶을 살았다. 그는 비국교도가 예배드리는 비밀 장소에서 겨우 16세 이상의 회중이 네 명밖에 없는 곳에서 가르쳤다.

그는 데본셔(Devonshire)로 들어갔다. 거기에서 그는 그의 목적을 위한 정당성을 발견했다. 거기에서 설교하였다. 그러나 그곳에서도 배척을 받았다. 1677년 그는 죽었다. 그의 나이 73세였다. 그의 유언을 따라서 라우드레이크(Lawdrake) 교회의 입구에 묻혔다. 많은 경건한 사람들이 그의 장례식에 참여하였다.504)

9. 여호수아 호일(Joshua Hoyle, D.d. of Dublin.)

여호수아 호일은 잉글랜드의 요오크셔(Yorkshire)에 할리팍스(Halifax) 근처 사웨비(Sawerby)에서 태어났다. 그리고 옥스퍼드의 마그달렌 칼리지(Magdalen college)에서 교육을 받았다. 나중에 아일랜드로 초빙 받아 간다. 그리고 더블린(Dublin)의 트리니티 칼리지(Trinity College)의 동료가 된다. 그는 신학 박사 학위를 받고 그 대학교의 교수가 된다. 그는 시간을 아껴서 학문에 정진하였고 그의 노고는 지칠 줄 모를 정도였다. 그는 많은 저명한 개혁자들이 그렇게 한 것처럼 이러한 것들을 이루기 위하여서 피눈물나게 수학하였다. 그러나 그는 학문적 신학보다 성경을 공부하는 것을 더욱 선호하였다. 그는 순수한 신적 진리의 샘으로서

---

503) http://en.wikipedia.org/wiki/Hannibal_Gammon
504) James Reid, **Memoirs of the Westminster Divines**, vol.2 p. 34.

성경으로 인도되었다. 그는 곧 심오한 신학자가 되었다. 그는 지칠줄 모르는 근면함으로 수고하였다. 그래서 종교적 관심을 증진시켰다. 신학교 교수로서 그의 강의 안에서 그는 전체 성경을 해석하였다. 그는 매주일 세 번 설교하고 해석하였다. 호일리 박사(Dr. Hoyle)은 대담하고 성공적으로 로마 교회의 부패하고 오류로 가득 찬 체계를 공격하였다. 그렇게 호일리 박사(Dr. Hoyle)은 저명한 개혁자 중에 하나였다. 그는 강력하게 미신을 비판하였고 성전의 후미진 곳을 공격하였으며 온 세상이 무지하게 예배드리는 가공할 우상 숭배를 감추는 덮개를 걷어냈다. 그리고 마술적 주문을 흩어 버려서 사람들의 마음의 묶여 있는 상태를 자유롭게 살도록 회복시켰다.

1634년에 그는 더블린에 열린 회의에 참석했다. 그러나 1641년 아일랜드의 폭동의 시작으로 그는 유혈이 낭자한 상태로부터 피신하였다. 이 폭동으로 아일랜드에서만 불과 몇 달 동안 4만 3천 백 명이 학살되었다. 이러한 소름끼치는 폭동의 기간 동안에 천삼백 명이 잔인하게 차가운 피로 살해당했다. 그는 잉글랜드로 돌아와서 런던 근처 스테프네이(Stepney)의 조목사(vicar)가 되었다.

1643년 호일리 박사(Dr. Hoyle)은 웨스트민스터 총회 회원으로 임명되었다. 그는 지속적으로 참석했다. 칼라미 박사(Dr. Calamy)는 말하기를 "호일리 박사(Dr. Hoyle)는 총회의 성직자들 중에서도 높은 위치와 명예로운 평가를 받았다."고 전한다.

1645년에 그는 조정 위원회의 위원 중에 하나로 선임되었다. 1648년에 그는 옥스퍼드의 대학교의 총장이 되었다. 우드(Wood)는 말하기를 "그는 많은 독서와 기억력을 가지고 있는 사람이었다. 그는 학문에 헌신하였고, 그의 심오한 신학에 대한 이해로 인하여서 그는 주목받은 퓨리탄이 되었다." 호일리 박사는 1654년 12월 6일에 죽었다. 그의 계승자는 프란시스 존 씨와 존 코난트 박사(Mr. Francis John & Dr. John Conant)였다.505)

10. 윌리엄 브리지(William Bridge, of Yarmouth.)

윌리엄 브리지는 13세에 캠브리지에 학생이었다. 그리고 그는 에섹에 첫 사역자가 되었다. 그곳에서 그는 5년 동안 시무하였다. 그는 성 조지 톰랜드 교구에 노스퍽의 수도 노르위치(Norwich)의 도시로 청빙 받아서 그곳에 정착하였다. 그는

---

505) Ibid., p. 43

나중에 홀랜드로 가고 로테르담의 잉글랜드 교회 목사가 되었다. 그곳은 알려진 설교자 예레미야 버로우가 있었던 곳이다. 그는 한 도시에서 핍박이 있으면 다른 도시로 이주하였다. 이것은 그리스도와 그의 제자들에게 있었던 일이었다. 그때 퓨리탄들은 노르윅의 주교 웨렌 박사(Dr.Wren)에 의하여서 특히 잉글랜드에서 혹독하게 당하였다.

1642년 망명의 생활을 하던 브리지 목사는 장기 의회에 의하여서 귀국할 것을 요청받는다. 그는 자주 의회에서 설교할 것을 명령받았다. 그는 그레이트 야르무스(Great Yarmouth)의 사역자로 선택되었다. 그러나 1662년에 그의 형제들로부터 거절당하고 고난의 길을 갔다. 그는 웨스트민스터 총회에 필요한 인원이었고 그는 의견을 달리하는 5명의 형제들 중에 하나였다. 그는 독립교회파주의자였다. 독립교회파는 독립된 종교적 단체로서 모든 독립된 기독교 회중을 유지하였다. 그들은 스스로 법을 세우고 통치하는 곳이었다. 그래서 다른 상회 기관을 허락하지 않는다. 로빈슨이 그들의 창시자이다. 그들의 교회 정치에 대하여서 설명한 교리서가 있다. 그것이 "잉글랜드 망명자들에 대한 변론"(Apology for the English Exiles)이다. 독립교회라는 명칭은 어쩌면 다양한 국면으로부터 유래되었을 것으로 볼 수 있다. 1642년부터 이 종교적 분파는 자주 잉글랜드 역사기록에 나오고 있다. 그리고 1644년부터 그들 자신들에 대한 변론을 위하여서 런던에서 책을 출판하였다. 그것이 "독립교파에 대한 변론적 대화서"(Apologetical Narration of the Independents)이다. 시간이 지남에 따라 많은 이단들이 그들 스스로를 이러한 광범위한 분파로 덮었다. 독립교파들은 스스로를 회중적 형제 교회로 불렀다. 그리고 그들의 종교적 단체를 회중적 교회라고 불렀다. 독립교파는 교회 정치에 있어서 장로교회나 칼빈주의와는 다르다. 그들은 독립교회를 덮었다. 그러나 그들은 감독교회를 싫어했다. 그들은 그러나 회중들에 의하여서 인정을 받는 정규 목사들에 대한 제도는 인정하였다. 그들은 중요한 직분으로서 스스로를 사려하는 공적으로 가르치는 것 밖에 없다. 이것이 독립교파의 참된 특성이다.

윌리엄 브리지와 그의 형제들은 웨스트민스터 총회에서 분명하게 갈렸다. 그리고 장로교주의(Presbyterian)자들과 격렬한 논쟁을 하였다. 그들은 의견을 달리하는 형제들이라고 한다. 그들은 주로 메스르스 토마스 굿윈(Messrs Thomas Goodwin), 필립 나이(Philip Nye), 예레미야 버로우(Jeremiah Burroughs), 시드락 심슨(Sidrach Simpson), 윌리엄 브리지(William Bridge), 윌리엄 그린힐

(William Green Hill) 그리고 윌리엄 카터(William Carter) 등이다.

그들이 장로주의의 세 가지 주장에 대하여서 달랐다.

1. 많은 개개의 회중들은 하나의 노회 아래에 있어야 한다. 그들은 예루살렘과 에베소서 교회를 통하여서 이것을 증명하였다. 그것은 그 교회들이 그 지방에 하나의 교회 보다 더 많은 회중들이 있기 때문이다. 그리고 그 교회들은 하나의 노회 아래에 있었기 때문이다.

2. 종속시키는 상회 기관이 있어야 한다. 그것은 각각의 교회에 대하여서 높은 치리회가 있어야 한다는 것이다. 그래서 하회로부터 상회까지 구성하는 것이 장로주의다. 독립교회는 이것을 거부한다. 그리고 그러한 노회 제도 자체를 거부한다.

3. 하나의 회중은 그 자체로서 완전하지 못하다. 그러나 독립 교파는 하나의 회중이 모든 성직 서임과 권세를 가지고 있는 것으로 해석한다.506)

1662년 그는 그의 의견을 달리하는 형제들과 함께 통일령(Act of Uniformity)에 의하여서 좇겨났다. 그는 1670년 3월 12일에 야르무스(Yarmouth)에서 죽었다. 그의 나이 70세였다.507)

11. 토마스 윈콥(Thomas Wincop, D.D. or Elesworth.)

(없음)

12. 토마스 굿윈(Thmas Goodwin, D.D., of London.1600~1680)

토마스 굿윈은 잉글랜드의 노르포크(Norfolk)의 작은 마을에 롤레스비(Rolesby)에서 태어났다. 그는 리챠드(Richard)와 캐서린 굿윈(Catharine Goodwin) 사이의 장남이었다. 그의 가족 이름은 콜린우드(Colinwood)였다. 그의 부모는 특별한 마음을 가지고 그의 어린시대를 지켜보았다. 그리고 그들은 그를 "주의 양육과 교훈에 대하여서"(in the nurture and admonition of the Lord) 가져왔다. 종교적으로 교육받은 이후에, 이른 시기부터 그의 부모들에 의하여서 거룩한 사역을 위하여서 계획이 되어 있었다. 그는 1613년 8월 25일 문법을 교육 받았다.

그는 캠브리지 대학에 있는 그리스도 교회 칼리지(Christ-Church College)로 보내졌다. 그는 그 대학에서 6년간 공부하였다. 1619년 그는 같은 대학교에 있는

---

506) James Reid, **Memoirs of the Westminster Divines**, vol.1. p. 141
507) Ibid., p. 142.

캐서린 홀(Catherine-hall)로 옮겼다. 그리고 1620년에 강의자로 선정되었다. 그는 그곳에서 M.A.를 받았고 1628년에 캠브리지 대학교 내에 트리니티 교회(Trinity Church)에서 강의자가 되었다.

토마스 굿윈은 1643년 8월 4일부터 1644년 11월 15일까지 웨스트민스터 총회에서 357번 연설하면서 논쟁하였다.

1644년 10월 15일 그는 너무 길게 말하였다. 그는 웨스트민스터 총회 기간 동안에 독립교회파에 대변인이었다. 그는 대다수의 장로주의 성직자들에 의하여서 의견을 달리하는 5명의 형제들로 알려졌다. 이들 5명 모두는 네덜란드의 회중 교회를 목회하는 것을 돕고 있었다. 그들은 모두 올리버 크롬웰이 집권하여 있을 때에, 세력있는 독립파 교회의 지도자들이 되었다. 그들은 크롬웰처럼 교회 정치에 대하여서 동일한 신념을 가지고 있었다. 굿윈은 크롬웰의 주요한 성직자 조언자였다. 그리고 존 오웬, 조셉 카랄, 피터 스테리(Peter Sterry)와 다른 두 명의 성직자들은 크롬웰의 임종시에 함께 있었다. 웨스트민스터 총회에서 그는 그의 학식과 경건성으로 존경을 받았다.

1632년에 트리니티 교회(Trinity Church)의 교구 목사(vicar)였다. 그는 이곳에서 영향력 있는 설교가가 되었다.

1633년 6월에 굿윈, 필립 나이, 존 다벤포트(John Davenport)는 존 코튼을 만나기 위하여서 런던으로 모였다. 존 코튼은 뉴 잉글랜드(New England)로 그의 길을 가려고 하던 때였다. 그들의 목적은 잉글랜드 교회의 중요하지 않은 의식에 따르도록 그를 설득하고자 하였다. 그러나 그가 그의 회중 교회적인 관점이 성경적이라고 그들을 설득하였다. 1634년 굿윈은 대주교 라우드의 고교회의 혁신에 대하여서 순응할 마음이 없음을 알고 시베(Sibbes)의 호의로 받은 목사관을 포기하고 대학교를 떠났다. 1638년 그는 런던에서 결혼하고 그곳에서 회중 교회 설교자로서 섬겼다.

1639년에 라우드의 경계심으로 그의 위치를 지킬 수 없게 되었다. 그래서 네덜란드로 떠나게 되었다. 그리고 아른헴(Arnhem)에서 독립 교회를 섬기고자 하였다. 재산이 있고 중산층 정도의 위치를 가진 망명한 사람들의 이 교회는 1638년에 지도자 존 아쳐(John Archer)에 의하여서 세워졌다. 그는 1639년~1641년까지 굿윈과 필립 나이의 후원을 받았다.

1640년 11월 장기 의회가 열리자마자 굿윈은 런던으로 돌아왔다. 그리고 세인트 둔스탄스-인-더-이스트(St. Dunstan's-in-the-East) 교구에서 독립 회중 교회를 세우려고 하였다. 굿윈과 독립파들은 1644년에 지속적으로 논쟁했다. 1645년에 그들은 웨스트민스터 총회로부터 물러나왔다. 그들은 자신들의 주장이 받아들여지지 않자 그들의 관점을 기록으로 남기려고 집필하였다. 그들은 대다수의 장로주의자들로 인하여서 독립교회 사상을 성취할 수 없게 되었다. 그러나 1649년 이후에 올리버 크롬웰이 집권하게 되자 특권 의식을 갖게 되었다.

1647년 굿윈은 존 코튼의 초청으로 뉴잉글랜드(New England)로 갔다. 굿윈은 크롬웰의 존경심을 즐겼다. 1649년 11월 2일 그는 궁정 목사로 임명되었다. 1650년에 그는 마그달렌(Magdalen)의 학장으로 갔다.508)

1660년 왕정 복구 이후에 굿윈은 그의 지위로부터 면직되었다. 그는 런던으로부터 은퇴한 이후에 죽기까지 그의 사역을 계속하였다. 그는 1680년 2월 23일 80세를 일기로 죽었다.509)

13. 존 레이(John Ley, of Budworth, 1583~1662)

존 레이는 1583년 2월 4일에 잉글랜드의 워빅(Warwick)지방의 고대 자치도시에서 태어났다. 그는 체셔(Cheshire)라는 이름의 가문의 자손이었다. 그는 적당한 나이가 되어서 와위크(Warwick) 안에 문법학교로 보내졌다. 그는 1601년 옥스퍼드의 그리스도 교회 칼리지(Christ's Church-college)의 학생이 되었다. 그는 그곳에서 상당한 시간을 보내면서 M.A를 취득했다. 그는 대학교에서 학업을 마치자, 체셔(Cheshire)에 그레이트 버드워드(Great Budworth)의 조 목사(vicarage)로 갔다. 그리고 매주마다 세인트 피터 교회(St. Peter's church)에서 강의 하였다.

1646년 5월 1일 존 레위는 웨스트민스터 총회 회원으로 임명되었다. 레이는 웨스트민스터 총회의 어려운 일을 도맡아 한 회원이었다. 그는 체스터(Chester)에서 캐더드럴 교회(Cathedral church)의 유급 목사로서 있었다. 그는 내전이 일어나자마자 의회에 대한 지지를 하였다. 그는 언약론을 취하였고 그 유명한 총회에서 라틴어로 해설하기로 임명되었다.

레이 씨(Mr. Ley)는 체셔(Cheshire) 안에 애쉬필드(Ashfiled)의 교구목사(rector)가 되었다. 그리고 짧은 시간 동안 동일한 지방의 애쉬베리(Astbury)의 교

---

508) William Barker, **Puritan Profiles 54 puritans**, p. 77
509) James Reid, **Memoirs of the Westminster Divines**, vol.1. p. 340

구목사(rector)였다. 1645년 그는 시온 칼리지(Sion College)의 학장으로 선임되었다. 1653년에 그는 사역자들로서 준비하는 사람들 중에 하나로 되었다. 이 저명한 학식 있는 수고로운 성직자는 1602년 5월 16일에 죽었다. 레이는 탁월한 설교가였고 저명한 학자였으며, 경건한 성직자였다. 그리고 교부들과 평의회에서 깊게 읽었다. 그리고 장로주의의 주요한 기둥 중에 하나였다.510)

14. 토마스 케이스(Thomas Case:1598~1682.5.30.)

토마스 케이스는 잉글랜드의 켄트 지방에서 태어났다. 그는 복슬레이(Boxley)의 사역자 조지 케이스 씨(Mr. George Case)의 아들이었다. 그의 부친은 그의 경건과 그의 일에 관하여서 구별되는 두드러진 사역자였다. 그는 토마스 케이스에게 어려서부터 종교적으로 교육을 받고 잘 지도를 받도록 배려하였다. 그의 회심은 매우 어려서 기도로부터 시작되었다. 그의 구주 하나님께서 그의 젊은 마음에 새겨졌다. 그는 그 자신을 위하여서 제이콤 박사(Dr. Jacom)와 연결되었다. 나중에 토마스 케이스가 그의 장례식에서 조사를 읽었다. 그는 어린 나이부터 비록 신적 은혜의 영향이기는 하지만, 매일 조석으로 홀로 기도하는 성향이 있었다. 아침에 구속을 약속하시는 하나님의 온유한 사랑의 은혜스러운 마음으로 기도하였고 매일 밤에 그의 신실하심을 이루심에 감사하는 기도를 드렸다. 그래서 그는 아침과 저녁에 기도와 찬송을 항상 쉬지 않았다. 그리고 그는 어떤 기도서에 구애 받지 않고 기도하였다. 그는 기꺼이 그러한 경건의 의무를 수행하였고 어떤 기도서에 매여서 기도하지 않았다. 오직 하나님의 인도하심을 따라서 그의 마음에 이끌리는 대로 기도하였다. 그는 하나님의 중생하시는 은혜를 주제로 기도하였다. 그는 신령한 복락의 필요를 위하여서 기도하였다.

그는 적당한 나이가 되자 켄터베리에 학교로 보내졌다. 그리고 런던에 있는 상인 테일러의 학교에 입학하였다. 그는 부친이 그를 집으로 데려가기까지 그곳에서 수학하였다. 그리고 그는 나중에 옥스퍼드의 유명한 대학교로 보내졌다. 그리고 1616년에 그리스도 교회의 학생이 되었다. 그의 나이 17세였다. 그의 성실하고 근면한 삶의 태도는 그 학교 학장에 의하여서 만장일치로 그해의 학생으로 임명되었다. 그는 거기에서 문학 석사(Master of Arts)를 받을 때까지 있었다. 그리고 2년 후인 1623년 6월 26일에 M.A를 취득했다. 그는 지금 거룩한 사역을 위하여서

---

510) James Reid, **Memoirs of the Westminster Divines**, vol.2. p. 52

준비된 자가 되었다. 그는 복음의 강설을 시작하였다. 그는 노르퍽 지방에 읍내 에르핑햄(Erpingham)에서 그의 사역을 시작하였다. 그는 그의 목회 사역에 열정을 다하여서 일주일에 두 번 강설하였다. 그리고 젊은이들에게 요리 문답을 가르쳤다. 사랑과 진리의 성령에 의하여서 그의 생각은 명쾌하였고 그의 마음은 생기로 가득 찼다. 그는 주님의 포도원 안에 실실한 일꾼이었다. 그래서 그는 많은 영혼을 주께 돌아오게 하였다. 그는 매일 아침 7시에 아침 기도회를 열었다. 그리고 그 기도회는 다른 사역자들에 의하여서 모방되었다. 그의 설교는 후에 여러 권으로 출간되었다. 케이스 씨(Mr. Case)의 노고는 밀크 가(Milk-Street)에 그의 교구에 제한되지 않았다. 그는 매주 목요일에 필드(Fields)에 있는 마틴에서 강설을 가져왔다. 그리고 그는 20년 넘게 그것을 지속하였다. 개혁에 대한 그의 현저한 열정으로 그는 웨스트민스터 총회의 회원으로 임명되었다. 그리고 교회 예배시에 그의 역량이 성공적으로 보였다.511)

1644년에 그는 하원에서 강설하였다. 그는 성례에 대한 그들의 인성에 대한 참여에 대하여서 강설하였다. 케이스 씨(Mr. Case)는 탁월한 언약론자였다. 그는 그의 현명하고 가치 있는 강설들에 의하여서 분명하게 그것을 드러냈다. 그는 1661년에 사보이 회의의 의원으로 있었다. 1662년에 그는 통일령으로 인하여서 모든 공직으로부터 물러나게 되었다. 1682년 5월 30일에 그는 84세의 나이로 죽었다. 그리고 그는 1682년 6월 14일에 런던의 뉴게이트에서 그리스도 교회 안에 안장되었다.512)

15. 존 핀(John Pyne, of Bereferrars.)
(없음)

16. 프란시스 위덴(Francis Whidden of Moreton:1559~1656)
(없음)

17. 리차드 러브(Richard Love, D.D. of Ekington:1596~1661)
그는 잉글랜드 성직자이고 캠브리지 코르퍼스 크리스티(Corpus Christi) 칼리지

---

511) Ibid., p. 205.
512) Ibid., p. 208.

의 교장이었다. 그리고 레디 마가레트(Lady Margaret) 신학부 교수였다. 그리고 웨스트민스터 총회 총대였다. 그는 1605년에 죽은 약제사(apothecary) 리차드 러브의 아들이다. 그는 캠브리지 세인트 메리 더 그레이트(St. Mary the Great) 교구에서 태어났다. 그는 캠브리지 자유 학교에서 교육받았다. 1629년 그는 찰스 1세의 궁정 목사가 된다. 1631년에 D.D.를 취득한다.

1643년에 캠브리지의 4명의 수뇌부가 된다. 1649년에 그는 레디 마가렛(Lady Margarest) 신학부 교수가 된다. 그는 웨스트민스터 총회에 총대로 부름을 받고 총회에 가게 된다. 왕정복고 이후에 왕은 그를 엘리의 수석 사제(Dean of Ely)로 임명한다. 그리고 1661년 2월에 죽는다.513)

18. 윌리엄 구지(William Gouge, D.D. of Blackfriars, 1578.12.25~1653.12.12)

윌리엄 구지는 잉글랜드의 미들섹스 지방에 스트라트포드바우(Stratford-Bow)에서 태어났다. 그의 부모는 매우 존경할 만 했다. 그의 부친은 토마스 구지였다. 그는 매우 훌륭한 신사였다. 그리고 하나님께 대한 예배에 주의 깊은 사람이었다. 그리고 종교적 의무에 성실하였다. 그의 모친은 덕이 높고 경건한 여자였다. 부요한 상인이었던 니콜라스 컬버웰(Nicholas Culverwell)의 딸이었다. 그리고 그녀는 유명한 설교가 메스르스 사무엘(Messrs Samuel)과 에스겔 컬버웰(Ezekiel Culverwell)의 누이였다. 그리고 그녀는 캠브리지 안에 엠마누엘 대학의 석사였던 저명한 학식있는 성직자 카데톤 박사(Dr Chaderton)와 같은 대학에 신학교 교수였던 화이테이커(Dr Whitaker)와 결혼한 두 자매와도 형제지간이었다.

그는 바울 학교에서 부분적으로 고전을 공부했다. 그리고 에섹에 펠스테드에서 교육을 받았다. 그리고 부분적으로 에톤 학교에서 교육을 받았다. 그는 펠스테드에서 3년 있었다. 그리고 그때에 그는 그의 외삼촌 에스겔 컬버웰의 복음적 사역 아래에서 훈련을 받았다. 이 사역은 그의 영혼에 매우 높은 유익을 주었다. 그는 거룩한 신앙을 그곳에서 세울 수 있었다. 그리고 그는 에톤 학교에서 6년간 있었다. 그곳에서 그의 초기의 경건한 생활이 만개하였다. 그는 하나님에 대한 경외심에 큰 부분을 소유하고 있었다. 그는 은밀한 기도와 주일 성수에 대하여서 세심하였다. 그러나 그는 주의 날이 오락이나 스포츠로 몰락해 가는 것을 지켜보고 마음 아파하였다. 많은 사람들은 그러한 세속적인 일에 자신들을 허락하였던 것에 만족

---

513) http://en.wikipedia.org/wiki/Richard_Love

하였다. 그들은 하나님을 두려워함이 없었고 사람을 배려함이 없었다. 오히려 주의 날에 대한 뻔뻔스러운 신성 모독이 그날에 대한 파괴만 주도하였다. 514)

1595년에 그는 캠브리지 킹스 칼리지에 교수로 선임되었다. 그는 알아주는 책벌레였다. 이른 아침에 공부를 시작하고 밤늦게까지 공부하였다. 첫 3년 동안 밤낮 없이 공부하였다. 그는 그 대학에서 9년 동안 있었다. 그리고 그 기간 동안 결코 예배당에서의 아침 기도를 빠진 적이 없었다. 아침 5시 30분에 일어나서 그 기도를 실행하였다. 다만 친구를 만나기 위하여 대학을 떠났을 때만 하지 못했다. 아침에 그의 은밀한 교제의 시간을 위하여서 성경을 읽었다. 그는 하루에 성경 15장을 읽고 분석하였다. 오전에 5장, 오후에 5장, 저녁에 5장을 연구하였다. 밤에 대학에서 당직 근무를 설 때면 잘 수 없는 시간에 성경을 묵상하였다. 그리고 그것을 영적으로 즐기고 하나님의 말씀에 대한 지적인 즐거움을 누렸다.515)

19. 랄프 브라운리그(Ralph Brownrigg, D.D. Bishop of Exeter:1592~1659)

그는 1642~1659년 동안 에섹스터(Exeter)의 주교였다. 그 이후에 추방으로 세월을 보냈다. 그리고 세트 와르드(Seth Ward)에서 사역을 얻었다. 그는 매우 이례적인 조합을 가지고 있었다. 그는 정치적으로 왕당파였고 종교적으로 칼빈주의자였다. 그는 1630년대에 캠브리지의 라우디아니즘(Laudianism)을 반대하였다.

1640년에 단기 의회 소집 시에 웨스트민스터 총회 회원으로 거명되었다. 그러나 참여하지 않았다. 그는 캠브리지의 펨브로크 홀(Pembroke Hall)에서 수학하였다. 1614년에 M.A.를 취득했고 1626년에 D.D.를 수여하였다. 헤트포드셔(Hertfordshire)에 안티오크 발레이(Antioch Barley)의 세인트 마가레트(St. Margaret)의 교구 목사가 되었다. 그는 캠브리지의 세인트 캐더리네스(St Catharines) 칼리지의 교장이었다. 그리고 캠브리지 대학교의 부학장이었다. 그러나 1646년 의회로부터 이 두 위치를 박탈당하였다. 소닝(Sonning) 장원의 토마스 리치(Thomas Rich) 경의 영지에 머물렀다. 그는 템플 교회(Temple Church)라는 제목으로 설교하였다. 그리고 그의 설교집이 유고집으로 출판되었다.516)

---

514) James Reid, **Memoirs of the Westminster Divines**, vol.2. p. 345
515) Ibid., p. 346
516) http://en.wikipedia.org/wiki/Ralph_Brownrigg

20. 사무엘 와르드(Samuel Ward, D.D.:1572~1643)

그는 잉글랜드 캠브리지 대학교의 학구적 교장이었다. 도르트 회의에 잉글랜드 총대로 참여하였다. 듀햄(Durham) 지방의 주교 미들햄(Bishop Middleham)에서 태어났다. 1592년 B.A.를 얻었다. 1595년 그는 엠마누엘 대학에서 교수로 선임되었다. 1599년 M.A.를 얻었다. 시드니 셔섹크(Sidney Sussex) 칼리지의 교수로 선임되었다. 윌리엄 퍼킨스가 그의 "로마의 조작된 보편 신앙에 대한 문제점"(Problema de Romanae Fidei ementito Catholicimo)라는 저서를 좋아했다. 와르드는 제임스 1세에 대해 서문에서 언급하면서 그 저서를 출판했다. 와르드는 킹제임스 버전의 성경을 번역하도록 촉구한 사람 중에 하나다. 그는 외경(Apocrypha)을 번역하면서 제임스 어서와 친해졌다.

1610년 시드니는 그를 칼리지의 교장으로 선임하였다. 그는 1603년에 B.D.를 얻었다. 1623년 래디 마가렛(Lady Margarets) 신학부 교수로 임명되었다. 리차드 몬타큐에 저항하여서 조지 칼레톤(George Carleton)이라는 저서의 허가하였다. 그것으로 그는 나중에 라우드에게 큰 고초를 겪는다. 첫 잉글랜드 시민 전쟁 때 그는 엄숙 동맹과 그 언약을 받아들이지 않았다. 그래서 장로주의자들에 의해서 불쾌하게 여김을 받았다.

1643년 그는 세인트 존스 칼리지 안에 갇혔다. 건강 문제로 칼리지에서 은퇴하고 1643년 8월 30일 채플 예배를 인도하였다. 그는 질병에 휩싸여 그해 11월 30일에 죽었다. 조사는 와르드의 친구 랄프 브라우닝(Ralph Brownrig)이었다. 그는 다수의 작품을 썼다. "분별할 수 있는 은혜: 성직자들의 습관적 견해"(Gratia discriminanc: Concio ad Clerum habita Cantabrigiae, 12, Jan. 1625, London 1626.), "공적으로 선포된 신약과 구약에 대한 매력 있는 신학의 회복"(Magnetis reductorium Thologicum Troplogicum, in quo ejus novus, verus et supremus usus indicatur, London, 1637.), "유아 세례와 효과적 논쟁에 대하여서"(De Baptismatis Infantilis vi et efficacia Disceptatio, London, 1653), "몇 개의 작품들: 신학의 설명, 원죄에 대한 칭의와 예정의 논고"(Opera nonnulla; Declamationes Theolgoicae, Tractatus de justificatione, Praelectiones de peccato originali, Edita a Setho Wardo, London, 1658.)

"사무엘 와르드의 일기:1611년 킹 제임스 성경의 번역에 대한"(The Diary of Samuel Ward: A Translator Of the 1611 King James Bible,

1595.5.11.~1632.7.1.)517)

21. 존 화이트(John White, of Dorchester.1574~1648)

존 화이트는 1574년 12월 말경에 옥스퍼드셔(Oxfordshire)에 세인트 존(St. John)의 스탄톤(Stanton)에서 태어났다. 그리고 그 다음에 1월 6일에 유아 세례를 받았다. 그는 한트셔(Hantshire)의 화이트(White) 가문 출신이었다. 그는 윈체스터(Winchester) 근처 위크햄의 윌리엄 학교(William of Wickham's school)에서 문법을 배웠다. 많은 저명한 학자들이 그 학교 출신이었다.

1595년 그는 문학사 학위를 받았다. 그리고 1606년 그 대학을 떠났다. 도르세트(Dorset) 지방의 도르체스터(Dorchester) 안에 트리니티(Trinity) 교구의 교구 목사(rector)가 되었다. 매우 부지런한 사역자였다. 그리고 신실한 목회자였다. 그는 가난한 자들의 형편을 개선하기 위하여서 계획을 세우고 그것을 실행하려고 하였다. 그래서 그는 도르체스터의 족장(Patriarch of Dorchester)으로 불렸다. 장기 의회가 시작되자, 그의 지혜로운 조언이 빛났다. 큰 영향력을 행사하였다. 그는 사보이 교구의 사역자가 되었다.

1643년에 그는 웨스트민스터 총회 회원으로 임명되었다. 그는 총회에서 매우 높게 여겨졌다. 1643년 9월 25일에 엄숙 동맹과 그 언약에 서명하였다.

1647년 그는 국가의 요동이 그치고 그의 일이 런던에서 마치자, 도르체스터(Dorchester)로 돌아갔다. 1648년 7월 21일 노년이 되어서 그는 그의 날이 다 되어서 죽었다. 그의 나이 74세였다.

[그의 저서]

1. "예루살렘 회복의 문제들: 교회 개혁, 다니엘서 9장 25절 설교들"(The Troubles of Jerusalem's Restoration: Or, The Church's Reformation. A sermon from Dan.ix.25.) 이는 1645년 11월 26일 웨스트민스터 사원 교회의 상원에서 한 설교이다. 런던, 1646년에 출판되었다.

2. "생명 나무에 이르는 방법: 혹은 성경 읽기에 유익한 지침서: 그것으로 신령한 사람의 본성이 때때로 묘사되어 있다.: 그리고 부분적으로 모든 상황에서 네 번째 계명의 도덕률과 영속성, 발견되고 분명해졌다."(Way to the Tree of Life: Or, Directions for the Profitable Reading of the Scriptures: wherein is

---

517) http://en.wikipedia.org/wiki/Samuel_Ward_(scholar)

Described occasionally the Nature of a Spiritual Man: and, in a Digression, the Morality and Perpetuity of the Fourth Commandment, in every circumstance thereof, is Discovered and Cleared.)

3. "시편 82편 6절로부터 강설된 설교: 도르세트의 나라 안에 도르체스터,"(A sermon preached from Psal.lxxxii. 6. at Dorchester. in the country of Dorset, at the General Assizes, 7th of March , 1632. London, 1648.)

4. "창세기 첫 3 장에 대한 주석"(A Commentary upon the Three first chapter of the Book of Genesis. Small folio, London, 1656.)[518]

22. 에드워드 펄(Edward Peale, of Compton:1595~1645)

그는 웨스트민스터 성직자들 중에 명성이 있는 목사였다. 그는 1643년에 웨스트민스터 총회에서 상원과 하원으로부터 부름을 받아서 총회 총대 중에 한 사람이 되었다.[519]

23. 스테판 마샬(Stephen Marshall, B.D, of Finchingfield.1594~1655)

스테판 마샬은 잉글랜드의 헌팅돈셔(Huntingdonshire)에 가드맨체스터(Godmanchester)에서 태어났다. 그는 캠브리지의 엠마누엘 칼리지에서 교육을 받았다. 그는 1615년 4월 1일에 캠브리지에 들어갔고 엠마누엘 칼리지에 등록하였다. 그리고 1618년에 B.A를 받았다. 그리고 1622년에 M.A를 받았다. 그리고 1629년에 B.D를 받았다. 그리고 1618년에 에섹(Essex)의 베터스필드(Wethersfield)에 리챠드 로져스(Richard Rogers)의 뒤를 이어서 사역자가 되었다.[520] 그리고 동일한 지역인 핀싱필드(Finchingfield)의 사역자가 되었다. 그는 몇 년 후에 신학사 학위를 위하여서 캠브리지로 갔다. 그는 자주 장기 의회에서 강론하였다.[521] 웨스트민스터 기간 동안에 그는 정기적인 금식일마다 8번 강설하였고 1649년과 1653년 잔부 의회에서 강설하였다. 웨스트민스터 성직자들 중에서 앞서가는 강설자였다. 그는 잉글랜드 장로주의자들 중에서 매우 활동적인 인물이었다. 스테판 마샬은 결코 장로주의자의 위치에서 독립 교회로 가지 않았다. 그러

---

518) James Reid, **Memoirs of the Westminster Divines**, vol.1. p. 105
519) Ibid., p. 117.
520) Willaim Baker, **Puritan Profiles**. p. 121.
521) James Reid, **Memoirs of the Westminster Divines**, vol.2. p. 73.

나 그의 정치적 입장은 올리버 크롬웰과 함께 협력하면서 이끄는 형태였다.522) 마살은 단기 의회에서도 매달 첫 날에 강설하기로 되어있으나 의회가 1640년 5월 5일에 해산함에 따라서 무산되었다.

1640년 11월에 장기 의회가 개회되자, 스테판 마살과 코르넬리우스 버게스는 11월 17일 첫 모임 때 강설하였다. 그리고 다시 1641년 12월 22일에 강설하였다. 그는 감독의 신적 권위에 대한 주교 조셉 홀의 주장에 대하여서 토마스 영(Thomas Young), 매튜 뉴코멘(Matthew Newcomen)과 윌리엄 스퍼스토우(William Spurstowe)가 함께 스멕테누스라는 이름으로 반론서를 내었다. 그의 가장 중요한 강설은 사사기 5장 23절을 가지고 강설한 메로즈 커시드(Meroz Cursed)였다.

1644년 2월 28일 그는 웨스트민스터 사원(Westminster Abbey)에 7일 중에 하루의 강설자가 되었다. 1649년 1월 31일 찰스 1세의 처형 이후에 스테판 마살은 상원(the House of Lords)에서 강설하였다. 교회 정치에 대한 웨스트민스터 총회에서의 논쟁에 그는 신적 법정(jure divino)에 대하여서 장로주의 입장으로 나아갔다. 그러나 로버트 발리에의 평가대로 그는 좀 더 중간적인 입장을 취하였다. 웨스트민스터 총회의 시작 때 그는 스코틀랜드에 대하여서 헨리 베인 경 아들(Sir Henry Vane Jr)을 동반시키기 위해서 필립 나이와 함께 임명되었다.

1643년 8월 17일에 스코틀랜드에서 그들은 엄숙 동맹과 언약(the Solemn League and Covenant)을 협상하였다. 1643년 12에 그는 소책자의 밑그림을 그렸다. "시간의 이러한 현재 접속 안에 교회의 장래 모임으로부터 디스와드 멘(Disswade Men)에 대한 확실한 숙고함에 대하여서"(Certane considerations to Disswade Men From Further Gathering of churches in this present juncture of Time), 그리고 웨스트민스터 총회의 몇몇 지도자적인 인물들을 섭외하였다. 그러나 의견을 달리하는 다섯 명의 형제들(Five Dissenting Brethren)은 마살의 입장을 따르지 않았다. 그들은 그들의 변론서인 변증서(Apologeticall Narration)를 1644년 1월에 내놓았다. 그것은 회중교회주의를 내세운 변론서이다.

1647년 여름에 의회파 군대는 찰스 1세를 체포할 수 있었다. 그리고 런던으로 압송하였다. 이것은 런던 시에 크나큰 두려움이었다. 스테판 마살은 다시 한 번 교회 정치적 쟁점에 대하여서 위기에 놓였다. 그러나 그는 그의 장로주의적 입장을

---

522) William Baker, **Puritan Profiles**. p. 120.

고수하였다. 크롬웰이 집권함에 따라서 점차적으로 독립 교회파가 득세하는 상황이 벌어졌다. 그는 장로주의와 독립교회주의와 세례주의자들과 함께 있었다. 1653년 10월과 11월에 크롬웰은 화해와 조정을 위하여서 협상하였다. 1654년 3월 20일에 크롬웰에 의하여서 그 일에 조정관으로 임명되었다.523)

스테판 마살은 웨스트민스터 총회의 예배 지침서에도 관여하였다. 알렉산더 미첼은 그의 예배에 대한 입장을 다음과 같이 정리한다. 다른 말로 해서 정규적인 예배를 드리는 자들은 기도나 그들이 할 수 있었던 지침서의 말들에 대하여서 지키는 것의 형태에 변화를 주지 못하게 하는 그러한 고정된 예식서에 대하여서 주장하지 않았다. 그러나 동시에 그러한 것을 행할 때 그것을 제한하지도 않았다. 그래서 정해진 지침에 따라서 더욱 많은 것을 하거나 하지 않을 수 있는 자유를 주었다. 이러한 정신이 장로주의 예배를 오늘날까지 지킬 수 있었던 원인이다. 마살은 그 스스로도 기도에 있어서 자유로웠다. 그리고 때때로 공적 기도에서 긴 시간 기도하였다. 1646년에 그와 죠셉 카일(Joseph Caryl)이 왕을 접견하는 위원으로 되었을 때, 그들은 찰스와 만찬을 들었다.

1651년에 그는 쿼리(Quary)에 세인트 메리(St. Mary)에 잎스위치(Ipswich)에 강론자가 되기 위하여서 핀칭필드(Finchingfield)를 떠났다. 그는 1655년 11월 19일에 기력이 소진하여서 죽었다. 그리고 그는 웨스트민스터 사원에 장사되었다.524)

24. 오바댜 세드위크(Obadiah Sedgewick, B.D. of Coggeshall. 1600~1658)525)

오바댜 세드위크는 잉글랜드의 윌셔(Wilshire)에 말보로(Marlborough)에 있는 성 베드로 교구에서 태어났다. 그는 그가 태어난 곳에서 기초 문법 교육을 받았다. 1616년에 그는 옥스퍼드의 퀸스 칼리지(Queen's College)로 보내졌다. 그러나 그곳에 오래 있지 않고 동일한 대학교 내에 있는 막달라 홀(Magdalen-Hall)로 갔다. 그곳에서 문학사 학위를 받았다. 그 대학에서 학업을 쌓은 후에 목회자로서 길을 가게 되었다. 그는 대학교를 마친 후 런던의 브레드 가(Bread Street)의 밀드레드(Mildred)에 설교가가 되었다.

---

523) Ibid., p. 125.
524) Ibid., p. 126.
525) James Reid, **Memoirs of the Westminster Divines**, vol.2. p.141.

그리고 1639년에 에섹의(Essex) 코게스 홀(Cogges Hall)의 사역자가 되었다. 그곳에서 3~4년간 사역하였다. 잉글랜드 내전이 일어나자 그는 런던으로 돌아와서 밀드레드(Mildred's)의 사역자가 되었다. 그리고 자주 의회에서 강설하였다.

1642년에 그는 의회군의 콜로넬 홀리스(Colonel Hollis) 연대의 군대 목사가 되었다. 그 다음해에 그는 신학 서적(the books of Divinity)의 출판을 검열하는 검열관이 되었다. 그리고 그해 웨스트민스터 총회 회원으로 선임되었다. 그리고 지속적으로 참석하였다. 그는 매우 열정적인 언약론자였다. 그는 장로주의자들에게 매우 위대한 지도자였고 매우 좋은 개혁자였다.

1646년에 오바댜 세드위크(Mr. Sedgwick)는 코벤트 가든(Covent-garden)의 폴스 홀(Paul's Hall)에서 설교자가 되었다. 1653~4년에 그는 사역자들의 시험관의 한 사람으로 임명되었다. 그는 런던에서 계속 사역하였다. 그러나 그의 건강을 돌보지 않은 사역으로 그는 건강을 잃고 그의 사역을 내려놓아야 했다.

1658년 1월의 시작에 그는 죽었다. 그의 나이 57세였다. 그는 말부루그(Marlborough) 근처 성 앤드류의 오클랜(Oglarn)의 묘지에 묻혔다. 그는 학식 있는 성직자였고 정통 신학에 대한 경탄할 만한 설교자였다.526)

25. 토마스 카터(Thomas Carter, of Oxford.)

토마스 카터는 잉글랜드의 버킹햄셔(Buckinghamshire) 지방에 딘톤(Dynton)의 사역자였다. 그는 상원에게 강설을 얻어 자주 설교하였다. 그는 1643년 6월 28일 하원에서 설교하였다. 이 설교는 "이스라엘의 평안을 위한 기도의 유행"(Prayer's Prevalence for Israel's Saety)이라는 제목으로 1643년 런던에서 출간되었다.527)

26. 피터 클라크(Peter Clarke, of Carnaby or Kirby.)

피터 클라크는 잉글랜드의 요크셔(Yorkshire)에 비버릴(Beverly)에서 태어났다. 그의 첫 교육은 그가 태어난 곳이었다. 그는 유년기 학교에서 그의 훌륭한 숙달력에 있어서 탁월하게 구별되었다. 그는 적당한 나이가 되자 캠브리지로 보내졌다. 그리고 세인트 존 칼리지(St. John's College)의 학생으로 허락되었다. 그리고 후에 그곳의 동료가 된다. 그가 대학교를 떠났을 때, 그는 칸나비(Carnaby)에 정착

---

526) Ibid., vol. 2. p. 143.
527) James Reid, **Memoirs of the Westminster Divines, vol.2.** p. 193.

했다. 그는 그곳에서 사역적 수고를 받아들였고 성공적으로 수행하였다. 내전이 일어나자, 그는 런던의 피난처로 피신하였다. 그리고 그곳에서 웨스트민스터 총회 회원으로 임명되었다. 그리고 내전의 문제가 해소되었을 때, 요크셔(Yorkshire)로 돌아왔다. 그리고 그곳에서 통일령(the Act of Uniformity)이 선포 될 때까지 지속적으로 사역하였다. 그리고 통일령 이후에 그는 배척을 받아서 그의 아내와 4명의 아이들과 함께 훌(Hull) 근처 왈킹톤(Walkington)으로 이주했다. 그곳에서 그는 사립 학교에서 가르쳤다. 그곳은 젠트리 계층의 자녀들이 있었다. 그는 죽을 때까지 그곳에서 사역하였다.528)

27. 윌리엄 메이(William Mew:1602~1669)

윌리엄 메이는 잉글랜드 글루세스터(Gloucester) 지방 안에 에싱톤(Essington)의 교구 목사(Rector)였다. 그리고 웨스트민스터 총회 회원 중에 하나였다. 그는 웨스트민스터에서 이사야 42장 24,25절로 하원 앞에서 강설하였다. 그때가 1645년 11월 29일이었다. 강설의 표제는 "야곱과 이스라엘의 강탈과 약탈"(The Robbing and Spoiling of Jacob and Israel)였다.529)

28. 리차드 카펠(Richard Capel:1586~1656)

그는 시 의회 의원이던 크리스토퍼 카펠의 아들로 글루세스터(Gloucester)에서 태어났다. 그의 부친은 비국교도로서 고난을 당하는 사역자들에게 좋은 친구였다. 리차드는 글루세스터(Gloucester)에서 교육을 받았다. 그리고 옥스퍼드의 세인트 알반 홀(St. Alban Hall)에서 학생이 되었다. 1609년 마그달렌 칼리지(Magdalen College)의 장학생으로 선발되었다. 그리고 M.A.를 받을 때까지 장학생으로 공부하였다. 대학교에 있는 동안 그는 칼빈주의자였다.

제임스 1세 치하에서 그는 소머셋 백작 1세 로버트 카르(Robert Carr)의 법정에 출석하였다. 거기에서 그의 친구 토마스 오베베리 경(Sir. Thomas Overbury)이 죽을 때까지 있었다. 1613년 그는 에스팅톤(Eastington)의 기록원으로 사역하였다. 1633년 오락의 책(Book of Sports)이 출간되었을 때 그는 그것을 읽는 것을 정중하게 거절하였다. 그리고 그곳의 영지 목사직을 사임하였다. 1643년 그는

---

528) James Reid, **Memoirs of the Westminster Divines**, vol.1. p. 234
529) James Reid, **Memoirs of the Westminster Divines**, vol.2. p. 85

웨스트민스터 총회 총대로 선출되었다. 그는 1656년 9월 21일에 피치콤브(Pitchcombe)에서 죽었다.530)

29. 데오도레 바더스트(Theodore Bathurst, of Overton Westvilee:1587~1652)

데오도레 바더스트는 애쉬(Mr Ashe) 다음의 계승자였다. 웨스트민스터 총회 총대로 선출되었다.531)

30. 필립 나이(Philip Nye, of Kimbolton,1596~1672)

필립 나이는 잉글랜드 셔섹크(Sussex)의 신사 가문에서 태어났다. 그는 1615년 6월 2일 옥스퍼드의 브라젠-노스 칼리지(Brazen-nose college)의 보통 학생으로 들어갔다. 그는 거기에서 오래 있지 못하였다. 그래서 그는 동일한 대학교의 마그달렌 홀(Magdalen Hall)로 옮겼다. 그는 그곳에서 퓨리탄적인 교사의 가르침을 받았다. 그는 그곳에서 문학사 학위를 받을 때까지 있었다. 그는 매우 부지런한 학생이었다. 그는 계속 옥스퍼드에 있다가 사역자가 되는 과정으로 입학했다. 그는 런던에 있는 콘힐(Cornhill) 안에 마이클 교회(Michael's church)에서 가끔 사역하였다. 그곳에서 그는 1630년까지 있었다.

1633년에 대주교(Abbot)가 죽자 라우드가 켄터베리 대주교가 되었다. 그와 그의 형제들이 퓨리탄에 대한 폭력적 핍박 안에서 그들의 눈먼 열정에 새롭게 했다. 많은 강의자들은 침묵하였다. 그들의 강의는 폐강되었다. 가장 탁월한 성직자들도 종종 침묵하였고 이 장소로부터 저 장소로 끌려 다니거나 그들 중에 일부는 해외로 나가게 되었다. 필립 나이도 다른 동료들과 함께 홀랜드(Holland)로 피신하였다. 그는 감독 교회의 가혹한 권징을 피하기 위함이었다. 그러나 그는 장기 의회가 열리자 귀국하였다.

그는 맨체스터의 귀족에 의하여서 헌팅돈서(Huntingdonshire)에 킴볼톤(Kimbolton)의 사역자가 되었다. 1643년에 그는 웨스트민스터 총회 회원으로 임명되었다. 그는 런던 근처 악톤(Acton)에서 목사관을 가지게 되었다.

1643년 필립 나이는 스테판 마샬과 함께 스코틀랜드로 조정위원으로서 보내졌다. 1647년에 그는 의회로부터 찰스 1세에게로 협상위원으로서 보내졌다. 1653년

---

530) http://en.wikipedia.org/wiki/Richard_Capel
531) James Reid, **Memoirs of the Westminster Divines**, vol.1. p. 129.

사역자 검사관으로 임명되었다. 그는 사보이 선언의 매우 중요한 인물이었다. 그는 1658년 사보이에서 신앙과 규례와 예배에 대한 선언을 하였다. 그래서 그들의 장로들과 위원들이 동의아래에 회중 교회를 선언하였던 것이다.

그리고 1659년에 그 선언을 출판하였다. 찰스 2세의 왕정복고 이후에 람버트의 켄터베리 대주교와 함께 서류들을 가져왔다. 그는 훌륭한 정치가였다. 그는 왕정복고이후에 회의에서 논쟁하였다. 필립 나이는 토마스 굿윈 다음으로 독립교회파의 유창한 대변인이었다. 그는 장로 정치가 세우려고 하는 세속 정치에 대하여서 경계하였다. 그는 1672년 9월에 런던 근처 콘힐(Cornhill)의 마이클(Michael)의 교구에서 죽었다. 그의 나이 76세였다.532)

31. 피터 스미스(Peter Smith, D.D. of Watford, Assessor, St Andrew's :1586~1653)

(없음)

32. 코넬리우스 버게스(Cornelius Burgess, D.D. of Watford:1589~1665)

그는 서머셋셔(Somersetshire)에 바트콤(Batcomb)의 버게스(Burgesses)의 후손이다. 옥스퍼드의 고전적이고 유명한 대학교에서 교육받았다. 1611년에 대학교에 들어갔고 다시 와드햄(Wadham) 칼리지로 들어갔다. 거기에서 B.A.를 취득하였다. 후에 링콜튼(Lincoln) 칼리지로 물러났다. 1627년 성직자 허가를 받았다. 1635년 알파게(Alphage) 교회에서 런던 사역자들에게 라틴어로 설교하였다. 이 설교에서 그는 하나님 나라의 복음을 설교하기 위하여서 가능한 부지런해야 할 것을 가르쳤다. 1643년 11월 17일 코넬리우스 버게스와 스페판 마살은 하원에서 설교하는 자로서 부르심을 받았다. 버게스는 예레미야 1장 5절을 설교하였다. 그 설교는 매우 길었고 가치 있었다. "하나님께서 그의 교회에게 해방을 보증하셨을 때, 가장 적절하게 하나님과 친밀하게 되는 것은 가장 엄격하고 신성하게 그의 언약에 순종하는 것이다." 그는 잉글랜드 시민전쟁이 나자 의회 편에 서서 싸웠다. 웨스트민스터 총회 총대로 선출되기도 하였고 나중에 크롬웰의 집권 시에는 크롬웰의 독재를 반대하였다. 크롬웰의 공화정에 반대하여서 "런던에서 복음의 사역자의 변증"(Vindication of the Ministr of the Gospel in and about London)이라는 저

---

532) James Reid, **Memoirs of the Westminster Divines**, vol.2. p. 92

서를 1649년에 출간하였다. 찰스 1세가 처형이 되자 버게스는 1649년 1월 14일에 메르세스(Mercers)의 채플에서 설교하였다. 그는 의회를 강력하게 비판하였다. 1650년에 버게스는 국교회의 성당에서 설교자로서 웰스(Wells)에 지명되었다. 왕정복고 이후에 그는 이미 병이 들어서 죽어가고 있었다. 1665년에 질병으로 죽었다.533)

33. 존 그린(John Green, of Pencombe.)

존 그린은 자유로운 교육을 받았다. 매우 학식 있고 경건한 목사였다. 때때로 히어포드(Hereford)의 지방에 펜콤베(Pencombe)의 목사이기도 했다. 그는 세심하게 지식으로 양떼들을 먹였다. 그리고 모든 위험한 상황으로부터 그들을 지켰다. 그는 오락의 책(Book of Sports)을 혐오하였다. 그러한 책의 출현은 그에게 매우 불만스러운 것이었다. 그는 그러한 주제에 대하여서 자유롭게 그의 의견을 표현하였다. 느헤미아 1장 3~4절을 가지고 하원에서 강설할 때 "그들은 주님의 날에 자유롭게 죄를 짓도록 그런 책을 가지고 왔다. (나는 그러한 것을 참을 수 없었다.) 내가 종종 이웃 교구들로부터 들었을 때, 그 날에 메이폴의 마리스(Marrice or May-pole)을 북으로 치는 것과 같았다. 우리는 적잖게 공포를 느꼈다. 주님께서 그 죄를 심판하실까 해서다. 그날에 행군을 위해서 북을 두드린다. 그리고 주님께서 우리에게 우리의 경외심을 가져오신다. 얼마나 많은 행군이 그 날에 있을 것인가? 이러한 전쟁들의 시작이래로 그러하다. 나는 이 땅의 죄를 가장 크게 일으키는 것 중에 하나라고 생각했다."라고 진술하였다.

그린 씨(Mr. Green)는 만군의 주께서 이러한 일반적이고 총체적인 죄를 심판하실 것을 생각했다. "그러나 나는 그러한 많은 법령들이 하나님의 자비를 통하여서 이러한 신성 모독을 감추기를 희망한다. 만약 좋은 법이 있다면, 그것은 국가의 생명이다. 주의 깊게 수행해야 하며 그것은 법의 생명이다."

1643년에 그린 씨(Mr. Greene)는 웨스트민스터의 성직자들의 회의에 회원으로 선임되었다. 그리고 그는 의회에서 강설하였다.

[저 서]

"느헤미야의 눈물과 유다의 고통과 폐허와 예루살렘의 회귀를 위한 기도라는 제목의 출판된 설교"(Mr Greene wrote and published a sermon which is

---

533) James Reid, *Memoirs of the Westminster Divines*, vol.1. p. 68.

entitled "Nehemiah's Tears and Prayers for Judah's Affliction, and the ruins and repair of Jerusalem) 이 설교는 1644년 4월 24일에 느헤미아 1장 3~4절을 가지고 하원들 앞에서 웨스트민스터 마가렛 교회(Margaret church)에 예배시에 강설하였다.534)

34. 스텐리 고워(Stanely Gower:1600~1660)

스텐리 고워는 그리스도 교회의 탁월한 사려할만한 성직자였다. 그는 잉글랜드의 히어포드(Hereford) 지방의 브램프톤-비란(Brampton-Bryan)의 사역자로 있었다. 웨스트민스터 총회 회원으로 선임되었고 그는 지속적으로 그 회의에 참여하였다. 런던으로 이주한 이후에, 루드게이트 가(Ludgate Street) 안에 마틴 교회(Martin)에서 강설하였다. 그는 하원에서 자주 강설하였고 그는 격리될 수 있는 삶에 대한 청원을 하는 사역자들의 조사와 접근을 위한 위원으로 임명되었다. 1644년 홀로 조사와 법령에 대한 위원으로 임명되었다. 왕의 죽음에 반대하는 선언을 위하여서 런던에서 그의 형제들과 함께 연계하였다. 그는 도르체스터(Dorchester)에서 사역자로서 1660년까지 살았다. 열정적이고 탁월한 장로주의자였다. 그로워씨(Mr. Grower)는 순교자들에 대한 클라크의 생애(Clark's Lives)라는 책에서 리차드 로스웰(Mr. Richard Rothwell)의 삶에 대하여서 기록하였다. 다니엘 12장 10절을 가지고 하원에서 강설하였다. 이 강설의 적용에서, 그는 따뜻하게 하나님의 집에 대한 개혁을 열정적으로 설명한다.

그는 말하기를 그들의 평안을 위하여서 "만약 당신이 죽는다면, 주님의 구원을 볼 것이다. 당신의 자손은 복을 받을 것이다. 그리고 당신을 위하여서 그렇게 큰 원인 안에서 당신이 충분히 종료된다."535)

35. 프란시스 테일러(Francis Tayler, B.D. of Yalding, Kent:1589~1656)

이 탁월한 성직자는 서레이(Surrey)에 클랩햄(Clapham)의 교구 목사로서 후에 켄트(Kent)의 얄딩(Yalding)의 교구 목사가 된다. 그는 대감독 라우드에 의해서 극심하게 핍박을 받는다. 1643년 그는 웨스트민스터 총회 총대로 선출된다. 그는 그 총회에서 큰 학식과 온화함을 보여주었다. 그의 특별한 능력과 자세는 그의 저작

---

534) James Reid, **Memoirs of the Westminster Divines**, vol.1. p. 365
535) Ibid., p. 364

에서 넘친다. 그는 잠언에 대한 주석을 달았고 히브리어와 유대 전통에 대하여서 해박하였다. 그의 시대에 내노라하는 제임스 어셔와 보에티우스에 견줄만하였다. 그는 얄딩(Yalding)으로부터 이주하여서 켄터베리(Canterbury) 도시에서 그리스도 교회에서 설교하였다. 1662년에 그는 고요하게 잠들었다.536)

36. 토마스 윌슨(Thomas Wilson, of Otham,1601~1653)

토마스 윌슨은 1601년에 잉글랜드의 컴벌랜드 지방에 카텔리(Catterly)에서 태어났다. 그의 부모는 소박하고 정직한 사람들이었다. 그래서 그들의 이웃들에게 명성이 있었다. 그는 어려서부터 학교를 다녔고 그곳에서 학업의 성취도는 높았다. 그의 급우들 중에서 최고였다. 그는 날카로운 위트와 유머 그리고 풍부한 기억력을 가진 광장한 독서파 였다. 그는 17세가 되기 전에 캠브리지 대학에 보내졌고 크리스티 칼리지(Christ's College)로 들어갔다. 거기에서 그는 지칠 줄 모르는 면학으로 경탄을 주었다. 그리고 학문에 있어서 매우 큰 진전을 이루었다. 그리고 그곳에서 그는 문학사를 준비하였다. 그는 그의 공부방에 "무엇인가 하지 않고는 하루가 지나가는 것이 없다."(*No day without doing something*)고 하는 문구를 써서 붙였다. 그가 학문적 소양을 갖추었을 때 그는 신학 교육을 더욱 게을리 하지 않았다. 그래서 그는 다음과 같은 어구를 좋아 했다. "구원에 이르게 하는 지혜를 내는 성경을 아는 한 소년으로부터"(*From a child he knew the Holy Scriptures, which are able to make wise to salvation*) 성경은 그에게 가장 보배로운 것이었다. 그는 그것을 자주 읽었다. 문학사가 되기 이전에 성경을 서너 번 통독하였다. 몸은 건강하였고 그는 지칠 줄 모르고 학업에 몰두하였다. 대학교를 떠났을 때 그는 성직을 준비하면서 한가한 시간에 서레이(Surrey)의 차트우드(Chartwood)에서 약 4년 동안 교편을 잡았다. 브리스토우 씨(Mr. Bristow)는 말하기를 윌슨 씨(Mr. Wilson)는 목회 사역에 적합한 인물이라고 했다. 그는 많은 영혼들을 주님께로 인도했다. 토마스 윌슨(Mr. Wilson)의 다음 사역지는 켄트 주의 마이드스톤(Maidstone) 근처 오탐(Otham)이었다. 오탐에서, 그는 많은 게으른 죄인들을 일깨우는 도구로 쓰임 받았다. 그런 자들이 회심하기에 이르렀고 그들은 믿음을 세우고 거룩성을 이루어갔다. 그의 사역으로 많은 무리들이 마이드스톤으로부터 그의 교회로 왔고 교회가 너무 좁아서 사람들을 다 오게 할 수 없을 정도

---

536) Benjamin Brook, *The Lives of the Puritans*, vol. 3. p. 381.

였다. 마이드스톤 거주자들은 말씀의 사역에 적응하였다. 아이들이 빵을 달라할 때, 그들의 영혼은 영적 양식의 결핍으로 빈곤하였다. 그는 그들의 영적 아비로서 양식을 주었다. 토마스 윌슨은 신실했고 지혜로운 인도자였다. 율법의 엄격성을 가르쳤고 바로 그들이 그러한 율법의 엄격함 아래에 있다고 선포하였다. 그래서 그에게 나아온 사람들은 울부짖으며 "우리가 어떻게 하여야 구원을 얻겠습니까?"라고 하였다. 그는 바나바와 같았다. 그의 온화한 미소는 아름답게 신적 은혜의 형언할 수 없는 부요함을 베풀어 주었다. 그래서 멸망할 수밖에 없을 죄인들이 우리 주 예수 그리스도에게로 돌아왔다.

그의 교리는 경건하였고 그의 주요한 목적은 하나님께 영광이었다. 그는 그리스도에게 비참한 영혼들을 인도했다. 결코 이 세상의 속한 일시적인 것에 마음을 두지 않았다. 그의 귀에 들리는 찬사에 마음을 두지 않았다. 오직 신적 명령에 순종하여서 때를 얻든지 못 얻든지 말씀을 증거할 뿐이었다. 그는 매주에 두 번 설교하였고 다른 날에도 자주 설교하였다. 그의 대한 찬사와 칭찬은 불경스러운 죄인들에 의하여서 자주 시기를 당하였다. 그는 당황하거나 낙담하지 않고 주님만을 신뢰하였다. 오직 모든 복은 하나님으로부터 온다고 하는 확신을 가지고 그렇게 했다. 그는 매우 엄격하고 열정적으로 주의 날을 지켰다. 항상 그날에 대한 남용이나 오용을 살피고 경계하였다. 무엇보다 토마스 윌슨의 큰 경건에 대한 싸움은 그가 불경건한 오락의 책(Book of Sports)이라는 저서를 주의 날에 읽지 않았다는 것이다. 1634년에 그는 대주교 라우드에 의하여서 공적인 사역을 하는 것을 금지 당하였다. 그러나 그는 오락의 책이 출판되었을 때, 그것을 읽지 않음으로 저항하였다.

1635년 4월 29일에 그에게 14개 조항에 대한 금지 명령이 내려졌다. 그는 각각에 대하여서 답변하였다. 그러나 이러한 답변서는 대 주교 라우드가 토마스 윌슨에게 쳐놓은 올가미였다. 그러나 토마스 윌슨은 오락의 책을 읽지 않았다. 이러한 고난 속에서 결국 그는 오락의 책을 읽지 않는 죄목으로 비국교도(Nonconformist)들이 가는 감옥으로 가게 되었다.

1639년 스코틀랜드와 잉글랜드 간에 전쟁이 있었을 때, 의회가 소집되었다. 결국 라우드 대주교는 토마스 윌슨을 방문했다. 그는 장기 의회가 열리는 1640년까지 라우드의 감시를 피해서 은신했다. 1643년 그는 웨스트민스터 총회 회원으로 임명되었다. 그는 자신의 거주지로부터 상당한 거리가 있음에도 불구하고 지속적으로 참석했다. 그리고 주의 날에는 그의 양 무리를 섬겼다. 그는 총회에서 그의 온화하고 겸손한 태도로 인해 매우 중요한 자에 속했다. 토마스 윌슨은 두 번 결혼했다. 그의 두 번째 아내는 7명의 아이들을 낳았다.537) 그는 믿음의 선한 싸움을 싸우고 그의 달려갈 길을 마쳤을 때 믿음을 지켰다. 그는 1653년 평온하게 그의 생을 마감했다.538)

37. 안토니 터크니(Anthony Tuckney, D.D. of Boston,1599~1670)

안토니 터크니는 키르톤(Kirton)의 사역자 터크니 씨(Mr. Tuckney)의 아들이었다. 그곳은 린콜른시어(Lincolnshire)에서 보스톤으로부터 3마일 정도 떨어진 곳이다. 그는 1599년에 태어났다. 그는 캠브리지의 엠마누엘 칼리지에서 교육을 받았다. 그가 M.A를 받았을 때, 잠시 동안 칼리지를 떠나서 린콜린(Lincoln) 백작의 궁정 목사가 되었다. 그러나 곧 칼리지의 교수가 되었다. 그는 돌아와서 계속 공부하여서 신학 박사 학위를 받았다. 그 시기에 그는 가장 근면하고 양심적인 교사였다. 그는 많은 학생들을 가르쳤고 그들은 나중에 국가와 교회에 큰 인물들이 되었다. 그는 대학을 떠났다. 그리고 보스톤으로 부름을 받았다. 그는 그곳에서 존 코튼(Mr John Cotton)의 보조 목사가 되었다. 코튼(Mr Cotton)과 관계를 유지하였다. 그러다 코튼(Mr Cotton)이 신대륙으로 이주하게 되자 보스톤에서 그의 계승자로 있었다. 1633년에 그는 코튼(Mr Cotton)의 조목사로 있다가 보스턴 교구의 목사가 되었다. 그곳에서 계속 사역하였다. 1643년에 런던에서 의회에 소명을 받았다. 그리고 웨스트민스터 총회 회원으로 선택되었다.그와 토마스 콜레만(Mr. Coleman)이 린콜린(Lincoln)을 대표하는 성직자가 되었다. 매우 위험하고 어려운 시기였다. 왕당파와 의회파 간의 내전 기간이었기 때문이다. 1660년 찰스 2세가 왕정복고를 하게 되자 그는 사임했다. 그리고 하우 박사(Dr. Howe)가 대신하게 되었다.

1645년 그는 총회 조정 위원회의 위원이 되었다. 신앙 고백과 요리 문답에 대한 작업에 상당히 많은 부분 관여하였다. 대요리 문답의 답변의 많은 부분을 그가 감당하였고 그에 대한 주석을 썼다.

1645년 그는 엠마누엘 칼리지의 교수가 되었다.

---

537) Ibid., p. 264
538) Benjamin Brook, The Lives of the Puritans, vol.3. p. 173

1648년까지 그는 미첼 쿠에렌(Michael Queren)의 사역자로 있었다. 1648년 그는 캠브리지로 이사하였다.

1653년 토마스 힐이 죽자, 애로우 스미스 박사(Dr Arrowsmith)가 트리니티 칼리지(Trinity College)의 교수로 선택 되었다. 그때, 터크니 박사(Dr Tuckney)는 성 존 칼리지(St John's College)의 교수가 되었다. 그가 애루스미스 박사(Dr Arrowsmith)의 후계자가 된 것이다. 그는 매우 겸손하고 온화했다. 찰스 2세의 왕정복고 이후, 그는 사보이에서 위원으로 있었다. 통일령 이후에 캠브리지 대학으로부터 은퇴하고 1665년 역병이 돌 때, 그 자신의 집에서 설교하였다. 때때로 몇몇 친구들과 함께 있을 때 설교하기도 하였다. 1669년에 그는 런던의 토트험으로 이사하였다. 그리고 1670년에 런던의 스피틀 야드(Spittle Yard)로 이사하여 그곳에서 죽었다. 그의 나이 71세였다. 그는 경건하고 학식 있었던 성직자였고 지칠 줄 모르는 설교가였다.539)

38. 토마스 콜레만(Thomas Coleman of Bliton, 1598~1647)

토마스 콜레만은 옥스퍼드 부근에서 태어났다. 그 곳은 옥스퍼드 도시 사이에 있었다. 그는 옥스퍼드의 유명한 대학교에서 수학하였다. 1615년 시작 즈음에 마그달렌 홀(Magdalen-Hall)에 처음 입학하였다. 그의 나이 17세였다. 그곳에서 문학사 학위를 받았고 사역자의 일을 시작하였다. 히브리어에 능통하였다. 그의 히브리어 수준 때문에 랍비 콜레만이라는 별명이 있을 정도였다. 1642년에 잉글랜드 내전이 일어나자, 그는 왕당파에 의해 핍박을 받기 시작하였다. 그래서 그는 블리톤(Blyton)의 렉토리(Rectory)를 떠날 수밖에 없었다. 런던으로 피신하였다. 1643년에는 웨스트민스터 총회 회원이 되었다. 총회에서 히브리어 성경과 관련된 본문을 살폈다. 그는 총회에서 확실하게 에라스투주의를 주장하는데 거침이 없었다.540) 콜레만은 주장하기를 "가장 좋은 개혁이란 이러한 방법으로 돌아가는 것이다. 이스라엘 교회가 교회 정치와 시민 정치 간에 차이가 없는 것으로 보아야 하리라"그러나 이러한 에라스투주의의 견해에 반대하여서 길레스피가 그는 그에 대한 입장을 다음과 같이 표방한다.

1. 유대 교회는 유대 국가와 형식적으로 다르다. 2. 교회적 산헤드린과 정치 구

---

539) Ibid., p. 189
540) Ibid., p. 237

조가 사회적 제도와 달리 따로 있었다. 3. 교회적 출교는 사회적 형벌과는 다르다. 4. 유대 교회에 공적 고백이란 회개의 선포 등이 있었다. 에라스투주의자들의 오류는 곧 드러났다. 그것은 바로 알미니우스주의의 개인 교수에 불과했다. 그런 전형적인 병폐는 후대에 영향력을 행사한다. 콜레만과 길레스피의 논쟁은 나중에 책자로 나왔다. 콜레만은 에라스투주의 논쟁에 참여하였다. 그는 의회의 강설에 몇 번 참여하였고 웨스트민스터 총회 기간에 고통과 어려움으로 웨스트민스터 총회가 끝나기도 전인 1647년 3월 30일에 죽었다.

39. 찰스 헐(Charles Herle, of Winwick. 1598~1659)

찰스 헐은 1598년에 잉글랜드 안에 콘웰(Cornwall) 지방의 로스트위티엘(Lostwithiel) 근처의 프라이드아욱스-헐(Prideaux-Herle)에서 태어났다. 그는 좋은 가문 출신이다. 부모들은 명예로운 위치에 있었다. 그는 에드 헐(Ed. Herle)의 세 번째 아들로 태어났다. 조상들은 노르덤벌랜드(Northumberland)에 웨스트 헐(West Herle)로부터 유래되었다. 그는 1612년에 옥스퍼드에 있는 엑세터 칼리지(Exeter College) 학교에 들어갔다. 1618년 문학부에서 석사 학위를 마쳤다. 대학교에서 학업을 마치자마자, 그는 사역자의 길로 들어섰다. 데본셔(Devonshire)의 적당한 장소에서 첫 자리를 잡았다. 그곳에서 그는 신실한 퓨리탄이었다. 그의 이러한 경건성으로 인하여서 비국교도(Nonconformist)로서 가혹한 핍박을 받았다.

그는 항상 "예수 그리스도 안에서 경건하게 살고자 하는 자들에게 핍박이 있으리라"는 말씀을 품고 살았다. 후에 랑카스터의 윈위크(Winwick)의 교구 목사(Rector)가 되었다. 그곳은 잉글랜드에서 가장 부요한 사람들이 사는 곳이었다. 잉글랜드 내전 기간 동안에 의회로부터 부름을 받고 웨스트민스터 총회의 회원으로 임명되었다. 1646년 윌리엄 트위스가 총회 기간에 소천하게 되자 트위스의 뒤를 이어서 총회 의장(Prolocutor)이 되었다. 그는 언약론자였고 의회에서 자주 강설하였으며 1643년에 신학 저서 출판의 검열관의 한 사람으로 내정되었다. 그리고 웨스트민스터 사원 교회의 새벽 기도회 강설자 중 한 사람이었다.

1644년에 21명에 달하는 그와 몇몇 성직자들은 랑카스터(Lancaster) 지방에 일정한 기간 동안 사역자들의 서임을 시행하는 권세를 받았다.

1645년에 그는 조정 위원(Committee of Accommodation) 중에 한 사람으로 임명되었다. 신앙 고백에 대한 기초를 이루는 초안 작성을 위하여서 총회에 의하여서 학식 있는 성직자들의 위원들 중 한 사람으로서 임명된 것이다. 그는 그 제안에 서명하였다. "예수 그리스도는 교회의 왕이시고 그는 세속 관원으로부터 구별되는 교회 정치를 명하셨다."541)

그는 온건한 장로 교회(Moderate Presbyterian)를 표방하였다. 그의 독립교회 파들에 대한 변론서에서 그는 화평하고 온화하고 공정하게 그것을 시행하였다. 비록 그가 그들에 대한 반박서를 썼으나, 여전히 그의 서문에서 "교회의 독립에 대한 성경의 독립성"이라고 말하면서 "우리와 우리의 형제들 사이에 불일치하는 것은 당신들이 생각하는 것만큼 그렇게 크게 문제될 것이 없다."고 한다. 스코틀랜드 성직자들이 웨스트민스터 총회를 떠날 것을 제안했을 때, 그 당시에 의장이(prolocutor)였던 찰스 헐(Mr. Herle)은 형제의 이름으로 감사하고 그들을 보냈다.

1647년에 찰스 헐(Mr Herle)과 스테판 마샬(Mr. Stephen Marshall)은 스코틀랜드 의회에 참석하도록 허락을 받았다. 잉글랜드 국왕의 처형 이후에 그는 그의 양떼들에게로 돌아갔고 윈위크(Winwick)에 있는 바인야드 경(Lord's vineyard)의 교회에서 목회적 사역을 수행하였다. 그는 그곳에서 계속 목회적 사역을 진행하였고 그 지방에서 사역 가운데 그의 형제들에 의하여서 사랑을 받았다.

1651년 더비 백작(Earl of Derby)이 잉글랜드 국왕 찰스 2세를 위하여서 군대를 일으켰다. 그는 더비 백작과 함께 왕정복고에 대한 의견을 나누었다. 그는 훌륭한 학자로서 그리고 깊은 경건한 신앙인으로서 살았다. 그는 학자로서 신사로서 그렇게 살았다. 그는 그와 의견을 달리하는 자들을 온화함으로 품어 줄 수 있었던 사람이었다. 그는 1659년 9월 하순 경에 소천하셨다. 그의 나이 61세였다. 그는 그때 그 자신의 목회지에 머물러 있었다.542)

40. 리차드 헤리크(Richard Herrick:1600~1667)

리차드 헤리크는 런던에서 태어났다. 그리고 머첸트 테일러 학교(Merchant Taylor's school)에서 교육 받았다. 레이세스터셔(Leicestershire)에 있는 베아우마노아(Beaumannour)의 윌리엄 헤이리크 경(Sir. William Heyrick)의 어린 아들이었다. 1617년에 시작된 옥스퍼드에 존 칼리지(John's college)의 보통학생이 되었다. 그의 나이 17세였다. 그는 적당한 때에 문학사를 받았다. 그리고 1624년에

---

541) Ibid., p. 25."That Jesus Christ, as King of the church from the civil magistrate"
542) Ibid., p. 24

동일한 대학교 안에서 올 소울 칼리지(All-Soul's-college)의 동료로 선임되었다. 그 후 성직자의 길을 가게 되었다. 결국 노퍽(Norfolk)의 교회에 목사가 되었다. 또 잉글랜드의 랑카셔(Lancashire) 지방의 맨체스터에 있는 그리스도 칼리지(Christ's college)의 학장이 되었다. 내전이 일어나자, 그는 의회파를 지지했다. 그리고 웨스트민스터 총회 회원으로 선임되었다. 그는 언약론자였고 개혁에 대한 열정적인 참여자였다. 1667년 8월 6일, 그의 나이 67세에 죽었다. 그의 묘지는 맨체스터의 대학 교회 안에 있다.

[저 서]

그는 몇 권의 강설을 출판하였다. 세 개의 강설이 맨체스터의 대학 교회 안에서 강설되었다. 시편 122편 6절. 데살로니가 후서 2장 15절과 창세기 49장 5,6,7절. 런던에서 1641년에 출판되었다. "왕비 에스더의 결심: 혹은 하늘에 속한 왕후다운 귀감 하나님의 사랑하는 자들과 그들의 나라를 위한 타고난 결의"(Queen Esther's Resolves: or A Princely Pattern of Heaven born Resolution, for all the Lovers of God and their country) 1646년 5월 27일에 하원에서 에스더 4장 16절로부터 강설된 것이다. 런던에서 1646년에 출판되었다.543)

41. 리차드 클래톤(Richard Clayton, of Showell:1597~1671)

리차드 클래톤은 웨스트민스터 총회 회원이었다. 그는 학식 있고 경건한 성직자였다. 잉글랜드 교회의 정치와 예배 모범을 세우는데 일조하였다. 소웰의 리챠드 클레톤(Richard Cleyton of Showell)이라고 불렸다. 1708년에 에딘버러에서 출판된 신앙 고백서에 리챠드 클레톤(Richard Clayton)이라고 기록되어 있다. 그의 이름은 에섹(Essex)의 사역자로서 알려져 있다.

그는 에섹(Essex)으로부터 소웰(Showell)로 옮겼다. 그곳은 레이체스터셔(Leicestershire)에 루터워드(Lutterworth) 근처였다. 몇 년 후, 그는 스태포드(Stafford)의 세이포드(Seighford)로 옮겼다. 그 해가 바로 통일령이 발령된 1662년이었다. 그의 이름은 잉글랜드의 스태포드(Stafford)에서 통일령에 대하여서 침묵 당하고 거절당한 존경할만한 명부에 기록되어 있다.544)

---

543) James Reid, **Memoirs of the Westminster Divines**, vol.2. p. 30
544) James Reid, **Memoirs of the Westminster Divines**, vol.1. p. 235

42. 조지 깁스(George Gipps:1590~1654)

조지 깁스는 잉글랜드의 레이체스터셔(Leicestershire)에 아일레스톤(Ayleston)의 교구 목사(Rector)였다. 그는 웨스트민스터에 총회 성직자로 부름을 받았다. 그는 하원에서 강설하였고 그것이 시편 46편 1절에 대한 강설이었다. 제목은 "하원에서 설교한 것"(A Sermon preached to Honourable House of Commons)이었다. 그 책은 1645년 런던에서 출판되었다. 칼라미 박사(Dr. Calamy)가 우리에게 전하는 그의 이력은 이러하다. 비국교도(Nonconformist) 존(John)의 아들이었다. 경건한 신학자였고 피할 수 없는 위대한 영향력을 행사했다. 특히 어두컴컴한 곳을 헤매는 자들에게 약간의 단계를 허락했다. 그리고 막강한 업무 처리 능력을 가지고 있었다.545)

43. 칼리부트 다우닝(Calibute Downing, D.D. of Hackney,1604~1644)

칼리부트 다우닝 1604년 글루체스터셔(Gloucestershire) 지방에 있는 세닝톤(Shenington)에서 태어났다. 그는 고대 존경할만한 가문의 후손이었다. 옥스퍼드의 오리엘 칼리지(Oriel College)에서 교육을 받았다. 학업을 마친 후 사역자 일을 시작했다. 버킹햄셔(Buckinghamshire)에 이크포드(Ickford)의 교구 목사(Rector)가 되었다. 또 런던 근처 하크니(Hackney)의 교구 목사(Vicar)가 되었다.

1640년 다우닝은 포병 부대에서 한 강설에서 "종교의 보존을 위하여서, 그리고 교회의 개혁을 위하여서, 다른 방법이 없다면, 왕의 군대에 저항하는 군대를 갖는 것은 합법적이다."라고 말했다. 그는 에섹스(Essex)에 있는 와빅(Warwick) 백작의 집에 웨스트민스터 총회가 개회되기 전까지 머무르게 된다.

1643년에 내전이 일어나자 그는 조 목사(Vicarage)를 사임하고 스푸르스토우 박사(Dr. Spurstowe)로 계승하게 하였다. 에섹스 경(Earl of Essex)의 군대 안에 로버츠 경(Lord Roberts)의 채플레인(Chaplain)이 되었다. 그는 위대한 언약론자였고 경건한 성직자였다. 온화한 설교자였다. 그리고 구주의 나라가 확대되기를 바랐으며 1644년, 그의 나이 40세에 죽었다.546)

44. 예레미야 버로우(Jeremiah Burroghs, of Stepney,1599~1646)

---

545) James Reid, Memoirs of the Westminster Divines, vol.1. p. 318
546) Ibid., p. 268

예레미야 버로우는 캠브리지 대학에서 수학하였다. 그러나 그는 이러한 악한 시절에 비국교주의(nonconformity)를 위하여서 대학과 왕국으로부터 이주하였다. 주교 웨렌(Wren)에 의하여서 혹독하게 고통을 받았다. 홀랜드로 이주한 뒤, 로테르담의 잉글랜드 회중 교회에서 사역자가 되었다. 그는 웨스트민스터 총회 회원이 되었다. 그도 의견을 달리하는 형제들 중에 하나였다. 버로우는 그들과 함께 따로 떨어졌다. 1646년 11월 14일 그의 나이 47세에 죽었다.

45. 에드먼드 칼라미(Edmund Calamy, B.D., of Aldermanbury, 1600~1666)

에드먼드 칼라미는 1600년 2월에 런던에서 태어났다. 그의 부친은 런던 시민이었다. 그는 1616년 7월 4일에 캠브리지 대학에 펨브록 홀에서 교육을 받았다. 1619년 문학사(Bachelor of Arts)를 받았고 1632년에 신학사(Bachelor of Divinity)를 받았다. 그리고 초기부터 알미니우스에 대하여서 적대적이었다. 잉글랜드에서 1618년 도르드레히트 회의 이후에 종교적 형태가 바뀌었다. 그것은 알미니우스주의를 선호하는 것이었다. 특히 켄터베리 대주교였던 윌리엄 라우드는 알미니우스주의자였다. 이러한 이상한 뒤집힘은 알미니안들에게 새로운 용기를 주었다. 그래서 도르드레히트 신조의 결정은 알미니우스주의와 칼빈주의 사이에 중요한 예정론에 대하여서였는데 잉글랜드에서 알미니우스로 기울어지는 현상이 있게 되었다. 이러한 환경에서, 알미니우스 사상에 적대적이고 칼빈주의를 선호하였던 칼라미는 확실하게 잉글랜드 교회나 대학 안에 더 많은 우선권을 기대하였다. 1626년에 펠톤 주교의 죽음 이후에, 칼라미는 어두문드 버리의 강의자로 선임되었다. 그곳에서 그는 그의 동료 버로우와 같이 수고하였다. 주교 웨렌의 논문(Bishop Wren's Articles)과 혐오스러운 오락의 책의 읽기(the reading of the detestable Book of Sports)가 강요되었을 때, 그는 그의 목사직을 걸고 반대하였다. 그리고 그는 국교도(Conformity)로 강요하는 것을 거부하였다. 칼라미는 변함없는 활동적인 비국교도주의자(Nonconformist)였다. 1639년 스토우톤 박사(Dr. Stoughton)의 죽음 이후, 런던에 있는 메리 알데만베리(Mary Aldermanbury)의 사역자로 선임되었다. 곧 매우 빛나는 명성을 얻었다. 1639년 7월에 옥스퍼드 대학에 합류했다. 1640년 그는 유명한 책 스멕테누스(Smectymnuus)라고 불리는 공동 저서의 집필자로 종사하였다. 이 저서에서 최초로 잉글랜드 안에 감독주의(Episcopacy)에 대한 비판을 하였다.

이 신비스러운 이름 스멕테누스(Smectymnuus)는 그 저자들의 이름 앞글자를 따서 붙인 것이다. 그들은 바로 스테판 마샬(Stephan Marshall), 에드먼드 칼라미(Edmund Calamy), 토마스 영(Thomas Young), 매튜 뉴코멘(Mathew Newcomen), 그리고 윌리엄 스푸러스토우(William Spurstow)이다. 그 저서는 1641년 4월에 출판되었다. 547)

46. 조지 워커(George Walker, B.D., of London. 1581.~)

조지 워커는 1581년 잉글랜드 북서쪽 랑카셔(Lancashire)에 포네스(Fourness) 안에 시장의 하크세드(Hawkshead)에서 태어났다. 그는 경건한 부모들로부터 양육 받았다. 그가 아이였을 때, 그리스도께서 그를 찾아오시기를 기뻐하셨다. "주여! 나를 취하소서. 내가 당신을 찬송하는 것을 보일 때까지."

이러한 모습들은 그의 부모가 그를 하나님께 바치는 것으로 인도하였다. 그래서 거룩한 사역에 그가 헌신하는 것을 인정하는 것이었다. 그는 캠브리지 대학교의 성 존 칼리지(St. John's College) 안에서 자유로운 교육을 받았다. 그는 훌륭한 논리학을 배웠고 그는 그 대학교에서 B.D를 받았다. 대학교에서 학업을 마친 후, 그는 런던으로 갔다. 1614년에 왓틀링 가(Watling street)에서 전도자 요한(John the Evangelist)의 교구 목사가 되었다. 그곳에서 거의 40년 동안 하나님의 신실하고 은혜로운 사역자로서 수고 하였다. 다른 더 높은 직책을 거부하였다. 승진을 위하여서 그리스도의 복음을 가르치지 않았다. 그의 영광된 구속자에게 값지고 불멸하는 영혼을 받은 것에 대한 감사의 도구로서의 관점을 가지고 살았다.548) 1623년에 그는 스미스라는 교황주의 사제와 공적 논쟁을 벌였다. 1638년 스타 챔버(Star Chamber)에 의하여서 크게 핍박을 받았다.549)

47. 조셉 칼(Joseph Carl, of Lincoln's Inn, London.1602~1673)

조셉 칼은 장기 의회 기간 동안에 특별한 경우에 설교하였던 인물이다. 웨스트민스터 총회에서의 그의 모습에 대하여서 존 F 윌슨이 묘사하고 있다.

---

547) Ibid., p. 173
548) James Reid, **Memoirs of the Westminster Divines**,vol.2. p. 200
549) Ibid., p. 201

"그는 1642년 4월 27일 장기 의회 세 번째 달에 의회 앞에서 설교하였다. 그는 1643년 10월에 언약 기념일에 설교하였다. 그는 비범한 겸손과 감사로 설교하였다. 그는 한번에서 두 번 정도 상원에서도 설교하였다. 그는 1640년~1649년 사이에 14개의 설교를 하였다. 그리고 그중에 반 정도는 출판되었다. 그는 자주 잔부 의회에서도 설교하였다."

상하 양원에서 한 그의 설교는 성경적 언약의 퓨리탄적 이해에 대한 그의 실행을 보여주는 것이었다. "거룩한 언약의 특성과 엄숙과 배경과 가치에 대하여서"라는 제목으로 출판되었다. 그의 설교는 퓨리탄 문체의 설교에 대하여서 하나의 사례가 되었다.550)

그는 런던에서 점잖은 부모 밑에서 태어났다. 1621년에 옥스퍼드에 엑스터 컬리지(Exeter Colleage)로 들어갔다. 1625년에 학사 학위를 받았다. 그리고 1627년에 M.A를 받았다. 1632년~1647년까지 린콜린의 인(Lincoln's Inn)에서 설교하였다. 런던의 저명한 인사들이 그의 소문을 듣고 그곳으로 왔다. 1645년에 런던 다리(London Bridge) 근처의 성 마구누스(St. Magnus)의 교회에 사역자로 임명되었다. 그는 웨스트민스터의 회의에도 참석하여서 수고하였을 뿐만 아니라 의회에 의하여서 궁정 목사로 임명되었다. 그리고 존 오웬과 함께 스코틀랜드 대사로 임명되었다. 그러나 왕정 복구 이후에 그는 1662년의 통일령에 의하여서 성 마그누스(St. Magnus)의 교회로부터 추방당했다. 그는 1673년 죽을 때까지 136명 정도의 전달자 회원들을 런던 브리지 근처에서 회중으로 모았다. 그는 웨스트민스터 총회에서 중요한 역할을 하지는 않았다. 그러나 독립 교회파로서 활동하였다.551)

48. 라자루스 시멘(Lazarus Seaman, B.D., of London, 1607~1675)

라자루스 시멘은 1607년 레이세스터(Leicester) 부근의 가난한 집안의 아들로 태어났다. 1623년 7월 4일 그는 캠브리지에 있는 엠마누엘 칼리지에 들어갔다. 그리고 1627년에 B.A를 얻었다. 1631년에 M.A를 취득했다. 그의 어려운 경제적 상황은 그를 캠브리지로부터 떠나 외견상으로는 런던에서 학교 선생님이 되게 했다. 1628년 2월 12일에 집사로 서임되었다. 외견상으로는 사제로 서임되지는 않

---

550) Ibid., p. 128
551) William Barker, Puritan Profiles 54 puritans, p. 130

았다. 런던에 있는 세인트 마틴의 루드게이트(St. Martin's Ludgate)에서 1634~1636년 동안 강사로서 섬겼다. 그리고 노덤벌랜드(Northumberland)의 열 번째 백작, 알레논 페르시(Algernon Percy)에 기관 목사(chaplain)가 되었다.

1638년에 브레드 가(Bread Street)의 올 할로우스(All Hallows)의 강사이며 큐레이터가 되었다. 그곳에서 1643년에 교구목사(Rector)가 되었다. 웨스트민스터 총회가 있을 때, 그는 회원으로 초청을 받았고 지속적으로 그 회의에 참석했다. 그는 매우 활동적으로 웨스트민스터 총회에 일에 참여하였다. 그와 친했던 윌리엄 젠킨(Mr William Jenkyn)은 다음과 같이 그를 평가했다. "그는 매우 심오하고 경건하며 모든 신학 논쟁에 있어서 예리하게 판단하였다. 그는 모호하고 애매한 논쟁에 대하여서 명확하게 판단할 수 있는 능력을 가지고 있었다. 그는 감탄할 만한 명석함을 가지고 신학적 문제에 답변하였다. 그는 사태를 어떻게 풀어가야 할지를 잘 알고 있었다. 그는 진리를 발견하는데 누구 못지않게 탁월하였다."

칼라미 박사(Dr. Calamy)는 다음과 같이 평가하였다. "그는 위대한 신학자였다. 그는 성경 원어에 밝았으며, 그는 교회 정치에 대하여서도 해박했다."552)

1644년 라자루스 시멘은 캠브리지 대학교 안에 맨체스터(Manchester)백작의 도움으로 마스터 어브 베드로 하우스(Master of Peter House)를 설립했다. 그리고 웨스트민스터 총회에 의하여서 승인을 받았다.553) 라자루스 시멘은 에라스투주의자들과의 논쟁에서도 주도적 역할을 하였다. 1646년에 존 라이트푸드의 논쟁에 대하여서 중요한 반응을 하였다. 또한 반율법주의에 대하여서도 매우 잘 논쟁하였다. 총회에서 그의 여러 활동들로 인하여서 스코틀랜드 총대들과 대화하는 그랜드 코미트(Grand Committee)에서 섬기게 되었다. 확실하게 성직자의 중요성을 견지해야 할 것에 대하여서 추구하였고 무엇보다 그는 장로회의 권위에 대하여서 중요성을 강조하였다. 그리고 언약론의 준수를 중요하게 생각하였다. 그는 1644년 9월 25일 하원에서 한 설교에서 언약론을 중심으로 강설하였다. 열왕기상 3장 9절을 중심으로 "솔로몬의 선택: 혹은 왕과 군주에 대한 우선권에 대하여서"(Solomon's Choice: or, A Precedent for Kings and Princes, and all who are in Authority)라는 주제로 강설하였다.

라자루스 시멘은 의회에서 4번이나 강설하였다. 1645년 9월 25일 상원에서 스

---

552) James Reid, Memoirs of the Westminster Divines, vol.2. p. 137
553) Ibid., p. 138

코틀랜드의 비참한 상황에 대하여서 특별하게 겸손한 마음으로 강설하였고 1647년 1월 27일 다시 상원에서 강설하였다. 그리고 1647년 12월 29일 하원에서 강설하였고 1648년 12월 27일에 상원에서 정규적인 강설을 하였다.

1647년 12월 29일에 강설은 "교회의 머리, 세상의 심판주: 혹은 심판의 날에 대한 교리"라는 주제로 사도행전 17장 30~31절을 근거로 강설하였다.554)

1649년 그는 올리버 크롬웰을 중심으로 하는 군부가 찰스 1세를 처형하려고 할 때 그것에 반대하여서 "런던에 있는 사역자들의 변론서"(A Vindication of the Ministers of the Gospel in, and about London)에 서명한 인물 중에 한 사람이다. 그는 장로회 첫 런던 당회(First London Classis)의 회원이었다. 그리고 런던 대회(London Provincial Assembly)의 활동적 인물이었다.

1647년 11월 8일에 그 두 번째 대회의 의장(Moderator)였다. 그는 1651~1653년 동안 런던의 장로교회 성직자들을 위한 모임 시에 시온 칼리지(Sion college)의 교장으로서 지명되었다.

1653년 그는 코르넬리우스 버게스(Cornelius Burgess)와 함께 런던의 장로교회를 이끌었다. 1653년 10월에 그는 버게스와 함께 잔부 의회 앞에 나타났다. 시멘은 1653~1654년 동안 캠브리지에서 그 대학교의 부총장으로서 섬겼다.555)

1658년 9월 3일 올리버 크롬웰이 죽었다. 그 이후에 시멘은 런던의 장로교 성직자들과 함께 올리버 크롬웰의 아들 리차드 크롬웰에게 하나의 요청을 하였다.

1659년 9월에 그는 장로교회와 독립교회의 연합을 위하여서 활동적으로 움직였다. 그는 군주제와 감독 교회에 대한 회복을 반대하였다. 그는 윌리엄 젠킨과 함께 그리고 다른 장로교 성직자들과 함께 레이놀즈, 에드문드 칼라미와 다른 장로주의자들과 함께 찰스 2세와 협상을 하였다.

1662년 통일령(Act of Uniformity)이 발표되자 그는 브레드 가(Bread Street)의 올 할로우스(All Hallows)로부터 쫓겨났다. 그리고 이미 1660년 8월 3일에 캠브리지의 피터하우스(Peterhouse)의 교장으로 밀려났다. 그의 고별 설교가 히브리서 12장 20~21절을 중심으로 런던에서 강설되었다. 라자루스 시멘은 뉴게이트 스트릿(Newgate Street)의 와르위크 코오트(Warkwick Court)에서 1675년 9월 3일에 죽었다. 그는 브레드 가(Bread Street)의 올 할로우스(All Hallows)의 7번째

---

554) William Baker, Puritan Profiles 54 puritans, p. 231.
555) Ibid., p. 232.

안치소에 장사되었다.556)

49. 존 해리스(John Harris, D.D. Warden of Winchester College:1588~1658)

그는 잉글랜드의 학구적인 성직자였다. 그는 옥스퍼드의 그리스어의 교수였다. 긴 시간 윈체스터 칼리지의 학장(Warden)이었다. 그리고 웨스트민스터 총대 중에 한 사람이었다. 그는 리차드 해리스의 아들로 버킹검셔의 하드위크(Hardwicke)에서 태어났다. 윈체스터 칼리지에서 교육을 받은 이후에 1599년 학자로서 옥스퍼드 뉴칼리지에 교수가 되었다. 그는 그리스어 학자로서 명성을 얻었다. 그리고 요한 크리소스톰과 비견될 만큼 헨리 세이빌(Henry Savile)과 함께 명설교가로 이름을 날렸다. 1617년에 대학교의 교육감이었다. 그리고 그리스어 교수였다. 1622년에 교수직을 사임하게 된다. 1630년에 윈체스터 칼리지의 학장(Warden)으로 선출되었다. 1640년 거기에서 그는 병원을 세웠다. 첫 번째 잉글랜드 시민 전쟁 때 장로주의자로서 총회의 총대로 부름을 받는다. 그는 언약을 받아들인다. 그리고 그의 학장직을 계속 수행한다. 그의 작품은 "아서의 호숫가"(Arthur Lake, sermons, 1639), "트위스에게 보낸 서신들"(Letters to William Twisse, 1658), 등이다.557)

50. 조지 몰레이(George Morley, D.D., of Minden Hall:1597~1684)

그는 잉글랜드의 주교였다. 그는 잉글랜드 런던에서 태어났다. 그리고 웨스트민스터 학교에서 교육을 받고 옥스퍼드 대학교에서 수학하였다. 그는 하트필드(Hartfield), 서섹크(Sussex)에 명목뿐인 목사로서 사역하였다. 그 다음해 옥스퍼드의 그리스도 교회의 주임 주교(canon)가 되었다. 그리고 빌트셔(Wiltshire)의 미덴홀(Midenhall)의 교구 목사(Rectory)로서 전환하였다. 그는 1642년 하원 앞에서 설교하였다. 그러나 그의 설교는 심각했고 1647년 그는 옥스퍼드 대학교의 의회 시찰 때 주임 주교직에서 쫓겨났다. 잉글랜드를 떠나서 그는 찰스 2세의 왕실과 접촉하였다. 그리고 하구(Hague)를 이끄는 성직자 중에 하나가 되었다. 왕정복고 이후에 그는 잉글랜드로 돌아와서 장로주의자들의 지지를 얻기 위해서 찰스 2세를 알리게 된다. 1660년 그는 다시 주임 주교가 된다. 그리고 그리스도 교회의 조 목사(Dean)가 된다. 같은 해에 그는 보르체스터(Worcester) 주교가 된다. 1661년에

---

556) Ibid., p. 233.
557) http://en.wikipedia.org/wiki/John_Harris_(Warden)

사보이 컨퍼런스(Savoy Conference)에서 그는 주교의 대표자로서 참여한다. 1662년에 그는 윈체스터(Winchester)의 편람을 번역한다. 그리고 1663년에 왕립예배당의 수석사제(Dean of Chapel Royal)가 되었다가 1668년에 찰스 2세에 의하여서 해고된다. 그의 작품은 드물고 적다.558)

51. 에드워드 레이놀즈(Edward Reynolds, D.D., of Brampton.1599~1676)

에드워드 레이놀즈는 잉글랜드의 햄프셔(Hampthire)의 항구 사우스햄톤(Southampton)에서 1593년 11월에 태어났다. 그의 부친은 사우스햄톤(Southampton)의 상인 중에 하나였던 아우스틴 레이놀즈(Austin Reynolds)였다. 그는 1615년 옥스퍼드의 메르톤 칼리지(Merton College)의 포스트 마스터(Post Master)가 되었다. 그리고 1620년에 프로베이셔너 펠로우(Probationer Fellow)가 되었다. 그는 그곳에서 그리스어에 능통하게 되었다. 그리고 여기에서 그는 논쟁자와 연설자가 되었다. 후에 그는 M.A 의 학위를 얻었다. 그는 거룩한 사역자가 되었다. 그리고 알려진 강설자가 되었다. 그는 때때로 링콜른의 인(Lincoln's Inn)의 명예로운 사회(Honourable Society)에 강설자가 되었다.

1642년 잉글랜드 내전이 일어나자, 그는 의회파를 지지하였다. 1643년에 그는 웨스트민스터 총회 회원으로 임명되었다. 그리고 그 기간에 매우 성실하게 참여하였다.

1645년 그는 조정위원회의 한사람으로 선임되었다. 그는 언약론자였고 런던에서 알아주는 강설자였다. 때때로 장기 의회에서 강설하였다. 1646년에 옥스퍼드에 가는 6명의 위원 중에 하나가 되었다. 그곳에서 학자들에게 강설하였다. 이후에 그는 그리스도 교회의 수석 사제(Dean of Christ Church)가 세운 대학교의 시찰감(Visitor)이 되었다. 그리고 1648년에 그 대학교의 부학장(Vice Chancellor)가 되었다. 그는 대부분의 사역을 런던에서 하였다. 그리고 후에 왕을 데려오는데 있어서 몽크 장군과 함께 맞부딪혔다. 그는 런던에서 장로주의가 활성화되는 것에 기뻐하였다. 칼빈주의자들 중에서 존경할만한 자였다.

1676년 7월 28일에 그는 죽었다. 그의 나이 76세였다. 다니엘 닐은 "그는 그의 세대에 가장 웅변적인 강설자였다. 그리고 훌륭한 원숙한 퓨리탄이었다. 그는 교회 정치에 있어서 그 자신을 사려하지 않았다."라고 평가하였다.559)

---

558) http://en.wikipedia.org/wiki/George_Morley

52. 토마스 힐(Thomas Hill, B.D., of Tickmarsh. 1602~1653)

1644년 8월 13일 토마스 힐과 허버트 팔머의 설교이후에 로버트 발리에는 스코틀랜드에 보낸 서한에서 다음과 같이 기록한다.

"이 좋은 두 사람은 공적이고 의회적인 죄악들을 죄책의 배경으로 강력하게 지적하였다. 그것은 다른 사람들 그들은 언약에 따라서 종교를 세우는 것을 무시하는 자들에 대한 것이었다. 그리고 그들의 손 아래에 그렇게 길게 안수식을 정립했다."

힐은 1642년 7월 27일에 그러한 문제로 하원에서 강설하였다. 1644년에 상원에서 강설하였다. 힐은 1602년 어간에 보르세스터셔 킹스톤(Worcestershire Kington)에서 태어났다. 1618년 그는 캠브리지의 엠마누엘 칼리지에 들어갔으며, 1622년에 학사 학위를 받았다. 그리고 1626년에 M.A를 받았다. 그는 잠깐 동안 존 코튼과 함께 살았다. 그리고 캠브리지로 돌아왔다. 1629년에 엠마누엘 칼리지의 교수가 되었다. 그리고 세인트 앤드류의 교구에서 강설하였다. 1633년에 그는 B.D를 받았다. 그리고 노르담프톤셔(Northamptonshire)의 교구 목사가 되었다. 그 시기에 그는 명성을 얻었다.

1643년 웨스트민스터 총회가 시작되기 전, 상원에 의하여서 요오크의 대감독 아래에서 위원으로 활동하도록 임명되었다. 그는 1653년에 갑자기 죽었다. 안토니 터크니가 그의 장례식을 조사하였다.560)

53. 로버트 샌더슨(Robert Saunderson: 1587.9.19.~1663.1.29.)

그는 잉글랜드의 신학자이고 인과론자(casuist)였다. 요크셔 안에 쉐필드에서 태어났다. 로테르담(Rotherham) 근처 킬드웨이트 홀(Gilthwaite Hall)에서 자랐다. 옥스퍼드의 링콜른(Licoln) 칼리지에서 교육을 받았다. 교회에서 링콜른(Lincoln) 교회 주교가 되었다. 그의 작품은 논리학 편람(Logica Aris Compendium :1615)이다. 그는 이 주제로 긴 세월을 씨름하였다. 17세기에 적어도 10번이나 재판되었고 광범위하게 읽혀졌다. 샌더슨의 위인 전기 작가는 말하기를 "논리학"(Logicae)은 캠브리지에서만 일만 부가 복사되었다고 한다. 1985년에 "어린 아이삭 뉴튼이 샌더슨의 논리학을 공부하였다"고 한다. 그렇게 샌더슨의 논리학은 대중적이었고

---

559) James Reid, **Memoirs of the Westminster Divines, vol.2**, p. 130.
560) William Baker, **Puritan Profiles 54 puritans**, p. 144.

후에 논리학 발달에 공헌하였다. 샌더슨의 설교는 경탄할 만하다. 그의 "양심을 돌이키는 아홉가지 경우들"(Nine Cases of Conscience Revolved :1678)은 기념비적 작품이다. 그의 저작은 윌리엄 제이곱슨(William Jacobson)에 의하여서 편집된 "로버 샌더슨의 작품들 6권"(The Works of Rober Sanderson in six volumes :1854), 옥스퍼드 대학교 출판부(Oxford at the University Press)에 있다. 그리고 E. J. 애쉬워드(E. J. Ashworth)에 의해서 편집된 "논리적 기술 문집들"(Logicae Artis Compendium :1985)에 있다.561)

54. 존 폭크로프트(John Foxcroft, of Gotham:1595~1662)

그는 옥스퍼드 마그달렌 홀(Magdalen-hall)에서 교육 받았다. 후에 토팅햄셔(Nottinghamshire)에 고담시(Gotham)에서 사역을 하였다. 시민 전쟁이 일어나자 의회와 연합하였다. 그리고 웨스트민스터 총회의 총대로 선출되었다. 지속적으로 회의에 참석하였다. 그 후, 런던으로 이사하여서 수시로 설교하였다. 때때로 의회에서 설교하였다. 1646년 하원에서 설교한 "선한 정부의 선과 좋은 배경의 평화, 이사야 32장 1,2절에 따른 하원에서의 설교"(The Good of a Good Government, and Well-grounded Peace, being a Fast Sermon before the House of Common, on Isa. xxxii. 1,2,)라는 작품이 있다.562)

55. 존 잭슨(John Jakson, of Marsac: 1600~1648)

존 잭슨은 학식 있고 경건한 성직자로 불렸다. 캠브리지의 퀸스 칼리지(Queen's college)에서 M.A를 받았다. "예수 안에 있는 진리의 고상함"(A Taste of the Truth as it is in Jesus), "대제사장의 흉패 안에 12개의 돌을 다듬는 예수 그리스도의 신실한 사역자"(The faithful Minister of Jesus Christ, described by polishing the twelve Stone in the High Priest's Pectoral, London, 1628.)의 저자이기도 하다. 1643년에 웨스트민스터 총회 회원으로 선임되었다.563)

56. 윌리엄 카터(William Carter, of London.)

---

561) http://en.wikipedia.org/wiki/Robert_Sanderson_(theologian)
562) Benjamin Brook, The Lives of the Puritans, vol. 3. p. 531.
563) James Reid, **Memoirs of the Westminster Divines, vol.2.** p. 49

윌리엄 카터는 캠브리지에서 교육을 받았다. 후에 런던에서 매우 대중적인 설교가로 알려졌다. 괜찮은 학자였고 매우 진지한 사람이었다. 비록 젊은 사람이지만, 웨스트민스터 총회 회원으로 선임되었다. 후에 독립 교회파와 연결이 되었다. 의견을 달리하는 형제들의 모임에 가담하게 된다. 그는 회중 교회에서 매주 설교하였다. 스코틀랜드 총대로서 웨스트민스터 총회에 참여하였던 로버트 발리에는 독립 교회파에 대하여서 다음과 같이 평가한다. "우리가 처음 런던에 와서 보니 매우 날카롭게 논쟁을 하기를 좋아하는 무리들을 발견했다. 그들은 독립교회파 사람들이었다. 그들은 그 대회에서 많아야 10명 내지는 7명 정도 남짓하였다. 그 중에서 대표적인 사람은 토마스 굿윈(Thomas Goodwin), 필립 나이(Philip Nye), 예레미야 버로우(Jeremiah Burroughs), 윌리엄 브릿지(William Bridge), 존 카터(John Carter), 조셉 카일(Joseph Caryl), 존 필립스(John Phillips), 피터 스테리(Peter Sterry) 등이다. 그들은 매주 회중 교회에서 설교하였다." 그는 매주 두 번 매우 큰 회중 교회에서 설교하였다. 1658년 그의 나이 53세로 죽었다.564)

57. 토마스 쏘로우굿(Thomas Thoroughgood:1595~1669)

토마스 쏘로우굿은 캠브리지 대학교에서 교육을 받았다. 그곳에서 문학 석사 학위를 취득했다. 그리고 거룩한 사역의 직분을 맡은 후 신학 박사 학위를 취득했다. 1622년 7월 9일에 다른 캠브리지 학자들과 함께 옥스퍼드 대학교와 연합하였다. 우드는 말하기를 "그들은 이 대학교의 심장 안으로 들어왔다."고 했다. 잉글랜드 내전 동안 토마스 쏘로우굿은 의회의 입장을 지지하였다. 의회 앞에서 몇 번의 강설을 하였다. 그리고 웨스트민스터 총회의 회원으로 임명되었다. 그곳에 참석하여서 발언하였다. 1643년에 학식 있고 경건한 성직자들의 모임이라고 불리는 의회의 서임에 그는 마싱햄(Massingham)의 토마스 쏘로우굿이라고 불렸다. 1644년 그는 노르퍽(Norfolk) 지방 그림스톤(Grimston)의 교구 목사(Rector)가 되었다. 그는 "정당화된 절제와 가까이 오시는 주님의 존재"(Moderation Justified and the Lord's being at hand Improved) 라는 설교 집을 출판한다. 그것은 1644년 12월 25일 그들의 엄숙 동맹에 대하여서 하원 앞에서 웨스트민스터 총회 기간에 설교한 것이다.565)

---

564) James Reid, **Memoirs of the Westminster Divines, vol.1.** p. 191
565) James Reid, **Memoirs of the Westminster Divines, vol.2.** p. 185

58. 존 애로우스미스(John Arrowsmith, D.D., of Lynn.1602~1659)

존 애로우스미스는 1602년 3월 29일 잉글랜드의 노덤벌랜드(Northumberland) 지방에 티네(Tyne)에 위치한 뉴캐슬(Newcastle) 근처에서 태어났다. 그런데 같은 날 같은 시간에 존 라이트푸트(John Lightfoot)가 태어났다.

1616년 그는 캠브리지의 세인트 존스 칼리지(St. John's College)에 들어갔다. 1620년에 B.A를 수여했다. 그리고 1623년에 M.A를 수여했다. 또한 그해에 캠브리지의 세인트 캐서린 홀(St. Catherine Hall)의 교수가 되었다. 그곳은 리차드 시베스(Richard Sibbes)가 1626~1635년에 학장(Master)으로 있었던 곳이다. 1626~1642년 기간 동안 세인트 캐서린 홀(St. Catherine Hall)은 실질적으로 모든 교수들이 퓨리탄들로 구성되어 있었다. 그중에는 웨스트민스터 총회 기간에 회원들이었던 토마스 굿윈(Thomas Goodwin), 앤드류 펀(Andrew Perne), 윌리엄 스퍼스토우(William Spurstowe)와 윌리엄 스트롱(William Strong) 그리고 존 애로스미스(John Arrowsmith)도 있었다.

1631년에 그는 노르포크(Norfolk)의 킹스 린(Kin'gs Lynn)에 세인트 니콜라스 성당(St. Nicholas Chapel)의 교구 목사(Vicar)가 되었다. 젊은 날에 화살에 의해 눈을 상해서, 그는 한쪽 눈에 유리로 된 눈을 끼고 살았다. 그러나 이러한 불운도 그의 학구열을 막지 못하였고 그는 1633년에 B.D를 받았다.

1642년 4월 25일에 애로우스미스(Arrowsmith)는 두 명의 노르포크(Norfolk) 성직자들 중에 하나로 선임되었다. 교회의 일을 수행하였다. 1643년 1월 25일 그는 매달 첫 날에 하원에서 강설자로서 사역하였다. 1647년 1월 27일 하원에서 다시 강설하였다.

1644년에 애로우스미스는 D.D를 받았으며 세인트 존스 칼리지(St. John's College)의 학장(Master)이 되었다. 1647년에 캠브리지 대학교 안에 부 학장(Vice-Chancellor)이 되었다. 그리고 1651년에 캠브리지 대학교의 신학부에 교장이 되었다. 1653년 토마스 힐(Thomas Hill)의 죽음 이후에 그는 트리니티 칼리지(Trinity College)의 학장이 되었다. 웨스트민스터 총회 기간에 애로우스미스는 대륙 개혁 교회를 위하여서 라틴어로 번역해 소통하는 역할을 맡았다. 1645년에 그는 아이론몽거 레인(Ironmonger Lane)의 세인트 마틴의 교구 목사(St. Martin's Rectory)자리를 얻었다. 그곳에서 1649년에 존 왈리스의 뒤를 이어서 사역하였다. 장로교회 정치 형태가 결정될 때, 여섯번째 런던 종교 법원의 회원이었다.

1646~1647년 소퍼 레인(Soper Lane)의 세인트 판크라스(St. Pancras)에서 강설하였다.

그는 1654년 사역을 위한 목사 후보생들의 성직자 고시 위원이 되었다. 애로우 스미스는 소요리 문답의 주요한 형태를 제안했다. 존 라이트푸트(John Lightfoot), 존 셀덴(John Selden), 토마스 가테이커(Thomas Gataker), 윌리엄 그린힐(William Greenhill), 윌리엄 트위스(William Twisse), 에드워드 레이놀즈와 존 왈리스(Edward Reynolds and John Wallis)와 함께 고전적 학자로서 간주되었다. 그는 1659년 2월에 죽었다. 웨스트민스터 총회에서 설교가였고 학자로서 존경받았다. 그는 부지런하게 그의 사역을 수행하였다.566)

59. 로버트 해리스(Robert Harris, B.d. of Hanwell,1578~1658)

1578년 로버트 해리스는 잉글랜드 글루세스터셔(Gloucestershire)에 브로드 캄덴(Broad Campden)에서 태어났다. 그의 아버지는 매우 분별력이 있고 지적인 사람이었다. 그의 어머니는 매우 종교적이고 자비로운 여자였다. 이러한 부모들의 수업 아래에서 어린 시절을 보냈다. 그는 어린 시절 그의 놀이에 강한 성향을 발견하였다. 그래서 성경 읽기보다 오락을 더 선호하였던 것에 대하여서 양심의 가책을 받았다. 이러한 성경 읽기를 싫어하는 습성은 그로 일생 동안 많은 비탄을 가져다 주었다. 그는 그의 어린 시절의 어리석음과 부모를 거역한 것들, 하나님의 법을 소홀히 여긴 것에 대하여서 깊게, 계속 마음에 가지고 있었다. 그러나 그의 부모들은 그에게 법률가의 길이나 성직자의 길을 가도록 지도하였다. 그는 어린 시기에 치핑-캄덴(Chipping Campden)의 자유 학교에서 교육을 받았다. 그가 그 교육을 마쳤을 때, 그는 1595년 옥스퍼드의 마그델 칼리지(Magdlen College)로 옮겼다. 거기에서 일반적인 과목을 수학하였다. 학식 있는 학자가 되어 갔다. 그리고 탁월한 학자가 되었다. 유명한 논리학자와 논객이 되었다. 그 후, 그는 성경을 구입했다. 그것을 읽기 시작했다. 그의 지칠 줄 모르는 끈기로 주의 깊게 그는 성경을 수학하였다. 철학에 있어서도 진전이 있었다. 그리고 희랍어와 히브리어 언어를 수학하였다. 그는 행복하게 공부하였고 히브리어에 있어서 더욱 그랬다. 그는 신적 은혜에 의하여서 그는 영광된 복음을 인지하기 시작했다. 그리고 저명한 퓨리탄이 되었다. 치핑 캄덴(Chipping Campden)에서 복음의 설교가로서 봉사하였

---

566) William Baker, **Puritan Profiles 54 puritans**, p. 148

다.

1643년 웨스트민스터 총회에 회원으로 선임되었다. 1646년에 옥스퍼드 대학교의 강설자중에 하나가 되었다. 그 시기에 해리스는 신학 박사 학위를 받았고 트리니티 칼리지(Trinity College)의 학장이 되었다. 그리고 옥스퍼드 근처 갈링톤(Garlington)의 교구 목사(rector)가 되었다. 그는 훌륭한 분별력을 가지고 대학교를 감독하였다. 그는 10년 동안 교장으로 있었다. 그는 옥스퍼드시의 교구에서 일주일에 한 번씩 강설하였다. 1658년 12월 11일에 죽었다. 그의 나이 80세였다.567)

60. 로버트 크로스(Robert Cross, B.D., of Lincoln College:1606~1683)

그는 잉글랜드 퓨리탄 신학자였다. 소머셋(Somerset)의 던스터(Dunster)의 윌리암 크로스(William Crosse)의 아들로 태어났다. 1621년 옥스퍼드의 링콜른(Lincoln) 칼리지에 들어갔다. 1627년 학위를 취득했다. 1637년 B.D.를 얻었다. 1643년 잉글랜드 시민전쟁이 일어나자 웨스트민스터 총회의 회원으로 선임되었다. 엄숙 동맹과 그 언약을 고백했다.

1648년 의회의 방문자들이 옥스퍼드 대학교에 방문했을 때 그를 대학 개혁의 위원으로 임명하였다. 그리고 레기우스(Regius) 신학부 교수로서 로버트 샌더슨(Robert Sanderson) 박사를 계승하였다. 그는 소머셋에서 츄 마그나(Chew Magna)의 부학장으로서 세워졌다. 왕정복고 이후에 국교도가 되었다. 1683년 죽을 때까지 그것을 유지하였다. 그는 철학자였고 신학자였다고 말한다. 능력 있는 설교가이고 교부들과 스콜라 철학에 대하여서 정통하였다. 그는 아리스토텔레스 철학의 주제로 조셉 그랜빌(Joseph Glanvill)과 논쟁하였다. 이것은 그랜빌(Glanvill)을 고소하는 원인이 되었다. 그리고 왕립 협회 회원이었다. 그는 "믿음의 근거 안에 있는 그리스도의 은혜로부터 버려진 인간 이성의 어리석음에 대한 터무니 없는 신학적 논리 혹은 행위"(Logon Alogia seu Exercitatio Theologica de insipientia Rationis humanae, Gratia Christi destitutae, in Rebus Fidei :1656)라는 저서가 있다.568)

---

567) James Reid, **Memoirs of the Westminster Divines, vol.2.** p. 24
568) http://en.wikipedia.org/wiki/Robert_Crosse

61. 제임스 어셔(James Usser, Archibishop of Armagh.1581~1656)

제임스 어셔는 1581년 1월 4일 더블린에서 태어났다. 조숙한 학자로서 그는 1594년 새로운 트리니티 칼리지(Trinity College)에 들어간 첫 학생들 중 하나였다. 그는 1597년에 B.A를 받기 전 성경 연대기를 작성하기에 이르렀다. 이것이 후에 영어 성경에 첨부된 그 유명한 어셔의 성경 연대기이다. 1599년 4월에 그가 겨우 18세였을 때, 더블리 성채에 로마 카톨릭 죄수, 헨리 피츠시몬(Henry Fitzsimon)과 함께 트리니티 칼리지(Trinity College)에서 논쟁에 참여하였다.

이것은 그로 하여금 교부들의 저서를 체계적으로 공부하도록 자극하였다. 그리고 18세에 그것을 통달하였다. 제임스 어셔는 1599년에 교수가 되었고 1601년 2월 24일에 M.A를 받았다. 더블린에 그리스도 교회에 일요일에 로마 교회와 논쟁에 강의자로 나섰다. 그는 1601년 12월 20일에 부사제(deacon)와 사제(priest)로 서임되었다. 1602년과 1606년에 옥스퍼드, 캠브리지 런던에 거주하였다. 트리니티 칼리지(Trinity college) 도서관에 비치할 도서를 구입하기 위하여서 런던으로 보내졌다. 그는 1607년에 B.D를 받았다. 트리니티 칼리지(Trinity College)의 첫 신학부 교수가 되었다. 1609년에, 학자이며 나중에 웨스트민스터 총회 회원이 되는 존 셀던과 서로 일면식을 하게 된다.

그의 첫 출판은 1613년 "교회의 계승자"(De Ecclesiarum Successione)였다. 1615년 트리니티 칼리지(Trinity College)의 부 학장(Vice-Chancellor)으로 선임되었다. 그의 나이 34세였다. 그는 아일랜드에 앵글리칸 교회를 위하여서 아이리쉬 논문집 밑그림을 그리는 작업을 수행하였다.

1621년 6월에 그는 메아스(Meath)와 클론막노이스(Clonmacnoise)의 주교로서 임명되었다. 잉글랜드에 2년 이상 머물면서 고대 영국 교회에 대하여서 공부하였다. 1625년 3월 22일에 아르매(Armagh)의 주임 감독(Archbishop)에 임명되었다.

1628년과 1640년 사이에 윌리엄 라우드와 함께 서한집 작업에 참여하였다. 학문에 대한 사랑에 있어서 라우드와 충심으로부터 일치하였다. 그러나 그의 알미니우스 신학에 대하여서 반대하였다. 그는 통일령에 대하여서 라우드처럼 열정적이지 않았으나 교회법의 필요성에 대하여서는 공감하였다. 그는 1645년 1월 10일 라우드가 출교되기 전까지 라우드를 측면에서 도왔다.

1640년 3월 어셔는 아일랜드 의회에서 강설하였다. 그리고 후에 아일랜드를 떠났다. 처음에는 옥스퍼드에 머물지만, 1640년 11월 장기 의회가 열림으로서 교회

법을 조언하기 위하여서 런던으로 부름을 받는다. 그가 감독주의의 교회를 구상하기에 이른다. 그는 온건한 퓨리탄을 선호하였다. 제임스 어셔가 죽은 이후 1656년에 "고대 교회 안에 있는 대회 정치의 형태에 대한 감독주의로의 변형"(The Reduction of Episcopacie unto the form of Synodical Government received in the Ancient Church.)라는 책이 출간된다.

1641년 12월 22일에 그는 상원에서 강설하였다. 아일랜드 폭동 그의 도서관 이외에 그의 모든 재산은 파괴당하였다. 어셔는 칼리슬(Carlisle)의 주교가 되었다. 1642년에 런던에 있는 세인트 폴의 커버넌트 가든(St. Paul's Covent Garden)에서 설교하였다. 그리고 옥스퍼드로 이주하였다. 세인트 알데이트 혹은 모든 세인트 교회들(St. Aldate's or All Saints Church)에서 자주 설교하였다. 웨스트민스터 총회에 참여하라는 소환에 대한 그의 반응이 부정적일 때, 하원은 그의 도서관을 몰수 하였다. 그러나 다니엘 피틀리(Daniel Featley)가 도서들을 구했다. 비록 많은 논문들과 그에 상응하는 도서들을 잃었다. 그는 1645년 3월 5일에 옥스퍼드로 떠났다. 런던으로 돌아오기 전까지 웨일스에서 피난처를 얻었다. 의회는 1647년에 링콜린 인(Lincoln's Inn)에서 설교자로서 사역할 것을 허락하였다. 1648년 11월에 그는 국왕에 대한 처우를 공공연히 비판하였다. 그는 찰스 1세의 처형을 지켜보았고 심각하게 우울해졌다. 1654년에 올리버 크롬웰이 제임스 어셔의 조언을 구했다. 1654년 11월에 제임스 어셔는 셀던의 죽음에 임종을 지켜보았다. 1655년 이후 그는 치아 전체를 잃어버리고 설교를 포기하였다. 1656년 3월 21일에 죽었다. 크롬웰은 그를 웨스트민스터 사원에 안장하도록 지시하였다.

1647년 초기에 하원에서 그의 청원에 따라서 제임스 어셔 박사(Dr. James Usher)가 링콜린 인(Lincoln's Inn)에서 설교하도록 떠나게 결정했다. 제임스 어셔 박사(Dr. James Ussher)로 웨스트민스터 총회에서 말하도록 총회의 성직자들과 함께 앉을 것을 허락하였다.

1643년 그는 총회 회원이 되는 것을 허락받았다. 그러나 그는 총회에 참석을 거부하였다. 제임스 어셔는 웨스트민스터 총회에 참석하지는 않았다. 그러나 그는 몇 가지 점에서 퓨리탄으로 간주되었다. 첫째, 그는 칼빈주의 신학을 선호하였다. 그의 경건함과 탁월한 학자적 소양 등이 있었다. 또 그가 긴 기간 동안 퓨리탄 성직자들과 긴밀하게 교제하였다는 것이다. 그리고 로마 카톨릭으로부터 앵글리칸 교회를 방어하였다. 그의 아일랜드 논설은 1615년에 아일랜드 개신교 성직자들의 회의에서 채택되었다. 그는 미사의 불경건성을 공격하였고 안식일에 대하여서 퓨리탄적 입장을 고수하였다. 미첼은 대주교 어셔의 신학이 웨스트민스터 요리 문답에 영향을 주었다고 주장한다. 비록 웨스트민스터 총회에서 설교하지는 않았지만, 그는 그 회의에 간접적으로 영향을 끼쳤다는 것이다. 이것이 어셔가 퓨리탄 중에 하나로 간주되는 이유이다.569)

62. 마티아스 스타일(Matthias Styles, D.D., of Eastcheap, London:1591~1652)
(없음)

63. 사무엘 깁슨(Samuel Gibson, of Burleigh:~1580)
(없음)

64. 예레미야 화이테커(Jeremiah Whittaker, of Stretton:1599~1654)

그는 요크셔의 웨이크필드(Wakefield)에서 태어났다. 문법 학교를 다닌 후에 캠브리지의 시드니 서세크(Sidney Sussex) 칼리지를 들어갔다. 2년 전에 올리버 크롬웰이 입학했던 학교였다. 1619년 러더포드(Rutland)의 오아크햄(Oakham)에서 교장으로 재직하였다.

1630년 스트레톤(Stretton)의 교구 목사가 되었다. 그리고 베르몬세이(Bermondsey)의 세인트 메리 마그달렌(St. Mary Magdalen)의 교구 목사 자리로부터 토마스 파스크(Thomas Paske)의 배척을 추진했다. 1644년 그는 런던에서 4년간 설교하였다. 웨스트민스터 총회가 열렸을 때 그는 첫 회원이었다. 1647년에 의장으로 선임되었고 같은 해에 상원에 의하여서 총회 출판물을 살피는 위원으로 토마스 굿원과 함께 임명되었다. 1654년 6월 1일에 그는 죽었다. 세인트 메리 마그달렌(St. Mary Magdalen)에 안장되었다.570)

65. 에드먼드 스토운톤(Edmund Staunton: 1600.10.20~1671.7.14)

그는 1600년에 잉글랜드의 베드포드셔(Bedfordshire)에 오우번(Woburne)에서 태어났다. 베드포드셔(Bedfordshire)의 스토운톤(Stauntons)의 가문의 후예였다.

---

569) William Baker, Puritan Profiles 54 puritans, p. 45
570) http://en.wikipedia.org/wiki/Jeremiah_Whitaker

그의 부친은 시니어 프란시스 스토운톤(Sir Francis Staunton)이었다. 그는 매우 주의 깊게 교육을 받았으며 지혜와 학식이 풍부하였다. 전도서 7장 11절과 같은 사람이었다.571) 그의 부친은 어려서부터 스토운톤을 교육시켰다. 그래서 그는 문법 학습 기관에 맡겨졌고 나중에 옥스퍼드 대학교로 보내졌다. 그는 배움에 비상한 재능을 보였다. 18세에 큰 질병에 걸렸다. 그래서 매우 지쳤다. 죽을 수도 있다고 생각했다. 외과 의사가 즉시 그에게 보내졌으나 질병의 원인을 발견하지 못하였다. 결국 그는 공부를 계속할 수 없었다. 그는 멀쩡한 정신으로 잠을 청했으나 자지 못하였다. 그래서 다음날 아침에 대학교 교문 앞에서 쓰러졌다. 그의 기숙사 방에 뉘어졌고 그의 팔을 헛되이 흔들었다. 그런데 거의 반쯤 죽었다가 그는 다시 회복되었고 살아났다. 하나님의 섭리로 그는 살아났고 은혜 가운데 선한 일을 할 수 있었다. 그런데 그는 이러한 위험한 상황으로 인하여서 매우 중대한 사고를 하게 되었다. 그것은 영적이고 영원한 상태에 대한 것이었다. 그래서 열정적으로 기도하였다.

"1620년대에 나는 매우 슬펐고 나의 영적이고 영원한 상태에 대하여서 중대한 생각을 하였다. 나는 나의 마음을 의심하기 시작했고 하나님의 부르심을 받아서 나의 마음이 밝아 졌다. 그리고 나의 죄를 깨닫게 되었고 하나님의 말씀을 읽고 또 읽기 시작했다. 나는 나의 죄를 스스로 질책했고 나는 영적으로 갇혀 있었고 내적인 문제로 고통스러웠다."

1635년 오락의 책이 배포되었을 때, 그는 그 책을 읽지 않았다. 그의 성직은 정직 당하였고 그때 그는 옥스퍼드에서 박사 학위를 받았다. 웨스트민스터 총회에 부름을 받았을 때, 덕망 있는 총회의 회원이 되었다.572) 그는 웨스트민스터 총회가 조직되자 세 개의 주요한 위원회를 만들었다. 그 두 번째 위원회에 의장으로 선택되었다. 1634년에 그는 옥스퍼드 코르퍼스 크리스티 칼리지(Corpus Christi College)에서 D.D를 얻었다. 1648년에 코르푸스 대학(Corpus College)의 의장이 되었다. 1660년까지 그곳에서 있었다. 1620년에 B.A를 취득했고 1623년에 M.A. 그리고 그의 아버지에 의하여 세 가지 직업 중에 하나를 받았다. 변호사, 의사, 사역자였다. 그는 마지막을 선택했다. 그의 첫 설교는 6개월 동안 옥스퍼드의 위트니에서 주일 오후에 강의를 통하여서였다. 573)

---

571) "지혜는 유업같이 아름답고 햇빛을 보는 자에게 유익하도다"
572) James Reid, **Memoirs of the Westminster Divines**, p. 153.

1627년에 그는 헤르트포드셔(Hertfordshire)에 있는 부셰이(Bushey)의 교구 목사가 되었다. 주일에 두 번 강설하였다. 요리 문답을 어린아이들과 초신자들에게 가르쳤다. 1644년 4월 24일 웨스트민스터 총회 기간에 그는 하원에서 "이스라엘의 반석:신 32:31"이라는 주제로 강설하였다. 1644년 10월 30일에 "잉글랜드의 비참에 대한 신적 치유책 : 시편 106편 30절"을 가지고 상원에서 강설하였다.574)

크롬웰이 1648년 12월에 장로주의자들의 의회를 숙청하고 1월에 왕에 대한 처형을 준비할 때, 그는 그것을 반대하는 서명을 하였다. 그는 1650년의 동맹(Engagement)를 받아들였다. 1652년 6월 15일에 방문자 보드에 의회의 원들에 의하여서 지명되었다. 그는 옥스퍼드의 코르푸스 크리스티 칼리지(Corpus Christi College)의 학장으로서 봉직했다. 계속 강설할 수 있었다. 이 시기에 대표적인 그의 제자들은 조셉 알라인(Joseph Alleine)이 있다. 그는 나중에 타운톤(Taunton)의 유능한 사역자가 되었다.

1660년 8월 3일 왕정복고와 함께 그는 옥스퍼드에서의 그의 위치를 잃어버렸다. 그는 허트포드셔(Hertfordshire)의 리크만스워드(Rickmansworth)로 갔다. 그는 그곳에서 강설할 기회를 얻었다. 1662년에 통일령에 의하여서 침묵하게 되었다. 그는 여전히 소수의 가정에서 약간의 사람들에게 강설할 수 있었다. 이곳은 주로 런던의 북서쪽이었다. 그가 죽기 전에 한 사역자가 병상에 있는 그를 위해서 기도 할 때, 그는 그 사역자의 손을 잡고 매우 빠르게 하나님 안에서 내적으로 기뻐하는 자신에 대하여서 표현하고 하나님께 감사하며 그것을 바깥으로 표시하고 죽었다. 어드먼드 스토운톤 목사는 학자이기 이전에 기도의 사람이었다. 그의 친구 리챠르 마이요(Richar Mayo)는 이렇게 말한다. "그는 기도의 사람이었다." 그는 기도 중에 자주 공적으로나 사적으로 울었다. 자주 무릎을 꿇고 기도하였다. 그는 영혼의 상태를 행동으로 보여주었으며 기도의 의무를 다하였다. 그는 야곱처럼 그렇게 자주 전능자와 겨루었다. 그의 강설집이 1671년에 출판되었다. 바로 그해 7월 14일에 그는 소천하였다.575)

66. 다니엘 피틀리(Daniel Featley, D.D., of Lambeth:1582.3.15~1645.4.17)

---

573) William Barker, Puritan Profiles, p. 186
574) Ibid., p. 187
575) Ibid., p. 189

그는 잉글랜드 신학자였다. 1640년에 찰스 1세에 대한 충성심과 의회와의 관계에 대하여서 심히 고민을 하였다. 그래서 그는 심하게 취급받고 감옥에서 생애를 마쳤다. 옥스퍼드셔 칼톤-어펀-오트모(Charlton-upon-Otmoor)에서 태어났다. 존 페어클로(John Fairclough)의 두 번째 아들이었다. 그의 부친은 옥스퍼드의 마그달렌 칼리지(Magdalen College)의 학장 라우렌스 험프리(Laurence Humphrey)의 요리사였다. 후에 코르퍼스 크리스티(Corpus Christi) 칼리지에 입학한다. 그는 존 레이놀즈(John Rainolds), 마그달렌(Magdalen 칼리지의 합창대원으로 교육받는다. 1594년 12월 13일 코르퍼스 크리스티 칼리지(Corpus Christi College)의 장학생으로 입학한다. 1602년 9월 20일 B.A.를 얻는다. 1606년 4월 17일 M.A.를 얻는다. 1607년 레이놀즈(Rainolds)의 장례식에 조사를 읽는다. 1610년에 그는 파리에 있는 잉글랜드 대사 토마스 에드몬즈 경(Sir Thomas Edmondes)의 영지에 담당 목사가 된다. 그는 제수이트 파와 카톨릭 교리에 대하여서 논쟁하였다. 대사관 예배시에 그가 설교한 것이 21편이었다. 1613년 B.D.를 시작했다. 캔터베리 대감독 조지(George Abbot)의 기관 목사였다. 1617년에 그는 존 프라데욱(John Prideaux) 아래에서 D.D.를 위한 과정을 밟았다.

1625년 대감독 조지는 그에게 브레드 가(Bread Street)의 알할로우(Allhallow)의 교구 목사 자리를 주었다. 피틀리는 잉글랜드의 찰스 1세 에게 정규적인 궁정 목사로 있었다. 1630년에 찰스 칼리지의 학료장(Provost)를 지명되었다. 1626년 그는 매우 유명해졌다. 피틀리와 아보트의 계승자 라우드와 한 번도 좋은 시간을 가진 적이 없었다. 라우드주의자 피터 헤일린(Peter Heyln)은 말하기를 피틀리는 개혁주의를 가지고 있었으나 감독 교회를 지향하였다고 말한다. 1634년 그는 라우드를 저항하는 증인이 된다. 라우드는 2년 후에 로마 카톨릭의 영향을 받은 의식들을 가지고 들어온다.

1641년 피틀리는 하원에 의하여서 종교를 세우는 모임의 분과 소위원회를 맡았다. 피틀리는 건강의 악화로 침대 신세를 지게 되었다. 1645년 4월 17일 죽었다. 람베드(Lambeth) 교회의 안치소에 안장되었다.576)

67. 프란시스 콕(Francis Coke, of Yoxhall:1600~1682)
(없음)

---

576) http://en.wikipedia.org/wiki/Daniel_Featley

68. 존 라이트푸트(John Lightfoot, D.D. of Ashley. 1602~1675)

에라스투주의자인 존 라이트푸트는 성경학자로서 유명하였다. 토마스 콜레만(Thomas Coleman)의 장례식후에 라이트푸트는 더 활기 없이 논쟁하였다. 매우 심각한 사상가인 그는 성경에서 교회 정치와 세속 정치의 차이점을 발견하지 못했다고 말한다. 그는 매고 푸는 권세에 대하여서 그것은 세속 관원이 주의 도구로서 시행할 수 있다고 말한다. 라이트푸트는 웨스트민스터 총회의 소수파 중에 하나였다. 때때로 날카롭게 성경을 해석하기도 하였지만 다른 경우에 이상하게 성경을 해석하기도 하였다. 그의 본문에 대한 비평의 지식은 랍비적인 유형의 것이었다. 서로 성경을 연결시켜서 설득력이 있었다. 그러나 많은 경우에 중심에서 벗어나게 해석하였다. 그의 주요 관심은 교회가 세워지는 방법에 있어서 사람들에게 가능한 성경적 진리를 건전하게 해석해 주는 것이었다.

1645년 8월 27일 하원 앞에서 설교할 때 그는 성경의 새로운 번역을 촉구하였다. 이것은 킹 제임스 버젼(King James Version)이 나온 지 한 세대 후에 나온 주장이었다. 1643년 3월 29일 첫 날 설교에서 라이트푸트는 구약과 신약 사이의 외경의 출판에 대하여서 격렬하게 반박하였다. 웨스트민스터 총회에 대한 그의 주요한 공헌은 성직자들의 총회의 과정에 대한 저널(Journal of the Proceedings of the Assembly of Divines)에서 그가 기록한 1643년 7월 1일부터 1644년 12월 31일까지의 논쟁록이다. 이것은 그의 개인적 기록이었는데 로버트 발리에의 서신과 조지 길레스피의 사역상의 기록들(official Minutes)에 의하여서 어느 정도 보충이 된다. 몇몇 시기의 논쟁록을 잃어 버렸는데 그곳에서 어느 정도 보충을 받게 된다. 그의 저널은 분명하게 독립교회파에 반대하고 장로주의에 더 선호적이라는 것을 알 수 있다. 그는 스코틀랜드와 함께 전략을 세우는 것에 참여했다. 반복적으로 웨스트민스터 총회에 대한 라이트푸트의 기록은 그 자신의 긴급한 의미를 드러낸다. 그는 독립교회파의 유보와 함께 엄숙 동맹과 언약 위에 코르넬리우스 버게스의 망설임과 함께 꺾였다. 정치에 대한 그의 체계를 세우기 위하여서 세속 정권을 허락하는데 그 스스로 주저하다가 장로주의와 함께 가게 되었다.

라이트푸트는 신적 권리에 의한 교회 정치의 형태를 믿지 않았다. 그에게 더 이상의 논의는 필요하지 않았다. 목회자 후보생들의 시험 감독을 위한 웨스트민스터 총회의 위원으로서 주요한 역할을 수행하면서, 그는 주로 건전한 설교자로서 교회 생도를 보는 것에 관심을 기울였다. 그의 아들 토마스 라이트푸트(Thomas

Lightfoot)는 1622년으로부터 그가 죽는 1658년까지 우토엑스터(Uttoxeter)의 교구 목사(rector)와 스토크-어펀-트렌트(Stoke-upon-Trent)의 조목사(curate)였다.

라이트푸트는 1602년 3월 29일 스토크(Stoke)에서 태어났다. 그리고 1617년 6월에 체시어 콩글레톤(Cheshire Congleton)에서 학교에 입학하였고 매우 탁월하게 고전 학교에서 B.A를 받았다. 1621년 레프톤(Repton)에서 학교를 다녔다. 1623년에 성직 서임을 받고 그는 쉬로프셔(Shropshire)의 노스-인-헤일스(Norton-in-Hales)의 신부가 되었다. 그곳에서 그는 로우랜드 코튼 경(Sir Rowland Cotton)을 알게 되었다. 그의 히브리어에 대한 지식은 그로 하여금 히브리어를 더욱 수학하게 만들었다.

1624년 M.A.를 받은 이후에, 그는 런던에 코튼(Cotton)을 따라갔다. 1626년 그는 스태포드셔(Staffordshire)에서 스토운(Stone)의 교구목사(rector)로 불렸다. 1628년 그는 랍비적 유형에 대하여서 받아들이기 위하여서 시온 칼리지(Sion College)의 도서관이 있는 미델섹스(Middlesex)의 호온세이(Hornsey)로 이주하였다. 그곳에서 2년간 있으면서 1628년에 결혼하였다. 그의 아내는 조이스로서 윌리엄 크롬프톤의 딸이었다. 4명의 아들과 2명의 딸을 두었다. 그녀는 1656년 죽었다. 1630년 코튼은 그를 애쉴리(Ashley)의 교구목사(rectory)로 임명했다. 그곳에서 그는 12년 동안 열정적으로 사역하였다. 1642년 라이트푸트는 애쉴리에서의 이상적 위치를 버렸다. 그리고 그의 동생 때문에 런던으로 이주했다. 그곳에서 1643년 초기, 세인트 바돌로매(St. Bartholomew)에서 주일 강의자가 되었다. 1644년에 그의 첫 출판이 있었다. "구약과 함께 그것들 사이에 복음의 조화에 대하여"(Harmony of the Evangelists among themselves and with the Old Testament)

1647년과 1650년 사이에 두 번째와 세 번째 시기가 지났다. 그는 웨스트민스터 총회 기간 동안에 창세기, 출애굽기, 사도행전을 주석했다. 그는 "히브리어와 탈무드의 시간"(Horae Hebraicase et Talmudicae)라는 제목의 일련의 도서를 출판함으로서 유명해졌다. 그 작품들은 런던의 캠브리지와 프랑스 파리와 네덜란드 암스테르담과 라이브지히에서 그의 생전에 출판되었다. 긴 세월 후에 1859년 그의 저서는 다시 4권의 책으로 재출판되었다.

1650년 11월 그는 윌리엄 스퍼스토우 박사(Dr. William Spurstowe)의 후임으로 세인트 캐서린 홀(St. Catherine Hall)의 학장으로 임명되었다. 1652년 캠브리지는 그에게 D.D를 수여하였다. 1654년에 그는 그 대학교의 부 학장(Vice Chancellor)이 되었다. 왕정복구 이후에 그는 스퍼스토우(Spurstowe)에게 그의 학장직을 넘겨주었다. 라이트푸트의 학식으로 켄터베리 대주교가 그에게 학장과 그의 생활을 확증해주었다. 그는 1661년 장로주의에 벗어나는 사보이 선언(Savoy Conference)에 참여하였다.

1668년 1월 22일 그는 엘리(Ely)에 성직자로 임명되었다. 그리고 그가 죽는 1675년 12월 6일까지 그는 그곳에서 있었다.577)

69. 에드워드 코베트(Edward Corbet, of Merton College, Oxford:~1658)

그는 웨스트민스터 총회 총대였다. 쉬로프셔(Shropshire)에 폰데트베리(Pontesbury)에서 태어났다. 옥스퍼드의 메르톤(Merton) 칼리지에서 수학하였다. 1624년 B.A.를 취득했다. 1638년에 감독관(proctor)이 되었다. 그는 메르톤(Merton)에서 윌리엄 라우드의 혁신적 시도에 저항하였다. 그리고 라우드의 심문에 증인으로 나왔다. 그는 웨스트민스터 총회 총대로 선임되면서 장기 의회에서 가르쳤다. 켄트(Kent)의 카담(Chartham)의 교구 목사로 세워졌다. 그는 1658년 1월 5일 죽었다. 그레이트 하셀리(Great Hasely)의 무덤에 묻혔다.578)

70. 사무엘 힐더샘(Samuel Hildersham:1594~1674)

(없음)

71. 존 랭글리(John Langley:~1657)

존 랭글리는 잉글랜드 사우스햄튼(Southampton) 지방 웨스트-터덜리(West-Tuderly)의 사역자였다. 그는 1643년 웨스트민스터 성직자들 중에 하나로 선임되었다. 그 기간 동안 지속적으로 참석하였다. 그는 하원에서 강설하였다. 우드(Wood)는 말하였다. "존 랭글리는 신학의 출판자가 되었다. 나는 그의 설교를 읽어 본적이 있다." 그것은 도브의 모온풀 노트(Mournful Note of the Dove)였다. 하원 앞에서 시편 74편 19,20절을 가지고 1644년 12월 25일에 설교한 것이다.579)

---

577) William Barker, Puritan Profiles, p. 65
578) http://en.wikipedia.org/wiki/Edward_Corbet

72. 크리스토퍼 티스달(Christopher Tisdale:1592~1655)

그는 잉글랜드의 버크셔(Berkshire)에 있는 아빙돈에서 태어났다. 옥스퍼드 뉴 칼리지에서 교육을 받았다. 1618년 6월 10일 그 대학에서 M.A.를 마쳤다. 사우스햄튼(Southampton) 지방에 허스톤-타란트(Husborne-Tarrant)의 목사가 되었다. 시민전쟁 이후에 의회의 편을 들었다. 1643년 그는 웨스트민스터 총회 회원이 되었다. 장기 의회에서 설교하였다. 1644년 8월 28일에 웨스트민스터 마가렛(Margarets)에서 금식하면서 하원들 앞에서 예루살렘의 평강을 위해서 구하라라는 제목으로 시편 122편 6절을 가지고 가르쳤다.580)

73. 토마스 영(Thomas Young, of Stowmarket. 1587~1655.11.28)

그는 1587년 퍼스셔(Perthshire)의 런카르티(Luncarty)에서 그 교구 사역자로 있었던 윌리엄 영의 아들로 태어났다. 윌리엄 영은 1606년에 스코틀랜드 안으로 들어오려고 하는 감독 제도를 반대하는 데 서명하였던 인물이었다. 토마스 영은 퍼스(Perth)의 문법 학교에 입학했다. 1606년에 세인트 앤드류 대학교에 성 레오나르드 대학(St. Leonard's College)에 들어가서 M.A를 마치고 졸업했다. 1612년에 런던에 정착하였다. 곧 퓨리탄 사역자들의 가르침에 의하여서 자랐다. 그중에는 사우스와크(Southwark)의 로데하이트(Rotherhithe)에 토마스 가테이커가 있었다. 그는 1618년 경, 존 밀턴(John Milton)의 부친에 의하여서 9세의 밀턴을 교육시키는 일을 하였다. 밀턴이 1620년 세인트 폴 학교에 들어가기 전까지 가정교사로 일했다. 밀턴은 7년 후 그에게 설교가로서 목사로서 토마스 영에 감탄하는 표현으로 고전 시를 소개하면서 그에게 감사를 표시했다.

1622년에 그는 함부르크에 잉글랜드 상인들을 위한 기관 목사가 되었다. 밀턴의 표현에 의하면 그는 고위 성직자들에 떠밀려서 그곳으로 피신하였다고 한다. 1628년에 토마스 영은 런던으로 돌아온다. 그리고 스토우마케트(Stowmarket)에 있는 성 베드로(St. Peter)와 성 마리아(St. Mary)의 목사관에서 기거하게 되고 그곳에서 웨스트민스터 총회가 열리기 전까지 섬긴다. 1639년에 그는 "주님의 날"(Dies Dominica)이라는 저서를 출판한다. 영은 스테판 마살, 어드문드 칼라미, 매튜 뉴코멘과 윌리엄 스프러수토우(William Spurstowe)과 함께 활동한다. 그리고

---

579) James Reid, *Memoirs of the Westminster Divines*, vol. 2. p. 49
580) Ibid., p. 184.

조셉 홀(Joseph Hall)의 감독교회를 위한 변론서 "겸손한 충고"(Humble Remonstrance)에 저항한다. 이에 대한 해명서를 1641~1642년 동안에 "스멕테뉴스"(Smectymnuus)라는 필명으로 출판한다. 웨스트민스터 총회 개회 이후 토마스 영은 "고무되는 희망 지점"(Hopes Incouragement Pointed)이라는 주제로 1644년 2월 28일에 하원에서 강설을 한다.581)

74. 존 필립스(John Philips: 1585~1663)

존 필립스는 저명한 성직자로서 웨스트민스터 총회에 명부가 있었다. 학식 있고 경건한 성직자들에 대한 총회의 부르심을 따라 그의 이름이 의회의 명부에 있었다. 그는 웨렌담의 존 필립(John Philip of Wrentham)으로 불렸다. 그는 웨스트민스터 총회에 지속적으로 참여했다. 아이슬(Isle)의 주교였다.582)

75. 험프리 챔버스(Humphrey Chambers: 1599~1662)

(없음)

76. 존 코난트(John Conant: 1608~1694)

존 코난트는 1608년 10월 18일 잉글랜드 데본셔(Devonshire)에 작은 마을 에이센톤(Yeatenton)에서 태어났다. 그는 유능한 지위, 훌륭한 가문의 출신이었다. 그 가문은 그 지방에서 유력자였다. 그러나 그들의 조상은 프랑스 사람들이었다. 이러한 기억의 주제는 그가 사립학교에서 배웠다는 것을 통하여서도 알 수 있다. 그는 1626년에 옥스퍼드의 엑스터 칼리지(Exeter College)의 학생으로 입학했다. 그는 열정적으로 공부했다. 그의 생애에 그가 보여주는 능력을 통해서 드러났다. 그는 곧 탁월한 라틴어 언어학자가 되었다. 또한 그리스어도 완전하게 습득하였다. 학교에서 그 언어를 공적으로 두기도 하였다. 그의 이러한 탁월한 학업 성취는 존 프라이데우크 박사(Dr. John Prideaux)에게 높게 평가되었다. 프라이데우크 박사(Dr. Prideaux)는 그 시기에 왕의 신학 수업 교수였다. 그는 존 코난트에게 언젠가 자신의 자리를 대신할 학생이라고 칭찬하였다. 1633년 7월 그는 엑스터-칼리지(Exeter -College)의 동료(Fellow)로 선임되었다. 그는 그곳에서 매우 저명한

---

581) Ibid., p. 168
582) Ibid., p. 120

교사가 되었다. 교사로서 그의 명성은 잉글랜드에서 가장 좋은 가문으로부터 학생들을 받아들일 수 있었다. 왕당파와 의회파 간에 내전이 일어나자, 그의 학생들이 대부분 대학교를 떠났다. 그도 스스로 은퇴를 생각하게 되었다. 1642년 그는 학교에서 은퇴하였다. 처음 서머셋셔(Somesetshire)에 있는 리밍톤(Lymington)으로 갔다. 거기에선 그의 숙부가 사역자였다. 그가 리밍톤(Lymington)에 있을 때, 그는 의회로부터 웨스트민스터 총회 회원으로 참여하여 줄 것을 초청받았다. 그는 그때까지 아직도 언약론자가 아니었다. 그러나 그가 그의 숙부와 함께 런던에 갔다. 그리고 그 도시 교구에서 목회적 의무를 때때로 도왔다. 그는 캔도스 경(Lord Chandos)에 예배당 목사(chaplain)가 되었다. 그리고 그의 가족은 미델섹(Middlesex)에 우크브리지(Uxbridge) 근처 하에필드(Harefield)에서 살고 있었다.

1647년 9월 27일 엑스터-칼리지(Exeter-College)의 동료 교수직(Fellowship)을 그만 두었다. 그러나 1649년 6월 7일에 그는 그 대학의 주임 목사(Rector)가 되었다.

1657년 그는 유명한 대학교의 부학장(Vice-chancellor)이라는 높은 위치를 얻었다. 그리고 1660년까지 있었다. 그는 옥스퍼드에 다른 교회들안에서 주일에 강설하였다. 그는 올리버 크롬웰 때에도 듀햄(Durham)의 대학교를 세우는데 참여하였고 왕정 복구 이후에도 찰스 2세에 의해서 코난트 박사(Dr. Conant)는 옥스퍼드 대학교의 부학장(Vice-chancellor)이 되었다.

1661년 3월 25일에 왕이 공동 기도서를 재조사할 것을 명령하였다. 그때 코난트 박사(Dr. Conant)가 위원 중에 하나였다. 그는 교회의 성직 계급주의에 대하여서 변경을 원하였다. 1681년 12월 보체스터(Worcester) 교회에 프레벤다리(Prebendary)를 세웠다. 1686년 그의 시력이 떨어졌다. 그리고 전적으로 시력을 잃었다. 1693년 3월 12일에 죽었다. 그의 나이 86세였다.583)

77. 헨리 홀(Henry Hall: 1604~1644)

헨리 홀은 웨스트민스터 총회 회원이었다. 로버트 발리에(Mr. Robert Baillie)는 홀(Mr. Hall)을 덕망 있는 총회의 성직자 중에 하나로 평가하였다. 그는 신적 권리로서 치리 장로 제도를 세우는 것을 반대하는 사람에게 말했다. 헨리 홀(Henry Hall)은 캠브리지의 트리니티 칼리지(Trinity College)의 B.D가 되었고 헤븐 래비

---

583) Ibid., p. 253.

쉬드(Heaven Ravished)라는 제목의 설교를 출판했다. 그 설교는 마태복음 9장 12절에 근거한 하원에서의 설교이다. 그 설교는 매우 훌륭했다.584)

78. 요시아 슈트(Josias Shute, B.D., Lombard Street:1588~1643)

그는 잉글랜드 교회의 사람이었다. 긴 시간 콜체스터(Colchester)의 부감독(archdeacon)이었고 런던에 세인트 메리 울노트(St. Mary Woolnoth)의 교구 목사였다. 웨스트민스터 총회 총대로 부름을 받았으나 그 시기에 죽었다. 그는 요크셔의 길그레스위크(Gliggleswick)의 교구 목사 크리스토퍼 슈트(Christopher Shute)의 아들로 태어났다. 후에 길그레스위크(Gliggleswick) 학교에서 교육을 받고 캠브리지의 트리니티 칼리지에 입학한다. 거기에서 1605년에 B.A.를 받는다. 1611년 11월 29일 그는 제임스 1세 치하에서 성직 수여를 받아 세워졌다. 그리고 롬바르드(Lombard) 가 세인트 메리 울드노트(St. Mary Woolnoth)의 교구 목사가 되었다. 거기에서 그의 학식 있는 가르침이 왕당파에 의하여서 평가되었다. 그는 그곳에서 33년을 살았다. 1632년 슈트는 동인도 회사에 시무 목사로서 사역하였다. 1642년 4월 15일 찰스 1세에 의하여서 콜체스터의 부감독(archdeaconry of Colchester)으로 발령을 받는다. 1643년 6월 14일에 의회에 의하여서 웨스트민스터 총회 총대로 선출되었다. 그러나 6월 13일에 이미 죽었다. 그는 세인트 메리 울노트(St. Mary Woolnoth)에 장사 된다.585)

79. 헨리 스쿠더(Henry Scudder: ~1675)

헨리 스쿠더는 크라이스 칼리지(Christ's College)에서 교육받았다. 풀러 박사(Dr. Fuller)가 그를 그 대학의 학식 있는 저술가 중에 한 사람으로 위치시켰다. 그는 후에 옥스퍼드셔(Oxfordshire) 안에 드라인톤(Drayton)에서 사역자가 되었다. 그는 매우 높은 그의 개인적이고 모범적인 경건을 보여주었다. 후에 스쿠더(Mr Scudder)는 빌트셔(Wiltshire)에 콜링번 공국(Collingburn dukes)의 목사가 되었다. 1643년 그는 웨스트민스터 총회 회원으로 선임되었다. 그리고 지속적으로 참석하였다.586)

---

584) Ibid., p. 5
585) http://en.wikipedia.org/wiki/Josias_Shute
586) Ibid., p. 134

80. 토마스 베일리(Thomas Bayley: 1581~1663)

토마스 베일리는 잉글랜드의 빌트셔(Whiltshire)에서 태어났다. 그는 옥스퍼드 대학의 세인트 알반 홀(St. Alban's Hall)에 들어갔다. 그의 나이 18세였다. 1602년에 마그달렌 칼리지(Magdalen College)의 데미(Demy)로 선택되었다. 1611년에는 그 학교 영구적인 교수가 되었다. 후에 M.A를 받았다.

그는 그의 고향 말보로(Marlborough) 근처 메인포드 크루시스(Maningford Crucis)에서 교구 목사(Rector)가 되었다. 1621년에 센텐스(sentences)라는 도서를 읽고 그는 더욱더 퓨리탄적 인물이 되었다. 그 시대에 퓨리탄들(Puritans)과 비국교도(Nonconformist)보다 더 거룩한 삶을 사는 사람들은 결코 없었다. 그들의 경건과 하나님을 향한 헌신은 매우 주목할 만하였다. 그들의 사역자들은 하나님과 종교에 대하여서 희생적이었고 그들은 그들의 생애를 전반적으로 고난과 금식과 기도와 하나님과의 교제 가운데 살았다. 그들의 양떼들은 그들의 보살핌 아래에서 있었다. 베일리(Mr. Bayley)는 그의 종교적인 원리에 전적으로 붙어 있었다. 그는 빌트셔(Wiltshire)의 미텐홀(Mildenhall)의 교구 목사(rectory)였다. 잉글랜드 국왕 찰스 2세의 왕정 복구 후에 그는 통일령(Act for Uniformity)에 의하여서 미텐홀(Mildenhall)로부터 다른 곳으로 갔다. 그는 말보로(Marlborough)로 은퇴하였고 개인적인 회중들에게 가르쳤다. 그는 1663년 81세의 나이로 말로보에서 죽었다.587)

81. 벤자민 픽커링(Benjamin Pickering: 1620~1649)

벤자민 픽커링은 웨스트민스터 총회 회원이었다. 그가 총회의 요청을 받았을 때는 이스트 호들리(East Hoathly)에 있었다. 그는 그곳의 목회자였다. 1644년 그가 총회 회원이 되었을 때, 하원에서 설교하였다. 그는 서섹(Sussex)에 벅스테드(Buckstead)에서 하나님의 말씀의 사역자였다. 그는 그의 이름을 피커링(Pikering)이라고 썼다. 피커링(Mr. Pickering)은 설교를 출판했다. 제목은 "불타는 곳에서 햇불을 잡아당기는 사람"(A Firebrand Plucker of the Burning)이었다. 그 설교집은 1645년 런던에서 출간되었다. 그는 경건하고 학식 있고, 매우 진리에 대하여서 담력 있는 인물이었다.588)

---

587) James Reid, **Memoirs of the Westminster Divines**, vol.1. p. 131
588) James Reid, **Memoirs of the Westminster Divines**, vol.2. p. 122

82. 헨리 나이(Henry Nye, of Clapham:1589~1643)
(없음)

83. 아쳐 살라웨이(Arthur Sallaway or Salwey:1606~)

그는 보체스터(Worcester)에 있는 세븐 스토크(Severn stoke)의 사역자였다. 시민전쟁시에 그는 의회 편의 열렬한 개혁가였다. 1643년 그는 웨스트민스터 총회의 총대로 선출되었다. 1643년 10월 25일 하원에서 열왕기상 18장 21절을 가지고 설교하였다. 이 설교는 1644년 할팅 스티그마티지드(Halting Stigmatized)라는 제목으로 출간되었다. 그는 그 설교를 하원에 헌정하였다. 그는 역대상 29장 18절 설교에서 다음가 같이 결론을 말하였다.

"요약하면, 나는 소망합니다. 예배, 권징과 교회 정치가 당신들이 원하는 목적에 일치하게 당신들에게 제출되기를 바랍니다. 나는 모든 결정들이 하나님의 말씀에 일치되기를 간절히 원합니다. 오직 하나님의 말씀에 일치할 때 비로소 잉글랜드 국가의 교회에게 가장 가치 있는 교회법이 되리라 믿습니다. 주교들이 교회 개혁에 대하여서 말합니다. 그러나 그들은 장로회 안에서 예증을 들고 있습니다. 전제 군주제도는 장로 제도와 친구가 아닙니다. 그리고 감독 교회는 폭군 제도와 원수가 아닙니다. 주님께서 당신들을 하나님의 영광과 그의 교회의 선과 평강을 위해서 인도하실 것을 믿습니다." 이 설교는 잘 구조가 잡혀 있다.[589]

84. 시드락 심슨(Sidrach Simpson, of London: 1600~1655)

시드락 심슨(Sydrach Simpson)은 캠브리지에서 교육 받았다. 그는 후에 런던에서 기념비적인 목사가 되었다. 그는 웨스트민스터 총회에 명부에 올라와 있는 인물이다. 피시 가(Fish street)의 마가렛 교회(Margaret's Church)의 동사 목사이고 강설자였다. 그러나 그의 강설은 당대의 대주교 라우드의 분노를 촉발하는 원인이 되어 몇몇 성직자들이 법정을 열어 그를 비판하였다. 이러한 그의 소행은 많은 퓨리탄 성직자들을 국외로 추방하는 도구로 썼다. 그러한 사람들 중에는 메스르스 토마스 굿윈(Messrs Thomas Goodwin)과 필립 나이(Philip Nye), 예레미야 버로우(Jeremiah Burroughs), 윌리엄 브릿지(William Bridge)와 심슨 씨(Mr. Simpson)가 있다. 그들은 모두 홀랜드로 갔다. 그리고 후에 독립 교회파와 회중

---

[589] James Reid, **Memoirs of the Westminster Divines**, vol.2. p. 133.

교회파를 형성하는 다섯 명의 형제들이 결성되었다. 이들은 웨스트민스터 총회에서 다섯 명의 달리하는 형제들로 구별되었다. 홀랜드에 도착한 심슨은 로테르담(Roterdam)으로 갔다. 그곳에서 브릿지 씨(Mr. Bridge)의 목회 아래에서 잉글랜드 교회의 잘 정비된 규례를 보았다. 잉글랜드의 내전이 일어나자, 심슨 씨(Mr. Simpson)은 잉글랜드로 돌아왔다. 1643년에 그는 웨스트민스터 총회 회원으로 임명되었다. 그는 지속적으로 그 회의에 참석하였다. 그는 의회에 보낸 "변증적 서술"(An Apological Narration)의 참여자 중에 하나였다.

1645년 그는 조정 위원회(the Committee of Accommodation)에 한 사람으로서 참여하게 되었다. 1647년 장로주의 정치에 반대하여서 의회(the House of Parliament)에 그들의 의견을 제시하고자 모인 다섯 명의 다른 형제들(dissenting brethren)에 가입하였다. 1650년 그는 캠브리지의 펨브로크 홀(Pembroke Hall)의 주임(Master)으로서 의회 감찰관(Parliamentary Visitor)에 의하여서 임명되었다. 1654년 의회에 참여하는 근본주의자(Fundamentals)의 범주에 들어가기 위하여서 의원회에 회원으로 선임되었다. 1655년 그는 크롬웰로부터 위임받아서 캠브리지 대학교의 새로운 감찰관(Visitor)이 되었다. 그는 장기 의회 기간 동안에 런던에 회중 교회를 세웠다. 그는 독립 교회 형태를 가지고 캐논 가(Cannon street) 근처 아브쳐치(Abchurch)로 회중들을 모았다. 심슨 씨(Mr. Simpson)는 온화하고 조용한 신학자였다. 그는 1658년에 죽었다.590)

85. 앤토니 버게스(Anthony Burgess, of Sutton-Coldfield:~1664)

그는 1664년에 죽은 잉글랜드 비국교도(nonconformist) 성직자였다. 와트포드(Watford)의 교장의 아들이었다. 1623년부터 캠브리지의 세인트 죤(St. John) 칼리지에서 수학하였다. 캠브리지 엠마누엘 칼리지의 교수가 되었다. 그때, 학생 중에 죤 왈리스가 있었다.

1634년에 그는 셔톤 콜드필드(Sutton Coldfield)에서 교구 목사로 있었다. 첫 시민전쟁이 발발하자 콘벤프리(Coventry)로 피신한다. 그리고 의회 주둔군에게 설교한다. 그는 웨스트민스터 총회 회원 중 한 사람이었다. 왕정복고 이후, 그는 1662년에 교구 목사 자리를 잃는다. 죤 해켓트가 왕에게 탄원을 하기에 이른다. 그는 탐워드(Tamworth)에서 살게 된다.

---

590) James Reid, **Memoirs of the Westminster Divines**, vol. 2. p. 147

그의 작품은 "도덕법의 법률적 변증서 <반율법주의자들에 대항하여서> 1646년 7월 라우렌스에서 29번 강설"(Vindiciae Legis a Vindicatioin of the Moral law....(against Antinomnalism) in twenty-nine lectures at Lawrence July 1646)이 있다. 그리고 "1648년 7월 라우렌스의 30번 강설, 교황주의자들과 소키누스주의자들과 반율법주의자들의 오류로부터 변증과 첨가 설명된 참된 칭의 교리"(The True Doctrine of Justification Asserted and Vindicated from the Errors of Papist. Arminans, Socinians, and Antinomians, in thirty lectures at lawrench July 1648)가 있다.[591]

86. 리차드 바인스(Richard Vines, of Calcot. 1600~1655.2.7.)

리차드 바인스는 1600년에 레이세스터(Leicester) 지방의 블라손(Blason)에서 태어났다. 캠브리지의 막달라 대학(Magdalen College)에서 교육을 받았다. M.A를 받았다. 캠브리지의 역사학 교수 풀러 박사(Dr. Fuller)는 말하기를 "매년 이 학교는 몇몇 탁월한 학자를 배출한다."고 하였다.

바로 그가 바인스(Mr. Vines)이다. 그는 열심히 공부하였고 좋은 결과를 얻었다. 대학교에서 과정을 마치고, 그는 레이세스터셔(Leicestershire)의 작은 타운 힝클레이(Hinckley)에서 교수로 선임되었다. 힝클레이(Hinckley)에서 교수로서 있으면서 그는 와르위크셔(Warwickshire)의 웨딩톤(Weddington)에 복음의 사역자로 불렸다. 여기에서 매우 근면하고 성실하게 수고하였다. 그의 사역들은 부근의 장소로부터 많은 자들에 의하여서 수반되었다. 1642년 잉글랜드 내전이 시작되자, 그는 자신의 집으로부터 피신해야 했고 코벤트리(Coventry)의 피난처로 갔다.[592]

1643년 웨스트민스터 총회가 열리자, 그는 그 총회 회원으로 거론되었다. 그리고 와르위크셔(Warwickshire) 지방을 대표하는 총대로서 선임되었다. 그는 이 존경할 만한 회의에 의하여서 중요한 일을 많이 시행하였다. 제이콤비(Jacombe)는 바인스(Mr. Vines)의 죽음에 대한 조사에서 다음과 같이 말하였다. "그가 있었다는 것 자체가 하나님의 교회에 자비였다. 얼마나 그가 교회의 사역에 헌신적이었는지 다 말할 수 없다."

잉글랜드의 보르디에스(Worthies)에서 풀러(Fuller)는 말하기를 "그는 총회의

---

591) http://en.wikipedia.org/wiki/Anthony_Burges
592) Ibid., p. 193

승리자였고 그들의 루터라고 불렸다." 그가 런던으로 돌아오자 그는 그들의 엄숙 동맹에 하원 앞에서 때때로 설교하도록 선택되었다.

1644년 바인스 씨(Mr. Vines)는 맨체스터(Manchester) 백작에 의하여서 캠브리지의 펨브로크-홀(Pembroke-hall)의 교수로 지명되었다. 그리고 그는 그 대학에서 매우 쓸모 있는 인물이 되었다. 그는 옥스브릿지(Uxbridge)의 트레티(Treaty)에서 지원 성직자(Assistant Divines)중에 하나로 의회에 의하여서 지명되었다. 그리고 바인스(Mr.Vines)는 조정 위원회 위원으로 선임되었다.593)

1653년에 그는 의회에 의하여서 푼다멘탈스(Fundamentals)를 끌어올리기 위한 성직자들 중에 하나로 선임되었다. 그의 정열적이고 신실한 사역으로 그는 칭의의 교리에 중요한 획을 긋는다.594) 1655년 2월 7일 그는 삶을 마쳤다.

87. 윌리엄 그린힐(William Greenhill: 1597~1671)

윌리엄 그린힐은 1604년 옥스퍼드의 마그달렌-칼리지(Magdalen-college)의 학생으로 입학했다. 그의 나이 13세였다. 1612년 그는 문학사 학위를 받고 석사 과정을 마쳤다. 1643년에는 웨스트민스터 성직자들의 회원이 되었다. 그린힐 씨(Mr. Greenhill)은 지속적으로 총회에 참석하였다. 그는 의견을 달리하는 형제들 중에 하나가 되었다. 그는 고위 성직자 제도를 반대한 열렬한 퓨리탄이었다. 그는 비국교도로서 크게 고생하였다. 1654년 설교자들과 사역자들의 감독과 시험을 맡는 위원회 위원으로 선임되었다. 윌리엄 그린힐은 통일령에 의하여서 미델섹스(Middlesex) 지방의 스텝프네이(Stepney)로부터 쫓겨났다. 그의 죽음은 대략 1677년 전후가 될 것이다.595)

88. 윌리엄 모레톤(William Moreton, of Newcastle:~1643)

(없음)

89. 리차드 버클레이(Richard Buckley:1608~1653)

(없음)

---

593) Ibid., p. 194
594) Ibid., p. 195
595) James Reid, **Memoirs of the Westminster Divines**, vol. 1. p. 365

90. 토마스 템플(Thomas Temple, D.D., of Battersey.)

토마스 템플은 아일랜드의 폐하의 추밀원(Majesty's Privy Council)의 한 사람이었던 존 템플 경(Sir. John Temple)의 형제였다. 그는 더블린의 트리니티 칼리지(Trinity College)의 동료로서 M.A를 받았다. 후에 옥스퍼드의 링콜른 칼리지(Lincoln-College) 안에서 거주하였다.

1643년 신학부(Divinity)의 도서 출판사의 허가를 검열하는 검열관 중에 한 사람이 되었다. 웨스트민스터 총회 회원으로 선임되었다.

1645년에 조정 위원회(Committee of Accommodation)의 한 사람으로 선임되었다. 그는 그의 훌륭한 학식과 온화함으로 구별이 되는 인물이었다.

1648년에 찰스 1세의 죽음에 반대하는 구명 운동에 관하여서 런던 사역자들과 연합되었다. 그는 "그의 백성들을 그 안에서 다스리시는 그리스도의 정사"(Christ's Government in and over his people)라는 제목으로 시편 2편 6절을 근거로 하원 앞에서 강설하였다.596)

91. 시므온 애쉬(Simeon Ashe: ~1662)

그는 캠브리지 대학교의 에마누엘 칼리지에서 교육을 받았다. 시므온은 그의 사역을 잉글랜드 스태포드셔(Staffordshire)에서 시작하였다. 그는 국교회의 의식과 오락의 책을 주일에 읽을 것을 거절하였다. 이 오락의 책은 1618년 5월 24일 제임스 1세가 특별 칙령으로 성직자들에게 읽으라고 명령한 것이었다.

"합법적인 레크레이션을 위하여서 폐하의 즐거움으로 성직자들이 예배를 마치고 읽기를 권하노니 이러한 합법적 오락의 책으로 낙심하지 말기를 바란다. 남녀가 서로 춤을 추고 껑충 껑충 뛰어라. 이는 해롭지 않는 레크레이션이니라."

찰스 1세도 부친 제임스 1세와 동일하게 성직자들에게 오락의 책을 읽을 것을 권장하였다. 대감독 라우드는 이 책을 퓨리탄 성직자들에게 읽게 하는 것이 그들에게 가장 큰 스트레스를 주는 것으로 알고 읽도록 강제하였다. 많은 가난한 사역자들이 그 책을 읽을 때 그들의 양심을 쥐어짜는 고통을 느꼈다. 어떤 사람들은 그것을 읽으면 즉시로 제 4계명을 읽게 하였다. 이렇게 국가 교회였던 앵글랜드 국교회는 강제적으로 퓨리탄들의 신앙을 흔들었다. 시므온 애쉬도 그 오락의 책을 거절하였다. 많은 퓨리탄들이 그 책을 읽을 것을 거절하였다. 많은 경건한 성직자

---

596) James Reid, **Memoirs of the Westminster Divines**, vol. 2. p. 183

들이 그로 인하여서 면직 당하고 출교당하고 핍박당하고 고등 판무관 앞에 섰다. 그들 중에 일부는 잉글랜드를 떠나서 망명하였다. "주일에 스포츠나 겜블을 행함으로서 합법적으로 그 날을 모독할 수 없다. 그 책을 읽으라는 왕은 하나님의 계명을 파괴시키는 자이다."라고 천명했다. 시므온 애쉬는 하나님의 선하신 섭리 가운데 존 버로네 경(Sir. John Buroyne)의 보호 아래에서 보로크홀(Woroxhall)에서 설교할 약간의 자유를 얻었다. 그리고 바르위크셔(Warwichshire)에서 브로크 경(Lord Brook)아래에서 그는 그곳의 예배당 목사가 되었다. 그때 시민전쟁이 발발하였다. 그는 맨체스터 경(Sir. Manchester)의 장원 목사가 되었다. 에섹 경의 보호 아래에서 주일을 지켰다. 왕의 군대가 주일에 예배당 근처까지 왔고 애쉬도 위험을 감지하였으나 다행히도 살해, 상해, 감금이 일어나지 않았다. 1662년 8월 20일 경건한 성직자 시므온 애쉬는 그의 거룩한 생애를 마쳤다.597)

92. 윌리엄 니콜슨(William Nicholson: 1591~1672)

그는 잉글랜드 성직자이고 웨스트민스터 총회의 회원이었다. 그리고 글루세스터(Gloucester)의 주교였다. 그는 1591년 11월 1일 세인트 메리 셔퍽(St. Mary Suffolk)에서 태어났다. 그는 1598년 옥스퍼드 마그달렌 칼리지(Magdalen College)의 합창대원이 되었다.

1611년 B.A.를 취득했다. 1615년 M.A.를 취득했다. 그는 1612년부터 1615년까지 칼리지의 서기로 있었다. 1614년 셔섹스(Sussex)의 뉴 쇼레햄(New Shoreham)의 대학 생활비를 받는 자로 임명되었다.

1616년에 마그달렌(Magdalen)에서 기관 목사가 되었다. 그리고 노덤벌랜드(Northumberland) 백작 헨리 퍼스(Henry Percy)가 1606~1621년까지 런던 탑에 갇혀 있는 기간 동안 그의 아들 퍼스(Percy) 경의 교사로서 기관 목사가 되었다.

1616년 크로이돈(Croydon)에서 자유 학교의 교장이 되었다. 그리고 1629년에 웨일스로 갔다. 1644년 브레콘(Brecon)의 부감독(archdeacon)이 되었다. 그리고 웨스트민스터 총회 회원으로 지명되었다. 왕정복고 이후에 1661년, 그는 글로세스터(Gloucester)의 주교직에 전념한다. 그는 1661년 12월 20일 웨스트민스터 사원에서 주교 니콜라스 몽크(Nicolas Monk)의 장례식 조사를 한다. 그리고 사보이 선언에 참여하여서 두 번에서 세 번 정도 말한다.

---

597) James Reid, **Memoirs of the Westminster Divines**, vol.1. p. 125.

1672년 그의 나이 72세에 죽었다. 글로세스터(Gloucester)에 레디 채플(lady-chapel)의 부속 건물에 안장되었다.[598]

93. 토마스 가테이커(Thomas Cataker, B.D., of Rotherhithe,1574~1654)

토마스 가테이커는 런던의 람바드 거리안에 세인트 에드문드의 퍼소나지 하우스 안에서 태어났다. 그는 잉글랜드에서 쉬롭쉬르 안에 유서 깊은 가문의 후손이다. 그의 이름의 유래는 가타크라 홀로부터 왔다. 그의 부친도 토마스 가테이커였다.

1590년에 그는 부친에 의하여서 캠브리지의 세인트 존 칼리지로 갔다. 그는 그 곳에서 매우 유용한 학식을 쌓았다. 지식에 목말라하게 되었다. 그는 그의 학문적 성과를 위하여서 노력하였다. 저명한 학자 존 보이스(Mr John Bois)로부터 그리스어 강의를 들었다. 이 저명한 그리스어 학자는 성경 번역가 중에 하나였다. 가테이커는 계속 학식을 쌓기 위하여서 노력하였고 히브리어 언어의 지식을 얻기 위하여서 캠브리지에 히브리어 교수 에드워드 라이블리(Mr Edward Lively)를 찾았다. 그리고 그로부터 히브리어를 매우 노련하게 할 수 있도록 배웠다. 그가 대학에 안착해 갈 때 그의 부친의 사망에 대한 전갈을 들었다. 그의 초기에 소망은 신적 섭리 아래에서 주어졌다. 그는 그리스도의 교회에 매우 유용한 인물이 되었다. 그의 높은 학식과 상냥한 태도는 그를 그의 대학의 교수로 초빙하게 만들었다. 그는 지금 그의 학식과 경건에 대하여서 좋은 평을 받고 있었다.

시드니 대학(Sidney-College)의 교장 몬타그 박사(Dr Montague)는 가테이커(Mr Gataker)에게 칼리지로 초빙할 것을 계획하였다. 그로 히브리어 강좌를 가르치도록 하기 위함이었다. 그러나 그는 그것을 철회하고 가테이커를 링콜린 인(Lincoln's Inn)의 명예로운 단체에 설교자로 선택하였다. 그는 더러운 이를 보고 하지 않고 자유롭게 강설하였다.

1603년 그는 캠브리지에서 신학 박사(Bachelor of Divinity) 학위를 받았다. 신학부에 박사로 대우 받았다. 그는 성경과 친숙해지고자 노력하였다. 그와 함께 초대교회시대에 교부들의 신학에도 관심을 기울였다. 그는 성경 언어에 익숙했을 뿐만 아니라 동방과 서방 교부들의 글에도 익숙하였다.

1616년에 가테이커(Mr Gataker)는 어셔와 학문적으로 부합하였다. 나중에 서

---

598) http://en.wikipedia.org/wiki/William_Nicholson_(bishop)

로 서신을 교환하는 수준에 이르게 된다. 이러한 서신은 가테이커의 심오한 수준을 알 수 있다.

1620년에 가테이커(Mr. Gataker)는 두명의 동료들과 함께 스페인과 네덜란드를 여행하기에 이른다. 그가 네덜란드의 질랜드(Zealand)안에 미델부르그에서 있었을 때, 그는 거기에서 잉글랜드 이민자 교회에서 강설하였다. 그는 홀랜드에 있는 동안에 프로테스탄트 신앙에 대한 네덜란드의 열정을 알게 되었다. 그리고 그는 잉글랜드도 이 네덜란드와 신앙의 본질이 다르지 않다고 생각하기에 이른다.

1624년에 가테이커는 프로테스탄트 신앙에 대한 특별한 열정을 가지고 로마 카톨릭에 저항하는 책을 저술하였다. "교황주의자들의 화체설에 대한 논쟁"599)

조금 후에 또 다른 저서를 내놓았다. "동일한 과정에 대한 변론"600) 그리고 그 해에 다시 "소요리 문답"(A Short Catechism)을 내놓았다.

1640년에 그는 그의 사역의 한 과정을 시작하였다. 가테이커는 주의 깊게 많은 정보들을 수집했다. 그는 대부분을 읽고 그 정보의 많은 부분을 받아들였다. 그는 그의 관심을 지속적으로 집중시켰고 유능한 방법으로 토의했다.

1642년에 그는 격렬한 반대에 부딪혔다. 그로 인하여서 죽음의 문턱까지 갔다. 그러나 자비로우신 주님께서 그를 돌이키게 하셨다.

1643년에 그 유명한 웨스트민스터 총회가 열렸을 때, 가테이커는 그 회의 회원으로 거론되었다. 가테이커는 성경에 대한 주석을 다는 것에 참여하였다. 그리고 이 책은 "잉글랜드 주석"이라는 제목으로 나왔다. 1648년에 그는 신약 형태로 탁월한 작품을 만들었다. 1659년에 그의 사후에 그의 자녀들이 출판하였다. 가테이커(Mr Gataker)는 의심할 것 없이 가장 재능 있고 학식 있고 경건한 성직자이며 저술가로서 살았다. 그는 비상한 기억력을 가지고 있었다. 그는 자신이 읽은 것을 정확하게 기억하고 그것을 기록하였다. 그의 나이 79세인 1654년에 그는 소천하였다. 그는 로더하이트(Rotherhithe)에서 43년간 사역하였다. 그의 장례식 설교는 그의 친구 스메온 애쉬(Mr Simeon Ashe)가 맡았다. 그는 잠언 16장 31절을 가

---

599) "Discussion of the Popish Doctrine of Transubstantiation:Wherein the same is declared, by the confessionf of their own writers, to have no necessary ground in God's word: As also it is further demonstrated to be against Scripture, Nature, Sense, Reason, Religon, the judgment of the Ancient, and the Faith of our Ancestors"

600) "A Just Defence of the same Discourse, and Arguments against the Answer of a nameless Popish Priest thereunto"

지고 설교하였다.

94. 제임스 웰디 혹은 웰비(James Weldy or Welby, of Sylatten:~1643)
(없음)

95. 크리스토퍼 파실리(Christopher Pashly, D.D., of Hawarden)
(없음)

96. 헨리 토저(Henry Tozer, B.D., of Oxford:1602~1650)
그는 잉글랜드 성직자이고 학자였다. 그는 왕당파에 속한 퓨리탄이었다. 그는 웨스트민스터 성직자로 선출되었으나 한 번도 가지 않았다. 그는 데본셔(Devonshire)의 노스-타우톤(North-Tawton)에서 태어났다. 옥스퍼드의 에섹터(Exeter) 칼리지에서 교육받았다. 옥스퍼드의 세인트 마틴(St. Martin) 교회에 그의 설교와 주석이 남아있다. 1643년에는 웨스트민스터 성직자로 선출된다. 그는 퓨리탄들의 원리에 충실한 성직자였다. 그러나 그의 흔들리지 않는 왕에 대한 충성심과 공동 기도서 때문에 여러 가지 고초도 겪었다. 그는 1647년 11월 의회에 소환되었다. 며칠 간 투옥되었다. 1648년 5월 26일 그는 왕을 위해서 기도했다는 이유로 쫓겨났다. 그는 3년간 여행을 하도록 허락을 받았을 때 에섹터(Exeter) 칼리지의 교수실에서 지냈다. 그리고 홀랜드로 갔다. 로테르담에서 잉글랜드 상인들을 위한 사역자가 되었다. 거기에서 165년 9월 11일 죽었다. 잉글랜드 현지인 교회에 장사되었다.601)

97. 윌리엄 스퍼스토(William Spurstow, D.D., of St Andrew's London)
윌리엄 스퍼스토는 런던의 시민이었고 상인이었던 윌리엄의 아들이고 상속자였다. 그는 캠브리지의 캐서린 홀(Katherine hall)에서 교육 받았다. 대학교 교육을 마쳤을 때 그는 사역자의 길을 갔다. 버킹햄셔(Buckinghamshire)에 있는 햄프덴(Hampden)의 사역자가 되었다. 내전이 일어나자, 그는 의회가 있는 런던으로 피신했고 에섹의 백작(Earl of Essex)의 명령 아래 있는 군대에 교구 목사(chaplain)가 되었다.

---

601) Benjamin Brook, The Lives of the Puritans, vol. 3. p. 114.

1643년 웨스트민스터 총회로부터 회원으로 선임되었다. 그는 장기 의회 앞에서 강설하였고 그는 캠브리지의 캐서린 홀(Katherine hall)의 학장이 되었다. 그는 신학부 박사가 되었다. 그러나 1662년 통일령과 함께 쫓겨났다. 그는 비국교도로서 고생하였다. 스퍼스토우 박사(Dr. Spurstowe)는 그의 훌륭한 학식과 겸손과 긍휼함으로 정평이 나있었던 인물이었다. 그리고 1665년에 죽었다.602)

98. 프란시스 체이넬(Francis Cheynell:1608~1665)

1608년 그는 세인트 메리 교구(St Mary's parish)의 카트스트리트(Catstreet)에서 태어났다. 유아 세례를 받았고 의학 박사 존 체이넬(John Cheynell)의 아들이다. 그의 부친은 옥스퍼드에서 기념할 만한 내과 의사였다. 그는 에드워드 실베스터의 매우 주목할 만한 그리스인 학교에서 문법을 배웠다. 1623년에는 옥스퍼드 대학교의 회원이 되었다. 그는 2년 후, B.A.를 취득했다. 그리고 옥스퍼드 근처에서 목사보로서 사역하였다. 그는 라우드로 인하여 매우 큰 고통을 받았다.

99. 에드워드 엘리스(Edward Ellis:1603~1650)

(없음)

100. 존 해켓(John Haket: 1592~1670)

그는 런던에서 태어나서 웨스트민스터와 트리니티 칼리지에서 교육 받았다. 1618년에 성직 서임을 받았다. 1621년 존 윌리엄(John Williams)의 영향력으로 버킴햄셔의 Stoke Hammond의 교구 목사가 된다. 1623년 제임스 1세의 궁정 목사가 된다. 1631~1661년까지 베드포드의 부감독(Archdeacon of Bedford)이 된다. 그는 후에 로이오이아(Loioia)라는 저서를 남겼다. 그는 리필드 & 코벤터리 주교(Bishop of Lichfiled and Coventry)로서 1661년부터 죽을 때까지 잉글랜드 성직자로 사역하였다.603)

101. 사무엘 데 라 플레이스(Samuel de la Place, French Congregations)

사무엘 데라 플레이스는 프랑스 교회의 사역자였다. 웨스트민스터 총회 회원이

---

602) James Reid, Memoirs of the Westminster Divines, vol. 2. p. 150
603) http://en.wikipedia.org/wiki/John_Hacket

되었다. 그의 이름은 의회의 임명집 안에 있었다.604)

102. 존 데 라 마르크(John de la March, French Congregations)

존 데 라 마르크는 1643년 프랑스 교회의 사역자였다. 그는 웨스트민스터 총회의 회원으로 선임되었다. 폭군적인 고위 성직자 제도를 반대하였다. 대주교 제도에 의하여서 운영되는 교회 정치를 혐오하였다. 교회 정치에 있어서 장로 교회 형태를 선호하였다.605)

103. 매튜 뉴코멘(Matthew Newcomen, of Dedham)

매튜 뉴코멘은 캠브리지의 세인트 존스 칼리지(St. John's college)에서 교육받았다. 그는 매우 위트 있는 사람이었고 진지한 호기심이 많았다. 그는 데드햄(Dedham)에서 존 로져서(Mr. John Rogers)의 계승자로서 사역을 맡았다. 로져스씨(Mr. Rogers)가 무겁고 엄격하고 딱딱했다면 그는 매우 부드럽고 유머러스하고 사교적이었다. 그는 1643년 웨스트민스터 총회 회원으로 선임되었다. 그는 칼라미씨(Mr. Calamy)와 함께 알드라만베리(Aldrmanbury)에서 강설하였다. 그는 애로스미스 씨(Dr. Arrowsmith)와 터크니 박사(Dr. Tuckney)와 함께 사역하였다. 그는 사보이에 회원 중에 하나였다. 1662년에 통일령으로 그는 그의 사역지에서 쫓겨났다. 1668년 그는 열병으로 사망하였다.606)

104. 윌리엄 리포드(William Lyford, of Sherbourne:1598~1653)

이 놀라운 성직자는 벅셔(Berkshire)에 뉴베리(Newbury) 근처 페이스모어(Peysmore)에서 태어났다. 옥스퍼드의 마그달렌(Magdalen) 칼리지에서 교육을 받았다. 브리스톨(Bristol)의 백작 도움으로 도로셋셔(Dorsetshire)에 세르본(Sherborn)의 사역자가 되었다. 그곳에서 그의 생애 나머지를 보낸다. 시민전쟁이 발발하자 그는 의회 편에 서게 된다. 1643년에 웨스트민스터 총회 총대로 부름을 받고 토론회에 지속적으로 참석한다. 그는 질병에 걸려서 55세라는 짧은 생애를 뒤로 하고 1653년 10월 3일에 세르본(Sherborne)에서 죽는다.607)

---

604) James Reid, Memoirs of the Westminster Divines, vol. 2. p. 122
605) Ibid., p. 72.
606) Ibid., p. 88
607) Benjamin Brook, The Lives of the Puritans, vol. 3,, p. 161.

105. 윌리엄 카터(William Carter, of Dynton, 1605~1658)

윌리엄 카터는 캠브리지에서 교육을 받았다. 그리고 그는 나중에 런던에서 저명한 설교가가 되었다. 좋은 학자였고 진지한 사람이었다. 비록 젊은 사람이었으나, 그는 웨스트민스터 총회 회원으로 임명되었다. 얼마 되지 않아 그는 독립교회파에 가담하였다. 그리고 의견을 달리하는 다섯 형제들의 무리에 합류하였다. 그는 목사로서 뿐만 아니라 모든 회중에게 교사로서 신적 가르침을 주어야 한다고 생각했다. 윌리엄 카터(Mr Carter)는 많은 곳에서 제안을 받았다. 그러나 그것들을 거절하였다. 그는 교구 중심적인 교육에 만족하지 못하였다. 그럼에도 불구하고 지칠 줄 모르는 열정으로 바인야드 경(Lord's Vineyard)에서 지속적으로 수고하였다. 그는 런던에서 두개의 거대한 회중들이 모여 있을 때 매 주일에 두 번씩 강설하였다. 런던에 거주하는 사람들에게 복음을 성실하게 가르쳤다. 1658년 그가 그의 시간과 정력을 다 쏟아 부었을 때, 그는 죽었다. 그의 나이 53세였다.608)

106. 윌리엄 랑스(William Lance, of Harrow)
(없음)

107. 토마스 핫지(Thomas Hodges, of Kensington: 1600~1672)

토마스 핫지는 런던 근처 미델섹스(Middlesex) 지방의 켄싱톤(Kensington)에 복음 사역자로 있었다. 웨스트민스터 총회로 회원으로 선정되었을 때 그는 켄싱톤(Kensington)의 사역자로 있었다. 그는 웨스트민스터 총회 안에 자리를 잡았다. 그는 언약론자였다. 의회 앞에서 강설하였고 후에 출판되었다. 하원 앞에서 그가 강설한 것이 베드로후서 2장 2절에 근거한 것이었다. 그것은 널리 퍼지고 있는 이단들의 확산에 대한 우려의 설교였다. 핫지 씨(Mr. Hodges)는 개혁자로서 견지하였다. 1661년에 핫지 씨(Mr. Hodges)는 런던의 콘힐(Cornhill)에 피터 교회(Peter's Church)의 교구 목사(rector)가 되었다. 그리고 히어포드(Hereford)의 부감독(dean)이 되었다. 그는 1672년에 죽었다.609)

108. 앤드류 페른(Andrew Perne: 1595~1654)

---

608) James Reid, **Memoirs of the Westminster Divines**, vol. 1. p. 191
609) James Reid, **Memoirs of the Westminster Divines**, vol. 2. p. 44

그는 1596년에 태어났다. 캠브리지 대학교에서 교육을 받았다. 그는 학업을 마치고 노스햄톤셔(Northamptonshire)에 윌비(Wilby)에서 사역자가 되었다. 그곳에서 부지런하고, 열정적이고, 신실하며 성공적인 설교가로서 27년간 사역하였다.

1643년 웨스트민스터 총회 총대로 부름을 받았다. 전체 토론에 성실하게 참석하였다. 그는 하원에서 가끔 설교하였다. 런던에서 생활하면서 그의 명성이 높아져 갔고 몇몇 사역지에서 더 좋은 조건으로 청빙 요청이 왔다. 그러나 그는 윌비(Wilby)에 대한 애정을 저버리지 않았고 모든 요청을 거절하였다. 그의 거룩한 삶은 그의 순수한 교리에 대한 실재적 증거가 되었다. 1654년 12월 13일 60세에 그는 고요하게 비국교도로서 죽었다. 윌비 교회에 안장되었다. 610)

109. 토마스 웨스트필드(Thomas Westfield:1573~1644)

그는 잉글랜드 브리스톨(Bristol)의 주교이자 교회 사람이다. 웨스트민스터 총회 회원 중에 한 사람이다. 엘리 세인트 메리(Ely, St. Mary) 교구에서 태어났다. 그는 캠브리지의 지져스 칼리지(Jesus College)로 간다. 그리고 1559년에서 1603년까지 교수 자리를 얻는다. 1593년에 B.A.를 얻고 1596년에 M.A.를 얻는다. 1604년에 B.D.를 졸업한다. 1611년에 7월 9일 옥스퍼드에서 B.D.를 이어서 1615년에 캠브리지에서 D.D.를 얻는다. 옥스퍼드에서 다시 D.D.를 얻는다. 그는 1600년에 링콜른셔(Lincollnshire)에 있는 사우스 소머셋(SouthSomercotes)의 교구 목사가 된다. 1615년에는 혼세이(Hornsey)의 교구 목사가 된다. 그리고 1637년까지 머물게 된다. 1631년 그는 세인트 알반스(St. Albans)의 수석 집사(Archdeacon)가 된다. 1633년에 잉글랜드와 웨일스의 교회 재판의 시행에 대한 왕의 부탁을 받는다. 1631년 시온 칼리지(Sion College)의 교장이 된다. 첫 시민전쟁이 발발한 후 그는 지속적으로 런던에 머물게 된다. 그는 왕당파로 기울어진다. 그는 왕의 군대를 향해서 떠난다. 1642년 브리스톨(Bristol)의 감독일에 전념한다. 그는 1643년 5월 의회의 명령으로 세컨스트레션의 위원(Committee of Sequestrations)으로 복직된다. 그에 대한 의회의 환대로 웨스트민스터 총회 총대로 참석할 수 있게 된다. 그는 1644년 6월 25일 죽는다. 그리고 브리스톨 캐더드렐(Bristol Cathedral)에 안장된다.611)

---

610) James Reid, **Memoirs of the Westminster Divines**, vol. 2. p. 119.
611) http://en.wikipedia.org/wiki/Thomas_Westfield

110. 헨리 해몬드(Henry Hammond, D.D., of Penshurst:1605.8.18.~1660.4.25.)

그는 잉글랜드 성직자이다. 셔레이(Surrey)에 체테세이(Chertsey)에서 태어났다. 제임스 1세의 궁정의 내과 의사였다. 1602년 그는 셔레이(Surrey)에 체테세이 어베이(Chertsey Abbey) 편을 따랐다. 그의 형제 토마스 하몬드는 찰스 1세의 시해자로 처형당하였다. 그는 에톤 칼리지에서 교육을 받았다. 옥스퍼드의 마그달렌(Magdalen) 칼리지에서 13세인 1619년에서부터 장학금을 받으며 학교를 다녔다. 1622년 B.A를 마쳤다. 1625년, 그 대학교 교수가 되었다.

1643년에 그는 치체스터(Chichester)의 대감독(archdeacon)이 되었다. 그는 웨스트민스터 총회 총대로 부름을 받았으나 찰스 1세 편에 서서 싸웠다. 그는 왕의 편에서 톤브리지에서 봉기하여 군대를 일으켰다. 그러나 전쟁에 패배하면서 공화정에서 모든 사역지에서 은퇴하고 살았다. 1660년 4월 25일 질병으로 죽었다.612)

111. 니콜라스 프로페트(Nicholas Proffet, of Marlborough:1599~1669)

그는 웨스트민스터 성직자들 중에 한 사람이다. 그는 빌츠(Wilts) 지방에 말보로(Marlborough)에 피터스(Peters) 교구 목사였다. 그가 말보로(Marlborough)에 교구 목사로 있을 때 웨스트민스터 총회 총대로 선출되었다. 1644년에 에드몬톤(Edmonton)의 사역자가 되었다. 에드몬톤은 런던 근처 미델섹스(Middlesex)의 마을이다. 그는 총회에 지속적으로 참석하였다.

그는 "여전히 뻗치고 계시는 하나님의 징계의 손과 계속되는 진노의 원인으로서 권징 아래에 있는 잉글랜드의 완고함에 대하여서"(England's Impenitence under Smiting, Causing Anger to Continue, and the Destroying hand of God to be stretched forth still)라는 제목으로 이사야 9장 13절로 하원에서 1644년 9월 25일에 설교하였다.613)

112. 피터 스테리(Peter Sterry:1613~1672)

피터 스테리는 잉글랜드의 셔레이(Surrey)지방에서 태어났다. 그는 1636년 캠브리지의 엠마누엘 칼리지(Emanuel College)에서 교육을 받았다. 동료 교수로 선정되었다. 그 대학의 동료 교수로 계속 있었다. 그는 성직자가 되기 위하여서 학

---

612) http://en.wikipedia.org/wiki/Henry_Hammond
613) James Reid, Memoirs of the Westminster Divines, vol. 1. p. 124.

교를 들어갔다. 내전이 일어나자 그는 의회의 편에 서서 열렬하게 변호하였다.

1643년 웨스트민스터 총회 회원으로 선정되었다. 총회 기간 지속적으로 참여하였다. 그는 때때로 화이트홀(Whitehall)에서 강설하였다. 후에 크롬웰의 담당 목사(Cromwell's Chaplains)가 되었다. 그는 하원의 정신적 지도자였다. 1654년 스테리(Mr. Sterry)는 사역자들에 시험관으로 지명되었다. 그는 공적 사역자의 인허가 몇 군데 장로회에서 유보되는 것을 보았다. 1654년 3월 20일 스테리(Mr. Sterry)는 트레어스(Tryers)라고 불리는 의원회 중에 하나가 되었다. 스테리(Mr. Sterry)는 찰스 2세의 왕정복고 시기까지 살았다.614)

113. 존 에릴(John Erile, of Bishopton:1601~1665.11.7.)

그는 잉글랜드 주교였다. 요크에서 태어났다. 옥스퍼드의 그리스도 교회에서 수학하였다. 메르톤(Merton)으로 이주하였다. 1631년 펨브로크(Pembroke)의 필립 허버트(Philip Herbert)에 영지 목사가 되었다. 1643년에는 웨스트민스터 총회 총대로 선출된다. 그의 찰스 1세를 향한 마음은 그에게로 기울게 하기도 하였다.

1643년 그는 세이스베리 성당(Saisbury Cathedral) 의 목사가 된다. 그러나 곧 왕당파의 패배 이후 쫓겨난다. 그는 해외로 망명을 하고 왕정복고 이후에 그의 제자였던 찰스 2세 의하여서 궁정 목사가 된다. 그는 네덜란드 안트워프(Antwerp)에서 긴 시간을 보낸다. 그는 파리에서 요크 공작과 연결되고 왕정복고 이후에 잉글랜드로 돌아온다. 그는 웨스트민스터 수석 부사제(dean)로 임명되고 1661년에 예식서를 재편집하는 책임자가 된다. 그는 리차드 백스터하고 친했다. 1662년에 그는 보르체스터(Worcester) 주교와 친해진다. 얼마 있지 않아서 그는 생을 마친다.615)

114. 존 깁본(John Gibbon of Waltham)

존 깁본은 런던의 블랙프라이어스(Blackfrairs)로부터 통일령에 의하여서 축출되었다. 그는 발담(Waltham)의 사역자였다. 웨스트민스터 총회 회원으로 선임되었다.616)

---

614) James Reid, **Memoirs of the Westminster Divines**, vol. 2. p. 177.
615) http://en.wikipedia.org/wiki/John_Earle_(bishop)
616) James Reid, **Memoirs of the Westminster Divines**, vol. 1, p. 315

115. 헨리 페인터(Henry Painter, B.D., of Exeter)

그는 엑세스터(Exester)의 출신이다. 1643년 웨스트민스터 총회로부터 부름을 받았다. 교리와 예배와 정치와 권징에 대하여 경건하고 학식 있는 신학자였다. 캠브리지 대학교에서 교육을 받았다.617)

116. 토마스 미클레드웨이트(Thomas Micklethwaite:c~1663)

그는 웨스트민스터 총회 총대로 선출되었다. 그는 요크셔에 체리버톤(Cherryburton)에 사역자였다. 거기 있을 때 웨스트민스터 총회 성직자로 부름을 받았다. 그는 왕정복고 이후에 통일령으로 사역지로부터 쫓겨났다.618)

117. 존 윈콥 (John Wincop: 1602~1647)

(없음)

118. 윌리엄 프라이스(William Price, of St Paul's, Covent Garden)

윌리엄 프라이스는 웨스트민스터 총회 회원 중에 한 명이었다. 그의 이름은 총회에 소집을 위한 의회 명부에 있었다. 1646년 그의 설교가 남아 있다. 발리에 씨(Mr. Baillie)는 프라이스 씨(Mr. Price)를 총회에서 가장 유능한 성직자 중에 한 사람으로 소개한다. 그는 치리 장로 제도의 설립에 대한 신적 권위에 반대하는 자들에게 반론을 말하였다. 프라이스 씨(Mr. Price)는 예수 그리스도를 교회의 왕으로 언급하였다.619)

119. 헨리 윌킨슨(Henry Wilkinson, B.D., of St Dunstan's)

헨리 위킨슨은 1566년 10월 9일 잉글랜드 요크셔(Yorkshire) 지방에 할리팍스(Halifax)의 비카라지(Vicarage)에서 태어났다. 그는 옥스퍼드 메르톤 칼리지(Merton College)에서 그의 교육을 받았다. 그는 1581년에 옥스퍼드 대학교에 수석으로 입학하였다. 그는 헨리 사빌 경(Sir. Henry Savile)와 관계가 있었고 그로 인하여서 그 대학에서 프로바토너 펠로(Probationer Fellow)로 봉직하였다. 그는

---

617) James Reid, **Memoirs of the Westminster Divines**, vol. 2, p. 94.
618) James Reid, **Memoirs of the Westminster Divines**, vol. 2, p. 86.
619) James Reid, **Memoirs of the Westminster Divines**, vol. 2. p. 123

신학을 공부하였고 후에 B.D를 받았다. 1601년에 버킹햄셔의 와데스돈의 목사(Paster of Waddesdon)가 되었다. 거기에서 수고하면서 46년 간 성직을 신실하게 수행하였다. 윌킨슨 씨(Mr. Wilkinson)는 사려 깊고 경건한 성직자였다. 그는 나이 많은 퓨리탄에 속하였다. 1643년 웨스트민스터 총회의 성직자들 중에 한 사람이 되었다. 그는 1647년 3월 19일 와데스돈(Waddesdon)에서 죽었다. 그의 나이 81세였다.620)

120. 라차드 홀스워드(Rihard Holdsworth, D.D., of Cambridge:1590~1649.8.22.)

그는 잉글랜드의 학구파 신학자였다. 1637년부터 1643년까지 캠브리지 엠마누엘(Emmanuel) 칼리지의 석사 과정을 마쳤다. 그는 1607년 캠브리지의 세인트 존스 칼리지에 장학생으로 입학하였다. 1610년에 B.A.를 마치고 1613년에 교수가 되었다. 그는 헨리 호바트 경의 담당 목사가 되었다. 1624년 런던의 세인트 피터레 푸어의 교구 목사가 되었다. 1629년에 그는 퓨리탄 진영의 지명으로 그레샴(Gresham) 칼리지 신학부 강의자가 되었다. 1639년에 시온 칼리지(Sion College)의 교장이 되었다. 헌팅돈(Huntingdon)의 부주교(archdeacon)가 되었다. 그는 웨스트민스터 총회 총대로 부름을 받고 캠브리지 대학교의 부 총장을 지냈다. 그는 왕당파의 견해를 지지했다는 이유로 의회에 의하여서 투옥되고 엠마누엘 교장직을 상실했다. 1647년에 그는 왕에 의하여서 보르체스터(Worcester)의 부사제(Dean)가 되었다. 왕은 그를 브리스톨의 주교로 삼고자 하였다.621)

121. 윌리엄 던닝(William Dunning, of Godalston:~1559)

(없음)

125. 다니엘 코드레이(Daniel Cawdrey:1588~1664)

그는 잉글랜드 성직자이고 오래된 비국교였던 로버트 코드레이(Mr. Robert Cawdrey)의 아들이었다. 그의 부친은 비국교도를 이해서 궁핍과 빈곤을 감내하며 감독들과 싸웠다. 그는 캠브리지의 피터하우스(Peterhouse)와 시드니 서섹크 칼리지(Sidney Sussex College)에서 교육 받았다. 그리고 1617~1625년 리틀 리포드

---

620) Ibid., p. 247
621) http://en.wikipedia.org/wiki/Richard_Holdsworth

(Little liford)의 교구 목사가 되었다. 그는 1625년 노댐프톤셔(Northamptonshir)에 그레이트 빌링(Great Billing)에 거주하였다. 1643년 웨스트민스터 총회의 지도자적인 인물이 되었다. 1644년에서 1648년까지 런던의 세인트 마틴 인 더 필드(St. Martin-in-the-Fields)에서 교구 목사로 있었다. 그는 장로주의 성직자 중에 한 사람이었다. 그래서 왕정복고 이후에 주교직을 위해서 칼레돈 경(Lord Clarendon)에 추천되었다. 그러나 그는 1662년에 통일령에 대한 서명을 거부함으로 저항하였다. 그는 윌링버로우(Willingborough)로 은퇴하였다. 1664년 그곳에서 죽었다. 그의 나이 76세였다.

그의 작품은 이러하다. "재사용된 안식일; 혹은 그리스도교의 안식일에 대한 변증"(Sabbatum Redivivum; or the Christian Sabbath vindicated, 1641), "그 선한 사람 그리고 공적 선"(The Good man and Publick Good. 1643.) "독립교회주의자들의 성경과의 불일치"(The inconsistency of the independent way with Scripture and itself. 1651), "세례에 대한 길스 퍼민 씨(Mr. Giles Firmin)의 질의에 대한 답변서"(An Answer to Mr. Giles Firmin's Questions concerning Baptism, 1652) "미신, 자의적 예배 그리고 크리스마스 축제에 대한 통렬한 비판서"(A Diatribe concerning Superstition, will-worship, and the Christmas Festival, 1654.) "존 오웬의 변론에 반대하는 논증서, 독립교회주의자들, 심각한 분파주의자들에 대하여서"(Independence, a Great Schism, proved against Dr (John) Owen's Apology, 1657) "분파주의에 대한 존 오웬 박사의 논문에 대한 재조사의 개관"(Survey of Dr. Owen's Review of his Treatise on Schism), "하몬드 박사에 반대하여서 통렬하게 비판하는 변론서: 혹은 그 검사와 폄하의 원인에 대하여서"(A Vindication of the Diatribe against Dr. Hammon; or the Account audited and discounted, 1658), "제단의 미신에 대한 절; 둔칸스 박사의 결정에 대한 답변서"(Bowing towards the Altar Superstitious; being an answer to Dr. Duncan's Determination, 1661)[622]

128. 윌리엄 굳(William Good:~1600)

그는 잉글랜드 노르포크(Norfolk)에 덴톤(Denton)의 목사였다. 웨스트민스터 총회 총대로 선출되었다. 그는 지속적으로 총회에 참석하였다. 교회 정치의 계획과

---

[622] James Reid, Memoirs of the Westminster Divines, vol. 1. p. 220.

관점에 서명한 성직자들 중에 하나였다. 그의 설교는 두 편이 좋다. "마가렛 웨스트민스터 안에 하원 앞에서 설교한 공적 정신의 발견, 1645. 3.26."(The Discovery of a public spirit, presented in a sermon before the Honouralbe House of Commons, at Margaret's Westminster, at their public Fast, 26th March 1645)

"야곱이 일어났다.; 신령하고 일시적인 특권 안에 국가의 행복을 만드는 수단들"(Jacob Raised; Or, The means of making a Nation happy both in spiritual and temporal Privileges) 이것은 1646년 12월 30일에 웨스트민스터 의회 상원에서 설교한 것이다.623)

131. 존 와르드(John Ward:1606~1693)

이 탁월한 인물은 서편의 그 유명한 퓨리탄 하버힐(Haverhil)의 존 와르드(John Ward)의 손자이며, 나다니엘 와르드 씨(Mr. Nathaniel Ward)의 아들이다. 그는 1606년에 태어났다. 그는 경건하고 학구적이었으며 의식 있는 비국교도주의자인 조부의 정신을 이어받았다. 세속적인 이익에 대한 열망을 헌신짝처럼 버렸다. 그리고 서편에서 어렵고 힘든 상황에서도 계속 사역하였다. 그는 자주 물고기가 바다를 떠나서 살 수 없듯이 목회자는 복음을 들으려고 하는 자들이 있는 곳을 떠날 수 없다고 말하였다. 그의 온화하고 겸허한 자세 때문에 그는 최대한 드러내지 않으려고 하였다. 그는 그의 견해를 표명함에 있어서 겸허하였다.

1633년 그는 하들레이(Hadley)의 교구 목사가 되었다. 그러나 그의 비국교도주의 때문에 강제로 사임하게 되었다. 그는 아내의 수입으로 살았다. 많은 방해 때문에 선한 양심을 가지고 더 이상 사역을 할 수 없었다. 1639년 그는 목사직을 사임하였다. 그리고 뉴잉글랜드로 갔다. 1641년 다시 돌아와서 하버힐(Harverhil)의 목사가 되었다. 거기에서 52년 동안 양떼들을 돌보았다. 그의 나이 88세 때, 생애 마지막 설교를 하고 1693년 12월 27일 죽었다. 그는 훌륭한 학자였으며 탁월한 내과 의사였고 기념비적 성직자였다. 그의 아내는 모범이 될 만하게 경건하였고 40년간 남편과 큰 애정과 조화를 이루며 살았다. 그는 생전에 "항상 아내는 나에게 싫은 내색 하나 하지 않았다"고 말하였다.624)

---

623) Ibid., p. 319.
624) Benjmin Brook, The Lives of the Puritans, vol. 3. p. 500.

139. 사무엘 볼튼(Samuel Bolton:1606~1654.10.15)

이 탁월한 성직자는 캠브리지 대학교에서 교육 받았다. 그는 후에 런던의 루드 케이트 가(Ludgate-street)에 있는 세인트 마틴 교회(St. Martin church)의 사역자가 된다. 거기에서 3년간 사역을 하고 세인트 사비오르 사우스와크(St. Saviour's Southwark)에서 7년간 사역을 한다. 그리고 세인트 앤드류 홀본(St. Andrew's Holborn)에서도 사역한다. 그는 웨스트민스터 총회의 추가 인원으로 부름을 받는다. 베인브리그 박사(Dr. Bainbrigge)가 죽자 그는 그리스도 칼리지의 교장으로 선임된다. 그는 그곳에서 그의 남은 생애 동안 큰 지혜와 분별력을 동원해서 사역한다. 그는 그의 생애 마지막에 질병이 걸려서 긴 시간 고통을 당하였다. 그는 큰 고통 가운데 하나님의 섭리를 자신을 향하여서 어둡다고 생각하였다 그러나 그 후 곧 죽었다. 그는 죽으면서 어떤 사람이 자신을 침대로 이끌려고 하자 "나를 홀로 두라, 나를 고요하게 놓게 하라. 나는 위로를 받았다. 나의 마음이 평안하다"라고 했다. 임종의 순간에 칼라미(Calamy)가 도착하였다. 그의 죽음은 많은 애도가 있었다. 1654년 10월 15일이었다. 그의 나이 48세였다. 그의 장지는 세인트 마틴(St. Martin)의 교회이다.625)

스코틀랜드 총대들(SCOTTISH MEMBERS)

평신도 혹은 장로들(Lay Assessors or Elders)

존 메일랜드 경(John, Lord Maitland 1st Duke of Lauderadale)

그는 스코틀랜드 정치가이고 장로주의자이다. 그는 1616년에 태어났다. 언약론을 받아들이고 1643년 7월 세인트 앤드류에서 스코틀랜드 교회의 총회에서 장로서 참석한다. 그해 8월에 언약에 대한 대표자로서 잉글랜드 왕국으로 파견된다. 11월 웨스트민스터 총회에 참석한다.

1644년 2월에 잉글랜드의 추밀원 회원이 되고 스코틀랜드에 추밀원 회원이 된

---

625) Benjamin Brook, The Lives of the Puritans, vol. 3. p. 223.

다. 11월에 우크브리지(Uxbridge)에 있는 찰스 1세와 만나는 협상단의 일원이 된다. 그리고 찰스 1세를 만났을 때 장로교를 세워줄 것을 요청한다. 1647년에 그는 잉글랜드에 갇혀 있는 찰스 1세를 구출하고자 50 기병대를 보낸다. 그러나 찰스는 그의 호의를 거절한다. 두 번째 시민전쟁에서 찰스는 스코틀랜드에게 항복한다. 1648년 스코틀랜드로 돌아와서 잉글랜드 왕당파 해밀톤과 연합한다. 1651년 잉글랜드를 잠입했다가 보르체스터(Worcester) 전투에서 잡힌다. 그는 1660년 3월까지 보르체스터(Worcester)에 감금된다. 그는 크롬웰의 자비의 활동(Cromwell's Act of Grace)에서 제외되었다. 그는 호국경 올리버 크롬웰의 치하에서 모든 신분을 박탈당한다.

1660년 왕정복고가 되기 전에 그는 네덜란드 브레다(Breda)에 있는 찰스 2세와 연합한다. 왕정복고 이후에 그는 왕의 충실한 자문 위원이 된다. 그는 그의 친구 아르길(Argyll)을 버리고 스코틀랜드의 감독주의적 왕정복고를 허락한다. 1669년에 그는 왕이 지금 모든 것 위에 있다고 자랑하였다.626)

아치발디 요한슨 경(Sir Archibald Johnston, of Warriston)

그는 스코틀랜드 정치가이고 대변인이었다. 그는 1638년 국민 언약에서 알렉산더 헨더슨을 돕는다. 같은 해 교회의 보호자로 임명된다. 1639년 그는 버빅의 패시피케이션(Berwick of pracification)과 협상하였다. 1641년 그는 와리스톤 경(Lord Warriston)으로서 영주였다. 1643년 잉글랜드 일에 중립적인 입장을 반대하여서 미들로디안(Midlothian)에 기반한 위원으로서 웨스트민스터 총회에 참석하였다. 그는 1644년에 런던에서 스코틀랜드를 대표하는 잉글랜드와 스코틀랜드 두 나라의 위원이 되었다. 1657년 서기로서 호국경 올리버 크롬웰에 의하여서 저항하는 자로 불렸다. 1649년 잔부 의회가 회복되자 그는 안전 위원의 영속적 수장이 되었다. 군주 제도로 복고 된 이후에 그는 해외로 망명하였다. 그는 부재 상태에서 유죄 판결을 받았다. 그가 스코틀랜드로 돌아왔을 때 루엔(Rouen)에서 체포되었고 1663년 7월 22일 에딘버러에서 처형되었다.627)

사역자들(Ministers)

---

626) http://en.wikipedia.org/wiki/John_Maitland,_1st_Duke_of_Lauderdale
627) http://en.wikipedia.org/wiki/Archibald_Johnston

알렉산더 헨더슨(Alexander Henderson, of Edinburgh, 1583~1646. 8.19.)

1643년 9월 스코틀랜드 총대들이 엄숙동맹과 그 언약의 서명을 받기 위하여서 웨스트민스터에 도착했다. 잉글랜드와 웨일스와 아일랜드의 지역에 종교적 일치를 위한 법규를 마련하고자 할 때, 그 총대들 중에 명석한 지도자가 알렉산더 헨더슨이었다. 그는 60세로 총회에 참석한 중요한 인물이었다. 그는 3년 동안 이런 삶을 지속했다. 그는 웨스트민스터 총회 기간 중에 소천한 12명의 총대들 중에 한 사람이었다. 그는 그 시대 종교 개혁을 위하여서 마지막 9년에 혼신의 힘을 다하였다. 헨더슨은 엄숙 동맹과 그 언약의 주요한 입안자로서 있었다. 그리고 스코틀랜드 총회의 의장으로서 수고하였다. 참으로 그는 1638년과 1641년 스코틀랜드 총회의 의장이었다. 그리고 1638년 국민 언약의 주요한 입안자였다. 그는 그 라우드주의와 고위성직자(hierarchy) 제도에 저항하여서 개신교의 개혁을 보존하고자 하였다.

그는 1559년 12월 성 앤드류의 대학교에 들어갔다. 1603년에 M. A를 취득했다. 그는 문학부에서 리젠트(Regent) 혹은 큐바에스터(Quaestor)가 되었다. 8년 동안 철학을 가르쳤다. 1611년에는 설교자로서 강도권을 얻었다. 1613년 12월과 1614년 1월에 그는 성 앤드류로부터 6마일 북동쪽에 있는 로이차르스(Leuchars)에 교구 목사로 섬기게 되었다.

1615년~1616년 사이에 헨더슨은 퍼간(Fergan) 교회 근처에서 가르쳤던 저명한 로버트 브루스(Robert Bruce)에게 가르침을 받았다. 그는 아주 은밀하게 구석자리에 가서 앉아 듣곤 했다. 그런데 브루스(Bruce)가 어느 날 요한복음 10장 1절을 가지고 강설할 때, 그는 그 본문 "내가 진실로 진실로 너희에게 이르노니 양의 우리에 문으로 들어가지 아니하고 다른 데로 넘어가는 자는 절도며 강도요."라는 말씀을 듣고 회심하여 그리스도에게 돌아오게 되었다. 그리고 장로주의자가 되었다.

1635년 로이차르스(Leuchars)에서 개혁주의 사역자로서 20년을 수고한 후에 새로운 정경(a new Book of Canons)의 조판에 대한 그리고 1636년 새로운 예식서(a new Liturgy)에 대한 스코틀랜드에서의 위기가 닥쳤을 때에, 헨더슨은 지도자 정신을 발휘하였다. 사무엘 러더포드는 그에게 1637년 3월 9일에 서신을 보냈다. "당신이 남쪽과 북쪽에서 말씀하시어 우리로 서로 서로 기도하게 하여 주십시오. 당신이 전통에서 선택한 화살로서 그는 당신을 숨기고 있다."

러더포드는 헨더슨이 견고하게 이 일을 잘 처리할 줄 알고 있었다. 그는 헨더슨이 논쟁에 있어서 예의 바르고 높은 감각을 가지고 있다는 것과 행동에 있어서 신속하게 처리한다고 하는 것을 알고 있었다. 태도에 있어서 매우 엄숙하였다. 그러나 말을 할 때는 권위 있게 유창하게 말하였다. 그는 항상 자발적으로 말하는 데에 탁월하였다. 그러나 그의 언변은 분명하였고 전적으로 주의 깊게 준비하는 것으로 보였다. 헨더슨은 성 앤드류의 장로회 안에서 1637년에 제정된 새로운 예식서의 사용을 거부한 세 사람 중에 한 사람이었다. 그는 감독제도의 권위에 저항한 최초의 사람이었다. 그리고 추밀원에 대하여서도 강력하게 압박하였다.

1638년 스코틀랜드는 왕에게 복종하거나 전쟁 준비를 해야 했다. 2월 23일에 헨더슨은 국민 언약을 제안하기에 이른다. 그리고 그와 아치발드 요한슨(Archibald Johnston)은 그 언약서를 입안하였다. 그것은 1581년의 언약서를 모범으로 작성하였던 것이다. 2월 28일 귀족들과 남작들 스코틀랜드 지도자들이 에딘베러의 그레이프라이어스(Greyfriars) 교회에 모여서 서명하였다. 그리고 3월 1일에 복사가 되어서 모든 교구에 보내졌다. 헨더슨은 총회를 회복시킬 것에 대하여서 한 걸음 나아갔다. 11월에 글래스고우에서 총회가 회집되었다. 그는 의장으로서 선출되었다. 그 열쇠가 되는 쟁점은 주교들에게 보내졌다. 그리고 왕의 사절단들이 항의 할 때와 왕의 이름으로 총회를 해산하려고 할 때, 헨더슨은 한 달 내내 머물면서 총회를 인도하였다. 그리고 주교들에 대한 권징과 견책을 하였다. 그래서 주교들 중에 6명은 면직이 되었고 다른 8명은 출교되었다. 12월 13일에 헨더슨은 총회에서 의장으로서 시편 110편 1절을 가지고 강론하였다. 그리고 거기에서 면직과 출교에 대한 권징의 교리를 가르쳤다.

비록 헨더슨이 로이챠르tm(Leuchars)에 고요하게 머물러 있기를 원하였으나 총회는 그가 에딘버러에 가서 문제들을 해결해 줄 것을 요청하였다. 그리고 1639년 1월 10일에 가서 그는 세인트 가일(St. Giles)의 캐더드럴 교회(Cathedral Church)의 사역자로서 수고하였다. 찰스 1세는 그에게 흥미를 가지게 되었다. 그러나 다양한 논의들의 결론은 전쟁으로 치달았다. 그래서 스코틀랜드에서는 주교(Bishop) 제도가 폐지되었다. 그리고 많은 주교들이 거두어 들인 세입들은 대학교로 보냈다. 1641년 헨더슨은 에딘버러 대학교 렉토(Rector)가 되었다. 그러나 찰스왕은 이러한 스코틀랜드의 개혁에 반대하였다. 그래서 1641년 왕이 스코틀랜드를 방문하였다. 그는 헨더슨을 그의 궁정 목사로 지명하였다. 그래서 아침과 저녁에 매주 화요일 그를 위하여서 그렇게 하라고 들었다. 그러나 헨더슨은 찰스 왕이 안식일에 골프를 친다고 책망하였다.

   1641년 헨더슨은 총회의 개회를 제안하였다. 이것이 그가 두 번째 의장이 되었던 기간이었다. 그는 총회 기간 동안에 신앙 고백서와 요리 문답서 그리고 교회 정치와 예배에 대한 지침서를 마련할 것을 제안하였다. 그리고 스코틀랜드와 잉글랜드 사이에서 서로 왕에 대한 저항하는 동맹을 형성하였다. 1642년에 잉글랜드에 왕당파와 의회파 간에 내전이 발발하였다. 헨더슨은 처음 중립을 지켜야 할 것을 제안하였다. 1년 후에 왕은 장로교회 제도를 거부하였다. 헨더슨은 3번째 총회의 의장이 되는 이 기간에 의회에 보낼 위원들을 선정할 것을 요청하였다. 그래서 해리 베인 백작(Sir Harry Vane), 필립 나이(Philip Nye) 그리고 스테판 마살(Stephen Marshall)을 웨스트민스터 총회의 총대로 파견하였다. 그리고 다시 헨더슨과 와리스톤(Warriston)은 엄숙 동맹과 그 언약을 가지고 잉글랜드 교회의 개혁을 위하여서 스코틀랜드 군부의 도움을 받으며 들어갔다. 웨스트민스터 총회에서 헨더슨은 지도자적인 역할을 수행하였다. 1643년 9월 25일에 상원과 하원과 성직자들을 모아놓고 엄숙 동맹과 그 언약에 대하여서 당위성을 강론하였다. 1643년 12월 하원 앞에서 강설하였다. 그리고 1644년 7월 상원 앞에서 강설하였다. 아치발디 알렉산더(Archibald Alexander)는 그의 역할을 다음과 같이 묘사한다. 웨스트민스터 총회 성직자들 중에 헨더슨 씨(Mr. Henderson)은 매우 눈에 띄게 활동하였다. 그리고 아마도 그 행동에 더 위대한 영향력을 행사한 사람은 없을 것이다. 헨더슨은 회원들이 논쟁으로 달아오르면, 그들을 회해시키는 역할을 하였다. 그리고 어려움을 극복하고 서로 형제애로 일치하였다. 마르쿠스 로안(Marcus Loane)은 다음과 같이 묘사한다.

   "알렉산더 헨더슨의 천재성은 국민 언약에서 참되게 드러났다. 그것은 스코틀랜드의 전통적이고 분명한 입장이었다. 그의 이념은 엄숙 동맹과 그 언약을 제안함으로서 양국 간에 거리가 좁혀지고 시간이 스코틀랜드와 잉글랜드 사이에 맞지 않는 부분을 해소해 줄 것이라고 보았다."

   그의 죽음은 연로한 나이에 왕과 종교적인 문제로 지루한 협상을 벌이는 과정에서 있었다. 그는 1646년 봄까지 찰스 왕과 실랑이를 벌였다. 찰스 왕이 의회파에 패배하여서 북쪽으로 도망갔고 타인(Tyne)의 뉴캐슬(Newcastle)에서 스코틀랜드 군대의 보호를 받고 있었다. 찰스 왕이 헨더슨과 협상을 하자고 하여서 헨더슨은 런던으로부터 북쪽으로 나아갔다. 그리고 그해 5월 26일에 뉴캐슬에 도착했다.

7월에 그들은 감독제도가 합당한 제도인지를 논쟁하였다. 그런데 왕은 설득되지 않았다. 헨더슨의 건강은 극도로 악화되었다. 그는 모든 책무를 뒤로 하고 휴식을 갖게 되었다. 그러나 그는 항상 주님에 대한 열망으로 의무감을 가지고 있었기 때문에, 가끔은 건강 할 때에도 어려움이 있었다. 그가 에딘버러로 은퇴하였을 때에, 그는 계속 건강이 좋지 않았다. 그의 목소리는 강하지 않았다. 그리고 그는 소천하였다.628)

사무엘 러더포드(Samuel Rutherford, of St Andrews,1600~1661.3.29)

J.D 더글러스(Douglas)는 사무엘 러더포드에 대하여서 다음과 같이 말한다. "이 가장 복잡하고 색채 있는 성격의 소유자는 스코틀랜드 신학자들 중에서 매우 이례적이다."라고. 이 존경할 만한 신학자는 그의 서신이 매우 영적이라서 유익하고 학자로서는 라틴어 작품들을 가지고 있었다. 국제적으로도 명성이 알려진 분이었다. 그의 시대에 그는 존 낙스와 같은 앞선 선구자들처럼 그의 왕 예수에 대한 순수한 충성심의 소유자였다. 제드부르(Jedburgh)의 도시로부터 3~4 마일 떨어진 니스베트(Nisbet)의 마을에서 태어났다. 러더포드는 1617년에 에딘버러의 대학교에서 학생이 되었다. 그리고 1621년에 M. A를 취득하였다. 1623년, 그는 라틴어 교사와 고전 문학의 학생감(Regent of Humanity)이 되었다. 그러나 1625년에 진위가 의심스러운 경범죄로 사임 압력을 받았다. 이것은 그의 회심으로 그를 이끌었다. 그의 서신에서 그는 그가 그리스도의 구원하는 은혜를 그때 받았다고 말하였다. 그는 자주 허비한 젊은 날을 애도하고 비탄해했다.

1627년에 그는 강도사가 되었다. 그리고 설교자로서 갈로웨이(Galloway)에 키르크두 브라이트(Kirkcudbright) 근처 앤워드(Anwoth)의 교회로 부름을 받았다. 9년 동안 러더포드는 그곳에서 예수 그리스도를 아는 데 그들을 돕고자 그의 양떼들 사이에서 성실하게 수고하였다. 1630년 그의 첫 아내가 죽었다. 그의 두 아이도 죽었다. 1635년 그의 모친이 그들과 함께 살고 있었다. 러더포드의 목회는 모든 퓨리탄 성직자들 중에 으뜸이었다. 마리온 맥 노트(Marion Mc Naught)는 말하기를 "나는 자주 앤드워드(Anwoth)에 간다. 왜냐하면 비록 다른 사역자들도 나에게 하나님의 엄위하심에 대하여서 보여주지만, 그래서 나의 마음을 열정으로 이끌지만, 러더포드는 다른 사역자가 가지고 있지 않은 그리스도의 사랑이 충만하

---

628) William Barker, **Puritan Profiles**, p. 101

다"라고 하였다. 그 시대에 교회적 투쟁은 러더포드가 고등 판무관(Court of High Commission) 앞에 소환된 것을 통하여서 알 수 있다. 그는 그곳에서 목회직을 박탈당하기도 하였다. 그래서 스코틀랜드 어디에서도 설교하지 말라고 금지명령을 받았다.

1636년 7월에 애버딘(Aberden)의 도시에서 감금당하였다. 이것이 바로 알미니우스주의자들에 반박하는 저서 "신적 은혜에 대한 변론서"(Exercitationes Apologeticae pro Divina Gratia)를 완성한 시기였다. 그는 이 저서에서 라우드 대주교를 반박한다. 러더포드는 말하기를 "나의 새로 출판된 저서는 알미니우스주의를 반대하는 것이다."라고 하였다. 감독주의와 알미니우스주의 중심부였던 애버딘(Aberden)에서 그는 비록 그의 무죄가 판명되었기는 하지만, 차갑게 대접 받았다. 그곳에서는 18개월 동안 대학교 교수들과 함께 논쟁을 하는 노련함을 보여주었다. 주로 전에 교구의 사람들에게 서신을 보냈다. 1637년에 그 중 절반 정도가 출판되었다. 거의 나머지는 애버딘(Aberden)에서 출판되었다.

국민 언약이 서명되었을 때, 그는 앤워드(Anwoth)로 돌아왔다. 1638년 11월 글래스고우에서 그 유명한 총회가 열렸다. 그는 그때에 메리 칼리지(Mary's College)에 신학부 교장으로 갔다. 그는 1639년부터 죽을 때까지 다만 웨스트민스터 총회 총대로 활동하였던 1643~1647년까지를 제외하고 그곳에서 가르쳤다. 웨스트민스터 총회 기간에는 로버트 블라이어(Robert Blair)와 함께 세인트 앤드류 교회에서 섬겼다. 세인트 메리 칼리지(St Mary's College)는 앤드류 멜빌이 교장으로서 있었던 1580~1607년 동안 새롭게 구조가 바뀌었다.

앤드류 멜빌은 당대 최고의 학자였으며 윌리엄 거스리(William Guthrie)와 로버트 멕워드(Robert McWard)가 그의 문하생이었다. 사무엘 러더포드는 1643년 11월 17일에 로버트 발리에(Robert Baillie)와 함께 총대로서 런던에 도착하였다. 알렉산더 헨더슨과 조지 길레스피는 이미 8월에 남쪽으로 와 있었다. 그는 1647년 11월까지 스코틀랜드 총대 중에 가장 오랫동안 그곳에서 머물렀다. 헨더슨은 1646년 5월에 런던을 떠났다. 발리에(Baillie)는 그 다음해에 길레스피는 1647년 7월에 런던을 떠났다. 러더포드는 길레스피와 각별한 우정을 나누었다. 길레스피는 1613년생이었다. 그는 러더포드가 앤드워드(Anwoth)에서 사역하는 동안 교사로서 글래스고우에 켄무르 캐슬(Kenmure Castle)에 왔다. 그들은 서로 기도해 주기로 그리고 서로 서로 그들의 영혼 안에 하나님의 생명이 있게 서신을 교환하기로 한 날 언약을 하였다.

러더포드는 웨스트민스터 총회 기간에 논쟁자로서 주요한 역할을 수행하였다. 또한 그 기간 동안 5권의 저서를 출판하였다. 렉스 레스(Lex Rexs)는 1644년에 출판된 저서이다. 그의 이 저서는 시민적 자유에 대한 저서로서 런던과 총회에서 강력한 인상을 주었다. 또한 "장로회의 합당한 권리"(The Due Right of Presbyteries)라는 저서는 1644년에 출판하였다. 그 다음해 "믿음의 시련과 승리"(The Trial and Triump of Faith,1645)를 출판하였다. 그리고 에라스투주의자들에 대항하는 저서로서 "교회 정치와 출교에 대한 신적 권리"(The Divine Right of Church Government and Excommunication, 1646)를 출판하였다. 1647년에는 "그리스도의 죽으심과 그 자신에게로 죄인들을 이끄심"(Christ Dying and Drawing Sinners to Himself, 1647)라는 저서를 출판했다.

반율법주의자들에 대한 비판서로서 "영적 적그리스도에 대한 개요서"(A Survey of the Spiritual Antichrist: 1647)라는 저서를 출판했다. 1649년에 "거짓 양심의 자유에 대항하는 자유 논박서"(A Free Disputation against Pretended Liberty of Conscience)라는 저서를 출간하였다.

그가 세인트 앤드류로 돌아왔을 때 그는 세인트 메리 칼리지(St. Mary's College)의 학장으로 임명되었다. 1651년에 그는 보에티우스(Voetius)가 있었던 우트레히트(Utrecht)에 신학부 학장자리가 있어서 네덜란드로 가는 듯하다가 세인트 메리 대학교의 목사(Rector)가 되었다. 그는 1640년 두 번째 혼인을 하게 된다. 쟝 멕메스(Jean McMath)였다. 그는 그녀와 두 아이를 낳았으나 그가 런던에 가있는 동안에 한 아이가 죽었다. 오직 한 명의 딸이 살아 남았고 그의 아내는 그가 죽은 이후 죽었다.

1650년대는 스코틀랜드 장로 교회의 투쟁 시기였다. 스코틀랜드 교회의 찰스 2세에 대한 충성식이 있었다. 그리고 1650년에 화해(Resolution)가 있었다. 러더포드와 엄격한 언약론자들은 항의서를 작성하였다. 항의자와 화해자가 분리되었다. 러더포드는 그의 전임 학장 로버트 블라이어(Robert Blair)와 함께 침묵하였다. 그는 로버트 발리에(Robert Baillie)와 데이빗 딕슨(David Dickson)과 연합하였다. 그와 블라이어(Blair)는 죽기 전에 화해하였다. 딕슨(Dickson)은 러더포드의 권위를 받아들였다.

1660년 찰스 2세가 왕권을 회복하였다. 비국교도들에 대한 핍박이 1661년에 시작되었다. 아그릴(Argyll)의 백작은 1661년 5월 27일에 추방되었다. 제임스 거스리(James Guthrie)는 6월 1일에 처형되었다. 러더포드의 렉스 레스(Lex Rex)는 불타졌다. 그는 에스테이트의 위원회(Committee of Estates)에 의하여서 소환장을 받았다. 그러나 건강이 좋지 않아 가지 못했고 세인트 앤드류에서 그의 학장직도 내려놓았다. 그는 고등 법원이 기다리고 있었다. 그러나 그 전에 그는 그해 3월 27일에 죽었다. 그는 메시지를 보냈다. "그들에게 말하라. 나는 나의 첫 소환에 답변을 하였다. 나는 왕들이 있는 곳으로 간다."629)

조지 길레스피(George Gillespie, of Edinburgh, 1613.1.21~1648.12.16)

스코틀랜드 총대 중에 가장 어렸던 길레스피는 30대의 나이에도 불구하고 웨스트민스터 총회에서 의미 있는 역할을 수행하였다. 조지 길레스피는 겨우 35세까지밖에 살지 못했다. 그것은 웨스트민스터 총회 일들이 마무리가 되기 전이었다.

그는 웨스트민스터 총회에서 갑자기 눈부시게 밝게 등장하여 혜성처럼 여겨졌다. 그는 교회 정치에 있어서 장로주의에 대한 신적 권위의 논쟁에서 결정적인 역할을 수행하였다. 교회의 권리와 관련하여서 권징의 시행을 주장하였다.

길레스피는 "잉글랜드의 교황주의적 의식들, 스코틀랜드 교회가 강요당함"(The English Popish Ceremonies, obtruded upon the Church of Scotland, 1637)라는 저서를 익명으로 출판하면서 공적으로 주목을 받았다. 그는 세인트 앤드류 대학교에서 교육 받았다. 그는 1638년에 국민 언약에 서명하였다. 그때 그는 키크칼디(Kirkcaldy)의 장로회에 웸시(Wemyss)의 사역자로서 있었다. 겨우 25세였다. 그는 글래스고우 총회에서 강설하였다. 그 다음해에 웨스트민스터 총회에 참석할 스코틀랜드 사역자들 중 한 사람으로서 임명되었다.

웨스트민스터 총회에서 그의 역할은 하나의 전설로 남아 있다. 그의 정밀도 높은 논박은 혀를 내두를 정도였다. 그는 총회에서 경건한 자로 입증되었다. 비록 그가 1647년 7월에 스코틀랜드로 떠났지만, 대요리 문답에 대한 논쟁은 지속되고 있었다. 소요리 문답에 대한 작성은 아직 시작도 하지 않았다. 웨스트민스터 총회에서 하나의 에피소드가 전해져 내려오고 있다. 그것은 조지 길레스피가 기도 순서를 맡았을 때 "하나님 당신은 누구십니까?"라고 묻고 기도하기를 "오, 하나님 당신은 영이시고 무한하시고 영원하시고 불변하심에 지혜와 권능과 거룩과 공의와

---

629) Ibid., p. 104.

선하심과 진리가 그러하십니다."라고 하였을 때 그의 간구가 소요리 문답의 신론에 반영이 되었다는 것이다.

다른 이야기는 이러하다. 생기 넘치는 길레스피의 발언은 에라스투주의자들과의 논쟁에서 더욱 빛을 발휘하였다. 웨스트민스터 석상에서 출교에 대한 논쟁이 있을 때, 웨스트민스터 총회 회원이며 의회 의원이었던 학식 있는 고전 학부 교수 존 셀던이 랍비적 역할에 대하여서 마태복음 18장 15-17절을 가지고 감명 깊게 설명하였다. 그때 이 논쟁 중에 어느 누구도 교회의 재판에 대하여서 근거를 대지 못하였다. 오히려 존 셀던이 보통의 시민적 법정에서 유대인들의 재판이 있었다는 것에 관심을 가지고 있을 때, 대부분의 박식하고 능력 있는 성직자들이 만만찮은 대적에게 논박하려 하지 않았다. 그러자 사무엘 러더포드가 길레스피에게로 고개를 돌리고 말하기를 "일어나라, 길레스피, 일어나서 그가 그의 법으로만 교회를 다스리시는 주 예수 그리스도의 권위로 답변하라. 오직 교회는 그리스도의 보혈로 유지된다."고 말하였다. 마지못해 길레스피가 일어났다. 그리고 앞의 셀던의 연설 부분을 요약하고 설명하기 시작하였다. 조목조목 짚어가면서 셀던의 주장을 뒤집어 버렸다. 그것은 시민 법정이 교회의 법을 관장할 수 없다는 것을 주장하는 것이었다. 유대 사회는 시민 법정과 교회 법정을 하나로 가지고 있었을 뿐이지만 이것이 교회에 그대로 적용되는 것은 아니라고 반박하였다. 이 에라스티안 지도자는 치욕을 먹고 물러났다. 길레스피의 효력은 매우 컸다. 셀던 조차도 매우 놀랐고 혼란스러웠다고 전한다. 길레스피는 진정한 앙팡 테리블(enfant terrible)이 되었다. 우리는 길레스피를 존 셀던의 중요한 답변인으로 알고 있다. 그러나 그의 답변은 여러 분야에 걸쳐 다양하였다.

1646년 길레스피는 그의 주요한 저서를 출판하였다. 에라스투주의자들에 대하여서 답변한 저서로서 "아론의 싹난 지팡이"(Aaron's Rodd Blossoming; Or, The Divine Ordinance of Church-Government Vindicated,)가 있다.

1647년 런던으로부터 스코틀랜드로 돌아온 이후, 그는 에딘버러 고교회에 도시 회의에 의하여서 회원으로 선출되었다. 1648년 7월 12일에 에딘버러에 총회의 의장으로 임명되었다. 그러나 곧 질병에 넘어졌고 폐결핵으로 죽었다. 그의 오랜 동료 사무엘 러더포드는 1648년 9월 27일에 세인트 앤드류로부터 서신을 보냈다.

"슬퍼하지 말라 형제여! 믿음의 생활이 지금 요구된다. 행하는 것은 너에게 고려된 것이 아니다. 그리스도께서 네 안에 네 곁에서 20년 정도 넘게 행하셨으나,

그렇다, 당신은 한 백발의 경건한 목사와 같다. 너의 최후를 믿어라. 지금 그리고 갈라디아서 2장 20절을 찾아 보아라." 그해 12월 17일 길레스피는 소천하였다.630)

로버트 발리에(Rober Baillie, of Glasgow, 1602.4.30~1662.8.)

비록 공적 논쟁에 있어서 스코틀랜드 총대 중에 가장 조용한 사람이었지만, 그는 그의 사적 기록을 통하여서 가장 풍성하게 웨스트민스터 총회 상황을 전한다. 그의 서신을 통하여서 웨스트민스터 총회 상황을 기록하고 그것을 분석하여 평가한다. 그의 서신은 총회에 대한 공식적인 기록을 제외하고는 가장 풍성한 웨스트민스터 총회의 상황에 대한 기록물이다.

A.F. 미첼(Mitchell)은 "그가 눈으로 보는 듯이 생생하게 중요한 논쟁과 주제를 밝히고 있다."고 전한다. J.R. 드 비트(De Witt)는 말하기를 "그의 빈틈없고 명석한 보고서는 역사적으로 가치가 많은 보고서이다."라고 하였다. 그는 또한 발리에가 완곡하게 말하지 아니하였다고 전한다. 그는 에라스투주의자 토마스 콜레만이 죽었을 때 "그는 학질에 걸려서 쓰러졌다. 그리고 4일에서 5일 후에 숨을 거두었다."라고 기록한다. 또한 그는 전하기를 발리에가 목적의식 없이 관찰하는 관찰자로서 기록하지 않았다고 말한다. 발리에는 주의 깊게 사태를 분석하여서 기록했다.

웨스트민스터 총회에서 발리에의 역할은 막후에서 협상하는 것이었다. 그는 스코틀랜드 총대들의 지략가로서 활동하였다. 그래서 데이빗 딕슨(David Dickson)과 로버트 더글라스(Robert Douglas)는 그를 헨더슨의 팔꿈치에서 코치(coach)로서 활동하였다고 전한다. 그들은 와리스톤(Warriston)이 평신도로서 그 역할을 하였다면 발리에는 성직자로서 그 역할을 하였다고 전한다. 그의 외교적 역량에 있어서 발리에는 지속적으로 네덜란드 안에 그의 사촌 윌리엄 스팽(William Spang)과 대륙의 개혁주의 지도자들과 일치하려고 하였다.

발리에는 1602년 4월 30일 글래스고우에서 태어났다. 그의 삶의 대부분은 도시와 연결되어 있다. 그는 글래스고우 대학교에 입학한다. 1620년에 M.A를 받는다. 그리고 신학 교육을 1623년에 마친다. 1625년에 가르치는 자가 된다. 후에 킬위닝(Kilwinning)에서 교회 목회자가 된다. 그곳은 확실하게 1631년부터 1642년까지 잠깐 섬겼던 곳이다. 그는 1632년 7월 12일에 릴리아스 플레밍(Lilias

---

630) Ibid., p. 112

Fleming)과 혼인했다. 5명의 자녀를 낳았고 그 중에 2명은 죽었다. 비록 러더포드와 길레스피가 웨스트민스터 총회 기간 런던에 있을 때 가족과 함께 있었는데 발리에는 그의 가족 따로 떨어져서 16개월을 살았다. 1646년 12월 25일에 그는 총회로부터 떠나서 돌아오게 된다.

1638년 글래스고우에서의 종교 개혁적 총회에서 발리에는 그의 온화함과 의존적이지 않은 마음을 보여주었다. 발리에의 군주에 대한 충성심은 1650년대 글래스고우에서의 레솔류션(Resolution)의 지도자가 됨으로서 드러냈다. 그는 런던의 성직자 시메온 에쉬(Simeon Ashe)에게 그러한 자신의 견해에 대하여 서신을 보냈다. 왕정복고가 되었을 때, 발리에는 찰스 2세의 왕위 복구에 낙관적이었다. 그는 1649년에 왕의 일을 도와주었다. 그러나 감독주의로의 회귀에 두려워하게 되었다. 1661년에 액트 레시소리(Act Recissory)가 발령될 때, 두 번째 개혁이 있어야 할 것이라고 생각했다. 그는 왕을 믿었다. 그러나 왕은 그의 조언을 듣지 않고 다른 길로 갔다. 결국 그는 킬위닝(Kilwinning)의 수도승이라는 별칭을 얻게 되었다.

1662년 8월 18일에 죽었다. 그것은 그의 마음이 같이 무너졌기 때문이다. 멕코이(F.N. McCoy)는 말하기를 "그는 군주에 의하여서 파괴된 종교의 두 번째 개혁을 생각하게 되었다. 그것은 크롬웰 이전의 시기로 돌아가는 것이다."라고 했다.

1642년에 그는 글래스고우 대학의 신학부 교수가 되었다. 그리고 짧은 시기를 지나서 웨스트민스터 총회의 부름을 받게 된다. 그의 저서 [큰 작업](magnum opus)은 1663년 암스테르담에서 출판되었다. 그 저서는 다시 [역사와 연대기 작업](Operis Historici et Chronologici)으로서 교회의 역사에 대한 저서이다. 그는 그의 생애 마지막을 글래스고우 칼리지의 학장으로 있었다. 대부분의 그의 정열을 학교일에 쏟았다.631)

서기관 혹은 서기들(SCRIBES OR CLERKS)

헨리 로보로우(Henry Roborough)

그는 웨스트민스터 총회의 서기로 부름을 받는다. 동시에 런던의 이스트 칩(East Cheap)의 세인트 레오나르드(St. Leonards)의 교구 목사로 사역한다. 목사

---

631) Ibid., p. 109

후보생들의 성직 서임을 위한 시추를 담당하였던 고시 위원이었다. 그는 런던에 있는 그의 동료 성직자들과 연합하여 왕의 처형에 반대하였다. 그는 1649년에 죽었다. 그의 계승자는 매튜 바커 씨(Mr. Matthew Barker)였다. 그도 고요하게 비국교도로서 1662년에 죽었다.632)

아도니람 비필드(Adoniram Byfield)

이 경건한 성직자는 니콜라스 비필드 씨(Mr. Nicolas Byfield)의 아들이었다. 캠브리지의 엠마누엘 칼리지에서 교육을 받았다. 1642년에 의회군 헨리 콜름리 경(Sir Henry Colmly's)의 연대 군종 목사였다. 그리고 그 해, 웨스트민스터 총회의 서기로 임명되었다. 그는 가장 열렬한 언약론자였다. 1646년 신앙 고백서가 웨스트민스터 총회에 의해서 작성이 거의 완료되었을 때, 비필드 씨(Mr. Byfield), 토마스 윌슨 씨(Mr. Thomas Wilson), 스탠레이 그로워 씨(Mr. Stanley Gower)는 각 다양한 본문들의 성경 관련 구절을 삽입하는 업무를 맡았다. 그는 미델섹스(Middlesex)에 풀햄(Fulham)의 교구 목사가 되었다. 전쟁 이후 그는 빌트셔(Wiltshire)에 있는 콜링본-두시스(Collingborn-Ducis)의 교구 목사가 되었다. 비필드 씨(Mr. Byfield)는 드물게 작품을 남기는 성직자들 중에 한 사람이었다. 그는 1660년에 죽었다633)

존 왈리스(John Wallis, 1616~1703.10.28.)

그는 켄트(Kent)의 애쉬포드(Ashford)에서 태어났다. 그의 부친은 경건하고 학식있으며 정통 신학자인 존 왈리스이다. 그리고 켄트(Kent)의 사역자였다. 그의 부친은 1622년 11월 30일 죽는다. 그가 매우 어렸을 때였다. 그의 모친은 매우 경건하고 분별력 있게 그의 자녀들을 교육시켰다.

1625년 런던에서 큰 역병이 돌았다. 다른 여타 지역에 파급되었고 애쉬포드(Ashford)에서도 돌았다. 많은 사람들이 역병을 피해 이주하였다. 이런 이유로 존 왈리스 가족들도 레이그린(Leygreen)으로 갔다. 거기에서 문법 교육을 받았다.

1632년 그는 캠브리지 대학교에 들어간다. 거기에서 엠마누엘 칼리지에 입학한다. 안토니 버게스의 지도 아래에서 공부한다.

---

632) Benjamin Brook, The Lives of the Puritans, vol. 3. p. 532.
633) Ibid., p. 375.

그는 안토니 버게스를 경건하고 학식 있고 능력 있는 학자로 기억한다. 1637년에 B.A.를 받았다. 1640년에 M.A.를 받았다.

1644년에 그는 웨스트민스터 총회 서기로 부름을 받는다. 총회가 시작될 때 없었으나 조금 후에 총회의 서기로 있었다. 그는 웨스트민스터 총회 서기로 있는 동안에 런던에 프랑스 가(French Street)에서 사역하고 있었다. 그는 옥스퍼드로 이주할 때까지 계속 그 사역을 하였다. 거기에서 그의 학업을 지속하였다. 그는 사는 동안 당대 최고의 수학자로 명성을 얻었다. 그는 모든 수학적 공부에 가장 정확한 판단을 할 수 있는 사람이었다. 이러한 학구적 노력이 시민전쟁으로 위협을 받았다. 그래서 런던으로 가 지속적으로 학문에 정진하였고 나중에 왕립 협회 회원이 되었다.

1649년, 옥스퍼드의 지질학과(Geometry) 사빌리안(Savilian) 교수가 되었다. 1654년에 신학 박사 학위를 받았다. 1658년 그는 옥스퍼드 대학교의 문서 보관자로 사역하였다. 찰스 2세로 왕정복고 된 이후에 그는 많은 존경을 받았다. 왕이 직접 그를 환대하였다. 그는 궁정 목사가 되었다. 사빌리언(Savilian) 교수직과 문서 보관자사역도 계속하였다.

1661년에 그는 공동 기도서(the Book of Common Prayer)의 재검토 위원이 되었다. 그는 후에 통일령(the act of Uniformity)에 서명하고 죽을 때까지 잉글랜드 교회의 국교도(conformist)로 남는다. 왕립 협회의 초기 회원이었다.

그때 왕립협회 회원들은 주로 브런커 경(Lord Brounker), 아이삭 뉴튼 경(Sir Issac Newtown), 버로우 박사(Dr Burrow), 월리스 박사(Dr Walis), 조지 씨(Mr Gregory), 할레이 박사(Dr. Halley) 그리고 여러 학식 있는 사람들이었다. 그는 잉글랜드 왕립 협회 학자로서 살다가 1701년 10월 28일 죽었다.[634]

뉴잉글랜드 사역자들

존 코튼(John Cotton, 1584.12.4.~1652.12.23)

존 코튼은 1584년 12월 4일에 더비(Drby)에서 롤랜드 코톤(Roland Cotton)의 아들로 태어났다. 13세에 캠브리지에 있는 트리니티 칼리지(Trinity College)에 입학하였고 1602년에 B.A를 취득했다. 1606년에 M.A.를 취득했다. 그는 1607년부

---

634) James Reid, Memoirs of the Westminster Divines, vol. 2. p. 205.

터 엠마누엘 칼리지(Emmanuel College)의 동료 교수가 되었다. 그곳에서 그는 부사제(Dean)이었고 유능한 교리 문답 교사였다. 세인트 메리 교회(St. Mary's Church)에서 자주 설교하였다. 자주 윌리엄 퍼킨스의 설교에 감흥을 받았다.

1610년 7월 13일에 링콜른(Lincoln)에서 부사제(Deacon)와 사제로 서임을 받았다. 보스턴에서 보톨브 교회(Botolph's Church)에 조목사(vicar)로 부름 받았다. 그의 나이 불과 27세였다. 그는 1612년 캠브리지에서 B.D를 받았고 세인트 보톨프(St. Botolph's)에서 앵글리칸 의식을 사용하는 것을 피하기 시작하였다. 1629년에 그는 그의 아내 사촌의 사역을 도왔다. 안토니 터크니였다. 안토니 터크니는 웨스트민스터 총회에서 활동하였다.

1630년 3월에 사우트햄프톤(Southampton)으로부터 뉴잉글랜드로 떠났던 존 윈트롭(John Winthrop)에게 고별 설교를 하였던 코튼은 그의 아내에 죽음으로 잉글랜드를 여행하기에 이른다. 그 후, 그는 비국교도에 대한 교회적 압박이 거세어 올 때 보스턴으로 갈 것을 생각하게 된다.

1632년에 윌리엄 스토리(William Story)의 미망인 사라 하워크리지(Sarah Hawkridge)와 결혼한 그는 윌리엄 라우드의 고등 판무관실로 소환되었다. 그는 런던으로 가기 전에 숨기를 결심하기에 이른다. 그래서 그는 그해 가을에 안전하게 런던을 빠져 나가서 잉글랜드를 떠나기에 이른다. 그때 존 코튼과 같은 입장을 가졌던 인물들이 존 다벤포트(John Davenport), 토마스 굳윈(Thomas Goodwin) 그리고 필립 나이(Philip Nye)였다. 그들은 독립 교회를 세우기 위하여서 서로 약조하였고 그 세 명은 네덜란드에서 교회를 세웠다. 그 중에 둘인 토마스 굿원과 필립 나이는 잉글랜드로 돌아가서 웨스트민스터 총회에서 독립 교회파를 이끌었다. 존 다벤포트는 존 코튼과 합류하여서 함께 사역하였다. 코튼은 잠시 동안 홀랜드로 가야 할 것인지 고민하다가 결국 뉴잉글랜드로 가기로 결정하였다.

1633년 5월 7일에 그는 주교 윌리엄(Bishop Williams)에게 세인트 보톨프의(St. Botolph) 교회의 조목사직(vicarage)에 사임할 것을 알렸다. 1633년 7월 14일 항해를 시작하였다. 그들은 그해 9월 4일에 뉴잉글랜드에 도착하였다. 그리고 그해 10월 10일에 보스턴 교회의 교사로서 서임되었다. 그리고 그는 그가 죽는 1652년까지 그곳에서 사역하였다.

1636년에 그는 식민지에 대한 시민법에 초안을 작성하는 위원으로 선정되었다. 그의 저서 "뉴잉글랜드의 법에 대한 초록"(Abstract of the Lawes of New

England)은 구약 모세 오경을 참고하였다. 그러나 존 코튼의 그 초안은 식민지 상황에 적합하지 않다고 하여서 거절되었다. 존 코튼은 1640년대에 로저 윌리엄스와 논쟁을 하였다. 그것은 교회 회원에 대한 문제와 시민 관원이 교 회일에 관여할 수 있는가 하는 것이었다. 존 코튼은 뉴잉글랜드 교회 회원이 되었을 때 잉글랜드 교회와 단절할 필요가 없다고 하는 입장이었으며 세속 관원의 권위가 종교적 영역에까지 확대되어야 한다는 것이었다. 비록 런던으로부터 3000마일 정도 떨어져있으나, 1633년 이후에 미주 대륙의 메사추세츠의 보스턴에서 사역을 하였던 존 코튼은 잉글랜드 퓨리탄들에게 영향력을 행사하였던 인물이었다. 그는 다벤포트(Davenport), 토마스 굿윈(Thomas Goodwin)과 필립 나이(Philip Nye)와 함께 독립 교회파로 분류된다. 그의 회중 교회적인 입장은 웨스트민스터 총회의 입장과 다르지만 존 오웬에게 확신을 주었다. 1642년경에 잉글랜드 상원 5명과 하원 30명에 의하여서 참석에 초청을 받았고 존 코튼도 참석을 희망하였으나 토마스 후커가 관심을 갖지 않았고 존 다벤포트(John Davenport)가 그의 교회를 감당하기 위하여서 나서지 않았다. 그는 1644년에 "하늘나라의 열쇠들"(The Keys of the Kingdom of Heaven)이라는 글을 내놓았다. 그것은 온건한 회중 교회적인 입장을 주장한 것이다.635)

존 다벤포트(John Davenport, 1597.4.~1670.3.15)

그는 잉글랜드 퓨리탄 성직자였다. 잉글랜드의 와윅셔(Warwickshire)에 맨체스터(Manchester)에서 태어났다. 옥스퍼드 대학교에서 교육을 받았다. 1613년 마그달렌 칼리지(Magdalen College)로 이주했다. 그의 부친은 헨리 다벤포트(Henry Davenport)였다. 그는 1624년에 런던 콜레만 가(Coleman Street)의 세인트 스테판 교회(St. Stephen Church)의 교구 목사(vicar)로 선임되었다. 옥스퍼드로 돌아와서 M.A.와 B.D.를 받았다. 그는 퓨리탄을 이끄는 존 프레스톤(John Preston)과 연결되었다. 1633년 세워진 교회를 사임하고 홀랜드로 이주한다. 1637년 미주 대륙으로 가서 매사추세츠(Massachusetts) 지역을 위한 특허를 취득했다. 보스턴을 향해서 많은 회중들과 항해하였다. 1638년 3월, 보스턴에 머물면서 존경하는 존 코튼(John Cotton)을 만났다. 그는 보스턴 교회로부터 출교된 앤 허트친슨(Anne Hutchinson)의 교회적 심문을 맡았다. 반 율법주의자들과 논쟁을 하였다.

---

635) William Barker, Puritan Profiles, p. 264.

1668년 보스턴을 떠나 뉴 헤븐(New Heaven) 지역으로 간다. 다벤포트는 유아 세례를 위하여서 엄격한 자격을 요구하였고 교회 회원이 되는 것의 혹독한 기준을 제시하였다.

1667년 9월 그들의 첫 목회자 존 윌슨이 죽은 이후에 다벤포트를 초청하였다. 소수가 그의 청빙을 반대하였다. 그가 유아 세례에 대한 혹독한 기준의 타협을 거부하였기 때문이다. 1668년 봄 그는 보스턴으로 이주한다. 그리고 그 교회의 목사로 세워졌다. 그러나 한 부류가 그의 임명을 결사반대하였다. 그는 그 교회로부터 나와 1669년, 세 번째 교회를 세운다. 그래서 보스턴 일반 법정에서 설교한다. 그는 뉴잉글랜드의 지도자로서 선동적인 그의 설교는 하프-웨이-대회(Half-way Synod)가 세워지도록 타협하는 것에 불일치하였다. 다벤포트는 그 다음 해인 1670년, 3월 15일에 보스턴에서 죽었다. 킹스 채플 버닝 그라운드(King's Chapel Buring Ground) 안에 존 코튼과 같은 묘지에 안장되었다.636)

---

636) http://en.wikipedia.org/wiki/John_Davenport_(Puritan)

Bibliography

Anderson, William. Testimony of the Reformed Presbyterian Church in Scotland: Historical and Doctrinal. Glasgow. 1866.
Baird, H. M. Theodore Beza, the Counsellor of the French Reformation, 1899. P.Geisendorf, Theodore de Beze. 1967.
Bavinck, Hermann. Gereformeerde Dogmatiek. deel. 3. Kampen. 1998.
_____. Magnalia Dei. Kampen. 1930.
Beza, Theodore. Proposition and Principles of Divinity. London.
Berkhof, Louis. Systematic Theology. Eerdmans. 1996.
Bielefeld und Leipzig. Zwingli und Calvin von Augustu Lang mit 161 Abbildungen, darunter zwei mehrfarbigen Einschaltbildern.
Berlag von Velhagen & Klasing. 1913.
Black, C. Stewart. Scottish Church. Willia Machella Glasgow.
Brook, Benjamin. The Lives of the Puritans,vol.1. Soli Deo Gloria. 1813.
Bromiley, G.W. The Library of christian Classics:Zwingli and Bullinger.
Bouwman, H. Gereformeerd Kerkrecht. eerste deel.
Uitgave Van J. H. Kok Te Kampen. 1928.
Bromiley. Zwingli and Bullinger. 1953.
Brown, John. A Compendious History of the British Curches in England, Scotland, Ireland, and America. 1823.
Buchanan, George. The History of Scotland. Edinburgh. 1829.
_____. Life of George Wishart. Edinburgh. 1829.
Burleigh. J.H. A Church History of Scotland.
London: Oxford University Press. 1961.
Calderwood, David. The History of the Kirk of Scotland. Edinburgh.1865.

Calvinus, Ioannus. Institutio Christianae Religionis.(1536).
Cawdrey, Daniel. Diatribe Triplex: or a thereefold Exercitation, concering 2. Superstition, 2. Will-worship. 3. Christmas Festivall.　　　London. 1654.
Clergyman.　　　A History of the Churches in England and Scotland.
　　　　　　　　　　　　　　　　　　　　　　　　Newcastle. 1771.
Cobbett, William. A History of the Protestant Reformation in England and Ireland.　　　　　　　　　　　　　　　　　　　　New York: 1832.
Cox, J.X.　　　Practice and Procedure in the Church of Scotland.
　　　　　　　　　　　　　　　　　　　　Edinburgh & London. 1936.
Courvoisier, Jaques. Zwingli: A Reformed Theologian.
　　　　　　　　　　　　　　　　　　　　　　John Knox Press. 1961.
Craighead, J.G.　　Scothch and Irish Seeds in American Soil:The Early History of the Scotch and Irish Churches, and Their relations to the Presbyterian Church of America.　　　　　　Philadelphia. 1878.
Cuningham, John. The Church History of Scotland. vol.2. Edinburgh. 1759.
Cuningham, William. The Reformers & the Theology of the Reformation.
　　　　　　　　　　　　　　　　　　　　The Banner of Trut Trust. 1862.
_____. Historical Theology.vol.1.
　　　　　　　　　　　　　　　　　　　　The Banner of Trut Trust. 1862.

D'Aubigne, J.H. Merle. History of the Reformation of the Sixteenth Centure.
　　　　　　　　　　　　　　　　　　　　　Baker Book House. 1846.
Doglas, J.D.　　　The New International Dictionary of the Christian Church.
　　　　　　　　　　　　　　　　　　　　　Paternoster Press. 1974.
Donaldson,Gordon. The Scottish Reformation.
　　　　　　　　　　　　　　　　　　　Cambrige University Press.1960.
Drummond, William. The History of Scotland.　　　　London. 1654.
Elwell, Walker A. Evangelical Dictionary of Theology.
　　　　　　　　　　　　　　　　　　　　　Baker Book House.1984.
Estep, William. R. Renaissance and Reformation.　　Grand Rapids: 1992.

Editor G.W. Bromiley. The Library of christian Classics:Zwingli and Bullinger.　　　　　　　　　　　　　the Westminster Press. 1953.
Hands, Several. The Parliamentary or Constitutional History of England from the earliest Times, to the Restoration of King Charles II. London:1763.
Harding, T.　The Decades of Henry Bullinger. 1849-52
Henderson, G.D.　The Church of Scotland.　　　　　Edinburgh. 1939.
Hettherington, William M. History of the Westminster Assembly of Divines.
　　　　　　　　　　　　　　　　Still Waters Revival Books:1993.
Hodge, Charles.　Systematic Theology.vol.2: Anthropology. Eerdmans. 1995.
Hopfm C. Martin Bucer and the English Reformation.　　　　　　1946.
Howle, John.　Biographia Scoticana.　　　　　　　　Glasgow.　1781.
Hutchison, Matthew. The Reformed Presbyterian Church in Scotland.
　　　　　　　　　　　　　　　　　　　　　　Edinburgh. 1893.
Keep, D.　　Henry Bullinger and the Elizabeth Church.　　　　1970.
Kim, Young Kyu. Calvin und das Alte Testament: Sola Scriptura und der trinitarische: Gott als alleiniger Autor des Alten Testaments.　Seoul. 1994.
Kingdon, Robert. M. Geneve Librairie Droz II. Lue Masset. 1967.
Kingdonm, R.M.　Geneva and the Consolidation of the French Protestant Movement 1554-1572. 1967.
Lindsay, Thomas. M. A History of the Reformation.
　　　　　　　　　　　　　　　　　　Edingburgh. T & T Clark. 1908.
Locher, Gottfried. W. Zwingli Thought.　　　New Perspectives. 1981.
Loetscher, Lefferts A.　A Brief History of the Presbyterians.-*-
Luthardt, Chr. E.　Compendium der Dogmatik. bearbeitet von F.F. Winter.
　　　　　　　　　　　　　　　　　　　　　　　　Leipzig 1919.
Maxwell, William. Hetherington.　History of the Westminster Assembly of Divines.　　　　　　　　　　　　Still Waters Revival Books.1856.
Marijn, de Kroon.　Martin Bucer und Johannes Calvin.
　　　　　　　　　　　　　　　　　　Vandenhoeck & Ruprecht. 1991.
McKim, Donald K. Calvin's Institutes.　Westminster John Knox Press.2001.

Mc.Crie, Thomas. The Life of Andrew Melville.　　　　Edinburgh.1840.
_____. The Life of John Knox. Editor Andrew C. Edinburgh.1840.

M.E. An Ecclesiastical History of Scotland containing the Sates of the Church of that Nation from the times of Queen Mary to the Union of the two Kingdon, being the Space of 154 years.　　　　London. 1734.
Mitchell, A.F.　The Scotland Reformation.
Mitchell. A.F. & Struthers, John. Minutes of the Sessions of the Westminster Assembly of Divines.　　　　Still Waters Revival Books.1874.
Miller, Samuel.　Presbyterianism the Truly Primitive and Apostolical Constitution of the Church of Christ.
　　　　　　　　　　　Philadelphia Sprinkung or Affusion. 1835.
Morris, Edward D. Theology of the Westminster Symbols. A Commentary Historical, Doctrinal, Practical. on the Confession of Faith and Catechisms and the Related Formularies of the Presbyterian Churches.
　　　　　　　　　　　Columbus, Ohio. 1900.
Naphy, William G.　Calvin and the consolidation of the Genevan Reformation.　　　　Manchester University Press. 1994.
Nobbs, D.　Theoracy and Toleration: A Study of the Diputates in Dutch Calvinism 1600-1650.　　　　1938.
Oberman, Heiko. A. The Dawn of the Reformation.
　　　　　　　　　　　Eerdmans Pub Company. 1986.
Parker, T.M.　The Engish Reformation to 1588.
　　　　Oxford University Press. London Oxford New York. 1966.
Paul, Robert S. The Assembly of the Lord. Poltics and Religion in the Westminster Assembly and the Grand Debate.　　　　T&T Clark. 1985.
Pauckm W. The Heritage of the Reformation. 1961.
Philecclesia.　An Outline of the History of the Britich Church from the Early Times to the Period of the Reformation.　　　　London: 1840.
Plumley, G.S.　The Presbyterian Church Thought the World.: From the

Earliest to the Present Times. De Witt C. Lent & Co. 1874.
Reed, R.C. History of the Presbyterian Church of the World. Adapted for use in the Class Room. The Westminster Press. 1905.
Reid, James Seaton. D.D. The History of the Presbyterian Church in Ireland.
London. 1837.
Renwick, A.M. The Story of the Sottich Reformation.
Rilliet, Jean. Zwingli: third man of the Reformation.
Lutterworth Press London. 1964.
Row, John. The History of the Kirk of Scotland. Edinburgh. 1862.
Russell, Michael. History of the Church in Scotland. vol.2. London. 1834.
Rutherford, Samuel. Covenant of Life Opened. Swrb.
Seaton, James. The History of the Presbyterian Church in Ireland.
Waugh and Innes, Edingurgh. 1834.
Schaff, Philip. The Creeds of Christendom.vol.1: The History of Creeds.
Baker.1998.
_____. History of the Christian Church.vol.7:The German Reformation 1517-1530. Hendrikson Publishers. 2002.
_____. History of the Christian Church.vol.8:The Swiss Reformation 1519-1605. Hendrikson Publishers. 2002.
_____. History of the Christian Church.vol.5:The Middlce Ages from Gregory VII to Boniface VIII 1049-1294. Hendrikson Publishers. 2002.
Short, Thomas Vowler. A Sketch of the History of the Church of England to the Revolution 1688. Oxford: 1832.
Soames, Henry. The History of the Preformation of the Church England.
London: 1828.
Spijker, W.Van'T. De Ambten Bij Martin Bucer. Kampen. 1987.
Spijker, W.Van'T. Bruin. C.C. Florijn. H. & Moerkerken.A. Natzijl.H. De Synode van Dordrecht in 1618 en 1619. Den Hertog B.V.-Houten. 1994.
Stanley, Arthur Penrhyn. Lectures on the history of the Church of Scotland.
New York. 1872.

Stephen, Thomas. The History of the Church of Scotland.   Marshall. 1865.
Temple, John. The History of the General Rebellion in Ireland. Co가. 1766.
Thoyras, De Rapin. The History of England as well Ecclesiastical as Civil.
London. 1731.
Trinterud, Leonard. J. Elizabethan Puritanism.   Oxford. 1971.
Turner, Sharon. The History of England: from the earliest period to the death of Elizabeth.   London. 1839.
Vogt, H. Marin Bucer und die Kirche von England, Münster, 1968.
Walker, Williston.   A History of the Christian Church.   New York. 1985.
_____. The Reformtion.
New York Charles Schribner's Sons. 1916.
Whitney, James Poonder. The History of the Reformation.   London. 1958.
William G. Naphy. Calvin and the consolidation of the Genevan Reformation.   Manchester University Press. 1994.
Wilson, William. A Defence of the Reformation-Principles of the Church of Scotland.   Glasgow. 1769.
김영규.   엄밀한 개혁주의와 그 신학.   도서출판 하나.
_____.   17세기 개혁 신학.   서울. 1998.
김영재.   기독교 교회사.   도서출판 이레 서원. 2000.
레펄처 A. 로에취. 세계 장로교회사.   김남직 역.   성광문화사. 1996.
손병호.   장로교회의 역사.   도서출판 그리인. 1993.
앨런 브링클리.   미국인의 역사 1.   비봉출판사. 2002.
윌리엄 R. 캐논. 中世 敎會史. 서영일 역.   기독교 문서 선교회. 1989.
홍치모.   스코틀랜드 종교 개혁과 영국 혁명.
_____.   스코틀랜드 종교 개혁사.
_____.   영미 장로교회사.   개혁주의 신행 협회. 1998.
자넷 맥르레고. 장로교 정치 제도 형성사. 최은수 역. 도서출판 솔로몬. 1997.
레펄처 A. 로에취. 세계 장로교회사. 김남직 역.   성광문화사. 1996.

지은이 소개

저자는 현재 수원 합동 신학 대학원(M.Div)를 졸업하고 대한 예수교 장로회 (합신) 주교 개혁 장로 교회 담임 목사로 시무중이다.

저서로는

기독교 역사에 있어서 유아 세례 논쟁.	주교문화사: 2005.4.17.
성경과 계시.	주교문화사: 2007.2.21.
역사적 장로 교회 예배 지침서.	주교문화사: 2007.5.7.
하늘이여 들으라 땅이여 귀를 기울이라.	주교문화사: 2007.7.3.
에베소서 주석.	주교 문화사: 2008.4.10.
개혁 장로 교회사.	주교 문화사: 2008.7.1.
구약과 고대 근동의 문헌.	주교 문화사: 2011.4.30.
빌립보서 강해.	주교 문화사: 2011.12.7.
로마서 강해.	주교 문화사: 2013.7.31.

개혁 장로 교회사

초판 인쇄	2014. 2. 18.
초판 발행	2014. 2. 18.
지은이	배 현 주
발행처	주교 문화사
판 권	주교 문화사
주 소	경기도 고양시 덕양구 주교동 582-3 번지 상가 주택 2 층
등 록	2006년 5월 2일 제 395-2005-00042 호
대표전화	010-5656-4120
ISBN	978-89-957162-9-8 03230
가 격	18,000 원

국립중앙도서관 출판시도서목록(CIP)

대영제국 장로 교회사 / 지은이: 배현주. -- 고양 : 주교문화사, 2014
     p. ;   cm

판권기표제: 개혁 장로 교회사
참고문헌 수록
ISBN 978-89-957162-9-8 03230 : ₩18000

장로 교회[長老敎會]
교회사(역사)[敎會史]

238.509-KDC5
285.09-DDC21   CIP2014003431